Schrödinger
programmiert
Das etwas andere Fachbuch
C++

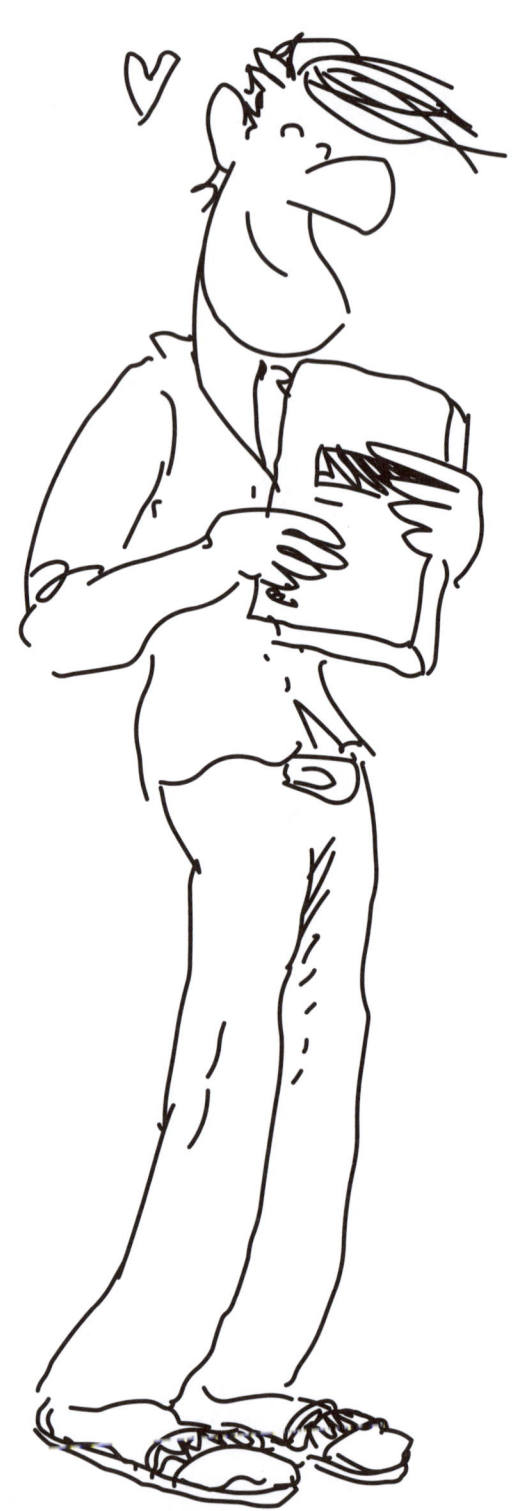

MIT TALENT, KATZEN-
PHOBIE UND LÄSSIGEM
SCHUHWERK BESTACH
SCHRÖDINGER DIE
RHEINWERK-JURY.
FÜR IHN GEHT JETZT
EIN TRAUM IN ERFÜLLUNG.

Liebe Leser(in)

C++ ist gnadenlos. Es verzeiht keine Fehler.

Keinen einzigen.

Aber Sie haben es ja so gewollt. Ihre Wahl ist nun einmal auf diese pingelige Sprache gefallen. Und *wir* können mal wieder die Kohlen aus dem Feuer holen. Warum? Na, wie wir Sie kennen, wollen Sie ja nicht nur C++ lernen. **Sie möchten mehr.** Sie möchten Freude am Lernen haben und Spaß an der Sache: den ultimativen Südbalkon eben.

Genau! Lernen ohne Leiden! Die Rumkugel essen UND sie behalten!

Unsere Antwort darauf lautet:
Nein, da machen wir nicht mit. Sie verlangen einfach zu viel. Ein astreines C++-Fachbuch könnten wir bieten. Aber den Spaß an der Sache, den müssen Sie schon selbst mitbringen. **Irgendwann ist Schluss.**

Na klar: „Bring gute Laune mit!" Warum nicht gleich: „Sei doch mal spontan!"? Pffft...! Leute!!!

O.K., O.K. Sie sehen ja, wir haben es doch gemacht.
Das andere Fachbuch. Mit seriösem ANSI-C++ plus Spaß: Wir zeigen Ihnen die Wege mit der besten Aussicht. Wir bringen Beispiele, die Sie nicht vergessen. Wir gießen dicke Farbeimer über Code. Wir machen uns zum Affen. Und das tun wir nur, weil *Sie* unterhalten werden wollen.
Endlich zufrieden?

Moment mal, ich höre dauernd „wir"? Ich, Schrödinger, übernehme doch die Aufgabe (wobei, das mit dem Affen könnt Ihr Euch gleich wieder abschminken). Wäre außerdem klasse, wenn ich dann mal anfangen könnte ...

Bitte sehr. Na, dann viel Spaß,
lieber Leser!

Der Verlag

Schrödingers Büro

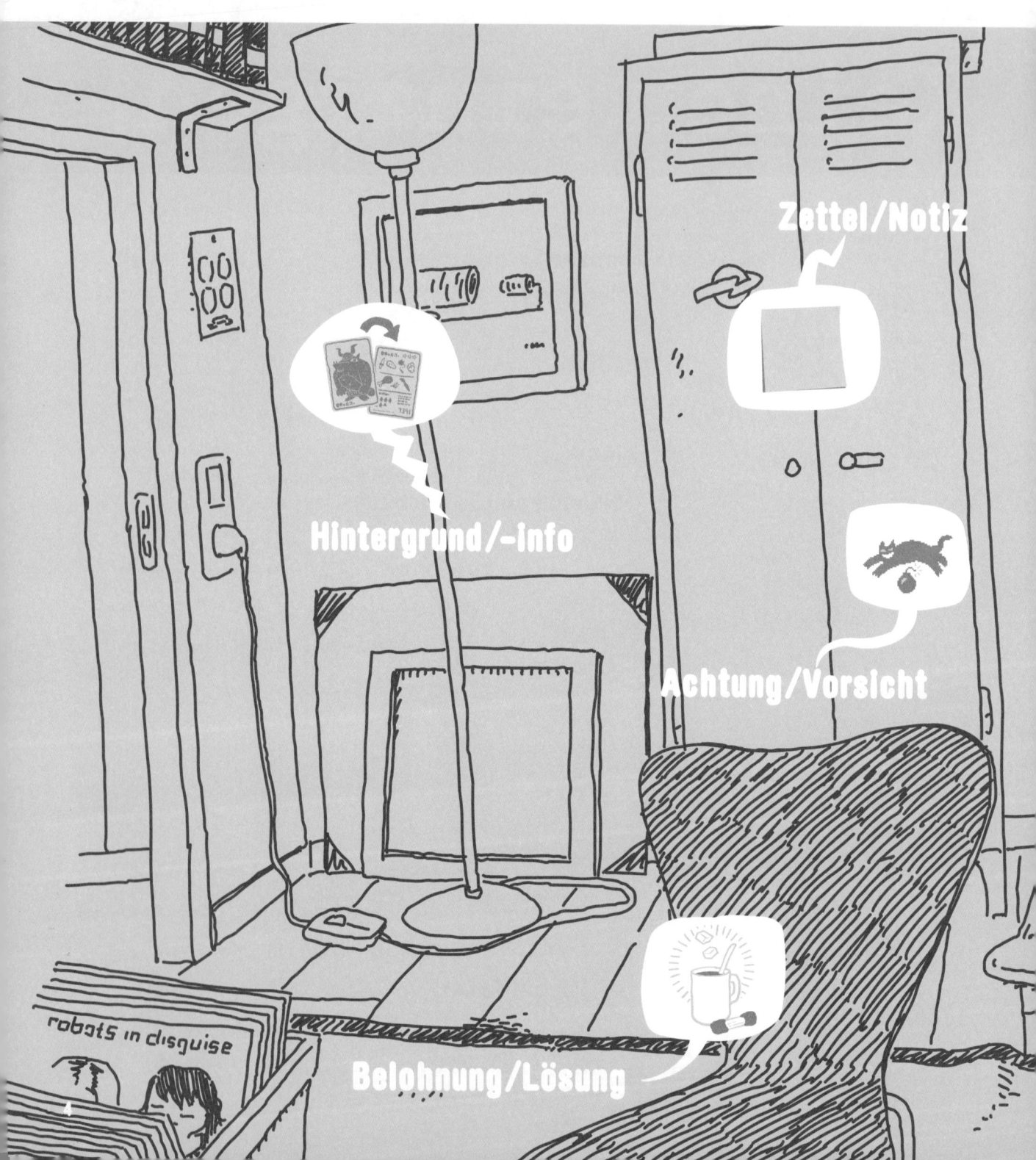

Die nötige Theorie, viele Hinweise und Tipps

Schrödingers Werkstatt

Unmengen von Code, der ergänzt, verbessert und repariert werden will

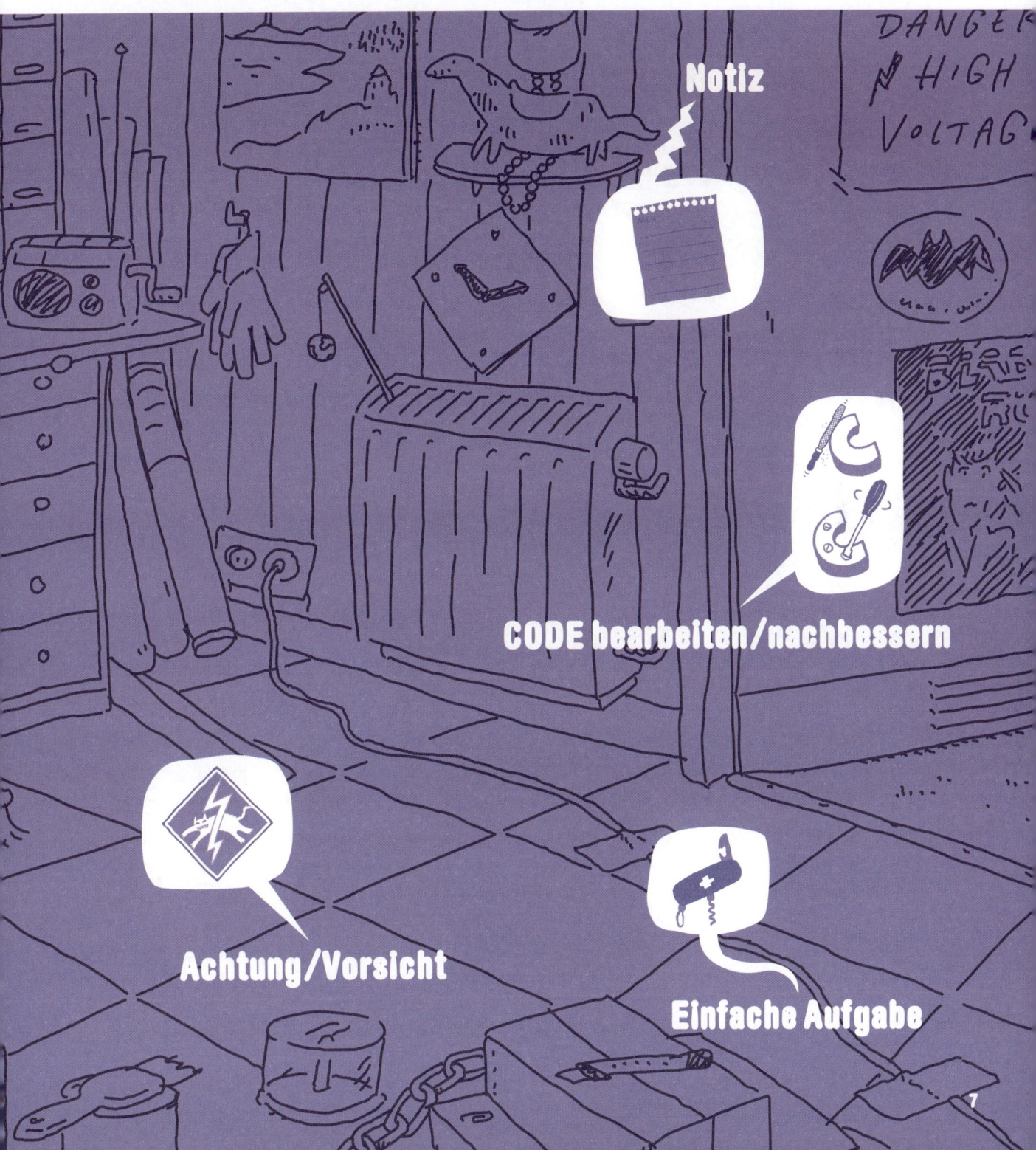

Schrödingers Wohnzimmer

Mit viel Kaffee, Übungen und den verdienten Pausen

Schrödinger programmiert C++

Vom Lektorat bis zum Rhein sind es nur wenige Schritte, und so sitzt Judith in der Mittagspause gerne auf den Felsen und spielt ein wenig Gitarre. Dass deshalb gleich Schiffe kentern, ist aber wohl eine Legende.

Christine Siedle und *Judith Stevens-Lemoine*, IDEE UND LEKTORAT

Janina »Sherlock« Brönner. Bei der Buchherstellung sind detektivische Kombinationsgabe und Finesse gefragt. Die Kollegen haben sich allerdings das Pfeiferauchen verbeten.

Janina Brönner, HERSTELLUNG

Schon zu Schulzeiten zeichnete Leo am liebsten die Bücher voll, von denen er am wenigsten kapierte.

Seit er weiß, dass man das auch gegen Bezahlung machen kann, kapiert er gar nichts mehr.

Andreas' zweite Leidenschaft neben der Buchgestaltung ist kochen. Wie auch immer: Hauptsache rare — VERY RARE!

Leo Leowald lebt und arbeitet in Köln als freiberuflicher Illustrator. Er veröffentlicht unter anderem in *titanic*, *jungle world* und bei *reprodukt* und zeichnet seit 2004 den Webcomic *www.zwarwald.de.*

Andreas Tetzlaff ist selbstständiger Buchgestalter in Köln. Er arbeitet normalerweise für Kunstbuchverlage — dass ausgerechnet ein IT-Fachbuch ihn vor künstlerische Herausforderungen stellt, hätte er sich vorher nicht träumen lassen …

Annette ist von Haus aus Archäologin,
da ist es nur ein kleiner Schritt bis zum Lektorat, und
der Vorteil ist: Bei Schrödinger und Co. findet sie immer was.

Annette Lennartz ist freiberufliche Lektorin in Bonn.
Für Schrödinger hat sie immer eine offene Tür. Privat schätzt
sie augenzwinkernde und gruselige Geschichten oder bastelt
an filigranen Schiffsmodellen.

KORRIGIERT VON: Annette Lennartz

Torsten träumt von Algorithmen, meist in C++.
So ist es kein Wunder, dass er ein Diplom in Informatik
besitzt. Er hat dieses Buch auf den Kopf gestellt, kräftig
durchgeschüttelt und sich zuweilen mit Schrödinger angelegt.
Um die Schleifen aus dem Kopf zu kriegen, verbringt er
seine freie Zeit mit Fotografieren.

BEGUTACHTET VON: Torsten T. Will

Dieter ist natürlich Softwareentwickler, Autor aus
Leidenschaft, aber in erster Linie wohl bester Kumpel
von Schrödinger. C/C++, Perl und Linux sind seine
Leib- und Magenspeisen. Ein leckeres Stück Törtchen verachtet
er aber keinesfalls. Neuerdings
verehrt er zudem einen Mac!

GESCHRIEBEN VON: Dieter Bär

Einbandgestaltung:
Andreas Tetzlaff und Leo Leowald
Druck und Bindung: PHOENIX PRINT GmbH

FÜR DIE, DIE
ES GENAU WISSEN WOLLEN
Dieses Buch wurde gesetzt aus unzähligen
Schriften (u.a. aus der WIMBY von Evert Ypma:
Danke, Evert!), Tonnen an Illustrationen und
anderen komischen Zeichen, die alle Beteiligten in den Wahnsinn trieben.

Bibliografische Information der Deutschen
Nationalbibliothek
Die Deutsche Nationalbibliothek verzeichnet diese
Publikation in der Deutschen Nationalbibliografie;
detaillierte bibliografische Daten sind im Internet
über http://dnb.d-nb.de abrufbar.

ISBN 978-3-8362-3824-3
© Rheinwerk Verlag GmbH, Bonn 2015
2., aktualisierte und erweiterte Auflage 2015

INHALTSVERZEICHNIS

Kapitel 1: Wir richten uns ein ...

Entwicklungsumgebungen für C++

Kapitel 2: Elefanten können nicht fliegen, aber Schrödinger kann programmieren

Erste Schritte in C++

Kapitel 3: Verschiedene Typen für einen bestimmten Zweck

Die C++-Basisdatentypen

Kapitel 4: Von Zahlen verweht ...

Arbeiten mit Zahlen

Kapitel 5: Eigene Entscheidungen treffen oder das Ganze nochmal bitte

Kontrollstrukturen in C++

Kapitel 6: Von gleichen und unterschiedlichen Typen, dem Sternchen und anderen ungemütlichen Sachen

Arrays, Strings, Vektoren, Strukturen und Zeiger

Kapitel 7: Funktionen, das Ende von Copy & Paste ...

Funktionen

Kapitel 8: Wie aus Chaos Ordnung entsteht

Schlüsselwörter für Typen, Namensbereiche und die Präprozessor-Direktiven

Kapitel 9: Von Hexenmeistern, Todesrittern und Datenkapseln

Klassen

Kapitel 10: Kino + WoW + Programmieren = viel Spaß

Überladen von Operatoren

Kapitel 11: Schrödinger macht sein Testament

Abgeleitete Klassen

Kapitel 12: Ausstechformen für die Plätzchen

Templates

Kapitel 13: Der Schleudersitz für den Notfall

Ausnahmebehandlung

Kapitel 14: Unterwäsche, 100 % Baumwolle, Doppelripp

Die Standardklasse string

Kapitel 15: Ströme ohne Isolierkabel verwenden

Der Umgang mit Streams und Dateien

Kapitel 16: Ausstechformen für Faule

Einführung in die Standard Template Library (STL)

Kapitel 17: Schöne neue Welt C++11

C++11 – der neue Standard

Kapitel 18: C++ 14 – der Neue!

C++14 – der allerneueste Standard

Index

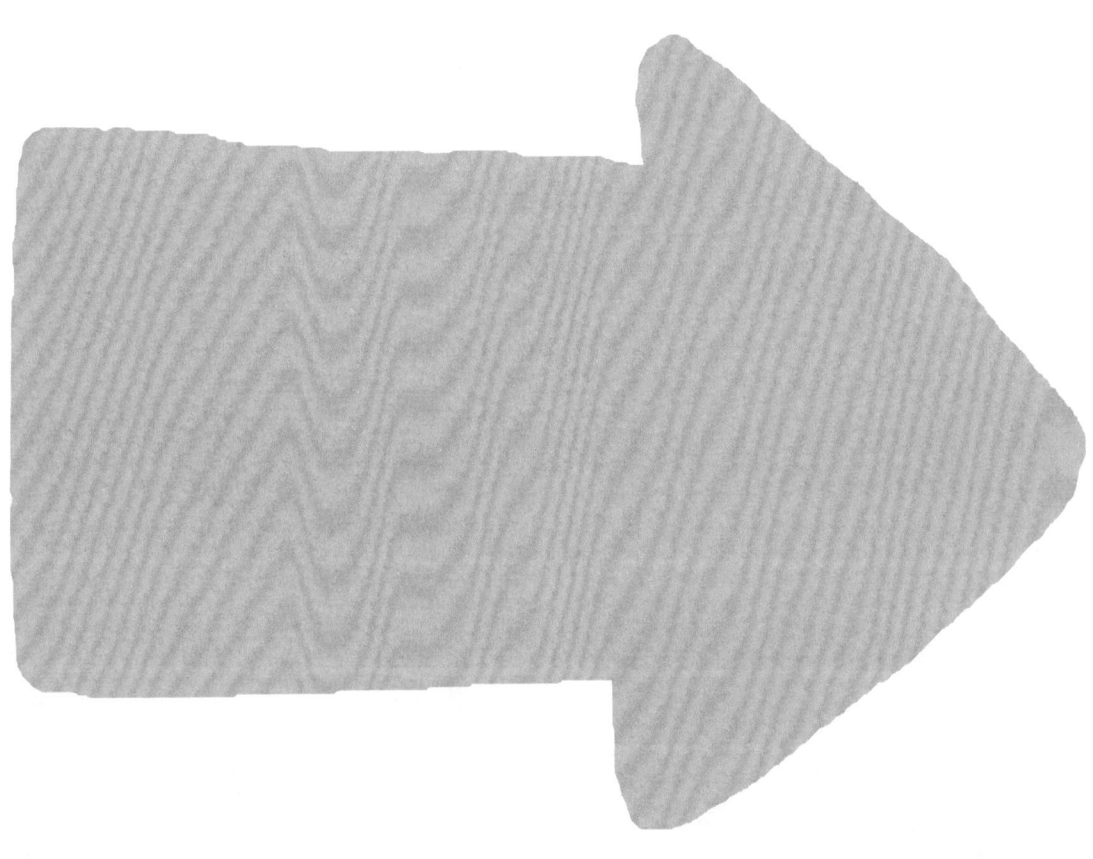

Vorwort

Als ich vor zwei Wochen meinen neuen
Freund Schrödinger in meinem Stamm-
lokal bei einem Bier kennenlernte, hat
er mir gesagt, er müsse für seinen künftigen Arbeitgeber C++ programmieren
lernen. Bisher hat er seine Programme
noch in altem Basic geschrieben. Nun
ja, ich habe ihm natürlich daraufhin
gesagt, dass er damit nicht mehr ganz
auf der Höhe der Zeit ist. Da ich selbst
als Programmierer tätig bin, bat mich
mein Freund nach dem dritten Bier, ob
ich ihm nicht C++ „etwas anders" bei-
bringen könne! Ich habe mir das überlegt, und nach dem vierten Bier und
einem vollen Aschenbecher habe ich
ihm schließlich versprochen, ihm zu
helfen.

Ich sagte ihm, dass er nicht erwarten dürfe, von heute auf mor-
gen perfekt C++ zu können. Das braucht schon etwas mehr Zeit
und vor allem Erfahrung. Aber ich kann ihm zumindest einen
etwas einfacheren und entspannteren Einstieg geben. Am nächsten Tag, nach ein paar Aspirin, habe ich mir mal notiert, was er
so alles grundlegend für seine ersten Schritte in die C++-Welt
gebrauchen kann, ohne ihm gleich ein ganzes Kompendium
mit Informationen an den Kopf zu werfen. Er hat mir nämlich
verraten, dass er schnell die Lust an etwas verliert, wenn er nur
trockene Theorie und Tabellen durcharbeiten muss. Im Nach-
hinein ist mir jetzt schon klar, dass es nicht leicht sein wird,
Schrödinger bei Laune zu halten. Aber ich gebe mein Bestes,
versprochen!

Erschwert wurde mir diese Aufgabe, da während des Schreibens auch noch der C++11-Standard eingeführt wurde, aber einige seiner Compiler den Spaß nicht mitmachen wollten, weil es eben immer dauern kann, bis der Standard überall komplett drin ist. Daher habe ich mich entschlossen, ihm innerhalb des Buches einige Notizen zum C++11-Standard zu hinterlassen und am Ende etwas ausführlicher darüber zu berichten. Und für den Fall der Fälle, dass Schrödinger mal wieder alles falsch abtippt oder sogar zu faul zum Tippen ist, habe ich ihm sämtliche Listings auf der Webseite zur Verfügung gestellt (**www.rheinwerk-verlag.de/3892** und von da aus unter »Materialien zum Buch« zum Download). Die abgedruckten Listings hier sind häufig etwas gekürzt, weil ich davon ausgehe, dass Schrödinger selbst in der Lage ist, das Programm zu komplettieren. Aber eben für den Fall der Fälle weiß er ja jetzt, wo er ein Beispiel finden kann.

Viel Spaß beim Lesen wünscht
Dieter Bär

An dieser Stelle möchte ich mich außerdem noch bei meinem finnischen Freund Esa Holopainen (**http://www.verikoirat.com/english/**) bedanken, der mir für Schrödinger zur Aufheiterung tolle Karikaturen zur Verfügung gestellt hat. Ebenfalls bedanken möchte ich mich bei meinem amerikanischen Freund Daniel McQuillen (**http://www.simplediagrams.com/**) für die tolle Software SimpleDiagrams und seinen netten Support dazu.

[Notiz zur 2. Auflage]
Hurra, die überarbeitete Auflage ist da! C++11 ist jetzt langsam aber sicher in unserer Gemeinde angekommen und eben wurde auch schon C++14 verabschiedet. **Aber keine Sorge, im Gegensatz zu C++11 ist C++14 eher so etwas wie eine Kosmetikkorrektur wo kleinere Falten glattgebügelt wurden.** Der nächste Hammer steht uns erst mit C++17 vor der Tür, wo wir hoffentlich endlich auch lang ersehnte Erweiterungen wie beispielsweise die Netzwerkprogrammierung sehen werden. Das C++14-Update alleine rechtfertigt also keinen Neukauf des Buches. Die Neuerungen dazu findest du vorwiegend am Ende des Buches.

—EINS—

Wir richten uns ein ...

Schrödinger findet heraus, dass er zur Entwicklung
von C++-Programmen einen Compiler benötigt.
Seine künftigen Kollegen haben ihm gesagt, dass er
hierzu zunächst verwenden kann, wozu er Lust hat.
Keine leichte Aufgabe für Schrödinger, sich im
Dschungel von Compilern mit und ohne grafischer
Oberfläche zurechtzufinden. Schrödinger hat sich
natürlich vorbereitet und keine Kosten und Mühen
gescheut, sich seinen Arbeitsplatz einzurichten.
Er hat sich gleich drei Rechner zugelegt, um auf Nummer sicher zu gehen und alle Systeme abzudecken:
einen Rechner mit Windows, eine Maschine mit Linux
und natürlich einen Mac.

Brauche ich eine IDE zum Programmieren?

Okay, bevor du überhaupt anfangen kannst, deine Programme zu schreiben, brauchst du natürlich ein Werkzeug, um einen lesbaren Quellcode in einen nicht mehr lesbaren Maschinencode zu übersetzen. Für solche Zwecke benötigst du in C++ einen **Compiler**. Solange du den C++-Standard verwendest, ist dein Quellcode auf die gängigsten Betriebssysteme portierbar. Wenn du den lesbaren Quellcode aber in einen Maschinencode übersetzt hast, dann kannst du diesen nur noch auf dem entsprechenden Betriebssystem ausführen. Damit sollte dir klar sein, dass der übersetzte Maschinencode entweder auf deinem **Windows-Rechner** oder auf dem **Linux-System** oder auf dem **Mac** läuft und nicht mehr portabel ist wie der Quellcode.

[Hintergrundinfo]
Genau genommen wird der Quellcode von einem Compiler in eine Objektdatei (***.obj** oder ***.o**) übersetzt. Diese Objektdatei(en) wiederum wird/werden dann von einem Linker zu einer ausführbaren Datei gebunden. Aber häufig ist bei der Rede von einem Compiler auch gleichzeitig der Linker als komplette Einheit mit gemeint. Aber du solltest trotzdem wissen, dass es sich hierbei um zwei verschiedene Dinge handelt.

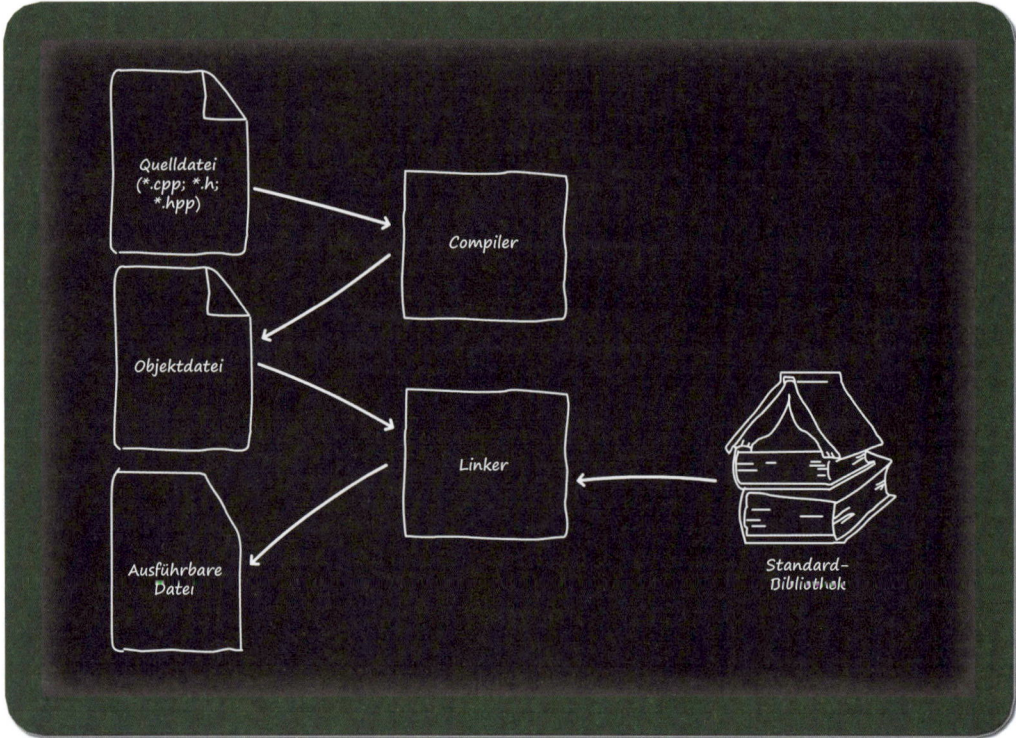

Vereinfachte Darstellung, wie man aus einer Quelldatei eine ausführbare Datei macht

Um jetzt aus deinem Quellcode ein echtes Programm (eine ausführbare Datei)
zu machen, brauchst du im Grunde nur einen **ASCII-Texteditor**, in den du deinen
Quelltext eintippst, und dann eben einen **Compiler** (mit Linker) zum Übersetzen
des Quelltextes, um daraus ein Programm zu machen.

Natürlich kannst du hierbei auch ein *Alles-drin-Komplettpaket* mit einer **Entwicklungsumgebung** verwenden. Entwicklungsumgebungen haben den Vorteil, dass eben
alles gleich an Bord ist. Hier findest du den Editor, Compiler, Linker und noch viele
weitere Dinge wie Debugger, Projektverwaltung, Profiler und noch einiges mehr vor.
Der einzige Nachteil von solchen Alles-drin-Komplettsachen ist halt, dass hierfür
ein wenig mehr Einarbeitungszeit nötig wird.

[Ablage]

Wie dem auch sei, ich bin hier nicht dafür da, für bestimmte Compilerhersteller zu
werben, sondern ich will dir lediglich einen kleinen Überblick zu diesem Markt verschaffen. Letztendlich sind alle nur ein Mittel zum Zweck mit demselben Ziel, nämlich
ein ausführbares Programm zu erzeugen.

Multikulturelle Sachen

Es gibt komplette Entwicklungsumgebungen, die für alle gängigen Systeme erhältlich
sind und unter Windows, Linux (und Unix-like) sowie Mac OS laufen. Zwei ganz große
und umfangreiche Projekte sind die IDEs **Eclipse** und **NetBeans**. Beide Entwicklungsumgebungen wurden in und für Java geschrieben. Aber trotzdem bieten diese auch
eine hervorragende Unterstützung anderer Programmiersprachen an, wie u.a. natürlich
auch für C++.

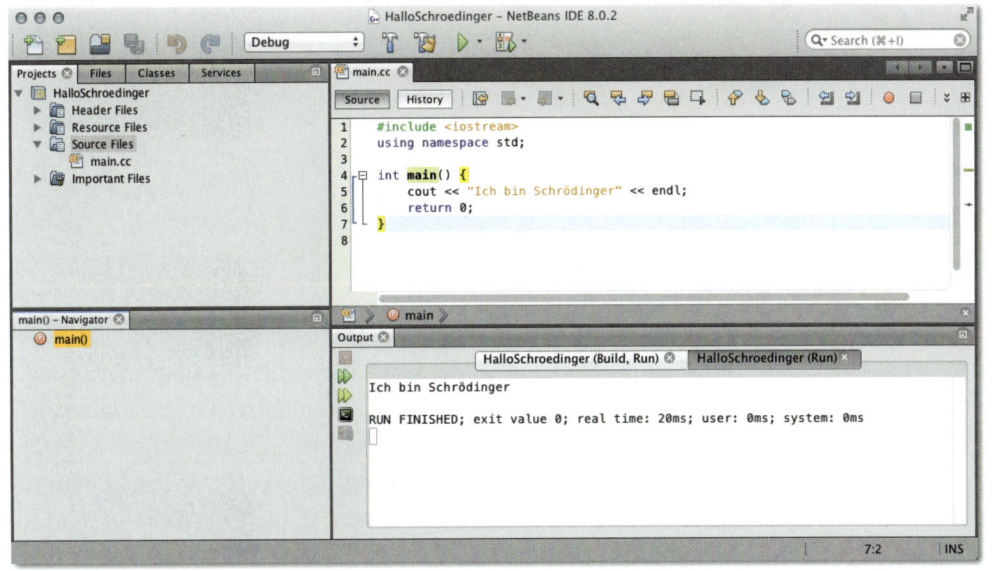

Die Entwicklungs-
umgebung NetBeans
für C++

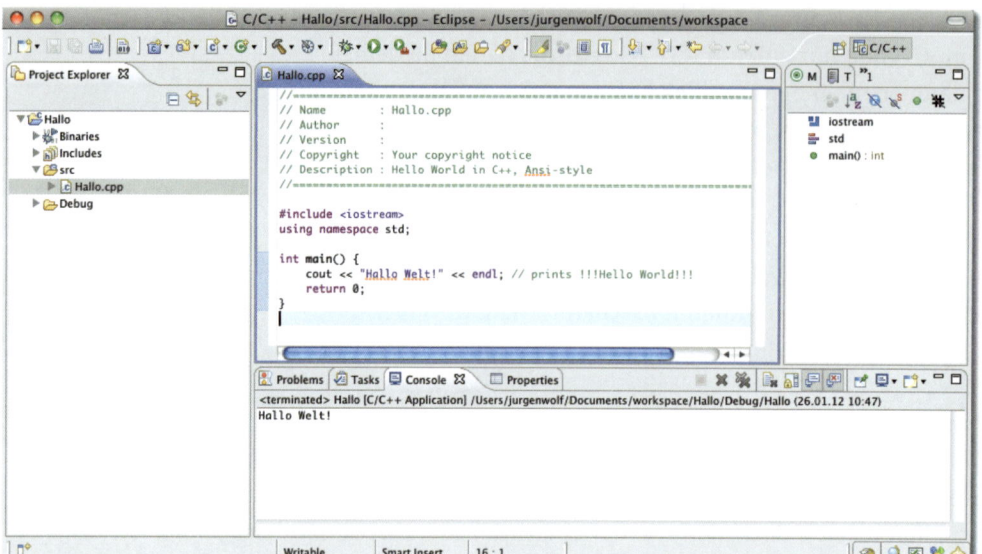

Ebenfalls für fast alle Systeme vorhanden ist das **Qt SDK** (worin die IDE **Qt Creator IDE** enthalten ist), womit sich neben tollen Anwendungen mit grafischer Oberfläche natürlich auch einfache C++-Programme erstellen lassen. Auch eine sehr interessante Oberfläche stellt **Code::Blocks** zur Verfügung, die mittlerweile auch auf Windows, Linux und Mac OS erhältlich ist.

[Ablage]
Alle hier erwähnten multikulturellen Sachen sind umsonst erhältlich und kosten dich keinen Cent!!!

Mikroweiche Sachen

Dominierend auf den Windows-Rechnern dürften wohl die hauseigenen Produkte sein. Microsoft bietet hierbei unter der Hausmarke **Visual C++ Studio** mehrere kommerzielle Versionen an. Aber es gibt mit **Visual C++ Express** auch eine kostenlose Version aus dem Hause dieser Entwicklungsumgebung, welche dir für den normalen Einstieg oder Umstieg in die C++-Welt vorerst völlig ausreichen dürfte.

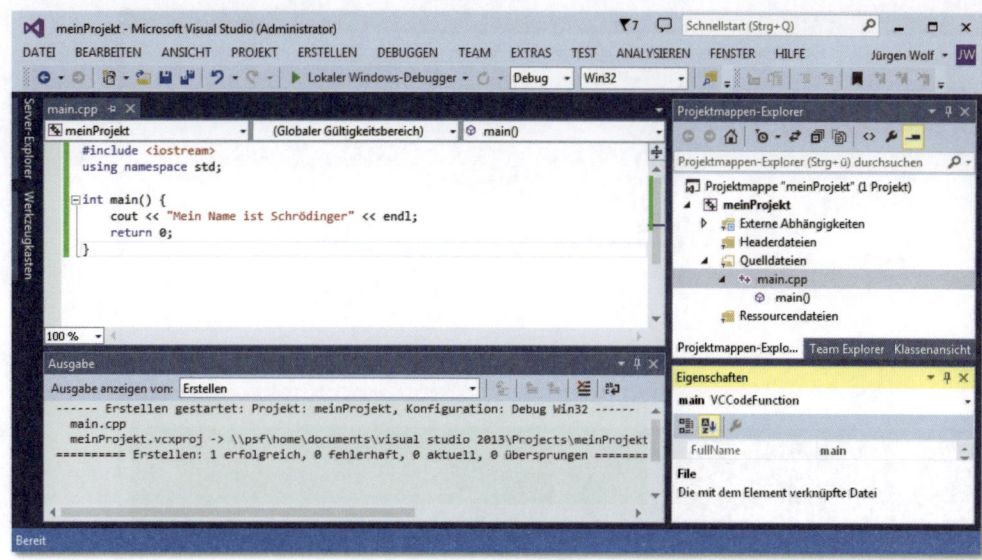

Microsoft Visual C++
im Einsatz

Auch sehr beliebt ist der Kommandozeilen-Compiler **MinGW-Compiler**, der eine Portierung des GCC-Compilers auf Windows ist. Darauf aufbauend werden viele andere Entwicklungsumgebungen verwendet. Früher war auch Borlands C++Builder sehr beliebt, der allerdings jetzt nur noch **C++Builder** heißt, weil er nicht mehr Borland gehört.

Die X-Sachen

Auf Linux oder anderen un(ix)artigen Systemen kommt im Grunde fast immer das **GCC-Paket** als Compiler zum Einsatz. Darauf greifen natürlich die meisten IDEs zu. Beliebte Entwicklungsumgebungen sind hier z. B. **KDevelop** und **Anjuta**. Es gibt aber mittlerweile auch viele kleinere interessante IDEs.

[Hintergrundinfo]
GCC, gcc und g++! Alles dasselbe? Nein, nicht ganz.
GCC ist die GNU Compiler Collection (also eine Sammlung von Compilern). gcc (kleingeschrieben) ist der C-Compiler der Sammlung, und g++ ist (ja, richtig) der C++-Compiler von GCC!

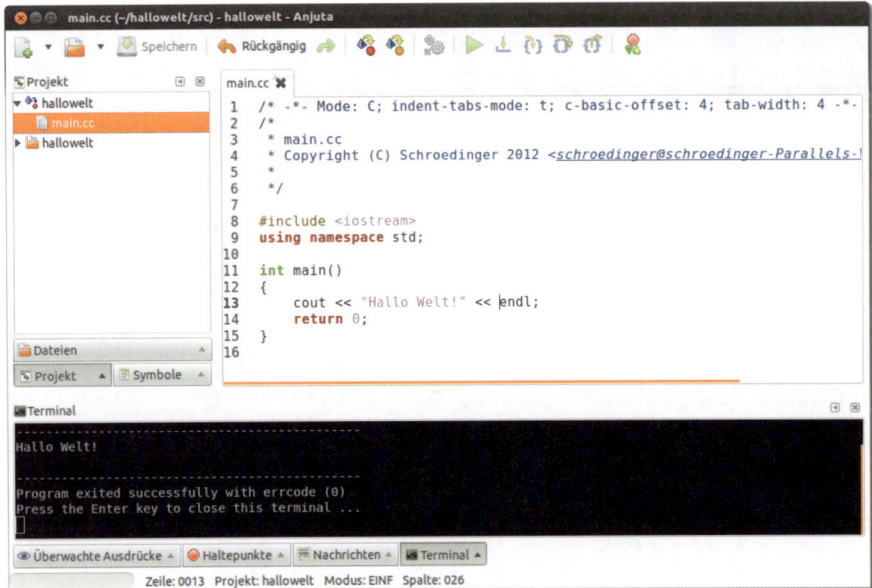

Anjuta ist eine sehr angenehme Entwicklungs-umgebung (hier unter Ubuntu Linux).

Angebissene Äpfel

Auch beim Apfel setzt man nach wie vor auf **GCC**. Aber hier sind erste Anzeichen eines Umbruchs zu erkennen. Apple hat schon einige Euros für **Clang** lockergemacht. Clang ist ein Compiler-Frontend für C, C++, Objective-C und -C++. So darf man davon ausgehen, dass Clang über kurz oder lang den GCC auf dem Mac ersetzen wird. Die wohl am meisten eingesetzte Entwicklungsumgebung auf dem Mac OS dürfte ganz klar das hauseigene Produkt **Xcode** sein.

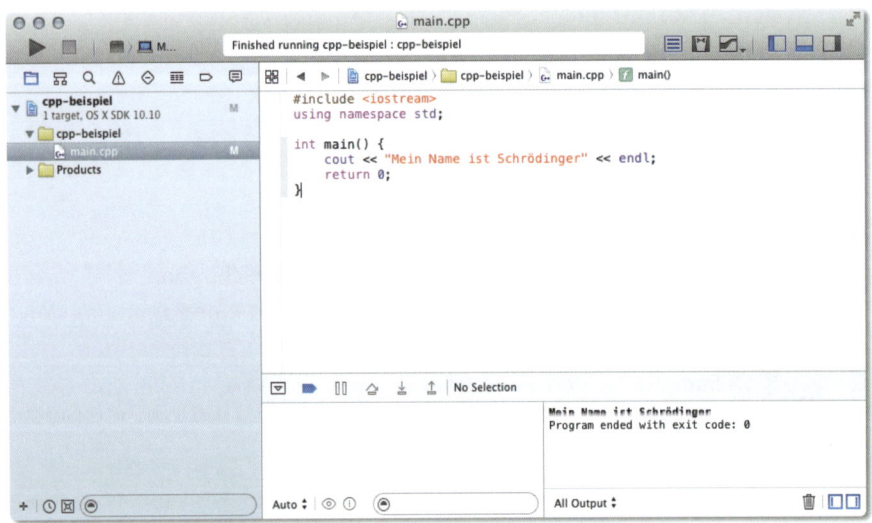

Besonders beliebt auf dem Mac ist Xcode.

Lass uns endlich loslegen ...

Ja, es gibt wirklich eine gewaltige Menge an (kostenlosen) Compilern bzw. Entwicklungsumgebungen, und du hast die **Qual der Wahl** dabei. Welchen Compiler oder welche Entwicklungsumgebung du hierbei verwendest, hängt natürlich zum einen vom System und zum anderen vom persönlichen Geschmack ab. Da du ja gleich für alle drei Systeme vorbereitet bist, hast du noch mehr Auswahl zur Verfügung.

[Notiz]
Du musst nicht zwangsläufig wie Schrödinger lauter neue Rechner anschaffen, um deinen Code oder deine Beispiele eventuell auf anderen Betriebssystemen oder Compilern zu testen. Hierzu reicht häufig auch eine **Virtualisierung** aus. So kannst du bspw. auf dem Mac-Rechner über eine Virtualisierungssoftware Windows oder Linux „installieren". Persönlich habe ich gute Erfahrungen mit Parallels Desktop gemacht. Auf Windows oder Linux wiederum verwende ich gerne VMWare, um ein anderes Betriebssystem als Gast zu haben. Ein Kollege von mir (unter Ubuntu Linux) schwört wiederum total auf das kostenlose „VirtualBox SE" (OpenSource), was auch für Windows erhältlich ist.

Hättest du das nicht gleich sagen können! Dann hätte ich eine Menge Geld gespart!

Übersetzen mit einer Entwicklungsumgebung

Hier möchte ich dir nun eine kleine Anleitung schreiben, wie du aus einem einfachen Quelltext ein ausführbares Programm mit einer Entwicklungsumgebung erstellen kannst. Im Beispiel wird davon ausgegangen, dass du die Entwicklungsumgebung bereits heruntergeladen und installiert hast. Die Anleitung ist natürlich sehr vereinfacht, und hier gilt, dass du dich schon selbst ein wenig mit deiner Entwicklungsumgebung befassen musst. In der Abbildung wurde zwar Microsoft Visual Studio Community dafür verwendet, aber der Vorgang ist bei den meisten anderen Entwicklungsumgebungen auch sehr ähnlich aufgebaut. Nur dass hier und da der Befehl etwas anders lautet und sich woanders befindet.

1. Am einfachsten dürfte es zunächst immer sein, wenn du ein neues Projekt startest. Hier eben über **Datei * Neu * Projekt.**

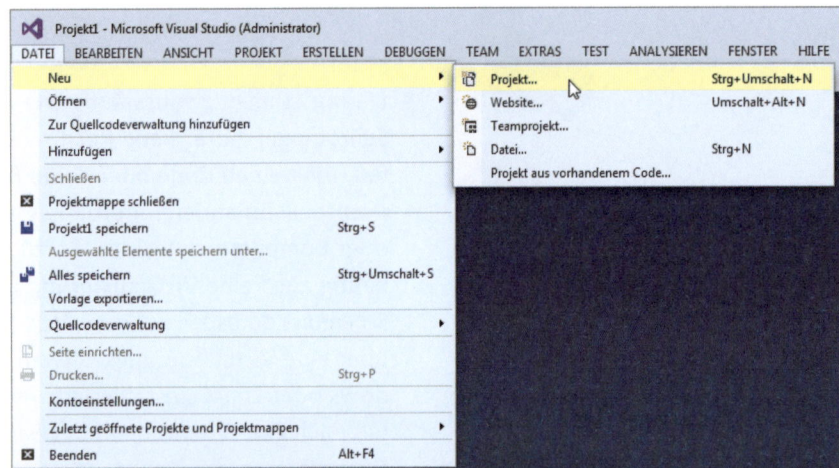

Erster Schritt dürfte immer sein, ein neues Projekt zu starten.

2. Als Nächstes erscheint meistens ein Dialog, der dir dabei hilft, zu entscheiden, was für eine Art von Projekt du erstellen willst, wie du dein Projekt nennen und wo du es abspeichern willst. Hier ist es oft gut, ein leeres Projekt oder eine C++-Konsolenanwendung zu erstellen.

Gewöhnlich hilft dir jetzt ein Wizard weiter, die Art deines Projektes auszuwählen.

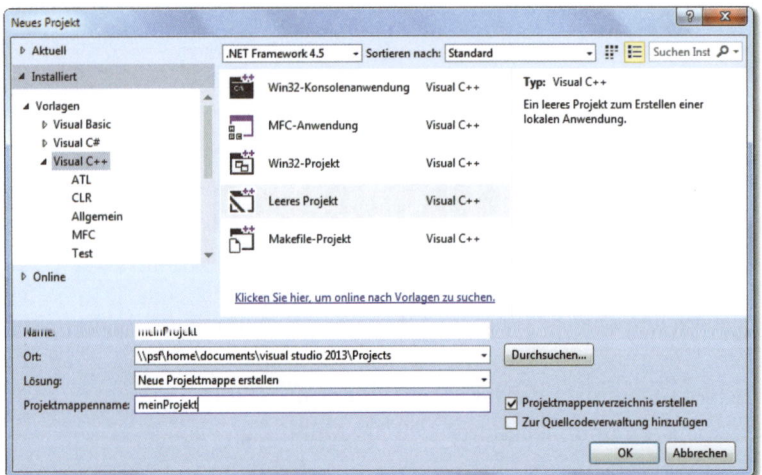

3. Abhängig von der Entwicklungsumgebung findest du jetzt häufig schon einen vordefinierten leeren Quellcode mit seinem Grundgerüst vor. Bei anderen Entwicklungsumgebungen musst du erst noch ein neues Element/eine neue Datei hinzufügen.

Neue Elemente wirst du so oder so irgendwann hinzufügen müssen, wenn du deinen Quellcode in mehrere Quell- oder Headerdateien aufteilst. Achte darauf, dass du den Quellcode auch zum Projekt hinzufügst und nicht nur einfach eine neue Datei anlegst!

Neue Elemente/
Dateien zum Projekt
hinzufügen.

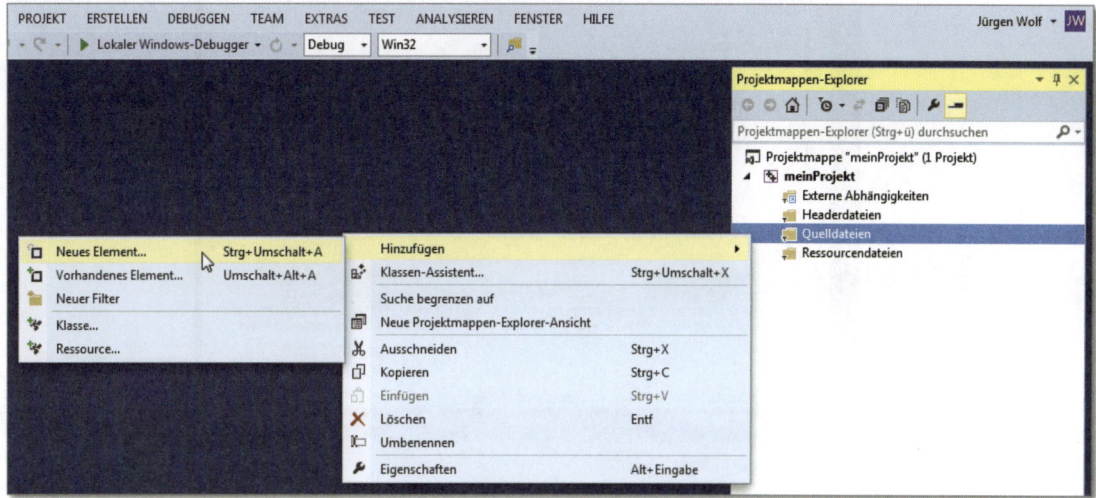

4. Auch hier hilft dir häufig ein weiterer Dialog bei der Wahl, was für eine Art von Datei du zum Projekt hinzufügen willst. Hier ist es eine Quelldatei mit der Endung ***.cpp**. Aber bei späteren Projekten wirst du auch des Öfteren mal eine Headerdatei mit der Endung ***.h** hinzufügen.

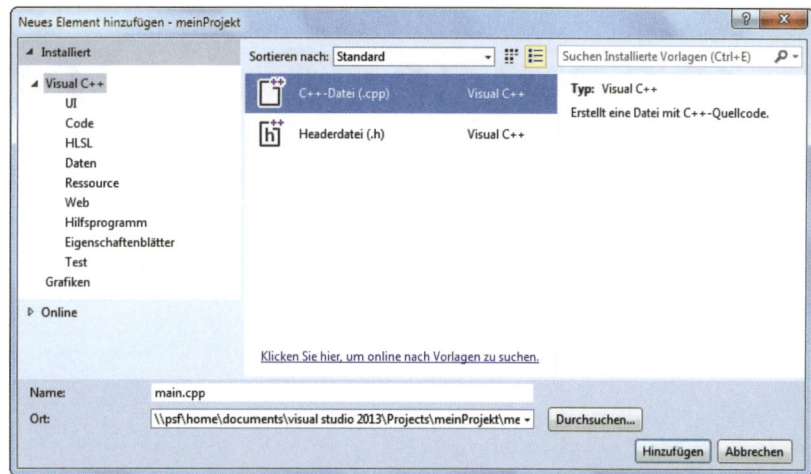

Meistens gibt es auch einen Wizard, der dir hilft, eine passende Datei hinzuzufügen.

5. Hast du deine Datei(en) hinzugefügt, kannst du anfangen, deinen Quelltext einzutippen. Nach dem Abspeichern kannst du dann den Quellcode übersetzen (kompilieren) und anschließend ausführen. Beim VC++ kannst du den Quelltext über **Erstellen ∗ Projektmappe erstellen** und **Erstellen ∗ Kompilieren** übersetzen und dann mit **Debuggen ∗ Starten ohne Debugging** ausführen.

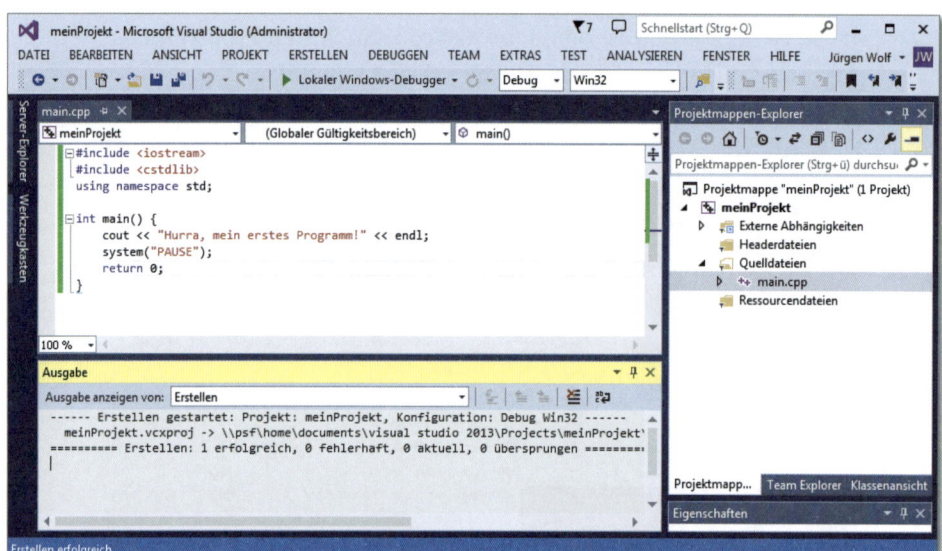

Jetzt nur den Quelltext eintippen, übersetzen und dann das Programm starten.

[Fehler]
Wenn du beim Einstieg hier verzweifelst und wirklich nicht klarkommst, kannst du ja eine E-Mail an Schrödinger senden, der da ziemlich gut durchblickt:

schroedinger@dieter-baer.de

g++ und clang++

Die Verwendung von Kommandozeilen-Compilern wie **g++** oder **clang++** erscheint dir vielleicht zunächst etwas altbacken, aber hat natürlich den Vorteil, dass du dich nicht mit einem Monster von Programm mit unzähligen Funktionen herumschlagen musst. Im Grunde musst du lediglich deinen Quelltext mit einem **beliebigen ASCII-Editor** schreiben, abspeichern und diesen dann mit einem Kommando übersetzen. Gerade für „kleinere Projekte" oder Listings im Buch reicht dies völlig aus. Zudem kommt hinzu, dass bei den meisten Linux- und Unix-Systemen der GCC (und somit g++) von Haus aus bereits installiert ist oder gegebenenfalls ganz schnell nachinstalliert werden kann.

[Notiz]

Natürlich gehe ich auch davon aus, dass du weißt, was eine Kommandozeile ist und wie du dich mit unterschiedlichen Kommandos dort durch die Verzeichnisse hangelst. Schließlich willst du ja Programmierer lernen und hier keine Einführung haben, wie du deinen Rechner bedienen kannst.

```
○ ○ ○                Meine ersten Gehversuche...
Schroedinger $ g++ -o main main.cpp
Schroedinger $ ./main
Juchu, es läuft...!
Schroedinger $ g++ -Wall -pedantic -o main main.cpp
Schroedinger $ ./main
Juchu, es läuft...!
Schroedinger $ _
```

Wenn du deinen Quelltext geschrieben und gespeichert hast, brauchst du nur noch in das Verzeichnis zu wechseln, in dem du den Quelltext gespeichert hast, den Compiler anzuwerfen und deinen Code übersetzen zu lassen.

Hier habe ich beim ersten Übersetzungsvorgang den Schalter **-o** verwendet, so dass der Compiler aus der Quelldatei *main.cpp* die ausführbare Datei **main** macht. Du kannst natürlich auch einen anderen Programmnamen für **main** verwenden. Beim zweiten Übersetzungsvorgang habe ich ein paar Schalter mehr verwendet, die mir mehr Informationen über diverse Warnungen zurückgeben, die sonst nicht angezeigt würden. **-Wall** gibt z. B. sinnvolle Warnungen vom Compiler aus und **-pedantic** gibt Warnungen aus, die vom ANSI-C++-Standard gefordert werden. Willst du deinen Quellcode „nur" kompilieren, also eine Objektdatei daraus machen, brauchst du nur den Schalter **-c** zu verwenden.

[Notiz]
Es gibt natürlich eine gewaltige Anzahl weiterer Schalter, die du hierbei verwenden kannst. Aber auch hierzu empfehle ich dir, dich bei Bedarf selber ein wenig einzulesen. Vergiss nicht, dass du hier ein C++-Buch vor dir hast, kein Buch über die Verwendung von speziellen Compilern!

... am Ende läuft es

So, an der Auswahl von Compilern bzw. Entwicklungsumgebungen mangelt es ja nun wirklich nicht. Daher will ich dir hier noch ein paar Compiler bzw. Entwicklungsumgebungen auflisten, damit du einen Überblick hast. Du kannst diese gerne testen und selber sehen, was dir persönlich am meisten zusagt.

Compiler	Kostenlos	Link	System	IDE
GCC	ja	http://gcc.gnu.org/	Win, Linux, Mac, Unix-like	nein
Clang	ja	http://clang.llvm.org/	Unix-like, Mac	nein
Microsoft Visual Studio	nein/ja	http://www.visualstudio.com/de-de/downloads/download-visual-studio-vs.aspx	Windows	ja
Microsoft Visual Studio Community	ja	http://www.visualstudio.com/de-de/downloads/download-visual-studio-vs.aspx	Windows	ja
Microsoft Visual Studio Express	ja	http://www.visualstudio.com/de-de/downloads/download-visual-studio-vs.aspx	Windows	ja
NetBeans	ja	http://netbeans.org/	plattformunabhängig	ja
Eclipse	ja	http://www.eclipse.org/	plattformunabhängig	ja
Qt Creator IDE	ja	http://www.qt.io/download/	Win, Linux, Mac	ja
Code::Blocks	ja	http://www.codeblocks.org/	Win, Linux, Mac	ja
C++Builder XE2	nein	http://www.embarcadero.com/products/cbuilder	Win, Mac	ja
KDevelop	ja	http://kdevelop.org/	Linux/Unix-like, Mac, Win	ja
Anjuta	ja	http://www.anjuta.org/	Linux, BSD	ja
Xcode	nein	http://developer.apple.com/technologies/tools/	Mac OS X	ja
MinGW	ja	http://www.mingw.org/	Windows	nein
Orwell Dev-C++	ja	http://sourceforge.net/projects/orwelldevcpp/	Windows	ja
Intel-C++	nein	http://software.intel.com/en-us/articles/intel-compilers/	Linux, Win, Mac	nein

Übersicht der Compiler bzw. Entwicklungsumgebungen für C++

Zu den hier erwähnten Compilern muss ich natürlich noch anmerken, dass viele Entwicklungsumgebungen die auf dem Betriebssystem vorhandenen Compiler verwenden und selten eigene Compiler mitliefern. Im Grunde sind ja die Entwicklungsumgebungen nichts anderes als eine grafische Steuerung für deinen Compiler und andere Werkzeuge. So verwenden bspw. unter Windows bekannte Entwicklungsumgebungen wie NetBeans, Eclipse, Qt Creator, Code::Blocks, Dev-C++ oder das MinGW Developer Studio alle **MinGW**. Wobei MinGW wieder auch nur eine Portierung der GNU-Werkzeuge GCC ist.

Bei einigen dieser Entwicklungsumgebungen kannst du aber auch den verwendeten Compiler ändern. So kannst du bspw. bei Code::Blocks auch auf den MSVC++-Compiler von Microsoft zurückgreifen, wenn du bspw. MS Visual C++ Express installiert hast. Ähnlich ist es natürlich auch bei Linux-Systemen und Entwicklungsumgebungen wie KDevelop oder Anjuta, welche letztendlich auch wiederum nur auf **GCC** zurückgreifen. Xcode wiederum greift auf das Backend des LLVM-Compilers zurück. Wobei **Clang** das Frontend davon ist.
Somit sind die einzigen **echten Compiler**, die oben aufgelistet sind, der GCC (MinGW), Clang, der MSVC von VC++ und Intel C++ Compiler.

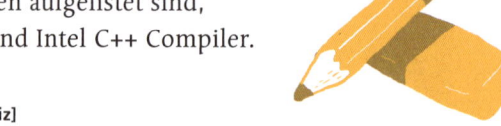

[Notiz]

Unter Linux-Systemen lassen sich einzelne Entwicklungsumgebungen häufig ganz komfortabel mit der Paketverwaltung der entsprechenden Distribution nachinstallieren.
Bist du auch ein Fan von Ubuntu, dann kannst du ja mal ein **"sudo apt-get install anjuta g++"** in der Kommandozeile absetzen und zusehen wie alles heruntergeladen und installiert wird.

ZWEI

Elefanten können nicht fliegen, aber Schrödinger kann programmieren

Schrödinger schreibt sein erstes Programm und erfährt dabei gleich, was alles zu einem Grundgerüst gehört und wie solche Programme aufgebaut sind. Schrödinger ist euphorisch, weil alles wie am Schnürchen läuft, und träumt schon von einer hoch-bezahlten Stelle als Entwickler bei seinem Lieblings-spiel WoW (World of Warcraft). Oder wie wäre es, wenn er nach Steve, Linus und Bill an DEM neuen Betriebs-system arbeiten würde?

Was ist eigentlich ein Computerprogramm? Ganz kurz und knapp für alle Schrödingers

Ein Computerprogramm liegt gewöhnlich als **ausführbare Programmdatei**, als sogenannter Maschinencode, auf einem Datenträger vor. Startest du ein solches Programm, wird es zunächst in den Arbeitsspeicher des Rechners geladen. Anschließend übernimmt der Prozessor **deines Rechenknechtes** die Kontrolle und verarbeitet der Reihe nach die für ihn lesbare Abfolge von Befehlen – das Programm bei der Ausführung eben.

Ich habe eben ein ausführbares Computerprogramm mit dem Editor meiner Entwicklungsumgebung geöffnet. Da werden nur komische Zeichen angezeigt!

Nein, das geht auch nicht mehr mit einem normalen Editor. Bei einem Maschinencode handelt es sich um für den normalbegabten Menschen nicht mehr lesbaren Binärcode, der sich nur noch mit ganz speziellen Maschinensprachmonitoren lesen lässt.

Verstehe ich nicht! Ich dachte, ich erstelle einen solchen Maschinencode! Wie soll ich denn meine Programme nachträglich wieder ändern?

Keine Sorge, der Maschinencode wird natürlich wieder von einem speziellen Programm erstellt, welches mit einer ganz bestimmten Sprache **gefüttert** werden muss. Diese Sprache ist für dich lesbar und als eine gewöhnliche Textdatei gespeichert, die du jederzeit wieder ändern kannst.

Mit „Sprache" meinst du hier C++?

Richtig! Du schreibst praktisch deine für dich lesbaren C++-Befehle in einen Editor, und dann sorgt ein **Compiler** (und Linker) dafür, dass daraus ein Maschinencode bzw. das ausführbare Computerprogramm erzeugt wird. Wenn du dein Programm jetzt ändern willst, brauchst du nur den **Quellcode** mit deinen C++-Befehlen zu ändern und **erneut zu übersetzen**.

Die Sache mit dem main-Dings ...

[Begriffsdefinition]

Irgendwo hat ja alles einen Anfang, also auch ein C++-Programm. Die Mutter alle C++-Anfänge ist hierbei **main()**. Dabei handelt es sich um die Hauptfunktion (main (engl.) = Haupt~), ohne die der Linker niemals ein ausführbares Programm erstellen könnte. Da die **main()**-Funktion also die erste Anlaufstelle deines C++-Programms ist, befinden sich darin auch die ersten Befehle des Programms, welche bei der Arbeit ausgeführt werden sollen.

Hier die nackte **main()**-Funktion, aus der sich tatsächlich auch ein sinnfreies ausführbares Programm erstellen ließe:

Das ist der erste **Einstiegspunkt** eines jeden C++-Programms, egal wie viele andere Funktionen davor stehen oder danach noch folgen mögen.

Die einzelnen Befehle der **main**-Funktion werden zwischen eine sich öffnende und eine sich schließende geschweifte Klammer gestellt. Die werden als **Anweisungsblock** bezeichnet.

```cpp
int main()
{
    return 0;
}
```

Da die Funktion **main()** einen Wert zurückgibt (will das **int** vor **main()** so haben) wird mit dem Befehl **return** der Wert 0 an den Aufrufer des Programms zurückgegeben.

Zwischen die komischen Klammern kommen also die Befehle für das main-Dings! Welche Befehle überhaupt, und wie kann ich diese voneinander trennen?

Schön, dass du mitdenkst! Die einzelnen Befehle werden mit dem Semikolon-Zeichen am Ende abgeschlossen. Jeder Ausdruck, der mit diesem Zeichen endet, wird als Anweisung bzw. Befehl behandelt. Der Compiler weiß dann, hier ist das Ende des Befehls und arbeitet dann den nächsten Befehl ab.

Welche Befehle denn jetzt nochmal?

Immer langsam, die Welt wurde auch nicht an einem Tag erschaffen (theologisch betrachtet in sieben – oder waren es sechs??? –, aber wissenschaftlich ...).

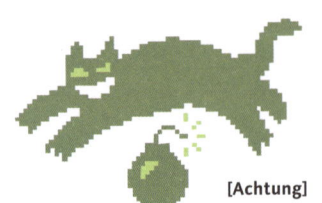

[Achtung]

Denk daran, dass man in C++ ganz streng zwischen Groß- und Kleinbuchstaben unterscheidet. So kannst du nicht einfach hergehen und **Main()** statt **main()** schreiben. Der englische Fachbegriff hierzu lautet **Case sensitivity.**

Unser erstes main-Dings soll laufen ...

Jetzt ist es an der Zeit, dass du deinen ersten eigenen Code eintippst und zur Ausführung bringst. Es geht noch gar nicht darum, was welcher Befehl macht, sondern nur, dass ein Fenster aufpoppt und irgendwas vor sich **hinbrabbelt**.

Hier dein erstes Programm:

*1 Das ist ein Befehl für den **Präprozessor**. Der Präprozessor ist ein weiteres Programm, welches noch vor dem Compiler ausgeführt wird. Damit sagst du dem Compiler, dass dieser Befehle verwenden kann, welche in der **Headerdatei** bzw. auch in der Bibliothek **iostream** enthalten sind.

*2 Damit stellst du für dein Programm den **Namensraum std** zur Verfügung. **Das ist praktisch**, weil du ohne diese Zeile Befehle aus diesem Namensraum erst mit **std::cout** oder **std::endl** qualifizieren müsstest.

*3 Das sind deine ersten echten Befehle für das Programm. Über **cout** und den Operator **<<** wird der Text, der **zwischen den Gänsefüßchen** steht, auf dem Bildschirm ausgegeben. Hättest du **iostream** am Anfang des Listings nicht angegeben, würde sich das Programm nicht übersetzen lassen, weil der Compiler den Befehl dann nicht kennt.

```cpp
#include <iostream>      *1

using namespace std;     *2


int main()

{

cout << "Elefanten können nicht fliegen,\n";      *3

cout << "aber Schrödinger kann programmieren\n";   *3

   return 0;

}
```

Juhu, es läuft ...

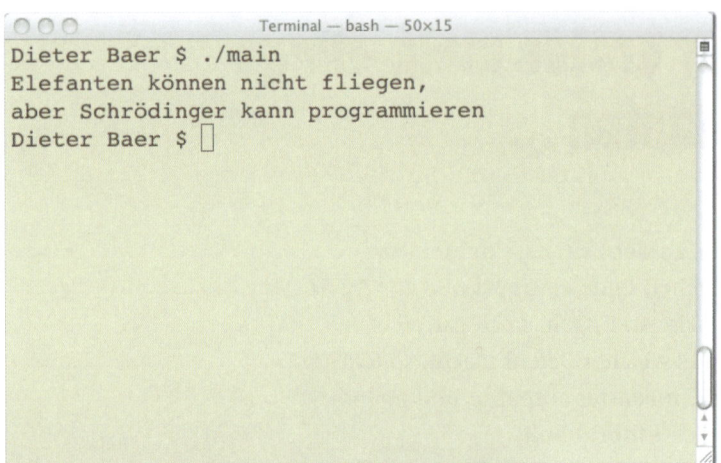

Das ist mein
erstes Programm
bei der Ausführung
auf meinem Mac.

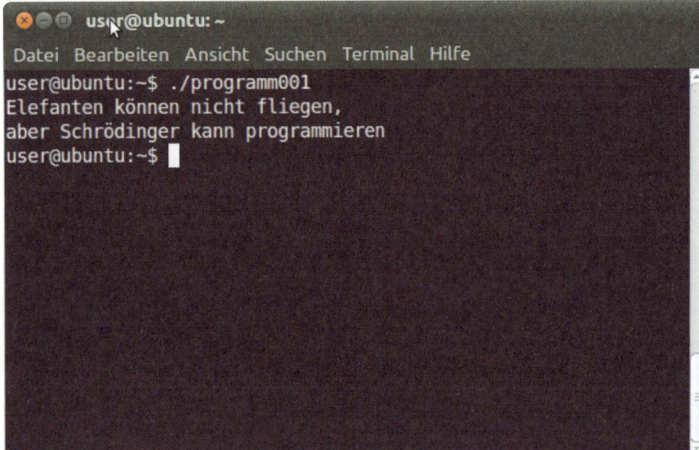

Heureka,
mein Programm
auf meinem
Ubuntu-Linux

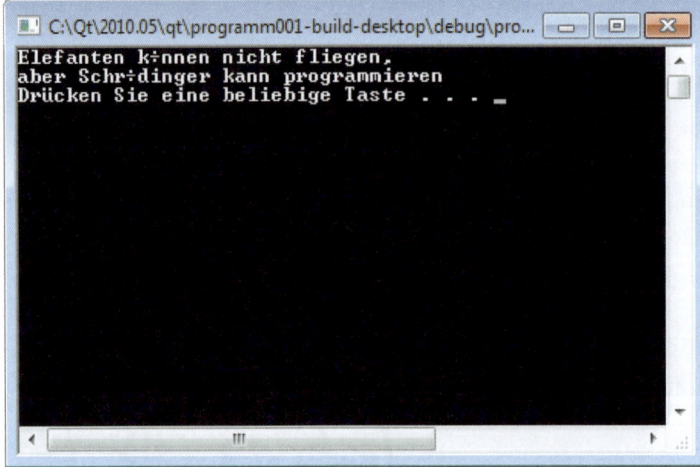

Und zu guter Letzt
das ausführende
Programm
unter MS Windows

[Achtung] Wenn falsche Umlaute in der MS Windows-Boxangezeigt werden, hat das historische Gründe. In der klassischen DOS-Eingabeaufforderung wurde zur Kodierung des Textes die **Codepage 850** (Dos-Latin.1) verwendet. In der grafischen Oberfläche von Windows wird die Eingabeaufforderung hingegen mit Codepage 1252 (Win-Latin-1) kodiert.

Natürlich gibt es auch in C++ einige Mittel, um Umlaute deiner Kultur darzustellen, aber ich denke, der Zeitpunkt jetzt ist ungünstig, und dann würden hier nur noch mehr Fragezeichen abgedruckt werden. Du könntest dir bspw. selbst mit hexadezimalen Werten (bspw. eine UTF-8-Literale) behelfen, allerdings musst du hierfür dann wissen, welche Codepage eingestellt ist. Auch findest du z. B. eine Klasse **std::locale** in der Headerdatei **<locale>** für solche Zwecke vor. Du musst also „nur" ein neues Objekt von diesem Typ erstellen und das Objekt zu deinen Kulturkreisen („German") anpassen. Folgendes Rezept könnte das Problem z. B. beheben:

```cpp
#include <locale> // benötigter Header
#include <iostream>
using namespace std;
int main()
{
locale loc; // Objekt erstellen
// mit deiner Kultur initialisieren
locale::global(locale("German"));
// Jetzt sollte es ein ö sein
cout << "Schrödinger" << endl;
…
```

[Notiz] Hier kannst du dich eines alten Tricks bedienen. Verwende einfach den MS-DOS-Befehl **PAUSE** dafür, welcher die Ausführung des Programms bis zum nächsten Tastendruck anhält. Den Befehl kannst du in C++ mit der (leider) alten C-Funktion **system()** absetzen. Hierzu musst du zusätzlich noch die Headerdatei **<cstdlib>** mit angeben, in der der Befehl enthalten ist.

Und wieder dieses Windows! Das Fenster poppt nur kurz auf und verschwindet wieder!

Einige Entwicklungsumgebungen kümmern sich selbst darum, bei anderen musst **du dich darum kümmern**. Im Grunde ist es ja kein Fehler, wenn das Programm wieder verschwindet. Letztendlich wird das Programm ja von Anfang bis Ende ausgeführt. Leider findet die Ausgabe hier ja auf die MS-DOS-Eingabeaufforderung statt, die extra für die Ausgabe geöffnet wird und sich daher am Ende auch automatisch wieder schließt, ohne dass einer gesehen hat, was drin stand.

```cpp
#include <iostream>
#include <cstdlib>
int main()
{
  cout << "Elefanten können nicht fliegen,\n";
  cout << "aber Schrödinger kann programmieren\n";
  system("PAUSE");
{
```

Hier dein Rezept nochmals mit diesem Notbehelf für **schnellpoppende Windows-Fenster** auf dem Zettel.

Endlich entspannen und träumen!

Wenn das weiterhin so einfach ist, könnte ich mich doch bei Blizzard Entertainment für die nächste Auflage von WoW bewerben. Das wäre doch eine Karriere, vom Entwickler für Software von Schuhkartons zum Chef-Entwickler eines Top-Software-Konzerns...

[Einfache Aufgabe]
Bevor du jetzt deine Bewerbung schreibst, kannst du mir sicherlich die Fehler im folgenden Listing zeigen?

```cpp
#include <iostream>

using namespace std;

int Main() { cout << "WoW\n" }
```

[Notiz]
In diesem Beispiel wurde der **erste Buchstabe** von `Main()` **großgeschrieben**. In C++ wird allerdings strengstens zwischen Groß- und Kleinschreibung unterschieden. Außerdem wurde beim Kommando über **cout** das **Semikolon** am Ende des Befehls **vergessen**. Das Weglassen des Rückgabewertes 0 am Ende mit **return** ist in der **main()**-Funktion kein Fehler und erfolgt (nur hier) automatisch, sofern nichts dransteht.

Rückgabe von main()

Dich stört vermutlich ein wenig die lasche Haltung in Bezug auf `return` bei `main()`. An dieser Stelle solltest du noch wissen, dass es trotzdem immer `int main()` heißen muss. Der Standard will, dass du hier immer ein `int` vor `main()` schreibst und nichts anderes sonst. **Lass dir von keinem was anderes erzählen.** Das schreibt der Standard eben so, und es gibt da keine Diskussion!

Kreuz und quer oder alles in Reih und Glied?

Ein paar Worte möchte ich noch zur Formatierung des Quellcodes verlieren, ehe du eine wohlverdiente Pause einlegen kannst. Zunächst einmal kannst du deinen Code eintippen, wie du willst. Im Grunde ist es egal, wie du das formatierst, solange ein **Befehl mit einem Semikolon abgeschlossen** wird und mehrere zu einer Funktion (oder auch einem Ausdruck) gehörende Befehle in einem Anweisungsblock zwischen den geschweiften Klammern zusammengefasst sind. Also folgendes Chaos ist ohne weiteres erlaubt:

```cpp
#include <iostream>

using namespace std;int main()

{cout << "Kreuz und quer\noder alles in Reih"

" und Glied...?!\n";return 0;}
```

Trotzdem lohnt es, sich die Mühe zu machen, den Code etwas ordentlicher zu formatieren. Ein **gleichmäßiges Einrücken** innerhalb eines Anweisungsblocks hat noch niemandem geschadet. Auch ist es hilfreicher, wenn du nur einen Befehl pro Zeile schreibst. Das hilft dir im Falle eines Fehlers; und wenn es nur ein Typo in der Syntax ist, der so aufgrund der Fehlermeldung des Compilers schneller gefunden wird. Außerdem werden es dir deine Mit-Programmierer danken, wenn Sie deinen Code auch mal lesen oder überarbeiten müssen.

Kein Kommentar?

Du hast zwei Varianten, einen Kommentar in deinem Quellcode zu vermerken:

- ☞ Soll sich dein Kommentar nur über eine Zeile erstrecken, reicht die Zeichenfolge **//**. Alles, was sich jetzt dahinter befindet, wird vom Compiler ignoriert.

    ```cpp
    // Ich bin ein Kommentar
    ```

- ☞ Mehrzeilige Kommentare leitest du mit **/*** ein und beendest diese mit ***/**. Alles, was sich also zwischen **/*** und ***/** befindet, wird vom Compiler ignoriert:

    ```cpp
    /* Ich
    bin ein
    Kommentar */
    ```

[Belohnung]
So, jetzt kannst du dich zurücklehnen und von deiner künftigen Karriere träumen.

Wie komme ich hier zum Bildschirm ...?

Um jetzt sinnvollere Programme zu erstellen, fehlt dir eine kleine **Wegbeschreibung**, wohin oder woher die Daten kommen, genauer, wie du etwas von der Tastatur einlesen kannst oder wie du die Daten dann auf den Bildschirm bekommst.

[Hintergrundinfo]

Zunächst einmal ist die Sprache C++ ohne die **iostream**-Bibliothek stumm und taub. Erst diese Bibliothek ermöglicht dir Wege, etwas von der Tastatur einzulesen oder etwas auf dem Bildschirm auszugeben.

Das ist auch der Grund, warum du bei fast jedem Programm die Headerdatei **<iostream>** mit angeben musst. Der Hauptgrund, die Ein- und Ausgabe von der Sprache zu trennen und als Bibliothek anzubieten, macht es wesentlich einfacher für den Compilerhersteller, die Sprache auch auf **anderen Systemen** anzubieten. Daher kannst du deinen Quellcode auf deinem Mac-, Linux- oder aber auch Windows-Rechner übersetzen und auf die gleich Art und Weise verwenden.

[Zettel]

Das Konzept der **iostream**-Bibliothek ist natürlich weitaus umfangreicher und komplexer, als das jetzt hier beschrieben wird. **Fürs Erste** musst du dich hier erst einmal damit zufriedengeben, dass du diese Bibliothek für die einfache Ein- und Ausgabe verwendest.

[Begriffsdefinition]

In C++ wird bei diesem Datenverkehr von einem **Stream** (engl. für [Daten-]Strom) gesprochen. Diesen Stream kannst du dir wie einen Tunnel vorstellen, durch den die einzelnen Bytes mit Daten einfach durchgeschoben werden.

Abhängig davon, aus welcher Richtung die Daten kommen, kann die **Quelle eines Streams von der Tastatur oder einer Datei herrühren**. In der anderen Richtung kann der Zielort dann der Bildschirm oder auch wieder eine Datei sein. Du erzeugst quasi ein solches Stream-Dings, welches fest mit deinem Programm verbunden ist, so dass der Datenverkehr des Programms dann nur noch über diesen Stream erfolgt.

Die grundlegenden Streams für die einfache Ein- und Ausgabe von Tastatur und Bildschirm von der **iostream**-Bibliothek lauten somit:

Objekt	Bedeutung	Wohin/Woher
cout	Standardausgabe	Bildschirm
cerr	Standardfehlerausgabe	Bildschirm
clog	Standardfehlerausgabe (gepuffert)	Bildschirm
cin	Standardeingabe	Tastatur

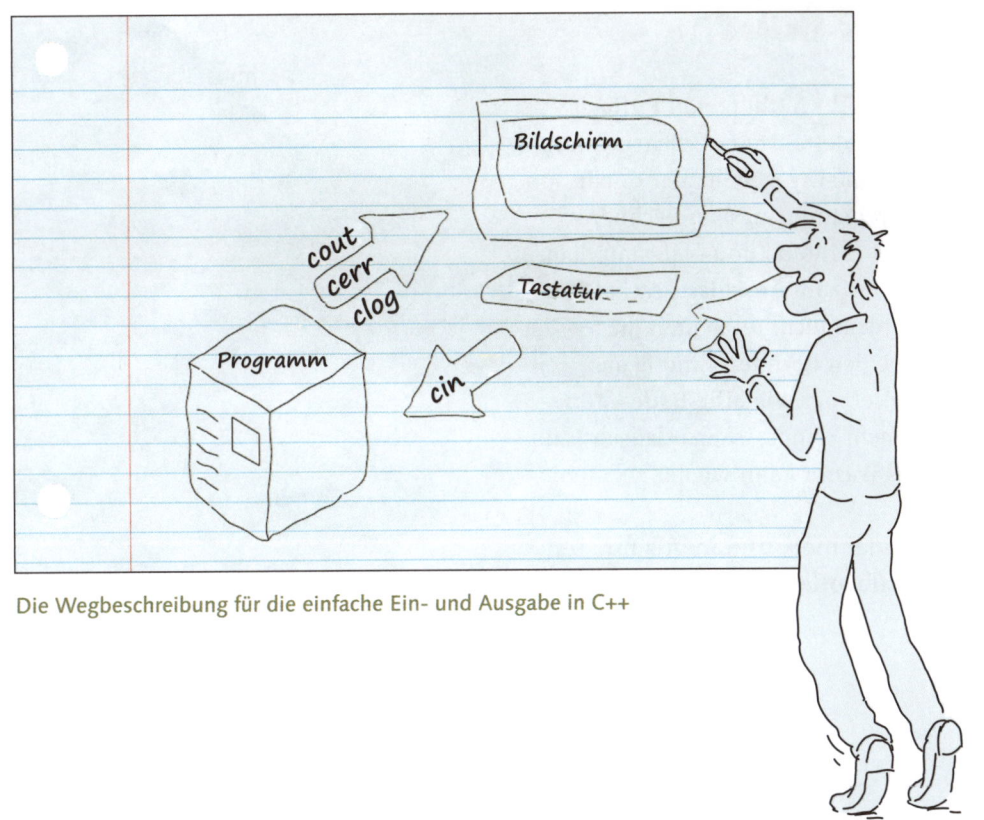

Die Wegbeschreibung für die einfache Ein- und Ausgabe in C++

Auf dem Weg zum Bildschirm

*1 Kannst du zur **üblichen Ausgabe** auf dem Bildschirm verwenden.

Unterwegs in Richtung Bildschirm geht es also mit den Stream-Dingern `cout`, `cerr` und `clog`. Zum Beispiel:

```
cout << "Auf zum Bildschirm\n"; *1

cerr << "Das auch...\n"; *2

clog << "Und noch einer...\n"; *3
```

*2 Ist die Standardausgabe nicht mehr verfügbar oder tritt ein Fehler auf, solltest du diesen Stream verwenden. Im Gegensatz zu **cout** wird **keine Pufferung** für diese Ausgabe verwendet.

*3 Diesen Stream kannst du verwenden, wenn du **Kontrollmeldungen** auf dem Bildschirm ausgeben willst. Im Gegensatz zum Stream **cerr** wird die Ausgabe allerdings gepuffert.

Badewanne schon voll?

Sinnvollerweise wird der Datenverkehr mithilfe von **Puffern** geregelt. Stell dir mal vor, es wird jedes einzelne Zeichen sofort über den Stream auf dem Bildschirm ausgegeben oder in eine Datei geschrieben. Wenn jedes Programm auf dem Rechner so vorgehen würde, gäbe es wohl keine Interaktion mehr mit dem Rechner, und der Prozessor wäre bis zum Anschlag beschäftigt. Zudem sind diese Arbeiten außerdem nicht unbedingt die schnellsten Aktionen und würden den Rechner unnötig ausbremsen. Daher gibt es einen Puffer, der **wie eine Badewanne** gefüllt werden kann, bis nichts mehr reinpasst. Erst danach kann man den Stöpsel ziehen, und das Wasser kann wieder ablaufen.

Natürlich gibt es hier auch Ausnahmen, und man kann den Stöpsel auch schon bei einer halbvollen Badewanne ziehen.

[Hintergrundinfo]
Der Stream **cerr** arbeitet **ungepuffert**, weshalb die Ausgabe sofort auf dem Bildschirm durchgeführt wird. Bezogen auf die Badewanne entspricht dieses Verhalten dem Einlassen von Wasser in die Wanne, obwohl der Stöpsel nicht abgedichtet wurde. Das Wasser läuft also vom Hahn sofort in den Ausfluss.

Gib mir fünf

In die andere Richtung geht es mit dem Datenstrom **cin**, welcher in der Regel für das Einlesen von der Tastatur verwendet wird.

> *1 Das ist **int** (=Integer = ganze Zahl) mit dem Namen **gibmirfuenf**.

```
int gibmirfuenf; *1

cout << "Gib ihm fünf: ";

cin >> gibmirfuenf; *2
```

> *2 Hier kannst du **gibmirfuenf** über die Tastatur geben, was er haben will

Stream me up, Scotty

Damit die Ströme für die Ausgaben **cout**, **cerr** und **clog** bzw. der Eingabe **cin** richtig funktionieren, musst du den Ausgabeoperator **<<** und den Eingabeoperator **>>** verwenden. Beide Operatoren sind so implementiert (**überladen, um genau zu sein**), dass du damit die grundlegenden Basisdatentypen ohne besondere Vorkehrungen ausgeben und einlesen kannst. Natürlich sollte dir dabei klar sein, dass du den Ausgabeoperator nur für Ausgabe-Streams und den Eingabeoperator nur für den Eingabe-Stream verwenden kannst.

Gegenseitige Wahrnehmung ...

Jetzt ist es an der Zeit, die einseitige Beziehung zwischen dir und deinem Programm zu beenden. Das folgende Beispiel zeigt dir eine gut gepflegte Beziehung zwischen dem Bildschirm und der Tastatur:

```cpp
#include <iostream>

using namespace std;



int main()

{

    int gibmirfuenf;

    cout << "Gib mir fünf: ";   *1

    cin >> gibmirfuenf;   *2

    cout << "Danke für die " << gibmirfuenf << endl;   *3

    return 0;

}
```

*1 Die Aufforderung für eine Eingabe.

*2 Hier musst du eine Ganzzahl eingeben. Über den Operator **>>** wird die Ganzzahl nach **gibmirfuenf** geschoben.

*3 Da der Operator **<<** überladen werden kann, lässt sich dahinter immer noch weiterer Text mit einem weiteren **<<** nachschieben. Das **endl** am Ende ist ein kleines Helferlein (mit dem mächtigen Namen Manipulator) und hüpft für uns in die nächste Zeile.

[Fehler]

Der Datenverkehr über das **cin**-Dings von der Tastatur wird an der Stelle beendet, an der das erste Zeichen nicht mehr bearbeitet werden kann. Wenn du bei der Eingabe von **gibmirfuenf** den Wert „5Meter" eingegeben hast, so wird in **gibmirfuenf** nur der Wert „5" gespeichert. Das liegt daran, dass du als Typen einen Integer verwendest. Führende Leerräume hingegen werden völlig ignoriert.

Manipulieren oder selber steuern?

Um bei der Ausgabe in die nächste Zeile zu springen, hast du mehrere Möglichkeiten:

1. Entweder du manipulierst mit **endl**, flüchtest mit **'\n'**.
2. Oder du flüchtest und terminierst mit **"\n"**.
3. Alle drei Zeilenende-Dinger kannst du über den Ausgabeoperator **<<** in einen Ausgabe-Stream stecken.
4. Als vierte Möglichkeit kannst du noch den Ausgabeoperator etwas schonen und das Zeichen für das Zeilenende am Ende des Textes hinzufügen (zum Beispiel: **"Schonendes Zeilenende\n"**).

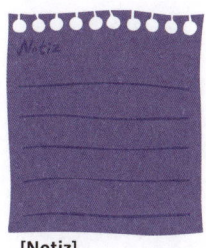

[Notiz]

Bei den Zeichenkombinationen, die mit dem Zeichen **** beginnen, handelt es sich um nicht darstellbare Steuerzeichen, die auch Escape-Sequenzen (escape = entfliehen, entkommen) genannt werden.

Hm, das sollte eigentlich nicht so schwer sein. Ich muss doch nur diese Zeilenenden in den Ausgabe-Operator << stecken, so dass am Ende alles irgendwie beim Stream cout ankommt.

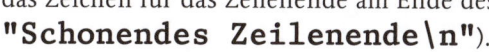

```cpp
#include <iostream>

using namespace std;



int main()

{


    cout << "Der Manipulator" << endl;      *1


    cout << "Das Zeichenliteral" << '\n';    *2


    cout << "Das Stringliteral" << "\n";     *3


    cout << "Oder gleich im Stringliteral\n";  *4


    return 0;


}
```

*1 Der Manipulator **endl** stellt die langsamste Version da, weil noch eine **Extra-Synchronisation** ausgeführt wird. Und zwar werden hier alle sich noch im Puffer befindlichen Daten sofort an die Ausgabe geschickt.

*2 Die wohl **sparsamste Lösung**, weil nur ein einzelnes Zeichen verwendet wird.

*3 Hier wird neben dem Zeilenendezeichen noch ein zusätzliches (aber nicht sichtbares) **Terminierungszeichen** verwendet, welches das Ende des Strings kennzeichnet (Hasta la vista, baby!).

*4 Die wohl für den Prozessor **günstigste Lösung**, womit du den Ausgabeoperator **<<** nicht nochmals extra belasten musst.

Noch ein wenig Brain-Streaming

Eigentlich sollte jetzt Zeit für **eine Runde WoW** sein, aber vorher wollen wir den Tag noch ein wenig überfliegen. Du weißt jetzt, dass der Datenverkehr in C++ über Streams realisiert wird. Zwar hat das Stream-Konzept noch viel mehr zu bieten, aber für die nächsten Buchseiten bist du hiermit erst mal **gut gerüstet**.

Du weißt jetzt auch, dass diese Streams nicht Bestandteil der Sprache, sondern als Extra-Bibliothek enthalten sind.

Des Weiteren hast du auch die Operatoren **<<** und **>>** kennengelernt, die dir dabei helfen, die Daten korrekt in den Stream zu stecken.

[Einfache Aufgabe]

Bevor du dich also auf **neue Quests** in der Welt der Kriegskunst stürzen kannst, möchte ich noch sehen, ob du das Thema verstanden hast. Du solltest jetzt in der Lage sein, im folgenden Listing ohne Lupe und Rechner, die Fehler mit dem **bloßen Auge** zu erkennen.

```cpp
#include <iostream>

int main()
{
  int level;
  cout >> "Welchen Level hast du in WoW: ";
  cin << level;
  cout >> "Wow, Level " >> level >> "! Nicht schlecht\n";
  return 0;
}
```

In dem Beispiel wurde bei dem Stream cout statt des Operators << der Eingabeoperator >> verwendet und bei cin wurde statt des Operators >> der Ausgabeoperator << verwendet. Im Beispiel sind also die Richtungen für die Operatoren vertauscht worden.

Richtig, aber damit dieses Beispiel auch läuft, fehlt noch etwas ganz Wichtiges.

Okay, ich helfe dir.

Wenn du jetzt die Operatoren auf den richtigen Weg bringst, gibt es trotzdem keine Verbindung zu den Streams **cout** oder **cin**, weil diese nun mal keiner kennt. **Wie ein Vampir,** der nicht ins Haus kommt, wenn du ihn nicht extra hereingebeten hast, musst du auch die beiden Streams in den Gültigkeitsbereich bitten. Es fehlt praktisch der Namensbereich **std** in diesem Beispiel, den du bisher immer mit **using namespace std;** hereingebeten hast. Alternativ kannst du aber auch den Namensbereich **std** mit dem Bereichsoperator **::** reinbitten:

```
std::cout << "Du darfst rein"
std::endl;
```

So, jetzt kannst du einen neuen Quest anfangen.

DREI

Verschiedene Typen für einen bestimmten Zweck

„Wohin mit den Daten?", fragt sich Schrödinger und bemerkt, dass es dafür verschiedene Basisdatentypen gibt und dass C++ außerdem sehr pingelig ist, was diese Typen betrifft. Hierbei erfährt er auch gleich, wie die einzelnen Zeichen und Buchstaben in seinen Computer gelangt sind und wie er sie da wieder heraus und auf den Bildschirm bekommt.

Starke Typen

Um **Daten speichern** zu können, benötigst du eine **Kiste**. Statt einer geöffneten Kiste findest du hier allerdings eher Öffnungen mit geometrischen Formen, wie du das noch von Steckspielen aus deiner Kinderzeit her kennen könntest. Das bedeutet also, dass die jeweiligen Formen nur in **bestimmte Öffnungen** passen. So ist das auch mit dem Speichern von Daten.

Man kann nicht alles reinstecken, wo und vor allem was man will ...

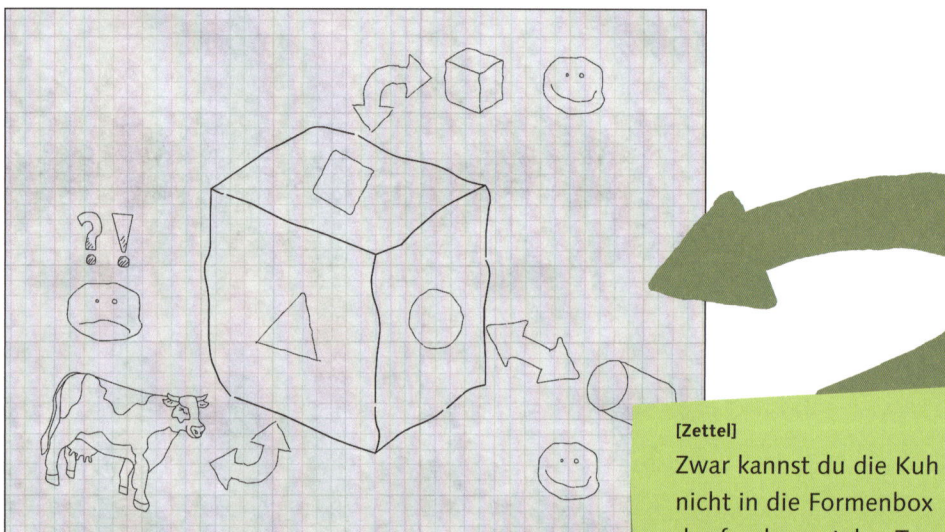

Ähnlich, wie du bei WoW als Priester heilen kannst und als Krieger eher nicht, legst du mit einem **Typ in C++** auch gleich fest, was du damit alles anstellen kannst. Schau dir einmal folgende Zeile an:

```
ehe = mann + frau;
```

Damit diese Zeile in C++ einen Sinn ergibt, müssen **mann** und **frau** vom **passenden Typ** sein, damit die Addition (**+**) und Zuweisung (**=**) verwendet werden kann und (eine) **ehe** dabei herauskommt.

[Zettel]
Zwar kannst du die Kuh nicht in die Formenbox der fundamentalen Typen stecken, aber später lernst du noch, wie du mit den fundamentalen Typen eigene **benutzerdefinierte Typen** erstellen kannst. Du könntest quasi aus den grundlegenden Basistypen einen **eigenen Typ** Kuh erstellen.

Mein Name ist Schrödinger

Um jetzt auf die Daten zugreifen zu können, benötigst du für jeden Typ einen Namen (genauer **einen Bezeichner**). Für einen solchen Namen kannst du beliebige Buchstaben, Ziffern und das Unterstrichzeichen (z. B. `_huhu`) verwenden. Das **erste Zeichen** darf allerdings **keine Ziffer** (somit falsch: `8tung`) sein, und natürlich musst du auch hier auf die **Groß- und Kleinschreibung** achten. Somit sind `Nebelleben` und `nebellebeN` zwei verschiedene Namen (egal, in welcher Richtung diese gelesen werden).

Damit jeder seinen Stein wiederbekommt, müssen eindeutige Namen verwendet werden.

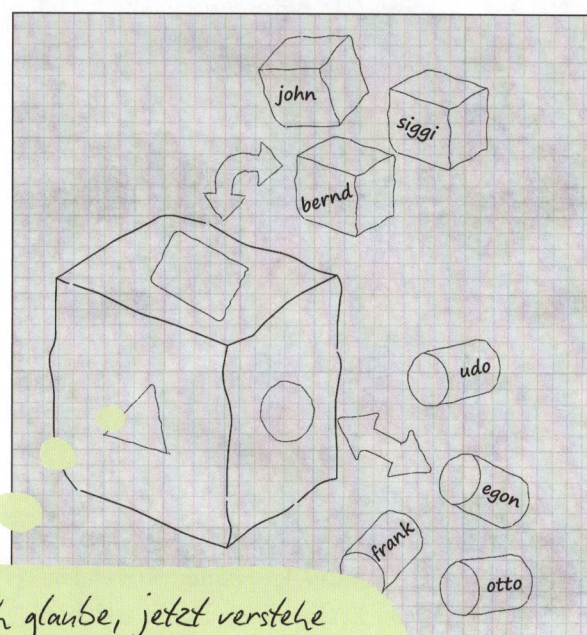

[Schrödinger stolz]: Ich glaube, jetzt verstehe ich es. Zum **Speichern von Daten** muss ich einen für die Daten **passenden Typ** verwenden. Der Typ bestimmt dann, was ich mit den Daten machen kann (bspw. rechnen). Und damit ich auf diese Daten zugreifen kann, brauche ich einen **eindeutigen Namen!**

... wie aus grundlegenden Formen (Typen) eine Katze wurde.

Fundamentale und faule Typen

Natürlich stellt dir C++ hier **grundlegenden Typen** zur Verfügung, in denen du deine Daten speichern kannst. Grundlegend heißt hierbei: **Ganzzahltypen**, **Gleitkommatypen** und Typen für **Zeichen**. Wenn du diese Typen besser kennengelernt hast, kannst du später daraus speziellere Typen basteln. Stell dir das einfach wie bei dem chinesischen Legespiel **Tangram** vor, bei dem du aus primitiven geometrischen Flächen unzählige Figuren legen kannst. Ebenso kannst du es in C++ mit primitiven Typen recht weit bringen und daraus besondere Typen zusammenlegen (bspw. auch eine Kuh).

Platon,
mein Freund der Weisheit,
du magst zwar die Wahrheit,
das Schöne und das Gute lieben,
aber ich will jetzt endlich
programmieren und nicht
philosophieren!?

Wie überall gibt es auch hier wieder Typen, die gar **nichts tun** wollen und sich jeder Information entziehen. Genauer handelt es sich hierbei um **void**. Der Typ kann sich gar nichts merken, und man kann ihn höchstens bei Funktionen gebrauchen. Der **sinnleere Typ** könnte zwar auch als Zeiger verwendet werden, aber das gilt als **böse** und sollte in C++ mit **Weihwasser** gebannt werden.

>> Gleich noch eine Weisheit, mein Guter

Deklaration und Definition

Bevor du einen Namen in deinem C++-Programm verwenden kannst, musst du dem Compiler Bescheid geben, mit **welchem Typ** du daherkommst. Ein gegenseitiges Bekanntmachen gehört schließlich zum guten Ton, und ohne kommst du ohnehin nicht rein. Eine solche Verknüpfung zwischen Typ und Namen wird als **Deklaration** bezeichnet. Damit weiß der Compiler, welche Aktionen du auf das Speicherobjekt anwenden kannst (bspw. **+**, **-**, **/** usw.).

Eine einfache Deklaration kannst du dir so vorstellen:

*1 Gefolgt von **Typ**, gibst du den **Namen** für das Speicherobjekt an. Am Ende schließt du diese Deklaration mit einem **Semikolon** ab.

```
Typ Name; *1
Typ Name01, Name02, Name03; *2
```

*2 Getrennt durch ein einfaches **Komma**, lassen sich auch gleich mehrere Namen vom selben **Typ** deklarieren.

[Zettel]

Das Thema **Deklaration und Definition** ist nicht auf einfache Typen beschränkt. Auch konstruierte Typen und Funktionen müssen deklariert werden. Allerdings kommt es dabei häufig vor, dass du die Definition an einer anderen Stelle im Quellcode vornimmst als die Deklaration. Darüber brauchst du dir aber jetzt noch keine Gedanken zu machen.

Meistens sind solche Deklarationen von Datentypen gleichzeitig auch **Definitionen**. Das heißt, es wird ein eindeutiges Objekt im Speicher erzeugt, dem alle nötigen Informationen (eben was der Typ alles kann) zugeordnet werden.

Ganzer Kerl dank ...

Offiziell bietet C++ derzeit verschiedene Größen von Ganzzahltypen (=Integer) an. Da wären (in aufsteigender Größe) **short int**, **int**, **long int** und **long long int**. Wie du an dem Namen **short int** schon herauslesen kannst, handelt es sich um den kleinen Bruder (Geschlecht der Typen ist leider nicht feststellbar) und bei **long int** um die große Schwester (im Sinne der Gleichberechtigung) von **int**. Die beiden, **short** und **long**, können auch ohne den Familiennamen **int** verwendet werden.

>> Ein Blick in die Glaskugel

[Hintergrundinfo]

long long int ist ein extra **laaanger** Ganzzahltyp, der offiziell erst mit dem C++11-Standard dabei ist. Dies wollte ich nur erwähnen, falls du einen alten Compiler hast, der damit nichts anfangen kann.

[Zettel]

Der Erfinder von C++, Bjarne Stroustrup will hierbei gerne eine vereinheitlichte Initialisierung sehen. Mit dem C++11-Standard wurde eine solche vereinheitlichte Initialisierung mit geschweiften Klammern eingeführt, welche sich neben einfachen Datentypen, die eben beschrieben werden, auch später für komplexere Typen wie Arrays, Strukturen, Klassen oder verschiedenen Behälter-Klassen (Container-Klassen) verwendet werden kann. Anstatt einer klassischen Zuweisung mit = wirst du hier in naher Zukunft auch häufiger die Version mit den geschweiften Klammern antreffen:

```
int dieter{36};
// Vereinheitlichte
// Initialisierung (C++11)
int helmut{dieter};
// Das geht auch mit C++11
```

Wenn du eine lokale Variable mit Namen anlegst, bedient sich dieser erst einmal selbst und greift einfach nach einem Wert, der da eben **zufällig rumliegt**. Dass ein solches Verhalten meistens **Probleme** mit sich bringt, sollte klar sein. Daher solltest du dich immer darum kümmern, dass eine Variable **gültige Werte** erhält. Hierbei gibt es mehrere Wege, von denen der grundlegende wohl die **Zuweisung** mit dem **=** ist. Bei neueren C++11-Compilern kannst du auch die vereinheitlichte Initialisierung mit den geschweiften Klammern zwischen { } verwenden. Natürlich kannst du die Werte auch über den Stream **cin** und den Eingabeoperator in die Variable schieben:

> ***1 dieter** wird der Wert 36 **zugewiesen**.

> ***2 kleinDieter** ist **nicht initialisiert**, und **nena** bekommt den Wert 99 **zugewiesen**.

```
int dieter = 36; *1
short kleinerDieter, nena = 99; *2
long grosserDieter; *3
cin >> grosserDieter; *3

int helmut = dieter; *4
long schroedinger; *5
schroedinger = 1234; *5
```

> ***3 grosserDieter** bekommt seinen Wert über den Eingabe-Stream (der Tastatur) **cin** mit dem Operator **>> zugeschoben**.

> ***4 helmut** bekommt denselben Wert wie **dieter zugewiesen**.

> ***5** Variablen müssen **nicht sofort** initialisiert werden.

Zeichenfolgen von Ganzzahlen

Es gibt gewisse **Regeln**, die du bei den Zeichenfolgen einhalten musst, damit der Compiler die Erscheinung auch als Ganzzahl akzeptiert. Du wirst zwar anfangs meistens nur die dezimale Schreibweise (**Basis 10**) verwenden, aber daneben kannst du auch eine oktale (mit der **Basis 8**) und hexadezimale (mit der **Basis 16**) Schreibweise benutzen (das Zeichenliteral lassen wir mal außen vor). Die binäre Schreibweise mit dem 2er-System können Sie seit C++14 verwenden.

dezimal	0	1	100	255
oktal	00	01	0144	0377
hexadezimal	0x0	0x1	0x64	0xff
binär	0b0	0b1	0b01100100	0b11111111

Ein Beispiel mit oktalen, hexadezimalen und binären Gegenstücken.

Verstehe, die oktale Schreibweise beginnt mit 0 und die hexadezimale Schreibweise mit 0x.

[Zettel]
Bei der **hexadezimalen Schreibweise** werden die Buchstaben a, b, c, d, e, f verwendet, um 10, 11, 12, 13, 14, 15 darzustellen.

Positive und/oder negative Haltung und ein Endteil

Alle drei Ganzzahltypen haben eine **positive und negative** Haltung, was ihren Werteteil betrifft. Wenn du einen Integer ohne weitere Angaben hinschreibst, kann dieser sowohl negative als auch positive Werte aufnehmen. Brauchst du allerdings einen ganzzahligen Wert, der nur **vorzeichenlos** sein soll, stellst du lediglich das Schlüsselwort `unsigned` voran, und schon hat der Typ seine negative Haltung fallen gelassen:

```
unsigned int positiverTyp; *1
int neutralerTyp01; *2
signed int neutralerTyp02; *3
```

*1 Die Variable dieses Typs kann wegen des Schlüsselworts **unsigned** **keine** negativen Werte speichern.

*3 Hier kennzeichnest du mithilfe des Schlüsselwortes **signed** die Variable **neutralerTyp02** explizit als vorzeichenbehaftet. Auf das Schlüsselwort kannst du **verzichten**, weil ganzzahlige Typen ohne die Verwendung von **unsigned** immer vorzeichenbehaftet sind.

*2 Die Variable dieses Typs speichert negative **und** positive Werte.

Von Us und Ls ...

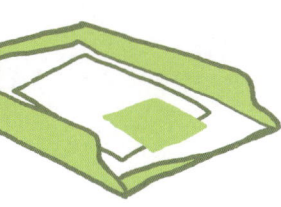

[Ablage]

Hier noch eine Schnellnotiz, wie du deine Zeichenfolge von Ganzzahlen noch komplizierter machen kannst. Hängst du am Ende ein **U** an die Zahl, gilt diese Zahl explizit als **unsigned** (z. B. **1234U**). Hängst du ans Ende ein **L**, wird die Zahl explizit als **long int** betrachtet (z. B. **1234L**). Kombinierst du beide miteinander, kannst du auch ein **unsigned long int** daraus machen (z. B. **1234UL**). Und wenn du die ganz laaangen Typen wie **long long (int)** oder **unsigned long long (int)** brauchst, hängst du einfach ein **LL** (für **long long**; z. B. **1234LL**) oder ein **ULL** (für **unsigned long long**; z. B. **1234ULL**) hinten dran. Hängst du nichts hinten an, dann handelt es sich um ein **int**. In der Praxis findest du die Verwendung der **U**s und **L**s eher selten, weil der Compiler oft schon selbst erkennt um was für einen Ganzzahltyp es sich bei einem Literal handelt.

Die Sache mit der Wahrheit ...

Wenn du herausfinden willst, ob deine Freundin dir treu ist, kannst du den **Booleschen Typ** verwenden. Der Typ **bool** ist nur darauf spezialisiert, ob etwas **wahr** (=**true**) oder **unwahr** (=**false**) ist. Damit kannst du die verschiedensten Werte bzw. Ausdrücke auf Wahrheit hin testen.

Ein einfaches Beispiel:

*1 Wenn **dieter** und **eva** den gleichen Wert hätten, wäre der Wert von **treu** gleich **true**. Im vorliegenden Fall haben diese beiden Variable unterschiedliche Werte. Daher hat **treu** hier den Wert **false**. Sieht wohl nicht gut aus für die beiden ...

*2 Hier ist **ichLiebeDich** auf jeden Fall **true**, weil eine ganze Zahl ungleich 0 **immer** nach **true** konvertiert wird. Hierbei wird der Wert 1234 nach 1 (=**true**) konvertiert.

```
int dieter=1974, eva=1980;      *1
bool treu = dieter==eva;        *1
bool ichLiebeDich = 1234;       *2
int liebe = ichLiebeDich;       *3
int wahreLiebe = 0;
bool iLoveYouBaby = wahreLiebe; *4
```

*3 **liebe** bekommt hier den Wert 1 zugewiesen, weil ein Boolescher Wert eben **nur** die Werte **true** (1) oder **false** (0) enthalten kann.

*4 **iLoveYouBaby** hingegen ist **false**, weil ein Wert von 0, was **wahreLiebe** eben ist, **immer** nach **false** konvertiert wird.

Nicht darum nämlich, weil unsere MEINUNG, du seiest weiß, wahr ist, bist du weiß, sondern darum, weil du weiß BIST, sagen wir die Wahrheit, indem wir dies behaupten. Also sag mir doch, du weißer Mensch, WAS soll ich mit **bool** anfangen?

Werter Schrödinger, zu argwöhnen, das Seiende sei anzweifelbar, ist der erste Schritt, zwischen wahr und unwahr zu unterscheiden.

Um deine Anfrage als Wahres zu beantworten, Folgendes: Du wirst die Logik erst erkennen, wenn du weiter an deinem Sein arbeitest und später in Logikanweisungen oder Funktionen zwischen Wahrem und Unwahrem unterscheiden willst.

Was nehmen wir für einen Typen?

Nachdem du die **Typen für Ganzzahlen** kennst, wird es Zeit, dass du diese auch mal benutzt. Du solltest dir dabei jetzt noch keine Gedanken bezüglich der **Größe** der Typen machen. Das klären wird später noch.

[Einfache Aufgabe]

Erstelle ein einfaches Programm, welches deinen Kontostand abfragt und auch, wie viel Gramm Wurst du vom Metzger Meier gerne hättest. Überlege dir, was du bei den beiden Variablen **kontostand** und **gramm** beachten solltest.

Hierzu eine mögliche Lösung

*1 Hier könntest du genauso gut den Typ **short** oder **long** verwenden (hängt natürlich von der persönlichen Finanzlage ab). **Wichtig** ist auf jeden Fall, dass hier ein Typ **mit Vorzeichen** verwendet wird, weil man das Konto ja auch überziehen soll, damit die Bank auch was dran verdient.

*2 Hier brauchen wir mit **unsigned** einen **vorzeichenlosen Typ**, weil es eben keine „–100 g" Wurst gibt.

*3 Über den Eingabe-Stream **cin schiebst** du mithilfe der **>>**-Operatoren die Werte von der Tastatur in die entsprechende Variable.

```cpp
#include <iostream>
using namespace std;

int main()
{
    int kontostand;     *1
    unsigned int gramm; *2

    cout << "Dein Kontostand : ";
    cin >> kontostand;  *3
    cout << "Wieviel Wurst darf es ein: ";
    cin >> gramm;  *3
    cout << "Kontostand      : " << kontostand
         << "\nWurstaufschnitt : " << gramm
         << " gramm" << endl;
    return 0;
}
```

[Belohnung]

Jetzt hast du dir eine Belohnung verdient.

Die Welt der ganzen Kerle

Neben den ganzzahligen Kerlen hast du jetzt auch erfahren, wie du eigene Variablen anlegen und verwenden kannst. Das gilt übrigens auch für die **kommenden Typen**, die dir noch begegnen werden. Hier noch eine kleine **Checkliste**, was du dir für die Verwendung von Typen hinter die Ohren schreiben solltest:

- ☑ Du brauchst einen **eindeutigen**, **gültigen Namen** (Bezeichner), der aus beliebigen Buchstaben, Ziffern und dem Unterstrichzeichen bestehen darf. Dabei wird auch zwischen **Groß- und Kleinschreibung** unterschieden!
- ☑ Wie bei Legobausteinen gibt es in C++ zunächst nur **fundamentale Typen** (Basistypen). Aus diesen Typen kannst du später **komplexere** erstellen (ja, auch Klassen).
- ☑ Jeder fundamentale Typ (neben den Integern gibt es noch andere) hat ein seiendes Ding von etwas (genauer **Entität**), eine Liste von **Fähigkeiten** eben, was mit dem Typ möglich ist und was nicht.
- ☑ Bevor du diesen Namen verwendest, musst du dem Compiler Bescheid geben, mit welchem Typ du gehen willst (**Deklaration**). Auch zu den ganzen Typen, die dir in diesem Kapitel vorgestellt wurden, kannst du noch Folgendes in dein Gehirn einfügen (einfaches Copy & Paste eben):
- ☑ Ganzzahltypen gibt es mit **short** (**int**), **int** und **long** (**int**) und **long long** (**int**) in **drei verschiedene Größen**.
- ☑ Wohnt der Typ im selben Haus (lokaler Typ), hat er ohne eine direkte Initialisierung zunächst **keinen gültigen Wert**.
- ☑ Standardmäßig haben alle Ganzzahltypen ein **Vorzeichen** (**signed**). Soll das Vorzeichen verschwinden, musst du das Schlüsselwort **unsigned** davorsetzen.

Dann war da noch der Aristoteles-Typ mit der Wahrheit. **bool** hieß der und kann nur die Werte 1 und 0 darstellen. Also alles, was ungleich 0 ist, betrachtet **bool** als 1 oder eben als Synonym **true**, und alles 0-wertige ist eben 0 oder das Synonym **false**. Ich weiß zwar immer noch nicht genau, wozu dieser Typ eigentlich gut ist, aber das wird schon noch kommen. Kann ich jetzt endlich schlafen gehen

...?!

[Belohnung/Lösung]

Jawoll!

Was für den einen das Komma, ist für den anderen der Punkt ...

Auch bei Zahlen mit **Kommas** wirst du mit verschiedenen Größen versorgt. Mit **float** für einfache Genauigkeit, **double** für doppelte Genauigkeit und **long double** für erweiterte Genauigkeit stehen dir drei fundamentale Typen zur Verfügung. Die exakte **Genauigkeit** ist übrigens abhängig davon, wie die Compilerbauer diese implementiert haben.

Lieblingstyp und vom Compiler bevorzugter Typ ist immer **double**. Auch bei den Kommatypen gibt es einige **Regeln**, damit die Zeichen am Ende auch als Kommatyp angenommen werden. Hier einige Beispiele:

```
123.456  .33  0.33  2.  2.0 2.2e10
2.22e-14
```

Komma? Wo ist hier das Komma?

In C++ wird die US-SCHREIBWEISE für die Gleitkommatypen verwendet. Und da wird das Pünktchen dem Komma vorgezogen. Folglich könnte man zwar auch von GLEIT-PUNKTTYPEN reden, was allerdings dann wieder nicht unserer Kultur passt, weil es das bei uns halt nicht gibt. Daher wurde FLOATING POINT einfach an die lokalen Gegebenheiten angepasst und als GLEIT-KOMMATYP übersetzt. Denk also auch daran, dass du bei der Eingabe einen PUNKT statt eines Kommas verwendest. Und, ja, theoretisch ist es möglich, den Punkt zum Komma umzuoperieren, aber in der Praxis ist das eher unüblich.

Steht vor oder nach dem Pünktchen eine **0**, kannst du diese auch **weglassen** (bspw. macht der Compiler aus .5 gleich 0.5 oder aus 3. ein 3.0). Ein Leerzeichen darf allerdings bei der Zeichenfolge eines Gleitkommatyps **nicht** stehen.

Von fs und Ls ...

[Ablage]

Wie auch bei den Ganzzahlen kannst du auch hier ans Ende der Gleitkomma-Zeichenfolge noch einen **Buchstaben** setzen, um aus dem Liebling **double** etwas anderes zu machen. Hängst du den Buchstaben **f** ans Ende (bspw. **3.1415f**, **3.7e-3f**) stellt die Zeichenfolge einen **float** dar. Mit einem **L** am Ende kannst du ein **long double** anzeigen (bspw. **3.145L**, **3.7e-3L**).

Das Thema **Initialisieren und Bekanntmachen** wurde bereits bei den ganzen Typen behandelt und gilt hier natürlich **genauso**. Einige Beispiele:

```
float mynameislittledot = .535;   // 0.535
double daddysdarling = 3.1415;
long double extenddot = 1.9e-3f;
double Cpp11newstandard{123.456};  // mit C++11 möglich
```

Das Pünktchen in der Werkstatt

Zu dem Thema willst du sicherlich auch ein Beispiel schreiben, wie du einen Gleitkommatyp von der Tastatur einlesen kannst:

**Gib ihm eine Zahl
mit Pünktchen ...**

```cpp
#include <iostream>
using namespace std;

int main()
{
  double willPuenktchen; *1
  cout << "Gib ihm eine Zahl mit dem Pünktchen: ";
  cin >> willPuenktchen; *2
  cout << willPuenktchen << endl;
  return 0;
}
```

*1 Bei diesem sinnfreien Beispiel kannst du genauso gut den Typ **float** oder **long double** statt **double** verwenden. Ich habe mich halt gleich für **Daddys Liebling** entschieden.

*2 Es wird alles eingelesen, solange die **Regeln** der gültigen Zeichenfolge (Literal) eines Gleitkommatyps eingehalten werden. Gibst du bspw. **3,55** ein, bricht **cin** ab dem Komma ab, und **willPuenktchen** enthält 3.0. Nicht vergessen: **Pünktchen statt Kommas!**

Schön und gut, aber ich weiß jetzt immer noch nicht, was ich im Fall der Fälle für einen Gleitkommatyp auswählen soll!?

Tut mir leid, aber hier kann ich dir vorerst keine feste Empfehlung geben. Das Problem ist leider, dass es von der **Implementierung** abhängt, wie die Kommatypen dran und drin sind. Daher ist der Sinn von einfacher, doppelter und erweiterter Genauigkeit auch abhängig von der Einpflanzung der Typen im Compiler. Hier bleibt dir zunächst nichts anderes übrig, als dich mehr mit dem theoretischen Thema Gleitkommazahlen auseinanderzusetzen (**Wikipedia** ist dein Freund). Wenn du dazu keine Lust hast, kannst du ja immer noch Daddys Liebling **double** verwenden und schauen, was passiert.

Am Ende war das Pünktchen ...

In C++ wird nicht das Komma, sondern das Punktzeichen verwendet, und es gibt die **drei Typen float, double** und **long double** mit einer unterschiedlichen Genauigkeit.

Ach, Schrödinger, schonmal was von Gleitkommazahlen gehört? **double** ist ja gut und schön, aber über Gleitkommazahlen musst du dich schlau machen. Ich erklär's dir gerne ...

Ach nee, ist kein Problem für mich.

An die Arbeit geht's. Theorie kann warten.

[Einfache Aufgabe]

Findest du die Fehler in dem folgenden Codeausschnitt?

```cpp
float floaty_1   = 3. 3334f;
float floaty_2   = ,3335f;
double doubly = 3.3e10 + 10;
long double ldoubly = 2.34e - 11;
```

Bin gespannt, ob du es lösen konntest. Hier die Lösung

*1 Hier steht ein **Leerzeichen** nach dem Punkt, was falsch ist.

*2 In dieser Zeile wird ein **Komma** statt eines **Punktes** verwendet.

*3 Hier ist rein syntaktisch **kein Fehler** vorhanden. Die Addition mit 10 ist kein Fehler. Aber ob das hier so gewollt war, bleibt unklar?!

```cpp
float floaty_1   = 3.3334f; *1
float floaty_2   = .3335f; *2
double doubly = 3.3e10 + 10; *3
long double ldoubly = 2.34e-11; *4
```

[Belohnung/Lösung]

Jetzt ist aber eine dicke Belohnung drin: die neue Blu-ray „Angriff der achtbeinigen Monster"!

*4 Hier ist es aber ein Fehler, weil der **Exponent** (e) noch Ziffern benötigt, damit es sich um eine gültige Zeichenfolge einer Gleitkommazahl handelt. Beide **Leerzeichen** vor und nach dem Minussymbol sind in dem Fall also falsch.

Zeichensalat

Wenn du einzelne **Zeichen** darstellen willst, musst du den **Binärcode** (Darstellungen 0 und 1) verwenden. Nein, so weit musst du glücklicherweise nicht gehen. Für Zeichentypen stellt dir C++ den fundamentalen Typ **char** zur Verfügung. Meistens (muss aber nicht sein!) ist **char** mit 8 Bits ausgestattet. In diesen 8 Bits lassen sich somit theoretisch 256 Zeichen (2^8 = 256 verschiedene Bit-Darstellungen von 0 und 1) speichern.

Um hier nicht wie in einer Art Zweistromland mit einer Kolonne von 1 und 0 einen Buchstaben darstellen zu müssen, existiert ein **Zeichensatz** dafür. Du kannst dir diesen wie eine Tabelle vorstellen, in der **char** sein Zeichen für einen bestimmten Code erhält und benutzen kann. Meistens (muss auch nicht sein!) wird hier der **ASCII-Code** verwendet.

Der Zeichentyp **char** kann ein „Zeichen" aus einem Zeichensatz speichern

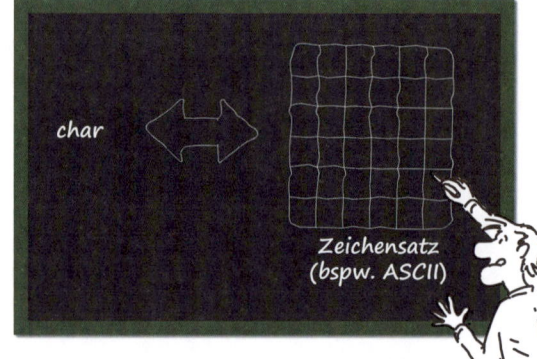

[Hintergrundinfo]

In der Praxis kannst du dich meistens darauf verlassen, dass die **ersten 127 Zeichen** (0 bis 127) im (US-)ASCII-Code die Dezimalziffern, die 26 Buchstaben des englischen Alphabetes und andere grundlegende (auch nicht darstellbare) Zeichen enthalten. Schwieriger sieht es dagegen meistens beim Kodieren von landestypischen **(diakritischen)** Zeichen aus, wie du es von deinem Rechner mit den Umlauten her kennst. Hierbei musst du dich dann leider mit dem verwendeten Zeichensatz auf deinem System auseinandersetzen. Als universelle Lösung könntest du UTF-8-Literale wie u8'\u00fc' oder die Locale-Komponente von C++ verwenden.

Doch ein ganzer Kerl?

Damit der Compiler ein Zeichen auch als solches annimmt, musst du es zwischen **einzelne Anführungszeichen** setzen (z. B. `'A'` oder `'Z'`). Genau genommen ist allerdings eine solche Zeichenfolge (genauer **Zeichenliterale**) allerdings nur ein symbolischer fester Wert für den ganzzahligen Wert des Zeichens im Zeichensatz. Verwendet dein Rechner (höchstwahrscheinlich) den ASCII-Zeichensatz, so ist der Wert `'A'` gleich dem Wert 65. Somit hätte folgende Verwendung von **char** dieselbe Bedeutung:

```
char Symbol_fuer_A = 'A';
char Dezimal_fuer_A = 65;
```

Dann ist es also egal, ob ich das Ding mit den Hochkommas oder direkt den dezimalen Wert verwende?

Nur, wenn du dir sicher sein kannst, dass auf jedem Rechner derselbe Zeichensatz läuft, schon, was aber laut Murphys Gesetz nicht immer der Fall ist. Wenn auf einem System ein anderer Zeichensatz verwendet würde, wäre die Hochkomma-Variante **portabler**. Denn dann müsstest du dich nicht um den tatsächlichen Wert des Zeichens kümmern, da dir das ja in dem Fall der Zeichensatz abnähme.

Positiver oder negativer Typ

Hurra, die Werte zwischen den Bereichen **0 bis 127** schaffen in der Regel kaum Probleme. **Alle anderen** Werte außerhalb des Bereiches leider schon. Sätze wie „**Schrödinger könnte grüne Grütze rühren**" könnten somit auf unterschiedlichen Rechner zu interessantem Zeichensalat führen. Mit UTF-8 und Konvertierungen kann man das Problem in C++11 ganz Allgemein und portabel schaffen.

Es kommt noch schlimmer mit den Zeichen ...

[Achtung]

Bei **char** hängt es von den Compilerbauern ab, ob **char** als **signed** (–128 bis 127) oder als **unsigned** (0 bis 255) implementiert ist. Das ist natürlich ein weiterer Grund, bei **char** auf **Dezimalzahlen** zu **verzichten**.

Turmbau zu Babel

Nachdem es C++ also **nicht kümmert**, welcher Zeichensatz verwendet wird, musst du dich selbst mit dem Thema herumschlagen. Aus purem Egoismus (oder Patriotismus) der US-amerikanischen Ingenieure wurde der ASCII-Zeichensatz auf den ersten **sieben Bits** verteilt und das achte Bit als **Paritäts-Bit** verwendet. Wir Europäer hatten somit keinen Platz mehr für die landestypischen Zeichen wie **üäößÜÖÄ** oder die anderen europäischen landestypischen Zeichen.

Eine Gruppe von Leuten (die ISO) haben sich darum gekümmert. Sie haben den ASCII-Zeichensatz auf **8 Bits** aufgebohrt und diesen Zeichensatz unter Bezeichnungen wie ISO-8859-1, ISO-8859-2 usw. zusammengefasst. Unsere Umlaute findest du daher in **ISO-Latin-1** wieder.

Allerdings ist es nicht damit getan, den Zeichensatz der Eingabeaufforderung einfach auf ISO-Latin-1 umzustellen, weil es sonst wieder Probleme mit der viel weiter verbreiteten **UTF-8-Kodierung** für **Unicode** gibt, die auf modernen Computern zur Darstellung von Umlauten verwendet wird. Hinzu kommt noch die Eingabeaufforderung von Windows, welche aus Kompatibilitätsgründen immer noch am **alten IBM-PC-Zeichensatz** festhält, in dem der Dezimalwert der Zeichen wieder einen anderen Wert hat.

Wo wir schon beim Thema sind ...

[Hintergrundinfo]
Die **Unicode-Zeichen** haben natürlich nicht mehr Platz in einem Byte (was auf 256 Zeichen beschränkt ist), also in **char**. Daher wird für solche Zeichen statt auf **char** auf den breiteren Typen **wchar_t** zurückgegriffen. Die Größe von **wchar_t** wiederum hängt davon ab, wie die Compilerbauer diese implementiert haben (meistens mit 2 oder 4 Bytes). Bei der Verwendung von solchen breiten Zeichen musst du ein **L** vor das Zeichen stellen (bspw. **L'A'**).

Zum Flüchten ...

Neben den für dich **sichtbaren Zeichen** gibt es noch Zeichen, die zwar nicht dargestellt werden, die aber trotzdem etwas bewirken. Solche **Steuerzeichen** werden mit einem umgekehrten Schrägstrich (auch Backslash genannt), gefolgt von einem Zeichen mit fester Bedeutung geschrieben. Bekannter Vertreter ist bspw. das Auslösen einer neuen Zeile mit dem Zeichen **'\n'**.

Zeichenfolge	Bedeutung
\a	akustisches Signal
\b	Rückschritt/Backspace
\f	Seitenvorschub
\n	Zeilenende
\t	Tabulator (horizontal)
\v	Tabulator (vertikal)
\ddd	oktale Zahl (bspw. \033 = ESC)
\xhh	hexadezimale Zahl
\uXXXX \UXXXXXXXX	für Zeichen eines größeren Zeichensatzes (bspw. Unicode)

Unicode-Unterstützung

Ein paar mal habe ich dir ja bereits den Brocken mit den UTF-8-Zeichen hingeworfen. Und da ich eben `wchar_t` beschrieben habe, was ja auch nicht so recht was Gescheites ist, weil eben die Länge nicht exakt spezifiziert ist und es somit wieder Probleme bei der Portierung auf anderen Rechnern geben kann, möchte ich dir kurz die drei neuen Unicode-Kodierungen UTF-8, UTF-16 und UTF-32 vorstellen, welche in C++11 eingeführt wurden. Dafür wurden sogar eigens für UTF-16 der Typ `char16_t` und für UTF-32 der Typ `char32_t` zwei neue Typen hinzugefügt.

Kodierung	Typ	String-Literal
UTF-8	char	u8"Ein UTF-8-String"
UTF-16	char16_t	u"Eine UTF-16-String"
UTF-32	char32_t	U"Ein UTF-32-String"

Verwenden kannst du solche Unicode-Zeichen (Unicode-Codepunkt) mit der Zeichenkombination **\u** bzw. **\U**, welche du in einer String-Literale einbettest. Hinter **\u** muss eine **16-Bit Hexadezimalzahl** stehen, wohin gegen hinter einem **\U** eine **32-Bit Hexadezimalzahl** erwartet wird. Hier drei solche Beispiele, welche alle **\u00f6** verwenden, welches dem Umlaut ö entspricht:

```
cout << u8"Schr\u00f6dinger\n";  // UTF-8
cout << u"Schr\u00f6dinger\n";  // UTF-16
cout << U"Schr\u00f6dinger\n"; // UTF-32
```

[Notiz]
Eine praktische UTF-8-Tabelle findest du hier:
http://www.utf8-zeichentabelle.de/
Willst du hingegen direkt nach einem bestimmten Unicodezeichen suchen, hilft dir diese Webseite weiter:
http://www.isthisthingon.org/unicode/index.php

Zeichen für die Welt

So, nachdem du die Grundlagen zu den Zeichen kennengelernt hast, ist es nun an der Zeit, dass du hiervon welche auf die Welt loslässt. Daher darfst du jetzt endlich auch wieder deinen teuer erworbenen **Rechner anwerfen** und ein paar Zeilen mit Code eintippen:

> [*1] Hier wird jeweils einmal das Zeichen **'A'** in **einA** und das Zeichen **'Z'** in **einZ** gespeichert und dann mithilfe des `<<`-Operators nach **cout geschoben** und auf dem Bildschirm ausgegeben.

> [*2] Mithilfe des Ausdrucks **int(ch)** kannst du den **ganzzahligen Wert** der Zeichen **'A'** und **'Z'** auf dem Bildschirm ausgeben.

```cpp
#include <iostream>
using namespace std;

int main()
{
    char einA = 'A', einZ = 'Z'; [*1]
    cout << einA << '-' << einZ << '\n';
    cout << int(einA) << '\t' << int(einZ) << '\n'; [*2]

    char A65 = 65, Z90 = 90; [*3]
    cout << A65 << '\t' << Z90 << '\n';
    return 0;
}
```

> [*3] Anders herum funktioniert dies genauso. Hier wird an den **char**-Variablen **A65** der ganzzahlige Wert 65 und an **Z90** der ganzzahlige Wert 90 übergeben. Der Wert **65** ist auf der **ASCII-Tabelle** der Buchstabe **A** und der Wert **90** ist ein **Z**. Allerdings setzt diese Art, ein Zeichen als ganzzahligen Wert zu verwenden, voraus, dass auf dem Rechner der ASCII-Zeichensatz läuft. Ist dies nicht der Fall, wird irgendein Zeichen ausgegeben, welches eben diesen dezimalen Wert im Zeichensatz hat. Beim **EBCDIC-Zeichensatz** wäre bspw. 65 gar nicht belegt und 90 das Ausrufezeichen (**!**).

Das ist eigentlich mit **Unicode** schon passiert bzw. im Gange. Unicode ist ein Zeichensatz, der versucht, **weltweit alle** bekannten **Zeichen** in einem Zeichensatz **zusammenzufassen**. Das ist gar nicht so einfach, allein wenn du an die unzähligen Zeichen in der chinesischen oder koreanischen Schrift denkst. Und da eben die enorme Menge an Zeichen keinen Platz in einem **char** haben, welches ja auf 256 Zeichen beschränkt ist, kannst du hierfür **char16_t** oder **char32_t** verwenden, mit denen du 65.536 und mehr als 4 Milliarden Zeichencodes unterscheiden kannst. Früher hat man dazu **wchar_t** verwendet, was aber eben mal 2 oder 4 Bytes groß ist.

Denk daran, ein **char** oder **wchar_t** selbst speichert keine Zeichen, sondern letztendlich auch wieder nur Ganzzahlen, die ihre Bedeutung erst mit dem auf dem Rechner befindlichen **Zeichensatz** erhalten. Einzelne Zeichen wie **'A'** sind letztendlich nur **symbolische Konstanten** für den ganzzahligen Wert des Zeichens aus dem Zeichensatz des Rechners.

Hrmpf!
Ich habe das Beispiel eben mit **wchar_t** *getestet. Jetzt werden nur noch Ganzzahlen statt der Zeichen ausgegeben!?*

[Code bearbeiten]

wchar_t ist kein einfacher 1-Byte-Typ mehr, weshalb der Stream **cout** diese Zeichen nicht mehr verarbeiten kann. Wenn du **breite Zeichen** verwenden willst, musst du diese durch die **w**-Streams schieben. In deinem Fall wäre das also **wcout** statt **cout**.

Das mit den Zeichensätzen regt mich total auf. Warum kann man nicht alles in einen Zeichensatz stellen, damit ich mich nicht damit herumschlagen muss?

Nun ja, Schrödinger! Das Thema mit den Zeichensätzen mag dir am Anfang wie der Turmbau zu Babel vorkommen. Aber mittlerweile sieht es gar nicht mehr so schlimm aus. Spätestens seit dem C++11-Standard ist es mit den neuen Typen **char16_t** und **char32_t** und der Unicode-Welt erheblich einfacher geworden, weil hier mit UTF-8, UTF-16 und UTF-32 gleich drei Unicode-Kodierungen unterstützt werden.

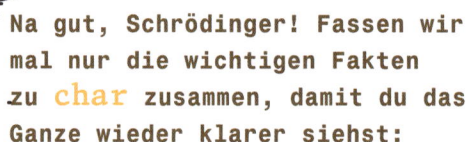

Erste „Zeichen" für eine Pause

Schrödinger ist frustriert, er hätte nicht gedacht, dass er sich um die Verwendung von einfachen Zeichen überhaupt einen Kopf machen muss. Im Augenblick hat er das Gefühl, dass er die Kontrolle über die Zeichen verliert.

Na gut, Schrödinger! Fassen wir mal nur die wichtigen Fakten zu `char` zusammen, damit du das Ganze wieder klarer siehst:

- ☞ Zum Speichern **einzelner Zeichen** kannst du **`char`** verwenden.
- ☞ **`char`** selbst speichert **keine Zeichen** im eigentlichen Sinne, sondern sucht das passende Zeichen aus einem Zeichensatz auf dem Rechner anhand eines dezimalen Wertes aus.
- ☞ Einzelne Zeichen können zwischen **einzelnen Anführungszeichen** oder als **Ganzzahl** mit dem Wert des Zeichens aus dem Zeichensatz verwendet werden.
- ☞ Die Verwendung von einzelnen Zeichen wie **`'T'`** ist im Grunde nur eine **symbolische Konstante** für den ganzzahligen Wert im Zeichensatz des Rechners.
- ☞ C++ schreibt nicht vor, welcher **Zeichensatz** verwendet werden soll. Zwar kannst du fast sicher sein, dass der **ASCII-Zeichensatz** auf deinem Rechner unterstützt wird, aber bei der Verwendung von Zeichen darüber hinaus (bspw. Umlauten) wird es dir oft passieren, dass auf dem einen Rechner alles glattgeht, während auf einem anderen Rechner **Zeichensalat** ausgegeben wird.
- ☞ Solltest du breitere Zeichen als **`char`** benötigen, findest du mit **`wchar_t`** einen Typ dafür. Anlog musst du dann auch die Streams für breite Zeichen verwenden (**`wcout`**, **`wcerr`**, **`wcin`**).
- ☞ C++11 unterstützt mit UTF-8, UTF-16 und UTF-32 drei Unicode-Kodierungen. Für UTF-16 wurde der Typ **`char16_t`** und für UTF-32 der Typ **`char32_t`** eingeführt. Die neue Unicode-Kodierung ist natürlich **`wchar_t`** vorzuziehen.

[Einfache Aufgabe]

Bevor du deine **wohlverdiente Pause** mit deinen WoW-Freunden verbringen kannst, will ich noch, dass du die Fehler im folgenden Codeausschnitt findest.

[Zettel]

```cpp
char A = 'A';
char B = A;
char C = D;
char E = 66;
char F = 333;
char G = '/n';

cout << A << ' ' << B << ' '
    << C << ' ' << E << ' '
    << F << ' ' << G;
```

*1 Kein Fehler!
Der Variablen **B** wird der Inhalt von Variable **A** (also ein **'A'**) zugewiesen.

*2 Fehler! Hier wurde versucht, an **C** eine Variable mit dem Bezeichner **D** zu überweisen, welcher nicht existiert. Da es keinen solchen Namen gibt, war hier wohl das Zeichen **'D'** gemeint.

*3 Kein Fehler! Nach dem ASCII-Zeichensatz entspricht der ganzzahlige Wert 66 dem Zeichen **'B'**.

```cpp
char A = 'A';
char B = A;     *1
char C = D;     *2
char E = 66;    *3
char F = 333;   *4
char G = '/n';  *5
```

*4 Teilweise ein Fehler!
Hier wird ein Überlauf produziert und die Ganzzahl verwendet, welche der entsprechenden Bit-Darstellung entspricht. Der Compiler sollte dich allerdings davor warnen.

*5 Hier ist der Schrägstrich **verkehrt herum**. Statt eines Backslashs (****) wird hier ein normaler Slash (**/**) verwendet.

[Belohnung/Lösung]

So, jetzt kannst du dich ins Vergnügen stürzen.

Auf die Größe kommt es an ...

Wenn du stundenlang WoW spielst oder wenn du dich in der realen Wert zurecht-finden willst, braucht es **gewisse Grenzen**. In deinem konkreten Fall kommst du ohne räumliche oder zeitliche Grenzen nicht aus. Stell dir mal ein Leben ohne diese beiden Grenzen vor! Unmöglich! So ist es auch mit unseren Datentypen, die auch nicht über-irdisch und damit an bestimmte Grenzen und **Größen** gebunden sind.

Genau genommen hängen diese Grenzen von der **Aneinanderreihung einzelner Bits** ab, welche die Zustände 0 und 1 darstellen können. Dadurch lassen sich verschie-dene Werte darstellen.

Oh je, jetzt fängt er auch noch mit Haarspalterei an ....!

Keine Sorge, ich fasse mich kurz. Nimm als Beispiel den Typ **char**. Du hast bereits erfahren, dass **char** 256 verschie-dene Werte darstellen kann (egal, ob es jetzt mit oder ohne Vorzeichen implemen-tiert wurde). Diese Werte ergeben sich aus den **acht aneinandergereihten ein-zelnen Bits** (2 hoch 8 = 256). Das ist in etwa wie bei einem Zahlenschloss mit acht Stellen, bei dem **jede (Bit-)Stelle** den Wert 0 oder 1 haben kann. Hierbei gibt es 256 verschiedene Möglichkeiten, das Schloss zu knacken. Wie dieser Wert letztendlich interpretiert wird (Zeichen, Ganzzahl, Gleitkommazahl oder Wahrheitswert), gibst du erst mit dem Datentyp an.

Je mehr Bits aneinander-gereiht sind, desto größer sind die darstellbaren Werte, oder je größer das Sparschwein, desto mehr Geld passt rein.

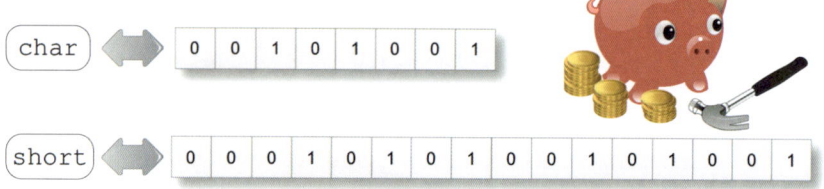

[Achtung]
Beachte bitte, dass **1 Byte nicht** zwangsläufig **aus 8 Bits** bestehen muss, auch wenn alle das vielleicht immer behaupten und es bei deinem und den meisten anderen Rechnern der Fall sein dürfte. Es gibt z. B. Rechner, bei denen ein `char` mit 32 Bits implementiert ist.

Je größer, desto besser

Sicherlich willst du jetzt endlich **die Grenzen** der einzelnen fundamentalen Typen wissen? Ehrlich gesagt, ich kann sie dir nicht genau nennen, weil Dinge wie die Größe abhängig davon sind, wie diese implementiert sind. Anstatt dir hier also eine Liste mit Typen aufzuzählen, wie sie vielleicht sein könnten, bekommst du lieber **Steckbriefe** zu den Typen:

Wahrheitswert: `bool`

Da `bool` nur **zwei Zustände** speichern kann (`true`/1 und `false`/0), sollte eigentlich 1 Bit ausreichen, um einen Wert zu speichern. Allerdings ist die kleinste adressierbare Einheit eben **1 Byte**, weshalb `bool` meistens mit dieser Größe implementiert ist. Es ist aber durchaus möglich, dass `bool` aufgrund besserer Zugriffsgeschwindigkeit dieselbe Größe wie die Prozessorarchitektur (32 oder 64 Bits) besitzt.

Zeichen: `char`, `wchar_t`, `char16_t` und `char32_t`

Die Größe von C++-Objekten wird immer als Vielfaches von der Größe eines `char` angegeben. `char` ist in der Regel **immer 1 Byte** groß und kann somit 256 verschiedene Zeichen darstellen. Genügend für den ASCII-Code und auch deutsche Umlaute. Der Typ `wchar_t` für breitere Typen (bspw. **Unicode**) ist gewöhnlich mit 2 oder 4 Bytes Größe implementiert. Denk daran, dass es sich bei den beiden Typen trotzdem um Ganzzahlen handelt. Besser als `wchar_t` für Unicode-Zeichen sind natürlich die neuen in C++11 eingeführten Typen `char16_t` und `char32_t` welche zur Zeichendarstellung von UTF-16 und UTF-32 verwendet werden, weil diese beiden Typen wesentlich portabler sind. So garantiert `char16_t` eine Breite von mindestens 16 Bit wie auch `char32_t` mindestens eine Breite von 32 Bit garantiert. Bei `wchar_t` ist dies nicht gegeben!

Ganzzahlen

Der **natürlichste Typ** für Ganzzahlen ist `int`, weil dieser gewöhnlich zur Größe der **Ausführungsumgebung** passt. Bei den handelsüblichen 32-Bit-Rechnern sind dies somit 4 Bytes. Bei 16-Bit-Systemen sind es nur 2 Bytes. Bei den anderen Ganzzahltypen gilt, dass `char` genau 1 Byte, `short` mindestens 2 Bytes und `long` mindestens 4 Bytes breit ist. Somit kannst du dich auf folgende Reihen bezüglich der Größe verlassen:

`1 == char <= short <= int <= long`

(`<=` bedeutet *ist kleiner oder gleich*)

Gleitkommazahlen

Um es kurz zu machen, die Gleitkommatypen sind recht komplex, und auch hier lässt sich relativ schwer vorhersagen, wie breit diese auf deinem System sind. Häufig ist `float` mit 4 Bytes, `double` mit 8 Bytes und `long double` mit 10 oder gar 16 Bytes implementiert. Hierbei kannst du dich wiederum auch nur auf **folgende Reihenfolge** verlassen:

`float` `<=` `double` `<=` `long double`

(`<=` bedeutet *ist kleiner oder gleich*)

Bitte ein Byte! Wie krieg ich jetzt die tatsächliche Größe für die Typen auf meinem Rechner heraus?

Die Byte-Größe der fundamentalen Typen auf deinem Rechner kannst du mit dem `sizeof`-Operator ermitteln. Einfach den Datentyp zwischen Klammern stellen, und der Operator liefert die **Byte-Größe** für den Typ zurück. Zum Beispiel kannst du dir sicher sein, dass folgende Ausgabe immer den Wert 1 zurückgibt:

```
cout << sizeof(char) << endl; *1
```

*1 =1 Byte
(char ist immer 1)

Das ist ja gut und schön, aber ich wollte eigentlich nicht wissen, wie viele Bytes ein solcher Typ hat, sondern eher welchen Wert ich bspw. in einem **int** speichern kann oder wie viele Bits ein **char** tatsächlich auf meinem Rechner hat?

Die Antwort auf deine Frage findest du in der **Spezialisierung des Templates** (=Schablone) `numeric_limits` in `<limits>`. Gewöhnlich findest du dort für jeden fundamentalen Datentyp eine Spezialisierung. Der Großteil der Elemente in `<limits>` dient dazu, Gleitkommazahlen zu beschreiben. Am meisten dürfte dich wohl interessieren, wie du den maximalen oder minimalen Wert eines fundamentalen Typs ermitteln kannst. Hierzu ein kurzer Überblick zu einigen Elementfunktionen, mit denen du bestimmte **Informationen zu Typen** in Erfahrung bringen kannst (**TYP** musst du natürlich durch deinen fundamentalen Typ ersetzen):

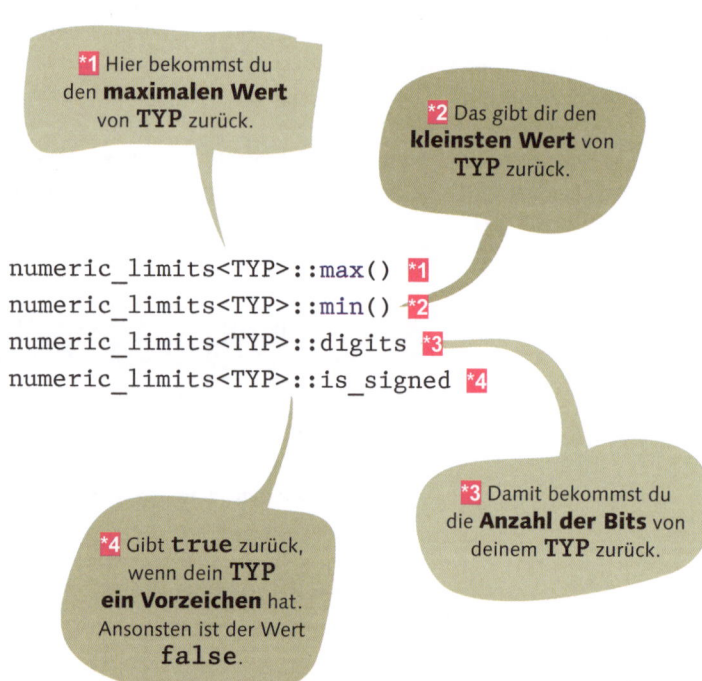

*1 Hier bekommst du den **maximalen Wert** von TYP zurück.

*2 Das gibt dir den **kleinsten Wert** von TYP zurück.

```
numeric_limits<TYP>::max() *1
numeric_limits<TYP>::min() *2
numeric_limits<TYP>::digits *3
numeric_limits<TYP>::is_signed *4
```

*3 Damit bekommst du die **Anzahl der Bits** von deinem TYP zurück.

*4 Gibt `true` zurück, wenn dein **TYP ein Vorzeichen** hat. Ansonsten ist der Wert `false`.

The Final Frontier

Da du jetzt weißt, dass die unendlichen Weiten deines Rechners **nicht** so **unendlich** sind, sollst du natürlich auch wieder etwas in die Praxis einsteigen und ermitteln, wie weit du auf deinem Rechner gehen kannst. **Lerne** deine Grenzen kennen!

[Einfache Aufgabe]

Finde heraus, wie bei dir der minimale und der maximale Wert von **int** lauten und wie viele Bits und Bytes ein **char** auf deinem Rechner hat.

[Schwierige Aufgabe]

Optional kannst du auch noch versuchen, herauszufinden, ob **char** mit oder ohne Vorzeichen eingebaut wurde.

Hier eine mögliche Musterlösung dazu ...

*1 Hier bekommst du über die Elemente **max()** und **min()** den **maximalen und minimalen Wert** von **int** auf deinem System zurück. Diese Spezialisierung liegt in der Regel auch für alle anderen Typen vor.

*2 Das gibt dir die **Anzahl der Bits** von einem **char** auf deinem Rechner zurück.

*3 Mithilfe des **sizeof**-Operators kannst du den **Speicherverbrauch in Bytes** für einen Typen ermitteln. Im konkreten Fall wird **char** immer den Wert 1 zurückgeben (egal wie viele Bits 1 Byte auf deinem System hat).

```cpp
#include <iostream>
#include <limits>
using namespace std;

int main()
{
    // Einfache Aufgabe:
    cout << numeric_limits<int>::max() << endl;   *1
    cout << numeric_limits<int>::min() << endl;   *1
    cout << numeric_limits<char>::digits << endl; *2
    cout << sizeof(char) << endl; *3
```

```
// Schwierige Aufgabe:
bool vorzeichen = numeric_limits<char>::is_signed; *4
if( vorzeichen == true ) { *5
  cout << "char ist als signed implementiert\n";
}
else { *5
  cout << "char ist als unsigned implementiert\n";
}
return 0;
}
```

*4 Ist **char** mit einem **Vorzeichen** implementiert, gibt das Element **is_signed** den Wert **true** zurück. Ansonsten wird **false** zurückgegeben. Den Rückgabewert speicherst du in **vorzeichen**.

Ah, jetzt verstehe ich diese Schablonen auch. Ich muss quasi nur in den spitzigen Klammern meinen Typ reinsetzen, von dem ich die Grenze auf einem System kennenlernen will.

*5 Daher war die Aufgabe als **schwierig** gekennzeichnet, weil bis dato **if**-Überprüfungen noch nicht behandelt wurden. Hier wird praktisch überprüft, ob (**if**) **vorzeichen** gleich **true** ist. Ansonsten (**else**) ist **vorzeichen** gleich **false**. Es wird nur der entsprechende Anweisungsblock mit der Ausgabe ausgeführt, welcher wahrheitsgemäß zutrifft.

Notiz

[Notiz]

Beachte bitte, dass es abhängig vom Typ und der Implementierung noch viel mehr Elementfunktionen in **<limits>** gibt, über die bestimmte Informationen ermittelt werden können. Gerade bei den Gleitkommatypen stehen enorm viele Informationen zur Verfügung.

Ich habe im INTERNET auf der Suche nach den Limits etwas über Makros in den Headerdateien **<climits>** *für Ganzzahlen und* **<cfloat>** *für Gleitkommatypen gelesen. Was ist damit?*

Auf denen liegt mittlerweile ein Fluch. Weil es sich hierbei um **Relikte vergangener Zeiten** handelt, solltest du in C++-Programmen die Finger davon lassen. Ruhende Geister soll man nicht wecken. Nicht umsonst bietet dir schließlich C++ mit **<limits>** eine Spezialisierung in Form von Templates dafür an.

Gut, dass es Grenzen gibt ...

Huh, das ist gar nicht so leicht, den Überblick über die verschiedenen Typen zu behalten. Dann kommt noch dazu, dass Eigenschaften wie Größe oder Wertebereiche von der Implementierung abhängen können.

Okay, Schrödinger, da ich deine Gedanken lesen kann, kriegst du hier noch einen Überblick über die fundamentalen Datentypen mit ihren „üblichen" Wertebereichen und Größen an die Hand.

Zunächst die Ganzzahltypen, bei denen du auch gleich den Wahrheitswert und die Zeichentypen (die ja eigentlich auch Ganzzahltypen sind) vorfindest:

Typ	Speicher	Wertebereich
bool	1 Byte	0 oder 1 bzw. false oder true
char	1 Byte	–128 bis +127 bzw. 0 bis 255
signed char	1 Byte	–128 bis +127
unsigned char	1 Byte	0 bis 255
wchar_t	2 oder 4 Bytes	abhängig von der Implementierung
short	2 Bytes	–32.768 bis +32.767
unsigned short	2 Bytes	0 bis 65.535
int	4 Bytes	–2.147.483.648 bis +2.147.483.647
unsigned int	4 Bytes	0 bis 4.294.967.295
long	4 oder 8 Bytes	wie int oder –9.223.372.036.854.775.808 bis +9.223.372.036.854.775.807
unsigned long	4 oder 8 Bytes	wie unsigned int oder 0 bis 18.446.744.073.709.551.615

Du hast doch behauptet, dass int der natürlichste Typ zur BREITE DER PROZESSORARCHITEKTUR ist. Bei einem 16-Bit-Rechner hat int also 2 Bytes. Bei einem 32-BIT-RECHNER gibt mir der sizeof-Operator 4 Bytes zurück. Wie ist es aber jetzt bei den neuen 64-BIT-RECHNERN? Bei mir werden da nach wie vor 4 Bytes zurückgegeben. Ich hatte aber 8 Bytes gemäß deiner Aussage erwartet.

Okay, du hast es so gewollt! Das liegt am verwendeten Programmiermodell **P64**, wobei die Breite von **int** auf 32 Bits be-lassen wird und stattdessen der Typ **long** 64 Bits breit ist. Der Zeiger ist hierbei ebenfalls 64 Bits breit. Das Modell dürfte bei vielen Linux- und Unix-Systemen (also auch dem Mac) zu finden sein. 64-Bit-Windows verwendet hierbei oft das Modell **LLP64**, in dem sowohl **int** als auch **long** 32 Bits breit bleiben, aber die Zeiger auf Adressen 64 Bits lang sind (*kurz Luft holen*). Für einen 64-Bit-Typen nimmt man dann den frisch standardisierten Typen **long long**. Auf 32-Bit-Rechnern wie Windows, Mac, Linux wird das Modell **ILP32** verwendet, bei dem alles nur noch auf 32 Bits beschränkt ist. Das einzige Datenmodell, bei dem **int**, **long** und der Zeiger tatsächlich 64 Bits breit sind, ist im Augenblick **ILP64**, mit dem ich aber noch nicht das Vergnügen einer Bekanntschaft hatte.

[Zettel]
Zum besseren Verständnis. Das L steht für Long, das P für Pointer (Zeiger) und I für Integer. Die Zahlen 32 und 64 sprechen für sich.

Ergänzend zur bereits gezeigten Tabelle mit den Ganzzahltypen wurden mit dem neuen C++11-Standard (und z. T. schon lange davor) noch folgende Ganzzahl- bzw. Zeichentypen hinzugefügt:

Typ	Speicher	Wertebereich
char16_t	2 Bytes	abhängig von der Implementierung
char32_t	4 Bytes	abhängig von der Implementierung
long long	8 Bytes	–9.223.372.036.854.775.808 bis +9.223.372.036.854.775.807
unsigned long long	8 Bytes	0 bis 18.446.744.073.709.551.615

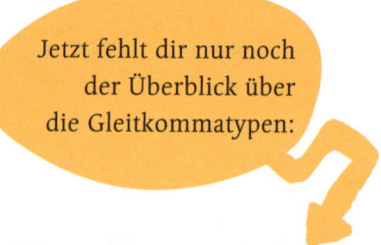

Jetzt fehlt dir nur noch der Überblick über die Gleitkommatypen:

*Ich habe mal eben ein **long long** mit dem Wert* **922337203685477580** *probiert und mich mindestens dreimal vertippt. Gibt es da nichts, was es einfach macht, eine solche Riesenzahl einzugeben?*

Typ	Speicher	Wertebereich
float	4 Bytes	1.2E-38 3.4E+38
double	8 Bytes	2.3E-308 1.7E+308
long double	10 (oder 16) Bytes	3.4E-4.932 1.1E+4.932

Ja dazu gibt es jetzt etwas, Schrödinger! Aber es geht erst seit **C++14**, wo du jetzt einen digitalen Separator verwenden kannst. Einen solchen digitalen Separator kannst du mit einem einfachen Anführungszeichen oben (z. B. 1'000'000 für 1 Millionen) verwenden. Der Separator dient zur besseren Lesbarkeit. Hierzu ein paar Beispiele dazu:

```
int ival = 1'000'000;
long long llval =
9'223'372'036'854'775'807;
double dval = 0.000'351'2;
int gehtauch = 1'00'00'12'0;
int bval = 0b0010'1000'1100'0010;
```

—VIER—

Von Zahlen verweht

• • •

Schrödinger erfährt, dass man in C++ auch rechnen kann (wofür ja Computer ursprünglich gebaut wurden). Obwohl er überhaupt kein Freund von Zahlen ist und auch Mathe in der Schule nicht gerade sein Paradefach war, beißt er sich durch das Thema. Glücklicherweise stellt er fest, dass auch Gleitkommazahlen mit mathematischen Schwächen zu kämpfen haben und auch beim Rechnen mit Zahlen einiges drunter und drüber gehen kann. Da Schrödinger gerne experimentiert, mischt er auch einfach mal die Zahlen durch und erfährt, dass es dabei gewisse Regeln gibt, nach denen die Typen umgewandelt werden. Schnell bemerkt Schrödinger auch, dass hier Möglichkeiten bestehen, mit deren Hilfe er die Typen zwingen kann, etwas zu werden, wofür diese eigentlich nicht vorgesehen sind. Allerdings stellt er selbst schnell fest, dass es nicht immer so gut ist, eine Schraube mit dem Hammer einzuschlagen, sondern oftmals besser, die dafür vorgesehenen Werkzeuge zu verwenden.

Manueller Rechenschieber

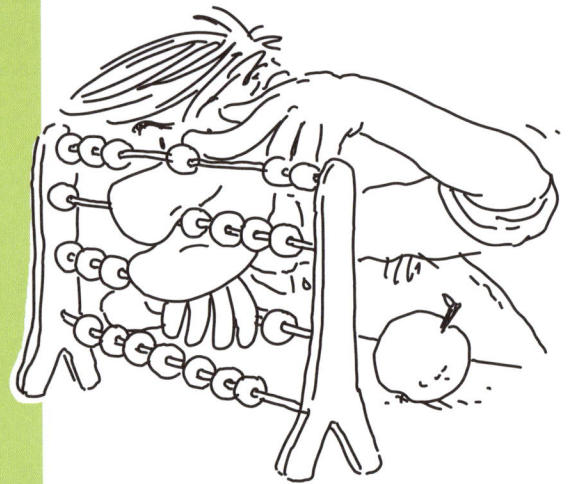

Nachdem du deinen Prozessor mit nutzlosen Befehlen gelangweilt hast, wollen wir uns in diesem Abschnitt mit einem Thema beschäftigen, für das dein Rechner gebaut wurde: **dem Rechnen**. Egal, ob du jetzt einen Text schreibst oder WoW spielst, dein Rechner macht trotzdem nichts anderes als rechnen, ein ganzes Prozessorleben lang. Ich weiß, kein schönes Leben für ein Stückchen **Silizium**.

Okay, jetzt bitte wieder volle Aufmerksamkeit. Zunächst wirst du die einfachen Operatoren für die Grundrechenarten kennenlernen, die du auch meistens unter dem Namen **arithmetische Operatoren** findest. Ich gehe mal davon aus, dass du die Grundrechenarten bereits kennst, daher findest du in der folgenden Tabelle nur noch die Darstellung der Operatoren:

Operator	Bedeutung
+	Addition
−	Subtraktion
*	Multiplikation
/	Division
%	Modulo

Den **Modulo-Operator** darfst du **nur** mit Ganzzahlen verwenden. Gleitkommazahlen sind damit nicht erlaubt. Der Operator führt wie **/** eine Division von zwei Ganzzahlen durch. Nur gibt dieser Operator als Ergebnis den **Rest der Division** zurück. Beispielsweise würde die Berechnung von 11%3 das Ergebnis 2 zurückgeben, weil das eben der Rest der Division 11/3 ist.

Bei den Grundrechenarten handelt es sich um **binäre** (lateinisch für *bi* = zwei) Operatoren, die jeweils an der rechten und linken Seite je einen Operanden benötigen (Operand [Operator] Operand). Der Operand kann dabei eine Variable oder ein Wert sein.

Dass eine Verwendung, wie z. B. `wert1+wert2`, alleine als Befehl häufig keinen Sinn macht, wirst du die Berechnung gewöhnlich auch irgendwo sichern wollen, weshalb du das Ergebnis dieser Berechnung irgendwie verwenden musst, zum Beispiel indem du es mit dem **Zuweisungsoperator** (**=**) einer Variablen zuweist. Natürlich bedeutet das jetzt nicht zwangsläufig, dass ein solcher Ausdruck ohne eine Zuweisung falsch wäre. Am besten siehst du dir die folgenden Zeilen an, in denen die Anwendungen der **Grundrechenarten mit C++** demonstriert werden:

*1 In diesem Fall wird zwar eine Addition durchgeführt, aber das Ergebnis nirgendwo verwendet oder zwischengespeichert. Zwar ist diese Zeile **syntaktisch kein Fehler**, sie hat aber keinen Effekt und ist daher nutzlos.

*2 Hier dasselbe nochmals, nur wird jetzt die Berechnung der Subtraktion als Ausdruck über den Operator **<<** nach **cout geschoben** und auf dem Bildschirm ausgegeben. Das Ergebnis selbst wird allerdings nirgendwo (zwischen-)gespeichert.

*3 Hier wird das Ergebnis der Division von **wert1** durch **wert2** in der Variablen **ergebnis gespeichert** und in der nächsten Zeile ausgegeben.

```
int ergebnis;
int wert1 = 11, wert2 = 3;

wert1 + wert2; *1
cout << wert1 - wert2 << endl; *2
ergebnis = wert1 / wert2; *3
cout << ergebnis << " - Rest: " << wert1%wert2 << endl; *4
ergebnis = ergebnis * 2; *5
cout << ergebnis << endl;
```

*5 Natürlich dürfen auch Zahlen und Variable bei den arithmetischen Berechnungen **gemischt** verwendet werden, wie diese Multiplikation demonstrieren soll.

*4 Da die Division von **wert1** durch **wert2** in der Zeile zuvor einen **Rest** ergibt, kannst du diesen (Rest), wie hier gezeigt, mithilfe des Modulo-Operator (**%**) berechnen lassen. Im Beispiel wird diese Berechnung nicht zwischengespeichert und direkt über den Ausgabeoperator an **cout** geschickt.

[Zettel]

Natürlich hält sich C++ auch an die **Punkt- vor-Strichrechnung**, welche vorschreibt, dass Multiplikationen und Divisionen vor Additionen und Subtraktionen durchgeführt werden. Somit ergibt **10 + 10 * 2** gleich **30**. Willst du zuerst die Strichrechnung durchführen, kannst du **Klammerungen** verwenden, weil diese einen höheren Rang bei der Operatorenrangfolge haben. Somit würde **(10 + 10) * 2** gleich **40** ergeben, weil hierbei zuvor die Berechnung in der Klammerung durchgeführt wird.

Erweiterter Grundrechenzuweisungsoperator

Berechnungen, wie z. B.

```
ergebnis = ergebnis * 2;
summe = summe + drei;
```

könntest du mit folgender kürzeren Schreibweise verwenden

```
ergebnis *= 2;
summe += drei;
```

Diese Form steht für **alle** fünf Grundrechenoperatoren **+**, **-**, *****, **/** und **%** zur Verfügung.

Futter für den Prozessor

Dein Prozessor ist eigentlich ein richtiges Arbeitstier, und du solltest ihn nicht mit den stundenlangen **Leerlauforgien** (engl. *Idle*) bestrafen, welche das Betriebssystem regelmäßig veranstaltet. Daher ist es jetzt an der Zeit, dass du auch mal ein Programm schreibst, was der **CPU-Langeweile** ein Ende setzt.

[Einfache Aufgabe]

Schreib ein Programm, welches das Volumen eines Schuhkartons ausrechnet. Verwende **double** als Datentyp, cm als Maßeinheit für den Karton. Rechne die berechneten Kubikzentimeter am Ende in Liter um (1.000cc = 1 Liter).

Na, endlich mal was, womit ich mich auskenne! So habe ich übrigens auch meine Freundin kennengelernt. Wenn du dich mit Frauen über Schuhe und alles, was damit zu tun hat, unterhalten kannst, ist das Eis gebrochen. Nur so als Tipp ...

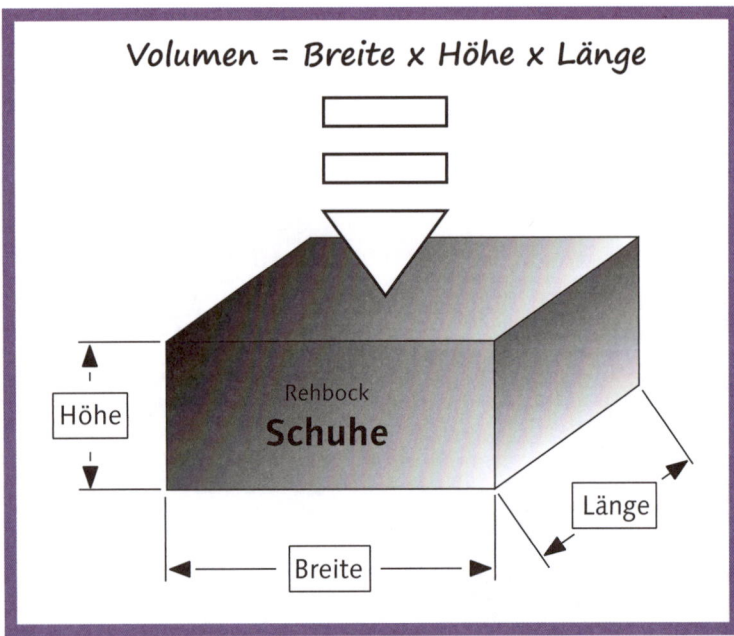

Volumen = Breite x Höhe x Länge

Rehbock
Schuhe

Höhe

Länge

Breite

Zeit, ein richtig nützliches Programm für die Schuhindustrie zu schreiben
Hierzu eine mögliche Musterlösung des Programms

```cpp
#include <iostream>
using namespace std;

int main()
{
    double volumen; *1
    double laenge, breite, hoehe; *1

    cout << "Länge  (cm) : "; *2
    cin >> laenge; *2
    cout << "Breite (cm) : "; *2
    cin >> breite; *2
    cout << "Höhe   (cm) : "; *2
    cin >> hoehe; *2

    volumen = laenge * breite * hoehe; *3
    volumen/=1000; *4

    cout << "Volumen : " << volumen
         << " Liter\n"; *5
    return 0;
}
```

*1 **die Typen** für die Berechnung

*2 die Maße der Schuhschachtel in cm **eingeben**

*4 das Ergebnis **durch 1.000** teilen (1.000 cc = 1 Liter) mithilfe des erweiterten Grundrechenzuweisungsoperators

*3 **das Volumen** der Schuhschachtel in Kubikzentimeter **ausrechnen**

*5 das Ergebnis auf dem **Bildschirm** ausgeben

Das Programm bei seiner Ausführung

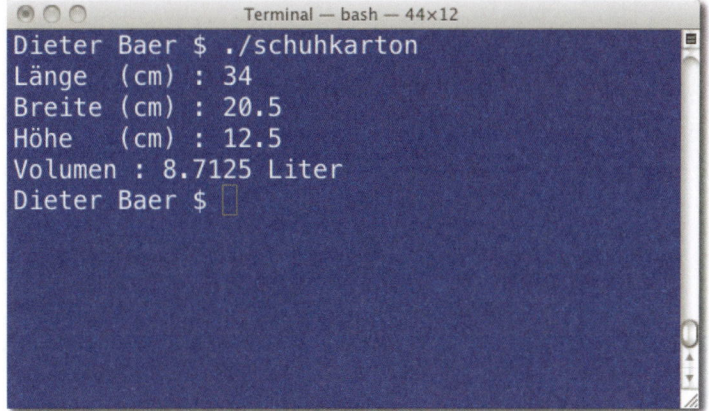

```
○ ○ ○          Terminal — bash — 44×12
Dieter Baer $ ./schuhkarton
Länge  (cm) : 34
Breite (cm) : 20.5
Höhe   (cm) : 12.5
Volumen : 8.7125 Liter
Dieter Baer $ ▯
```

Dieser Schuhkarton ist wohl eher für die Herrenwelt (oder für Basketballfrauen) gedacht (ca. Größe 40 bis 46).

Schrödinger ist total aus dem Häuschen, dass ihm das Programm gelungen ist, und ruft schon mal bei seinem Chef an, um mit ihm die Planungen für künftige Schuhkartons zu besprechen. Er hat jetzt schon eine Menge Ideen!

Kopfrechnen

Schrödinger ist immer noch sehr gut drauf.
Endlich macht ihm das Programmieren mehr
Spaß, weil er erstmals etwas **Nützliches** programmieren kann. Natürlich führt er am Abend
das Programm seiner Freundin am Laptop im
Wohnzimmer vor. Die ist selbstverständlich an
allem interessiert, was mit Schuhen zu tun hat. So
hat sie Schrödinger schließlich kennengelernt.

Achtung vor den Doppelgängern

Ich muss dich unbedingt noch darauf hinweisen, dass es zu den
binären Operatoren +, **–** und ***** noch unäre Gegenstücke gibt.
Die **unären Operatoren** haben im Gegensatz zu ihrem binären
Pendant nur eine einseitige Beziehung zu einem Operanden.

Operator	Binär	Unär
+	**Addition**	**Liefert das positive einer Zahl zurück.**
–	**Subtraktion**	**Liefert das negative einer Zahl zurück.**
*	**Multiplikation**	**Verweisoperator. Lässt sich nicht in dieser Spalte beschreiben.**

Natürlich haben diese unären Operatoren einen **höheren Rang**
als die binären Gegenstücke. Ja, auch da gibt es eine Hierarchie,
die nötig ist, damit folgende Berechnungen ohne Probleme
möglich sind:

*1 Dank des
unären Minus
vor der Zahl erhält
negativ den
Wert –100.

*2 Das **unäre Plus** vor der
Zahl könntest du dir hier sparen,
weil auch ohne Angabe
des Vorzeichens der Wert 100
an **positiv** zugewiesen
würde.

*3 Dass –100 plus +100
gleich 0 ergeben, sollte jeder
wissen, der regelmäßig sein
Konto überzieht.

```cpp
int negativ = -100; *1
int positiv = +100; *2

cout << negativ + positiv << endl; *3
cout << 1000 + -100 << endl; *4
cout << -100 + +200 << endl; *4
```

Finde die Fehler, die in den folgenden Zeilen
gemacht wurden!

[Zettel]
```
double oster = 12.5, ei = 3.0;
double osterei = oster % ei;

int kokosnuss = 10;
kokosnuss-=-5;
```

*1 Klarer Fehler,
der Modulo-Operator
kann **nicht mit
Gleitkommazahlen**
verwendet werden.

Hier die Lösungen zur Aufgabe

```
double oster = 12.5, ei = 3.0; *1
double osterei = oster % ei; *1

int kokosnuss = 10; *2
kokosnuss-=-5; *2
```

*2 Auch das ist **kein Fehler**, hier wird über
den erweiterten Grundrechenzuweisungsoperator
der Wert von **kokosnuss** mit dem negativen
Wert –5 subtrahiert. Wenn du das Ergebnis ausgibst,
entpuppt sich die Kokosnuss bei den meisten als
echte Kopfnuss (**10 – –5 = 15**).
Probier es ruhig mal aus ... J

*4 Diese Berechnungen sollen
demonstrieren, dass die unären Operatoren
eine **höhere Priorität** besitzen. Zunächst
werden hier nämlich die Werte mit den
Vorzeichen ausgewertet und erst dann die
arithmetische Berechnung mit den binären
Operatoren durchgeführt.

[Belohnung/Lösung]
So, das hast du gut gemacht, und wenn
du die Kokosnuss nicht verstanden hast,
ist das nicht weiter schlimm. Hier solltest
du einen Mathematiker um Rat fragen.
Du darfst jetzt zur Belohnung deiner
Freundin ein neues **Paar Schuhe** kaufen,
nachdem du ihr mit deinem Wissen über
Schuhkartons regen Appetit darauf
gemacht hast.

Nachsitzen in Mathe

Dieser Abschnitt hier ist **unbedingt nötig**,
weil es beim Rechnen mit C++ einfach
ein paar Grenzen gibt, über die du Bescheid
wissen solltest.

Verdammter Mist!
Noch mehr MATHEMATIK.
Ich hasse das!

Keine Grund zur Sorge, Schrödinger, ich behandle nur kurz,
was du grundlegend wissen musst, falls du Probleme beim
Berechnen deiner Schuhkartons bekommst.

Wenn Grenzen überschritten werden

Würdest du bei Ganzzahlen, z. B. mit dem Typ **int**, bspw. **numeric_limits**
<int>::max()+1 verwenden, so würde dein Compiler meckern, dass ein
Überlauf einer ganzzahligen Konstanten stattfindet. Betrachten wir mal folgenden
Codeausschnitt:

```
int overflow01 = 2147483647+1; *1

int one = 1; *2
int overflow02 = 2147483647+one; *2
```

*1 Einen solchen
Integer-Überlauf
sollte dein Compiler
bemerken.

*2 Hier drückt der Compiler leider
schon mal **ein Auge zu** und hat
nichts zu beanstanden, obwohl hier
auch ein Überlauf stattfindet.

Wie kommt es also, dass eine Berechnung von z. B. zwei **signed int**-Typen
wie 2.000.000.000 + 2.147.483.647 zum Ergebnis –147.483.649 führt? Zur Vereinfachung,
damit ich nicht so viele Bit-Stellen verwenden muss, soll der Typ **unsigned short**
verwendet werden, der meistens mit 16 Bits implementiert ist.

In der **folgenden Abbildung** solltest du erkennen, warum eine Berechnung von 65.535 (dem maximalen Wert
von **unsigned short**) plus 1, nicht 65.536, sondern 0 ergibt. Wenn du die 16-Bit-Darstellungen der
beiden Werte betrachtest und dann zum Ergebnis in der letzten Zeile siehst, fällt dir zwar auf, dass
das Ergebnis der **Bit-Darstellung** auf der Tafel ja tatsächlich dem Wert 65.536 entspräche. Aber da für
unsigned short nun mal nur 16 Bits zur Darstellung des Wertes zur Verfügung stehen, wird das 17. Bit
einfach abgeschnitten (hier wird es vom Hubschrauber abgeholt), und als Ergebnis bleiben 16 Bits mit 0
stehen und somit ist auch der Wert 0.

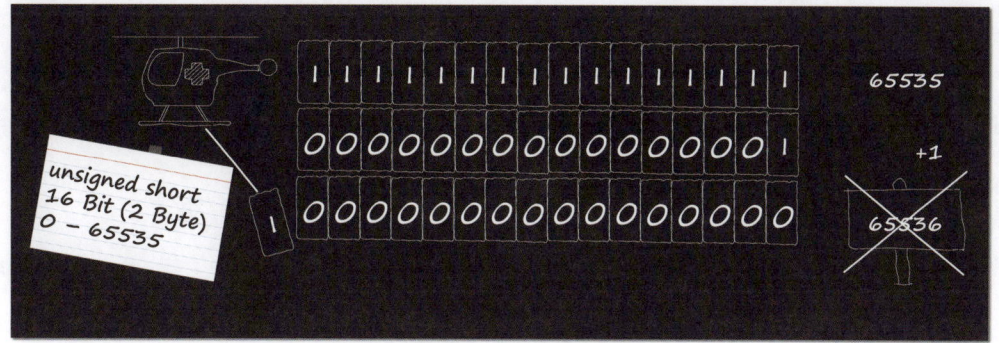

Bei einem Überlauf werden einfach die „überstehenden" Bit-Stellen abgeschnitten.

Ähnlich ist dies auch bei **vorzeichenbehafteten Werten**. Bei einem `signed short` von 32.767 (maximaler Wert) plus 2 kommt nicht 32.769, sondern –32.767 heraus. Wenn du dir diese Berechnung ebenfalls auf der Tafel in der **Bit-Darstellung** ansiehst, wirst du sehen, dass hier zwar kein Überlauf stattfindet, dass aber bei vorzeichenbehafteten Zahlen das höchste Bit (hier das 16.) verantwortlich für das Vorzeichen ist, weshalb hier ein **Vorzeichenwechsel** stattfindet.

Beim Überschreiten der Grenzen findet bei vorzeichenbehafteten Zahlen kein Überlauf statt, sondern das Vorzeichen wird geändert.

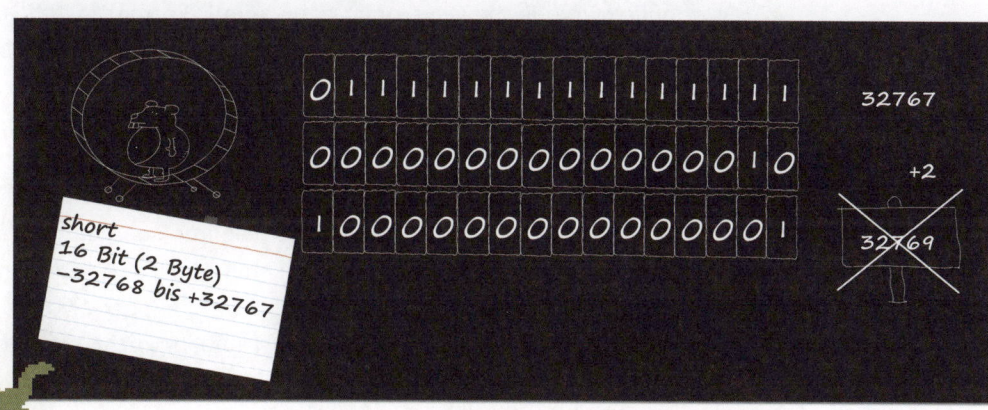

[Achtung]

Das Bild vom Hamsterrad ist im Prinzip gar nicht so falsch, um diesen Über- bzw. einen Unterlauf zu verstehen. **Aber,** du solltest wissen, dass eine solche Bereichsüberschreitung eigentlich **ein Fehler ist** und du dich nicht darauf verlassen darfst, dass alles wieder von vorne beginnt! Nicht umsonst **warnt** dich der Compiler, wenn er eine Bereichsüberschreitung während der Übersetzung mit einem konstanten Wert erkennt!

Hm, das Ganze erinnert mich an ein Hamsterrad, bei dem nach einer Umdrehung alles wieder von Neuem beginnt.

Ungenaues Pünktchen

Okay, ich fasse es kurz: **Gleitkommazahlen können nicht immer exakt dargestellt werden!** Das Thema Gleitkommazahl ist eigentlich Teil der theoretischen Informatik, und du solltest dich bei Bedarf selbst darüber informieren.

Damit Nichtverstandenes erst recht nicht verstanden wird, hierzu noch eine kurze Notiz

[Zettel]

Gewöhnlich werden die Gleitkommazahlen im **E-Format** (+-f.fffE+-e) geschrieben. So wird bspw. die Zahl 1.0 wie im E-Format mit +1.000E+0 beschrieben oder –0.006321 mit –6.321E-3 und die 0.0 mit +0.000E+0. Wenn du jetzt 2/6 + 2/6 ausrechnen willst, kommst du auf das Ergebnis 4/6. Glück für deinen Mathelehrer, aber hier geht das Dilemma mit Pünktchen und **Rundungsfehlern** schon los. 2/6 ist im E-Format gleich +3.333E-1. Addierst du jetzt +3.333E-1 mit +3.333E-1, ist das Ergebnis +6.666E-1 (bzw. 0.6666). Wieder gut für deinen Mathelehrer, aber leider falsch, denn 4/6 sind im E-Format +6.667E-1, aber nicht wie berechnet +6.666E-1. Mit derartigen Rundungsfehlern haben viele **Computer** ihre Probleme.

Damit dir diese **Rundungsfehler** in deiner Laufbahn nicht zum Verhängnis werden, solltest du Folgendes beherzigen:

☛ Da selbst eine Zahl wie 1.0 Rundungsfehler enthalten kann, solltest du **niemals** Gleitkommazahlen **auf Gleichheit** überprüfen (also nicht die Operatoren **!=** und **==** verwenden). Stattdessen solltest du immer auf *größer gleich* oder *kleiner gleich* (die Operatoren: **<=** und **>=**) testen.

☛ Wenn du eine Software erstellst, mit der **Geldbeträge** verwaltet werden, solltest du auf keinen Fall Gleitkommazahlen, sondern **Ganzzahlen** verwenden. Bei einem Geldbetrag von 99,99 €uro solltest du dann mit 9.999 €uro-Cents rechnen.

☛ Wenn du trotzdem unbedingt Gleitkommazahlen verwenden willst, musst du dich **umfassender** damit auseinandersetzen.

Schwächen offenlegen

In der **Praxis** ist es nicht immer einfach, auf solche Überläufe entsprechend zu reagieren. Trotzdem ist das ein Thema, mit dem du dich als Programmierer irgendwann befassen musst. Da uns hier jetzt mindestens zwei Seiten zur Verfügung stehen, wollen wir diesen Platz ein wenig für **Denksportaufgaben** nutzen. Es kann sein, dass dir dabei einiges recht seltsam und kryptisch vorkommt, aber du bekommst hierdurch ein Gefühl dafür, mit Zahlen zu jonglieren.

[Schwierige Aufgabe]

Ohne dass du bisher die Mittel der Operatoren kennengelernt hast, versuch mal rein logisch herauszufinden, wie du einen Ganzzahlenüberlauf mit zwei vorzeichenlosen Variablen gleichen Typs ermitteln könntest, die zusammenaddiert werden.

Wenn du dich mittlerweile mit den Typen vertraut gemacht hast und du Denksportaufgaben liebst, sollte dir die **Lösung** gar nicht so schwer gefallen sein. Im Grunde brauchst du nur zu überprüfen, ob die Summe der beiden Ganzzahlen kleiner als der größte der beiden Werte ist.

Programmtechnisch kann dies wie folgt aussehen

```cpp
unsigned short wert01 = 65535, wert02 = 1;
unsigned short summe;
bool overflow = (summe=wert01+wert02) < wert01; *1
if( overflow == true ) { *2
  cout << "Achtung! Bereich wurde überschritten\n";
}
```

*1 Hier wird zunächst aufgrund der höheren **Priorität der Klammerung** die Summe berechnet. Die Summe des Ergebnisses überprüfen wir daran, ob der Wert kleiner als **wert01** ist, was ja nicht sein kann, wenn addiert wird. Trifft dies zu, ist **overflow** gleich **true**. Fand kein Überlauf statt, ist **overflow** gleich **false**.

*2 Hier überprüfst du, ob **overflow** gleich **true** (=Überlauf) ist. Ist dies der Fall, wird im Beispiel der entsprechende Text ausgegeben.

[Schwierige Aufgabe]

Zwar kannst du auch diese Aufgabe als normaler Anfänger nicht lösen, aber denk mal nach, was du theoretisch machen müsstest, um zu ermitteln, ob bei einem vorzeichenbehafteten Typ das Vorzeichen gewechselt wurde?

Keine Ahnung!
Etwa das höchste Bit des Typs
überprüfen?

Prima gegoogelt, Schrödinger! Um das allerdings durchzuführen, müssen wir schon auf einer sehr tiefen Ebene ansetzen und **Bit-Operatoren** dafür verwenden.

Mit Bit-Operatoren kannst du direkt auf die binäre Darstellung der Einsen und Nullen von Ganzzahlen zugreifen. Keine Sorge, ich werde das jetzt nicht aufrollen, weil du so etwas in der C++-Praxis wohl eher selten brauchen wirst.

Trotzdem auch hier ein Codeausschnitt

*1 In dieser kryptischen Zeile wird überprüft, ob das **höchste Bit** von **wert01**, welches wir hier mit **numeric_limits<short>::digits** den Compiler selbst setzen lassen, **gesetzt ist**. An **sign01** wird dann entweder **true** (Vorzeichen-Bit gesetzt) oder **false** (nicht gesetzt) zugewiesen.

*2 Nachdem die Berechnung durchgeführt wurde, machen wir dieselbe Überprüfung nochmals mit dem höchsten Bit des **Ergebnisses** der Berechnung.

```cpp
short wert01 = 32767, wert02 = 1;
bool sign01=(wert01&(1<<numeric_limits<short>::digits)); //*1

short ergebnis = wert01 + wert02;
bool sign02=(ergebnis&(1<<numeric_limits<short>::digits)); //*2

if( sign01 != sign02 ) {  //*3
  cout << "Achtung! Vorzeichen wurde gewechselt\n";
}
```

*3 Jetzt vergleichen wir beide Vorzeichen. Sollten die beiden Booleschen Werte **sign01** und **sign02 nicht gleich** (!=) sein, wurde das Vorzeichen bei der Berechnung auf jeden Fall gewechselt.

[Achtung]

Das Prinzip der **manuellen Überprüfung** einer Bereichsüberschreitung bzw. eines Vorzeichenwechsels funktioniert natürlich nur mit **zwei gleichen Typen**, die ebenfalls einen korrekten Wert besitzen. Sobald du einen größeren, bspw. konstanten Wert oder Typ verwendest, als dein Zieltyp aufnehmen kann, funktioniert das Prinzip nicht mehr. So wird zwar z. B. mit dem **unsigned short**-Wert 65.534 plus dem konstanten Wert 65.537 der Bereich einmal überschritten, da aber das Ergebnis 65.535 lautet, wird dies bei der Überprüfung **nicht mehr bemerkt**.

Mir raucht der Kopf

Ich weiß, dieses Thema hat es in sich, und du wirst vielleicht auch zunächst selten damit in Berührung kommen. Bei Bedarf musst du dich ohnehin intensiver damit befassen. Wichtig ist hier jetzt nur zu wissen, dass du bei der Verwendung von Zahlen **nicht kopflos** arbeiten solltest und dich nicht darauf verlassen kannst, dass schon alles gut gehen wird. Auch wenn es dir ein wenig kryptisch vorkommt, merk dir einfach folgende Stichpunkte:

☞ Bei einer Über- bzw. Unterschreitung des Wertebereiches hängt das Ergebnis von der **Implementierung** ab. Konkret: Tritt eine Bereichsüberschreitung auf, kann **nicht 100%ig** vorhergesagt werden, was dabei herauskommt.

☞ Gleiches gilt auch für das „Hamsterrad" eines **Vorzeichenwechsels**. Wird ein solcher Vorzeichenwechsel dauerhaft wiederholt, solltest du dich auch hier niemals darauf verlassen, dass schon alles wie immer sein wird und stimmt.

[Zettel]
Findet eine Überschreitung bereits zur **Übersetzungszeit** statt, bekommst du eine **Warnmeldung** vom Compiler, bei der du nicht wie bei den Arbeitsanweisungen deiner Freundin einfach die Ohren durchlüften kannst.

Hoffentlich ist dieser Abschnitt bald fertig. Ich habe überhaupt keine Lust mehr und mir raucht der Kopf. Ich brauche eine Fluppe!

Ein Punkt noch, und dann kannst du eine rauchen gehen. Das Thema mit der **Genauigkeit von Gleitkommazahlen** wurde hier noch gar nicht richtig aufgerollt. Es sollte dir klar sein, dass die Genauigkeit von Gleitkommazahlen auch **nur endlich** ist und sein kann.

In der Praxis stehen dir dafür normalerweise Gleitkommazahlen für **einfache Genauigkeit** mit 32 Bits (`float`) und **doppelter Genauigkeit** mit 64 Bits (`double`) zur Verfügung. Eine nochmals **erweiterte Genauigkeit** ist meistens mit 80 oder sogar 128 Bits mit `long double` implementiert. Ohne jetzt in Versuchung zu geraten, mehr als nötig zu erklären, müssen in dieser Gesamtlänge das **Vorzeichen**, der **Exponent** und die **Mantisse** untergebracht werden. Dadurch, dass die Mantisse begrenzt ist, entsteht irgendwann einfach eine Ungenauigkeit.

In der Praxis kommt hierbei meistens das **genormte Gleitkommasystem IEEE 754** zum Einsatz. Hierbei wird der Nachkommateil in der Mantisse gespeichert. Bei einfacher Genauigkeit sind dies meistens 23 Bits und bei doppelter Genauigkeit 52 Bits für den Nachkommateil. Bei der erweiterten Genauigkeit ist diese Breite nicht exakt definiert.

Teste dazu einfach mal folgenden Code aus

*1 Hier wird zweimal dieselbe Berechnung durchgeführt, einmal wird das Ergebnis in `float` und einmal in `double` gespeichert.

*2 Mit `precision()` kannst du die Genauigkeit der Gleitkommazahl für die **Ausgabe** mit `cout` einstellen. Im Beispiel wollen wir zehn Stellen haben.

```
float fval = 1000.12 / 1.2345; *1
double dval = 1000.12 / 1.2345; *1

cout.precision(10); *2
cout << fval << endl; // 810.1417847 *3
cout << dval << endl; // 810.1417578 *3
```

*3 Die Ausgabe demonstriert das **Problem mit der Genauigkeit** von Gleitkommazahlen. `float` ist hierbei mit siebenstelliger Genauigkeit am Ende. Somit könnte `float` nicht zwischen den zwei `float`-Werten 810,141711 und 810,141799 unterscheiden. `double` hingegen ist häufig mit einer 15-stelligen Genauigkeit implementiert und hat daher noch etwas mehr Spielraum.

Was soll ich dann machen, wenn mir die Genauigkeit von `float`, `double` oder `long double` nicht ausreicht?

[Notieren/Üben]

Reicht dir die Genauigkeit von den Gleitkommawerten nicht mehr aus, die dir C++ anbietet, solltest du dich nach einer **Festkomma-Arithmetik** umsehen.

[Belohnung/Lösung]

Jetzt hast du dir eine Zigarette verdient.

Mathematische Spezialitäten

Abgesehen von den Grundrechenoperatoren ist **C++ kein Mathe-Ass**. Mathematische Funktionen sind in die Standardbibliothek ausgelagert. Der Vorteil, so etwas zu machen, ist natürlich der, die Programme, die keine mathematischen Funktionen brauchen, etwas schlanker zu halten.

Wer **komplexe Zahlen** mit einem Real- und einem Imaginärteil benötigt, wird mit der Standard-Template-Klasse **complex** bedient. Wer nicht weiß, was komplexe Zahlen sind, wird diese ohnehin nicht benötigen, weshalb ich mir eine wissenschaftliche Beschreibung dazu sparen kann.

Komplexe Zahlen kannst du mit den Gleitkommatypen **float**, **double** und **long double** verwenden. Weil es ein Template (Schablone) ist, wird der Gleitkommatyp zwischen spitze Klammern gestellt:

```
#include <complex> *1
complex<double> meineKomplexeZahl{-1.5, 3.3}; *2
```

> ***1** Diese **Headerdatei** ist nötig, wenn du komplexe Zahlen verwenden willst.

> ***2** Hier wurde die komplexe Zahl **meineKomplexeZahl** vom Typ **double** mit dem Realteil –1.5 und dem Imaginärteil 3.3 initialisiert. Hier haben wir außerdem auch gleich die neue C++11-Intialsierungssyntax verwendet! Klappt das bei dir nicht, musst du die geschweiften Klammern gegen runde austauschen.

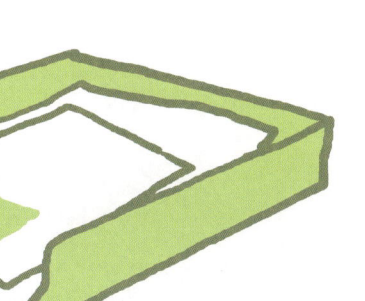

[Ablage]

Wenn du nur den Real- oder den Imaginärteil einer komplexen Zahl benötigst, findest du die Elementfunktionen **real()** bzw. **imag()** dafür.

Neben den Grundrechenoperatoren **+**, **–**, ***** oder **/** und Operatoren für Gleichheit oder Ungleichheit sind natürlich auch noch spezielle komplexe Funktionen implementiert, die man im alltäglichen Leben von komplexen Zahlen häufig verwendet.

Hier ein **Notizzettel** mit häufig verwendeten Funktionen:

Funktion	Wozu
norm()	Gibt das Quadrat des Betrages zurück.
abs()	Gibt den Betrag der Wurzel aus **norm()** zurück.
conj()	Gibt den konjugierten Wert zurück.
arg()	Gibt den Winkel in Polarkoordinaten zurück.
polar()	Gibt die komplexe Zahl zu Polorkoordinaten zurück.

Wenn du auf der Suche nach den **alten, aber soliden Knackern** aus C-Zeiten bist, dann wirst mit **<cmath>** fündig. Darin findest du trigonometrische, hyperbolische, exponentiale, logarithmische und noch andere **mathematische Funktionen**. Alle Funktionen von **<cmath>** können mit **float**, **double** und **long double** verwendet werden.

BRRR, stopp! Jetzt steigt aber der Schwierigkeitsgrad hier auch exponentiell an. Hier ist die Rede von Elementfunktionen, Funktionen, Templates auf engstem Raum. Da blick ich nicht mehr durch.

Ich weiß, hier werden Dinge nur der Vollständigkeit halber **angerissen**, nicht dass jemand mal behauptet, mit nativem C++ könne man nicht rechnen. Allerdings ist die Mathematik ohnehin eine **Nebensache in dem Buch**. Wenn du solche Dinge nicht brauchst, kannst das auch überspringen. Und wenn du es brauchst, wirst du am Ende des Buches über diesen Abschnitt hier lachen.

Einen Zettel habe ich noch **für Mathematiker**, und zwar die Notiz zu **Vektorberechnungen**, wo C++ die Template-Klasse **valarray** aus der gleichnamigen Headerdatei zur Verfügung stellt. Warum **valarray** und nicht **vector** als Klassenname verwendet wurde? Nun, der Name **vector** wurde schon für eine andere Klasse verwendet und war somit vergeben.

Keine Ahnung, aber ich verwende es trotzdem

Sicherlich **freust du dich** jetzt schon auf den Einsatz der komplexeren Mathespielereien in C++? Nicht?
Egal, das muss jetzt trotzdem sein. Schließlich soll es auch Leute geben, die nicht nur Software für eine Schuhkarton-Fabrik entwickeln.

[Notiz]
Ich hoffe, du erwartest dir von diesem Buch **keine Funktionsreferenz** zu den mathematischen Funktionen. Das wäre stinklangweilig. Hierzu gibt es Google oder Bing, und die meisten Entwicklungsumgebungen bieten da auch schon eine Referenz mit an. Notfalls kannst du dir ja auch ein solches Buch kaufen, wo auf über 1.000 Seiten die Tabellen mit aufgelistet werden. Unbedingt brauchen tust du es aber nicht.

Kurz und schmerzlos ein Listing, welches die komplexen Zahlen demonstrieren soll:

```cpp
#include <iostream>
#include <complex>
#include <cmath>
using namespace std;

int main()
{
  complex<double> lex001(2.3, 3.4); *1
  complex<double> lex002(1.1, 2.2); *1

  complex<double> vollex = lex001 + lex002; *2
  cout << vollex << endl; *3

  double real = vollex.real(); *4
  double imag = vollex.imag(); *4
```

*1 Hier wird jeweils eine **komplexe Zahl erzeugt**. Würdest du bei der Erzeugung keine Werte verwenden, würde automatisch eine komplexe Zahl mit (0.0 + 0.0 i) erzeugt.

*2 Einfache **arithmetische Berechnungen** gehen natürlich auch mit komplexen Zahlen.

*3 Auch die **Ausgabe** über den Stream **cout** ist im Standard-Ausgabeformat (1.2, 3.4) implementiert.

*4 Hier wird jeweils der Real- und Imaginärteil ermittelt und wieder zur Erzeugung eines neuen komplexen Typs verwendet.

```cpp
complex<double> neulex(real, imag); *4
cout << neulex << endl; *4

double pi = 4.0 * atan(1.0); *5
cout << pi << endl;
double phase = pi/4.0; // 45°
double magnitude = 2.0;
complex<double> vollplex = polar(magnitude, phase); *6
cout << vollplex << endl;

complex<double> inlex;
cout << "Komplexe Zahl eingeben: ";
cin >> inlex; *7
cout << inlex << endl;
return 0;
}
```

*4 Hier wird jeweils der Real- und Imaginärteil ermittelt und wieder zur Erzeugung eines neuen komplexen Typs verwendet.

*5 Die Funktion **atan()** ist Teil der alten **cmath**-Bibliothek. In diesem Beispiel lassen wir **Pi** berechnen.

*6 Hier lassen wir eine komplexe kartesische Zahl aus den Polarkoordinaten berechnen.

*7 Auch die **Eingabe** von komplexen Zahlen im Format **(1.2, 3.4)** ist implementiert.

[Schwierige Aufgabe]
Eine Aufgabe, die es in sich hat und wohl nicht von jedermann gelöst werden kann. Aber kannst du eine Umrechnung einer komplexen Zahl in Polarkoordinaten berechnen?
Tipp: Für die Magnitude gibt es die Funktion **abs()** und für den Winkel die Funktion **arg()**.

Hier die Kurz-und-schmerzlos-Lösung

```cpp
double pi = 4.0 * atan(1.0);
double phase01 = pi/4.0; // 45°
double magnitude01 = 2.0;
// Umrechnung aus Polarkoordinaten
complex<double> vollplex = polar(magnitude01, phase01);
```

*1 Diesen Vorgang kennst du ja bereits vom ersten Listing, bei dem du aus den Werten der normalen Gleitpunkttypen eine Umrechnung aus den Polarkoordinaten zu komplexen Zahlen berechnet hast.

```cpp
// Umrechnung in Polarkoordinaten
double phase02 = arg(vollplex); *2
double magnitude02 = abs(vollplex); *2
cout << phase02 << " " << magnitude02 << endl;
```

*2 **Der umgekehrte Weg**, um aus der komplexen Zahl wieder in Polarkoordinaten zurückzurechnen, ist dank der beiden Funktionen **arg()** und **abs()** denkbar einfach.

Noch ein Hinweis

[Code bearbeiten]

Willst du außerdem noch den Winkel in Grad aus der Phase (im Beispiel **phase02**) berechnen lassen, brauchst du nur folgende Rechnung zu erstellen:

```cpp
double winkel=phase02/pi*180;
```

Am Ende der Mathewelt

Na, damit hättest du die **Welt der Mathematik** in C++ hinter dir.
War doch ein Kinderspiel? Die Welt der Mathematik ist ziemlich faszinierend.
Kommt dann noch die Programmierung dazu, klingt das für viele wie Musik.

Bei mir eher wie Katzengejammer!
Du hast mir jetzt lange genug meine Mathe-Schwächen unter die Nase
gerieben. Ich bin schon froh, wenn ich meine Jahresabrechnung für
das Finanzamt zusammengerechnet habe!

Ach, komm schon, so schlimm war es auch wieder nicht.
Zum einen habe ich das Thema Mathematik und C++ ja nur kurz angerissen
und zum anderen kannst du dabei eigentlich nur Neues dazulernen.
Wenn du also Berechnungen in C++ durchführen willst, steht dir Folgendes
zur Verfügung:

- die üblichen **Grundrechenoperatoren** für die Basisdatentypen

- **komplexe Zahlen**, die aus dem Real- und Imaginärteil bestehen

- die Klasse **valarray** für komplexe **Vektorberechnungen**

- die alten **C-Funktionen** aus **<cmath>** für alle reellen Zahlen

[Notieren/Üben]

Echte Hardcore-Mathematiker brauchen natürlich noch weitaus
mehr als das vorliegende Angebot. Denen empfehle ich, die
boost-Bibliothek von *http://www.boost.org/* nachzuinstallieren.
Aber bitte erst, wenn du C++ selbst richtig gelernt hast.

Damit es nicht ganz so heftig wird, bekommst du auch noch eine
einfachere Aufgabe.

[Einfache Aufgabe]

Berechne die Diagonale des Bodens einer Schuhkarton-Schachtel. Die Formel und die
Maße dazu findest du in der folgenden Zeichnung. Zum Ziehen der **Quadratwurzel**
kannst du die Funktion **sqrt()** von **<cmath>** verwenden. Die Funktion erwartet eine
reelle Zahl als Parameter und gibt auch eine solche vom selben Typ zurück.

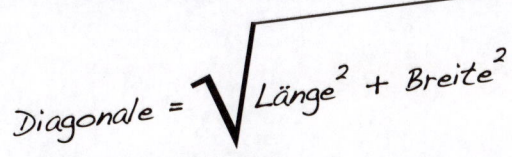

$$Diagonale = \sqrt{Länge^2 + Breite^2}$$

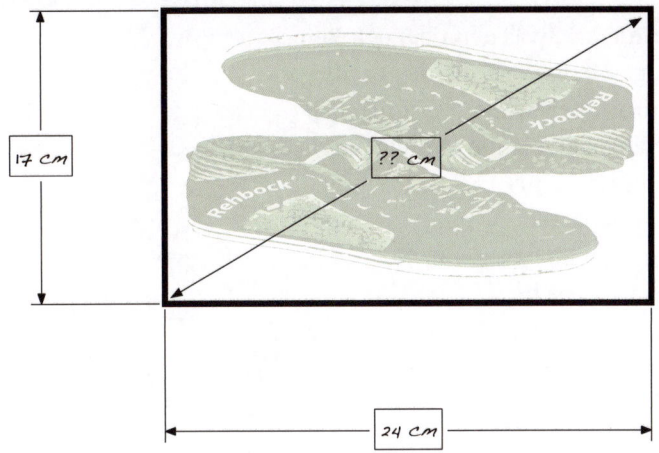

17 cm

24 cm

?? cm

Wir wollen die Diagonale
der Schuhschachtel
mit 24×17 cm haben.

Das ist mein Spezialgebiet! Das packe ich mit links!

Okay, hier eine einfache Musterlösung
dazu, in der du auch die Länge
und Breite (war ja nicht gefordert) der
Schuhschachtel eingeben kannst:

```cpp
#include <iostream>
#include <cmath>
using namespace std;

int main()
{
  double laenge, breite, diagonale;
  cout << "Länge  (cm) : "; *1
  cin >> laenge; *1
  cout << "Breite (cm) : "; *1
  cin >> breite; *1

  diagonale=(laenge*laenge) + (breite*breite); *2
  diagonale=sqrt(diagonale); *2
  cout << "Diagonale = " << diagonale << " cm" << endl;
  return 0;
}
```

*1 die Werte einlesen ...

*2 ... und entsprechend
die Diagonale des Rechtecks
ausrechnen

Dein Programm bei seiner Ausführung

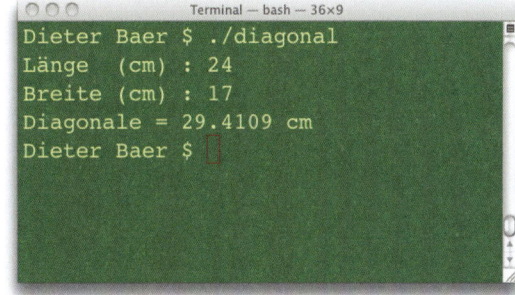

```
Dieter Baer $ ./diagonal
Länge  (cm) : 24
Breite (cm) : 17
Diagonale = 29.4109 cm
Dieter Baer $
```

[Belohnung]

**So, jetzt hast du es geschafft.
Zur Belohnung darfst du weiter an deiner
WoW-Karriere feilen.**

Den Typ mag ich nicht

Sicherlich stellst du dir jetzt die Frage, was denn bei den Berechnungen oder im Allgemeinen passiert, wenn du die grundlegenden **Datentypen** miteinander **mischen** willst. Es ist nämlich durchaus möglich, unterschiedliche Operanden miteinander zu kombinieren. Allerdings solltest du diese Schicksale nicht dem Zufall überlassen und als Herrscher über dein Programm selbst in der Lage sein, zu steuern, was bei einer Umwandlung geschieht, und vor allem, wann es geschieht. Hierbei kannst du die Geschicke dem **Compiler überlassen** oder **selbst eingreifen**.

Lass ihn doch ...

Wenn **du dich nicht** um die Typumwandlung **kümmerst**, macht das der **Compiler** für dich. Hierzu einige Beispiele, bei denen eine solche interne Typumwandlung von deinem Compiler vorgenommen wird:

☛ Bei **Zuweisungen** wird der Wert, der auf der rechten Seite des Zuweisungsoperators (**=**) steht, automatisch in den Wert konvertiert, der auf der linken Seite steht.

☛ Du kennst zwar noch keine Funktionen, aber erwartet eine **Funktion** als Argument einen bestimmten Typ, und du übergibst stattdessen einen anderen Typ an diese Funktion, wird auch hier das **Argument** automatisch in den erwarteten Typ der Funktion konvertiert. Umgekehrt ist es natürlich genauso. Gibst du einen anderen Typ aus einer Funktion zurück, als im Funktionsprototyp angegeben wurde, wird der mit `return` zurückgegebene Wert automatisch in den erwarteten **Rückgabetyp** konvertiert.

☛ Bei arithmetischen Berechnungen und Vergleichen von zwei verschiedenen Typen wird automatisch immer der kleinere Typ in den größeren Typ umgewandelt.

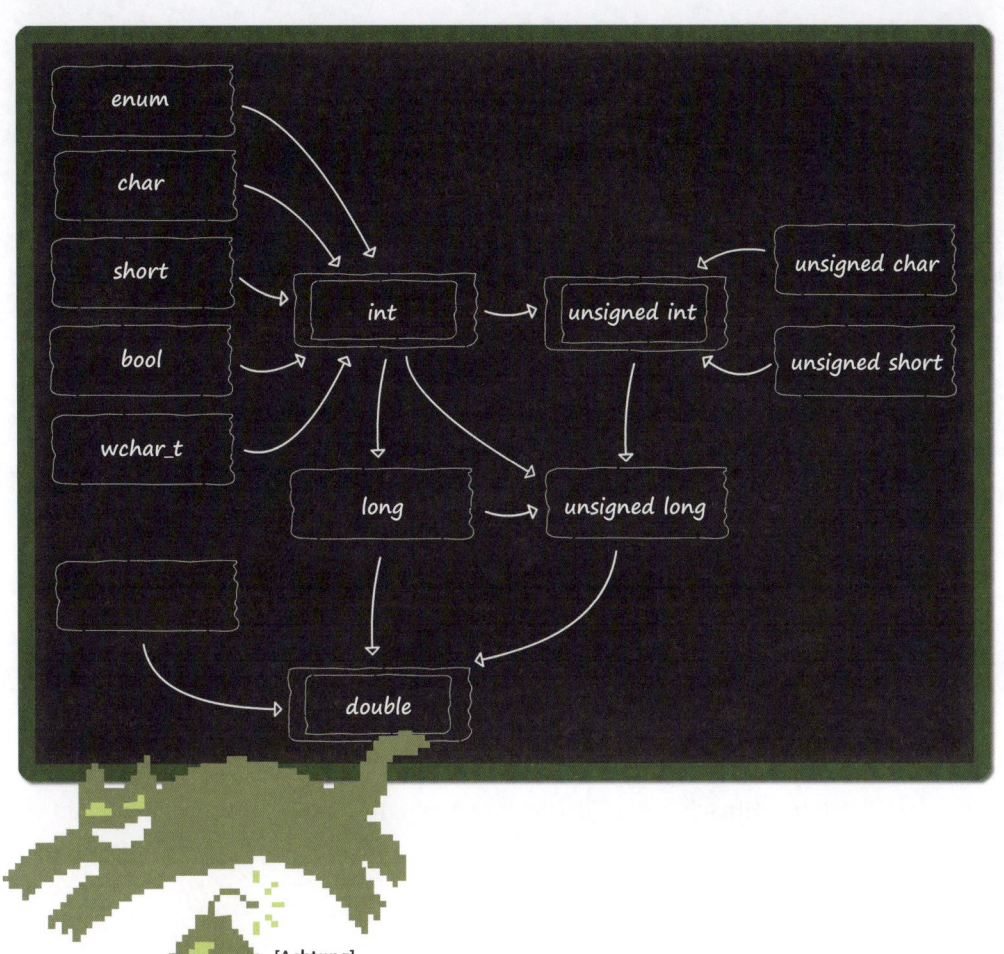

Teilausdrücke von unterschiedlichem Typ werden vom Compiler immer in den nächsthöheren Typ umgewandelt.

[Achtung]

Natürlich sollte dir klar sein, dass eine unbedachte Standard-Typumwandlung auch zu **Verlusten von Informationen** führen kann. So kann bspw. der Nachkommateil bei einer Konvertierung einer reellen Zahl wie `double` in eine Ganzzahl wie `int` nicht mehr erhalten bleiben. Selbiges gilt bei Überschreitung von Wertebereichen, wenn der **Quelltyp** nicht mehr in den **Zieltyp** passt. Auch bei unterschiedlichen **Vorzeichen** in einem Ausdruck kann es zu unerwarteten Problemen kommen.

Automatische Promotion

Neben der impliziten Typumwandlung gibt es noch eine bestimmte Form der Umwandlung, die du als Programmierer häufig gar nicht mitbekommst. Hierbei handelt es sich um die **Promotion** eines Typs, die der Compiler durchführt. Wenn du die Abbildung oben nochmals ansiehst, fällt dir sicherlich auf, dass eine Typumwandlung bevorzugt auf die Typen `int`, `unsigned int` und `double` hinausläuft. Naja, ich habe diese Typen hier auch nicht umsonst gesondert hervorgehoben.

Eine solche integrale Promotion eines Typs wie **bool**, **char**, **signed char** oder **short** auf **int** bzw. **unsigned char** oder **unsigned short** auf **unsigned int** und dann noch die Gleitkomma-Promotion von **float** nach **double** wird meistens zur Vereinfachung von arithmetischen Operationen durchgeführt.

wie jetzt? Heißt das, egal was ich jetzt für Typen für die arithmetischen Berechnungen verwende, diese werden letztendlich ohnehin mit **int**, **unsigned int** oder **double** durchgeführt? Und was genau wird hierfür wenn vereinfacht?

Im Grunde wird in der Tat für jede arithmetische Operation eine **Promotion** auf **int**, **unsigned int** oder **double** durchgeführt, wenn nicht ein Operand einen noch größeren Wertebereich aufweist (bspw. **long** oder **long double**). Die Vereinfachung des Typs dient natürlich der besseren Performance für dein Programm. Da bestimmte Typen an die **Wortbreite** (den natürlichsten Typ deines Prozessors) angepasst werden, sind die Berechnungen hiermit am schnellsten.

Mit dem Hammer auf die Schraube

[Achtung]

Last but nicht ganz hoffnungslos (magst du auch kein Denglish?) kannst du die **Schraube** auch mit dem **Hammer reinschlagen**. Sprich, Typen, die nicht passen und bei denen du es nicht dem Compiler überlassen willst, sie umzuwandeln, und bei denen du auch weißt, was du tust (hoffentlich), kannst du selbst passend machen.

In der Praxis solltest du, wenn möglich, eine **Typumwandlung vermeiden**. Sicherlich kann eine explizite Umwandlung mal notwendig oder sinnvoll sein, aber in den meisten Fällen kann auf eine explizite Typumwandlung durch ein Überdenken (oder vorausschauende Planung) des Codes verzichtet werden. Wenn du trotzdem ausdrücklich eine Typumwandlung durchführen willst, musst du diese Umwandung mit einem sogenannten **Cast-Operator** kennzeichnen. In C++ stehen dir hierzu vier solcher Cast-Operatoren zur Verfügung. Hier meine persönliche Rangliste der vorhandenen Operatoren (es wird immer der Ausdruck **expr** in den Typ **TYP** umgewandelt):

1. **Explizite Typumwandlung wenn möglich** vermeiden!

2. `static_cast<TYP>(expr)` – Der Cast-Operator wird für eine typische Standard-Typumwandlungen verwendet. In der Praxis wird empfohlen, übliche Typumwandlungen damit zu **kennzeichnen**, dass sie auch implizit vom Compiler so gemacht würden. Zum einen lässt sich dadurch deutlicher erkennen, dass hier eine Standard-Typumwandlung durchgeführt wird, und zum anderen erkennt man auch, dass **du weißt, was du tust** (sollte zumindest so sein).

3. `dynamic_cast<TYP>(expr)` – Dieser Operator ähnelt `static_cast`, nur findet die **Überprüfung zur Laufzeit** statt, wenn der Compiler bei der Übersetzung den Typ noch nicht erkennen konnte. Den Operator an dieser Stelle genauer zu erklären, würde dir noch nicht viel bringen, weil dir noch einiges an Wissen fehlt. Aber für das Protokoll: Der Operator wandelt Zeiger oder Referenzen zwischen abgeleiteten Klassen um. Also, der Operator funktioniert nur mit Zeigern auf polymorphen Klassen mit mindestens einer virtuellen Elementfunktion.

4. `const_cast<TYP>(expr)` – Objekte, die mit **const** gekennzeichnet wurden, lassen sich normalerweise nicht mehr ändern. Mit diesem Operator könntest du vorübergehend **const** außer Kraft setzen. Aber in der Praxis kann ich dir davon nur **abraten**, einfach weil nicht garantiert werden kann, dass das Speicherobjekt deswegen geändert werden kann. Und das, was du bestimmt nicht willst, ist ein Programm, das nur **vielleicht** macht, was du willst oder zu wollen meinst. „Nützlich" kann dieser Operator sein, wenn du konstante Zeiger oder Referenzen auf konstante Daten an eine Funktion übergeben musst, welche eigentlich keine konstanten Daten erwartet. Allerdings ändert das dann nichts daran, dass in der Funktion selbst wiederum eine Änderung der Daten zu einem unerwarteten Verhalten führen kann.

5. `reinterpret_cast<TYP>(expr)` – Diesen Cast wirst du wohl in der Praxis eher selten brauchen. Damit kannst du quasi die wildesten Typumwandlungen durchführen. Dieser Operator arbeitet auf einer ziemlich tiefen Ebene der Programmierung, weshalb das Ergebnis der Umwandlung häufig auch abhängig von der Implementierung ist. In der Praxis macht dieser Operator daher nur Sinn, wenn du mit **rohen Bits und binären Bytes** arbeiten willst.

Und dann wäre da noch ...

[Zettel]
Erwähnt werden sollte hier noch der **function-style Cast** von C++. Dieser Cast erinnert ein wenig an den alten C-Cast, nur dass dieser mehr an einen Funktionsaufruf erinnert:

```
float fval = 123.123;
int ival = int(dval);
// function-style Cast
```

Aber auch hier greift man viel eher auf die neuen Cast-Operatoren (hier z. B. auf **static_cast<>**).

[Achtung]
Lass auf jeden Fall die Finger von **alten C-Casts** à la **(typ)ausdruck**. Das entspricht dann schon nicht mehr mit dem Hammer, sondern eher mit der Brechstange auf die Schraube zu hauen. Die Umwandlung mit alten C-Casts macht oft bereitwillig viel Unfug mit, was zu **schwer auffindbaren Fehlern** führt. Außerdem erkennt man an den alten C-Casts sehr schlecht, was da gerade umgewandelt wird.

Warum man sich nicht auf JEDEN Typ einlassen sollte ...

Natürlich wollen wir es uns nicht nehmen lassen, hier ein paar Typen in der Praxis durch den Fleischwolf zu drehen und zu schauen, was dabei herauskommt:

Arbeit für den Fleischwolf

```cpp
#include <iostream>
using namespace std;

int funktion( int wert ) {
  int iwert = wert + wert;
  return iwert;
}

int main()
{
  double einWert = 9.99;
  cout << funktion(einWert) << endl; *1

  short sWert01 = 32767; *2
  cout << sWert01 + 1 << endl; //=32768 *2
  short sWert02 = sWert01 + 1; *3
  cout << sWert02 << endl; //=-32767 *3

  long lWert = sWert01; *4
  cout << lWert << endl; *4

  char a = 'A'; *5
  cout << static_cast<int>(a) << endl; *5

  double dwert = 123.123;
  int iwert = static_cast<int>(dwert); *6
  cout << iwert << endl;
  return 0;
}
```

*1 Hier siehst du eine **implizite Konvertierung** bei einem **Funktionsaufruf**. Zunächst übergibst du der Funktion **einWert()** einen **double**-Wert als Argument, obwohl diese Funktion einen **int**-Wert erwartet. Der Compiler übernimmt die Konvertierung implizit für dich. Die Funktionen selbst wirst du später noch kennenlernen.

*3 Da hier die Berechnung bei der Zuweisung gemacht wird, ist es vorbei mit der integralen Ausweitung, und **short** enthält einen **überlaufenden Wert**. Quasi ein Fehler im Programm!

Vorher nachdenken ...

[Code bearbeiten]

Alle Beispiele zeigen dir auch deutlich, dass du hierbei komplett hättest auf Umwandlungen verzichten können. Anstatt eine Umwandlung vorzunehmen, hättest du dich hier gleich von vorne herein auf einen einheitlichen Typ festlegen können. Ausnahme im Beispiel dürfte die Umwandlung von **char** nach **int** *5 gewesen sein.

*2 Dass hier der **short**-Wert bei der Ausgabe mittels **cout** nicht überlaufen ist und –32.767 ausgibt, verdankst du der **integralen Ausweitung** (Promotion), die der Compiler automatisch bei der arithmetischen Berechnung durchgeführt hat.

*5 Eine **klassische Konvertierung** von **char** in ein **int**. Hier wird der dezimale Wert des Buchstaben **'A'** ausgegeben.

*4 Hier findet eine **korrekte Konvertierung** von **short** nach **long** statt. Da **long** eine größere Breite als **short** hat, ist das überhaupt kein Problem. Trotzdem wäre es hier deutlicher, wenn du **static_cast** verwenden würdest.

*6 Bei dieser Konvertierung von **double** nach **int** kannst du die **Nachkommastelle nicht** mehr **retten**. Aber hierbei wurde zumindest mit dem **static_cast**-Operator deutlich gemacht, dass wir das hier nicht aus Versehen, sondern mit voller Absicht gemacht haben.

Der sanfte Typ

An dieser Stelle angekommen, hast du jetzt **drei Varianten** der **Typumwandlung** kennengelernt. Da wäre die implizite Typumwandlung, bei der man allerdings nicht immer sicher sein kann, ob der Programmierer weiß, was er tut, oder ob es eben ein Versehen war. Dann hast du die automatische Ausweitung (auch bekannt als Promotion) kennengelernt, bei der der Compiler klammheimlich die Typen der arithmetischen Berechnung zur besseren Performance des Programms optimiert, indem er versucht, die Typen in eine Breite zu stecken, die dem Prozessor besser schmeckt. Und natürlich hast du erfahren, wie du mit Cast-Operatoren anzeigen kannst, dass du zum einen doch weißt, was du tust, aber damit zum anderen auch recht brutal auf die Typen einschlagen kannst.

Das Motto, **wenn etwas nicht passt**, wird es passend gemacht, solltest du speziell in der C++-Programmierung überdenken und dir immer von vorneherein Gedanken machen, was für Typen du in deinem Programm wofür benötigst. Nimmst du dir nur 5 Minuten mehr Zeit für die Planung, kann dir das am Ende des Projektes sehr viel Zeit mit dem **„Nachstricken"** von Code ersparen.

Ach ja, eines habe ich da noch für dich, und zwar das **Mischen** von **vorzeichenlosen** (`unsigned`) und **vorzeichenbehafteten** (`signed`) Typen. Hierzu macht man sich zunächst wenig Gedanken, weil ja der Compiler auch in dem Fall mit der **automatischen Promotion** bereitsteht. Der Compiler wandelt einen `int`-Ausdruck dann entweder in den entsprechenden `signed`- oder den `unsigned`-Typ. Allerdings solltest du dabei wissen, dass bei einer Konvertierung eines `signed`-Typs in einen `unsigned`-Typ **nicht vorhersehbar** ist, was passieren wird. Wie bei einem Überraschungsei hängt dein Ergebnis dann vom Compiler ab, was du ja auf keinen Fall willst.

[Anm. des Lektorats: Mensch, Bär,
was für eine langweilige Seite ...]

Das **Mischen** von `signed` und `unsigned` (bspw. zum Vergleich) solltest du tunlichst **unterlassen**. Normalerweise warnt dich dein Compiler ja schon vor, wenn er einen `signed==unsigned`-Vergleich entdeckt. Mischst du `signed` und `unsigned` trotzdem, kann es passieren, dass der Vergleich eines `signed int`-Wertes von –1 gleich dem `unsigned int`-Wert mit 4.294.967.295 ist, weil beide **Bit-Darstellungen** identisch sind.

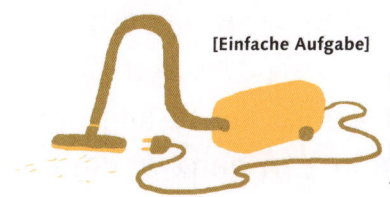

[Einfache Aufgabe] Du hast jetzt sicherlich festgestellt, dass du bei vielen Umwandlungen auf `static_cast` verzichten kannst, weil der Compiler dir da ja automatisch mit einer **impliziten Umwandlung** die Arbeit erleichtert. Warum solltest du trotzdem einfach Typumwandlungen mit `static_cast` umwandeln?

Die Antwort könnte ziemlich umfangreich ausfallen, aber grundlegend solltest du hierbei mindestens Folgendes angemerkt haben:

- ☞ Du dokumentierst damit, was du hier machen willst ("**Ich weiß** genau, **was ich** da **tue**").

- ☞ Die **Lesbarkeit** wird damit eindeutig **verbessert**. Auch wenn dir zunächst das Konstrukt `operator<T>(ausdruck)` etwas kryptisch erscheinen mag, so gewöhnt man sich recht schnell an diese Schreibweise.

- ☞ **Fehler** bei der Umwandlung von Typen **werden** so **schneller gefunden**, weil du im Quellcode nur nach den entsprechenden Cast-Operatoren (bspw. `static_cast`) suchen musst.

- ☞ Und wer noch die alten C-Casts kennt, hier haben die neuen Operatoren spezielle Funktionen, und es gibt nicht nur einen Cast-Operator für alles. **Damit kannst du dir sicher sein, dass deine gewünschte Umwandlung auch funktioniert.**

Im folgenden Codeausschnitt hat der Programmierer ein sauberes explizites Casting eingebaut. Hast du etwas daran auszusetzen?

```cpp
long lwert;
cout << "Wert eingeben : ";
cin >> lwert;
short swert = static_cast<short>(lwert);
```

Ja, wenn der Anwender hier einen **long**-Wert eingibt, der unter oder über dem Wertebereich von **short** liegt, gehen diese INFORMATIONEN DARUNTER BZW. DARÜBER VERLOREN, und der Wert in **short** ist dann ein ganz anderer.

Automatische Typenableitung

Neu mit C++11 wurde das automatische Ableiten von Typen mit dem neuen Schlüsselwort **auto** eingeführt. Damit kannst du auf die Nennung des Typen für deinen Bezeichner beim Initialisieren verzichten. Der Compiler ist klug genug und weiß, was er mit

```cpp
auto val = 1234;
auto dal = 123.123;
```

machen muss. Anhand des Intialisierers erkennt der Compiler hier den Typen und macht intern daraus

```cpp
int val = 1234;
double dal = 123.123;
```

Was sich hier vieleicht zunächst noch etwas trivial anhört, kann dir später bei der Verwendung von komplexeren Typennamen oder beim Durchlaufen von Behälter-Klassen eine ziemliche Erleichterung darstellen, weil du dich hier dann nicht mehr mit den Typen herumschlagen musst.

[Belohnung/Lösung]
Eine Belohnung wartet!

—FÜNF—

Eigene Entscheidungen treffen oder das Ganze nochmal bitte

Im wirklichen Leben hat Schrödinger derzeit nicht viel zu sagen. Ständig meckert seine Freundin an ihm herum, was er anziehen soll, dass er den Eimer mit den Zigarettenstummeln in den Müll werfen soll oder dass er sich besser ernähren muss. Zum letzten Punkt hat er sich zumindest breitschlagen lassen und isst jetzt seiner Freundin zuliebe Dinkelpfannkuchen, obwohl ihm eigentlich Schnitzel mit Pommes am liebsten sind. Umso mehr freut sich Schrödinger, als er erfährt, dass er in C++ über Kontrollstrukturen selbst entscheiden kann, wo es langgeht. Ebenso fragt sich Schrödinger, wie er wohl immer wiederkehrende Aufgaben durchführen soll. Es kann ja nicht sein, dass er 99 mal den gleichen Code eintippen muss. Damit Schrödinger künftig nicht unendlich viele Codezeilen wiederholen muss, lernt er verschiedene Schleifenarten kennen.

Endlich selbstständig sein und eigene Entscheidungen treffen

Bisher musstest du noch keine wichtigen Entscheidungen im Leben treffen?! Dann wird es jetzt höchste Zeit, dass du das Heft in die Hand nimmst und für dein Leben geradestehst. Naja, ein bisschen extrem, aber bei der C++-Programmierung **bestimmst** jedenfalls **du**, wo es langgeht.

Wenn meine Freundin da ist, sagt die mir immer, wo es langgeht. Aber wenn nicht, dann mach ich, was ich will. Heute ist sie da, und ich muss wieder Dinkelvollwert Pfannkuchen und Obst essen, obwohl mir Hähnchenschenkel, Hamburger und Eis lieber wären.

Prima, das können wir ja gleich in einem **theoretischen** C++-Konstrukt als eine Verzweigung formulieren:

```cpp
if( freundin == da ) *1
{
   dinkelvollwertpfannkuchenessen();
}
else *2
{
   HaehnchenHamburgerEisEssen();
}
undweitergehts(); *3
```

*1 **Wenn** deine Freundin da ist, **dann** werden die Anweisungen des Anweisungsblocks zwischen den geschweiften Klammern dahinter ausgeführt.
In diesem Beispiel wird nur die Anweisung bzw. Funktion **dinkelvollwertpfannkuchenessen()** aufgerufen.

*2 Ist deine Freundin nicht da, werden **ansonsten** die Anweisungen zwischen dem Anweisungsblock hinter der **else**-Verzweigung ausgeführt, wo die Funktion **HaehnchenHamburgerEisEssen()** aufgerufen würde.

*3 **Egal,** ob deine Freundin jetzt da ist oder nicht, das Programm wird auf jeden Fall hinter den Verzweigungen weiter ausgeführt. Es sei denn, du brichst das Programm irgendwo in der Verzweigung ab.

Der alternative **else**-Zweig, der gewöhnlich immer dann ausgeführt wird, wenn bei einer oder mehreren **if**-Anweisung(en) keine Bedingung erfüllt wurde, ist **optional**. Du musst also keinen solchen **else**-Zweig verwenden und kannst natürlich auch nur einen oder mehrere **if**-Zweige benutzen. Allerdings kann ein **else**-Zweig nur verwendet werden, wenn mindestens ein **if**-Zweig vorausgeht.

if

Freundin nicht da

Freundin da

Der Programmablaufplan (besser Essensplan) für Schrödinger

Einfache Frage: Da du den **else**-Zweig nicht unbedingt verwenden musst, könntest du hier darauf verzichten und gleich **HaehnchenHamburgerEisEssen()** hinter dem **if**-Anweisungblock setzen?

Hm, muss mal nachdenken! Nein, kann ich nicht, denn wenn meine Freundin da ist, würde das ja bedeuten, dass ich nach dem **dinkelvollwertpfannkuchenessen()** *auch noch* **HaehnchenHamburgerEisEssen()** *müsste. Boah, das wäre heftig!*

Reicht dir **eine if**-Verzweigung **nicht** aus, kannst du mehrere solcher Verzweigungen hintereinander verwenden, indem du nach der ersten **if**-Anweisung weitere **else if**-Anweisungen anfügst. Auch hier kannst du dann optional wieder als letzte Verzweigung ein **else** verwenden.

Als Erweiterung zu deinem Beispiel:

```cpp
if( freundin == da )
{
    dinkelvollwertpfannkuchenessen();
}
```

```
else if( kuehlschrank == leer )  *1
{
    pizzabestellen();
}
else
{
    HaehnchenHamburgerEisEssen();
}
undweitergehts();
```

*1 Hier wurde unser Speiseplan erweitert. Sollte die erste **if**-Bedingung (dass unsere Freundin da ist) nicht zutreffen, wird diese zweite Bedingung überprüft, nämlich **ob der Kühlschrank leer ist**. Trifft das zu, bestellen wir eine Pizza. Trifft diese zweite **else if**-Bedingung auch nicht zu, wird die **else**-Verzweigung ausgeführt.

[Hintergrundinfo]

Dir sollte natürlich klar sein, dass bei einer solchen Verkettung von **if-else if-else**-Verzweigungen nur jeweils eine Verzweigung ausgeführt wird. Brauchst du mehrere Verzweigungen, die vielleicht ausgeführt werden sollten, verwende einfach mehrere **if**-Verzweigungen ohne **else** davor.

Freundin nicht da

Freundin da

Kühlschrank leer

Der Programmablaufplan wurde mit einem **else if**-Zweig um einen „Notfallplan" erweitert

[Hintergrundinfo]

Die **runden Klammern** hinter **if** bzw. **else if** musst du für den **logischen Ausdruck** immer angeben. Logisch bedeutet in C++ ganzzahlig. Daher kann jeder Ausdruck zwischen **if** einen beliebigen numerischen Wert annehmen (genauer: nach bool konvertierbar sein). 0 bzw. **false** wird immer zurückgegeben, wenn der logische Ausdruck falsch (bzw. unwahr) ist, und ein Wert ungleich 0 wird immer als wahr bzw. **true** interpretiert.

[Ablage]

Du kannst übrigens auch innerhalb der **if**-Verzweigungen weitere **if**-Verzweigungen **verschachteln**. Allerdings erschwert dir ein solches Verschachteln von **if**-Anweisungen das Leben bei der Fehlersuche erheblich. Im Grunde ist ein tiefes Verschachteln selten nötig, wenn du dir vorher mehr Gedanken zum Design deines Codes machst. Und noch ein Tipp: Ein **sauberes Einrücken** innerhalb eines Anweisungsblocks hat auch noch niemandem geschadet.

Verzweigung, Abzweigung oder Kreuzung

Zeit, den **Essensplan** für dich in die **Praxis** umzusetzen. Das folgende Listing demonstriert den Vorgang, den du im Büro zuvor durchgegangen bist, in der Praxis. Die Ausführung zu verstehen, sollte dir jetzt keine Probleme mehr bereiten:

```cpp
#include <iostream>
using namespace std;

int main()
{
  bool freundin, kuehlschrank;
  cout << "Freundin da (1=ja/0=nein)      : ";
  cin >> freundin;
  cout << "Kühlschrank leer (1=ja/0=nein) : ";
  cin >> kuehlschrank;

  if(freundin == true)
  {
    cout << "Zeit für Dinkelvollwertpfannkuchen!\n";
  }
  else if(kuehlschrank == true)
  {
    cout << "Pizza bestellen!\n";
  }
  else
  {
    cout << "Hähnchen, Hamburger und Eis essen!\n";
  }
  cout << "Nach dem Essen!\n";
  return 0;
}
```

Das Programm bei der Ausführung

```
                  Schrödinger ißt...
Dieter Baer $ ./essen
Freundin da (1=ja/0=nein)      : 1
Kühlschrank leer (1=ja/0=nein) : 0
Zeit für Dinkelvollwertpfannkuchen!
Nach dem Essen!
Dieter Baer $ ./essen
Freundin da (1=ja/0=nein)      : 0
Kühlschrank leer (1=ja/0=nein) : 1
Pizza bestellen!
Nach dem Essen!
Dieter Baer $ █
```

Im Listing hast du den Vergleichsoperator **==** verwendet, um zwei Speicherobjekte **auf Gleichheit** zu testen. Gerade bei **if**-Verzweigungen wird regelmäßig auf diese **Vergleichsoperatoren** zurückgegriffen, bzw. vieles könntest du ohne diese Operatoren gar nicht realisieren. Die Verwendung ist einfach! Rechts und links vom Vergleichsoperator stellst du jeweils einen Operanden. Der Rückgabewert eines solchen Vergleiches ist ein Wert vom Typ **bool**. Ist der Vergleich falsch, wird 0 bzw. **false** zurückgegeben. Bei einem wahrheitsgemäßen Vergleich wird 1 bzw. **true** zurückgegeben. Ein einfaches Beispiel:

```
int wertNo1 = 1, wertNo2 = 2;
bool wahrheit1 = wertNo1 > wertNo2; *1
bool wahrheit2 = wertNo1 != wertNo2; *2
```

*1 Hier wird **false** zurückgegeben, weil **wertNo1** nicht größer als **wertNo2** ist.

*2 Das ist jetzt wahr, also **true**, weil **wertNo1** ungleich **wertNo2** ist.

Für sinnvolle Vergleiche stehen dir natürlich eine Handvoll dieser **Vergleichsoperatoren** zur Verfügung, die du in der folgenden Tabelle aufgelistet siehst:

Operator	Wozu	Praxis	Rückgabe
<	kleiner	a < z	true, wenn a kleiner als z, ansonsten false
<=	kleiner oder gleich	a <= z	true, wenn a kleiner als oder gleich z, ansonsten false
>	größer	a > z	true, wenn a größer als z, ansonsten false
>=	größer oder gleich	a >= z	true, wenn a größer als oder gleich z, ansonsten false
==	gleich	a == z	true, wenn a gleich z, ansonsten false
!=	ungleich	a != z	true, wenn a ungleich z ist, ansonsten false

Kann ich mit den Vergleichsoperatoren eigentlich nur Zahlen überprüfen?

Nein, viele Klassen, die du noch in deinem Programmiererleben kennenlernen wirst, haben diese Operatoren ebenfalls sinngemäß implementiert. So kannst du z.B. bei der Klasse **string** auch Zeichenketten lexikalisch miteinander vergleichen. Mit der Klasse **string** habe ich dir später im Buch noch ein Treffen vereinbart.

[Notiz]

Noch ein kleiner Hinweis: Wenn eine **if**-, **else if**- oder **else**-Anweisung aus nur einer Anweisung besteht, kannst du die geschweiften **Klammern {}** um den Anweisungsblock auch **weglassen**. Einen solchen Block musst du nur verwenden, wenn du mehrere Anweisungen zu einem Block zusammenfassen musst.

Wrong turn?

Du weißt jetzt, wie du dein Leben **selbst in die Hand nehmen** kannst und eigene
Entscheidungen treffen musst – zumindest in deinem Programmiererleben.
Solche **Entscheidungen** wirst du relativ häufig treffen müssen. Der Vorteil im Gegensatz
zu deinem echten Leben ist natürlich, dass die digitalen Entscheidungen wesentlich
logischer und einfacher zu fällen sind als die realen.

[Spricht mit vollem Mund:]

Was mache ich eigentlich jetzt, wenn ich bei einer **if**-Verzweigung auf zwei Bedingungen gleichzeitig hin überprüfen will? Ich meine, wenn ich nur etwas ausführen will, falls dies und das zutrifft. Geht das in C++ überhaupt?

Ja, das geht! Dafür gibt es in C++ die
logischen Operatoren, womit du beliebig
viele Ausdrücke miteinander verknüpfen
und überprüfen kannst.

Logischer Operator	Logische Bedeutung
&&	logisches UND (AND)
||	logisches ODER (OR)
!	logisches NICHT (NOT)

Die Operatoren sind schnell erklärt. Werden **mehrere Ausdrücke** mit dem logischen **UND-Operator verknüpft**, wird nur dann `true` zurückgegeben, wenn alle einzelnen verknüpften Ausdrücke `true` sind. Sobald einer der verknüpften Ausdrücke nicht mehr `true` zurückgibt, ist der komplette Ausdruck `false`. Vereinfacht: Bei einer logischen UND-Verknüpfung von bspw. zwei Bedingungen wird nur dann `true` zurückgegeben, wenn beide Bedingungen `true` sind.

Verknüpfst du hingegen **mehrere Ausdrücke** mit dem **ODER-Operator**, dann ist der Gesamtausdruck nicht so anspruchsvoll und liefert bereits `true` zurück, wenn mindestens eine der verknüpften Bedingungen `true` zurückgegeben hat. Im Gegensatz zur logischen UND-Verknüpfung gibt eine logische ODER-Verknüpfung nur dann `false` zurück, wenn alle damit verknüpften Bedingungen `false` zurückgegeben haben.

Als Code dürfte dir das Ganze etwas logischer erscheinen

```
// Pseudocode einer UND-Verknüpfung
if( (dies==true) && (das==true) )
{
  // Hier geht es nur rein, wenn dies UND das zutrifft
}


// Pseudocode einer ODER-Verknüpfung
if( (dies==true) || (das==true) )
{
  // Hier rein geht es, wenn dies ODER das zutrifft
}
```

Auf der folgenden Tafel findest du eine Übersicht solcher logischen ODER- bzw. UND-Verknüpfungen:

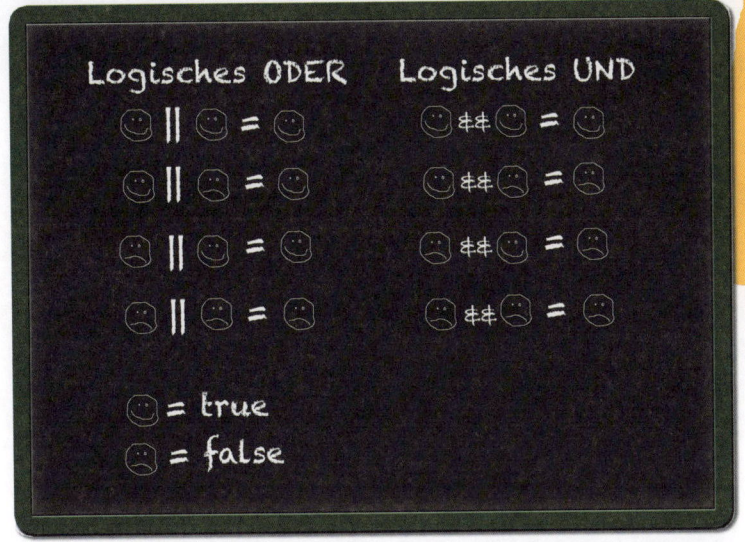

Zum Schluss hättest du noch den **NICHT-Operator** (**!**), mit dem ein **Ausdruck negiert** wird. Du verdrehst damit quasi die Wahrheit. Aus **true** wird **false** und aus **false** eben **true**. Diesen Operator kannst du verwenden, um eine Auswertung abzukürzen. Statt

```
if( dies == false )
```

kannst du mit dem NICHT-Operator stattdessen schreiben

```
if(!dies)
```

Also ist der NICHT-Operator praktisch ein Operator, den du nicht unbedingt verwenden musst.
Zu dieser NICHT-Verknüpfung auch noch schnell der Überblick:

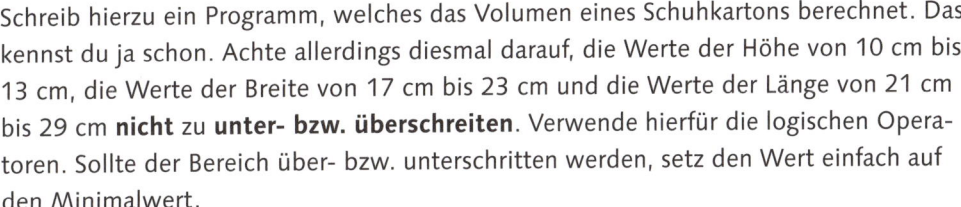

[Schwierige Aufgabe]
Schreib hierzu ein Programm, welches das Volumen eines Schuhkartons berechnet. Das kennst du ja schon. Achte allerdings diesmal darauf, die Werte der Höhe von 10 cm bis 13 cm, die Werte der Breite von 17 cm bis 23 cm und die Werte der Länge von 21 cm bis 29 cm **nicht** zu **unter- bzw. überschreiten**. Verwende hierfür die logischen Operatoren. Sollte der Bereich über- bzw. unterschritten werden, setz den Wert einfach auf den Minimalwert.

Hierzu eine Musterlösung der Aufgabe:

```cpp
#include <iostream>
using namespace std;

int main()
{
  double laenge, breite, hoehe;
  cout << "Länge  (cm) : ";
  cin >> laenge;
  cout << "Breite (cm) : ";
  cin >> breite;
  cout << "Höhe   (cm) : ";
  cin >> hoehe;

  // Wertebereiche überprüfen
  if( laenge < 21.0 || laenge > 29.0 )
  {
    cout << "Fehler bei der Längenangabe\n";
    laenge = 21.0;
  }
  if( breite < 17.0 || breite > 23.0 )
  {
    cout << "Fehler bei der Breitenangabe\n";
    breite = 17.0;
  }
  if( hoehe < 10.0 || hoehe > 13.0 )
  {
    cout << "Fehler bei der Höhenangabe\n";
    hoehe = 10.0;
  }
  double Volumen = laenge*breite*hoehe;
  cout << "Volumen: " << Volumen/1000 << " Liter\n";
  return 0;
}
```

[Notieren/Üben]

Tipp: Für den Fall, dass du auch die Eingabe von **cin** auf den richtigen Datentyp überprüfen willst, kannst du Folgendes verwenden:

```cpp
if(! cin >> wert) {
  // Fehler bei Eingabe
}
```

[Belohnung/Lösung]

Nach all den Strapazen haben wir uns, glaube ich, jetzt eine Pizza verdient und strecken mal alle viere von uns.

Ein ganz anderer Fall

Bei **zu vielen Verzweigungen** mit `if`, neigt man gerne zum „**Falschfahren**" und „**Übersichtverlieren**". Wenn du also Fälle vor dir liegen hast, bei denen du mehrere Ausdrücke vom Typ `int` (oder einem in ein `int` konvertierbaren Typ, wie bspw. `char` oder `long`) auswerten musst, kannst du es einmal mit der **Fallunterscheidung `switch`** versuchen.

[Achtung]
Gleitkommazahlen sind mit der `switch`-Fallunterscheidung **nicht erlaubt** und werden vom Compiler mit einer Fehlermeldung verweigert.

Der **Fall** von `switch` ist dabei ganz einfach: Mit `switch` überprüfst du den **Ausdruck** und mit den folgenden `case`-Marken, ob einer der konstanten ganzzahligen Werte dem Ausdruck entspricht. Wurde eine Übereinstimmung gefunden, werden die Anweisungen hinter der `case`-Marke ausgeführt. Diese `case`-Marken werden natürlich in einem Anweisungsblock zusammengefasst. Trifft keine der `case`-Marken zu, fährt das Programm hinter dem Anweisungsblock fort. Wenn gar nichts passt, kannst du optional eine `default`-Marke verwenden, die auf jeden Fall ausgeführt wird.

Hier dein astrologischer Programmablaufplan dazu:

[Schrödinger schimpft:]

Hm, ich bin Skorpion, und meine Freundin ist ein Krebs, also sollte ich sie heiraten? Ach was soll das denn, ich lass mir doch nicht aufgrund der Positionen einiger Himmelskörper mein Schicksal bestimmen. Und außerdem würde mich viel eher interessieren, wie kann ich das in einen Code umsetzen?

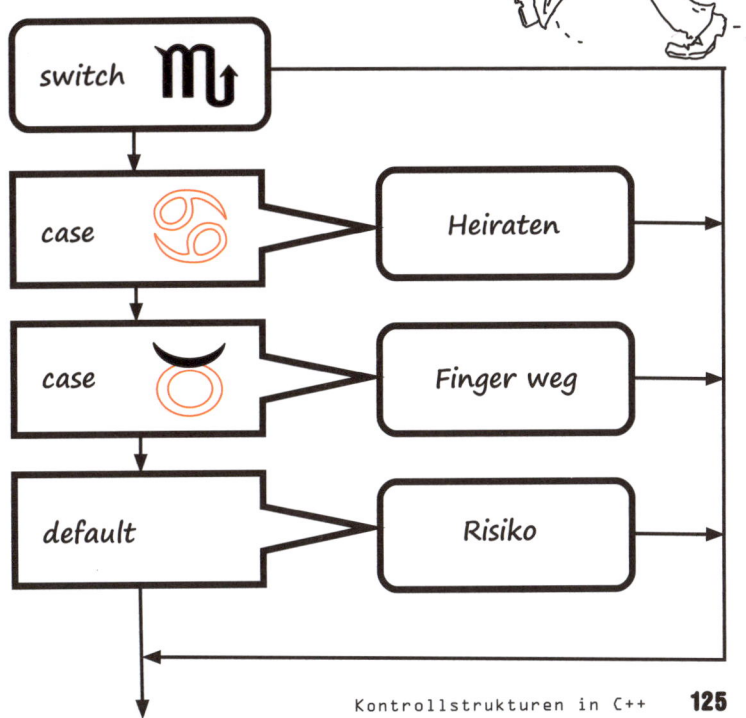

Bleib entspannt, ich habe diese Himmelstellungen absichtlich so gezeichnet, weil ich wusste, dass du dich aufregen und kalte Füße bekommen wirst. Hier die Antwort auf deine Frage, wie eine theoretische Niederschrift einer solchen **Fallunterscheidung** aussehen könnte:

*1 Hier wird der **Ausdruck ausgewertet**, der einen **ganzzahligen** Wert zurückgibt (ein `int` oder einen Wert, der nach `int` konvertiert werden kann).

```
switch(Ausdruck) *1
{

    case Konstante1: Anweisungen1; break; *2
    case Konstante2: Anweisungen2; break; *2
    case Konstante3: Anweisungen3; break; *2
    …
    case KonstanteN: AnweisungenN; break; *2
    default: Anweisungen; *3
}
```

*2 Das zurückgegebene Ergebnis wird mithilfe der **`case`**-Konstanten verglichen. Findet sich dort eine **Übereinstimmung**, werden die entsprechenden Anweisungen hinter dem Doppelpunkt ausgeführt.

*3 Wurde bei den vorherigen **`case`**-Konstanten **keine Übereinstimmung** mit dem **`switch`**-Ausdruck gefunden, wird auf jeden Fall die **optionale `default`**-Marke angesprungen, und die entsprechenden Anweisungen dahinter werden ausgeführt.

[Achtung]

Die **break-Anweisung** am Ende einer jeden **`case`**-Marke ist ziemlich **wichtig**. Mithilfe von **`break`** gibst du die Anweisung, dass die Programmausführung aus dem **`switch`**-Anweisungsblock herausspringen und dahinter fortfahren soll. Vergisst du eine solche **`break`**-Anweisung, dann werden die Anweisungen aller nachfolgenden **`case`**-Marken ausgeführt. Egal, ob diese jetzt zum **`switch`**-Ausdruck passen oder nicht. Rein syntaktisch ist dies auch gar kein Fehler, weil es gegebenenfalls ja durchaus gewollt sein kann, dass du alle Anweisungen ab einer bestimmten **`case`**-Marke ausführen willst.

Den Fall bearbeiten

Hast du Hunger? Dann habe ich wieder ein Programm für dich. Schmeiß deinen Rechner an und **tipp** das folgende Listing in deinen Editor:

```cpp
#include <iostream>
using namespace std;

int main()
{
  unsigned int auswahl;
  cout << "Such dir was aus:\n";
  cout << "-1- Schnitzel mit Pommes\n";
  cout << "-2- Pizza\n";
  cout << "-3- Döner Kebab\n";
  cout << "Ihre Auswahl: ";
  cin >> auswahl; *1

  switch(auswahl) *2
  {
    case 1 : cout << "ca. 900 Kalorien\n"; *3
             break;
    case 2 : cout << "ca. 870 Kalorien\n"; *3
             break;
    case 3 : cout << "ca. 620 Kalorien\n"; *3
             break;
    default: cout << "1, 2 oder 3 (Plopp)\n"; *4
  }
  return 0;
}
```

*1 Nach der Auflistung des Menüs kannst du dir mit 1, 2 oder 3 etwas **aussuchen** und über den Eingabestream **cin** in die Variable **auswahl** schieben.

*2 Hier findest du deine Auswahl im **switch**-Ausdruck zur **Auswertung** wieder.

*3 Je nachdem, ob du 1, 2 oder 3 bei der Menüauswahl gewählt hast, wird die entsprechende **case**-Marke **angesprungen** und der Energiegehalt des Essens ausgegeben.

*4 Hast du bei der Eingabeaufforderung für die Variable **auswahl** nicht 1, 2 oder 3 eingegeben, findet **switch keinen passenden Fall**, und es wird die **default**-Marke mit einer entsprechenden Ausgabe ausgeführt.

[Notiz]

In der Praxis ist es **immer sinnvoll**, eine **default**-Marke zu verwenden, und sich **nicht darauf** zu **verlassen**, dass der Benutzer deines Programms schon wissen wird, was er eingibt.

Das Programm bei der Ausführung

```
⬤⬤⬤          Terminal — bash — 49×15
Dieter Baer $ ./kalorienzaehler
Such dir was aus:
-1- Schnitzel mit Pommes
-2- Pizza
-3- Döner Kebab
Ihre Auswahl: 1
ca. 900 Kalorien
Dieter Baer $ ./kalorienzaehler
Such dir was aus:
-1- Schnitzel mit Pommes
-2- Pizza
-3- Döner Kebab
Ihre Auswahl: 5
1, 2 oder 3 (Plopp)
Dieter Baer $ ▯
```

Wow, lauter Kalorien-bomben, meine Leib-gerichte. Kein Wunder, dass mein Bäuchlein in der letzten Zeit gewachsen ist.

[Schrödinger blickt auf seinen Bauch, der leicht vorsteht]

Ich muss mal meine Joggingklamotten aus dem Keller holen. Heute fange ich wieder an, etwas zu tun ...

[Einfache Aufgabe]

Wie würde die Ausgabe des Programms aussehen, wenn die **break**-Anweisungen fehlen würden?

[Antwort]

Ab der **case**-Marke, die mit dem **switch**-Ausdruck übereinstimmt, würden **alle übrigen Anweisungen** hinter den **case**-Marken und gegebenenfalls auch der **default**-Marke bis zum Ende des **switch**-Blocks (oder der nächsten **break**-Anweisung) **ausgeführt** werden. Egal, ob die **case**-Marken dann passen oder nicht.

Das Programm bei der Ausführung, ohne die break-Anweisungen

```
⬤⬤⬤          Terminal — bash — 44×10
Dieter Baer $ ./kalorienzaehler
Such dir was aus:
-1- Schnitzel mit Pommes
-2- Pizza
-3- Döner Kebab
Ihre Auswahl: 2
ca. 870 Kalorien
ca. 620 Kalorien
1, 2 oder 3 (Plopp)
Dieter Baer $ ▯
```

[Fehler/Müll]

Wie bereits erwähnt, ist es **kein Fehler**, wenn du eine **break**-Anweisung **weglässt** und damit praktisch **zwei Fälle** behandelst. Wenn allerdings nicht auf den ersten Blick klar ist, warum du ein **break** weglässt, solltest du die Code-stelle **kommentieren**.

Den Fall analysieren

Schön, dass du deinem **inneren Schweine-hund** sagst, wo es langgeht. Ich schließe dann schon mal Wetten darauf ab, wie weit du kommst. Bevor du allerdings losrennst, wollen wir den Abschnitt nochmal resümieren.

Heute wird die WoW-Gesellschaft auf mich verzichten müssen. Jetzt geht's zum Joggen!

[Einfache Aufgabe]

Ein Freund vom **Römischen Museum** hat mich gefragt, ob er ihm ein kleines Programm schreiben kann, mit dem er **Millimetermaße in römische Längenmaße** umrechnen kann. Hättest du Lust auf diesen kleinen Job? Die Angaben für die Maßeinheiten kannst du der Tabelle entnehmen. Für die Lösung würde sich **switch** anbieten.

Römische Längenmaße

Römisch	Germanisch	Länge (mm)
Digitus	Fingerbreit	18,522
Palmus	Handbreit	74,088
Pes	Fuß	296,352
Cubitus	Elle	444,528

Cool, mein erster echter Auftrag! Sicher über-nehme ich das. Sollte ein Kinderspiel werden.

Hierzu meine Musterlösung (oder: *Plurimae quae eodem viae ducunt*; aber: *Mille viae ducunt hominem per saecula Romam* (viel Spaß beim googeln oder bingen)):

```cpp
#include <iostream>
using namespace std;

int main()
{
  double mm;
  cout << "Länge (mm): ";
  cin >> mm;

  unsigned int optio;
  cout << "Ave Caesar, was darf es sein?\n";
```

```cpp
cout << "-I-   Digitus (Fingerbreit)\n";
cout << "-II-  Palmus (Handbreit)\n";
cout << "-III- Pes (Fuß)\n";
cout << "-IV-  Cubitus (Elle)\n";
cout << "Deine Wahl: ";
cin >> optio;

switch(optio)
{
  case 1 : cout << mm/18.522 << " digitus\n";
           break;
  case 2 : cout << mm/74.088 << " palmus\n";
           break;
  case 3 : cout << mm/296.352 << " pes\n";
           break;
  case 4 : cout << mm/444.528 << " cubitus\n";
           break;
  default: cout << "Errare humanum est\n";
}
  return 0;
}
```

Das Programm bei der Ausführung

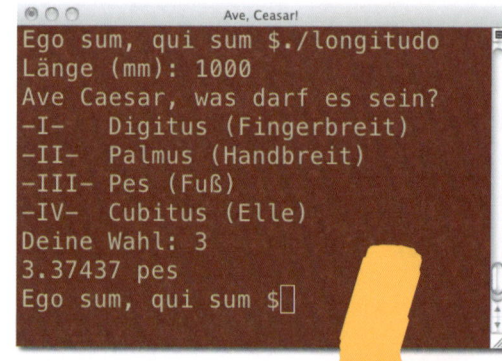

Die Aufgabe hast du **prima gelöst!** Hätte ich dir gar nicht zugetraut. Da wird sich mein Freund vom Römischen Museum sehr freuen.

[Zettel]

Etwas habe ich noch vergessen zu erwähnen: Ein kleines **if-else**-Konstrukt **könntest** du auch mit dem Geiz-ist-g...-Operator **? :** erstellen. Zum Beispiel könntest du statt

```cpp
int max, w1, w2;
if(w1>w2) {
  max=w1;
}
else {
  max=w2;
}
```

Folgendes verwenden:

```cpp
max=(w1>w2)?w1:w2;
```

Bei umfangreicheren Bedingungen solltest du aber der besseren Lesbarkeit und dem besseren Verständnis zuliebe nicht so geizig mit deinem Code sein, und es einfach beim klassischen **if-else**-Konstrukt belassen.

Puh, bin ich außer Form!

[Belohnung/Lösung]

Zur Belohnung hast du eine kostenlose Jahreskarte für das Römische Museum erhalten. So, jetzt kannst du dich **deiner Fitness** widmen. Übernimm dich aber nicht! Du hast noch viel C++ vor dir!

Also sprach Zarathustra

Alles geht, alles kommt zurück, **ewig rollt das Rad** des Seins. Alles stirbt, alles blüht wieder auf, ewig läuft das Jahr des Seins. Alles bricht, alles wird neu gefügt, ewig baut ...

Oh Mann, jetzt fängt er wieder an zu philosophieren! Ich hab schon verstanden, das hier ist Nietzsches Philosophie, wonach sich alle Ereignisse unendlich wiederholen. Was willst du mir damit erklären?

[Hintergrundinfo]
Es gibt in der Praxis aber durchaus Schleifen, die nicht zum Ende finden. Server-Programme, die oft dauerhaft laufen müssen, werden in einer **Endlosschleife** ausgeführt, die in der Praxis höchstens durch einen Fehler abgebrochen werden können. Aber dies nur am Rande ...
Für die Praxis stehen dir **drei** solcher **Schleifenkonstruktionen** zur Verfügung:

Das ist dein nächstes Thema, **die Wiederholung** von Dingen. Um wieder zurück zur IT-Philosophie zu kommen, ist hier die Rede von den **Iterationen**. Bei der iterativen Programmierung kommen sogenannte **Schleifen** zum Einsatz, um bestimmte Anweisungen oder ganze Anweisungsblöcke zu wiederholen. Im Gegensatz zu Nietzsches Gedanken sollte die ewige Wiederkunft des Gleichen in Form einer Schleife aber auch mal zu einem **Ende** finden. Ein solches Ende wird durch eine **Abbruchbedingung** formuliert.

- ☞ `while`-Schleife: Eine **kopfgesteuerte** Schleife, deren Abbruchbedingung gleich am Anfang erfolgt (daher auch kopfgesteuert).
- ☞ `for`-Schleife: Auch eine **kopfgesteuerte** Schleife wie `while`, nur dass diese Schleife neben der Abbruchbedingung etwas mehr im Kopf hat.
- ☞ `do`-`while`-Schleife: Diese Schleife ist **fußgesteuert**. Das heißt, dass hier erst einmal alle Anweisungen innerhalb der Schleife ausgeführt werden, und am Ende der Schleife wird die Abbruchbedingung überprüft.

Kopfgesteuerte Schleife: for und while

Fußgesteuerte Schleife: do-while

Was die eine Schleife nicht im Kopf hat, das hat sie in den Beinen.

Fangen wir mit der while-Schleife an

*1 Hier wird dein **Ausdruck** auf wahr (`true`) oder unwahr (`false`) hin geprüft.

*2 Wenn der Ausdruck zuvor `true` war, werden die **Anweisungen** innerhalb des `while`-Anweisungsblocks ausgeführt.

```
while( Ausdruck ) *1
{
  // Anweisungen abarbeiten *2
}
// Außerhalb der while-Schleife *3
```

*3 Ist der Ausdruck von `while` hingegen gelogen (`false`), wird der Anweisungsblock nicht (mehr) ausgeführt, und das Programm fährt **hinter dem Anweisungsblock** fort.

Die nächste Schleife soll for sein

```
for( Anweisung1; Ausdruck; Anweisung2 )
{
  // Anweisungen abarbeiten
}
// Außerhalb der for-Schleife
```

Im Gegensatz zur `while`-Schleife, hat die `for`-Schleife im wahrsten Sinne **mehr im Kopf**. Hier stehen dir **drei Ausdrücke** zur Verfügung, die allesamt mit einem **Semikolon getrennt** werden **müssen** (auch wenn du so eine leere `for(;;)`-Schleife verwendest). Die `for`-Schleife wird in der folgenden Reihenfolge ausgeführt:

1. In der Regel wird der **erste Ausdruck** (`Anweisung1`) für die **Initialisierung der Schleifenvariablen** verwendet. Dieser erste Ausdruck wird allerdings nur **ein einziges Mal ausgewertet**. Daher kannst du hier auch gleich eine Variable deklarieren. Beachte dann allerdings, dass im Fall einer Deklaration diese Variable nur noch innerhalb des Anweisungsblocks der `for`-Schleife gültig ist.

2. Der zweite **Ausdruck** der `for`-Schleife ist in der Regel der **Boolesche Ausdruck**, mit dem die **Schleifenabbruchbedingung** überprüft wird. Die Schleife wird abgebrochen, wenn dieser Ausdruck `false` ist. Gibt dieser Ausdruck `true` zurück, werden die Anweisungen im Schleifenblock von `for` ausgeführt (siehe 3.).

3. Jetzt werden die **Anweisungen im Anweisungsblock** zwischen den geschweiften Klammern **ausgeführt**.

4. Mit dem **dritten Ausdruck** (`Anweisung2`) der `for`-Schleife wird in der Praxis meistens die **Schleifenvariable** erhöht oder reduziert, welche im zweiten Booleschen Ausdruck zur Auswertung verwendet werden kann.

5. Es geht wieder weiter mit **2**.

Und zu guter Letzt
do-while

```
do { *1
  // Anweisungen abarbeiten *2
}while(Ausdruck); *3
```

*1 Der **Schleifenblock** der **fußgesteuerten do-while**-Schleife wird mit dem Schlüsselwort **do** angefangen.

*2 Bei dieser Schleife werden auf jeden Fall mindestens **einmal alle Anweisungen** des Schleifenrumpfes ausgeführt.

*3 **Am Ende** des Schleifenblocks wird erst der Ausdruck auf eine bestimmte **Bedingung** hin **überprüft**. Ist diese Bedingung war (**true**), findet ein erneuter Schleifendurchlauf ab dem Schlüsselwort **do** statt. Trifft die Bedingung nicht mehr zu (**false**), wird die Schleife beendet und hinter dem Schleifenrumpf fortgefahren.

[Achtung]
Pass auf, dass du am Ende einer **do-while**-Schleife das **Semikolon** hinter **while** nicht vergisst!

[Hintergrundinfo]
Die **do-while**-Schleife ist optimal, wenn du bestimmte Anweisungen **mindestens einmal ausführen** musst. In der Praxis eignet sich diese Schleife daher sehr gut für Benutzermenüs in der Konsole. Zum besseren Verständnis nochmals **alle drei Schleifen** auf die Tafel gezeichnet:

Ein etwas anderer Programmablaufplan der drei in C++ vorhandenen Schleifen

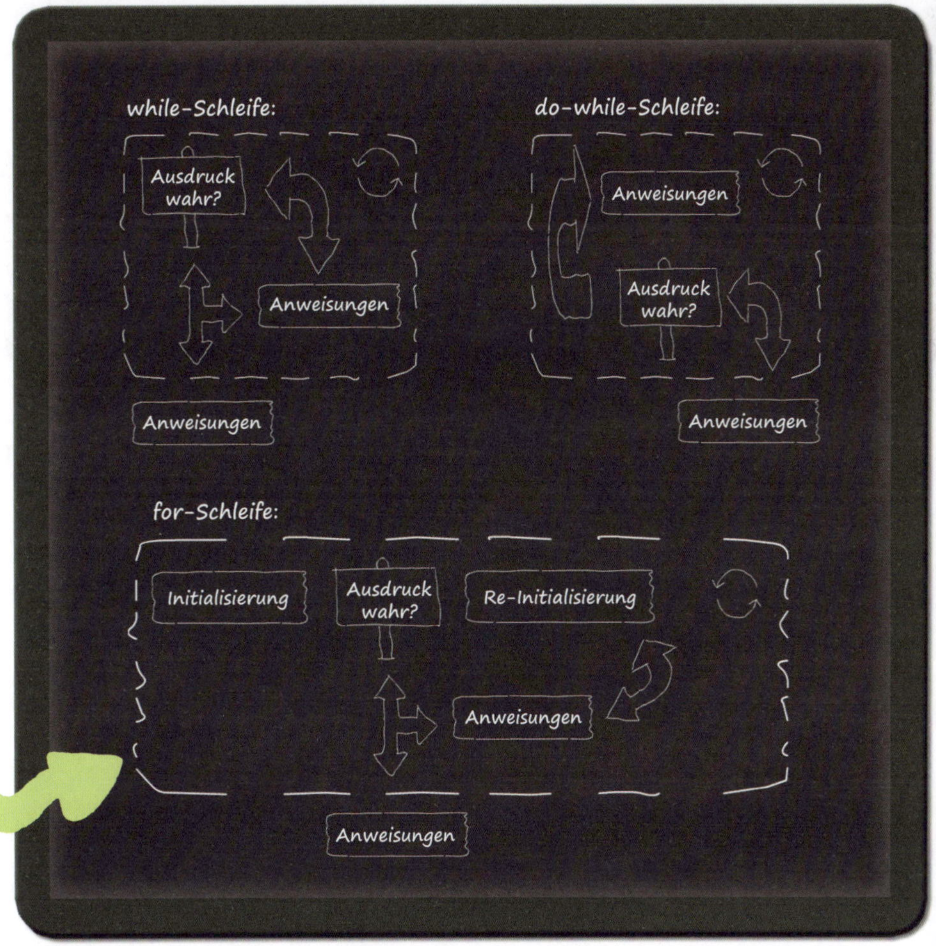

while-Schleife:

Ausdruck wahr?

Anweisungen

Anweisungen

do-while-Schleife:

Anweisungen

Ausdruck wahr?

Anweisungen

for-Schleife:

Initialisierung

Ausdruck wahr?

Re-Initialisierung

Anweisungen

Anweisungen

Immer diese Wiederholungen

Auf zum **nächsten Schleifendurchlauf**, bei dem du das Ganze in der **Praxis** testen darfst. Wie im echten Leben musst du aber auch hier aufpassen, dass die Gedanken nicht immer um dasselbe kreisen – sonst begibst du dich in eine nicht mehr endende Schleife.

Ein Schritt vor oder einer zurück ...

Bevor du die Schleifen verwenden kannst, solltest du noch den **Inkrement- und** den **Dekrementoperator** kennen. Häufig wirst du nämlich gerade bei einem erneuten Schleifendurchgang einen Wert um den Wert 1 **erhöhen oder verringern** wollen.

Hier die beiden Zähloperatoren dazu

Operator	Name	Alternative 1	Alternative 2
++	Inkrement	val+=1;	val=val+1;
--	Dekrement	val-=1;	val=val-1;

[Notiz]

Die Operatoren kannst du sowohl für **Ganzzahlen** als auch für **Kommazahlen** verwenden. Bei den Kommazahlen wird natürlich nur der Wert vor dem Komma erhöht oder verringert. Der Operator wird **einseitig** verwendet, sprich, er enthält nur **einen Operanden**. Dafür kannst du den Operator links oder rechts vom Operanden stellen.

Der Unterschied der beiden Möglichkeiten ist

Inkrement	Dekrement	Wozu ist es gut?
var++	var--	Postfix-Schreibweise: Damit wird var um 1 erhöht bzw. verringert, aber der aktuelle Ausdruck bleibt noch unverändert.
++var	--var	Präfix-Schreibweise: Damit wird var um 1 erhöht bzw. verringert und sofort auf den aktuellen Ausdruck angewendet.

*Das mit dem **Postfix** und **Präfix** und den aktuellen Ausdruck weitergeben, verstehe ich jetzt gar nicht. Kannst du mal **deutlicher** werden?*

Vielleicht probierst du es einfach erst einmal selbst aus, anstatt immer sofort in die Welt zu fragen oder über mich zu meckern, dann sollte es deutlicher sein. Zum Beispiel:

```cpp
int i = 1;
cout << i++ << endl; // = 1 *1
cout << i << endl;   // = 2 *2
cout << ++i << endl; // = 3 *3
```

*3 Bei der Präfix-Schreibweise wird der Wert **sofort** an dem aktuellen Ausdruck erhöht, was die Ausgabe hier auch beweist.

*2 Der Ausdruck beweist die obige Aussage.

*1 Hier wird noch 1 ausgegeben, aber **hinter dem aktuellen Ausdruck** (nach dem Semikolon) beträgt der Wert bereits 2.

After a while ...

Der folgende Codeausschnitt zeigt dir die Implementierung der **while**-Schleife rein programmtechnisch, die nichts anderes macht, als von 1 bis 5 zu **zählen** und diese Zahlen auf dem Bildschirm auszugeben:

```cpp
int zaehler = 1; *1
int abbruch = 5; *1
while( zaehler <= abbruch ) *2
{
    cout << zaehler << endl; *3
    zaehler++; *4
}
```

*1 Hier wird die **Schleifenvariable** für die Abbruch-bedingung initialisiert.

*2 Die **Abbruchbedingung** gibt wahr zurück, solange **zaehler** kleiner oder gleich **abbruch** ist.

*4 Der Wert der **Schleifenvariablen** wird um 1 **erhöht** (inkrementiert) und dann mit **while** erneut überprüft.

*3 In der Schleife wird der Wert von **zaehler** über **cout** ausgegeben (insgesamt fünfmal).

[Notiz]
Die Präfixschreibweise **++i** ist manchesmal schneller als **i++**. Bei einem Typen wie **int** ist dies nicht so von Bedeutung, aber bei Klassen-Typen wie zum Beispiel Iteratoren (lernst du später noch kennen) ist **++i** erheblich effizienter, weil hierbei keine Kopie vom **this**-Objekt gemacht werden muss. Im Augenblick noch zu kompliziert!? Ok, merk dir zunächst einfach in C++ die Präfixschreibweise zu präferieren.

Now for it!

Dasselbe Beispiel, welches du eben für `while` verwendet hast, soll jetzt auch in der `for`-Schleife verbaut werden.
Hier das gleichwertige Gegenstück dazu:

*1 Hier wird die Variable **abbruch** zur Abbruchbedingung initialisiert.

*2 Im ersten Ausdruck deklarieren und initialisieren wir die Zählvariable **zaehler**. Da allerdings diese Variable im Gegensatz zu **abbruch** innerhalb der **for**-Schleife deklariert wurde, kannst du diese **nur noch innerhalb** von **for** und dessen **Anweisungsblocks verwenden**. Außerhalb von **for** ist diese Variable ungültig.

```cpp
int abbruch = 5; *1
for(int zaehler=1; *2 zaehler<=abbruch; *3 ++zaehler *5)
{
    cout << zaehler << endl; *4
}
```

*5 Nach dem Ausführen der Anweisungen, wird die Zählvariable **zaehler** um den Wert 1 **inkrementiert**, und dann wird wieder die Abbruchbedingung der Schleife überprüft, ob **zaehler<=abbruch** wahr ist oder nicht, und eben entsprechend fortgefahren.

[Code bearbeiten]

Im Beispiel der **for**-Schleife hättest du auch die Deklaration der Variablen **abbruch** innerhalb der **for**-Schleife beim ersten Ausdruck einbauen können. Hierbei musst du dann allerdings die beiden Deklarationen mit einem **Komma** voneinander trennen.
Zum Beispiel:

```cpp
for(int zaehler=1, abbruch=5; … ; …)
```

Das Trennen von **mehreren Anweisungen** funktioniert übrigens auch mit dem letzten Ausdruck der **for**-Schleife.

[Notiz]

Du hast sicherlich bemerkt, dass die **for**-Schleife **sehr flexibel** ist. Im Grunde kannst du sogar bei allen drei Anweisungen innerhalb der **for**-Schleife reinschreiben, was du willst, solange es sich um einen **syntaktisch korrekten** Ausdruck handelt. Du musst nicht einmal alle drei Ausdrücke der **for**-Schleife verwenden. **Mindestens** vorhanden sein müssen aber alle beiden **Semikolons**: `for(;;)`.

Theoretisch schon, aber du solltest dabei schon noch im Auge haben, dich nicht um den besten **Spagetti-Code** zu bewerben.
Auch wenn es nicht **for**-üblich ist und hier keine Schule machen soll, könntest du das ganze Beispiel folgendermaßen verpacken:

Wenn die **for**-*Schleife so flexibel ist, könnte ich dann im eben verwendeten Beispiel nicht* **alles in die for-Schleife** *packen? Alles in eine, meine ich!*

```cpp
for(  int zaehler=1, abbruch=5; // Deklaration
      zaehler<=abbruch;         // Abbruchbedingung
      cout << zaehler++ << endl  );
```

> ***3** Im nächsten Schritt wird die **Schleifenabbruchbedingung** überprüft, ob **zaehler** kleiner oder gleich **abbruch** ist. Trifft dies zu (**false**), wird hinter dem Schleifenblock fortgefahren. Ist der Test hingegen wahr (**true**) …

> ***4** … werden die Anweisungen im Anweisungsblock ausgeführt.

Fußnoten nicht vergessen!

Nein, lieber **Karl Theodor**, die Überschrift ist nur rein **zufällig** nirgendwo abgeschrieben. Außerdem geht es hier nicht um Lynchjustiz, wie sie diverse Gossip-Blätter oder -Seiten betreiben, bis sich die Fußnägel biegen. Wo wir aber schon bei den Füßen sind, hier soll ein Codebeispiel zur **fußgesteuerten do-while**-Schleife demonstriert werden:

> ***1** Hier steht der **Anfang** der **do-while**-Schleife.

```
int eingabe;
do{ *1
    cout << "-1-  Circle of Life\n"; *2
    cout << "-2-  Endless Summer\n"; *2
    cout << "-3-  Boring Things\n"; *2
    cout << "-99- Exit only\n"; *2
    cout << "Your choice: "; *3
    cin >> eingabe; *3
} while(eingabe!=99); *4
cout << "Yeah, you're out!\n"; *5
```

> ***2** Ein **Menü** für die Konsole wird ausgegeben.

> ***3** Der Anwender wird gefragt, was er denn gerne für eine Zahl im Menü hätte.

> ***4** Die **Eingabe** wird **überprüft**. Solange diese ungleich 99 war (==**true**), wird die Schleife weiterhin ausgeführt. Erst wenn der Wert gleich 99 (==**false**) war, wird die Schleife **beendet**.

> ***5** Dies wird nur ausgegeben, wenn der Wert 99 eingegeben wurde.

Nach oben oder nach unten

Innerhalb einer Schleife kannst du mit den Schlüsselwörtern **break** und **continue** wie bei einem Aufzug **runter- und raus-** oder **rauf- und reinfahren**.
Mit **break** fährst du den Aufzug nach unten und **beendest** eine Schleife sofort. Das Programm fährt hinter dem Anweisungsblock fort, wo **break** ausgeführt wurde. **continue** hingegen **beendet** nur die **aktuelle Schleifenrunde**, fährt mit dem Aufzug nach oben, lässt alle anderen Anweisungen dahinter aus und fängt gleich mit dem nächsten Schleifendurchlauf an.

[Achtung]

Im Gegensatz zu **continue** kannst du mit **break jeden Anweisungsblock beenden**, egal ob es sich hierbei um eine Schleife oder eine Verzweigung handelt. **continue** hingegen ist ein Befehl, den du **nur in** einer **Schleife** verwenden kannst.

Und alles noch einmal ...

Jetzt darfst du die Iterationen noch einmal in deinen Gedanken kreisen lassen. Ist dein Geist müde und verweigert sich, empfehle ich dir einen **grünen Tee** (Sorte Gunpowder), der dich wieder beleben wird.

[Einfache Aufgabe]

Das folgende Listing ist absolut kein „**Leonardo Da Vinci**", sondern eher ein „**Paradox der Hässlichkeit**" und läuft bei der Ausführung außerdem in eine Endlosschleife. Beschreib bitte, was der Code zu machen versucht und finde vorher den Fehler?

Hier der Quälcode

```cpp
#include <iostream>
using namespace std;

int main()
{
  int gibmirzwei = 0;
  while(gibmirzwei <= 20 )
  {
    if( gibmirzwei % 2 )
    {
      continue; *1
    }
    else if( gibmirzwei == 20 )
```

```
    {
      cout << "Fertig!\n";
      break;
    }
    cout << gibmirzwei << endl;
    ++gibmirzwei;
  }
  return 0;
}
```

DER FEHLER
liegt, glaube ich, bei
continue [1]. Sobald ein gibmirzwei%2
einen Rest zurückgibt, ist die Bedingung true, und
continue wird ausführt. Da allerdings gibmirzwei nicht mehr
erhöht wird, findet das Programm nicht mehr aus diesem kleinen
Bereich heraus, und es wird immer wieder ENDLOS von continue zur
Schleife und von der Schleife zu continue durchlaufen, weil
die Schleifenvariable gibmirzwei nicht mehr verändert
wird. Folglich muss eine Zeile vor continue ein
++gibmirzwei; eingefügt werden.
Was das Programm macht, habe ich zwar zunächst auch nicht kapiert, aber dann
ausprobiert! Es werden sämtliche
GERADEN ZAHLEN von 0 bis 18
AUSGEGEBEN!

Respekt, Schrödinger! Hätte ich dir gar nicht zugetraut.
Okay, dann noch eine etwas schwierigere Aufgabe:

[Schwierige Aufgabe]
Schreib das Programm von eben um. Verwende dafür eine
for-Schleife und verzichte bei der Ausführung komplett auf
continue und **break**.

```cpp
#include <iostream>
using namespace std;

int main()
{
  for(int gibmirzwei = 0; gibmirzwei < 20; ++gibmirzwei)
  {
    if( ! (gibmirzwei %2) )
    {
      cout << gibmirzwei << endl;
    }
  }
  cout << "Fertig\n";
  return 0;
}
```

Kein Problem, hier ist meine Lösung dazu:

Prima, das ist **fast perfekt**. Theoretisch könntest du in diesem Beispiel außerdem auch noch statt **++gibmirzwei** eben **gibmirzwei+=2** verwenden und könntest so auf die **if**-Überprüfung komplett verzichten.

[Notieren/Üben]

Ein häufiger Fehler bei Schleifen ist eine **falsche Abbruchbedingung**, die entsteht, weil bei einem Schleifendurchlauf eine Schleifenvariable, die für den Abbruch wichtig ist, falsch oder gar nicht (re-)initialisiert wurde. Häufig kommt es dann zu einer **Endlosschleife**, die du nur mit **Gewalt** von außen **beenden** kannst.

[Belohnung/Lösung]

Prima, du hast die Abbruchbedingung des Kapitels erreicht und kannst somit die Seiten inkrementieren. Vorher solltest du aber im wahrsten Sinne des Wortes ein „break" einlegen.

SECHS

Von gleichen und unterschiedlichen Typen, dem Sternchen und anderen ungemütlichen Sachen

Schrödinger kann es drehen und wenden, wie er will. Mit einfachen Typen kommt er in C++ nicht weit. Er ahnt schon, dass ein ungemütliches Kapitel folgt. Hierbei lernt er gleich, dass er eine ganze Reihe von Typen in einem Array unterbringen kann. Unterschiedliche Typen hingegen kann er in eine Struktur stecken. Schrödinger lernt in diesem Kapitel die Bedeutung des Sternchens (*) bei den Variablen kennen. Das Kapitel ist sehr verwirrend für Schrödinger, weil es hier Zeiger gibt, die wild sind; um sich davor zu schützen, kann man auch einen Nullzeiger verwenden. Schrödinger findet das komplette Kapitel recht wild und hat im Augenblick null Ahnung, wofür das gut sein soll. Schön, Zeiger können auf Adressen verweisen, als Funktionsparameter und Funktionsrückgabewert oder für noch komplexere Dinge verwendet werden, aber bei den ersten Erklärungen sieht Schrödinger eher ein schwarzes Loch statt leuchtender Sternchen. Aber er ist sich sicher, dass er nach diesem Kapitel erleuchtet wird.

Gleiche Typen in einer Reihe aufstellen

Sicherlich hast du dir schon deine Gedanken gemacht, was du tun willst, wenn du von **einem Datentyp mehrere Werte** für eine ähnliche Aufgabe bräuchtest. Wie würdest du bspw. vorgehen, um die monatliche Erzeugung (Januar bis Dezember) von Schuhkartons zu protokollieren?

Hm, keine Ahnung. Vielleicht so?

```
unsigned int januar, februar, ...
```

Nein, nach deinem bisherigen Wissen ist das zwar okay, aber in der Praxis doch sehr umständlich. C++ bietet dir hierfür die Möglichkeit, **gleiche Typen** über ein **Array** (auch als Vektor oder Reihungen bekannt) zusammenzusetzen.

Das Aneinanderreihen von Typen über Arrays ist übrigens dann auch die einzige Möglichkeit, Zeichenketten (auch Strings genannt) in C++ zu verwenden. Eine solche Zeichenkette wird natürlich aus einer Reihe von **char**-Typen gebildet.

In der Praxis stehen dir zwei Möglichkeiten zur Verfügung, solche Arrays in deinem Programm zu verwenden. Da wäre zum einen der manuelle Weg über **C-Arrays bzw. C-Strings**, was allerdings eher für Masochisten geeignet ist, die gerne mit einem alten Oldtimer ohne Schnickschnack fahren wollen. Auf der anderen Seite sind da die Komfortklassen **vector** und **string** für Leute, die gerne Autos mit **viiiieeeel Komfort** und der **neuesten Technik** fahren wollen. In diesem Abschnitt lernst du erst einmal den **aaalten** Dinosaurier-Teil, die ungespritzten Bio-Arrays, kennen.

Die Frickel- und Fummelfraktion von Ze

Es war einmal, vor langer Zeit, ein einzelner Typ namens Ze, der wollte nicht mehr alleine sein. Er war so traurig, dass ihm der Ze-Großvater einen **Indexoperator [ ]** schenkte. Von nun an wurde Ze nur noch das Ze-Array genannt. Der Ze-Großvater hat festgelegt, dass ein Ze-Array (**C-Array**) immer wie folgt auszusehen hatte:

```
ZeTyp Arrayname[Anzahl_Elements];
```

Der Großvater beschloss, dass der **ZeTyp** von beliebigem Datentyp sein konnte, und als **Arrayname** konnten alle erlaubten Bezeichner verwendet werden. Wie viele **ZeTyp'en** in **Arrayname** gespeichert werden konnten, legte man dann mit **Anzahl_Elemente** zwischen den eckigen Klammern fest, was natürlich ein ganzzahliger Ausdruck größer als 0 sein musste. Zum Beispiel:

```
unsigned int zearray[5];
```

zearry konnte hier fünf Elemente vom Typ **unsigned int** abspeichern. Der Wert der einzelnen Elemente wurde **nicht** automatisch **initialisiert** und war unbekannt. Die einzelnen Ze-Elemente im Ze-Array konnten so über **Arrayname** und den **Indexwert** zwischen den eckigen Klammern angesprochen werden. Das Großväterchen sagte auch, dass das erste Element im Ze-Array mit dem Index 0 anfangen musste und somit das letzte Element immer **Anzahl_Elemente-1** lauten musste.

Mit Werten ernähren konnte man ein Ze-Array ganz einfach

```
unsigned int zearray_1[3] = { 1, 2, 3 }; *1
zearray_1[0] = 7; *2
zearray_1[2] = 9; *2
cin >> zearray_1[1]; *3
unsigned int zearray_2[] = { 555, 777 }; *4
unsigned int zearray_3[100] = { 111 }; *5
```

*1 Hier wurde das Ze-Array bereits bei der **Initialisierung** mit einer **Liste** von durch Kommas getrennten Werten zwischen geschweiften Klammern gefüttert.

*2 Das Ze-Array kann auch jederzeit nach der Fütterung immer wieder mit neuen Werten mithilfe des **Indexoperators** und des entsprechenden **Indexwertes** gefüttert werden. **Aber Achtung,** das erste Element beginnt immer ab 0!

*3 Natürlich funktioniert diese Fütterung mithilfe des Indexoperators auch über die **Tastatur** mit dem Stream **cin**, indem der Wert mit dem Eingabeoperator **>>** in das entsprechende Array-Element gestopft wird.

*5 Bei einer **größeren Längenangabe** als Elemente in der Initialisierungsliste vorhanden sind, haben die restlichen Elemente **automatisch** den Wert **0**.

*4 Bei einer **Initialisierungsliste** darf auch die **Längenangabe fehlen**. In dem Fall hast du ein Ze-Array mit zwei Elementen gefüllt.

Die Ze-Strings

Natürlich verträgt sich das Ze-Array auch mit dem Typ **char**. Hier kann es ganz einfach nur als Ze-Array existieren, welches mit **Buchstaben** gefüttert wird. Großväterchen nannte dieses Ze-Array mit Zeichen jetzt einfach mal Ze-String (**C-String**). Damit ein solcher Ze-String nicht einfach als ein Ze-Array mit Zeichen anerkannt wird, hat es ein ganz besonderes **Nullzeichen** (**\0**) am Ende erhalten. Dieses Zeichen schließt einen gültigen Ze-String ab. Allerdings musst du hierbei darauf achten, dass **Platz** für das String-Endezeichen **vorhanden ist**, sprich, dein Ze-String sollte immer um **ein Zeichen größer** sein, als die Anzahl der **sichtbaren Zeichen**!

Für die Nachbearbeitung von Ze-Strings hatte Großväterchen **einige Funktionen** aus der Headerdatei **<cstring>** zur Verfügung gestellt. Damit konnten Ze-Strings z. B. getrennt, zusammengefügt oder verglichen werden. Allerdings ist die **Verwendung** dieser Funktionen doch schon ziemlich **sperrig** und wurde häufig **falsch verwendet**.

[Begriffsdefinition]

Ein Ze-String (C-String) sollte absolut **nicht** mit der großen String-Klasse von C++ **gleichgestellt** werden. Im Grunde bleibt ein Ze-String ein einfaches Feld oder eine Reihe von Zeichen.

Zeichenkette oder String?

[Begriffsdefinition]

Beide Begriffe werden in der Informatik für dasselbe, für eine Folge von Zeichen, verwendet. Um allerdings die alten Strings von der Klasse **string** auseinanderzuhalten, wird hier der Begriff Ze-String (C-String) für die alten Strings verwendet. Ansonsten ist die Verwendung eines Ze-Strings wie schon bei einem Ze-Array recht ähnlich:

*2 Hier können 33 Zeichen gespeichert werden. Die ersten vier Zeichen sind hier mit **'a'**, **'b'**, **'c'** und dem Terminierungszeichen **'\0'** vorbelegt. Die restlichen Zeichen werden automatisch mit 0 (genauer **'\0'**) belegt.

*3 Natürlich kann auch hier bei der Initialisierungsliste die **Indexangabe fehlen**.

*1 Hiermit kannst du 22 einzelne Zeichen speichern.

```cpp
char zestring_1[22];                          // *1
char zestring_2[33] = { 'a', 'b', 'c', '\0' }; // *2
char zestring_3[] = { 'a', 'b', 'c', '\0' };   // *3
char zestring_4[] = { "abc" };                 // *4
cin >> zestring_1; // BUUUUUUMMMM              // *5
cin.getline(zestring_1, 20);                   // *6
```

*4 Die umständliche Schreibweise mit den einzelnen Zeichen kann auch zwischen **doppelte Hochkommas** gestellt werden. Der Vorteil an dieser Schreibweise ist, dass du das String-Terminierungszeichen nicht extra hinzufügen musst. Bei doppelten Hochkommas geschieht dies automatisch.

*5 Das Einlesen eines Ze-Strings über den Stream **cin** mithilfe des Eingabeoperators **>>** ist zwar möglich, aber da hier **keine Längenüberprüfung** stattfindet, **sehr gefährlich**. Außerdem bricht **cin** hierbei das Einlesen ab dem ersten Leer-, Tab- oder Neue-Zeile-Zeichen ab.

*6 Die Methode **getline()** gehört ebenfalls zum Stream **cin** und stellt die **bessere Alternative** zum Einlesen von Ze-Strings dar. Zum einen kann hier die Länge der Eingabe beschränkt werden, und es werden auch Leer- und Tabulatorzeichen eingelesen.

Gib mir rohen Input (Bio-Arrays)

Mein Gott, ist das ein umständliches Biozeugs!

Ich weiß, das Thema ist **nicht** ganz **rostfrei**, aber ich kann es nicht einfach ignorieren.

Am besten machst du hier noch bei den beiden Listings mit, und sag dir dann später im Wohnzimmer, **dass du ohne** die alten Ze-Sachen ein wesentlich **schöneres Leben** hast.

Hierzu ein für dich vielleicht nützliches Programm, welches berechnet, wie viel Liter Flüssigkeit du pro Tag zu dir genommen hast

*3 Über den Stream `cin` lesen wir den Wert **von der Tastatur** ein und schieben diesen über den Eingabeoperator **>>** in das **entsprechende Array-Element** mit dem Index **i**, welches wir in jedem Schleifendurchlauf erhöhen.

*1 Hier steht das Ze-Array, in dem deine sechs Trinkeinheiten gespeichert werden.

*2 Da es **keine Funktion** gibt, welche die **Länge** eines Ze-Arrays ermittelt, müssen wir uns hier mithilfe des **sizeof**-Operators die Anzahl der Elemente **selbst ausrechnen**. Hierbei berechnest du zunächst die Gesamtgröße des Arrays geteilt durch den Speicherbedarf des Datentyps.

```cpp
#in, <iostream>
using namespace std;

int main()
{
  double drunk[6] = {0.0}; *1
  for(size_t i=0; i<sizeof(drunk)/sizeof(double); i++) *2
  {
    cout << "Wie viel Liter getrunken (" << i+1 << ".): ";
    cin >> drunk[i]; *3
  }
  double gesamt = 0.0;
  for(size_t i=0; i<sizeof(drunk)/sizeof(double); i++) *4
  {
    gesamt+=drunk[i]; *5
  }
  cout << "Getrunken : " << gesamt << " Liter\n";
  return 0;
}
```

*4 Ein erneuter Schleifendurchlauf aller Arrays …

*5 … bei dem alle einzelnen Array-Elemente zusammenaddiert werden.

[Achtung]

Pass auf, dass du nicht **<= statt <** bei der **for**-Schleife verwendest. Mit dem **<=**-Operator würdest du in diesem Beispiel den Puffer überlaufen (*Buffer-Overflow*). Vergiss nicht, bei einem Array wird beim Zählen mit 0 angefangen. Kann man gar nicht oft genug erwähnen.

Neben der etwas **umständlicheren Verwendung** des Ze-Arrays dürfte dir hier gleich ein weiteres Manko auffallen. Wenn sich dein Trinkverhalten nämlich ändert und dir **die Array-Größe** von sechs Einheiten **nicht mehr ausreicht,**

[Notizzettel]

Nerven dich „Tricks" wie **"sizeof(drunk)/ sizeof(double)"**, könnte ich dir auch die neue for-Schleife (genauer range-basierte-for-Schleife) anbieten, welche mit C++11 eingeführt wurde. Kombiniert mit dem Schlüsselwort **auto**, lassen sich Ze-Arrays oder diverse (STL-) Behälter sehr kompakt und bequem durchlaufen. Bezogen auf die Callouts ***4** und ***5**, vereinfachst du dir das Leben folgendermaßen:

```cpp
for(auto &d : drunk)
{
  gesamt+=d;
}
```

musst du das Programm ändern. Die Größe eines Ze-Arrays lässt sich während der Laufzeit nicht so ohne Weiteres ändern. Es gibt zwar die Möglichkeit, das Ganze dynamischer zu machen, aber den Aufwand kann man sich sparen, weil es dafür schon eine Klasse gibt, die das alles (und noch vieles mehr) fix und fertig anbietet.

Natürlich will ich dir hier auch ein sinnfreies Ze-String-Beispiel nicht vorenthalten

```cpp
#include <iostream>
#include <cstring>      *1
#include <locale>       *2
using namespace std;

int main()
{
    char machgross[25];     *3
    char backupme[10];      *3
    locale loc;
    cout << "Gib was ein: ";
    cin.getline(machgross, 25);     *4
    cout << "Deine Eingabe: " << machgross << endl;     *5
    for(size_t i=0; i<strlen(machgross); i++)     *6
    {
        cout << toupper(machgross[i], loc);     *7
    }
    cout << endl;
    strncpy(backupme, machgross, 9);     *8
    backupme[9] = '\0';     *8
    cout << backupme << endl;
    return 0;
}
```

*1 Den Header brauchst du, um hier die Ze-Funktion **strlen()** und **strncpy()** verwenden zu können.

*2 Diesen Header brauchst du für **landestypische Einstellungen** und verwendest die Klasse **locale** später für **toupper()**.

*3 Hier stehen unsere beiden Ze-Strings.

*4 Der Ze-String **machgross** kriegt seine Daten vom Stream **cin** mithilfe der Methode **getline()** von der **Tastatur** zugeschoben.

*5 Die **Ausgabe** des Ze-Strings **machgross**.

*6 Den Ze-String **machgross** wollen wir hier Zeichen für Zeichen durchlaufen. Mit **strlen()** aus dem Header **<cstring>** bekommst du die **Anzahl der Zeichen** ohne das String-Endezeichen zurück.

*7 Die einzelnen Zeichen werden über **toupper()** als **Großbuchstaben** ausgegeben. Kann der Buchstabe von **toupper()** nicht **umgewandelt** werden oder ist er bereits ein Großbuchstabe, wird das Zeichen unverändert zurückgegeben.

*8 Damit werden die ersten neun Zeichen von **machgross** nach **backupme** kopiert. Ist **machgross** kleiner als **backupme**, werden die restlichen Zeichen mit dem **\0**-Zeichen gefüllt. Kein String-Terminierungszeichen wird hinzugefügt, wenn **machgross** mehr als neun Zeichen enthält und diese nach **backupme** kopiert. In dem Fall musst du dich selbst um das String-Endezeichen kümmern.

[Notiz]

In der Schleife wurde der primitive Typ **size_t** (**std::size_t**) anstelle von **unsigned int** verwendet. Der Typ wird gerne als Vergleichs- oder Rückgabetyp verwendet und ist letztendlich wieder nur eine kürzere Bezeichnung (genauer **typedef**) von **unsigned int**, **unsigned long** oder gar **unsigned long long** (also: Implementierungsabhängig).

Ich denke, dieses Beispiel demonstriert dir deutlich, warum die Ze-Sachen **keine gute Wahl** sind. Die umständlichen Funktionen von **<cstring>** sind da oft keine Hilfe, weil man immer auf das \0-Zeichen achten muss. Mal gibt eine Funktion einen Wert mit dem und mal wieder ohne das \0-Zeichen zurück. **Und mal ehrlich**, das Programm ist auch nicht unbedingt leicht verständlich.

[Notiz]

In der **Headerdatei <cstring>** findest du natürlich eine ganze Palette weiterer Funktionen, um einen Ze-String zu verarbeiten.

Das macht keinen Spaß

Auch wenn dir bis jetzt die **besseren Alternativen** zum Ze-Array bzw. Ze-String noch nicht bekannt sind, dürftest du bereits festgestellt haben, dass Großväterchen mittlerweile ausgedient hat. Bei den Ze-Arrays bzw. Ze-Strings ist **sehr viel Handarbeit** erforderlich. Es gibt kaum Funktionen dafür, und wenn, ist deren Anwendung nicht unbedingt einfach.

Die Vergangenheit hat zudem gezeigt, dass es eben diese Handarbeit auf dem rohen Speicher war, die zu unzähligen **Fehlern** wie **Pufferüber- bzw. -unterlauf** geführt hat. Die No.1 (Google findet ca. 2,5 Millionen Links) der ewigen Hitliste von Fehlern bleibt nach wie vor der Pufferüberlauf **(Buffer-Overflow)**.

So recht weiß ich nicht, was er mit dem Pufferüberlauf meint?

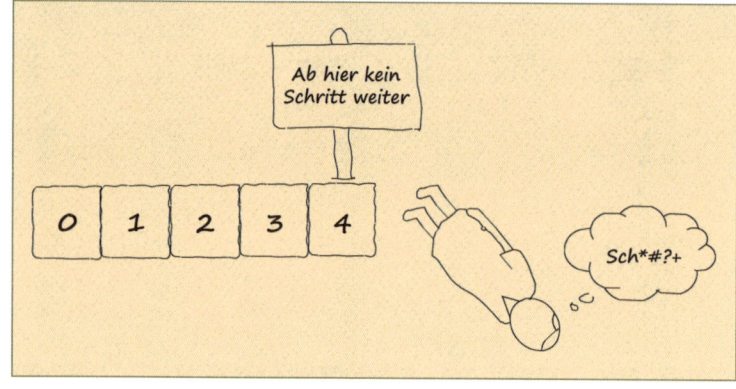

Das Überschreiten des Zielbereiches eines Puffers kann fatale Folgen haben ...

Ein solcher Überlauf ist schnell erklärt, du hast ein randvolles Glas mit Wasser und schüttest weiterhin Wasser darauf. So ist es z. B. auch bei den Ze-Arrays bzw. Ze-Strings. Wenn du ein Array mit einem Puffer von fünf Elementen (z. B.: `int iarr[5]` oder `char carr[5]`) hast und schreibst noch ein sechstes Element rein, wird hinter dem **Zielbereich des Puffers** eine Speicherstelle **überschrieben**.

Was passiert, wenn ich den Pufferüberlauf nicht bemerke?

Das kann man **nicht 100%ig** sagen. Zunächst mal kann es sein, dass gar **nichts passiert** oder das Programm **irgendwann abstürzt**. Eine weitere Möglichkeit ist, dass mit **falschen Werten** weitergearbeitet wird. Schlimmer wird es dann, wenn die Umgebung der Laufzeit **beschädigt** wird. Dann freuen sich Hacker über die offen gelassene Tür und können allerlei Unfug treiben. Besonders schlimm ist das, wenn dein Programm auch über das Internet läuft.

[Achtung/Vorsicht]

Bei den Ze-Strings kommt neben den Problemen mit der Längenüberprüfung des Ze-Arrays noch das String-Endezeichen `'\0'` dazu. Auch hier wurde in der Vergangenheit viel Schindluder getrieben und gerne mal der Platz für das Zeichen vergessen oder auch hier über den Grenzbereich hinausgeschrieben.

Krankheiten von Ze-Arrays und Ze-Strings

Hier nochmals in Stichworten, was für und was gegen die Ze-Varianten spricht

☛ Es fehlen **Kontrollmechanismen**, um Pufferüberläufe (Buffer-Overflow) zu vermeiden. Auf der anderen Seite kann aber eine Eigenverwaltung des Puffers auch ein Plus an Geschwindigkeit darstellen, wenn es denn darauf ankommt.

☛ Ist der **Puffer** mal **voll**, muss ein ziemlicher programmtechnischer **Aufwand** betrieben werden, um genügend **Speicherplatz** zur **Verfügung** zu **stellen**. Wird hier schlampig gearbeitet und bspw. ein nicht mehr benötigter Speicherplatz nicht freigegeben, entstehen sogenannte **Speicherlecks** (Memory Leaks).

Beim Ze-String muss zudem noch recht umständlich das String-Endezeichen `'\0'` extra behandelt und beachtet werden.

Es **fehlen** im Allgemeinen einfach **spezielle Funktionen**, um mit den Ze-Arrays zu arbeiten. Alles muss **umständlich** und **manuell** erledigt werden, wobei gerne wieder Fehler gemacht werden. Die Ze-Strings haben zwar mit `<cstring>` eine Bibliothek dafür, aber die Verwendung der Funktionen dort ist ebenfalls wieder recht umständlich, und es wurden auch gerne **Fehler** damit gemacht.

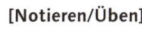

[Notieren/Üben]

Sofern du also keine Klasse auf einer **tieferen Ebene** erstellen musst, spricht eigentlich nichts für die Ze-Arrays bzw. Ze-Strings. Statt auf Ze-Arrays solltest du daher auf die Klasse **vector** und statt auf Ze-Strings auf die Klasse **string** zurückgreifen.

[Einfache Aufgabe]

Das Beste kommt zum Schluss. In den folgenden Codezeilen findest du nochmals ein paar **klassische Fehler**, die gerne mit Ze-Arrays bzw. Ze-Strings praktiziert werden. Kannst du die Fehler entdecken?

Deck die Lösung ab ...

```
int zeArray[5];
for(int i=0; i<=5; i++) *1
{
  zeArray[i] = i; *1
}


char zeString01[] = "Ze ist blöd";
char zeString02[6];
for(int i=0; i<strlen(zeString01); i++) *2
{
  zeString02[i] = zeString01[i]; *2
}
zeString02[6] = '\0'; *3
```

*1 Das hier ist ein **klassischer Pufferüberlauf**. Hier wird ein Array mit sechs Werten initialisiert, obwohl nur für fünf Elemente Platz reserviert ist. Der Fehler liegt beim **<=**-Operator. Du musst nur **<** ohne **=** verwenden.

*2 Das hier ist ein **schlimmerer Pufferüberlauf**. Wegen **strlen(zeString01)** werden hier alle Zeichen von **zeString01** nach **zeString02** kopiert. Die Zeichenkette **"Ze ist blöd"** hat aber schon weitaus mehr als sechs Zeichen.

*3 Und noch einen klassischen Denkfehler und wieder **einen Pufferüberlauf** finden wir hier. Hier wird das siebte Element mit dem String-Ende beschrieben. Nicht vergessen, es wird bei 0 mit dem Zählen angefangen.

Die gleichen Typen in einer Reihe aufstellen und wieder zurück

Nachdem du dich jetzt der Tortur der Ze-Arrays und -Strings ausgesetzt hast, darfst du dich wieder den **schöneren Seiten von C++** zuwenden. In der Praxis verwendest du in C++ (meistens) **fertige und lang erprobte Klassen** statt selbstgestrickter Sachen. So ist es auch mit den Klassen `vector` und `string`, welche in der Regel immer die bessere Alternative zu den Ze-Arrays und Ze-Strings darstellen.

[Hintergrundinfo]
Warum bei den Klassen `vector` und `string` vieles so funktioniert, wie es eben funktionieren soll, verdanken diese Klassen **speziellen Techniken**, wie etwa dem Überladen von Operatoren, Elementfunktionen und vielen weiteren speziellen Klassentechniken, die du am Ende des Buches auch selbst verstehen und implementieren können wirst.

Die Komfortklasse(n) von Ze++

Mit den Klassen `vector` und `string` stehen dir **eine Menge nützlicher Funktionalitäten** zur Verfügung, die du von einem Array bzw. String erwarten darfst. Auch um das nachträgliche Reservieren von weiterem Speicher musst du dir hier keine Gedanken machen. Pufferüberläufe können ebenfalls abgefangen werden.

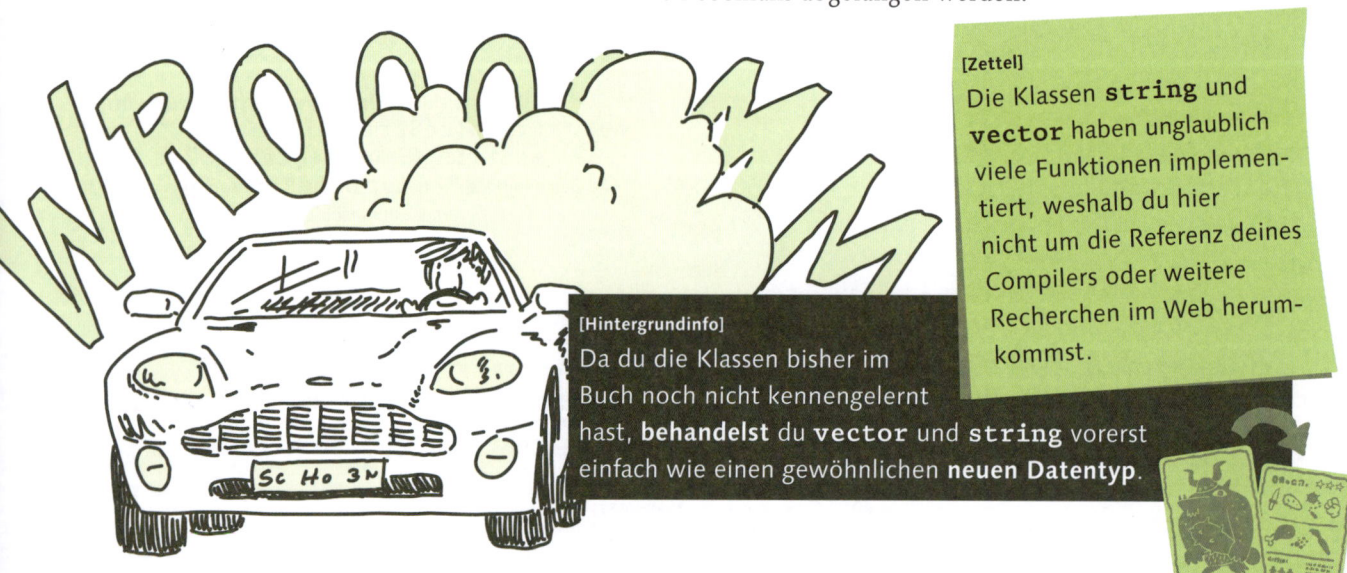

[Zettel]
Die Klassen `string` und `vector` haben unglaublich viele Funktionen implementiert, weshalb du hier nicht um die Referenz deines Compilers oder weitere Recherchen im Web herumkommst.

[Hintergrundinfo]
Da du die Klassen bisher im Buch noch nicht kennengelernt hast, **behandelst du `vector` und `string` vorerst einfach wie einen gewöhnlichen neuen Datentyp.**

Reduzierter Bioanteil in vector

Für Arrays empfehlen die **C++-Doktoren** die Klasse **vector**. Um die Klasse verwenden zu können, musst du die gleichnamige Headerdatei **<vector>** mit einbinden. Alle **vector**-Sachen sind auch hier im Namensbereich **std** enthalten. **Die Syntax**, ein Array mithilfe der Klasse **vector** anzulegen, sieht zunächst etwas abenteuerlich aus, aber man gewöhnt sich schnell daran:

```cpp
vector<Typ> Arrayname (Anzahl_Elemente);
```

Nach **vector** musst du zwischen den **spitzen Klammern** deinen **Typ** angeben, von dem du ein Array erstellen willst. Dann folgt der **Arrayname** als Bezeichner, und am Ende gibst du zwischen **runden Klammern** die Anzahl der Elemente (**Anzahl_Elemente**) an, die dein Array vom Datentyp **Typ** speichern kann. Ein Array mit fünf **unsigned int**-Elementen kannst du mit **vector** wie folgt definieren:

```cpp
vector<unsigned int> vecray(5);
```

Im Gegensatz zu den biologischen Ze-Arrays werden hierbei auch gleich **alle Elemente mit 0 initialisiert**. Den Zugriff auf die einzelnen Elemente des Arrays kannst du wieder über die **eckigen Klammern [n]** realisieren:

```cpp
vecray[0] = 12345;
cin >> vecray[1];
cout << vecray[0] << endl;
```

[Zettel]

Seit C++11 ist es endlich auch möglich, die vereinheitlichte Initialisierungssyntax mit der **{}**-Initialisierungsliste für **vector** zu verwenden:

```cpp
vector<unsigned int> vec96{ 12, 34, 56, 78 };
vector<unsigned int> vec69 = { 12, 34, 56, 78 };
```

Hiermit legst du **vec96** und **vec69** mit jeweils vier **unsigned int**-Elementen an, die alle auch gleich mit einem einem Wert belegt werden.

Hier bekommt das erste Element im Array den Wert 12345 zugewiesen. Statt des **[ ]**-Operators kannst du auch die Elementfunktion **at()** verwenden. Der Vorteil dieser Funktion ist, dass sich damit auch **Pufferüberläufe** (Buffer-Overflow) **abfangen** lassen, indem eine Ausnahme beim Überschreiten des Bereiches ausgelöst wird. Zum Beispiel:

```cpp
vecray.at(0) = 12345;
cin >> vecray.at(1);
cout << vecray.at(0) << endl;
vecray.at(5) = 9876;  // !!! Pufferüberlauf !!! *1
```

*1 Das Programm wird bei dieser Codezeile mit **einer Ausnahme beendet**, weil versucht wurde, in einen nicht mehr erlaubten Speicherbereich zu schreiben.

[Achtung]

Beachten musst du natürlich auch hier, dass das erste Element im Array den Index 0 und das letzte Element den Wert n–1 besitzt! Die **Anzahl der Elemente** zur Laufzeit kannst du bei den **vector**-Arrays mit der Elementfunktion **size()** ermitteln. Zum Beispiel:

```cpp
cout << vecray.size() << endl;
```

Reduzierter Bioanteil in string

Die Luxusklasse **string** kannst (solltest) du als **die Alternative** zu den Ze-Strings verwenden. Die Klasse bietet alles, was du dir von den Ze-Strings gewünscht, aber nicht bekommen hast. Neben einer Überprüfung auf einen Pufferüberlauf findest du auch hier die Funktionalität, um erneuten Speicher für weitere Zeichen anzufordern. Die Anwendung ist denkbar einfach, vielseitig und unglaublich flexibel. Um die Klasse verwenden zu können, musst du den Header **<string>** in deinem Programm einfügen:

```
string einString01; *1
string einString02 = "Voll einfach"; *2
einString01 = einString02; *3
string einString03; *4
getline(cin, einString03); *4
cout << einString03 << endl; *4
char zearray[] = "Ze-Array2String"; *5
string einString04 = zearray; *5
string einString05(10, '+'); *6
```

*1 Ein leerer String wird erzeugt.

*2 Ein String wird gleich beim Erzeugen mit einer Zeichenkette belegt.

*3 Mit einer einfachen **Zuweisung** wird der String **kopiert**.

*4 Das Einlesen von **Tastatur** über den Stream **cin** wird hier über **getline()** für eine ganze Zeile realisiert. Würdest du hier den Eingabeoperator **>>** verwenden, würde nur bis zum ersten Leerzeichen eingelesen. Die **Ausgabe** über den Stream **cout** und den Ausgabeoperator **<<** funktioniert wie gewohnt.

*5 Selbst die Zuweisung eines einfachen Ze-Strings bringt die Klasse **string** nicht aus der Fassung.

*6 Hier wurde der String mit zehn +-Zeichen gefüllt.

[Hintergrundinfo]

Natürlich ist die Klasse **string** auch nichts anderes als eine Zeichenkette, die aus Zeichen vom Typ **char** zusammengesetzt ist. Als rohe Folge von Zeichen könntest du durchaus auch **vector <char>** verwenden. **Aber** da solche Zeichenketten doch viel spezieller als Arrays sind, und auch andere Funktionen als gewöhnliche Arrays benötigen, wird hierfür eine extra Klasse **string** angeboten und sollte auch verwendet werden.

[Zettel]

Natürlich kannst du auch mit **string** die neue vereinheitlichte Initialisierungssyntax verwenden, die es seit C++11 gibt:

```
string s66{"C++11-Initialsierung"};
string s99 = {"Auch C++11"};
```

Nie mehr Bio(-Arrays)

Naja, ganz so drastisch, wie es die Überschrift hier darstellt, ist es wieder nicht. In **jedem Array** der Klasse **vector** oder **String** der Klasse **string** steckt schließlich auch ein geringer Bioanteil. Bezogen auf den Sprit E10 könnte man hier auch schreiben A10 oder S10.

Um einen **Vergleich zu den Ze-Arrays** zu haben, findest du hier nochmals das **Listing** zu deinem Trinkverhalten in Litern am Tag. Nur diesmal mit der Klasse **vector**:

```cpp
#include <iostream>
#include <vector>   *1
using namespace std;

int main()
{
  vector<double> drunk;   *2
  double now;
  do {
    cout << "Wieviel Liter getrunken (-1 = Ende): ";
    cin >> now;
    if(now != -1)
      drunk.push_back(now);   *3
  }while(now != -1);
  double gesamt = 0.0;
  for(size_t i=0; i < drunk.size(); i++)   *4
  {
    gesamt+=drunk[i];   *5
  }
  cout << "Getrunken : " << gesamt << " Liter\n";
  return 0;
}
```

*1 Ohne den Header geht es nicht.

*2 Das ist ein **leeres Array** mit anfänglich 0 Elementen.

*3 Mithilfe der Elementfunktion **push_back()** wird das neu eingegebene Element **hinten** am Array **hinzugefügt**. Um die Speicherverwaltung musst du dich dabei nicht kümmern.

*4 Mithilfe der Elementfunktion **size()** wird die **Anzahl der Elemente** im Array zurückgegeben. Weshalb wir uns auch hier nicht groß darum kümmern müssen, als in der Schleife diese Elementfunktion zu verwenden.

*5 Hier addieren wir die einzelnen Elemente im Array zusammen. Statt **drunk[i]** hättest du hier natürlich auch **drunk.at(i)** verwenden können.

[Notiz]

Und ja, auch hier funktioniert die neu in C++11 eingeführte **range-based-for**-Schleife bestens und genauso wie ich es dir bereits zuvor schon bei den Ze-Arrays gezeigt habe. Bezogen auf die Callouts *4 und *5 kannst du dir auch hier das Durchlaufen der einzelnen Elemente wesentlich einfacher gestalten:

```cpp
for(auto &d : drunk)
{
gesamt+=d;
}
```

Welchen Vorteil hatte das Beispiel eben im Gegensatz zum selben Beispiel mit den Ze-Arrays?

Hm, was mir gleich auffällt, ich muss mich hier nicht mit den Längen- angaben des Arrays herumschlagen, und ich kann bei Bedarf trotzdem jederzeit ein neues Element hinzufügen.

Genau! Die Vektoren sind absolut **dynamisch**, und auch die Anwendung ist wesentlich einfacher, so dass **unnötige Fehler vermieden** werden können.

*1 Den Header brauchst du, um die Klasse **string** zu verwenden.

Natürlich will ich dir hier auch das Gegenstück zum sinnfreien Ze-String-Beispiel, diesmal mithilfe der string-Klasse, präsentieren

*2 Hier werden zwei leere Strings angelegt.

*3 Wir lesen die ganze Zeile vom Eingabestream **cin** ein.

*4 Mithilfe der Elementfunktion **size()** bekommst du die Anzahl der Zeichen des Strings zurück. Alternativ könntest du hierzu auch die Elementfunktion **length()** verwenden.

```cpp
#include <iostream>
#include <string>    *1
#include <locale>
using namespace std;

int main()
{
    string machgross, backupme;    *2
    locale loc;
    cout << "Gib was ein: ";
    getline(cin, machgross);    *3
    cout << "Deine Eingabe: " << machgross << endl;
    for(size_t i=0; i<machgross.size(); i++)    *4
    {
        cout << toupper(machgross.at(i), loc);    *5
    }
    cout << endl;
    backupme = machgross;    *6
    cout << backupme << endl;
    return 0;
}
```

*6 Strings zu kopieren, geht hier ganz einfach mit dem Zuweisungs- operator.

Die Klassen **vector** *und* **string** *sind genau* **mein Ding.** *Bin ich froh, denn ich glaube, mit dem alten Ze-Zeugs wäre ich nicht glücklich geworden. Ich werde mich in nächster Zeit etwas umfassender mit den Elementfunktionen der Klassen auseinander-setzen. Aber im Augenblick warte ich noch, bis ich das ganze* **Klassenprinzip gelernt** *und* **verstanden** *habe. Da kommt ja noch einiges auf mich zu!*

*5 Wir geben das aktuelle Zeichen mit dem Index **i** als Großbuchstaben aus. Hierbei greifen wir auf die Elementfunktion **at()** zurück, die im Falle eines Pufferüber- bzw. -unterlaufs das Programm abbricht. Alternativ kannst du hier natürlich auch nur auf die Version mit dem **[ ]**-Operator zurückgreifen (bspw. **machgross[i]**).

Am Ende hat es doch noch Spaß gemacht

So, nachdem du in diesem Kapitel die **Vorzüge** der Klassen `string` und `vector` gegenüber den Ze-Strings und Ze-Arrays genossen hast, wollen wir das Thema gemütlich ausklingen lassen. Sofern du also keinen ganz besonderen Grund oder Befehl von oben bekommen hast, das Ze-Zeugs in deinem Programm zu verwenden, empfehle ich dir, immer auf die dafür langzeiterprobten Klassen zurückzugreifen. In der **normalen Praxis** gibt es **keinen Grund** mehr, umständlich auf das **alte Ze-Zeugs** zurückzugreifen.

Hierzu nochmals kurz die Vorteile dieser Klassen

- **Über- bzw. Unterschreiten** (Stichwort: *Buffer-Overflow*) des Puffers können **vermieden** werden, da die Klassen hierfür einen Schutzmechanismus anbieten (den man natürlich an kritischen Stellen auch verwenden sollte).
- **Speicher** für neue Elemente wird immer **automatisch zur Verfügung** gestellt, was sonst mit einem ziemlichen Aufwand erstellt werden musste und wobei auch gerne Fehler gemacht wurden.
- Die Klassen bieten enorm **viele Elementfunktionen**, die sich auch noch sehr angenehm verwenden lassen. Auch Dinge wie der Umgang mit dem String-Endezeichen wurden bei der `string`-Klasse komfortabel gelöst.

[Notieren/Üben]
Vorteile, das alte Ze-Zeugs für neue Projekte zu verwenden, gibt es eigentlich **kaum**. Natürlich sind die rohen Ze-Sachen immer um einen Tick **schneller** als die Klassen `vector` oder `string`. Aber die Vergangenheit hat gezeigt, dass die vielen **Fehler**, die damit gemacht wurden, diesen Geschwindigkeitsvorteil häufig zunichte gemacht haben.

Jetzt wird es nochmal Zeit für einen Test

[Schwierige Aufgabe]
Erstelle ein Listing, welches einzelne Wörter über `cin` einliest und jedes Wort als einzelnes Element in einem Array speichert.

Ich habe da echt keinen blassen Schimmer, wo ich da anfangen soll? Hilfe!

Okay, ein Tipp dazu

[Notieren/Üben]
Hierfür kannst du die einzelnen Strings in einen Vektor packen (`vector<string>`). Die zur Lösung benötigten Elementfunktionen hast du bereits kennengelernt.

Hier eine mögliche Musterlösung für diese Aufgabe, die vermutlich einfacher ausfällt, als du vermutet hast

```cpp
#include <iostream>
#include <vector> *1
#include <string>  *1
using namespace std;

int main()
{
  string wort; *2
  vector<string> vecstring; *3
  do {
    cout << "Wort eingeben (fertig=Ende): ";
    cin >> wort; *4
    if(wort != "fertig")
      vecstring.push_back(wort); *5
  }while(wort != "fertig");
  cout << "Folgende Worte hast du eingeben :" << endl;
  for(size_t i=0; i<vecstring.size(); i++) *6
  {
    cout << vecstring[i] << endl; *6
  }
  return 0;
}
```

*1 Hier brauchen wir beide Header.

*3 Die Klassen sind extrem flexibel. Daher ist es auch gar kein Problem, ein leeres **vector** mit der Klasse **string** anzulegen.

*2 Hiermit lesen wir die einzelnen Werte ein.

*4 Ein einzelnes Wort wird eingelesen (daher auch **cin** und nicht **getline**).

*5 Das Wort wird am Ende des Vektors hinzugefügt. Der Vorgang wird so lange wiederholt, bis der String **wort** nicht **"fertig"** lautet.

*6 Auch die Ausgabe der einzelnen Strings im Vektor ist hier mit den bekannten Bordmitteln ein Kinderspiel. Wesentlich einfacher kannst du einzelnen Elemente auch hier mit der neuen range-based-for-Schleife mit
```cpp
for(auto &s : vecstring)
  cout << s << endl;
```
durchlaufen.

[Einfache Aufgabe]

Im folgenden Codeausschnitt wurde ein **Pufferüberlauf** provoziert. Du solltest wissen, dass es bei den Klassen **vector** und **string** eine Möglichkeit gibt, über diesen Pufferüberlauf das Programm zu beenden.

```cpp
vector<int> vecint(5);
vecint[6] = 999;  // !!! Pufferüberlauf !!!
```

Die Lösung sollte mithilfe der **at()**-*Elementfunktion kein Problem sein:*
```cpp
vecint.at(6) = 999;
// Pufferüberlauf
```
wird jetzt erkannt

Völlig richtig! Später im Buch erfährst du außerdem noch, wie du diesen Fehler abfangen und behandeln kannst.

Und so sieht es aus, wenn ein Pufferüberlauf mit der Elementfunktion at() erkannt wurde.

```
○ ○ ○              Pufferüberlauf wird erkannt...
Dieter Baer $ ./bufferoverflow
terminate called after throwing an instance of 'std::out_of_range'
  what():  vector::_M_range_check
Abort trap
Dieter Baer $ ☐
```

[Belohnung/Lösung]
Zur Belohnung kannst du jetzt deine Füße hochlegen.

Die Mischlinge

Stopp! Da habe ich etwas für dich. Wenn du **unterschiedliche Typen** verwenden willst oder musst, kannst du diese in einer **Struktur zusammenfassen**. Anstatt also Folgendes zu verwenden:

```
string marke;
unsigned short EUgroesse;
string verschluss;
string farbe;
```

```
struct schuhe { *1
    string marke; *2
    unsigned short EUgroesse; *2
    string verschluss; *2
    string farbe; *2
}; *3
```

*1 Mit dem Schlüsselwort **struct** und der sich öffnenden geschweiften Klammer leitest du die Zusammenfassung der unterschiedlichen Typen und des Namens **schuhe** ein.

*3 Am Ende wird diese Zusammenfassung der Struktur mit einer sich schließenden geschweiften Klammer und einem **Semikolon** beendet.

*2 Jetzt folgen die einzelnen **Strukturmitglieder** (Members), in denen die eigentlichen Daten gespeichert werden. Hier kannst du alle bekannten Typen und natürlich auch fortgeschrittene Typen verwenden.

Das ist ja schön und fein, aber wir reden hier nicht von ein paar Schuhen – Meine Freundin hat gut an die 50 Paar Schuhe!

Nachdem du deine Typen in der Struktur zusammengefasst hast, kannst du im Programm folgendermaßen einen neuen Schuh erstellen:

```
schuhe einSchuh, nocheinSchuh, ichaucheinSchuh;
```

Gar kein Problem, hierfür kannst du auch ein **Array** verwenden. Entweder ein altes Ze-Array oder besser noch, du benutzt hierfür die Klasse **vector**. Falls du es schon wieder vergessen hast, so kannst du einen solchen **vector** mit der Struktur **schuhe** anlegen:

```
#include <vector>
vector<schuhe> vecSchuhe;
```

Zugriff auf die Mischlinge

Der Zugriff auf die einzelnen Strukturmitglieder erfolgt dann über den Bezeichner der Struktur, gefolgt vom **Punkteoperator** und dann dem Strukturmitglied (= **structbezeichner.structmitglied**). Ansonsten erfolgt der Zugriff, wie du es von den Basisdatentypen oder den Klassen **vector** und **string** bereits kennst. Zum Beispiel:

Das ist ja wie bei den gewöhnlichen Datentypen, nur eben mit dem Strukturbezeichner und Pünktchen davor, nicht? Kann ich dann eigentlich auch wie bei den Basisdatentypen direkt bei der Deklaration die Werte übergeben?

```
schuhe einSchuh; *1
einSchuh.marke = "Hirsch"; *2
einSchuh.EUgroesse = 38; *2
getline(cin, einSchuh.verschluss); *3
cin >> einSchuh.farbe; *3

cout << einSchuh.marke << endl; *4
cout << einSchuh.EUgroesse << endl; *4
cout << einSchuh.verschluss << endl; *4
cout << einSchuh.farbe << endl; *4
```

*1 Hier steht die Strukturvariable mit dem Bezeichner **einSchuh**.

*2 Werte werden an die Strukturmitglieder über den Zuweisungsoperator übergeben.

*3 Natürlich kannst du auch über **cin** ein ganze Zeile (**getline**) oder ein einzelnes Wort von der Standardeingabe einlesen.

*4 Ähnlich einfach funktioniert auch die Ausgabe über den Stream **cout** mithilfe des Ausgabeoperators **<<**.

Natürlich kannst du das! Die einzelnen Werte kannst du in der richtigen Reihenfolge, **getrennt** durch ein **Komma**, zwischen **geschweiften Klammern** direkt bei der Deklaration wie folgt übergeben:

```
schuhe einSchuh = {
   "Hirsch", 38, "Schlupfschuh", "Schwarz"
};
```

[Zettel]

Falls du hier auch gleich **vector<schuhe>** verwenden willst, kannst natürlich auch einen Teil deiner Schuhsammlung mit der neuen vereinheitlichten Initialisierungssyntax und einer **{}**-Initialisierungsliste mit Werten versehen. Folgendermaßen kannst du bspw. gleich den **vector** mit zwei Paar Schuhen vorbelegen:

```
vector<schuhe> mehrSchuhe {
   {"Hirsch", 39, "Schlupfschuh", "schwarz"},
   {"Addidas", 39, "Laufschuh", "blau"}
};
```

Endlich echte Schuhdaten

Nachdem du jetzt mit den Strukturen eine Möglichkeit kennengelernt hast, wie du verschiedene Datentypen zu einer logischen Einheit zusammenfassen kannst, ist es an der Zeit, dass du hierfür Code schreibst.

[Schwierige Aufgabe]

Erstelle zur folgenden Struktur ein Programm, mit dem du beliebig viele Schuhe in deine Datenbank einlesen kannst. Am Ende gibst du alle Schuhe aus der Datenbank auf den Bildschirm aus.

```cpp
struct schuhe {
  string marke;
  unsigned short EUgroesse;
  string verschluss;
  string farbe;
};
```

[Notiz]

Tipp: Verwende hierzu einen Vektor mit der Struktur **schuhe**:

```cpp
vector<schuhe> vecSchuhe;
```

Hierzu eine mögliche Musterlösung

```cpp
#include <iostream>
#include <string>
#include <vector>
using namespace std;

struct schuhe { *1
  string marke;
  unsigned short EUgroesse;
  string verschluss;
  string farbe;
}; *1

int main()
{
  vector<schuhe> vieleSchuhe; *2
```

*1 Die Struktur wird außerhalb der **main**-Funktion erstellt, damit darauf **global** auch von anderen Funktionen zugegriffen werden kann. In diesem Beispiel ist dies allerdings noch nicht von Bedeutung.

*2 Hier steht ein noch **leerer Vektor** für Strukturen vom Typ **schuhe.**

```cpp
schuhe tempSchuh;  *3
int wahl;
do{  *4
  cout << "-1- Schuhe hinzufügen\n";
  cout << "-2- Schuhe auflisten\n";
  cout << "-3- Programmende\n";
  cout << "Deine Wahl : ";
  cin >> wahl;
  cin.ignore();
  if( wahl == 1 )
  {
    cout << "Marke      : ";
    getline(cin, tempSchuh.marke);  *5
    cout << "Größe (EU) : ";
    cin >> tempSchuh.EUgroesse;  *5
    cin.ignore();
    cout << "Verschluss : ";
    getline(cin, tempSchuh.verschluss);  *5
    cout << "Farbe      : ";
    getline(cin, tempSchuh.farbe);  *5
    vieleSchuhe.push_back(tempSchuh);  *6
  }
  else if( wahl == 2 )
  {
    cout << "\nDie Schuhsammlung deiner Freundin:\n\n";
    for(size_t i=0; i < vieleSchuhe.size(); ++i)  *7
    {
      cout << vieleSchuhe[i].marke << endl;  *7
      cout << vieleSchuhe[i].EUgroesse << endl;  *7
      cout << vieleSchuhe[i].verschluss << endl;  *7
      cout << vieleSchuhe[i].farbe << "\n\n";  *7
    }
  }
}while( wahl != 3 );
return 0;
}
```

*3 Hier steht eine **temporäre** Struktur, die wir zum Einlesen verwenden.

*4 Das Einlesen wird hier über ein Menü in einer **do-while**-Schleife realisiert.

*5 Hier erhalten die einzelnen Strukturmitglieder unserer temporären Schuh-Struktur ihre Werte über den Standardeingabe-stream **cin**.

*6 Am Ende hängen wir die Schuh-Struktur komplett gefüllt mit Daten ans Ende des Vektors mit Strukturen.

*7 Hier werden die Daten aller eingegebenen **Schuhe** ausgegeben.

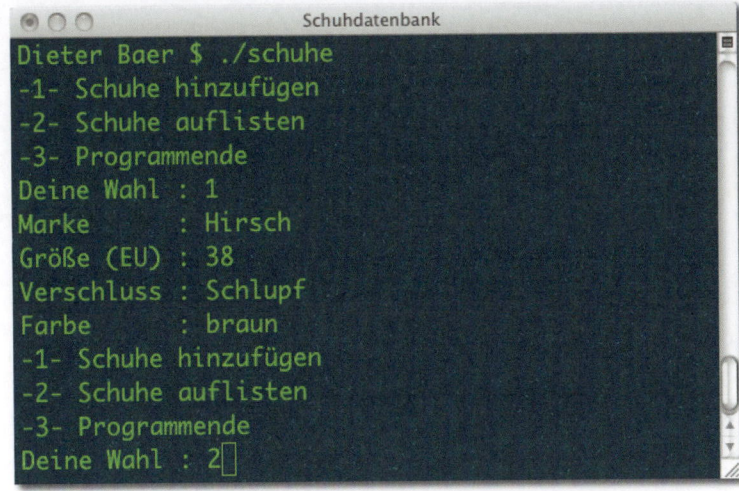

Das Programm für den Schuh-Fetischisten bei der Ausführung

Ja, das ist genau das, was ich für meine Freundin gesucht habe. Ich freue mich schon auf ihr Gesicht. Aber im Beispiel verstehe ich nicht ganz, was das cin.ignore() soll?

Das ist mehr oder weniger **ein Trick**, um ein übrig gebliebenes ⏎ Enter bei der vorherigen Eingabe aus dem **Tastaturpuffer** zu entfernen. Dieses übrig gebliebene ⏎ Enter kann Probleme verursachen, indem es einfach für die nächste folgende Eingabe verwendet wird und du somit schon die übernächste Eingabe machst, weil die vorherige Eingabe einfach mit dem ⏎ Enter gefüllt und **übersprungen** wird.

[Notiz]
Leider lässt sich dieser Trick **nicht überall** so einfach anwenden. Der eine Compiler mag das `ignore()`, bei einem anderen Compiler kann es sein, dass du etwas anderes finden musst. Manche Compiler akzeptieren hierbei auch `cin.get()`, um unformatiert ein Zeichen aus dem Eingabepuffer zu ziehen.
Die **gute Nachricht** allerdings: Bei allen Compilern, bei denen ich das getestet habe, hat es mit `cin.ignore()` geklappt.

Die gemischten Typen sind echt nützlich

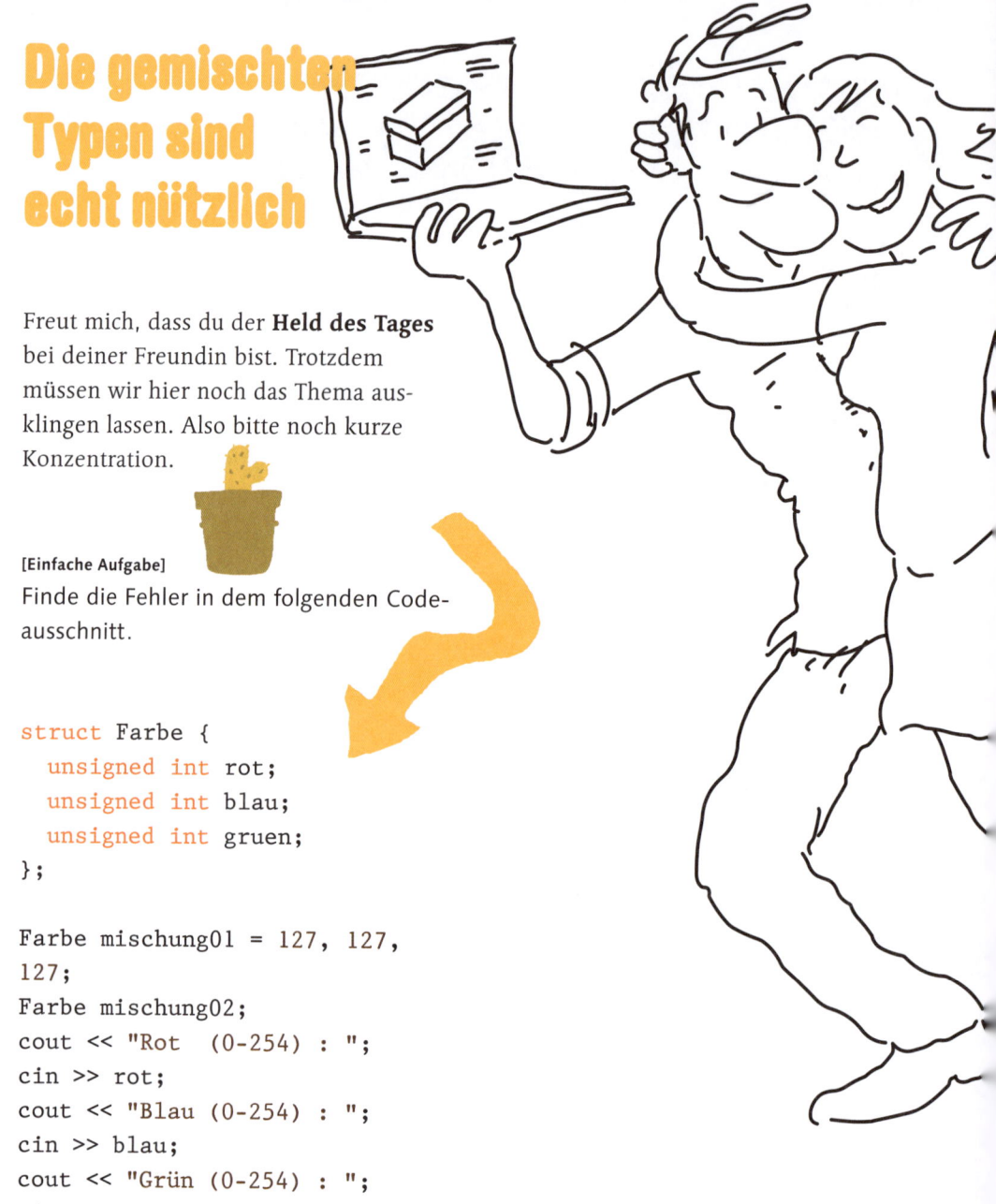

Freut mich, dass du der **Held des Tages** bei deiner Freundin bist. Trotzdem müssen wir hier noch das Thema ausklingen lassen. Also bitte noch kurze Konzentration.

[Einfache Aufgabe]
Finde die Fehler in dem folgenden Codeausschnitt.

```cpp
struct Farbe {
  unsigned int rot;
  unsigned int blau;
  unsigned int gruen;
};

Farbe mischung01 = 127, 127,
127;
Farbe mischung02;
cout << "Rot  (0-254) : ";
cin >> rot;
cout << "Blau (0-254) : ";
cin >> blau;
cout << "Grün (0-254) : ";
cin >> gruen;
```

Ich denke, die Fehler im Beispiel **waren offensichtlich** und sollten dir keine Probleme mehr bereitet haben.

Hier die Lösung zu der einfachen Aufgabe

*2 Um auf die Mitglieder der Struktur zuzugreifen, fehlt natürlich die **Verbindung** zum Bezeichner. Eine Anweisung wie **rot=100** bringt natürlich nichts, weil es ein solches Rot in diesem Bezug gar nicht gibt. Daher wird eine eindeutige Verbindung mit **mischung02. rot=100** benötigt.

```
Farbe mischung01 = { 127, 127, 127 };  *1
Farbe mischung02;
cout << "Rot  (0-254) : ";
cin >> mischung02.rot;  *2
cout << "Blau (0-254) : ";
cin >> mischung02.blau;  *2
cout << "Grün (0-254) : ";
cin >> mischung02.gruen;  *2
```

*1 Hier haben die **geschweiften** Klammern gefehlt!

Nein, das geht auch so **nicht direkt**. Für einen direkten Vergleich von Strukturen musst du entweder die **einzelnen Elemente** miteinander **vergleichen**, oder du schreibst eine spezielle **Operatorüberladung** für **==** und **!=**. Aber das erfährst du noch später im Buch. Intern würde eine solche Operatorüberladung auch wieder nur über einen Element-für-Element-Vergleich realisiert.

[Zettel]

Zu deiner Information sei hier schon mal gesagt, dass eine **Struktur** im Grunde nichts anderes als **eine Klasse** ist, bei der auf alle Elemente von außen zugegriffen werden kann. Du könntest quasi auch öffentlich Funktionen als Mitglieder einer Struktur einbauen (wenn du könntest). In der Praxis wird aber nicht das Schlüsselwort **struct** für Klassen, sondern das Schlüsselwort **class** verwendet. Strukturen sind im Grunde lediglich ein **Sonderfall einer Klasse**. Wieso? Weshalb? Warum? Erfährst du noch!

Hm, ich habe gerade ausprobiert, **zwei Strukturen** direkt mit den Operatoren **==** oder **!=** zu **vergleichen** und bekomme das **Programm** gar nicht erst zum übersetzen?

[Belohnung/Lösung]
Zur Belohnung musst du deiner Freundin ein weiteres Paar Schuhe kaufen, damit die Datenbank erweitert werden kann.

Oh, ne...

Von Unionen, Aufzählungen und Synonymen

Eine **Union** ist wie die Struktur ein **Verbund**, um **verschiedene Datentypen** zusammenzufassen. Auf den ersten Blick besteht zwischen einer Union und einer Struktur, abgesehen von den Schlüsselwörtern **union** und **struct**, kein Unterschied. Auch die Anwendung entspricht im Grunde den Strukturen. Allerdings geht eine Union anders mit seinen Verbündeten um. Während eine Struktur noch für alle Mitglieder nacheinander Speicherplatz reserviert, ist eine **Union** da schon geiziger und **reserviert nur Speicher** für das **größte Mitglied** im Verbund. Die einzelnen Mitglieder werden bei einer Union **überlappend** angeordnet. Das bedeutet natürlich auch weniger Speicherbedarf.

Im Gegensatz zu einer Struktur sind bei einer Union die einzelnen Mitglieder überlappend angeordnet.

```
struct Typen {
    Typ1;
    Typ2;
    Typ3;
};
```

```
union Typen {
    Typ1;
    Typ2;
    Typ3;
};
```

In der Praxis bedeutet das allerdings, dass bei einer Union jedes Mitglied auf **derselben Anfangsadresse** liegt. Konkludierend bedeutet dies auch, dass bei einer Union **nur ein Mitglied** verwendet werden kann.

Und welchen Vorteil hat eine solche Union gegenüber einer Struktur, wenn ich eh nur ein Element davon verwenden kann? Ich meine, Speicherknappheit herrscht eigentlich heutzutage kaum noch, oder?

Ehrlich gesagt gar keinen. Ich würde dir in der Praxis sogar **abraten**, auf eine Union zu setzen. Zugegeben, bei **maschinennaher Programmierung** kann eine Union interessant werden. Die andere positive Möglichkeit, eine Speicherstelle auf verschiedene Arten zu verwenden, ist ebenfalls nicht unbedingt relevant, weil man hierfür auch abgeleitete Klassen verwenden kann.

[Hintergrundinfo]

Die **Nachteile** einer Union dürften dir zunächst noch nicht ganz klar sein. Aber wenn du später eigene **Klassen** erstellst, solltest du diese Unionen da **nicht verwenden**, da es hier beim Erzeugen und Zerstören zu Problemen kommt, weil der Compiler beim Freigeben eines Elementes nicht weiß, welches Element er denn zerstören soll.

1, 2, Freddy kommt vorbei, 3, 4, schließe deine Tür ...

Ein weiteres **Hilfsmittel**, um eine Folge von ganzzahligen numerischen **Aufzählungen** zu definieren, steht dir mit dem Schlüsselwort **enum** (=Enumeration) zur Verfügung. Ein einfaches Beispiel:

```
enum class Wochentag{ SO, MO, DI, MI, DO, FR, SA };
```

[Zettel]

Anstelle des Schlüsselworts **class** darf auch das Schlüsselwort **struct** verwendet werden. Kann dein Compiler kein neues C++11-**enum**, musst du **class** bzw. **struct** weglassen.

Hiermit hast du praktisch mit dem Schlüsselwort **enum** einen neuen Datentyp namens `Wochentag` definiert. Zwischen den **geschweiften Klammern** stehen jetzt, jeweils getrennt durch ein **Komma**, die einzelnen Aufzählungen. Die Enumeration muss mit einem **Semikolon** abgeschlossen werden. Die **Aufzählungskonstanten** zwischen den geschweiften Klammern haben einen festen Wert und beginnen bei der ersten Aufzählungskonstante (hier **SO**) mit 0 und werden, wenn nicht anders vorgegeben, um jeweils einen Wert erhöht (inkrementiert). Somit ist **SO=0**, **MO=1**, **DI=2**, **MI=3** usw.

[Hintergrundinfo]

Der Standardtyp der Aufzählungskonstante ist **int**. Aber dieser Typ kann jederzeit durch einen anderen Integralen Typen überschrieben werden. Folgendermaßen kannst du bspw. **unsigned int** für die darunterliegenden Aufzählungskonstanten verwenden:

```cpp
enum class Wochentag : unsigned int { SO, MO, DI,
MI, DO, FR, SA };
```

Kann dein Compiler kein C++11, musst du diese Typenangabe weglassen.

In der Praxis kannst du aber die Werte der Aufzählung auch **ändern**. Zum Beispiel:

```cpp
enum class Wochentag : unsigned int { SO=1, MO, DI, MI, DO, FR, SA };
```

In dem Fall **beginnt** die Aufzählung am **SO** mit 1, **MO** ist 2 oder **DI** ist eben 3 usw. Innerhalb des entsprechenden Geltungsbereiches kannst du hierbei auch einen solchen Typ deklarieren:

```cpp
Wochentag wt01{Wochentag::DI}, wt02 = Wochentag::FR;
if(wt01 == Wochentag::DI) {
// ...
}
unsigned int tag = wt01;  // Achtung!!! Fehler !!!
```

Hierzulande ist z. B. der Wochenanfang der Montag.
Dies kannst du auch in der Aufzählung wie folgt wiedergeben:

```cpp
enum class Wochentag : unsigned int { SO=7, MO=1, DI, MI, DO, FR, SA };
```

Jetzt hat **SO** den ganzzahligen Wert 7, **MO** den Wert 1,
DI den Wert 2 usw. bis hoch zu **SA** mit dem Wert 6. Egal,
welchen Wert du jetzt für die einzelnen Konstanten verwendest,
der Wert der **nächsten Aufzählungskonstante**, der keinen
speziellen Wert zugewiesen bekommt, ist **immer** um **1 höher**.

[Zettel]

Theoretisch spricht übrigens auch nichts dagegen, wenn du zwei Konstanten mit
demselben Wert belegst. Du kannst allerdings keine zwei Konstanten mit
demselben Bezeichner verwenden!

Richtig angewendet, können dir solche Aufzählungstypen das Programmieren
erleichtern. Anstatt bei einem Programm einfach nur **tag=1** zu schreiben, fällt
es einem doch viel **leichter** stattdessen **tag = MO** zu schreiben. Gerade bei
if-Überprüfungen oder in **switch-case**-Fällen ist so eine Aufzählungskonstante wesentlich **komfortabler** zu handhaben:

```cpp
Wochentag tag01{Wochentag::MO};
…
switch(tag01)
{
    case Wochentag::MO: cout << "Heute ist Montag" << endl; break;
    case Wochentag::DI: …
…
}
```

[Zettel]

Dass eine Zeile wie **unsigned int tag = wt01;** nicht funktioniert, liegt
daran, dass der **enum**-Aufzählungstyp von C++11 streng typisiert ist, so dass nur mit
dem Namen des Aufzählungstyps darauf zugegriffen werden kann. Mit dem alten Ze-
enum war dies noch möglich!

Ebenso musst du jetzt mit C++11 für die Aufzählungstypen explizit mit dem Zugriffsoperator **::** zugreifen. Eine Verwendung wie **DI** wäre undefiniert und daher musst du
hierfür **Wochentag::DI** verwenden. Kann dein Compiler noch kein **C++11-
enum**, musst du den Zugriff mit **Wochentag::** weglassen.

[Ablage]

Vielleicht hast du bereits andere Codebeispiele mit **enum**
gesehen und wunderst dich, dass das **enum** hier etwas anders
beschrieben wurde. Nun, ich denke, das liegt daran, dass du
das alte **Ze-enum** gesehen hast. Das alten **Ze-enum** hatte aber
drei gravierende Probleme:

☞ Es wurde intern immer nach `int` konvertiert.
☞ Der Bezeichner stand im kompletten Bereich zu Verfügung.
☞ Der grundlegende Typ einer Aufzählung konnte nicht verändert werden.

Diese drei Probleme wurden mit dem neuen C++11 **enum
class** bzw. **enum struct** beseitigt. Du kannst damit
andere integrale Typen definieren, du musst den Zugriffsoperator für den Zugriff auf die Konstanten verwenden und
der Aufzählungstyp ist nun streng typisiert!

Probleme!

[Zettel]
Neu in C++11 wurden auch sogenannte Alias
Templates (Schablonen) eingeführt. Damit ist
es quasi möglich, mit dem Schlüsselwort
using Synome zu erzeugen. Das war zuvor
nicht möglich. Nun, Templates sind hier zwar
noch nicht das Thema, aber du kannst **using**
auch für einfache oder komplexere Synome
als Alternative für **typedef** verwenden.
Bspw.:

```cpp
using Superman_t = clark_kent;
```
anstatt
```cpp
typedef clark_kent Superman_t;
```

Die Lehre der Synonymie

Wie Clark Kent in die Rolle des Superman schlüpft und Dr. Jekyll derselbe Typ wie Mr. Hyde ist, kannst du auch in C++ einem Typ ein Alter Ego verschaffen, welches ein und **dieselbe Bedeutung** hat.

Relativ gerne wird diese **Synonymie-Technik** mit dem Schlüsselwort **typedef** in Verbindung mit Strukturen angewendet. Zum Beispiel:

*1 Hier steht die Struktur `clark_kent`.

```cpp
struct clark_kent {          *1
  string sternzeichen;
  string geburtsort;
  bool kannfliegen;
};          *1

typedef clark_kent Superman_t;          *2

Superman_t einSuperman;          *3
vector<Superman_t> vieleSupermaenner;          *3
```

*2 Die Struktur `clark_kent` bekommt ein Synonym `Superman_t`.

*3 Der Typ **clark_kent** kann jetzt auch mit **Superman_t** verwendet werden (beide Typen sind gleichbedeutend).

[Hintergrundinfo]

Diese **Vereinfachung** von umständlichen Typnamen mit **typedef** wird übrigens auch mit der Klasse **string** durchgeführt. Der Mädchenname von **string** lautet nämlich in Wirklichkeit **basic_string<char>**. Natürlich kannst du die Synonymie auch für alle anderen Typen verwenden. In der **Praxis** ist dies bspw. auch sehr hilfreich bei der **Portierung** von Programmen auf andere Systeme. Benötigst du z. B. einen 16 Bit breiten Typ, kannst du Folgendes definieren:

```cpp
typedef short INT16_t;
```

Im Programm kannst du jetzt jederzeit **INT16_t** dafür verwenden. Sollte das Programm jetzt auf ein 16-Bit-System portiert werden, auf dem ein **int** 16 Bit breit ist, brauchst du nur die Typdefinition zu ändern und musst nicht im ganzen Programm die Typen ändern. Also bei einem 16-Bit-System müsste es dann lauten:

```cpp
typedef int INT16_t;
```

Leipziger Allerlei

Die Überschrift hört sich leckerer an, als das Thema tatsächlich ist. Aber die Themen Unionen, Aufzählungen und die Synonymie ist doch schon ein ziemlicher Eintopf **verschiedener Zutaten**, die wir hier einfach mal zusammenmanschen und bei denen wir schauen, wie es schmeckt.

[Schwierige Aufgabe]

Schreib eine Union, welche Farbwerte speichert. Verwende als Typ für den Farbwert einmal eine Struktur mit dem Namen RGB, um Rot, Grün und Blau als Ganzzahl zwischen 0 bis 254 zu speichern und verwende als zweiten Typ in der Union die Farbangabe als hexadezimalen Wert. Erstelle außerdem mithilfe von **typedef** ein Synonym namens **Farbe_t** für den Farbwert.

Hier eine mögliche Musterlösung der Aufgabe

*1 Hier steht die Struktur, in der du die Werte der Farben Rot, Grün und Blau speichern kannst. Die Typdefinition **RGB24_t** wurde direkt bei der Erstellung der Struktur durchgeführt, was ohne Problem möglich ist.

```
typedef struct RGB { *1
  unsigned int rot, gruen, blau;
} RGB24_t; *1

typedef union Farbe { *2
  RGB24_t rgb; *3
  unsigned int hexRGB; *3
} Farbe_t;
```

*2 Hier steht deine Union. Auch hier haben wird, gleich die Typdefinition von **Farbe_t** an Ort und Stelle durchgeführt.

*3 Denk daran, eine Union kann nur einen der beiden Werte verwenden, weil sich beide Speicherbereiche überlappen. Du kannst entweder nur die Farbdaten mit der Struktur **RGB24_t** oder den ganzzahligen Wert **hexRGB** zum Speichern verwenden.

[Code bearbeiten]

Wenn du die Typdefinition gleich an Ort und Stelle übernimmst, wie:

```
typedef struct RGB {
unsigned int rot, gruen, blau;
} RGB24_t;
```

Dann kannst du auf den Bezeichner RGB gleich verzichten und stattdessen schreiben:

```
typedef struct {
unsigned int rot, gruen, blau;
} RGB24_t;
```

[Einfache Aufgabe]

Wenn dir das zu komplex war, schreib jetzt einen kleinen Code, in dem du jeweils einen Typ **Farbe_t** anlegst und einmal die Farbangabe über die Struktur und dann über den Integer mit Werten belegst. Um von der Union auf die Mitglieder der darin enthaltenen Struktur zuzugreifen, musst du den Punkteoperator zweimal verwenden!

Hier die Lösung zu dieser einfachen Aufgabe

```
Farbe_t eineFarbe;            *1
eineFarbe.rgb.rot    = 255;   *1
eineFarbe.rgb.gruen  = 100;   *1
eineFarbe.rgb.blau   = 127;   *1


Farbe_t nocheineFarbe;        *2
nocheineFarbe.hexRGB = 0xff647f;  *2
```

*1 Um hier auf die Struktur **rgb** zugreifen zu können, musst du natürlich erst den Weg über die Union **eineFarbe** mit dem Punkteoperator gehen. Erst dann kannst du über die Struktur **rgb** auf die Farbe zugreifen. Du musst quasi einen **Zugriff um zwei Ecken** machen, weil die Struktur ja innerhalb der Union **verschachtelt** ist. Solche Verschachtelungen können natürlich auch mit reinen Strukturen gemacht werden und sind nicht auf Unionen beschränkt. Der Zugriff bleibt auch hier derselbe.

*2 Hier steht die zweite Möglichkeit, den Wert an das andere Mitglied der Union zu übergeben.

Was passiert eigentlich, wenn ich ein Mitglied einer Union initialisiert habe, und dann **versehentlich** *auf das andere Mitglied der Union zugreife oder gar dieses mit einem anderen Wert überschreibe?*

[Notiz]

Die Verwendung von **typedef** an Ort und Stelle, wie hier verwendet, mag zwar sehr komfortabel sein, aber in der Praxis dürfte wohl doch meistens die Definition in zwei Schritten zum Einsatz kommen. Trotzdem sollte hier noch gezeigt werden, was möglich ist.

Du hast es sicherlich gerade selber ausprobiert, weil du fragst. Sicher bist du verwundert, dass sich dein Compiler **nicht beschwert** und das bedingungslos mitmacht. Das ist eben eine weitere Gefahr bei einer Union. Weil diese nur **rohe Daten** speichert, merkt sie sich nicht, im Gegensatz zu einer Struktur, welche Variante es sein soll. Es ist also immer möglich, auf die anderen Mitglieder der Union zuzugreifen, egal wie sinnlos das Ergebnis am Ende ist.

typedef Schrödinger hat_alles_kapiert_t

Nachdem du auf den letzten Seiten wieder einiges hinzugelernt hast, wollen wir das Thema nochmal ein wenig **zusammenfassen**. Folgendes hast du jetzt erfahren:

- Auf Unionen mit dem Schlüsselwort **union** kannst du **in C++ verzichten, wenn** es dir nicht um Maschinennähe geht. Speichereinsparung ist bei der gewöhnlichen Programmierung nicht wirklich ein Argument für die Unionen. Als bessere **C++-Alternative** kann ich dir die **abgeleiteten Klassen** empfehlen, die du unbedingt noch kennenlernen solltest.

- Um aus ungriffigen und schrumpligen Namen ein einfacheres Wort zu machen, kannst du **neue Synonyme** mit **typedef** und **using** (seit C++11) daraus **erstellen**. Auch bei der **Portierung** von einfachen Basistypen auf unterschiedlichen Systeme kann ein solches Synonym an der richtigen Stelle unglaublich hilfreich sein.

- Der Aufzählungstyp **enum** macht sich gut, wenn du **ganzzahlige Konstanten** einem **Namen** zuordnen willst.

> **[Zettel]**
> Eine Aufzählung bzw. Enumeration ist übrigens auch ein **vollwertiger C++-Typ**.

[Einfache Aufgabe]

Eine kleine Aufgabe für den Aufzählungstyp könntest du noch lösen. Sie dir den folgenden Codeausschnitt an, und verbessere diesen, indem du einen Aufzählungstyp dafür verwendest.

```
int Ampelzustand = 1;  // 0 = aus
                       // 1 = an
int Ampelfarbe = 1;    // 1 = rot
                       // 2 = gelb
                       // 3 = grün
if( Ampelzustand == 1 && Ampelfarbe == 1 ) {}
```

Der Code schreit ja geradezu nach **einer Enumeration**.
Gerade solche Dinge wie **Ampelfarbe=1** oder
Ampelzustand=1 sind sehr verwirrend und fehleranfällig.
Zumal hier auch Dinge wie **Ampelfarbe=99** möglich sind.

Hier die etwas bessere Lösung mit der Enumeration

```
enum class Ampel { an=0, aus=1, rot=1, gelb, gruen }; *1
…
Ampel Ampelzustand{Ampel::an}; *2
Ampel Ampelfarbe{Ampel::rot}; *2
if( Ampelzustand == Ampel::an && Ampelfarbe == Ampel::rot ) *2
  { }
Ampel::Ampelfarbe = 99; // Nicht erlaubt *3
```

*1 Hier steht der neue Aufzählungstyp **Ampel**.

*2 Den Typ verwenden wir auch für die **Zuweisungen** und **Überprüfungen**.

*3 Solche **Fehler** können jetzt vermieden und vom Compiler bemängelt werden.

[Notieren/Üben]
Eine nützliche Funktion habe ich hier noch für dich. Und zwar geht es um den Codeausschnitt von:

```
typedef short INT16_t;
```

Sinn und Zweck ist es natürlich, dass du hier mit **INT16_t** einen 16-Bit breiten Typen anbieten willst. Aber du kannst ja nicht sicher sein, ob es eben 16-Bit sind. So kannst du dann bspw. auch folgendes verwenden:

```
typedef int INT16_t;
```

falls du einen Rechner mit einer 16-Bit-Wortbreite vor dir hast und **int** eben mit 16-Bit implementiert ist. Unabhängig von diesem Thema gibt es eine Funktion, womit du dir bereits zu Übersetzungszeit zusichern lassen kannst, dass dein Typ auch tatsächlich die nötige Größe besitzt (hier 16-Bit oder eben 2 Bytes). Hierfür kannst du das neu in C++11 eingeführte **static_assert** wie folgt verwenden:

```
typedef int INT16_t;
…
static_assert( sizeof(INT16_t) != 2,
   "Achtung INT16_t hat nicht die passende Groesse");
```

Die Syntax zu **static_assert** lauetet folgendermaßen:

```
static_assert( ausdruck, fehlermeldung );
```

Wenn **ausdruck false** zurückgibt, wird der Code vom Compiler nicht übersetzt und gibt den Fehler **fehlermeldung** aus.

Weißt du, wie viele Sternlein am Himmel stehen?

Wenn du dir eine **Insel kaufen** willst, wirst du wohl kaum mit Kisten voller Geld zum Bezahlen auftauchen. Die Geldbewegungen finden in der Regel eigentlich nur rein virtuell über dein Bankkonto auf den Cayman-Inseln statt, wenn du etwas zu verbergen hast bzw. reich bist, oder eben über deine Hausbank. Bei mir ist es leider auch nur die Hausbank, die mir aber den Kredit für meine Insel nicht geben will.

Es gibt mehrere Wege, eine Insel zu kaufen, entweder man schleppt Bargeld mit sich herum oder man tätigt eine Überweisung.

Ähnliches gibt es auch in C++ mit den **Zeigern**. Anstatt hier haufenweise Daten hin- und herzuschaufeln, ist es auch möglich, nur mit der virtuellen **Anfangsadresse** dieser Daten zu arbeiten.

> Wie ist das gemeint? Mit der **Adresse** statt der Daten, meine ich?

Das ist im Grunde ganz einfach! **Statt** der **Daten** speichert ein **Zeiger** nur die **Anfangsadresse der Daten**. Wenn du z.B. eine Struktur oder ein Array in einem Programm verwendest, bekommen diese Objekte eine feste Adresse im Speicher zugewiesen. Mithilfe der Zeiger kannst du auf diese Adressen und somit auch auf den Inhalt zugreifen. Einen solchen Zeiger kannst du so deklarieren:

```
TYP *Zeiger_Name; *1
```

*1 Den Zeiger erkennst du am **Sternchen** zwischen dem Typ und dem Zeigernamen. Der **TYP** des Zeigers ist **strengstens typisiert**. Das heißt, der Typ des Zeigers muss dem Typ der Daten entsprechen, auf die dieser verweist. Als `Zeiger_Name` kannst du jeden gültigen Bezeichner verwenden, wie du das schon von den Datentypen her kennst.

Anders als die Basisdatentypen hängt die **Speichergröße** eines Zeigers **nicht** vom **Typ** des Zeigers ab. Ein Zeiger vom Typ `char*` hat somit **dieselbe** Speichergröße wie ein Zeiger vom Typ `long*`. Ein `sizeof(Zeiger)` belegt somit immer dieselbe Größe (eine Wortbreite). Letztendlich muss ein Zeiger ja schließlich nur eine Adresse speichern können.

*Hm, und **warum** sind die Zeiger dann so streng **typisiert**, wenn die Größe „letztendlich" nur für eine Adresse ausreichen muss?*

Dinge wie der Vergleich zweier Zeiger mit den Vergleichsoperatoren, die Subtraktion zweier Zeiger oder die Addition und Subtraktion eines Zeigers mit einer Ganzzahl verlangen nach einem Typ bzw. ließen sich ohne eine solche Typisierung nicht realisieren.

Ich weiß, wo du wohnst ...!

Damit dein Zeiger zu den Daten findet, musst du diesem natürlich den **Wohnort** übergeben. Das ist eine heikle Sache, denn bei einer **falschen Adressübergabe** kann dieser total ausflippen und einiges **kaputt** machen. Ja, die Zeiger sind sehr **empfindliche** Wesen und sollten immer mit **Vorsicht** in die Welt gesetzt werden.

Hierzu ein Ausschnitt, wie du einem Zeiger den Wohnort von anderen Daten übergeben kannst

*1 Hier steht ein Zeiger vom Typ `int`.

*2 Hier stehen die Daten vom Typ `int`.

```
int *zeiger_auf_int;     *1
int int_daten = 2323;    *2
zeiger_auf_int = &int_daten;  *3
```

*3 Die Zuweisung der Adresse `int_daten` an den Zeiger `zeiger_auf_int`. **Ganz wichtig** ist hier der **&**-Adressoperator. Ohne den **&** würdest du nicht die Adresse von `int_daten` an den Zeiger übergeben, sondern den Wert 2323.

*Was ist denn so schlimm daran, wenn ich einen **Wert statt** einer **Adresse** an den Zeiger übergebe?*

Das ist insofern dramatisch, sobald du den Zeiger mit dieser Adresse **verwendest**, weil du nicht wissen kannst, **wer** oder was auf der Adresse 2323 **wohnt**. Schon vergessen? Zeiger wollen **Adressen** haben und nicht deine Werte!

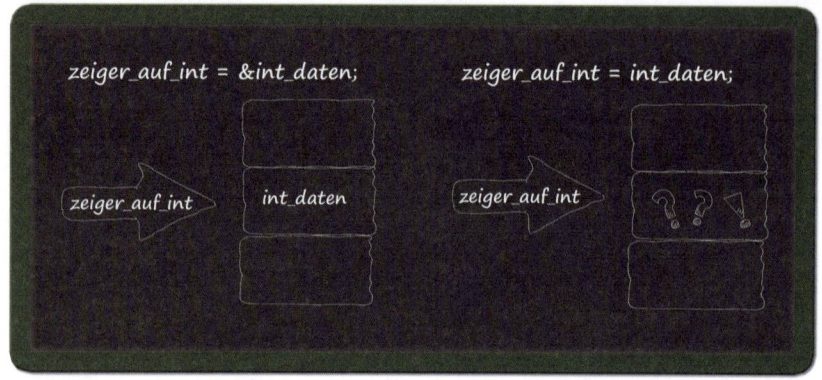

Bekommt der Zeiger keine Adresse, wird der weitere Verlauf des Programms zum Ü-Ei, weil man nicht weiß, was drin ist.

Einbruch in fremde Wohnungen

Nach der Wohnortbestimmung des Zeigers bleibt dann noch der **indirekte Zugriff** auf die Daten über den Zeiger. Auch hier sollte man nicht unbedingt gleich Thors Hammer auspacken und wissen, wie es geht. Um also **auf** die **Daten** des Speicherobjektes über den Zeiger **zuzugreifen**, wird das **Sternchen** verwendet!

```
*zeiger_auf_int = 1212; *1
```

*1 Über den **Indirektions-operator** kannst du jetzt (in-) direkt auf den Wert von **int_daten** zugreifen. In dem Fall würde **int_daten** den neuen Wert 1212 erhalten.

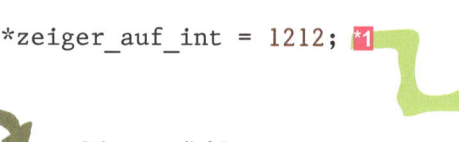

[Hintergrundinfo]

Der ***-Operator** wird auch als Indirektions- oder Verweis-operator bezeichnet, und der Zugriff mit diesem Operator ist auch unter dem Namen Dereferenzierung bekannt.

Wohnorte ermitteln

Die Wohnorte von Datentypen und Zeigern selbst kannst du mit dem **&-Adressoperator** verwenden. Angaben wie **&int_daten** oder **&zeiger_auf_int** verraten dir die fixe **Adresse im Speicher**. Den Inhalt, der bei einem Zeiger ja eine Adresse ist, bekommst du ohne den Adressoperator zurück.

Keine Sorge, in der Praxis wird's verständlicher ...

Sternenkunde

Wenn die Sternchen bereits in dein Hirn gefunden haben, wollen wir jetzt schauen, dass diese darin auch Platz machen, bevor sich die Synapsen wieder auflösen.

Daher jetzt ein einfaches Zeiger-Listing

*1 Der Zeiger erhält den Wohnort von **int_daten**. Damit es auch die richtige Adresse ist, musst du den **Adressoperator** & mitangeben.

*2 In beiden Fällen wird der Wert von **int_daten** ausgegeben. Mithilfe des Sternchens vor dem Zeiger kannst du **indirekt** auf den Wert von **int_daten** zugreifen.

```cpp
#include <iostream>
using namespace std;

int main()
{
  int *zeiger_auf_int;
  int int_daten = 2323;
  zeiger_auf_int = &int_daten;   *1

  cout << *zeiger_auf_int << endl;   *2
  cout << int_daten << endl;   *2
  *zeiger_auf_int = 1212;   *3
  cout << *zeiger_auf_int << endl;   *4
  cout << int_daten << endl;   *4

  // Adressen ausgeben
  cout << zeiger_auf_int << endl;   *5
  cout << &zeiger_auf_int << endl;   *6
  cout << int_daten << endl;   *7
  cout << &int_daten << endl;   *8
  return 0;
}
```

*3 Der **indirekte Zugriff** auf die Daten von **int_daten** mithilfe der **Dereferenzierung** funktioniert natürlich auch schreibend. Hier wird der Wert von **int_daten** indirekt von 2323 auf 1212 geändert.

*4 Die **Ausgabe** beweist die Änderung auf **int_daten** auf indirektem als auch auf direktem Wege.

*5 Hiermit wird die **Adresse ausgegeben**, auf die der Zeiger schaut. Im vorliegenden Fall ist das der Wohnort von **int_daten**.

*6 Setzt du den Adressoperator vor den Zeiger, wird der **Wohnort** des **Zeigers** selbst ausgegeben.

*7 Muss ich dazu noch was sagen! Wer hat eigentlich die Sprechblase dahin gemacht?

*8 Mithilfe des Adressoperators vor den Daten bekommst du den **Wohnort** der **Daten** im Speicher, worauf der Zeiger **zeiger_auf_int** ja auch späht.

Das Zeigerdemonstrationsprogramm bei der Ausführung

```
○○○              Zeigerdemonstration
Dieter Baer $ ./zeigerdemo
2323
2323
1212
1212
0x7fff5fbff974
0x7fff5fbff978
1212
0x7fff5fbff974
Dieter Baer $ ▯
```

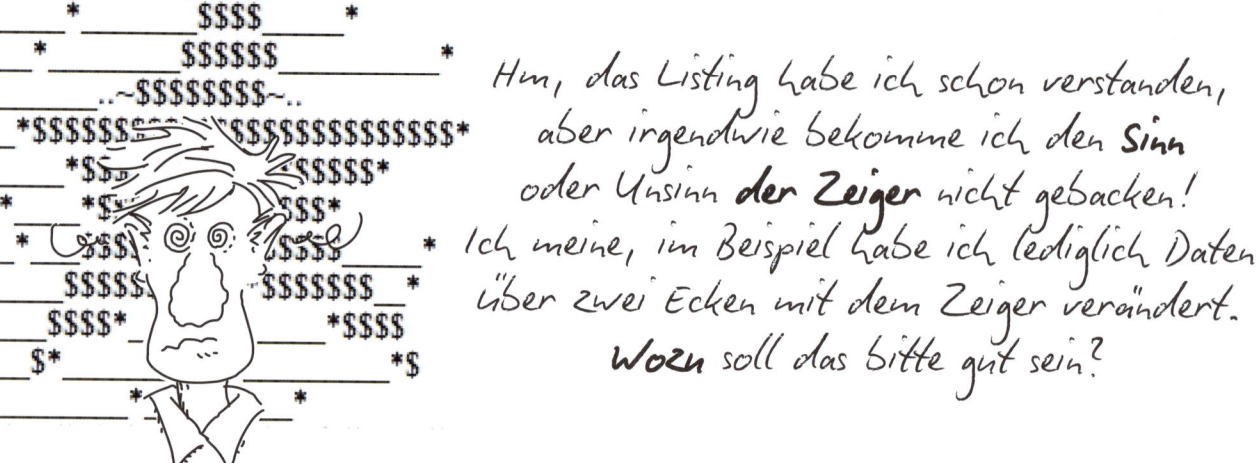

Hm, das Listing habe ich schon verstanden, aber irgendwie bekomme ich den Sinn oder Unsinn der Zeiger nicht gebacken! Ich meine, im Beispiel habe ich lediglich Daten über zwei Ecken mit dem Zeiger verändert. Wozu soll das bitte gut sein?

Bei einfachen Basisdatentypen ist das in der Tat eher Unsinn. In der Praxis wirst du auf die Zeiger aber noch öfter stoßen, als dir lieb ist, weil sich **viele Dinge** mit Zeiger **einfacher** und **effizienter** gestalten lassen. Lass es einfach auf dich zukommen. Merk dir einfach, dass du mit Zeigern auf die Wohnorte von anderen Objekten im Speicher schauen kannst.

Ze-Zeugs, Zeiger und wo soll das hinführen …?!

Sicherlich erinnerst du dich noch an das **alte Relikt** mit dem Ze-Zeugs. Das müssen wir hier nochmals der Vollständigkeit halber ausbuddeln (*brrrr*), um hier die Zeiger näherzubringen. Und zwar betrifft das die Verwendung von `blabla[i]` und `*(blabla + i)`. Beides hat nämlich **dieselbe Wirkung**. Gleiches gilt für `blabla[0]` und `*blabla`. Solche Dinge haben in der Vergangenheit oft für **Verwirrung** gesorgt, nämlich, dass Ze-Arrays bzw. -Strings und Zeiger scheinbar dasselbe sind. Das ist allerdings nicht so. Es ist nur so, dass der Compiler einen Zugriff mit `[ ]` letztendlich bei der Übersetzung ohnehin zu einer Zeigerversion umwandelt.

Noch genauer

[Notiz]
Der Inhalt eines Ze-Arrays hat beim Programmbeginn schon einen festen Wohnsitz, der nicht mehr verschoben oder in der Größe verändert werden kann. Der Inhalt eines Zeigers hingegen kann die „Reise nach Jerusalem" spielen.

Ja, das geht. Du musst hierbei nur dem Zeiger die Adresse des Arrays übergeben. Aber auch hier gibt es wieder **Verwirrung**.

Kann ich dann mit einem extra Zeiger auf einem Ze-Array auch „Reise nach Jerusalem" spielen?

Neben der Möglichkeit, das erste Element mit **&blabla[0]**
an den Zeiger zu übergeben, kann hier auch nur **blabla**
an den Zeiger übergeben werden, weil der Name des Arrays
ohne die eckigen Klammern einen konstanten Zeiger auf
das erste Element darstellt.

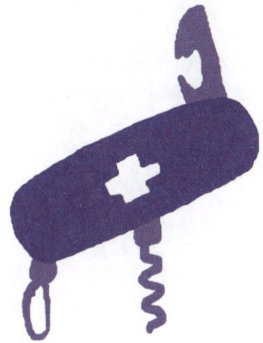

[Einfache Aufgabe]

Dir hier ein Beispiel abzudrucken, wäre zu langweilig. Daher findest du hier einen kleinen Codeausschnitt zur „Reise nach Jerusalem". Versuche herauszufinden, welcher der folgenden Werte im **int**-Array **jerusalem** nicht auf 0 zurückgesetzt wurde.

```
int jerusalem[5] = { 1,2,3,5,8 };
  int *reise_nach1, *reise_nach2, *reise_nach3;
  reise_nach1 = jerusalem;
  reise_nach2 = &jerusalem[2];
  reise_nach3 = jerusalem + 4;
  *reise_nach1 = 0;
  *reise_nach2 = 0;
  *reise_nach3 = 0;
  *(reise_nach2-1) = 0;
```

Hierzu die Lösung und Erklärung, warum das vierte Element im Array die „Reise nach Jerusalem" gewonnen hat

```
int jerusalem[5] = { 1,2,3,5,8 };
int *reise_nach1, *reise_nach2, *reise_nach3;
reise_nach1 = jerusalem; *1
reise_nach2 = &jerusalem[2]; *2
reise_nach3 = jerusalem + 4; *3
```

*1 Der Zeiger **reise_nach1** bekommt die Adresse des ersten Elementes von **jerusalem**. Du hättest hier auch **&jerusalem[0]** verwenden können.

*2 Der Zeiger **reise_nach2** erhält die Adresse des dritten Elementes in **jerusalem**.

*3 So geht's auch! Der Zeiger **reise_nach3** bekommt die Adresse des letzten Elementes. Spätestens jetzt sollte dir auch die Wichtigkeit des Typisierens von Zeigern einleuchten. Ohne die richtige Speichergröße des assoziierten Typs könnte das Nachfolgerelement über den Zeiger nie erreicht werden.

```cpp
*reise_nach1 = 0;
*reise_nach2 = 0;
*reise_nach3 = 0;
*(reise_nach2-1) = 0;

int *reiste_nach = jerusalem;
for(size_t i=0; i < 5; i++)
{
  cout << *(reiste_nach + i) << endl;
}
```

*4 Hiermit werden indirekt über die Zeiger **reise_nach1**, **reise_nach2** und **reise_nach3** das erste, dritte und fünfte Element im Array **jerusalem** auf 0 gesetzt.

*5 Hier springen wir zunächst in der Klammerung mit dem Zeiger **reise_nach2** ein Element zurück zum zweiten Element in **jerusalem**. Diesem Element weisen wir dann indirekt (mit dem Sternchen) den Wert 0 zu. Die Klammerung hat eine **höhere Priorität** als das Sternchen und wird daher vorher ausgeführt!

*6 Über einen ähnlichen Weg findest du hierzu noch ein paar Zeilen, die dir den Inhalt der einzelnen Array-Elemente indirekt über den Zeiger **reiste_nach** ausgeben. Mit dem C++11-Stil kannst du die einzelnen Elemente noch bequemer ausgeben:

```cpp
for(auto &j : jerusalem ) cout << j << endl;
```

Zeiger auf nichts …!

In der Praxis solltest du natürlich immer den **Rückgabewert** eines Zeigers **überprüfen**, speziell ob dieser einen gültigen Wohnort enthält. In C++ kannst du diese Überprüfung mit dem Schlüsselwort **nullptr** machen:

```cpp
int *nichts;
if(nichts == nullptr) // Alternativ auch: if(!nichts)
{
  cout << "Fehler!!!\n";
}
```

[Notiz]

Der **nullptr** wurde neu mit C++11 eingeführt. Zuvor wurde hier eine Überprüfung auch **0** oder **0L (long)** gemacht. Der **nullptr** erhöht natürlich die Lesbarkeit eines Quellcodes enorm, da du sofort erkennst, dass es sich hierbei um einen Zeiger handelt. Bei **0** oder **0L** konnte man oft nicht auf dem ersten Blick erkennen, ob es sich hierbei um den Zeiger **0** oder den Wert **0** gehandelt hat!

Altes Zeug

[Achtung]

Das Makro **NULL** aus **<cstddef>**, welches auch das eine oder andere Mal statt **0L** für Zeiger verwendet wird, ist eigentlich ein altes Ze-Zeugs-Makro und sollte in **C++ nicht** mehr verwendet werden!!!

Wo geht's hier zur „Milky Way"?

Zugegeben, die Zeiger haben es in sich, und wie du sicherlich bemerkt hast, sind diese ziemlich **mächtig**. Ähnlich wie Agent Smith in der Matrix Neo jederzeit aufspüren konnte, kannst du mit den Zeigern ziemlich viele seltsame Orte in deinem Programm aufsuchen. Diese **Freiheit** ist allerdings oft auch ein Fluch, und damit kannst du dir schnell mal ins Knie schießen. Es bedarf also schon einer gewissen Zeit und Übung, um die **Kontrolle** über die Matrix, äh Zeiger ausüben zu können.

Blaue oder rosa Pille?

Pah, das ist doch simpel!

Okay, Mr. Anderson, kommen sie zurück nach Zion! Ihre Mission lautet zunächst noch, die Zeiger in den Griff zu kriegen. Wollen wir mal sehen, ob du der „Auserwählte" bist.

[Einfache Aufgabe]
Übergib der Variablen **daten** indirekt über den Zeiger **wasmachich** den Wert 3.1415.

```
float *wasmachich;
float daten;
float array[5] = { 0.0 };
```

Hier die Lösung

```
wasmachich =&daten;
*wasmachich = 3.1415;
```

Prima! Ich bin froh, dass du diesen Vorgang bereits verstanden hast. Aber du bist noch nicht fertig!

Noch eine weitere Aufgabe dazu

[Schwierige Aufgabe]
Übergib dem ersten Element vom Ze-Array **array** den Wert der Variablen **daten**, den du eben mit 3.1415 initialisiert hast. Übergib außerdem dem letzten Element im Array den Wert 33.33. Zum Schluss gibst du noch die Adressen und Werte der einzelnen Array-Elemente aus. Für die Wertübergabe und die Ausgaben darfst du nur den indirekten Weg über den Zeiger **wasmachich** verwenden!

Ich würde das folgendermaßen machen ...

```
wasmachich = array;  *1
*wasmachich = daten;  *2
*(wasmachich+4) = 33.33;  *3

for(size_t i=0; i < 5; i++)
{
    cout << wasmachich+i << ":" << *(wasmachich+i) << endl;  *4
}
```

*1 Der Zeiger **wasmachich** bekommt den Wohnort vom ersten Element von **array**.

*2 Da der Zeiger die erste Wohnung in der Reihenhaushälfte **array** speichert, übergeben wir dieser Wohnung indirekt den Wert von **daten**.

*3 Zunächst gehen wir mit dem Zeiger in der Klammerung vier Wohnblöcke bei den Reihenhäusern weiter und übergeben der letzten Wohnung von **array** den Wert 33.33.

*4 Die direkte Ausgabe der Adresse erfolgt über den Zeiger, ohne Sternchen, plus der Hausnummer. Der Inhalt der Adresse wird, wie gehabt, auch zunächst über die Adresse plus Hausnummern in Klammern angesteuert, gefolgt vom indirekten Zugriff auf den Wert über das Sternchen.

Das Programm bei der Ausführung

```
○○○                 Zeigerdemonstration
Dieter Baer $ ./zeigersalat
0x7fff5fbff950 : 3.1415
0x7fff5fbff954 : 0
0x7fff5fbff958 : 0
0x7fff5fbff95c : 0
0x7fff5fbff960 : 33.33
Dieter Baer $ ▯
```

Bin wirklich beeindruckt von dir. Hätte dir das nicht zugetraut. Zugegeben, die **Aufgaben** haben mehr oder weniger **keinen Sinn** und waren im Grunde nur **Denksportaufgaben**. Aber diese Aufgaben sind nützlich, um die Motivation von Zeigern besser kennenzulernen.

[Notieren/Üben]

Im Grunde sind die Zeiger gar nicht so wild, wenn du weißt, wann du was machen sollst. Neue Besitzer von Zeigern haben oft Probleme, wann und wie sie das Sternchen ***** (indirekter Zugriff) oder den Adressoperator **&** verwenden oder nicht verwenden sollen. Wenn du damit keine Probleme mehr hast, sollte es auch keinen **Daten-GAU** geben.

[Belohnung/Lösung]

Prima, jetzt hast du dir deine Pause verdient. Ich weiß, es brennt dir schon den ganzen Abschnitt lang unter den Nägeln, dir wieder mal die Matrix-Trilogie auf Blu-ray reinzuziehen. Also: „Enter the Matrix!"

Wo gibt's hier frischen RAM?

Bisher hast du die Zeiger nur als Sparring-Partner verwendet und sinnlos damit herumgespielt. Daher ist es jetzt an der Zeit, dass du dich den **echten Herausforderungen** stellst.

Let's get ready to RAMble ...

Bisher hast du dich nicht darum geschert (oder kümmern müssen), woher der **Speicher für** deine **Daten** gekommen ist. Du hast zwar gewusst, dass da was war, aber du konntest nicht genau sagen, was. Wenn du einen Typ oder eine Reihe von Typen mit `[ ]` verwendet hast, hast du bekommen, was du wolltest. Was aber, wenn dir die Anzahl der Typen nicht ausreicht? Was ist, wenn du z. B. ein Array wie `einTyp[10]` hast, aber eben 20 Elemente brauchst?

Wo ist das Problem?! Dann verwende ich eben die Klasse vector oder für einen Text die Klasse string!

Hmpf! Pssst! Im Grunde hast du ja natürlich Recht! Für die grundlegende Programmierung bietet C++ mittlerweile mit den Klassenbibliotheken alles an, um sich nicht auf einer solch „tiefen" Ebene rumtreiben zu müssen. In der Standardbibliothek sind neben `vector` und `string` noch viele weitere solcher Klassen vorhanden.

Viel du musst noch lernen, junger Jedi!

[Hintergrundinfo]
An dieser Stelle muss man schon sagen, dass es C++ einem wirklich leicht macht mit den Standard-Containerklassen. Statt „wie soll ich implementieren" ist in C++ vieles „bereit zum Verwenden".

Aber **intern** verwenden diese Klassen natürlich auch die **dynamische Speicherverwaltung**, um erneut **Speicherplatz** für solche Elemente zu erhalten. Und wenn du einmal **eigene Klassen** entwickeln musst, kann es sehr hilfreich sein, wenn du weißt, wie man selbst **zur Laufzeit** dynamisch Speicher anfordern kann.

*1 Hiermit forderst du vom System so viel Speicherplatz an, wie der angegebene **Typ** hinter dem Operator **new** benötigt. Bei erfolgreicher Reservierung wird die Anfangsadresse des Speicherplatzes zurückgegeben. Dieser Wohnort wird natürlich von einem Zeiger verwaltet!

Alles neu

Um also **Speicher** eines bestimmten Typs **zur Laufzeit** des Programms **anzufordern**, steht dir der Operator **new** zur Verfügung:

*2 Hier das Gegenstück zu dynamischen Arrays. Hiermit fordern wir quasi **n** Elemente Speicher von **Typ** an. Die Anfangsadresse des Wohnblocks erhält natürlich unser Zeiger, der dann auch gleichzeitig die Hausverwaltung übernimmt.

```
Typ* Zeiger = new Typ; *1
Typ* Zeiger = new Typ[n]; *2
```

Ach, komm schon, so schlimm ist das auch wieder nicht.

Guck dir folgende Codezeilen an, dann solltest du es besser verstehen können:

```
double *dZeiger;
dZeiger = new double; *1
*dZeiger = 3.1415; *2
cout << *dZeiger << endl; *2
```

*1 Hiermit hast du zur Laufzeit einen Speicher für ein **double** (**sizeof(double)**) reserviert. Der Zeiger **dZeiger** verweist auf den Wohnort (ein Einfamilienhaus) des reservierten Speichers.

```
double *hausverwalter;
hausverwalter = new double [3]; *3
hausverwalter[0] = 1.1; *4
hausverwalter[1] = 2.2; *4
*(hausverwalter + 2) = 3.3; *5
```

*5 ... oder aber über „Zeiger-schreibweise".

*2 Der Inhalt des neuen Wohnortes bekommt den Wert 3.1415 zugewiesen. Wie immer kannst du über das Sternchen indirekt auf die Wohnung zugreifen.

*4 Zugreifen kannst du auf die einzelnen Wohneinheiten mit dem Indexoperator …

*3 Hiermit reservierst du drei Elemente vom Typ **double** (**3*(sizeof(double))**). Der Zeiger **hausverwalter** verweist auf den Anfang des Wohnblocks.

Speicherhalde und Müllbeseitigung

Zwar ist auf dem **reservierten Speicher** kein grüner Punkt, aber auch hier kommst du nicht um die **gezielte Müllbeseitigung** herum. Den Speicher, den du mit **new** anforderst, bekommst du von der **Speicherhalde** (engl. Heap):

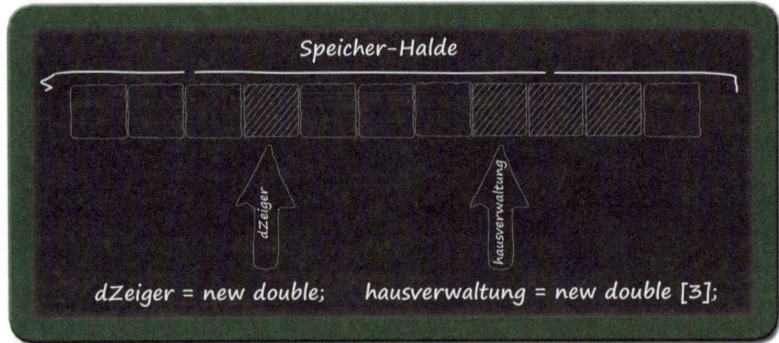

Frischer RAM von der Speicherhalde

Müllproblem No.1

Es ist besonders wichtig, dass du den **Wohnort** eines dynamisch reservierten Speichers **nicht verlierst**. Den kannst du bspw. verlieren, indem du den Zeiger auf eine andere Wohnung verweisen lässt. Bezogen auf das Beispiel mit den Zeigern **dZeiger** und **hausverwaltung** könntest du diesen Blödsinn folgendermaßen erzwingen:

```
dZeiger = hausverwaltung;
```

Das Problem an dieser Codezeile ist, dass jetzt beide Zeiger auf **denselben Wohnort** zeigen und der **ehemalige Wohnort** von `dZeiger` jetzt **verwaist** ist. Das Speicherobjekt ist zwar nach wie vor auf der Speicherhalde vorhanden, aber es gibt keine Möglichkeit mehr, darauf zuzugreifen. Du hast hiermit ein **Speicherleck** (*Memory Leak*) erschaffen.

Ein klassisches Speicherleck wurde provoziert.

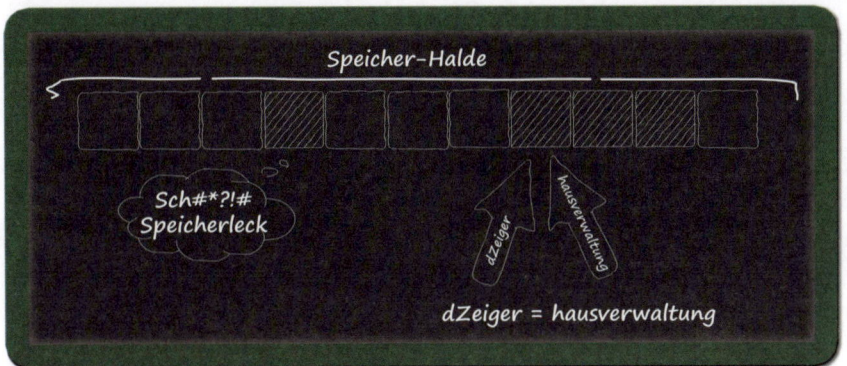

Müllproblem No.2

Ein zweites Müllproblem entsteht, wenn du immer nur **Speicher** vom System **haben willst** und diesen **nicht** mehr **freigibst**, obwohl du diesen gar nicht mehr benötigst. Wenn du also mit der Arbeit der dynamischen Objekte **fertig** bist, solltest du diesen Speicher bei Nichtgebrauch wieder an das System **zurückgeben**. Hierzu findest du mit `delete` bzw. `delete [ ]` passende Gegenstücke zu `new` bzw. `new [ ]`.
Zum Beispiel:

```
delete dZeiger;          *1
delete [] hausverwaltung; *2
```

*1 Hiermit wir das Speicherobjekt freigegeben, auf das der Zeiger **dZeiger** verweist.

*2 Bei der Freigabe eines Arrays müssen zusätzlich noch die eckigen Klammern mit angegeben werden. **Ohne** die eckigen Klammern würdest du nur das erste Element im Array freigeben!

[Zettel]
An dieser Stelle möchte ich gleich noch Werbung für die neue C++11-Klasse **unique_ptr** machen, wo du dich gar nicht mehr um die Freigabe von Speicher kümmern musst, weil der automatisch **delete** aufruft. Diese klugen Zeiger werde ich dir später im Buch demonstrieren.

[Hintergrundinfo]
Es ist nicht festgeschrieben, wie **delete** den Speicher freigibt. Garantiert ist nur, dass der Speicher als „frei" auf der Speicherhalde markiert wird und von dort auch für künftige Verwendungen wieder angefordert werden kann. Und weil der Speicher eben nur als „frei" markiert wird und ggf. noch auf den Inhalt zugegriffen werden kann, würde ich dir empfehlen, nach einem **delete** noch einen **nullptr** an die Zeigervariable zuzuweisen.

RAM mit WoW-Freunden auf Anfrage

Okay, jetzt **nimm dir Zeit**, die Messlatte in dem Praxisabschnitt ist recht hoch gelegt. Wenn du nicht drüber kommst, ist es aber auch kein Weltuntergang, weil C++ hier im Grunde einfachere Mittel an Bord hat, mit denen du das Beispiel realisieren kannst. Das verrate ich dir aber erst am Ende des Kapitels, wenn du daran verzweifelt bist.

Okay, guck dir folgende Struktur an ...

```
struct WoW_t {
  string klasse;
  string nickname;
  unsigned int freund_seit;
  WoW_t *next;
};
```

*Wie eine gewöhnliche Struktur, nur, was macht der Zeiger **next** mit demselben Typ wie die Struktur innerhalb der Struktur?*

Das ist eigentlich ganz **einfach**. Wie du ja weißt, sind Zeiger sehr streng typisiert und können nur auf Adressen vom **selben Typ** zeigen. In dem Fall verweist dieser Zeiger quasi auf die Adresse einer weiteren Struktur vom selben Typ.

Ich kann damit eine Struktur nach der anderen aneinanderhängen?

Richtig, da wir allerdings nicht wissen können, wie viele solcher Strukturen in unsere Datenbank kommen, musst du das Ganze dynamisch gestalten.

Aneinanderhängen einzelner
Knoten über eine Liste

Hierzu jetzt der Codeausschnitt, mit dem du dynamisch unzählige neue Elemente ans Ende der Liste hängen kannst

```cpp
int wahl;
WoW_t *anfang = nullptr, *hilfsZeiger, *freund;   *1
do{   *2
cout << "-1- Freund hinzufügen\n";   *2
cout << "-2- Freunde ausgeben\n";   *2
cout << "-3- Beenden\n";   *2
cout << "Deine Wahl:   ";   *2
cin >> wahl;   *2
switch(wahl)   *3
{
  case 1:   *4
    freund = new WoW_t;   *5
    cout << "Klasse   : ";   *6
    cin >> freund->klasse;   *6
    cout << "Name     : ";   *6
    cin >> freund->nickname;   *6
    cout << "Verbund : ";   *6
    cin >> freund->freund_seit;   *6
    if(anfang == nullptr)   *7
    {
      anfang = freund;   *7
      freund->next = nullptr;   *7
    }
    else   *8
    {
      hilfsZeiger = anfang;   *9
      while(hilfsZeiger->next != nullptr)   *9
      {
        hilfsZeiger = hilfsZeiger->next;   *9
      }
      hilfsZeiger->next = freund;   *10
      freund->next = nullptr;   *10
    }
    break;
  case 2:   *11
    cout << "Deine WoW-Freunde\n\n";
    hilfsZeiger = anfang;   *12
    while(hilfsZeiger != nullptr)   *12
    {
```

*1 Hier stehen die nötigen Zeiger für unsere verkettete Liste. Der Zeiger **anfang** verweist immer auf den Anfang der Liste. Der **hilfsZeiger** durchläuft die Liste, und der Zeiger **freund** wird für die dynamische Reservierung eines neuen Objektes verwendet.

*2 Über eine **do while**-Schleife wird ein Menü realisiert. Dazu muss ja wohl nichts mehr geschrieben werden.

*3 Über **switch** wird die Eingabe ausgewertet und zum gewünschten Menübefehl gesprungen.

*4 Hier beginnt das Einfügen eines neuen Elementes an das Ende der verketteten Liste.

*5 Hier wird Speicher für das neue Element angefordert. Um den Code kurz zu halten, wurde auf eine Fehlerüberprüfung (**!=0L**) verzichtet, was du natürlich unterlassen solltest.

*6 Hier werden die Daten für das dynamisch reservierte Strukturelement über den **Strukturzeiger -> ** eingelesen. Mehr zum Strukturzeiger erfährst du nach dem Listing.

*7 Ist der Anfang der Liste gleich 0L (**anfang==0L**), sind noch keine Elemente in der Liste vorhanden und der **anfang** bekommt gleich die Adresse des neu dynamisch erstellten Elementes. Wichtig ist auch, dass der Zeiger **next** auf das nächste Element auf gar nichts (0L) zeigt.

*8 Es ist also schon mindestens ein Element in der Liste vorhanden.

*9 Hier durchlaufen wir die Liste vom Anfang bis zum letzten Element.

[Code bearbeiten]

Besser wäre es, hier gleich noch einen extra Zeiger zu verwenden, der immer auf das Ende der Liste zeigt. In der Praxis ist diese Codestelle auch die Position, an der du die Daten mithilfe von Überprüfungen sortiert dazwischen einfügen könntest. Allerdings bräuchtest du hierfür einen zweiten Hilfszeiger.

*10 Hurra, wir fügen das neue Element am Ende der Liste hinzu. Der **next**-Zeiger muss natürlich auch hier wieder auf nichts zeigen!

*11 Der zweite Menübefehl beginnt hier und lautet: Alle Elemente der Liste nacheinander ausgeben.

*12 In einer Schleife werden die einzelnen **WoW_t**-Daten vom Anfang der Liste durchlaufen und ausgegeben.

```
            cout << "Klasse  : " << hilfsZeiger->klasse; *12
            cout << "\nName   : " << hilfsZeiger->nickname;
            cout << "\nVerbund: " << hilfsZeiger->freund_seit;
            hilfsZeiger = hilfsZeiger->next;
        }
        break;
    }
    }while(wahl != 3);
```

*12 In einer Schleife werden die einzelnen **WoW_t**-Daten vom Anfang der Liste durchlaufen und ausgegeben.

Zum Glück hast du das noch erwähnt! Das Beispiel war schon extrem Zeiger-„lästig" und alleine würde ich das nie hinkriegen. Was ist aber mit dem Strukturzeiger ->?

[Notiz]

In C++ werden solche verketteten Listen natürlich nicht mehr mit einem solchen Overhead programmiert. Die intensive direkte Verwendung der Zeiger hat in der Vergangenheit zu vielen Fehlern geführt. Wie schon die Klassen **vector** und **string** für Ze-Arrays und Ze-Strings findest du in der Standardbibliothek mit der Klasse **forward_list** eine **viiieeel bessere** und einfachere **Alternative!** Wenn du außerdem wirklich vorhast, verkettete Listen manuell zu programmieren, dann aber bitte, wie es sich für eine OOP-Sprache gehört, über Klassen (**class**).

Die Struktur-zeiger

Bei dem Zugriff auf die **Mitglieder** einer Struktur, die **als Zeiger** (bspw. **WoW_t *zeiger**) realisiert sind, könntest du theoretisch auch wieder den Punkteoperator verwenden. Da es sich allerdings um einen Zeiger handelt, musst du für den **indirekten Zugriff** auch hier den Indirektionsoperator (das Sternchen *****) angeben. Dies könntest du mit **(*struktur).mitglied** realisieren. Zum Glück haben sich die Entwickler der Programmiersprache unserer erbarmt und den **->**-Operator als Alternative eingeführt. Somit ist der Zugriff über einen Strukturzeiger mit **struktur->mitglied** identisch zu **(*struktur).mitglied**. Der Zugriff mit dem **->**-Operator ist wesentlich komfortabler und auch sicherer zu verwenden.

[Notiz]

Nicht nur bei dynamischen Datenstrukturen wird der Zugriff auf die Elemente über den Strukturzeiger realisiert. Auch bei der Übergabe von Strukturen, bzw. genauer der Anfangsadresse der Struktur, an und in **Funktionen**, wird der Strukturzeiger verwendet. Auch später bei den Klassen wirst du noch häufig mithilfe des **->** auf die einzelnen Elemente der Klasse zugreifen.

RAM Unleashed

Zugegeben, dieser Abschnitt hat es in sich und dürfte dir nicht mehr soviel Spaß gemacht haben. Aber irgendwie muss ich dir ja die **dynamische Speicherreservierung** erklären.

Und da kann ein Museumsbesuch nicht schaden. Keine Sorge, nach diesem Abschnitt geht es mithilfe des Fluxkompensators wieder **„Zurück in die Zukunft"**, um den Schmetterlingseffekt möglichst gering zu halten.

Stopp! Bevor du deinen Zeitsprung machst, musst du noch eine Aufgabe lösen. Sei kein „Chicken", McSchrödinger. Das packst du schon.

[Notiz]

An dieser Stelle noch eine wichtiger Hinweis für dich! Du solltest wissen, dass ein **"delete nullptr;"** (bzw. **delete 0;**) keine Probleme verursacht!!! Aus diesem Grund solltest du immer eine Zeigervariable gleich mit dem **nullptr** bei der Deklaration initialisieren. Es hat sich auch bewährt, nach einem **delete** auch noch zusätzlich nochmals den **nullptr** an die bereits gelöschte Zeigervariable zuzuweisen.

[Schwierige Aufgabe]

Erweitere unsere dynamische Struktur **Wow_t** um einen weiteren Menüeintrag, mit dem du einzelne Strukturelemente aus der Liste mit **delete** entfernen kannst. Als Suchkriterium soll der **nickname** verwendet werden.

Okay, ich helfe dir ein bisschen

Du musst auf jeden Fall zunächst **überprüfen**, ob das gesuchte Element gleich der Anfang ist. Ist dies der Fall, kannst du das Element mit **delete** zerstören. Vorher musst du aber den **anfang**-Zeiger auf das nächste Element setzen, weil du sonst den Anfang und somit ganze Liste verlierst.

Wenn es nicht der Anfang ist, musst du die einzelnen Elemente der Liste **durchlaufen**. Hierbei solltest du immer einen Zeiger auf das vorherige **und** das aktuelle Element haben. Das ist wichtig, weil du nur so das gefundene Element „aushängen" kannst, ohne dass die Kette reißt.

Hierzu nun der Codeausschnitt

```cpp
WoW_t *anfang = nullptr, *hilfsZeiger,
       *freund, *hilfsZeiger2 = nullptr;  *1
do{
cout << "-1- Freund hinzufügen\n";
cout << "-2- Freunde ausgeben\n";
cout << "-3- Freund löschen\n";  *2
cout << "-4- Beenden\n";
cout << "Deine Wahl:  ";
cin >> wahl;
switch(wahl)
{
   case 1:  // alles wie gehabt
      …
      break;
   case 2:  // alles wie gehabt
      …
      break;
   case 3: *3
      string name; *4
      cout << "Name der zu löschenden Person: ";  *4
      cin >> name; *4
      if( anfang == nullptr )  break;
      if( anfang->nickname == name) *5
      {
         hilfsZeiger = anfang; *5
         anfang = anfang->next; *5
         delete hilfsZeiger; *6
         hilfsZeiger = nullptr;
      }
      else *7
      {
         hilfsZeiger = anfang; *8
         hilfsZeiger2 = anfang->next; *8
         while(hilfsZeiger2 != nullptr) *9
         {
```

*1 Diesen weiteren **Hilfszeiger** benötigen wir zum Entfernen eines Elementes aus der Liste, welches sich nicht am Anfang befindet.

*2 Hier steht der neue Menüeintrag.

*5 Das erste Element ist gleich das gesuchte Element? Zunächst setzt du **hilfsZeiger** auf den **anfang**. Der Zeiger **anfang** bekommt dann die Adresse des nächsten Elementes (was ja auch „nichts" (==0L) sein kann). Jetzt hast du einen **„neuen"** Anfang.

*3 Hier geht die Suche nach dem zu löschenden Element in der Liste los!

*4 Die gesuchte Person wird von **Tastatur** eingelesen.

*6 Jetzt kannst du das ehemals erste Element, auf das **hilfsZeiger** noch verweist, mit **delete** löschen.

*7 Es ist **nicht** das **erste Element** in der Liste, welches gelöscht werden muss. Also suchen wir danach …

*8 Wir benötigen immer einen Zeiger auf das **Vorgängerelement** und einen auf das **aktuelle**.

*9 Die Schleife wird komplett durchlaufen bis zum bitteren Ende …

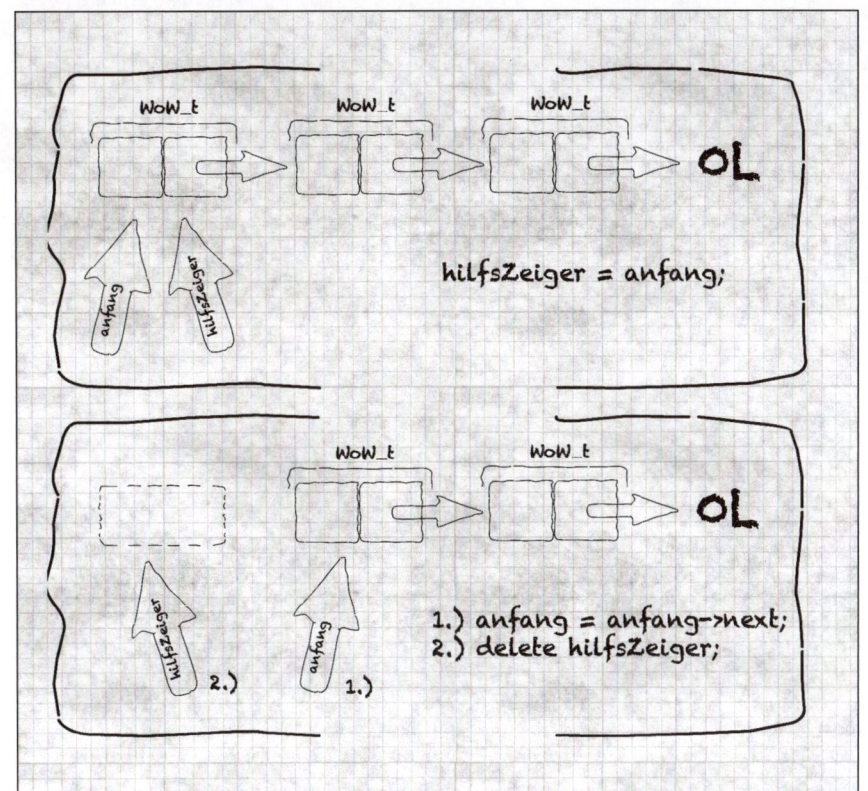

Das erste Element der Liste entfernen

Das Element aushängen und löschen

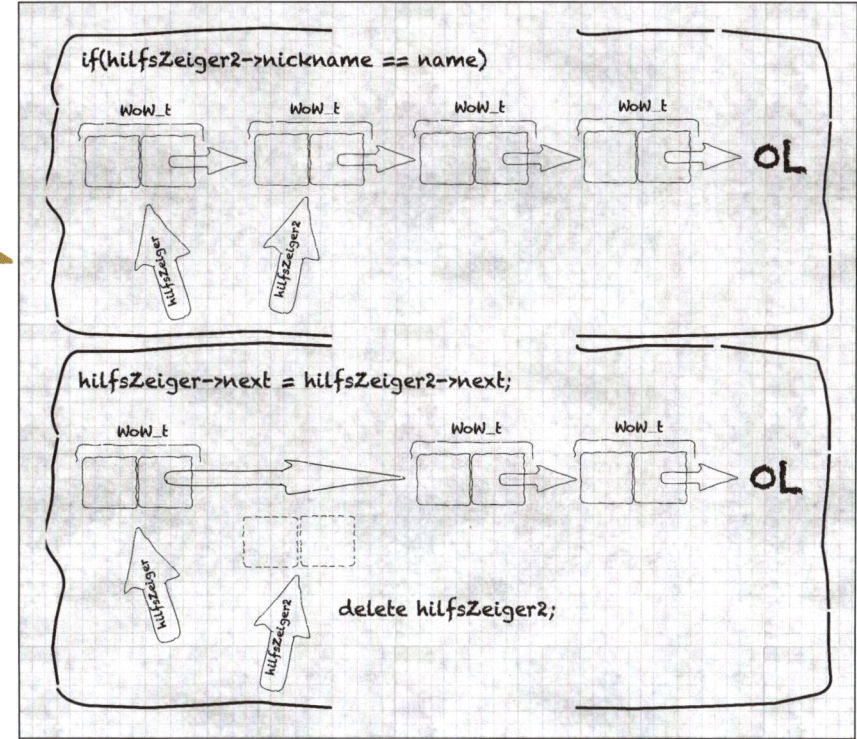

```cpp
      if(hilfsZeiger2->nickname == name) *10
      {
        hilfsZeiger->next = hilfsZeiger2->next; *10
        delete hilfsZeiger2; *10
        break; // Schleife abbrechen
      }
      hilfsZeiger = hilfsZeiger2; *11
      hilfsZeiger2 = hilfsZeiger2->next; *11
    }
  }
  break;
}
}while(wahl != 4);
```

*10 Wenn der gesuchte Name **gefunden** wurde, bekommt das Strukturmitglied **next** des Zeigers **hilfsZeiger** die Adresse vom Strukturmitglied **next** des Zeigers **hilfsZeiger2**. Damit hast du das zu löschende Element ausgehängt und kannst es mit **delete** löschen.

*11 Elemente wurden in der Schleife noch nicht gefunden, also bekommt **hilfsZeiger** die Adresse des zuvor überprüften Elementes, welches nicht das gesuchte war und der Zeiger **hilfsZeiger2** bekommt die Adresse des nächsten Elementes in der Liste.

Was passiert eigentlich, wenn ich delete vergessen habe? Ich weiß, dass es ein Speicherleck gibt, aber was ist eigentlich so schlimm an einem Speicherleck?

Nun ja, zum einen steht dir **nicht unendlich** Speicher zur Verfügung. Bei einem **dauerhaft laufenden** Programm wie einer Server-Anwendung, wird der Speicher immer voller und das System auf Dauer immer **langsamer** (als Windows-Anwender ist man das ja gewohnt). Und zum anderen werden hiermit quasi Löcher in den Speicher geschossen, so dass es dir im schlimmsten Fall passieren kann, dass du trotz ausreichend vorhandenem Speicher nicht mehr genügend **zusammenhängenden Speicher** bekommst und die Speicheranforderung fehlschlägt.

Speicherpflege ist genauso wichtig wie Zahnpflege!

Für einen lückenlosen Speicher daher . . .

[Belohnung/Lösung]

So, nachdem du dich wirklich bemüht hast bei diesem Thema und jetzt eine eigene WoW-Freundesliste-Anwendung geschrieben hast, ist es an der Zeit, dass du auch etwas für deine monatlichen Gebühren bei Blizzard Entertainment bekommst und deine Fähigkeiten erweiterst.

SIEBEN

Funktionen, das Ende von Copy & Paste ...

Da Schrödinger in seinen alten BASIC-Programmen auch Berechnungen für das Volumen der Schuhkartons implementiert hat, plant er, die natürlich auch künftig in seinen neuen Programmen einzubauen. Allerdings würde er diese Berechnungen gerne mehrmals verwenden. „Schön blöd, wer hier seinen Code immer wieder neu schreibt", denkt Schrödinger und macht es sich mit Copy & Paste einfacher. Hier muss ihm geholfen und gezeigt werden, wie er solche Codestellen als Funktionen implementiert, die er dann über eine Headerdatei (oder gar als Bibliothek) jederzeit in seinen Programmen verwenden kann.

Die Geister, die ich rufen will

Mitternacht, und es ist Zeit für die Geister-stunde ... Also, nichts für schwache Nerven! In diesem Abschnitt wollen wir aber keine Geister rufen, sondern eher Dinge beschrei-ben, die dir helfen, dass dir die Programmie-rung nicht auf den Geist geht.

Und zwar geht es um die Zerlegung von Arbeiten in Teilaufgaben. Bislang bist du hergegangen und hast für eine Be-rechnung (oder Ähnliches) alles in die **main**-Funktion geschrieben. In der Praxis wird aber genau so nicht programmiert! Hier zerlegt man in der Regel die Arbeiten oder Teilaufgaben in einzelne Funktionen (und gar Datei-en). Das Tolle an einer solchen Funktion ist: Wenn du diese einmal definiert hast, kannst du sie immer wieder anhand des Namens aufrufen und verwenden.

[Hintergrundinfo]
Gleiches gilt übrigens später auch für die Klassen. Nur dass hierbei keine einfachen Funktionen, sondern sogenannte Elementfunktionen verwendet werden (= zu einer Klasse gehörende Funktionen).

Die möglichen Elemente einer solchen Funktion lauten:

```
[Attribut*1] Rückgabetyp*2 Funktionsname*3( Parameter*4 )
{ *5
    // Code der Funktion *6
} *5
```

*1 Hier kannst du deiner Funktion ein optionales Attribut vergeben.

*2 Damit legst du fest, welchen Datentyp deine Funktion zurück-geben soll. Wenn du nichts aus deiner Funktion zurückgeben willst, musst du stattdessen auch einfach **void** hinschreiben.

*5 In den Anweisungsblock schreibst du ...

*6 ... alle Befehle rein, alles, was die Funktion so machen soll

*3 Ohne einen gültigen Namen kann die Funktion auch nicht aufgerufen werden. Hier kannst du alles verwen-den, was bei den Variablen erlaubt ist. Auf bereits vorhandene Funktionsnamen, die in C++ enthalten sind, solltest du aber verzichten.

*4 Willst du deiner Funktion etwas zum Knabbern mitgeben, ist zwischen den runden Klammern der Platz dafür. Auch hier kannst du **void** reinschreiben, wenn du gar nichts an deine Funktion übergeben willst.

Meine Hausgeister

An dieser Stelle muss ich noch ein Thema aufgreifen, das nicht länger auf **die lange Bank geschoben** werden kann. Und zwar geht es wieder um eine Variable und deren Gültigkeitsbereich. Wenn du eine Variable innerhalb eines Anweisungsblocks deklarierst, dann hast du einen reinen Hausgeist – sprich: Diese Variable ist nur innerhalb dieses Anweisungsblocks (ja, der mit den geschweiften Klammern `{}`) gültig!

In der Regel hat man es meistens mit solchen lokalen Hausgeistern zu tun. Es ist aber auch möglich, einen weltoffenen Geist jenseits aller Anweisungsblöcke zu formulieren. Dieser globale Quälgeist kann dann überall verwendet werden. Du kannst nämlich durchaus mehrere Variablen mit demselben Namen verwenden, sofern diese alle in einem unterschiedlichen Gültigkeitsbereich liegen.

Lass uns ein paar Geister beschwören:

```
…
string geist = "Bael";        *1

int main()
{
    string geist = "Purson";  *2
    {                         *3
        cout << geist << endl;    *4
        string geist = "Ipos";    *5
        cout << geist << endl;    *6
    }                        *3
    cout << geist << endl;    *7
    return 0;
}
```

*1 Das ist der globale Geist mit dem Namen „Bael". Dieser Geist ist im gesamten Programm sichtbar.

*2 Hier hast du einen lokalen Geist mit dem Namen „Purson", der in der gesamten `main()`-Funktion sichtbar ist.

*3 Ein weiterer Anweisungsblock.

*5 Ein neuer Geist mit dem Namen „Ipos" wird angelegt.

*6 Jetzt wird natürlich der Geist „Ipos" aufgerufen, weil dieser ab hier der nähere und lokalere Geist ist.

*4 Hier wird der Geist „Purson" gerufen, weil der ab dieser Stelle im Code der lokalste oder halt der am nächsten gelegene Geist ist.

*7 Hier wird wieder „Purson" beschworen, weil dieser der lokalste Geist ist. Der Geist „Ipos" ist an dieser Stelle gar nicht mehr bekannt.

Die Geisterbeschwörung bei der Ausführung:

So, wie ich das jetzt sehe, wird also immer die am lokalsten gelegene Variable verwendet! Und außerdem, bist du jetzt zu den Geisterjägern gegangen?

Völlig **richtig! Die lokalste Variable erhält den Zuschlag!** Die globale Variable würde nur dann verwendet, wenn es keinen lokalen Bezug gäbe.
Daher wird auch der Geist „Bael" (= kann dich Unsichtbarkeit lehren; [mehr Geister: http://www.geisterarchiv.de/]) überhaupt nicht beschwört. Und außerdem, nein zu den Geisterjägern, einfach nur ein Fan der Serie „Supernatural", in der Sam und Dean Winchester (wieder mal) die Apokalypse ausgelöst und am Ende doch noch vermieden haben.

Gibt es jetzt keine Möglichkeit, trotzdem den Geist „Bael" in der **main**-Funktion aufzurufen?

Doch, die gibt's! Entweder du rufst „Bael" noch vor der Deklaration von „Purson" am Anfang der **main**-Funktion auf, oder du verwendest den Zugriffsoperator (scope resolution operator) :: bei der letzten Beschwörung. Mit dem Zugriffsoperator greifst du auf die globalen Quälgeister (global scope) zu.

In der Praxis würde das wie folgt aussehen:

```
cout << ::geist << endl;
```

Erster Kontakt zum Jenseits

Um eine geistreiche Funktion zu erstellen, muss dein Programm mindestens den Funktionskopf kennen. Du musst wissen (solltest du wenigstens), dass dein Programm von „oben" nach „unten" durchgearbeitet wird (zumindest auf den Quellcode bezogen). Da du in der Praxis eher selten alles in eine Quelldatei reinschreiben wirst, muss vor dem ersten Funktionsaufruf mindestens die Funktion **deklariert** worden sein! Die **Definition** selbst kann irgendwo anders stehen.

Deklaration? Definition? Geht's etwas genauer?!

☛ Mit einer **Deklaration** offenbarst du eine Funktion vor dem ersten Aufruf. Hier brauchst du nur den Funktionskopf, abgeschlossen mit einem Semikolon, anzugeben. Für diese Informationen reichen neben dem Funktionsnamen der Rückgabewert und die Parameter (geht auch ohne Bezeichner) aus. Auf den Anweisungsblock kannst du bei einer Deklaration verzichten. Die Definition der Funktion kannst du an anderer Stelle im Code oder auch in einer anderen Datei schreiben.

☛ Der komplette Code der Funktion, also mitsamt dem Anweisungsblock und den Anweisungen, was die Funktion eben machen soll, wird als **Definition** bezeichnet.

Hierzu ein Beispiel, das dir die Deklaration und Definition etwas deutlicher machen sollte und dir außerdem auch gleich die erste Funktion aufruft:

```cpp
#include <iostream>
using namespace std;

void geistIchRuf();  [*1]

int main()
{
```

[*1] Das ist die Deklaration einer Funktion. Eine solche Deklaration wird auch Vorwärts-Deklaration genannt.

```
    cout << "Vor der Beschwörung\n";
    geistIchRuf(); *2
    cout << "Nach der Beschwörung\n";
    return 0;
}


void geistIchRuf() *3
{
    cout << "Huuuuhhhh\n";
}
```

*2 Das ist der Funktionsaufruf. Bei einer Funktion müssen immer die runden Klammern mit angegeben werden, egal, ob du jetzt etwas an die Funktion übergibst oder nicht. Hättest du zuvor die Funktion nicht deklariert, würde sich der Compiler weigern, den Code zu übersetzen, weil ihm dann nichts über diese Funktion bekannt wäre. Diese Funktion selbst macht nichts anderes, als „Huuuuhhhh" auf dem Bildschirm auszugeben.

*3 Hier findest du die Definition der Funktion. Also die Funktion mit allem Drum und Dran. In der Praxis findest du eine solche Definition eher selten im Hauptprogramm. Gewöhnlich lagert man den Code dazu in eine separate Datei aus.

[Code bearbeiten]

Bei einem solch einfachen Code hättest du auch auf die Deklaration verzichten können und gleich die Definition im Quelltext an die Stelle der Deklaration setzen können. Damit hättest du quasi die Deklaration und Definition in einem erledigt. Aber wie bereits erwähnt, bei umfangreichen Projekten ist das so nicht üblich.

Das Programm bei der Ausführung:

Cool, das geht ja total einfach, so eine Funktion zu schreiben. Hätte ich nicht gedacht!

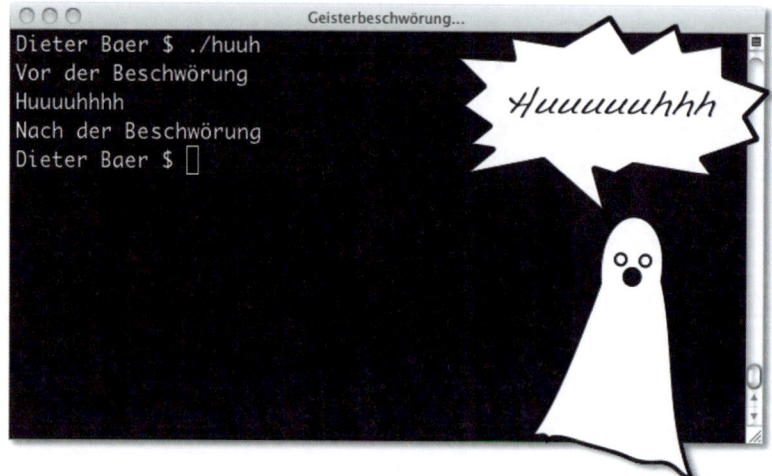

Geisterjäger im Wohnzimmer

Hey, lass doch jetzt den armen Kater in Ruhe! Zwar hast du die Funktionen kapiert, aber das ist kein Grund, gleich übermütig zu werden. Daher ist es an der Zeit, zu überprüfen, ob du die ersten geistreichen Lektionen auch wirklich verstanden hast.

[Einfache Aufgabe]
Mal sehen, ob du das Thema mit dem Gültigkeitsbereich von Variablen verstanden hast. Im folgenden Listing wurde wieder dreimal der Bezeichner **geist** verwendet. Kannst du mir jetzt genau sagen, in welcher Reihenfolge welcher Geist in diesem Programm ausgegeben wird? Schau bitte nicht auf die Lösung!

```cpp
#include <iostream>
#include <string>
using namespace std;

string geist = "Casper"; *1

void ausgibGeist1();
void ausgibGeist2();

int main()
{
  string geist = "Dieter"; *2
  cout << ::geist << endl;
  ausgibGeist1();
  ausgibGeist2();
  return 0;
}

void ausgibGeist1()
{
```

*1 Geist No. 1

*2 der zweite Geist

```
        cout << geist << endl;
}

void ausgibGeist2()
{
    string geist = "Baltasar"; *3
    cout << geist << endl;
}
```

*3 und hier noch ein dritter Geist

Und hier das Programm bei der Ausführung:

Dass bei der ersten Geist-Ausgabe nicht „Dieter", sondern der globale „Casper" ausgegeben wurde, lag natürlich daran, dass der Zugriffsoperator (scope resolution operator) :: verwendet wurde. Bei der zweiten Ausgabe in der Funktion **ausgibGeist1()** wird abermals der globale „Casper" ausgegeben, weil es in diesem Bereich sonst keinen Geist gibt. Ohne den globalen „Casper" würde der Compiler gar die Übersetzung verweigern. Als letzter Geist wird in der Funktion **ausgibGeist2()** natürlich „Balthasar" ausgegeben, weil dieser innerhalb der Funktion angelegt wurde und somit der Funktion am nächsten liegt.

[Achtung/Vorsicht]

Als Fazit dürftest du selbst einsehen, dass man von der Verwendung von globalen und gleichnamigen Variablen absehen sollte. Es empfiehlt sich, so etwas nur zu verwenden, wenn du keine andere Wahl hast. Als Faustregel solltest du dir merken: So lokal wie nur möglich, und so global wie gerade so nötig!

[Belohnung/Lösung]

Im ersten Abschnitt zu den Funktionen will ich dich noch nicht überstrapazieren, daher kannst du eine Pause einlegen. Außerdem musst du noch ein neues Bettlaken kaufen, da du ja eines zerschnitten hast!

Opfergaben für die Geister

Blanke Funktionen ohne irgendwelche Parameter oder Rückgabewerte werden in der Praxis eher selten gebraucht. Eine Funktion soll schließlich auch eine Schnittstelle mit dem Aufrufer herstellen. In diesem Abschnitt wirst du zunächst die Übergabe von Parametern an Funktionen kennenlernen. Mit der Übergabe von Parametern ist natürlich nicht irgendwas gemeint, sondern die verschiedensten Typen, mit denen du bisher auch schon bekannt gemacht wurdest. Es gibt verschiedene Möglichkeiten, deinen Funktionen einen oder mehrere Parameter zu übergeben.

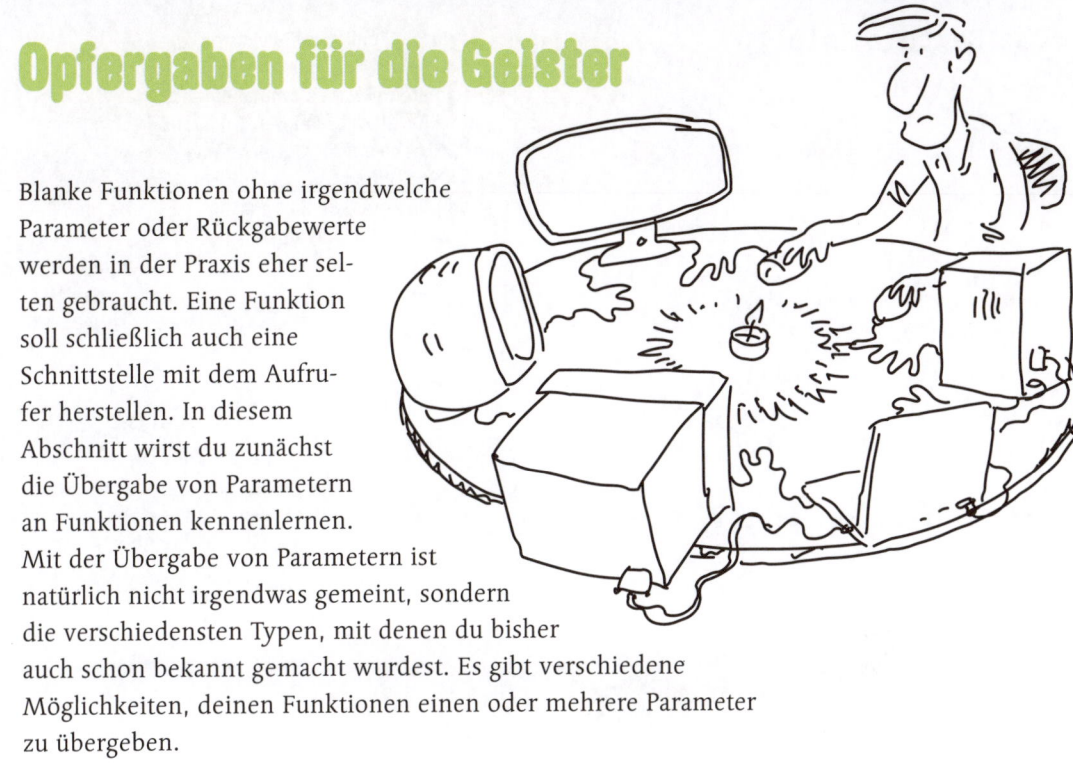

Als Kopie übergeben (Call-by-Value)

Bei umfangreichen Datentypen ist die Möglichkeit, die Parameter als Kopie an die Funktion zu übergeben, deine schlechteste Wahl, weil in diesem Fall beim Aufruf der Funktion erst die Argumente an die Funktion kopiert werden müssen. Das bedeutet einen größeren Rechenaufwand, was besonders negativ ist, wenn die Funktion sehr häufig in kurzer Zeit aufgerufen wird. Natürlich bedeutet das auch, dass, wenn du Variable innerhalb der Funktion änderst, das keine Auswirkung auf die Originalvariable des Aufrufers hat, da in der Funktion ja nur mit Kopien gearbeitet wird.

[Hintergrundinfo]

Um genau zu sein, ist bei diesem Call-by-Value-Verfahren alles doppelt im Speicher vorhanden, nur eben in unterschiedlichen Adressbereichen. Und der Aufrufer hat keinen Bezug mehr zu den Parametern, wie umgekehrt auch die Parameter der Funktion keinen Bezug mehr zum Aufrufer haben!

Das Beispiel hierzu:

```
…
void huibuh( int, float );
```
*1

```
int main()
{
  int ival = 123;
  float fval = 123.123;
  huibuh(ival, fval);
  return 0;
}
```
*2

```
void huibuh( int gabe01, float gabe02 )
{
  cout << gabe01 << ' ' << gabe02 << endl;
}
```
*3

*1 An der Funktionsdeklaration erkennst du sehr schön, dass diese Funktion zwei Parameter erwartet. Einmal ein **int** und einmal ein **float**. Bei der Deklaration kannst du auch auf die Bezeichner verzichten. Diese Informationen braucht der Compiler vorerst noch nicht für die Übersetzung.

*2 Hier erfolgt der Funktionsaufruf mit den beiden Argumenten. In dem Fall werden die beiden Variablen **ival** und **fval** an **gabe01** und **gabe02** kopiert.

*3 Hier findest du die Funktionsdefinition, wo die Funktion mit den beiden kopierten Parametern ausgeführt wird. Im Beispiel werden einfach nur die Werte ausgegeben. Änderungen an den Variablen haben keine Auswirkungen auf die Originalen **ival** und **fval**.

[Achtung]

Bei Funktionen mit Parametern ist es besonders wichtig, dass du die Reihenfolge (bei mehreren Parametern) der Argumente beim Funktionsaufruf einhältst und sie mit der formalen Parameterliste der Funktion übereinstimmt. Bei einer falschen Typübergabe findet eine implizite Typumwandlung statt. Das Thema hatten wir ja bereits!

Als Adresse übergeben (Call-by-Reference)

Die andere Alternative, um Daten an eine Funktion zu übergeben, ist mithilfe von Adressen. Und wenn von Adressen die Rede ist, sind die Zeiger nicht weit entfernt. Wenn du aus deinen Funktionsparametern einen Zeiger machst, brauchst du die Argumente nicht mehr als Kopie, sondern als Adresse zu übergeben. Natürlich bedeutet das auch, dass sich jetzt jede Veränderung an den Variablen des Aufrufers in der Funktion direkt auf das Speicherobjekt auswirkt, weil ja jetzt nur noch mit dem einen Speicherobjekt gearbeitet wird.

[Achtung]

Der Zugriff bei der Übergabe als Adresse hat jetzt natürlich auch zur Folge, dass ein (in-)direkter Zugriff auf das Speicherobjekt innerhalb der Funktion über das Sternchen (Indirektionsoperator) erfolgen muss!

Hier das (gekürzte) Gegenstück zum eben gezeigten Beispiel, nur jetzt mit der Übergabe als Adresse:

```cpp
void huibuh( int*, float* );  *1
…
int ival = 123;
float fval = 123.123;
huibuh(&ival, &fval);  *2
…
void huibuh( int *gabe01, float *gabe02 )  *3
{
  cout << *gabe01 << ' ' << *gabe02 << endl;  *4
}
```

*1 Die Funktionsdeklaration, nun mit Zeigern als Parametern!

*2 Beim Funktionsaufruf muss jetzt natürlich eine Adresse übergeben werden, weshalb hier vor die Variable **ival** und **fval** der Adressoperator **&** gesetzt wurde.

*3 Hier findest du die entsprechende Funktionsdefinition.

*4 Wichtig ist es hierbei jetzt, wenn du auf den Inhalt des Speicherobjektes zugreifen willst, dass du den Indirektionsoperator dafür verwendest (auch wenn das recht umständlich erscheint). Wenn du nicht mehr weißt, warum, blättere zu den Zeigern zurück! Natürlich würde ein Zugriff wie ***gabe01=0;** oder ***gabe02=0.0;** auch bedeuten, dass (in-)direkt die Variable **ival** und **fval** auf 0 bzw. 0.0 gesetzt würden, da ja jetzt mit deren Adressen gearbeitet wird.

> *Die Verwendung von Zeigern als Funktionsparametern ist ja total blöd! Adressoperator, Sternchen!? Wenn ich da was vergesse, schmiert es ab!*

Der Meinung waren auch die C++-Köpfe, und daher …

Referenzen als Funktionsparameter

Die Verwendung von Referenzen als Funktionsparameter bildet das Call-by-Reference-Verfahren mit den Zeigern nach – nur eben einfacher!

Kurzer Exkurs zu den Referenzen …

Eine Referenz ist im Grunde ein Alias für ein Speicherobjekt. Bei der Geburt musst du eine Referenz bereits mit einem Speicherobjekt initialisieren. Die Referenz erkennst du bei der Deklaration daran, dass zwischen dem Typ und dem Bezeichner das **&** steht.

> *Schon wieder wird das & verwendet! Einmal als Adressoperator, dann als Bitoperator und jetzt als Referenz! Waren die anderen Zeichen schon aus?*

Da musst du schon die Entwickler fragen! Wie dem auch sei, das eine hat hier nichts mit dem anderen zu tun. Hier eine solche Referenz an der Front:

```cpp
int variableBin = 123;
int &referenzBin = variableBin;  *1
referenzBin = 345;  *2
```

*1 Die Referenz **referenzBin** ist jetzt ein Alias für **variableBin**

*2 Anstatt wie beim Zeiger indirekt und umständlich mithilfe des Indirektionsoperators auf **variableBin** zuzugreifen, ist der Zugriff mithilfe der Referenz wesentlich einfacher. Eben wie bei gewöhnlichen Variablen.

Zeiger und Referenzen sind aber nicht dasselbe. Referenzen sind schließlich nur Aliasnamen für ein Speicherobjekt, wobei du nur einmalig einen Wert zuweisen kannst. Zeiger hingegen können jederzeit Adressen von anderen Speicherobjekten aufnehmen.

Weiter mit den Referenzen als Funktionsparametern …

Die nur einmalige Zuweisung einer Referenz und vor allem ihre gegenüber Zeigern einfachere Verwendung macht Referenzen zu einer einfacheren Alternative als Funktionsparameter.

Hierzu jetzt die Deklaration, der Aufruf und die Definition der Funktion mit den Referenzen:

*1 Hier steht die neue Funktionsdeklaration jetzt als Referenz.

*2 Der Funktionsaufruf erfolgt genauso komfortabel wie bei der Übergabe einer Kopie, nur wird hier tatsächlich, dank der Referenzen, mit den Originalwerten **ival** und **fval** gearbeitet.

*3 Die Funktionsdefinition muss natürlich auch das Referenzzeichen **&** zwischen dem Typ und den Bezeichnern in den Parametern enthalten.

*4 Auch die Verwendung erfolgt wesentlich komfortabler, als dies mit den Zeigern möglich gewesen wäre. Und trotzdem wird hier nur mit einem Alias von **ival** und **fval** gearbeitet. Natürlich bedeutet es auch hier, dass Änderungen von **gabe01** bzw. **gabe02** ebenso **ival** und **fval** ändern würden.

```
void huibuh( int&, float& ); *1
…
int ival = 123;
float fval = 123.123;
huibuh(ival, fval); *2
…
void huibuh( int &gabe01, float &gabe02 ) *3
{
    cout << gabe01 << ' ' << gabe02 << endl; *4
}
```

Wie sieht es dann eigentlich mit dem alten Ze-Zeugs aus? Kann ich auch ein C-Array oder einen C-String an einen Funktionsparameter übergeben?

[Zettel]
Referenzen als Funktionsparameter bieten dir alle Vorzüge der Übergabe als Adresse (Call-by-Reference) und die einfache Verwendung von der Übergabe als Kopie (Call-by-Value). Idealerweise solltest du natürlich Referenzen mit dem &-Argument anstatt Zeiger in C++ als Funktionsparameter verwenden. Die Zeiger haben da eher schon etwas Ze-artiges an sich!

Nun ja, wie bereits erwähnt, in der Praxis solltest du auf das alte Ze-Zeugs verzichten und stattdessen auf die Klassen **vector** und **string** zurückgreifen. Aber wenn du nicht umhinkommst, weil eine alte Schnittstelle nun mal nichts anderes will, gehe ich dir zuliebe auch kurz darauf ein.

Ze-Zeugs als Funktionsparameter

Ein ganzes C-Array bzw. einen C-String kannst du natürlich nicht als ganzes Stück an eine Funktion als Parameter übergeben. Aber das brauchst du ja auch gar nicht, weil hierfür die Anfangsadresse genügt. Letztendlich brauchst du also auch hier wieder nur einen Zeiger des Typs als Funktionsparameter zu deklarieren. Zusätzlich solltest du allerdings auch die Anzahl der Elemente des Arrays bei den Parametern mit angeben.

Und so wird's gemacht:

```cpp
void huibuh( int*, int );  *1
...
int ivec[3] = { 3, 6, 9 };
huibuh(ivec, sizeof(ivec)/sizeof(int));  *2
...
void huibuh( int *arr, int n )  *3
{
    for(int i=0; i<n; ++i)
    {
        cout << arr[i] << endl;  *4
    }
}
```

*1 Der Funktionskopf bei der Deklaration: Der erste Parameter steht für die Anfangsadresse des C-Arrays, der zweite Parameter für die Anzahl der Elemente des C-Arrays.

*3 Die Funktionsdefinition …

*4 … mit der wir lediglich den Inhalt der einzelnen Array-Elemente auf dem Bildschirm ausgeben.

*2 Der Funktionsaufruf: Alternativ hättest du auch **&ivec[0]** für den ersten Parameter verwenden können. Aber das Thema hatten wir bereits. Mit **sizeof** lassen wir die Länge des Arrays berechnen. Bei C-Strings kannst du stattdessen die C-Standardfunktion **strlen()** verwenden.

Strukturen und Klassen als Parameter

Alles hier Beschriebene gilt natürlich auch für Strukturen und Klassen als Funktionsparameter. Auch hierfür kannst du die Übergabe als Kopie, als Zeiger oder als Referenz durchführen. Also, Kopie ist oft die schlechteste Wahl, weil ja die kompletten Daten einer Struktur oder einer Klasse kopiert werden müssen. Warum man keinen Zeiger für call-by-Reference verwenden sollte, ist, weil man hierbei häufig die eigentliche gemeinte Semantik nicht erkennt. Bei einem Zeiger weiß man z.B. nicht genau, wem dieser gehört. Wer ist bspw. verantwortlich für das Aufräumen des Speichers? Bei einer Übergabe mit **&** kommt man z.B. gar nicht in Versuchung ein **delete** aufzurufen. Auch kann ein **&**-Argument keine **nullptr** sein. Ein *****-Argument hingegen schon. Daher sollte ein call-by-Reference in C++ mit einem **&**-Argument gemacht werden. Ob du einen Zeiger oder eine Referenz verwenden sollst, hängt allerdings auch vom Anwendungszweck ab. Mal ist die eine Methode die bessere mal die andere. *Die Klassen hatten wir doch noch gar nicht!*

Nicht ganz, indirekt hast du mit **vector** und **string** bereits kleine Klassenerfahrungen.

Hier ein Beispiel, wie du ein vector als Funktionsparameter verwenden kannst:

```cpp
#include <vector>
...
void huibuh( vector<int>& );  *1
...
vector<int> vec(3);
huibuh(vec);  *2
...
void huibuh( vector<int>& v )  *3
{
    for(size_t i=0; i<v.size(); ++i)  *4
    {
        cout << v[i] << endl;
    }
}
```

*1 Am Funktionskopf der Deklaration kannst du schon erkennen, dass wir eine Referenz verwenden, um das **int**-Array der Klasse **vector** als Parameter zu realisieren.

*2 Der Funktionsaufruf als Funktionsparameter ist dank der Referenz ebenfalls ein Kinderspiel.

*3 die Funktionsdefinition

*4 Dank der Referenz ist der Zugriff auf die Elementfunktionen mithilfe des Punkteoperators einfach zu realisieren.

Unsere Gaben wurden angenommen ...

Okay, der Abschnitt im Büro mit den Parametern war ziemlich prall gefüllt, aber doch noch überschaubar. Du solltest jetzt in der Lage sein, eine einfache Funktion mit Parameter zu schreiben.

Pah! Kinderspiel!

Okay, ich nehme dich beim Wort ...

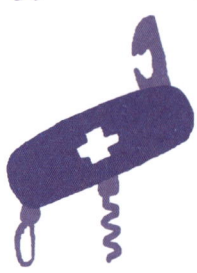

[Einfache Aufgabe]
Pitt ist ein Geisterjäger und packt seine Geister in Schuhkartons. Allerdings muss ein solcher Schuhkarton mindestens 3.500 Kubikzentimeter an Volumen haben. Schreib eine Funktion, welche das Volumen des Schuhkartons berechnet, und find heraus, ob der Geist hineinpasst. Die Angaben Breite, Höhe und Länge fragst du noch im Hauptprogramm ab. Diese drei Werte gibst du als Referenz an die Funktion.

Okay, einen Tipp gebe ich dir noch. Hier der Funktionskopf bzw. die Funktionsdeklaration dazu:

```cpp
void Schuhkarton( double&, double&, double& );
```

Okay, ich versuche es ...

```cpp
#include <iostream>
#include <vector>
using namespace std;

void Schuhkarton( double&, double&, double& );  *1

int main()
{
    double breite, hoehe, laenge;
    cout << "Breite (cm): ";  *2
    cin >> breite;  *2
    cout << "Höhe   (cm): ";  *2
    cin >> hoehe;  *2
    cout << "Länge  (cm): ";  *2
    cin >> laenge;  *2
    Schuhkarton(breite, hoehe, laenge);  *3
    return 0;
```

*1 Der Funktionskopf wird deklariert. Als Parameter wurden Referenzen gefordert.

*2 Die Eingabe der einzelnen Werte für Breite, Höhe und Länge erfolgt in der Hauptfunktion **main()**.

*3 Der Funktionsaufruf mit den einzelnen Parametern. Dank der Referenzen als Parametern findet kein umständliches Kopieren statt, und es wird auch kein Adressoperator benötigt.

```cpp
}

void Schuhkarton( double &b, double &h, double &l ) *4
{
  cout << "Volumen = " << b*h*l   *5
       << " Kubikzentimeter" << endl;
  cout << "Der Geist passt ";
  if( (b*h*l) < 3500 ) *6
  {
    cout << "nicht ";
  }
  cout << "in den Schuhkarton\n";
}
```

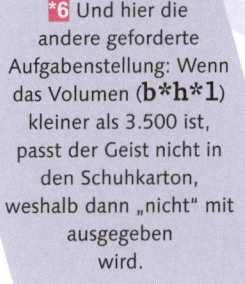

*4 Hier beginnt die Funktionsdefintion.

*5 Hier wird das Volumen in Kubikzentimetern berechnet und auch gleich ausgegeben.

*6 Und hier die andere geforderte Aufgabenstellung: Wenn das Volumen (**b*h*l**) kleiner als 3.500 ist, passt der Geist nicht in den Schuhkarton, weshalb dann „nicht" mit ausgegeben wird.

[Code bearbeiten]

Im Sinne der Spaghetti-Code-Konvention könntest du den **if**-Vergleich auch mit der **?:**-Abkürzung wie folgt realisieren:

```cpp
cout << (((b*h*l) < 3500)?"nicht ":"schon ");
```

Das Programm bei der Ausführung:

```
000                    Geisterjäger-Terminal
Dieter Baer $ ./brutzel
Breite (cm): 29
Höhe   (cm): 12.5
Länge  (cm): 11
Volumen = 3987.5 Kubikzentimeter
Der Geist passt in den Schuhkarton        Ghosttrap
Dieter Baer $ ./brutzel
Breite (cm): 27.5
Höhe   (cm): 11
Länge  (cm): 10
Volumen = 3025 Kubikzentimeter
Der Geist passt nicht in den Schuhkarton
Dieter Baer $ 
```

Unendliche Stille

Auch wenn wir jetzt noch keine Antwort aus dem Jenseits erhalten, muss ich dich loben. Du schlägst dich wirklich gut. Zugegeben, die einzelnen Beispiele sind nicht unbedingt dazu geeignet, fette Geister zu jagen, aber für unsere Fälle reicht es erst mal völlig aus. Wollen wir doch mal sehen, ob du mir bisher auch wirklich folgen konntest.

[Einfache Aufgabe]
Im Grunde stehen dir drei Möglichkeiten zur Verfügung, die Argumente bei einem Funktionsaufruf an die Parameter der Funktion zu übergeben. Welche sind das?

Hm, ja, da wäre die Übergabe als Kopie (Call-by-Value), die Übergabe als Adresse via Zeiger (Call-by-Reference) und dann noch die komfortablere Version mit Referenzen (mit dem & zwischen Typ und Bezeichner), deren Anwendung sich so einfach wie die Übergabe als Kopie durchführen lässt.

Völlig richtig! Hierbei ist natürlich noch anzumerken, dass bei der Übergabe als Kopie eine Änderung des Wertes innerhalb einer Funktion keinen Einfluss auf den Wert des Aufrufenden hat, weil es sich hierbei im Grunde um zwei verschiedene Werte mit unterschiedlichen Adressen handelt. Bei der Übergabe als Adresse (Zeiger oder Referenz) hingegen wirkt sich jede Änderung natürlich auch auf den Wert des aufrufenden Argumentes aus, weil es sich ja schließlich um denselben Wert handelt. Wir hantieren hierbei ja wieder mit Adressen.

[Notieren/Üben]
Falls du nicht willst, dass bei der Übergabe einer Adresse via Zeiger oder Referenz die Werte in der Funktion verändert werden, kannst du diese mit dem Schlüsselwort **const** davor schützen:

```cpp
void func(const int& parameter);
```

Durch das Schlüsselwort **const** kann jetzt **parameter** in der Funktion nicht mehr verändert werden. Das Schlüsselwort selbst lernst du noch kennen.

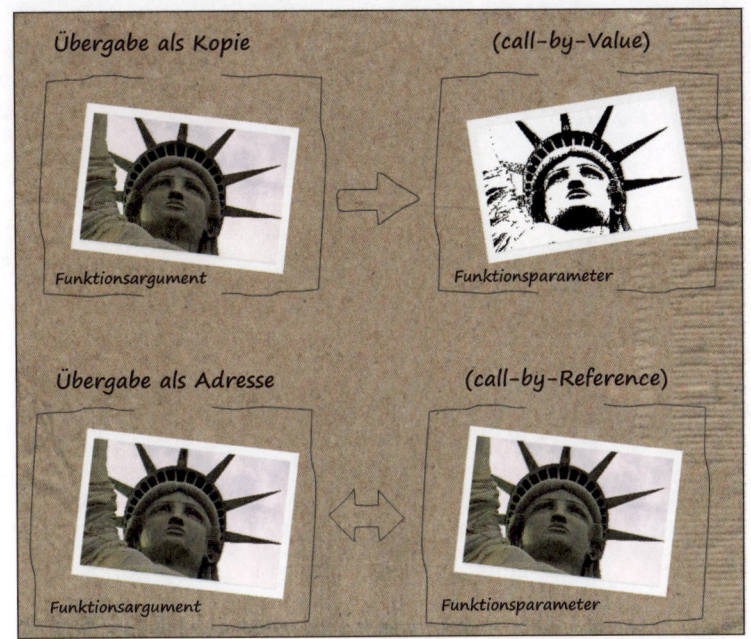

Übergabe als Kopie (call-by-Value)

Funktionsargument → Funktionsparameter

Übergabe als Adresse (call-by-Reference)

Funktionsargument ↔ Funktionsparameter

Die Übergabe als Kopie und als Adresse sei hier nochmals auf einer Serviette deutlicher dargestellt!

Wann verwende ich am besten by-Value und wann by-Reference?

Das ist natürlich hauptsächlich davon abhängig, was du machen möchtest. Allerdings solltest du für einfache Basistypen die Übergabe by-Value vorziehen, wenn der Typ nicht geändert werden soll. Bei Typen mit mehr Speicherplatz solltest du die Übergabe by-Reference bevorzugen, weil der interne Rechenaufwand beim Kopieren sonst erheblicher ausfallen würde.

[Schwierige Aufgabe]

Oft ist nicht immer alles so eindeutig wie in den bisher gezeigten Beispielen. Im folgenden Codeausschnitt wird zweimal ein Geist zum **Geist_t**-Array (**vector**) hinzugefügt, und trotzdem wird keiner davon ausgegeben. Was haben die Geister gemacht, damit sie entkommen konnten? Kannst du die Geister wieder sichtbar machen?

Hier der Codeausschnitt:

```cpp
struct Geist_t {
  string name;
  unsigned int alter;
};

void GeistHinzufuegen(vector<Geist_t>, string, unsigned int);

int main()
{
  vector<Geist_t> geist;
  GeistHinzufuegen(geist, "Baltasar", 236); *1
  GeistHinzufuegen(geist, "Nimrod", 355); *1
  for(size_t i=0; i<geist.size(); i++) *2
  {
    cout << geist[i].name << " " << geist[i].alter << endl;
```

*1 Zwei Geister werden hier über die Funktion **GeistHinzufuegen()** hinzugefügt …

*2 … und trotzdem wird keiner der beiden Geister in der Schleife ausgegeben?

```
    }
    return 0;
}


void GeistHinzufuegen( vector<Geist_t> g, string n, unsigned int a )
{
    Geist_t temp = { n, a };
    g.push_back(temp); *3
}
```

Ähhhh! Ich kann's einfach nicht! Buhuhu ...

*3 In der Funktion werden die neuen Geister in Form der Struktur **Geist_t** ans Ende gehängt.

Das Problem ist denkbar klein, und vermutlich wirst du jetzt auch „Ahh" oder „Ohh" sagen. Im Beispiel wurde das **Geist_t**-Array (**vector**) als Kopie (!!!) an die Funktion übergeben. Das bedeutet, in der Funktion wird lediglich mit einer Kopie von **geist** gearbeitet. In der Funktion selbst werden zwar ordnungsgemäß die Daten an ein **Geist_t**-Array übergeben, aber eben nur an die lokale Kopie der Funktion. Nach Beenden der Funktion **GeistHinzufügen()** wird auch die Kopie wieder verworfen.

Du musst also lediglich für den ersten Funktionsparameter eine Referenz verwenden:

```
void GeistHinzufuegen(vector<Geist_t>&, string, unsigned);


void GeistHinzufuegen( vector<Geist_t> &g, string n, unsigned int a )
{
    Geist_t temp = { n, a };
    g.push_back(temp);
}
```

Wahnsinn! So ein kleines &-Zeichen verursacht hier solch einen Spuk!

[Belohnung/Lösung]

Zugegeben, das letzte Beispiel war ein wenig gemein, weil ich hier mit Absicht einen etwas komplexeren und großen Typen mit **vector<Geist_t>** verwendet habe, um dich von dem eigentlichen kleinen Problem abzulenken. Zur „geistigen" Entspannung empfehle ich dir, heute die Poltergeist-Trilogie anzusehen!

Das Jenseits antwortet dir

Bisher war unsere Kommunikation mit der anderen Seite immer einseitig. Wie bei einem antiken Telefon, bei dem die „Sprechmuschel" fehlt. Alexander Graham Bell würde sich im Grabe umdrehen. Naja, **Pferde fressen auch keinen Gurkensalat**, und das Telefon wurde doch von einem Deutschen erfunden! Basta!

Wenn du also eine Antwort von deiner Funktion haben willst, musst du zum einen den Funktionskopf entsprechend anpassen und mitteilen, von welchem Typ die Antwort sein soll. Zum anderen muss bei der Funktionsdefinition in der Funktion irgendwo auch mittels **return** die Antwort, natürlich vom passenden Typ des Funktionskopfes, an den Aufrufer zurückgegeben werden. Der Aufrufer selbst sollte natürlich auch noch den Rückgabewert irgendwie behandeln und diesen z. B. mit dem Zuweisungsoperator **=** an einen passenden Typ übergeben.

Ein einfaches Beispiel hierzu:

```
…
int derGeistAntwortet( const int& );  *1

int main()
{
   int buh = 333, hui;
   hui = derGeistAntwortet(buh);  *2
   cout << "hui = " << hui << endl;
   return 0;
}

int derGeistAntwortet( const int& val )  *3
{
   return val+val;  *4
}
```

*1 Am Funktionskopf der Deklaration kannst du sehr schön erkennen, dass diese Funktion einen **int**-Typ zurückgibt und als Parameter ebenfalls einen Typ **int** erwartet.

*2 Der Aufrufer weist nun diesen Rückgabewert der Variablen **hui** zu. Idealerweise handelt es sich hierbei auch um denselben Typ, der von der Funktion zurückgegeben wird. Ansonsten findet eine implizite Umwandlung statt.

*3 Hier die entsprechende Funktionsdefinition: Das **const** beim Funktionsparameter zeigt an, dass **val** in der Funktion nicht verändert werden darf. Aber das nur so am Rande, hat nix mit der Rückgabe zu tun!

*4 Mithilfe des **return**-Befehls wird die Funktion beendet und das Ergebnis (in dem Fall der Wert 666) des Ausdrucks **val+val** an den Aufrufer zurückgegeben. Den Ausdruck **val+val** kannst du aber auch (eben als Ausdruck) zwischen zwei Klammern setzen, wenn es passt (bspw.: **return (val+val);**).

[Hintergrundinfo]
Den **return**-Befehl kannst du auf unterschiedliche Art und Weise verwenden. In der **main**-Funktion bedeutet ein **return**, dass das Programm beendet wird, egal mit welchem Rückgabewert. Bei Funktionen, die keinen Rückgabetyp (**void**) haben, kannst du mit einem leeren **return;** die Funktion ohne einen Rückgabewert beenden.

In dem Beispiel hättest du auch gleich mit

```
cout  << derGeistAntwortet(buh) << endl;
```

auf die Zuweisung und Zwischenspeicherung des Rückgabewertes an **hui** verzichten und sofort die Rückgabe mit **cout** auf dem Bildschirm ausgeben können.

Zeiger als Rückgabewert

Natürlich kannst du auch mit Hilfe von Zeigern nur die Anfangsadresse der Daten zurückgeben. Das könnte recht nützlich bei umfangreichen Daten sein, weil hierbei nicht das komplette Paket zurückgegeben werden muss, sondern nur die Anfangsadresse darauf. Trotzdem ist das nicht mehr sehr C++-ig! Selbst wenn du ganze Objekt zurückgibst, kann der Compiler als Optimierung die Kopie entfernen. Gerade mit C++11 gibt es ja hier auch eine neue Move-Semantik (ich erzähle dir das später), womit es nicht mehr nötig ist, Zeiger als Rückgabewert zu verwenden. Da es aber auch noch antiken Code gibt, wo Ze-Zeugs mit Ze++ gemischt ist, soll das Thema der Vollständigkeit zuliebe hier erwähnt werden.

Ein solcher theoretischer Funktionskopf sieht wie folgt aus:

```
TYP* funktionsname( parameter );
```

Aufgerufen wird diese Funktion dann so:

```
TYP* zeiger_auf;
zeiger_auf = funktionsname( argumente);
```

Der Zeiger **zeiger_auf** enthält nach dem Aufruf der Funktion jetzt die zurückgegebene Adresse der Funktion **funktionsname()**.

Dinge, die man besser nicht beschwören sollte ...

Wenn du lokale Sachen aus einer Funktion zurückgibst, musst du unbedingt darauf achten, dass diese Daten nach (!) dem Funktionsaufruf auch noch existieren.

Nach dem Funktionsaufruf? Hat er sich jetzt vertan ...?

Nein, hat er nicht! Das Problem ist nämlich folgendes: Wenn du bspw. einen Zeiger von lokalen Daten einer Funktion an den Aufrufer zurückgibst, ist diese lokale Adresse beim Beenden der Funktion nicht mehr auf dem Stack (da wo die Funktionen leben) gültig. Auch wenn du zunächst vielleicht mit den Werten weiterarbeiten kannst, ist die Verwendung solcher Daten eine tickende Zeitbombe und absolut unzuverlässig.

Sieh dir folgendes Beispiel an:

```cpp
vector<int>* Gruselstunde(const int& n, const int& val)
{
  vector<int> lokalerMist(n);   *1
  for(int i=0; i<n; ++i)
  {
    lokalerMist.at(i) = val;   *2
  }
  return(&lokalerMist);   *3
}
...
vector<int> *adresse_lokalerMist = Gruselstunde(5, 666);   *4
```

*1 Hier legst du ein lokales **int**-Array (mithilfe der Klasse **vector**) mit **n** Elementen an. Das ist die tickende Zeitbombe!

*2 Alle **n** Elemente werden mit dem Wert **val** initialisiert.

*3 Hier wird die lokale Adresse von **lokalerMist** an den Aufrufer mittels **return** zurückgegeben.

*4 So sieht der Funktionsaufruf von **Gruselstunde()** aus. Der Rückgabewert wird natürlich einem zum Funktionskopf passenden Rückgabewert zugewiesen.

*Wie jetzt? Verstehe ich das jetzt richtig? Die Haltbarkeit von **lokalerMist** gilt nur während der Ausführung der Funktion und wird nach dem Ende wieder gelöscht?*

Ja, das siehst du völlig richtig. Mindestens haltbar bis: Funktion zu Ende. Die Werte, die du von **Gruselstunde()** zurückbekommst, sind wirklich totaler Mist.

Und wenn ich jetzt unbedingt etwas Lokales aus einer Funktion zurückgeben will? Kann ich das Haltbarkeitsdatum nicht umetikettieren?

Nun ja, es gibt hier schon Wege, Gammeldaten daraus zu machen, aber keiner davon ist wirklich gesund für das Programm. Neben der schlechtesten Möglichkeit, eine globale Variable zu verwenden, könntest du noch …

☞ … einen Speicher mit **new** von der Speicherhalde anfordern, der zur gesamten Laufzeit des Programms zur Verfügung steht. Allerdings musst du dich hierbei auch wieder um die Freigabe des Speichers mit **delete** selbst kümmern. Daher würde ich dir als bessere Alternative gleich den neuen **unique_ptr** (C++11; zeig ich dir später) oder notfalls den alten **auto_ptr** (zeig ich dir auch später) empfehlen.

☞ … eine Variable mit dem Schlüsselwort **static** versehen. Dadurch wird der Typ nicht auf dem Stack, sondern auf dem Datensegment gespeichert.

Referenzen als Rückgabewert

Auch Referenzen kannst du als Rückgabewert einer Funktion deklarieren. Später, wenn es um obskure Sachen wie die Operatorüberladung geht, wirst auch du den Zauber der Referenzen verstehen. Im Augenblick stellt eine solche Referenz als Rückgabewert für dich eher ein potenzielles Sicherheitsrisiko dar.

Hier ein solches Problem:

```
int& Horrorstunde( int buzz, int bazz ) *1
{
  if( buzz > bazz )
  {
    return buzz; *2
  }
  return bazz; *2
}
```

*1 Die Funktion **Horrorstunde()** gibt eine **int**-Referenz zurück.

*2 Die Funktion würde gerne den größeren der beiden Integer zurückgeben. Das Problem ist nur, dass **buzz** und **bazz** hier eben wieder lokale Variable (Call-by-Value) sind, und da ist nun mal das Haltbarkeitsdatum bis zum Ende der Funktion abgelaufen.

Hm, und wenn ich aus den Parametern **buzz** *und* **bazz** *auch eine Referenz machen würde, dann sollte das mit der Rückgabe als Referenz doch klappen, weil dann* **buzz** *und* **bazz** *keine lokalen Sachen mehr und somit länger haltbar sind?*

An sich ist deine Idee gar nicht mal so schlecht.
Allerdings funktioniert das dann nur, wenn du deine Funktion wie folgt aufrufen würdest:

```
int jason = 123, meyers = 345;
int ratsch = Horrorstunde(jason, meyers);
```

Bei konstanten Werten hingegen wird sich dein Compiler weigern, weiterzumachen, weil es für ein konstantes Argument keine Adresse gibt.

Diesen Funktionsaufruf würde der Compiler somit kopfschüttelnd ablehnen:

```
int ratsch = Horrorstunde(123, 345); // !!! Fehler !!!
```

Die Stille ist zerrissen

So, da du jetzt mit dem Datenaustausch von Funktionen in beide Richtungen vertraut bist, werden deine Programme eine immer athletischere Form bekommen und wesentlich kommunikativer sein. Mal schauen, ob du mit der neu hinzugewonnenen Schönheit auch etwas Stimmung machen kannst?

[Einfache Aufgabe]

Sicherlich erinnerst du dich noch an die Funktion **Schuhkarton()**, mit der wir einen Geist fangen wollten? Im Grunde war diese Funktion ein wahres Konstrukt der Hässlichkeit. Daher lautet deine Aufgabe jetzt, die Funktion umzuschreiben und das Volumen des Schuhkartons als Rückgabewert auszugeben. Zusätzlich soll dir eine extra Funktion **Geisterfalle()** als Booleschen Wert zurückgeben, ob der Geist in die Schuhkartonfalle passt oder nicht. Damit du dich beim Zurückblättern nicht am Papier schneidest, findest du diese „ugly" Funktion mit ein paar Tipps hier abgedruckt, an der du nun dein Skalpell ansetzen solltest.

*1 Hier wollen wir jetzt einen Rückgabewert haben. Die Parameter sollten außerdem als Kopie übergeben werden, damit es nicht zu Problemen mit konstanten Argumenten kommt. Also weg mit den Referenzen!

```cpp
void Schuhkarton( double &b, double &h, double &l )   *1
{
  cout << "Volumen = " << b*h*l
       << " Kubikzentimeter" << endl;   *2
  cout << "Der Geist passt ";
  if( (b*h*l) < 3500 )   *3
  {
    cout << "nicht ";   *3
  }
  cout << "in den Schuhkarton\n";   *3
}
```

*2 Diese Berechnung sollte nun aus der Funktion zurückgegeben werden.

*3 Das wollen wir in dieser Funktion nicht mehr sehen und soll in eine extra Funktion **Geisterfalle()** ausgelagert werden.

Hierzu ein Lösungsvorschlag:

*1 Die neuen Funktionsköpfe bei der Deklaration zeigen schon, was diese als Argumente erwarten und was zurückgegeben wird.

```cpp
#include <iostream>
using namespace std;

double Schuhkarton( double, double, double );  *1
bool Geisterfalle( double );  *1

int main()
{
  double breite, hoehe, laenge;
  cout << "Breite (cm): ";
  cin >> breite;
  cout << "Höhe   (cm): ";
  cin >> hoehe;
  cout << "Länge  (cm): ";
  cin >> laenge;
  double volumen = Schuhkarton(breite, hoehe, laenge);  *2
  cout << "Volumen: " << volumen << " Kubikzentimeter\n";
  if( Geisterfalle(volumen) == true)  {  *3
    cout << "Der Geist passt in die Falle\n";
  }
  else {
    cout << "Der Geist passt nicht in die Falle\n";
  }
  return 0;
}

double Schuhkarton( double b, double h, double l )  *4
{
  return (b*h*l);
}

bool Geisterfalle(double vol)  *5
{
  return (vol >= 3500);
}
```

*2 Jetzt gibt uns die Funktion **Schuhkarton()** das berechnete Volumen zurück.

*3 Liefert die Funktion **Geisterfalle()** den Wert **true** zurück, passt der Geist in den Schuhkarton, bei **else** nicht.

*4 Bei der Funktionsdefinition von **Schuhkarton()** wurde erheblich abgespeckt. Die Funktion macht jetzt nichts anderes mehr, als den **double**-Wert von den Parametern **b**, **h** und **l** zu multiplizieren und an den Aufrufer zurückzugeben.

*5 Hier wird ein Boolescher Wert (**true** oder **false**) zurückgegeben. **true** wird an den Aufrufer zurückgegeben, wenn der übergebene Parameter **vol** im **return**-Ausdruck größer oder gleich 3.500 ist. Trifft dies nicht zu, gibt der **return**-Ausdruck **false** zurück.

Die Aufgabe war ja eigentlich keine große Sache, aber du hast das Thema mit den lokalen Variablen aus einer Funktion zurückgeben in der Wohnung angefangen. Könntest du mir das mal in der Praxis und bitte mit einfacheren Typen zeigen?

Hausgeister zurückgeben ...

Wie bereits erwähnt, ist es immer eine heikle Sache, solche Dinger an den Aufrufer zurückzugeben. Wenn du also etwas Lokales aus einer Funktion zurückgeben willst, musst du entweder den Speicher von der Speicherhalde (Heap) oder von dem Datensegment verwenden. Der Wohnort der Funktionen, der Stack, ist dafür nicht geeignet, weil dieser am Ende wieder zerstört wird.

*1 Der Funktionskopf gibt uns Auskunft darüber, dass eine Adresse vom Typ **int** zurückgegeben wird.

*2 Da du jetzt den Speicher für **n hausgeist**(er) von der Speicherhalde holst, bleibt die Haltbarkeit auch noch über die Funktion hinaus bestehen.

*4 Den Rückgabewert (die Anfangsadresse) des Funktionsaufrufes müssen wir natürlich auch mithilfe eines Zeigers sichern.

Eine solche Rückgabe von der Speicherhalde kannst du mittels **new** realisieren:

```
int* Gruselstunde(const int n, const int val) *1
{
int *hausgeist = new int [n]; *2
  for(int i=0; i<n; ++i)
  {
    hausgeist[i] = val;
  }
  return(hausgeist); *3
}
…
int *beschwoeren = Gruselstunde(5, 666); *4
```

*3 Wenn du jeden **hausgeist** mit dem Wert **val** initialisiert hast, wird die Anfangsadresse des dynamischen Ze-Arrays zurückgegeben.

Was ist jetzt so schlimm an der Möglichkeit, das dynamische Array, welches du in der Funktion dynamisch angefordert hast, zu verwenden?

Schlimm ist diese Verwendung im Grunde nicht. Das Problem ist an sich eigentlich die Freigabe des Speichers. Da dich ein solcher Programmierstil praktisch zwingt, den Speicher an einer anderen Stelle des Programms auch wieder freizugeben, passiert es schnell, dass du das vergisst und eine Leiche auf der Halde übrig bleibt (**Memory Leak**). Außerdem gibt es bessere Alternativen zu einem solchen Ze-Zeugs.

Jetzt bist du ein Medium

Da du nun die komplette Kommunikation mit den Funktionen kennst, bist du ein Medium. Als Repräsentant und Übermittler an Informationen kennst du jetzt die grundlegenden Techniken, um auf astraler Ebene zu interagieren.

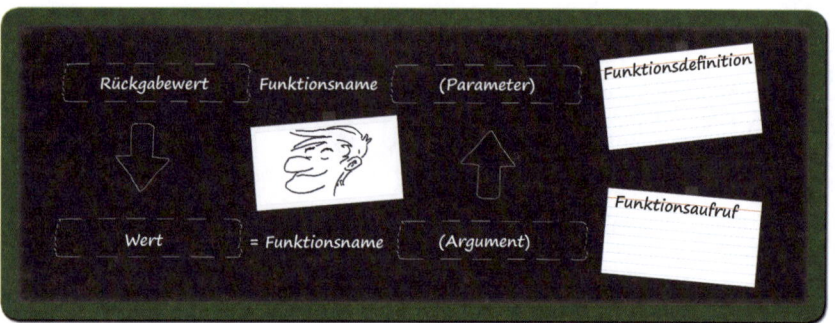

Die typische Kommunikation mit einer Funktion mit Schrödinger als Medium dazwischen ...

[Einfache Aufgabe]

Lokale Variable von Funktionen haben eine endliche Haltbarkeit und sind daher nicht als Rückgabewert einer Funktion geeignet. Wie lange sind diese Variablen gültig?

Die lokalen Variable einer Funktion sind nur während der Ausführzeit einer Funktion gültig. Am Ende der Funktion wird alles wieder zerstört und bei jedem erneuten Funktionsaufruf alles wieder neu angelegt.

Der Kandidat hat 100 Punkte. Noch eine Aufgabe:

[Schwierige Aufgabe]

Im Grunde ist es ja nicht direkt möglich, zwei Werte gleichzeitig aus einer Funktion zurückzugeben. Mit einem einfachen Trick gelingt es aber doch. Schreib eine Funktion, welche zwei `int`-Parameter erhält und aus diesen beiden Parametern jeweils einmal die Summe und einmal die Multiplikation zurückgibt. Gib die Ergebnisse beider Berechnungen mit einem Rückgabewert zurück.

[Notieren/Üben]

Okay, ein Tipp: Du kannst entweder einfach einen `int`-Zeiger auf ein dynamisches Array mit zwei Werten zurückgeben, oder du verpackst die beiden Parameter in eine Struktur und gibst diese an den Aufrufer zurück. Der Vorteil der Struktur ist natürlich, dass du unterschiedliche Typen zurückgeben kannst.

Hier ein Lösungsvorschlag:

*1 die Struktur mit zwei **int**-Werten für die Addition und Multiplikation

*2 die Funktionsdefinition

*4 einmal die Multiplikation und einmal die Addition im entsprechenden Strukturmitglied speichern …

```cpp
struct Paar_t {        *1
    int multi;  *1
    int addi;   *1
};  *1
…
Paar_t* AddiMulti(int v1, int v2)  *2
{
    Paar_t* einPaar = new Paar_t;  *3
    einPaar->multi = v1*v2;  *4
    einPaar->addi = v1+v2;   *4
    return einPaar;  *5
}
…
Paar_t *polter = AddiMulti(20, 10);  *6
cout << polter->multi << " " << polter->addi << endl;
```

*3 Speicher von der Speicherhalde für eine neue Struktur von Typ **Paar_t** anfordern

*5 … und dann zurück damit an den Aufrufer

*6 der Funktionsaufruf

[Notiz]

In der C++-Praxis musst du natürlich keinen eigenen Typen **Paar_t** definieren, weil dir C++ für solche Zwecke mit **std::pair<>** schon etwas fertiges zur Verfügung stellt.

Die Lösung macht zwar, was sie soll, aber räumt nicht hinter sich auf. Aber du weißt ja, dass es nicht unbedingt von Vorteil ist, wenn du einen Speicher von der Halde anforderst und diesen aus einer Funktion zurückgibst. Die Geschichte hat gelehrt, dass gerne vergessen wurde, den Speicher wieder freizugeben, so dass sich die Leichenberge nur so stapelten!

[Einfache Aufgabe]

Verbessere die Funktion **AddiMulti()** nochmals, so dass du keinen Speicher mehr von der Halde anfordern musst (aber auch nicht das Schlüsselwort **static** verwendest [für den Fall, dass du damit vertraut bist]).

Die verbesserte Lösung:

```cpp
void AddiMulti(Paar_t& einPaar, int v1, int v2)  *1
{
    einPaar.multi = v1*v2;  *2
    einPaar.addi = v1+v2;   *2
}
…
Paar_t polter;
AddiMulti(polter, 20, 10);  *3
cout << polter.multi << " " << polter.addi << endl;
```

*1 Der verbesserte Funktionskopf. Hierbei wird kein Wert aus der Funktion zurückgegeben. Stattdessen wurde die Struktur als Referenz im ersten Parameter verwendet. Ein Zeiger wäre auch gegangen …

*3 Auch der Funktionsaufruf gestaltet sich jetzt wesentlich leichter.

*2 … aber die Referenzen lassen sich einfacher benutzen als die Zeiger. Hier werden die Ergebnisse in den Strukturvariablen gespeichert.

[Belohnung/Lösung]

Als offiziell anerkanntes C++-Medium würde ich dir jetzt empfehlen, zu meditieren und dich für höhere Aufgaben bereit zu machen.

Spezielle Geister

Ich muss dich nochmals stören, lieber Guru. Auf deinem Weg zum Nirwana haben wir noch ein paar Dinge nachzuholen. Ein paar Spezialitäten haben wir hier noch nicht behandelt.

Werte für den Notfall …

Rufst du eine Funktion ohne Argumente auf, obwohl der Prototyp der Funktion danach schreit, wird dein Compiler die Arbeit niederlegen. Du kannst aber für einen solchen Fall auch mit Standardparametern (Default-Parametern) vorsorgen.

Hier ein solcher Prototyp:

```cpp
void washadDu( int aWert = 88884444 );
```

Da die Funktion **washadDu()** nun mit dem Standardwert 88884444 vorbelegt wurde, bedeutet das, dass du diese Funktion ohne Argumente aufrufen könntest. In dem Fall wird eben der Standardwert 88884444 verwendet. Ansonsten, wenn du die Funktion bspw. mit **washadDu(44448888)** aufrufen würdest, würde, wie für Funktionen üblich, der übergebene Wert 44448888 verwendet. Wie für eine Deklaration üblich, kannst du auch auf den Bezeichner (hier: **aWert**) verzichten.

[Zettel]
Gleiches geht natürlich auch mit mehreren Parametern. Allerdings musst du dann wissen, dass die Zuordnung der Argumente beim Aufruf von links nach rechts erfolgt. Für den Prototyp bedeutet das, wenn ein Parameter keinen Standardwert hat, kann der nächste Parameter (links davon) auch keinen Standardparameter mehr enthalten. Somit sind folgende Prototypen erlaubt:

```cpp
void pft(int p1=23, int p2=34);
void pft(int p1, int p2=34);
void pft(int p1, int p2);
```

Ein Fehler hingegen wäre:

```cpp
void pft(int p1=23, int p2);
```

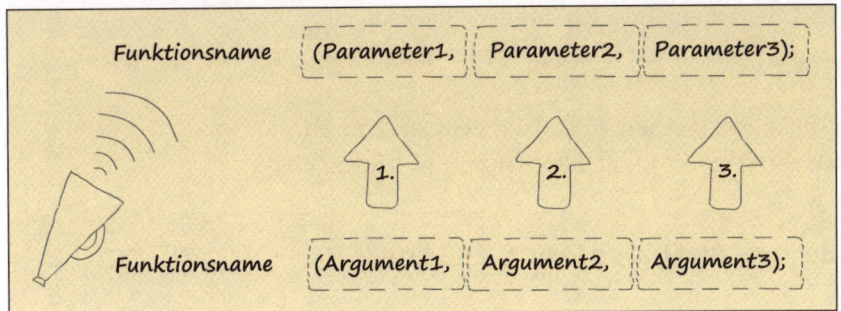

Die Übergabe der Parameter erfolgt von links nach rechts. Argument1 gehört zu Parameter1, Argument2 zu Parameter2 und Argument3 zu Parameter3. Übergibst du bspw. nur ein Argument, so erhält Parameter1 den Zuschlag und Parameter2 und Parameter3 müssten dann einen Standardparameter besitzen, damit der Compiler das mitmacht.

Gleicher Name, unterschiedliche Typen

Bisher bist du davon ausgegangen, dass alles in einem Gültigkeitsbereich einzigartig sein sollte. Zumindest habe ich das ja so gesagt. Bei Funktionsnamen gibt es da eine Ausnahme. Du kannst Funktionen im selben Gültigkeitsbereich mit dem gleichen Namen verwenden. Einzig die Parameter müssen sich hierbei vom Typ und/oder der Anzahl her unterscheiden!

So etwas nennt sich dann Funktionsüberladung:

```
int puup(int brot);
int puup(int brot1, int brot2);
double puup(double brot);
double puup(double brot1, double brot2);
```

Jetzt hast du hier vier Funktionen mit demselben Namen. Der Compiler identifiziert die gleichnamigen Funktionen anhand ihrer Signatur (also der Parameter).

[Achtung]

Auch wenn hier nur die Deklaration abgedruckt wurde, sollte klar sein, dass du für jede Deklaration auch eine extra Definition erstellen musst!

Rollerblades für Funktionen?

Wenn du eine Funktion aufrufst, wird dafür ein Stack-Rahmen angelegt, innerhalb dessen sich die Funktion austoben kann. Der Stack ist eine gesonderte Einheit (wie bspw. die Speicherhalde) auf dem System, welche von einer Funktion verwendet wird. In solch einem Stack wird zunächst die Rücksprungadresse zur Navigation gelegt, damit das Programm am Ende der Funktion weiß, wo es zurück geht. Auch für den

Rückgabetyp und die Parameter wird bei Bedarf ein Speicher auf dem Stack angelegt. Während der Ausführung kann dann noch Platz für die lokalen Variable vom Stack beschafft werden.

In engen Schleifen kann es sein, dass du keinen solchen Wirbel auf dem Stack erzeugen willst. Der ganze Zauber auf dem Stack verplempert ja auch Rechenzeit, welche du vielleicht an manchen Stellen vermeiden willst.

Für solche Zwecke kannst du das Schlüsselwort `inline` vor die Funktion stellen:

```
inline double stackwirbelwind(double, double, double);
```

Mit dem Schlüsselwort **inline** schlägst du dem Compiler vor, dass dieser den Code der Funktion nicht als aufrufbare Funktion in einen Maschinencode übersetzt, sondern dass der Code an Ort und Stelle verwendet werden soll, dort, wo diese Funktion aufgerufen wird.

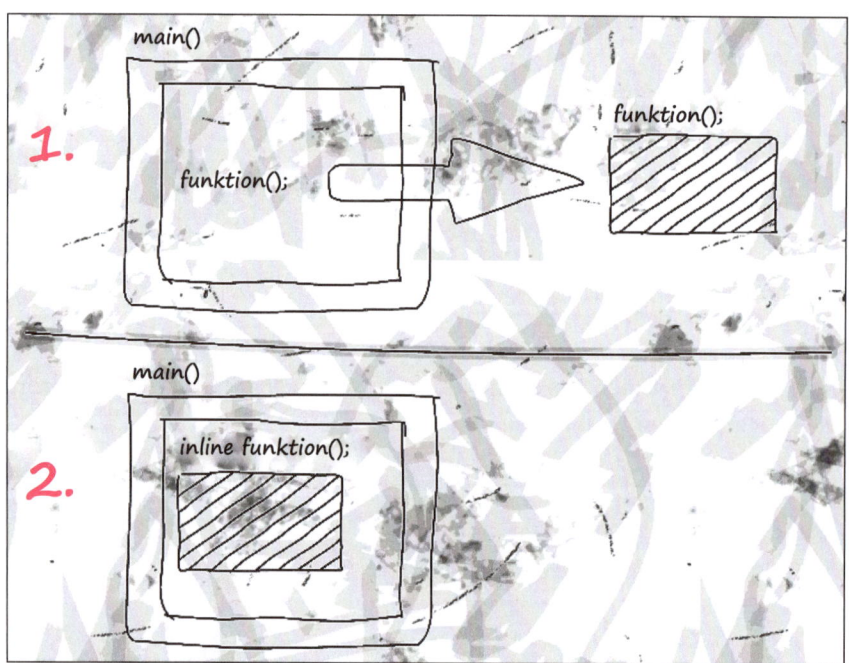

inline hat nichts mit den Rollen zu tun, sondern schlägt dem Compiler vor, eine Funktion an Ort und Stelle einzubauen, anstatt den umständlichen Weg über den Stack zu gehen.

Wie gesagt, mit dem Rollerblades-Schüsselwort machst du dem Compiler nur den Vorschlag, den Code an Ort und Stelle des Funktionsaufrufes einzufügen. Letztendlich entscheidet der Compiler selbst, ob er auf dich hört! Willst du dir 100%ig sicher sein, musst du den Code schon direkt an Ort und Stelle befehligen, anstatt einen Funktionsaufruf zu starten.

In C++11 gibt es außerdem mit der Lambda-Funktion tatsächlich die Möglichkeit, eine Funktion (als Funktionsobjekt) an Ort und Stelle zu definieren und auszuführen. Aber das wäre jetzt schon etwas zu früh und daher erkläre ich es dir später.

main Programmende

Dass **main()** die erste Funktion ist, die dein Programm ausführt, ist dir ja längst bekannt. Ohne eine solche Funktion kannst du kein ausführbares Programm erstellen. Aber wie gelangt es zum Ende?

Hierzu eine kurze Liste, was deinem Programm alles ein Ende bereitet:

☛ Wird innerhalb der **main**-Funktion **return** aufgerufen, wird die **main**-Funktion und somit das Programm beendet. In Funktionen, die sich auf dem Stack austoben, bedeutet ein **return** nur einen Rücksprung zur Adresse an den Aufrufer.

☛ Mit dem Aufruf der Funktion **void exit(int n);** aus dem Header **<cstdlib>** kannst du das Programm mit einem ganzzahligen Wert an jeder beliebigen Stelle beenden. Allerdings kann bei dieser Funktion das Saubermachen von lokalen Variablen versäumt werden.

☛ Noch härter kannst du dein Programm an jeder Stelle mit der Funktion **void abort();** aus **<cstddlib>** abschießen. Allerdings wird damit gar kein Müll mehr entsorgt, und was nach einem **abort** geschieht? Keine Ahnung, hängt von deinem System ab … !

☛ Durch einen Ausnahmefehler (engl. Exception), den du mit einer Ausnahmebehandlung abfangen kannst, gelingt ein Abbruch auch. Dazu kommt es noch!

☛ Unerwartete Fehler, die vom Programmierer erstellt und dem Anwender produziert wurden, führen ebenfalls zum Ende. Meistens handelt es sich um Bugs wie einen Speicherzugriffsfehler, die vom Programmierer behoben werden müssen.

Jenseits von Eden

Um mit den Funktionen würdig abzuschließen und um eine neue Ebene deiner Eigen-schaft als C++-Guru beschreiten zu können, wollen wir ein paar der Spezialitäten noch-mals in Aktion sehen und erleben.

Als erstes Beispiel die Standardparameter:

```cpp
#include <iostream>
using namespace std;

double einKreisen(double, double = 1.0); *1

int main()
{
  double flaeche = einKreisen(1.8); *2
  double volumen = einKreisen(1.8, 2.5); *3

  cout << "Kreisfläche       : " << flaeche << endl;
  cout << "Volumen-Zylinder : " << volumen << endl;
  return 0;
}

double einKreisen(double r, double h) *4
{
  return (r*r*3.1415*h);
}
```

*1 Der zweite Parameter der Funktion **einKreisen()** erhält den Standard-wert 1.0, wenn die Funktion ohne ein zweites Argument aufgerufen wird.

*2 Hier wird nur ein Argument an die Funktion übergeben, so dass für das zweite Argument automatisch der Standardpara-meter mit dem Wert 1.0 verwendet wird.

*3 Hier übergeben wir zwei Argumente an die Funktion, wodurch der Standardwert 1.0 nicht zum Einsatz kommt und als zweites Argument hier 2.5 verwendet wird.

*4 In der Funktions-definition wird der Standardparameter nicht mehr angegeben.

[Einfache Aufgabe]

Hm, eine einfache Frage: Kannst du dir denken, was diese Funktion macht, wenn du sie mit nur einem oder mit zwei Parametern aufrufst?

Hm, r*r*3.1415 ist doch die Berechnung für eine Kreisfläche, und wenn ich jetzt noch mal h rechne, sollte das Volumen für einen Zylinder berechnet werden. *Ich hab's:* Mit einem Parameter wird die Kreisfläche (weil **X*1.0=X**) und mit zwei Parametern das Volumen eines Zylinders berechnet.

Nicht schlecht, Schrödinger! Du kannst ja doch rechnen.

In die Funktion solltest du noch eine Fehlermeldung einbauen, falls für das zweite Argument irrtümlicherweise 0.0 an die Funktion übergeben würde, was ja überhaupt keinen Sinn machen würde, weil dann auch 0.0 herauskäme.

Sicherlich willst du jetzt auch noch ein Beispiel zur Funktionsüberladung sehen?

Auf zum Überladen ...

```cpp
...
int bigmama(int, int);                              *1
double bigmama(double, double);                      *1
string bigmama(const string&, const string&);       *1

int main()
{
  cout << bigmama(3.3, 2.2) << endl;    *2
  cout << bigmama(3, 2) << endl;        *3
  cout << bigmama("aaa", "aab") << endl;    *4
  return 0;
}

int bigmama(int val1, int val2)    *5
{
  if(val1 > val2) {
    return val1;
  }
  return val2;
}

double bigmama(double val1, double val2) {    *5
  if(val1 > val2) {
    return val1;
  }
  return val2;
}

string bigmama(const string &val1, const string &val2) {    *5
  if(val1 > val2) {
    return val1;
  }
  return val2;
}
```

*1 Hier stehen drei Funktionen mit demselben Bezeichner, aber unterschiedlichen Parametern (und Rückgabewerten) – eine klassische Funktionsüberladung.

*2 Hiermit wird die **double**-Version aufgerufen.

*3 Das bringt die **int**-Version von **bigmama()** ins Spiel.

*4 Und das ruft die **string**-Version auf den Plan.

*5 Die Funktionsdefinitionen aller drei überladenen **bigmama()**-Funktionen. Auch der Code ist bei allen drei Funktionen identisch. Es muss aber nicht so sein!

Der Compiler ist schon ein ziemlich beeindruckendes Ding. Aber wann weiß der Compiler denn, wann er welche überladene Funktion verwenden soll?

Vereinfacht dargestellt, durchläuft der Compiler folgende Reihenfolge:

1. Findet der Compiler eine Funktion mit passender Signatur (Parameter), wird diese auch verwendet, logisch!

2. Der Compiler versucht eine Funktion zu finden, um eine integrale Promotion durchzuführen.

3. Geht auch das nicht, sucht der Compiler nach einer Funktion, mit der sich eine Standard-Typumwandlung durchführen lässt.

4. Jetzt gibt es nur noch die Möglichkeit einer benutzerdefinierten Umwandlung, oder der Compiler beschwert sich über deinen Code und gibt auf.

[Notiz]

Wenn du dir die Stichpunkte genau durchgelesen hast, dürftest du auch zu dem Entschluss kommen, dass du die **int-bigmama()** hier gar nicht brauchst und die **double-bigmama()** auch für den **int**-Funktionsaufruf verwenden kannst, weil dann eben eine Standard-Typumwandlung von **int** nach **double** durchgeführt wird. Also zwei Fliegen mit einer Klappe geschlagen!

Aber die Funktionen **bigmama()** *sehen innen ja alle gleich aus! Muss ich diese Arbeit denn für alle machen?*

Ich weiß Schrödinger, wir sind alle ein bisschen faul. So haben auch die Leute gedacht, die sich C++ ausgedacht haben. Darum musst du, wenn du nicht willst, nicht dreimal den gleichen Code schreiben. Aber bis ich dir die Templatefunktionen erkläre, das dauert noch ein wenig.

Am Ende der Geisterwelt

Gratulation! Du hast das Kapitel zu den Funktionen gemeistert. Ein weiterer kleiner Schritt zu großen Taten in deiner Schuhkarton-Fabrik. Die großen Schuhkonzerne werden sich noch um dich scharen, und du wirst es weit bringen.

Hey, Dagobert! Aufwachen! Du, mit deinen Tagträumen. Denk dran, dass du den Müll noch rausbringen musst, bevor deine Freundin nach Hause kommt. Zum Abschluss will ich aber noch ein paar Tests mit dir durchführen.

[Einfache Aufgabe]
Betrachte dir die folgenden Funktionsprototypen mit Standardparametern. Welche dieser Prototypen sind falsch? Nicht auf die Lösung gucken, gell?!

```cpp
void endlichfertig(int, int=0, int=1);
void keinelustmehr(int=2, int=0, int=1);
void waskommtdanach(int=1, int, int);
void ichwillprogrammieren(int=2, int, int=1);
void dasletztebeispiel(int=0, int=1, int);
```

Pfft, das ist einfach …

```cpp
void endlichfertig(int, int=0, int=1);         *1
void keinelustmehr(int=2, int=0, int=1);       *2
void waskommtdanach(int=1, int, int);          *3
void ichwillprogrammieren(int=2, int, int=1);  *4
void dasletztebeispiel(int=0, int=1, int);     *5
```

*1 Richtig!
*2 Richtig!
*3 Falsch!
*4 Falsch!
*5 Falsch!

Mal schauen, ob du auch die Funktionsüberladung verstanden hast:

[Schwierige Aufgabe]

In den folgenden Zeilen findest du fünf überladene Funktionen. Welche dieser überladenen Funktionen ist richtig und welche falsch? Augen weg von der Lösung!

```cpp
int overloaded( int );
int overloaded( const int );
double overloaded( double, double );
void overloaded( );
void overloaded( vector<int>, int );
```

Hm, da der Compiler ja nur auf die Signatur der Funktionen guckt und der Rückgabewert somit nicht so wichtig ist, denke ich, dass hier alle überladenen Funktionen richtig sind?!

Gar nicht schlecht! Aber wenn du das in einem Code ausprobiert hättest, hätte sich der Compiler beschwert, dass die Funktion **int overloaded(int)** zweimal vorhanden ist. Der Fehler liegt hier am **const**-Parameter, der zweiten Funktionsüberladung. Der **const**-Qualifizierer wird nämlich bei einem Parameter der Funktionsüberladung nicht ausgewertet. Zwar wurde dieser Qualifizierer noch nicht erklärt, aber das sollte hier doch demonstriert werden, weil solch ein Fehler für ziemliche Verwirrung sorgen kann! Aber du konntest das mit deinem bisherigen Wissen nicht kennen, ganz klar!

Jetzt wird's Zeit, dass wir zum Schluss kommen. Apropos Schluss! Im folgenden Listing kann, je nach Eingabe, das Programm an drei verschiedenen Stellen beendet werden.

[Einfache Aufgabe]
Erklär bitte, wann welches Ende ausgeführt wird. Sollte eigentlich leicht für dich sein!

```
...
void aufwiedersehen( int );

int main()
{
  int dahaste;
  cout << "Gib ihm die Zahl: ";
  if( ! (cin >> dahaste) )
  {
    return 1;  *1        *1 das erste Ende
  }
  aufwiedersehen(dahaste);
  cout << "Pfitigott\n";
  return 0;  *3        *3 das letzte Ende
}

void aufwiedersehen( int n )
{
  if(n < 255)
  {              *2 das zweite Ende
    exit(n);  *2
  }
}
```

Das erste Ende gibt es, glaube ich, wenn der Anwender bei **cin** einen ungültigen Wert, wie bspw. einen Buchstaben, eingegeben hat. Das zweite Ende gibt's, wenn der eingegebene Wert von **dahaste** kleiner als 255 ist. Und das letzte Ende gibt es eben, wenn die anderen beiden Enden zuvor nicht in Aktion treten durften!

[Belohnung/Lösung]
Prima! Jetzt hast du das Kapitel zu den Funktionen geschafft. Vielleicht solltest du das mal zusammen mit deiner Freundin bei einem Glas Sekt feiern? Bring aber vorher den Müll raus …!

—ACHT—
Wie aus Chaos Ordnung entsteht

Schlüsselwörter für Typen, Namensbereiche und die Präprozessor-Direktiven

In diesem Kapitel lernt Schrödinger verschiedene Präprozessoranweisungen kennen. Dabei erfährt er, dass der Präprozessor ein eigenes Programm ist, mit dem er zwar eigene BASIC-Befehle nachimplementieren könnte, welches allerdings noch weniger Ahnung von C++ hat als Schrödinger selbst. Hierbei lernt er auch, dass es bessere Alternativen zu der Makrosprache C++ gibt, es aber in der Praxis nicht ganz ohne den Präprozessor geht. Seitdem Schrödinger immer mehr Fortschritte macht und die Programme umfangreicher werden, merkt er, dass es immer mühsamer wird, den Überblick über den Code zu behalten. Da sich jetzt auch der Compiler immer öfter beschwert und der Linker gelegentlich komplett den Dienst verweigert, wird es Zeit, Schrödinger zu beruhigen und ihn wieder an die Hand zu nehmen. Bei einer schönen Tasse, nein besser einer schönen Kanne grünen Tee (Sorte Gunpowder), wollen wir Schrödinger zeigen, wie er seinen Code besser organisieren kann.

Eigenschaften ohne Ende

Heute müssen wir ein paar weniger spektakuläre, aber für die C++-Programmierung sehr wichtige **Schlüsselwörter** berufen, welche du vor andere Typen oder Funktionen schreiben kannst.

Wann lerne ich endlich die OOP kennen?

Wenn du gelernt hast, deinen **Code** besser zu **organisieren**, geht es in die gewünschte Richtung los. Also: „Einmal bleiben wir noch wach, heißa dann ist OOP-Tach!" **Hurra** … *konfettischmeiß*! Also, reiß dich nochmal zusammen!

Klasse, die Speicherklasse

Mit den Schlüsselwörtern **extern** und **static** kannst du entscheiden, wo deine Typen im Speicher abgelegt werden und/oder wie lange sie dort lagern sollen. Außerdem gibt es noch die Schlüsselwörter **auto** (hat seit C++11 eine neue Bedeutung) und **mutable** (ist jetzt noch zu kompliziert, um es zu erklären). Neu ist außerdem noch **thread_local** (welche in Verbindung mit Threads verwendet wird).

Das Schlüsselwort extern …

… benötigst du, wenn du eine globale Variable in der Datei **Abba** definierst und diese auch in der Datei **Baab** verwenden willst. Der Compiler erhält damit quasi den Hinweis, dass er die globale Variable in der Datei **Baab** verwenden will, und erteilt dem Linker den Befehl, dass er diesen Verweis in einer anderen Einheit (der Datei **Abba**) auflösen muss, weil diese ja woanders definiert wurde. Ohne das Schlüsselwort **extern** in der Datei **Baab** würde dir dieses Mal nicht mehr der Compiler einen Strich durch die Rechnung machen, sondern jetzt der **Linker**. Und solche Linker-Fehler sind wesentlich schwieriger zu finden.

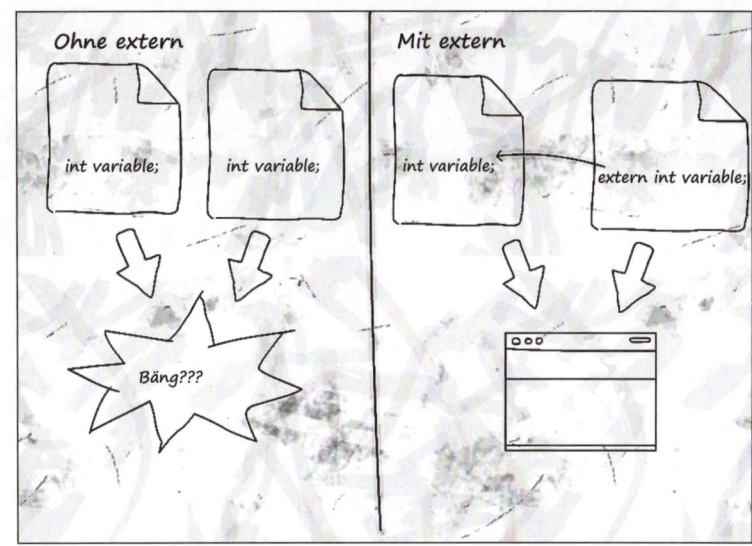

Eine Funktionsdeklaration wird übrigens vom Compiler automatisch als **extern** behandelt. Daher musst du bei einer Funktionsdeklaration nicht zwangsläufig das Schlüsselwort **extern** verwenden. Es ist aber auch nicht falsch!

Verzichte am besten gleich, wenn möglich, auf solche globalen Variablen und Objekte, und du ersparst dir hiermit den Murphy-Fall – die Suche nach einem schwer auffindbaren Fehler!

Bei einer globalen Variablen, die über mehrere Dateien verwendet werden soll, brauchst du auf jeden Fall das Schlüsselwort **extern**, sonst hat der Linker ein Problem, weil er dann zweimal dasselbe Symbol auflösen müsste (was natürlich ein Fehler ist)!

Das globale Schlüsselwort static …

… vor einer **Variablen** oder einer **Funktion** beschränkt die **Gültigkeit** auf eine **Datei**. Globale **static**-Variablen können bspw. dazu verwendet werden, **Namenskonflikte** zwischen gleichnamigen Variablen in unterschiedlichen Dateien zu **vermeiden**. Eine mit **static** gekennzeichnete Variable wird außerdem **automatisch** mit 0 für den passenden Typen initialisiert. Eine solche dateilokale Gültigkeit lässt sich aber auch mit einem anonymen Namensraum (**namespace**) einrichten.

Definitiv ist eine **dateilokale static**-Variable einer **globalen** Variable **vorzuziehen**, weil hierbei auftretende **Fehler** schneller ausgemacht werden können. Aber deswegen nicht gleich Missbrauch damit betreiben (= kein Freischein)!

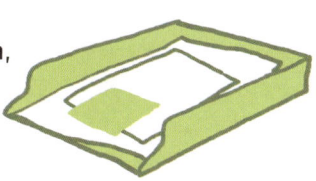

Und jetzt das lokale Schlüsselwort static …

Das Schlüsselwort hat also einen **doppelten Boden** und sorgt somit für **Verwirrung**. Verwendest du nämlich die **static**-Variable innerhalb eines Anweisungsblocks, bekommen diese einen festen Platz im Datensegment. Das bedeutet quasi, du kannst die **static**-Variable **innerhalb** einer **Funktion** verwenden und gar – ja, die Todsünde – als **lokales** Speicherobjekt an den Aufrufer **zurückgeben**. Und es kommt noch besser: Ein lokales **static** innerhalb einer Funktion **merkt** sich den Wert auch nach dem Ende der Funktion.

[Achtung]

Natürlich muss hier noch angemerkt werden, dass dieses **Erhalten** und **Merken** des Wertes nach wie vor auf den Anweisungsblock beschränkt ist, **in dem** das Speicherobjekt **definiert** wurde!

Was jetzt? Dasselbe Schlüsselwort mit zwei Bedeutungen?

Ja, leider! Das statische **globale** `static` kann verwendet werden, um die Gültigkeit von Variablen oder Funktionen innerhalb einer Quelldatei einzuschränken. Das statische **lokale** `static` innerhalb eines Anweisungsblocks funktioniert quasi als **Gehirn** einer Funktion, welche nichts mehr vergisst und **dauerhaft** vorhanden ist.

[Zettel]

In einer früheren Zeit gab es noch das Schlüsselwort `register`, womit man vorschlagen konnte, dass eine Variable im schnellen Prozessorregister anstatt im langsameren Arbeitsspeicher abgelegt wird. Da es sich nur um einen Vorschlag handelte und viele Compiler ohnehin selber entscheiden, wie sie den Code optimieren, wurde das Schüsselwort mit C++11 als „deprecated" erklärt, was für dich bedeuten soll, dass du dieses Schlüsselwort nicht mehr verwenden sollst.

[Hintergrundinfo]

Wenn du rumgegoogelt hast, wirst du dich vermutlich fragen, wo das **auto**-Schlüsselwort geblieben ist. Im Grunde war das Schlüsselwort ja ohnehin **überflüssig**, weil auch ohne Voranstellen des Wortes **auto** eine Variable automatisch **auto** war. Im **neuen** C++-Standard kann das Schlüsselwort verwendet werden, damit automatisch ein Datentyp ausgewählt wird. Welcher Typ das dann ist, hängt von der Zuweisung ab.

Und was war das noch mit auto?

Typqualifikationen

Mit den Schlüsselwörtern **const** und **volatile** lassen sich bei der Deklaration die Typen noch etwas abändern. Wobei **volatile** in einem normalen Haushalt eher selten benötigt wird.

Das Schlüsselwort const …

Objekte, die du mit **const** verzierst, können nach der Definition im Speicher **nicht** mehr **verändert** werden. Damit verpasst du dem Objekt quasi einen **Schreibschutz**. Versuchst du einer mit `const` geschützten Variablen trotzdem einen neuen Wert zuzuweisen, beschwert sich der Compiler bei dir.

```cpp
const string wathatdu = "Osterei"; *1
wathatdu = "Osterhase"; *2
```

*1 **wathatdu** ist nur lesbar und darf nicht beschrieben werden.

*2 Der Compiler wird das nicht wollen und meckern!

[Zettel]

Nützlich und gerne verwendet wird `const` auch bei den **Parametern** von **Funktionen**, um ein versehentliches Ändern des Wertes innerhalb einer Funktion zu verhindern. Bspw.:

`void func(const int& val);`

Hiermit stellst du quasi sicher, dass `val` in der Funktion nicht mehr geändert werden kann.

Das Schlüsselwort volatile …

… arbeitet eher auf einer etwas tieferen Ebene und dürfte von den meisten kaum benötigt werden. Ich zwing mich jetzt trotzdem, ein paar Zeilen dazu zu schreiben. Eine **volatile**-Variable kann von **außerhalb** des laufenden Programms einen **neuen** Wert erhalten. Damit könnte praktisch eine **volatile**-Variable vom **Betriebssystem**, der **Hardware** (per Interrupt) oder auch anderen laufenden Programmen einen neuen Wert erhalten. Du siehst schon (oder auch nicht …), worauf das hinausläuft.

volatile ist als Hinweis an den Compiler zu verstehen, dass er auf Lese- und Schreibvorgängen der **volatile**-Variable **keine Optimierungen** durchführen darf (was er ja gerne macht). Die Compiler sind in dieser Hinsicht nämlich sehr **intelligent** und **vorlaut**. Da wird schon mal aus **Optimierungsgründen** eine Zuweisung aus einem alten **Zwischenspeicher** (Cache) des Prozessors verwendet. Bei einer **Treiberprogrammierung** ist ein derartiges Verhalten aber **unerwünscht**. Hier brauchen wir keine alten Zustände der Hardware, sondern stets die **aktuelle** Zuweisung. Mit **volatile** erzwingst du praktisch, dass die Variable **frisch** aus dem Hauptspeicher eingelesen wird und nicht aus irgendeinem vorlauten und optimierten Speicher!

… und für die Funktionen auch noch Extrawürstchen

Auch für die **Funktionen** gibt es noch spezielle **Schlüsselwörter**, um ihre Eigenschaften zu ändern. Mit **inline** hast du ja schon eines kennengelernt. Dann gäbe es da noch die Schlüsselwörter **virtual** und **explicit**, welche im Zusammenhang mit Klassen und deren Elementfunktionen stehen. Daher hebe ich mir die passende Beschreibung für den gegebenen Zeitpunkt auf.

[Zettel]

Ebenfalls neu in C++11 wurden die Attribute **override** und **final** eingeführt, welche im Zusammenhang mit dem Schlüsselwort **virtual** verwendet werden. Deren komplexe Bedeutung hier jetzt zu erklären, macht wenig Sinn. Hier sind gute Kenntnisse der Klassen(-Hierarchien) erforderlich.

Mindesthaltbarkeitsdatum ändern

Ja, ich weiß, das waren jetzt **viele** neue **Schlüsselwörter** und das war auch viel **theoretisches** Herumgeschreibe. Daher bekommst du jetzt die Beispiele nur so um die Ohren **gehauen**.

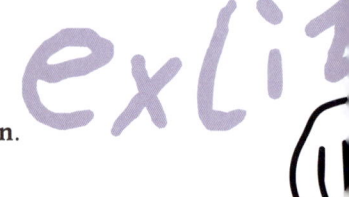

Das Schlüsselwort extern in der Praxis …

*1 die **Quelldatei** **Abba.cpp** mit dem Hauptprogramm

```cpp
// Datei: Abba.cpp  *1
…
int globalesDing;  *2
void putout();  *3

int main()
{
    globalesDing = 123;  *4
    cout << globalesDing << endl;  *4
    putout();  *5
    return 0;
}
```

*2 die **globale** Variable **globalesDing**

*3 Eine **Funktionsdeklaration**. Die Definition des Codes befindet sich in einer anderen Quelldatei.

*4 Die globale Variable wird mit einem Wert (123) **initialisiert** und ausgegeben.

*5 Die Funktion **putout()** wird **aufgerufen**.

[Code bearbeiten]

Aufgrund der besseren Kennzeichnung und Lesbarkeit würde ich dir hier **empfehlen**, **extern** auch vor die Funktionsdeklaration **putout()** zu setzen, um dem Leser des Codes mitzuteilen, dass die Definition irgendwo anders erfolgt. Intern macht das ja der Compiler für dich.

Am Code kannst du wohl schon erkennen, dass da noch eine Quelldatei mit der Funktionsdefinition fehlt …

```cpp
// Baab.cpp
…
extern int globalesDing;  *1
void putout()  *2
{
  cout << globalesDing << endl;  *3
}
```

*1 Hier findest du die globale Variable **globalesDing** von **Abba.cpp** erneut. Nur jetzt als **extern** deklariert. Der Compiler weiß jetzt: „**Aha,** das hier ist nur die Deklaration, und die Definition befindet sich **woanders!**" Natürlich muss der Compiler den Linker darüber informieren: „Hey, Link, das globale Ding habe ich woanders hingelegt! Nimm das bitte, okay?"

*3 … bei der wir natürlich nochmals die **globale** Variable verwenden wollen.

*2 Hier ist sie nun, die **Definition** der Funktion **putout()** …

[Fehler/Müll]

Ohne das Schlüsselwort **extern** würde der Linker am Ende vor zwei Variablen mit dem Namen **globalesDing** stehen und könnte seine Arbeit, eine ausführbare Datei daraus zu machen, nicht zu Ende führen.

[Notiz]
Beim Übersetzen von **Abba.cpp** und **Baab.cpp** musst du natürlich beide Quelldateien mit angeben, um diese zu einer ausführbaren Datei zu machen. Weißt du nicht, was ich meine? Ich erkläre es dir ein paar Seiten später!

… und wenn wir jetzt static statt extern verwenden?

```
// Baab.cpp
…
static int globalesDing; *1
void putout() {
cout << globalesDing << endl; *2
}
```

*1 Jetzt wurde **extern** durch **static ersetzt**. Die Variable **globalesDing** in Baab.cpp ist jetzt nur noch in der Datei **Baab.cpp** gültig. **Abba.cpp** verwendet jetzt ein eigenes globales **globalesDing**. Mit dem Linker gibt es jetzt auch **keine** Probleme.

*2 Hier wird natürlich das **dateilokale globalesDing** aus der Datei **Baab.cpp** verwendet und ausgegeben. Da **static**-Variablen **automatisch** mit 0 initialisiert werden, wird hier auch 0 ausgegeben.

… und jetzt nochmals static als Gehirn …

*1 Hier steht die **Funktionsdefinition** der Funktion **zufallsgenerator()**.

```
long zufallsgenerator(int x=0) *1
{
    static long anfang = 123; *2
    anfang+=x; *3
    anfang=(anfang*anfang) % 3333-1; *4
    return anfang; *5
}
…
cout << zufallsgenerator() << endl; *6
cout << zufallsgenerator(33) << endl; *6
cout << zufallsgenerator(12) << endl; *6
```

*2 Hier findest du die **lokale statische** Variable **anfang**, welche zuallererst mit dem Wert 123 initialisiert wird.

*3 Wenn du der Funktion einen **Parameter** für **x** übergibst, wird dieser zur statischen Variable **aufaddiert**. Der **Standardparameter** ist hierbei 0, falls nix übergeben wurde.

*4 Jetzt führen wir eine **dubiose Rechnung** (ohne wissenschaftlichen Hintergrund) mit der statischen Variable **anfang** durch und weisen das Ergebnis gleich wieder **anfang** zu.

*5 **Zurückgegeben** wird der neu generierte Wert von **anfang**.

*6 Hier stehen drei verschiedene Funktionsaufrufe, welche alle **unterschiedliche Zufallszahlen** ausgegeben werden.

Dass immer **unterschiedliche** Zahlen ausgegeben werden, ist der statischen Variablen **anfang** zu verdanken, welche ja bei jedem Funktionsaufruf den vorherigen Wert **nicht** mehr **kennt** und praktisch immer wieder mit der zuvor erstellten Zufallszahl **neu** arbeitet.

[Code bearbeiten]

Mit C++11 bietet C++ jetzt auch eine eigene Möglichkeit an, Zufallszahlen zu erzeugen. Der Zufallsgenerator besteht hierbei aus zwei Teilen: dem Generator selbst, der eine Reihe von Zufallszahlen erzeugt, und einer Verteilung, welche diese Werte in einem vorgegebenen Bereich verteilt. Damit nicht immer die gleichen Zahlen verwendet werden, wird eine sogenannte **seed** (ich übersetze das jetzt besser nicht) benötigt. Hierzu ein Codeausschnitt, wie Sie **echte Zufallszahlen** in C++11 erzeugen können (hier im Bereich 1–10000):

```cpp
#include <random>
...
    // Zufallszahlen mit C++11:
    cout << "C++11:" << endl;
    random_device seed;
    mt19937 engine(seed());  // Generator
    uniform_int_distribution<long> values(1, 10000);
// Verteilung 1-10000
    for( size_t i=0; i < 3; ++i) {
        cout << values(engine) << endl;
    }
```

Wow, die Beispiele haben mir jetzt in der Tat etwas geholfen, in dem Wust von Schlüsselwörtern besser durchzublicken.

Gleich-Gültigkeitsbereich

So, das waren jetzt viele neue Schlüsselwörter, die du hier verwendet hast.
Ich bin gespannt, ob du dir deren Sinn und Zweck merken konntest.

[Einfache Aufgabe]
Nenn mir kurz die Schlüsselwörter, mit deren Hilfe du Einfluss
auf die Lebensdauer und Bindung von Speicherobjekten nehmen kannst!

Hier die Schlüsselwörter für die Speicherklasseneigenschaften:

☞ **extern** – Das Schlüsselwort solltest du für **globale Speicherobjekte** einsetzen,
welche über **mehrere Quelldateien** verwendet werden sollen. Damit wird
dem Linker quasi mitgeteilt, dass er dieses Speicherobjekt woanders auflösen soll.
Andernfalls würde es bei zwei gleichen Bezeichnern zu einem Konflikt kommen.

☞ **static** (1) – Das Schlüsselwort kannst du ebenfalls verwenden, um eine **globale
Variable** auf die **Gültigkeit** der **Datei** zu **beschränken**, innerhalb derer sie definiert wird. Damit kannst du praktisch **Namenskonflikte** vermeiden, wenn es mehrere gleichnamige Bezeichner in unterschiedlichen Dateien gibt.

☞ **static** (2) – Innerhalb eines **Anweisungsblocks** (bspw. Funktionen) erhält das
Speicherobjekt einen **festen Platz** im **Datensegment** und **merkt** sich sogar den
Wert über die gesamte Programmausführung. Die **Gültigkeit** eines solchen Spei-
cherobjektes beschränkt sich natürlich auf den **Block**, in dem es definiert wurde.

[Notieren/Üben]
Wegen der **Doppeldeutigkeit** von
static würde ich auf die Verwendung
des **globalen static** zum Beschränken
des Gültigkeitsbereiches innerhalb einer
Quelldatei verzichten und stattdessen auf
einen **anonymen Namensraum** zurückgreifen.

Und was ist jetzt mit der neuen Bedeutung von auto?

Hm, ich dachte, dass hätten wir schon kurz beschrieben? Okay! Das **neue alte** Schlüsselwort `auto` kann im **neuen** C++-Standard wie folgt verwendet werden:

```
auto einWert = 1234;
auto nocheinWert = 3.1415;
```

Wie du siehst, wurde bei der **Zuweisung** auf den **Typ verzichtet**. Dank des neuen alten Schlüsselwortes `auto` hängt der (automatische) Typ von **einWert** und **nocheinWert** von dem Wert der **Zuweisung** auf der **rechten** Seite ab. Intern würde der Compiler diese Zeilen wie folgt umwandeln:

```
int einWert = 1234;
double nocheinWert = 3.1415;
```

[Achtung/Vorsicht]

Damit dies allerdings auch wirklich funktioniert, musst du dieser `auto`-Variablen bei der Erzeugung gleich einen Wert zuweisen.

[Notieren/Üben]

Damit die neuen C++-Standard-Sachen überhaupt funktionieren, brauchst du auch einen **Compiler** der **neuesten Art**. Beim GCC ist der neue C++-Standard bereits größtenteils ab Version 4.6 integriert. Bei vielen Compilern kann es allerdings sein, dass du das „C++11-Verhalten" erst einschalten musst.

[Einfache Aufgabe]

Im **folgenden** Code wird ein ganzer Zeichensalat von Fehlermeldungen ausgegeben. Was wurde hier **falsch** gemacht?

Der Code …

```
…
void readme(const string& s)
{
  cout << s << endl;
  s = "hasch mich!";
}
…
string str("Huhu");
readme(str);
cout << str << endl;
…
```

Die Fehlermeldung wird beim Übersetzen ausgegeben …

```
ar>, std::basic_string<_CharT, _Traits, _Alloc> = std::basic_string<
char>] <near match>
/opt/local/include/gcc45/c++/bits/basic_string.h:551:7: note:
        std::basic_string<_CharT, _Traits, _Alloc>& std::basic_str
ing<_CharT, _Traits, _Alloc>::operator=(_CharT) [with _CharT = char,
 _Traits = std::char_traits<char>, _Alloc = std::allocator<char>, st
d::basic_string<_CharT, _Traits, _Alloc> = std::basic_string<char>]
<near match>
/opt/local/include/gcc45/c++/bits/basic_string.h:566:7: note:
        std::basic_string<_CharT, _Traits, _Alloc>& std::basic_str
ing<_CharT, _Traits, _Alloc>::operator=(std::basic_string<_CharT, _T
raits, _Alloc>&&) [with _CharT = char, _Traits = std::char_traits<ch
ar>, _Alloc = std::allocator<char>, std::basic_string<_CharT, _Trait
s, _Alloc> = std::basic_string<char>] <near match>
/opt/local/include/gcc45/c++/bits/basic_string.h:578:7: note:
        std::basic_string<_CharT, _Traits, _Alloc>& std::basic_str
ing<_CharT, _Traits, _Alloc>::operator=(std::initializer_list<_CharT
>) [with _CharT = char, _Traits = std::char_traits<char>, _Alloc = s
td::allocator<char>, std::basic_string<_CharT, _Traits, _Alloc> = st
d::basic_string<char>]
Dieter Baer $
```

Nein, es ist kein Matrix-Hintergrundbild …

Enter the Lösung …

Der Funktionsparameter wurde mit **const** *gekennzeichnet. In der Funktion wurde versucht, diesen Wert zu* **ändern**. *Das ist natürlich bei* **const**-*Variablen* **verboten**!

[Zettel]

Zum Haarespalten: Ein Objekt, das du mit **const** kennzeichnest, ist nicht wirklich eine Konstante! Mit **const** wird das Objekt nur als unveränderbar im Speicher markiert und darf somit **nicht** mehr auf der **linken** Seite einer **Zuweisung** stehen!

An der Stelle habe ich noch etwas **vergessen**, und zwar die Verwendung vom Schlüsselwort **extern** bei **const**-Variablen. Weil **const**-Variablen nur in der Datei sichtbar sind, in der sie definiert sind, musst du hier **extern** verwenden, damit diese Variable auch in anderen Dateien gesehen wird:

```cpp
// Abba.cpp
extern const int globalesDing = 123; *1
// Baab.cpp
extern const int globalesDing; *2
void putout() {
cout << globalesDing << endl; *3
}
```

*1 Deklaration **und** Initialisierung (= **Definition**) sowie das Schlüsselwort **extern** sind in der Quelldatei **Abba.cpp** unbedingt nötig! Probier's mal aus, lass einfach zum Testen **extern** weg und genieß die Fehlermeldung.

*2 Die **Deklaration** ohne Definition, damit der Linker einen Verweis auf das bereits benannte **globalesDing** erhält.

*3 Jetzt kann die globale Konstante aus **Abba.cpp** auch in **Baab.cpp** verwendet werden.

[Belohnung/Lösung]

Prima, einen **trockenen** Abschnitt hast du jetzt schon hinter dir. Vermutlich ist er dir wie die Wüste **Sahara** vorgekommen. Genehmige dir doch einfach eine Kanne **grünen Tee**, damit du für den nächsten Abschnitt in der Wüste **Gobi** gerüstet bist!

Extrawurst-Gültigkeitsbereich

Tausendmal gesehen und tausendmal **nicht beachtet**, wie der Fliegenkadaver an der Wand, den du im letzten Monat erlegt hast. In diesem Abschnitt wird es endlich Zeit, die Anweisung **using** und das Anlegen eines neuen **Namensraumes** mit **namespace** näher zu betrachten. Das Thema ist recht einfach, denn im Grunde geht es hier nur darum, einen neuen Lebensraum für Speicherobjekte wie Variablen, Klassen, Funktionen usw. zu schaffen, um einen **Namenskonflikt** mit vielleicht vorhandenen gleichnamigen Speicherobjekten zu **vermeiden** bzw. zu beheben. Dann leben alle glücklich und zufrieden bis an ihr Programmende.

Nehmen wir mal an, du hast in deinem Programm folgende Bezeichner:

```cpp
// MeinProgramm.cpp
...
unsigned int eisbaer;
unsigned int elefanten;
unsigned int gorilla;
class Saeugetier { };
```

Jetzt findest du im Web eine Bibliothek, mit der du dein Programm um **weitere** nützliche **Funktionen** erweitern kannst.

Hier ein Ausschnitt aus der Headerdatei der Bibliothek:

```cpp
// SavetheAnimals.h
...
unsigned int elefanten;
unsigned int gorilla;
unsigned int loewe;
class Saeugetier { };
```

Was jetzt **kommt**, kannst du dir sicherlich schon **denken?**

> *Ja, mir fällt auf, die Elefanten, Gorillas und Säugetiere sind ja auch in unserer Datei vorhanden!*

Genau! Im Grunde würde man(n oder Frau) Folgendes machen, um die neue **Bibliothek** (in dem Fall nur eine Headerdatei) in deinem Code zu **verwenden:**

```
// MeinProgramm.cpp
#include "SavetheAnimals.h"

…

unsigned int eisbaer;
unsigned int elefanten;
unsigned int gorilla;
class Saeugetier { };
```

Dass es jetzt zu einem **Konflikt** mit den **gleichen Namen** kommt, sollte dir klar sein. Also brauchen wir eine sinnvolle **Lösung!**

Suchen und Ersetzen?

Bei kleinen Projekten kannst du das vielleicht machen, aber bei ein paar tausend Zeilen Code über mehrere Quelldateien wird das recht **mühevoll**. Und wenn dir nur einer **entwischt**, gibt es wieder einen **Matrixbildschirm** beim Übersetzen. **Nein,** C++ hat ein **besseres Mittel** dafür:

Einen neuen Lebensraum schaffen

Einen solchen **neuen Lebensraum** kannst du mit dem **Schlüsselwort** `namespace` wie folgt schaffen:

```
namespace Name_fuer_neuen_Lebensraum
{
  // Definitionen und Deklarationen des neuen Lebensraumes
}
```

Bezogen auf **unser** Beispiel hast du jetzt folgende **zwei** Möglichkeiten:

Du setzt den Header in einen neuen Namensbereich:

```
// MeinProgramm.cpp
namespace neuerLebensraum
{
  #include "SavetheAnimals.h"
}
…
unsigned int eisbaer;
unsigned int elefanten;
unsigned int gorilla;
class Saeugetier { };
```

Oder du spendierst deiner Quelldatei einen neuen Lebensraum:

```cpp
// MeinProgramm.cpp
#include "SafetheAnimals.h"

namespace SchroedingersLebensraum
{
  unsigned int eisbaer;
  unsigned int elefanten;
  unsigned int gorilla;

  struct nahrungsmittel {
    string bezeichnung;
    unsigned int gewicht;
  };

  class Saeugetier { };
}
```

[Hintergrundinfo]
Die **Anzahl** der Namensbereiche, die du in deinem Code verwenden kannst, ist **nicht beschränkt**. Du kannst in einem Quellcode durchaus **mehrere** unterschiedliche **Namensbereiche** definieren. Kein Problem!

Und wenn ich einen bereits definierten Namensbereich nochmals verwende?

In dem Fall werden die **Deklaration** und die **Definitionen** im bereits **vorhandenen** Namensraum um die Deklaration und die Definitionen des erneut verwendeten Namensraumes **erweitert**. Gibt es hier doppelte Namen, kommt es natürlich wieder zu Ausschreitungen bei der Übersetzung.

Betreten des neuen Lebensraumes

Der **Zugriff** auf einen solchen Lebensraum muss natürlich auch wieder über dessen Namen gehen. Dafür brauchst du nur den **Namensraum**, den **Zugriffsoperator : :** und dann noch das gewünschte Speicherobjekt, auf das du zugreifen willst.

Ein Beispiel für einen solchen Zugriff:

```cpp
// MeinProgramm.cpp
#include "SavetheAnimals.h" *1

namespace SchroedingersLebensraum *2
{
  unsigned int eisbaer;
  unsigned int elefanten;
  unsigned int gorilla;

  struct nahrungsmittel {
    string bezeichnung;
    unsigned int gewicht;
  };
  class Saeugetier { };
}
…
SchroedingersLebensraum::eisbaer = 20000; *3
SchroedingersLebensraum::elefanten = 500000; *3
gorilla = 90000; *4
loewe = 30000; *4
SchroedingersLebensraum::Saeugetier delphin; *5
```

*1 Die Deklarationen und Definitionen der fremden Bibliothek belassen wir in ihrem **natürlichen** Lebensraum.

*2 Unsere **eigene** Datei **schränken** wir auf den Lebensraum **SchroedingersLebensraum** ein.

*3 Zugriff auf **eisbaer** und **elefanten** im Namensraum **SchroedingersLebensraum**

*4 Zugriff auf die Variable unserer fremden Bibliothek aka der Headerdatei **SavetheAnimals.h**

*5 Definition eines Objektes von Typ **Saeugetier** aus dem Namensraum **SchroedingersLebensraum**

Using me

Natürlich ist der Weg über den **Namensraum** und den **Zugriffs-operator** nicht so **gemütlich**. Wie du es aber von `std::` bereits kennst, gibt es auch noch einen anderen Weg, einzelne oder alle Mitbewohner aus einem Lebensraum vorzustellen. Hier hast du **zwei** Möglichkeiten.

Eine davon wäre:

```cpp
using Lebensraum::Mitglied_des_Lebensraumes;
```

Damit kannst du praktisch ein **einzelnes Mitglied** aus dem Lebensraum sichtbar machen. Zum Beispiel:

```
...
{
    using SchroedingersLebensraum::elefanten; *1
    using SchroedingersLebensraum::gorilla;  *1

    SchroedingersLebensraum::eisbaer = 20000; *2
    elefanten = 500000; *3
    gorilla = 90000;    *3
    ::gorilla = 95000;  *4
    loewe = 30000;      *5
}
...
```

*1 Für **elefanten** und **gorilla** wird standardmäßig der Namensraum **SchroedingersLebensraum** gesetzt.

*2 Der Zugriff auf **eisbaer** erfolgt nach wie vor über den Namensraum und den Zugriffsoperator.

*3 Da **elefanten** und **gorilla** zuvor mit **using** in den Namensraum gesetzt wurden, erfolgt der Zugriff auf **elefanten** und **gorilla** in **SchroedingersLebensraum** jetzt ohne den Zugriffsoperator.

*4 Für den Zugriff auf **gorilla** im Header „**SavetheAnimals.h**" brauchst du dann den Zugriffsoperator **::**, weil dies ja jetzt das globale **gorilla** ist.

*5 Beim Zugriff auf **loewe** wiederum brauchst du keine Zugriffsoperatoren oder den Namensbereich, weil hier ja der Name im Gültigkeitsbereich **eindeutig** ist.

[Achtung]

Ein Namensbereich ist ein echter **Gültigkeitsbereich**. Die Gültigkeit von **using** beginnt und endet innerhalb eines Anweisungsblocks ab **{** bis **}**. Deshalb ist es wichtig, dass du eine **using**-Anweisung auch an der richtigen Stelle platzierst, um einen eindeutigen Namen innerhalb eines Gültigkeitsbereiches zu erhalten!

Willst du hingegen gleich **alle** Mitglieder deines Namensraumes **verwenden**, ohne Umwege zu gehen, kannst du eine etwas andere Art der **using**-Anweisung verwenden.

Die andere Möglichkeit:

```
using namespace Lebensraum;
```

Damit stehen dir ohne Umwege **alle Mitglieder** des Namensraumes **Lebensraum** zur Verfügung. Diese Art der Verwendung kennst du ja schon zur Genüge von **using namespace std;**, wie du es in allen Programmen verwendet hast.

Um also **ohne Umwege** alle Mitglieder aus **SchroedingersLebensraum** einzublenden, braucht es nur folgende Codezeile:

```
using namespace SchroedingersLebensraum;
```

Ein eigenes kleines Königreich

Sich einen **eigenen Lebensraum** zu schaffen, ist eine tolle Sache und ein ordentlicher Weg, auf die **Globalisierung** zu **verzichten**. Bei globalen Dingen geht es im Grunde immer um die Durchsetzung einzelner und großer Interessen. Die Masse bleibt dabei auf der Strecke. Bei einem eigenen Lebensraum kann jeder mit denselben Interessen bestehen bleiben, und bei richtiger Anwendung kommt es zu keinen Konflikt.

Öhhhm! Sind wir eigentlich noch beim Thema?

Doch sind wir, die Namensräume lassen sich halt recht revolutionär beschreiben!

Nun ist es wieder Zeit für die Praxis …

*1 Hier definieren wir einen neuen **Namensraum Lieblingstiere**.

*2 Hier siehst du eine **Funktionsdeklaration** im Namensraum **Lieblingstiere**.

*3 Logischerweise musst du bei der **Funktionsdefinition** den Namensraum und den Zugriffsoperator verwenden. Sonst würdest du hier lediglich eine neue globale Funktion **output** definieren.

*4 Da du bei der Definition den Namensraum bereits angegeben hast, brauchst du jetzt bei den Mitgliedern des Namensraumes **Lieblingstiere** keinen Namensraum und Zugriffsoperator mehr zu verwenden.

*5 Der komplette Namensraum **Lieblingstiere** ist jetzt in der **main**-Funktion **eingeblendet** und kann dort ohne Umwege verwendet werden.

```cpp
#include <iostream>
using namespace std;

namespace Lieblingstiere {  *1
   unsigned int loewe;
   unsigned int elefant;
   unsigned int eisbaer;
   void output(void);  *2
}


void Lieblingstiere::output(void)  *3
{
   cout << "Löwen     : " << loewe << endl;  *4
   cout << "Elefanten : " << elefant << endl;  *4
   cout << "Eisbären  : " << eisbaer << endl;  *4
}


int main()
{
   using namespace Lieblingstiere;  *5
```

*6 Hier erfolgt der **Zugriff** auf die einzelnen Mitglieder von **Lieblingstiere**.

```
loewe    = 30000;  *6
elefant  = 500000; *6
eisbaer  = 22000;  *6
output();  *7
return 0;
}
```

*7 Der **Funktionsaufruf** von **output()** braucht auch keine speziellen Zugriffsoptionen, um ausgeführt zu werden.

[Einfache Aufgabe]

Meine Absicht war es natürlich nicht, dir hier einfach so ein Listing hinzuklatschen! Nein, du sollst dein Programm nun um den Header **BedrohteArten.h** erweitern. Dort ist ein Namensraum **BedrohteArten** enthalten, den du jetzt nicht auch noch komplett einblenden kannst, weil es sonst viele gleiche Namen gibt. An dieser Stelle darfst du selbst entscheiden, wie du vorgehen willst. Der Header **BedrohteArten.h** bleibt unverändert!

Hier die Headerdatei:

```cpp
// BedrohteArten.h
#include <iostream>

namespace BedrohteArten {
  unsigned int elefant;
  unsigned int gorilla;
  unsigned int loewe;
  unsigned int schneeleopard;
  unsigned int orang_uthan;
  unsigned int buckelwal;
  unsigned int eisbaer;
  void output(void);
}


void BedrohteArten::output(void)
{
using namespace std;
  cout << "Löwen         : " << loewe << endl;
  cout << "Elefanten     : " << elefant << endl;
  cout << "Gorilla       : " << gorilla << endl;
  cout << "Eisbären      : " << eisbaer << endl;
  cout << "Schneeleopard : " << schneeleopard << endl;
  cout << "Orang-Uthan   : " << orang_uthan << endl;
  cout << "Eisbären      : " << eisbaer << endl;
}
```

Und jetzt eine mögliche Musterlösung:

```cpp
#include <iostream>
#include "BedrohteArten.h"   *1
using namespace std;

namespace Lieblingstiere {
  void output();
  using namespace BedrohteArten;   *2
}

void Lieblingstiere::output()
{
  cout << "Löwen      : " << loewe << endl;
  cout << "Elefanten : " << elefant << endl;
  cout << "Eisbären  : " << eisbaer << endl;
}

int main()
{
  using namespace Lieblingstiere;
  loewe   = 30000;
  elefant = 500000;
  eisbaer = 22000;
  Lieblingstiere::output();   *3
  return 0;
}
```

*1 Die **Header-datei** muss zuerst mit rein.

*2 Hier wurde alles gekürzt: Im Namespace **Lieblingstiere** wurde einfach der komplette Inhalt vom Namespace **BedrohteArten eingeblendet**. Daher brauchen wir die doppelten Einträge von **Lieblingstiere** nicht mehr.

*3 Leider **kollidieren** jetzt die beiden Funktionen **output()**, weshalb wir hier nun die gewünschte Funktion des entsprechenden Namensraumes mit **Zugriffsoperator** aufrufen müssen. Theoretisch könntest du hier auch die Funktion **BedrohteArten::output()** aufrufen. Aber da würden viele nicht direkt initialisierte Werte ausgegeben.

[Notiz]

Am Beispiel konntest du sehen, dass du einen Namensbereich (oder gegebenenfalls auch nur einzelne Mitglieder davon) **innerhalb** eines anderen Namensbereiches sichtbar machen kannst. Theoretisch kannst du natürlich auch einen Namensbereich **verschachtelt** innerhalb eines anderen Namensbereiches anlegen. Allerdings wird dann der **Zugriff** wesentlich **komplexer** (bspw. **Aussen::Innen::Mitglied**).

[Fehler/Müll]

Das **Schachteln** von Namensräumen funktioniert allerdings nur **innerhalb** von Namensräumen. Willst du Namensräume in anderen Blöcken, wie bspw. einer Funktion, verschachteln, so wird dir der Compiler freundlich mitteilen, dass dies **nicht erlaubt** ist!

Anti-Globalisierung

An sich ist die Verwendung von **using namespace xyz;** ja ganz praktisch. Aber wenn man den Sinn von Namensräumen bedenkt, wobei es doch darum geht, **Namenskonflikte** zu vermeiden, ist ein **using namespace xyz;** eigentlich **nicht** immer **optimal**. Wozu etwas erst in einen Namensraum stecken, um dann wieder alles **öffentlich** zu machen und gegebenenfalls wieder mit einem gleichnamigen Bezeichner aus einem anderen Namensraum zu **kollidieren**?!

Klar, bei den ersten Schritten in C++ und den Beispielen **im Buch** (und auch in unzähligen anderen Büchern und Beispielen im Web) findest du **selten std::cout** oder **std::endl**. Aber in der **Praxis**? Kennst du den kompletten Inhalt von **std** oder anderen Namensräumen? Oft verwenden wir gerne mal Bezeichner wie **count**, **sort** oder **find**, und schon kann es zu einer Kollision kommen, weil es in der Standardbibliothek ein ähnliches Speicherobjekt mit diesem **Namen** gibt. Aber nicht nur in der Standardbibliothek findest du die. Es gibt abertausend andere Bibliotheken, und viele Programmierer verwenden nun mal immer wiederkehrende, übliche und logische (aber eben langweilige und wenig originelle) Namen, so dass es immer wieder zu einer **Namenskollision** kommen kann.

Soll ich jetzt überall std:: *usw. vorne hinstellen und bspw. auf* using namespace std; *verzichten?*

Jein! Zwar werden wir **hier** weiterhin den **gesamten** Namensraum **std** einblenden, **aber** in der Praxis solltest du im Hinterkopf behalten, dass es eigentlich nicht immer **nötig** ist, den kompletten Namensraum mit **using namespace xyz** einzublenden. Oft brauchst du z. B. aus dem Namensraum **std** nur **cout**, **cin** oder **endl**, dann würde es auch **reichen**, wenn du nur diese Mitglieder mit **using std::cout;** usw. einblenden würdest.

[Notiz]
Ein gängiger Weg ist es auch, einen Namensbereich nur in den entsprechenden **Anweisungsblock** zu schreiben. Wie bereits erwähnt, ist eine **using**-Anweisung auch nur in einem Anweisungsblock zwischen **{** und **}** gültig.

[Einfache Aufgabe]
Okay, mal sehen, ob du verstanden hast, worauf ich hinauswollte, und nicht nur einfach mit dem Kopf genickt hast. Guck dir folgenden Code an, bei dem es zu einer Namenskollision aufgrund von **std** kommt und bei dem der Compiler wieder unnötig lange Fehler ausgeben muss. Kannst du den Fehler erkennen und beheben?

Hier der Code:

```cpp
#include <iostream>
using namespace std;

struct string {
  unsigned short groesse;
  unsigned short stueck
};

int main()
{
  string StringTanga;
  return 0;
}
```

Hääh!?

Okay, **ich helfe dir!** Die Klasse **string**, die du kennst, ist im Namensraum **std** enthalten. Mit der **Struktur string**, welche du hier erstellst, kommt es zum Konflikt mit der dir bekannten **Klasse string**. Um die **Doppeldeutigkeit** zu beseitigen, solltest du hier den Namenraum **std** entfernen (also die Zeile **using namespace std;** kommt weg). Dann klappt es auch mit dem String-Tanga. Wenn du jetzt allerdings die Klasse **string** (ja, die für Zeichenketten) in deinem Programm verwenden willst, musst du aber den Namensraum mit **Zugriffsoperator** verwenden: **std::string**.

Anonymer Lebensraum

Bei **static** habe ich es dir ja bereits gesagt, dass du mit einem **anonymen Namensraum** die Möglichkeit hast, auf **static** für dateilokale Variable zu **verzichten**. Schon vergessen?!

Also statt …

```cpp
…
static int anonym; *1

int main()
{
  anonym = 1234;
…
}
```

*1 Das wollen wir **nicht** haben!

... die bessere Alternative ...

```
...
namespace { *1
  int anonym;
} *1

int main()
{
  anonym = 1234;
...
}
```

*1 Das ist ein **anonymer Namensbereich**, und der ist in verschiedenen Quelldateien nicht von außen erreichbar. Nur innerhalb der Quelldatei, in der du diesen anonymen Namensbereich angelegt hast, ist der Inhalt bekannt.

[Belohnung]

Du hast prima mitgemacht in diesem Abschnitt. Aber denk dran, dass sich die Welt nicht nur um C++ dreht. Also guck nicht immer nur geradeaus, sondern achte auch darauf, was neben dir passiert. Nachdem hier dauernd von **bedrohten Tierarten** geschrieben wurde, kannst du dich ja mal auf der Webseite *http://wwf-arten.wwf.de/* genauer darüber informieren.

Und wo ist da die Belohnung?

Ob du jetzt etwas spendest oder einfach nur ein Befürworter des Tierschutzes wirst – du hast das Gefühl, du tust was **Gutes**. Das setzt bei dir Endorphine, Oxytocin sowie die Neurotransmitter Dopamin und Serotonin frei und beschert dir ein **Glücksgefühl**. Und dieses Gefühl ist deine **Belohnung**! So, und jetzt füttere bitte mal deine Katze!

Lebensraum im Wohnzimmer

Die **Namensräume** waren ein recht **umfangreicher** Abschnitt, nicht? Von neuen Lebensräumen, Globalisierungsgegnern über bedrohte Tierarten bis hin zu anonymen Welten war alles dabei. Und da sag noch mal einer, IT-Fachbücher wären **langweiliger** Schnarchkram!

So, nachdem du frisch mit **Glückshormonen** aufgetankt bist, können wir ja wieder eine Portion **Stresshormone** vertragen und das Thema mit ein paar **Aufgaben** abschließen.

[Einfache Aufgabe]

Genau genommen kennst du jetzt **drei** Möglichkeiten, um auf Mitglieder eines anderen Namensraumes zuzugreifen. **Welche** sind das?

1. Zunächst wäre da der **Zugriff** mit dem Namensraum + Zugriffsoperator (bspw. **Namensraum::Mitglied**).

2. Dann wäre da noch das **Einblenden** einzelner Mitglieder in einem bestimmten Bereich (bspw. `using Namensraum::Mitglied`).

3. Und zu guter Letzt wäre da noch die Möglichkeit, den **kompletten Namensraum** einzublenden (bspw. `using namespace Namensraum`).

Einen Tipp habe ich noch für dich, falls du den Namen eines Namensraumes mit einem anderen Namen (um-)benennen oder verwenden willst:

*1 Hier siehst du einen wahnsinnig hirnlos **langen** Namensraum!

```
namespace unglaublich_langer_namensraum {   *1
    // Deklarationen und Definitionen
    int binwaswert;
}
namespace uln = unglaublich_langer_namensraum;   *2
using namespace uln;   *3
uln::binwaswert = 1234;   *4
```

*3 Den **Alias** können wir jetzt als **Synonym** für den Originalnamen verwenden.

*2 Wir schaffen gleich **Abhilfe** und legen für **unglaublich_langer_namensraum** einen **Alias uln** an.

*4 Bei solchen **Zugriffen** und so hirnlosen Namen ist das wirklich von Vorteil.

Damit kannst du praktischerweise umständliche Namen von Namensräumen mit einem anderen Namen (genannt **Alias**) verwenden, oder du kannst verstecken, welcher Namensraum sich wirklich dahinter verbirgt.

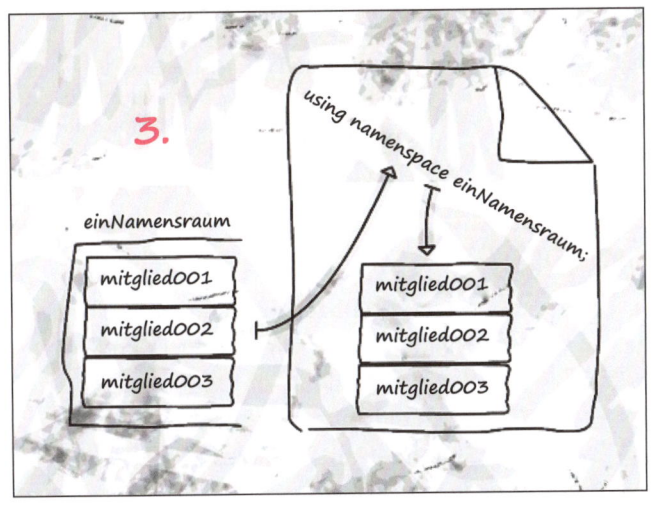

Drei Möglichkeiten, etwas aus einem Namensraum zu verwenden

[Schwierige Aufgabe]
Bringe das folgende Beispiel zur Ausführung! Blende auf keinen Fall den kompletten Namensbereich **std** ein. Obwohl, das würde auch wieder zu einem Konflikt führen. Viel Spaß beim Tüfteln!

```cpp
#include <iostream>
#include <string>

void cout(const string& print)
{
    cout << print << endl;
}

int main()
{
    string putmeout("Shark me up!");
    cout(putmeout);
    return 0;
}
```

Hier eine mögliche Lösung dazu:

```cpp
#include <iostream>
#include <string>

void cout(const std::string& print)  *1
{
    using std::cout;  *2
    using std::endl;  *2
    cout << print << endl;  *3
}

int main()
{
    std::string putmeout("Shark me up!");  *4
    cout(putmeout);
    return 0;
}
```

*3 Jetzt klappt es auch mit **cout** und **endl**.

*1 Hier hast du die Funktion **cout()**. Wegen dieser Funktion kannst du kein globales **using namespace std;** verwenden, weil es sonst zum **Namenskonflikt** kommt, weil **std** bereits ein **cout** enthält. Um hier den **string** im Parameter zu verwenden, wurde außerdem der Namensbereich mit **Zugriffs-operator** verwendet (**std::string**).

*2 Der beste Weg, um **nicht** mit der Funktion **cout()** zu **kollidieren**, ist es, **innerhalb** der Funktion das Objekt **cout lokal** einzublenden. Somit gilt das Objekt **std::cout** nur innerhalb von **{}**. Gleiches wurde hier auch mit **std::endl** gemacht. Hier hättest du zwar auch den kompletten Namensraum **std** einblenden können, was aber unnötig gewesen wäre.

*4 Für **string** habe ich mich auch hier für den **Namensbereich** mit **Zugriffsoperator** entschieden (**std::string**). Wenn **string** noch häufiger verwendet worden wäre, hättest du auch den kompletten Namen global über **using std::string;** einblenden können.

[Belohnung/Lösung]
Jetzt ist **Halbzeit**! Zwei umfangreichere Themen haben wir hier noch, und dann darfst du in die OOP einsteigen. Noch eine gute Nachricht: Heute ist **Schnitzel-mit-Pommes-Tag**. Lass es dir schmecken!

Das #Ding vor dem Compiler

Bevor dein Compiler den Quellcode zum Arbeiten bekommt, wird vom **Präprozessor** noch eine Quelltextersetzung durchgeführt. In der Regel kriegst du diese Ausführung des Präprozessors nicht mit, weil sie **automatisch** vor dem Compilerlauf ausgeführt wird. Diese **textuelle** „Vorübersetzung" (prä=vor) fühlt sich für alle Zeilen in deinem Quelltext verantwortlich, die mit dem **Lattenkreuz**-Zeichen **#** beginnen (auch **Direktiven** genannt). Eine solche Zeile braucht nicht mit einem Semikolon abgeschlossen zu werden. Pro Zeile ist **ein** Lattenkreuz-Befehl erlaubt.

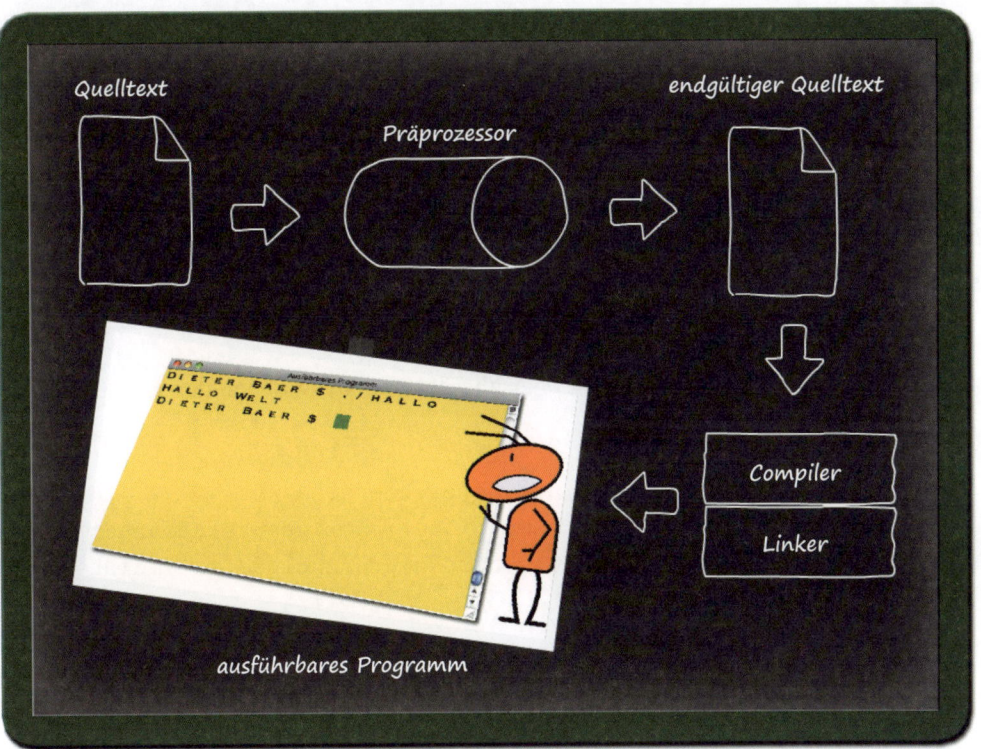

Bevor Compiler und Linker überhaupt etwas sehen, darf der Präprozessor den Quelltext überarbeiten.

Hm, dann ist `#include` am Anfang der Quelldateien auch so ein textueller Lattenkreuz-Befehl?

Ja, genau, und wenn wir schon dabei sind ...

#include „paste ohne copy"

#include kennst du ja eigentlich schon aus allen vorherigen Programmen. Dieser Präprozessorbefehl **kopiert** in dein Programm den Quellcode einer Header- oder Quelldatei ein. Hierbei stehen dir folgende zwei Geschmacksrichtungen zur Verfügung:

```
#include <vanille> *1
#include "schoko" *2
```

*1 Bei den eckigen Klammern **<>** wird in einem **voreingestellten Pfad** nach der Datei **vanille** gesucht. Die Headerdateien deiner Standardbibliothek, wie bspw. **<iostream>**, **<string>** oder **<vector>**, werden ja auch auf diese Weise eingebunden.

*2 Hier wird zunächst im **lokalen Verzeichnis** nach der Datei **schoko** gesucht, in dem du die Quelldatei gespeichert hast, welche die Zeile **#include "schoko"** enthält. Wird dort **schoko** nicht gefunden, wird nochmals im **voreingestellten Pfad** (als stünde geschrieben **<schoko>**) nach der Datei gesucht. Die Form mit den doppelten Gänsefüßchen oben verwendest du gewöhnlich für deine **eigenen Headerdateien**.

[Hintergrundinfo]
Der **voreingestellte Pfad** wird in der Regel von deinem Compiler oder der Entwicklungsumgebung festgelegt. In der Praxis kannst du hierbei weitere Pfade **hinzufügen**. Wie das geht, hängt natürlich von der verwendeten Entwicklungsumgebung oder dem Compiler ab.

*Und wie sieht es jetzt aus, wenn ich meine Headerdateien **woanders** gespeichert habe?*

Hierfür kannst du auch den **relativen** oder **absoluten** Pfad zwischen den Gänsefüßchen angeben.

So geht's auch:

```
#include "include/erdbeere.h"
#include "/home/dieter/baer/gaensefuesschen/include/vanilie.h"
#include "../ganzwoanders/include/waldmeister.h"
```

#define „Symbol" und „Makro"

Mit #define lässt du Text vom Präprozessor durch einen anderen Text **ersetzen**. **Vergiss nicht,** für den Präprozessor ist alles ein Quellcode-Text! Der Präprozessor kann **kein C++** und kennt auch nicht dessen Syntax! Hierbei kannst du einfache **Symbole** verwenden, die vom Präprozessor dann durch etwas anderes ersetzt werden. Auch lässt sich die Ersetzung von #define missbrauchen, um echte **Makros** zu erstellen.

[Hintergrundinfo]
Ein **Makro** ist ein Stückchen Code, der durch ein **Kürzel** vereinfacht wird und vom Präprozessor später an allen Stellen ersetzt wird, wo das Kürzel steht!

Hierzu ein solch einfaches #define-Symbol:

```
#define SCHROEDINGERS_KATZE "Garfield" *1
...
cout << SCHROEDINGERS_KATZE << endl; *2
cout << "SCHROEDINGERS_KATZE" << endl; *3
```

*1 Das **Symbol** ist hier SCHROEDINGERS_KATZE. Überall im Quelltext, wo du jetzt diese symbolische **Konstante** verwendest, wird vom Präprozessor die konstante Zeichenkette **"Garfield"** ersetzt.

*3 Steht das **Symbol** zwischen einer Zeichenketten-konstante, wird vom Präprozessor **keine Erset-zung** durchgeführt.

*2 Das **Symbol** SCHROEDINGERS_KATZE wird nach dem Präprozessorlauf durch **"Garfield" ersetzt**, weshalb dann auch **Garfield** ausgegeben wird.

Aber meine Katze heißt doch gar nicht Garfield!

Macht nichts! Anstatt jetzt im gesamten Quelltext den Namen zu ändern, musst du hier ja nur den Wert des **#define**-Symbols **SCHROEDINGERS_KATZE** ändern.

*1 Hier bekommt das **Makro** einen formalen **Parameter**, welcher in **Klammern** stehen muss. Diesen formalen Parameter kannst du auf der rechten Seite **beliebig** oft verwenden. Dort **muss** dieser aber auch zwischen Klammern stehen! Natürlich kannst du auch hier mehrere formale Parameter verwenden.

Jetzt noch ein Makro mit #define …

```
#define QUADRATIEREN(val) ( (val)*(val) ) *1
...
int quadrat = QUADRATIEREN(10); *2
```

*2 Im **Quelltext** wird an jeder Stelle dieses **Makro** vom **Präprozessor** dann durch den eigentlichen Code **ersetzt**. Aus **QUADRATIEREN(10)** macht der Präprozessor „10*10". Das ist dann auch das, was der Compiler kriegt.

Solche Makros können natürlich wesentlich **komplexer** und **umfangreicher** ausfallen und über **mehrere Zeilen** gehen. In solch einem Fall musst du am Zeilenende ein **Backslash**-Zeichen \ anhängen.

[Achtung]
#**define**-Symbole und -Makros werden in C++ eigentlich eher **selten** für funktionelle Sachen verwendet, weil diese doch oft **Nebenwirkungen** haben, auf die dich kein Arzt oder Apotheker hinweist. Wir gehen in der Werkstatt näher darauf ein. Die bessere Alternative für #**define** SCHROEDINGERS_KATZE wäre demnach **static const string SCHROEDINGERS_KATZE = …** und für das Makro **QUADRIEREN** wäre **inline int QUADRIEREN(int val) {…}** (oder eine Lambda-Funktion) eine sinnvollere C++-Variante.

Wenn du ein **Symbol** oder **Makro aufheben** willst, kannst du dies dem Präprozessor mit #**undef** und dem Namen mitteilen.

Zum Beispiel:

```
#undef SCHROEDINGERS_KATZE
```

Wenn du diese Zeile im Programm verwendest, werden hinter dieser Zeile alle **Symbole** oder **Makros** mit dem Namen **SCHROEDINGERS_KATZE** ungültig. In der Praxis wirst du aber nicht zum Spaß ein Symbol oder Makro aufheben, um dir dann die Fehlermeldung des Compilers anzusehen, sondern eher, um anschließend einen neuen Wert mit **#define** für **SCHROEDINGERS_KATZE** zu setzen.

Die Übersetzung dirigieren

Recht nützlich ist auch **bedingte Kompilierung**. Das bedeutet, du lässt den Präprozessor **bestimmen**, welchen Code der Compiler zu sehen bekommt und welchen nicht. Damit kannst du praktisch einen Code zur Verfügung stellen, mit dem **Birnen-Jünger**, **Mikroweich-Anwender** und **Pinguin-Verliebte** zufrieden sind. Theoretisch zumindest!

Da es recht viele Direktiven dafür gibt, hier alles in einer kompakten Tabelle:

Direktive	Was sie bringt
`#if AUSDRUCK`	Ist der *AUSDRUCK* ungleich 0, bekommt der Compiler den dahinterstehenden Programmteil zu Gesicht.

`#ifdef SYMBOL`
`#if defined SYMBOL`
`#if defined (SYMBOL)`
	Ist *SYMBOL* definiert (bspw. mit `#define`), erhält der Compiler den darauf folgenden Programmteil.

`#ifndef SYMBOL`
`#if !definied SYMBOL`
`#if !defined(SYMBOL)`
	Ist *SYMBOL* nicht definiert (bspw. mit `#define`) erhält der Compiler den darauf folgenden Programmteil.

`#elif SYMBOL` `#elif AUSDRUCK`	Ist das *SYMBOL* definiert oder der *AUSDRUCK* ungleich 0, wird vom Compiler der darauf folgende Programmteil verwendet. Einem `#elif` geht natürlich ein `#if` oder `#ifdef` voraus.
`#else`	Den alternativen Programmteil hinter dem `#else` bekommt der Compiler vorgesetzt, wenn alle vorangehenden `#if`, `#ifdef` usw. nicht zutreffend waren.
`#endif`	Damit zeigst du dem Präprozessor das Ende seiner bedingten Kompilierung an.

#Ich bestimme, was #du bekommst

In diesem Abschnitt will ich verstärkt auf **#include** eingehen, weil es eben das ist, wovon du künftig als Entwickler in deiner Schuhfabrik recht rege Gebrauch machen wirst und musst. Also, auf geht's zu den hohen Lehren von **#include**!

Einmal einfügen reicht ...

Wenn du eine **eigene Headerdatei** erstellst, musst du **Vorkehrungen** treffen, damit diese Datei vom Präprozessor nicht **mehrfach** in unterschiedliche Dateien **eingefügt** wird, welche diesen Header ebenfalls inkludieren. Die Formulierung für den Präprozessor sollte somit lauten: Hast du den Inhalt der Headerdatei noch nicht eingefügt, dann mach zu, ansonsten hast du hier nichts zu suchen! Das Ganze (etwas sanfter) als Code:

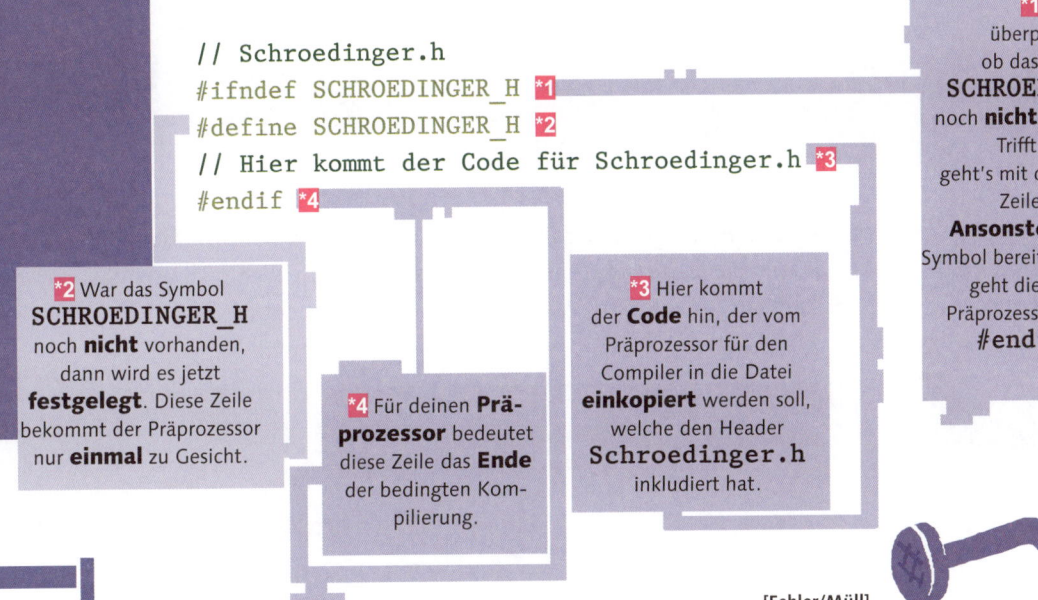

```
// Schroedinger.h
#ifndef SCHROEDINGER_H     *1
#define SCHROEDINGER_H     *2
// Hier kommt der Code für Schroedinger.h  *3
#endif  *4
```

*1 Hier überprüfst du, ob das **Symbol** SCHROEDINGER_H noch **nicht** vorhanden ist! Trifft dies zu, geht's mit der **nächsten** Zeile weiter. **Ansonsten**, wenn das Symbol bereits **definiert** ist, geht die Arbeit des Präprozessors erst hinter **#endif** weiter.

*2 War das Symbol SCHROEDINGER_H noch **nicht** vorhanden, dann wird es jetzt **festgelegt**. Diese Zeile bekommt der Präprozessor nur **einmal** zu Gesicht.

*4 Für deinen **Präprozessor** bedeutet diese Zeile das **Ende** der bedingten Kompilierung.

*3 Hier kommt der **Code** hin, der vom Präprozessor für den Compiler in die Datei **einkopiert** werden soll, welche den Header **Schroedinger.h** inkludiert hat.

[Fehler/Müll]

Wenn bei vielen Headerdateien und Modulen etwas **mehrfach inkludiert** wird, können Makros der Headerdatei mehrfach definiert werden und können somit einen **Fehler** auslösen. Wobei du in C++ ohnehin am besten die Finger von Makros lässt!

Jetzt ein „halbwertiges" Beispiel dazu. Die Headerdatei:

```
// Schroedinger.h
#include <iostream>
#include <string>
using namespace std;
#ifndef SCHROEDINGER_H
```

```cpp
#define SCHROEDINGER_H

struct Schroedingers_Katze {
  string name;
  unsigned int alter;
};
#endif
```

Diese Headerdatei kannst du jetzt ganz einfach in deinem Programm verwenden:

```cpp
// Hauptprogramm.cpp
#include <iostream>
#include "Schroedinger.h" *1
using namespace std;

int main()
{
  Schroedingers_Katze kater = { "Felix", 9 }; *2
  …
}
```

*1 Den **Header** brauchst du lediglich zwischen **Gänsefüßchen** hinzuzufügen. Hier wird davon ausgegangen, dass sich die Headerdatei **Schroedinger.h** im **selben Verzeichnis** befindet wie **Hauptprogramm.cpp**!

*2 die Struktur aus der Headerdatei **Schroedinger.h** …

„No such file or directory", oder wo bin ich hier …

Wer diesen Fehler **lesen und verstehen** kann, ist ganz klar im Vorteil. Diese **Fehlermeldung** bekommst du von deinem Präprozessor zurück, wenn er die **Headerdatei nicht finden** kann. Für dich bedeutet das, dass du den **Pfad** zur Headerdatei **falsch** angegeben hast. Also deine Schuld und nicht meine!

[Einfache Aufgabe]
Guck dir das folgende Bild an. Im Hauptprogramm **main.cpp** fehlen da noch die Header-dateien **a.h**, **b.h** und **c.h**. Wie müssen die drei **#include**-Zeilen aussehen, damit es kein „No such file or directory" gibt? Achte auf die Verzeichnisse und Hierarchien von A, B und C!

Wie müssen die **#include**'s in **main.cpp** für **a.h**, **b.h** und **c.h** aussehen?

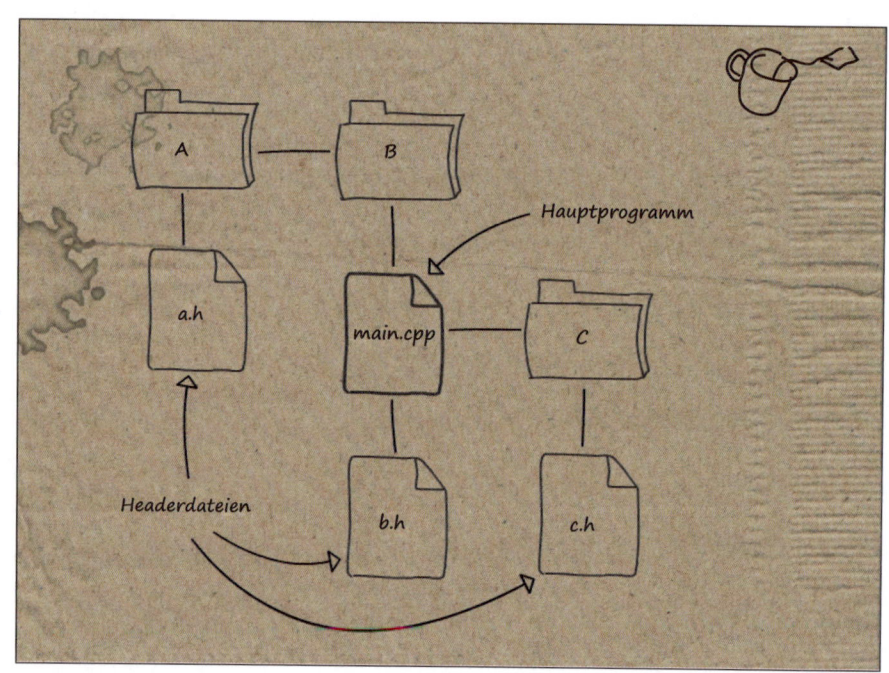

Hier die Lösung der drei #include's:

```cpp
#include "../A/a.h"
#include "b.h"
#include "C/c.h"
```

Makros und Symbole, oder doch lieber nicht?

In C++ solltest du, wenn möglich, auf symbolische Konstanten und Makros **verzichten**, weil die negativen **Nebenwirkungen** oft auf den ersten Blick gar nicht erkannt und bemerkt werden. Gerade **Makros** sind da eine unerschöpfliche und geduldige **Fehlerquelle,** welche den einen oder anderen Programmierer schon zum Arbeitsamt geführt haben.

Hier eine solche symbolische Konstante im Einsatz:

```cpp
#define PI 3.1415 *1
...
double durchmesser = 5.22;
double kreisumfang = durchmesser * PI; *2
double kreisflaeche = durchmesser*durchmesser*PI/4; *2
```

> *1 Diese symbolische Konstante **PI** wird vom Präprozessor …

> *2 … durch die Textfolge bzw. den Wert **3.1415** ersetzt.

Willst du **PI** gleich **errechnen** lassen, kannst du dies mit **#define** auch so machen:

```cpp
#include <cmath> // für atan()
#define PI atan(1)*4
```

An dieser Stelle solltest du allerdings wissen, dass ja der Präprozessor nur eine **textuelle Ersetzung** (kein C++, gell!) vornimmt und den Text für jedes **PI** direkt im Programm ablegt. Das bedeutet, dass **jedes PI** erneut im **Speicher abgelegt** wird, und das bedeutet im zweite Fall mit **atan()**, dass jede **Berechnung** erneut an Ort und Stelle **ausführt** werden muss.

Tataaa, diese Nachteile hast du mit const nicht:

```cpp
static const double PI = 3.1415;
// oder als berechneten Wert:
static const double PI = atan(1)*4;
```

Der Vorteil von **const** gegenüber **#define** ist also, dass nur **einmal** ein **Speicherplatz** zugewiesen werden muss, und auch, im Fall von **atan()**, die **Berechnung** nur **einmal** bei der Zuweisung **ausgeführt** werden müsste. Zusätzlich kannst du, dank fester Speicherstelle, auch mit einem Zeiger auf **const** zugreifen (theoretisch zumindest).

Querschläger Makros ...

Ja, gut, bei symbolischen Konstanten wirst du dir noch sagen: „Mensch, **so schlimm sind die auch wieder nicht!**" Aber Makros kannst du nicht mehr schönreden. Die sind böse (*viel-Weihwasser-spritz*). Also nicht verwenden! Hierzu eine der möglichen Nebenwirkungen, die Makros gerne mit sich bringen:

```
#define QUADRATIEREN(val) ( val * val )
…
  int wert = 10;
  int quadrat1 = QUADRATIEREN(wert);
  int quadrat2 = QUADRATIEREN(wert+1); // !!!
  cout << quadrat1 << endl;
  cout << quadrat2 << endl; // !!!
…
```

Der Code bei der Ausführung:

Da ist was schiefgelaufen???

Das hier „**21**" herausgekommen ist, liegt daran, dass aus der Ersetzung von **(val * val)** eben **(10+1 * 10+1)** wird. Nach der **Punkt-vor-Strich-Regelung** wird hierbei eben **10+(1*10)+1** gerechnet. Ganz klar, hier wurden die Klammerungen bei dem Makro vergessen **((val) * (val))**. Aber solche Beispiele sind es leider, die immer wieder für einen Riesenwirbel sorgen.

Wie jetzt? Auf #define's verzichten?

Nein, natürlich **nicht komplett**. Gerade für Dinge wie die **bedingte Kompilierung** oder zu **Debugging**-Zwecken sind solche **#define**-Direktiven nach wie vor **nützlich**. Aber als **Alternative** für Makros sind **inline**-Funktionen und Funktions-Templates die wesentlich besseren C++-Player. Und statt symbolischer Konstanten würde ich dir außerdem konstante Variablen mit **const** empfehlen.

#Ich h### all## v##sch###t

So, nun weißt du, dass bevor dein Compiler ins Spiel kommt, vom Präprozessor die **Lattenkreuze** verschluckt und der Quellcode in einer endgültigen Fassung für den Compiler zubereitet wird. Headerdateien (auch Quelldateien) werden mit `#include` einkopiert, `#define`-**Symbole** und -**Makros** durch den entsprechenden Text ersetzt und die **bedingte Kompilierung** wird mit `#if`, `#ifndef` usw. durchgeführt.

[Zettel]

Neben den von dir steuerbaren Lattenkreuz-Direktiven führt der Präprozessor noch ein paar interne Dinge durch, wie bspw. Kommentare durch ein Leerzeichen ersetzen etc.

Dass dieses **#define**-Zeug wie Makros und symbolische Konstanten nicht unbedingt der **Dotter** vom C++-Ei ist, dürfte dir mittlerweile klar geworden sein. Ich hoffe es zumindest! Ich habe dich ja **gewarnt**, und du bist alt genug und für dich selbst verantwortlich! Mach mich später nicht verantwortlich, wenn es **scheppert**!

[Schwierige Aufgabe]

Nachdem du schon alle **drei Systeme** hochgefahren hast, kannst du gleich ein Beispiel mit einer bedingten Kompilierung erstellen, welches ermittelt, auf welchem System das Programm gerade **ausgeführt** wird. Bekannte Symbole sind
`__APPLE__` (für MacOS),
`__linux__` (für Linux) und
`__WIN32__` (für Windows).
Gib einfach das entsprechende System oder den Boss (CEO) davon aus.

Hier eine mögliche Musterlösung:

```
#include <iostream>
using namespace std;

#ifdef __APPLE__
  #define CEO "Tim Cook"
#elif __linux__
  #define CEO "Linus Torvalds"
#elif __WIN32__
  #define CEO "Steve Ballmer"
#else
  #define CEO "Schroedinger"
#endif
```

*1 Erkennt der Präprozessor das SYMBOL `__APPLE__`, läuft das System auf einem Mac und „Tim Cook" ist der **CEO** (Chief Executive Officer).

*2 Beim SYMBOL `__linux__`, bekommt der Compiler „Linus Torvalds" für das Symbol **CEO**. Zwar gibt es bei Linux keinen direkten **CEO**, daher habe ich einfach den Erfinder verwendet.

*3 Das SYMBOL `__WIN32__`, macht „Steve Ballmer" zum neuen Symbol von **CEO**.

*4 Findet der Präprozessor kein passendes Symbol, machen wir zum Schluss (`#else`) einfach „Schroedinger" zum **CEO**.

```
int main()
{
  cout << "Chef auf deinem System : " << CEO << endl; *5
  return 0;
}
```

*5 Hier wird der entsprechende **CEO** auf deinem System ausgegeben. Ein Bezug zur Realität war hierbei nicht beabsichtigt. Etwaige Realitätsbezüge in der Aneinanderreihung von Zeichen sind rein zufällig!

[Notieren/Üben]

Beachte bitte, dass die compiler- oder systemspezifischen Symbole (wie **__APPLE__**, **__linux__**, usw.) nicht Teil vom C++-Standard sind und daher auch wirklich compiler- und systemabhängig sind!

Es fehlen noch ein paar Präprozessor-Direktiven, denen du gelegentlich begegnen könntest und bei denen es nicht schaden kann, diese auch zu kennen ...

Direktive	Was sie macht
#error "meldung"	Damit lässt sich der Quellcode nicht übersetzen und wird mit der Fehlermeldung "meldung" abgebrochen. Kann nützlich sein, wenn mehrere Leute am Code arbeiten und du auf etwas hinweisen willst, was absolut nicht geht.
#line n "datei"	Damit kannst du die Zeilen in deinem Programm auf n und/oder den Dateinamen auf "datei" setzen. Diese Direktiven haben nur einen Einfluss auf die Symbole __LINE__ und __FILE__!
#pragma	Das sind compilerspezifische Direktiven. Kennt ein Compiler eine spezielle #pragma-Direktive nicht, wird diese ignoriert. Damit kannst du Direktiven verwenden, ohne mit anderen Compilern in Konflikt zu geraten.

Auch einige vordefinierte C++-Symbole sollten dir für die Zukunft noch vorgestellt werden:

Symbol	Was es enthält
__LINE__	Darin ist die aktuelle Zeilennummer des Quellcodes enthalten.
__FILE__	eine Zeichenkette mit dem Namen der aktuellen Datei
__DATE__	eine Zeichenkette mit dem aktuellen Datum
__TIME__	eine Zeichenkette mit der aktuellen Uhrzeit

Und jetzt alle zusammen!

Nachdem du jetzt alle **Zutaten** für den Teig kennst, kannst du den **Kuchen** backen. Mittlerweile dürfte es bei dir schon angekommen sein, dass umfangreiche Programme **nicht** in eine Quell- oder Headerdatei gepresst werden. Fertigkuchen aus der Verpackung schmeckt schließlich auch nicht so gut wie einer mit frischen und vielen leckeren Zutaten. Gewöhnlich werden die Zutaten in **mehrere** Quell- und Headerdateien gesteckt. Diese einzelnen Bausteine werden auch **Module** genannt. Viele solcher Module werden am Ende zu einer Einheit, dem auszuführenden Programm, zusammengefügt.

Zwar gibt es **kein Dogma**, nach dem du die Module **aufteilen** musst, aber es gibt doch einige **Gebote**. Und wenn du dich ein wenig an diese Richtlinien hältst, kommst du eher in den C++-Himmel und musst keine Angst haben, dass es dir an den Kragen geht.

Die Zutaten für den leckeren Kuchen

Für einen **feineren** Geschmack wird zunächst empfohlen, ein Modul in **zwei Teile** aufzuteilen:

Das, was ich dir **hier** sage, solltest du nur als **Hinweis** oder **Tipp** verstehen. Wie und welchen Stil du mit der Zeit entwickelst, hängt ganz von dir selbst ab. Außerdem hängt die Entwicklung von Software auch von der Anzahl der Programmierer ab, die hierbei **mit-schrauben**. Du kannst also nicht her-gehen und einfach sagen: Eine Straße geht nur geradeaus!

☞ Dies wäre mit der **Headerdatei** (gewöhnlich mit der Endung `*.h`) ein öffentlicher Teil, der dir die **Schnittstellen** für Funktionen und Klassen anbietet – also im Prinzip sämtliche öffentliche Deklarationen.

☞ Die eigentliche **Implementation** (also der arbeitende Code) der Schnittstellen und Klassen, nämlich die Definitionen, findest du in einer **privaten Datei**. Dies kann entweder die Quelldatei (mit der Endung `*.cpp`), eine vorübersetzte Objektdatei (Endung: `*.o` oder `*.obj`) oder eine Biblio-theksdatei sein.

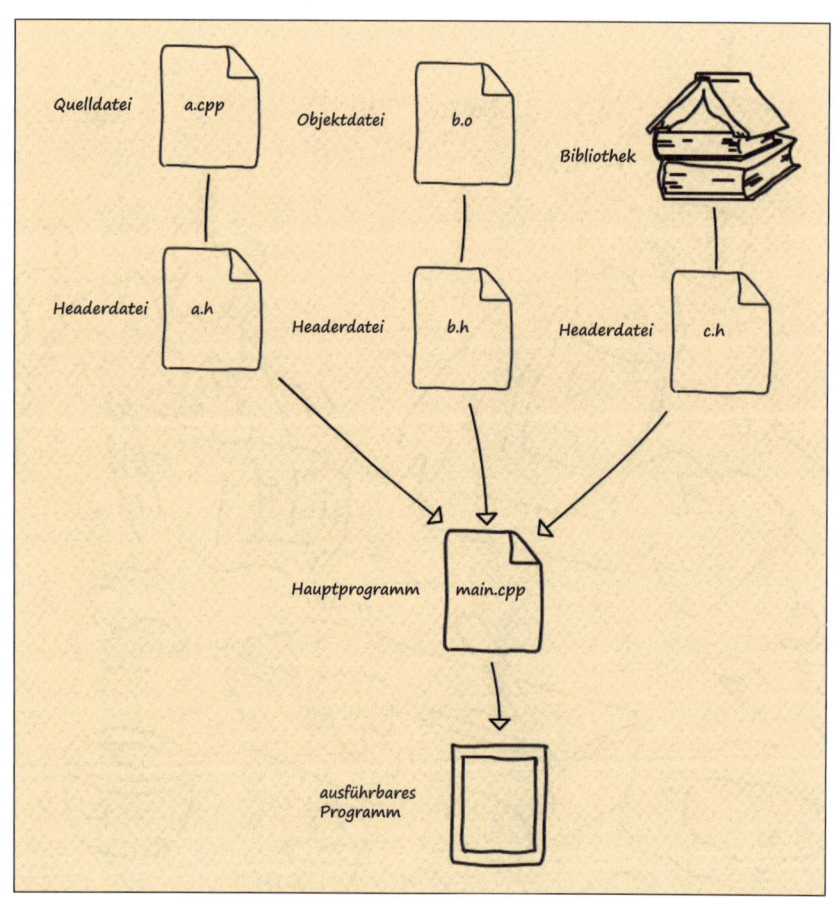

Die Grundzutaten für einen (hoffentlich) guten Geschmack

☛ Und natürlich ist da noch eine Quelldatei mit der **Haupt-funktion** `main()`, welche die Schnittstellen und Klassen **verwendet** und ohne die es keinen fertigen Kuchen gibt.

„Symbol(s) not found", oder eine Zutat fehlt

Die **Zutaten** sollten aber schon **in** der Schüssel sein, damit es mit dem Teig klappt. Einfach nur die Headerdatei hinzufügen entspricht in etwa dem **Einkaufen** der Zutaten. Daher ist es unerlässlich, dass du dem Compiler **mitteilst**, welche Zutaten (bspw. Quelldateien) zum Projekt gehören. **Analog** gilt dies natürlich auch, wenn nur eine Objekt- oder Bibliotheksdatei dabei ist! Diese Datei ist ja die eigentliche Zutat, welche **mit** in die Rührschüssel muss.

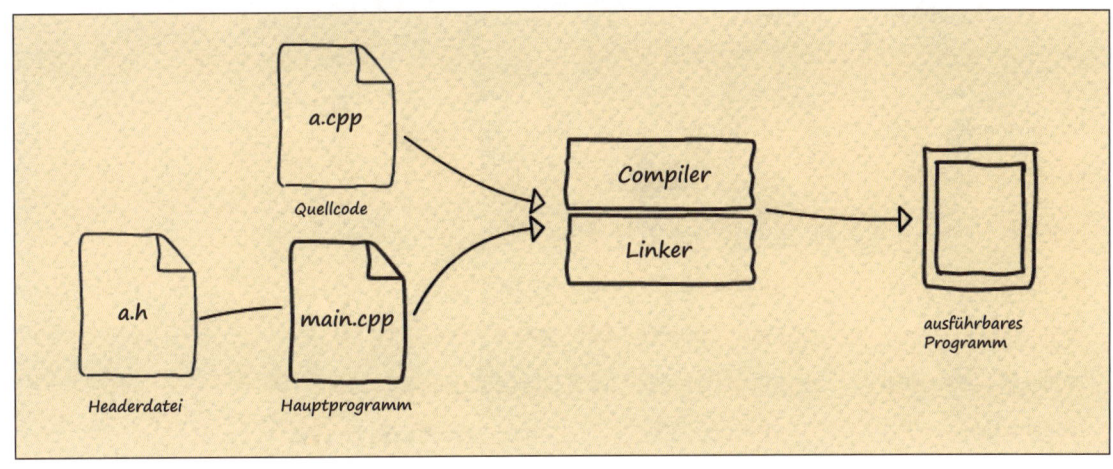

Was alles in die Rührschüssel gehört, musst du schon auch reintun!!!

Jein! Theoretisch könntest du das natürlich schon wie folgt machen:

Kann ich nicht einfach die **Quelldatei** mit `#include` hinzufügen?

```
#include <iostream>
#include "a.cpp" *1
...
int main()
{
    ...
}
```

*1 Es ist theoretisch auch möglich, eine **Quelldatei** in das Projekt zu **inkludieren**. **Aber** bei großen Projekten wird dies so **nie** verwendet. Außerdem setzt das voraus, dass immer die Headerdatei und die Quelldatei **vorhanden** ist. Letzteres ist allerdings **nicht** immer der Fall!

Die Einkaufsliste mit den Zutaten

Eine **Headerdatei** (Endung: ***.h** oder manchmal auch ***.hpp**) ist also für die Vorbereitung immens wichtig. Damit holst du dir schon mal die **Zutaten** vom Supermarkt. Bevorzugt findest du in einer Headerdatei die **Deklarationen**, aber manchmal auch einige Definitionen. Hierzu eine kleine **Einkaufsliste**, was viele Gourmetköche in diesen Header stecken, damit was Gutes dabei herauskommt:

Einkaufsliste	Das ist gemeint ...
Aufzählung	`enum pos { oben, unten, mitte };`
bedingte Kompilierung	`#ifdef __SYMBOL__`
Bezeichner deklarieren	`class EinKlasse;`
Funktion deklarieren	`int funktion( int, int );`
include-Anweisungen	`#include <headerdatei>` `#include "headerdatei"`

inline-Funktionen	`inline int foo(int v) {`
	`   return v*2;`
	`}`

Kommentare	`// Huhu, sag, was ich mache`
Konstanten definieren	`static const int PI = 3.1415;`
Symbole, Makros	`#define WORD int`
Namensbereiche	`namespace Huhu {int h, u, h, u};`
Templates definieren	`template<class x> class Z{…};`
Templates deklarieren	`template<class x> class Z;`
Typdefinition	`struct foo{ int b1; foo* next;};`

Eine nützliche Einkaufsliste, was alles so in einer Headerdatei verwendet werden könnte/sollte/muss ...

Hierzu eine solche Headerdatei `Schroedinger.h`:

```
// Schroedinger.h
#include <iostream>
```

```
#ifndef SCHROEDINGER_H
#define SCHROEDINGER_H

void foo();
static const int PI = 3.1415;

#endif
```

In dieser **Headerdatei** findest du z. B. eine Funktionsdeklaration und eine Konstantendefinition.
Den **#ifdef**-Teil für die bedingte Kompilierung kennst du ja bereits.

Die Zutaten vorbereiten und abwiegen

Die eigentliche **Implementation** der **Schnittstellen** von Funktionen, Klassen, Elementfunktionen usw. wird in einer **privaten Quelldatei** vorgenommen. Hier wiegen wir also unsere Zutaten für den fertigen Teig ab, so dass diese fertig für die **Verwendung** sind. Als Namen für diese Datei verwendet man in der Regel denselben Namen wie für die dazugehörige Headerdatei. Nur die **Endung** lautet hier natürlich ***.cpp**.

[Hintergrundinfo]
Gewöhnlich werden hier auch **anonyme Namensbereiche** und exportierte Template-Definitionen reingeschrieben.

**Eine passende private Quelldatei
Schroedinger.cpp dazu:**

```
#include "Schroedinger.h"

void foo() {
  cout << "Ausgabe von foo(): " << PI << endl;
}
```

Hier findest du gleich die Funktionsdefinition von **foo()**.
Auch die Konstante **PI** aus der Headerdatei
Schroedinger.h wird hier verwendet. Die Headerdatei
Schroedinger.h selbst brauchst du hier natürlich auch.

[Ablage]
An dieser Stelle sei gesagt, dass du aus **Schroedinger.cpp** und **Schroedinger.h** bereits eine **Objektdatei** oder **Bibliotheksdatei** machen kannst. Dafür brauchst du keine **main()**-Funktion. Um bspw. eine **Objektdatei** zu erstellen, brauchst du nur **Schroedinger.cpp** und **Schroedinger.h** zu kompilieren, aber nicht linken! Jetzt kannst du die Objektdatei **Schroedinger.o** und die Headerdatei

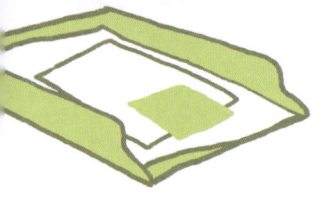

Schroedinger.h weitergeben. Den Quellcode **Schroedinger.cpp** gibst du nicht frei, er bleibt verborgen. Beim **Übersetzen** eines Programms musst du natürlich die Headerdatei **Schroedinger.h einbinden** und dem Linker **mitteilen**, wo er die Objektdatei findet. Ähnlich (etwas anders) kannst du übrigens auch eine Bibliotheksdatei erstellen. Beachte allerdings, dass eine Objektdatei bzw. Bibliotheksdatei **nicht** mehr **systemunabhängig** ist! Eine Objektdatei, die du auf dem Mac erstellt hast, kannst du nicht unter Windows weitergeben und verwenden.

... und jetzt alles in die Schüssel

Um jetzt den Code der **Quelldatei** (oder Objekt- bzw. Bibliotheksdatei) und der **Headerdatei** (oder genauer, die Module) wie Zutaten zu einem Teig zu kneten, brauchst du im Prinzip nur noch eine weitere Quelldatei (***.cpp**) mit einer **main()**-Funktion (das Knetgerät, wenn du so willst).

Der Code mit einer main()**-Funktion:**

```cpp
#include <iostream>
using namespace std;
#include "Schroedinger.h"

int main()
{
  foo();
  return 0;
}
```

[Zettel]

Das wahre Leben: So einfach, wie du es hier vorfindest, ist es natürlich (wie immer) im wahren Leben **nicht**. Wir sind hier ja nicht in einem Märchen, wo es immer zum Happy-End kommt. Bei **umfangreichen** Projekten kommen schon mal ein gutes Dutzend Module zusammen. Häufig kommen noch einige Objekt- und Bibliotheksdateien hinzu. So eine Projektverwaltung ist keine Zuckerwatte, und du solltest dich unbedingt damit **befassen** (nicht nur mit dem Kopf nicken, ja!). Große Entwicklungsumgebungen bieten dir hierfür meistens komplette Lösungen an.

Rein ins Vergnügen

An sich ist das Thema der **Projektverwaltung** nicht viel schwerer als Kuchen backen. **Fehlt** da eine Zutat, wird der Kuchen ja auch nix. An dieser Stelle kann ich dir auch den Tipp geben: **Höre** deinem Compiler **zu** wie deiner/m besten Freund/in und nicht wie deiner/m Lebenspartner/in!

Meistens sagt dir dein Compiler schon, was **falsch** ist. Natürlich sind die Ausgaben von Compiler zu Compiler unterschiedlich (bzw. von der Entwicklungsumgebung abhängig). Aber trotzdem solltest du die grundlegenden **Fehlermeldungen** zumindest **erkennen** können. Daher einige Aufgaben dazu.

[Einfache Aufgabe]
Dein Compiler meldet: „Fatal error: xyz.h: No such file or directory" oder „Fehler: xyz.h: Keine solche Datei oder Verzeichnis vorhanden". Was könnte die Ursache für den Fehler sein?

Hm, ich denke, dass der Compiler die Datei `xyz.h`, *die mit* `#include` *einkopiert werden sollte, nicht im angegebenen* **Verzeichnis** *gefunden hat!*

Völlig richtig! Der Fehler ist plausibel, kann einen aber in den Wahnsinn treiben, wenn man ein Brett vorm Kopf hat. Entweder stimmt der **Pfad** zu `xyz.h` nicht, oder `xyz.h` gibt es gar **nicht**, oder es wurde vielleicht **falsch** geschrieben!

[Einfache Aufgabe]
Einen zweiten Klassiker aus der FAQ-Sektion habe ich noch, der vom Linker zurückgegeben wird. Und zwar die Meldung „Undefined symbols: „abc()", reference from _main in xyz.o! ld: symbol(s) not found". Was könnte damit gemeint sein?

: Keine Ahnung!

Okay, ich nehme dich an die Hand! Dein Linker konnte hier das **Symbol** `abc()` nicht **auflösen**. Das kann hier bedeuten, dass `abc()` zwar irgendwo deklariert wurde, dass aber der Linker die **Definition** nicht **finden** konnte und somit das Symbol nicht aufgelöst hat. Der Fehler tritt meistens auf, wenn du deinem Projekt nicht mitteilst, wo es die Definition (also die entsprechende Datei, wo sie drin ist) findet. Hierbei kann es sich um eine Quelldatei, eine Objektdatei oder aber auch um eine Bibliotheksdatei handeln. Bei Entwicklungsumgebungen musst du diese Dateien gewöhnlich lediglich zum Projekt **hinzufügen** bzw. **hinzulinken**.

Natürlich darf ein Praxisbeispiel dazu nicht fehlen:

```cpp
// kuchenbacken.cpp
#include <iostream>
using namespace std;

namespace Zutaten {
  unsigned short butter;
  unsigned short zucker;
  unsigned short eier;
  unsigned short mehl;
  unsigned short backpulver;
}

void ruehren()
{
  cout << "Teig wird gerührt!\n";
}

void backen()
{
  cout << "Teig wird gebacken\n";
}

void essen()
{
  cout << "Mmm, lecker, der Sandkuchen\n";
}

int main()
{
  using namespace Zutaten;
  butter = 250;
  zucker = 250;
  eier   = 5;
  mehl   = 500;
  backpulver = 1;
  ruehren();
  backen();
  essen();
  return 0;
}
```

Im Beispiel **kuchenbacken.cpp** wurde alles in eine Quelldatei geschrieben. Zeig, was du gelernt hast, und teil den Code in eine Headerdatei und eine private Datei auf. Enttäusch mich nicht! Gib alles!

Also zunächst die öffentliche Schnittstelle mit der Headerdatei backen, d.h.:

```cpp
// backen.h
#ifndef __BACKEN__        *1
#define __BACKEN__        *1
```
*1 bedingte Kompilierung

```cpp
namespace Zutaten {        *2
  unsigned short butter;
  unsigned short zucker;
  unsigned short eier;
  unsigned short mehl;
  unsigned short backpulver;
}  *2
```
*2 Definition des Namensbereiches **Zutaten**

```cpp
void ruehren();   *3
void backen();    *3
void essen();     *3
```
*3 Deklarationen von Funktionen

```cpp
#endif  *4
```
*4 Ende der bedingten Kompilierung

Jetzt die private Datei backen.cpp:

```cpp
// backen.cpp
#include <iostream>
using namespace std;

void ruehren()   *1
{
  cout << "Teig wird gerührt!\n";
}

void backen()   *1
{
  cout << "Teig wird gebacken\n";
}
```
*1 Definitionen der Funktionen

```
void essen()  *1
{
    cout << "Mmm, lecker, der Sandkuchen\n";
}
```

*1 Definitionen der Funktionen

Zum Schluss noch die Quelldatei mit der Hauptfunktion, welche die öffentliche Schnittstelle und die private Datei verwendet:

```
// main.cpp
#include <iostream>
using namespace std;
#include "backen.h"  *1

int main()
{
    using namespace Zutaten;
    butter = 250;
    zucker = 250;
    eier    = 5;
    mehl    = 500;
    backpulver = 1;
    ruehren();
    backen();
    essen();
    return 0;
}
```

*1 Diese **Headerdatei** muss unbedingt rein! Außerdem musst du deinem Projekt auch die Quelldatei **backen.cpp** mitteilen!

Puh!
Die Geschichte mit den vielen Modulen ist recht anstrengend!

Es kann sein, dass dir das am **Anfang** etwas erdrückend vorkommt, aber es lohnt sich, dranzubleiben. Sobald du eine einzige Quelldatei mit **> 1.000 Zeilen** hast und etwas ändern willst, wirst du an mich denken. Wichtig ist natürlich auch, dass du deinen Code in **sinnvolle Module** aufteilst. So macht es wenig Sinn, **Kuchen backen** und **Wäsche waschen** im selben Modul zu verwenden. Das würde ich trennen. Je besser du deinen Code in sinnvolle Module aufteilst, umso nützlicher kann dir das bei anderen Projekten sein, bei denen du diese Module auch wieder verwenden kannst. Also, nicht aufgeben und: Übung macht einen besseren Programmierer aus dir!

Meister der Quelldateien

Jetzt kennst du auch die **Grundlagen**, um einen Kuchen zu backen. Üben musst du natürlich selbst, weil dieser Arbeitsschritt auch von der **Umgebung** abhängt, in der du deine Kuchen backst.

Du weißt jetzt, dass die einzelnen Zutaten in einzelne Module mit einer öffentlichen Schnittstelle und einem privaten Teil erstellt werden. In der öffentlichen Schnittstelle, der Headerdatei (`*.h`), findest du vorwiegend die **Deklarationen** (aber auch vereinzelt Definitionen). Im privaten Teil, der als Quellcode (`*.cpp`), als vorübersetzte Objekt- oder Bibliotheksdatei vorliegt, findest du gewöhnlich die **Definition** der Deklarationen der öffentlichen Schnittstelle!

[Notieren/Üben]

Im **Gegensatz** zum privaten Teil, der ja auch als Objekt- oder Bibliotheksdatei vorliegen kann, ist der öffentliche Teil auf jeden Fall in **lesbarer** Form vorhanden.

Wir haben es ja schon besprochen, aber es ist sehr wichtig, dass du zwischen einer **Deklaration** und einer **Definition** unterscheiden kannst. Daher nochmal vereinfacht:

☛ Mit einer **Deklaration** machst du dein Programm mit einem Namen (Bezeichner) bekannt (denk an Pamela Anderson/Johnny Depp). Damit kaufst du die Zutaten für deinen Teig ein.

☛ Bei einer **Definition** wird Speicherplatz für die Daten und den Code des Namens angelegt. Dort findest du bspw. den Code für die Funktionen oder den Inhalt einer Klasse. Du wiegst praktisch deine Zutaten ab, damit diese für den Teig verwendet werden können. Wenn du also **mehr** als nur einen **Namen** verwendest (Pamela Anderson/Johnny Depp steht vor dir), handelt es sich um eine Definition.

Wenn du das verstanden hast, kannst du bspw. folgenden Fehler einfacher beheben:

[Schwierige Aufgabe]

Im folgenden, dir bereits bekannten Codeausschnitt `backen.cpp` **weigert** sich der Compiler, eine ausführbare Datei daraus zu machen. Er behauptet doch strikt, dass wir ein **doppeltes Symbol** (`ld: duplicate symbole Zutaten::butter`) in den Objektdateien haben, und macht daher nicht weiter. Die dir bekannte Headerdatei `backen.h` aus dem Büro wurde hier nicht geändert. Kannst du den Fehler **erkennen**? Und **warum** ist es ein Fehler?

Hier der Code mit den Problemen:

```cpp
#include <iostream>
#include "backen.h"
using namespace std;

void ruehren()
{
  cout << "Teig wird gerührt!\n";
}

void backen()
{
  cout << "Teig wird gebacken\n";
}

void essen()
{
  cout << "Mmm, lecker, der Sandkuchen\n";
}
```

> *Das Problem liegt, glaube ich, an* `#include "backen.h"`, *womit der Inhalt der Headerdatei vom Präprozessor einkopiert wird, oder?*

Ja richtig! Dadurch, dass hierbei der Header **einkopiert** wird, wird neben den **Deklarationen**, die ja keine Probleme machen würden, auch die namespace-Definition einkopiert. Im **Hauptprogramm**, wo die **main()**-Funktion enthalten ist, wird dieser Header **erneut** mit `#include "backen.h"` einkopiert. Am Ende steht der Linker vor zwei gleichlautenden Namensbereichen (also doppelter Pamela Anderson/ Johnny Depp) und kann die Symbole nicht mehr auflösen.

[Belohnung/Lösung]

So, jetzt genieß den Kuchen mit deiner Freundin und freu dich schon mal auf das nächste Kapitel. Das Warten hat endlich ein Ende! OOP kommt gleich …

NEUN

Von Hexenmeistern, Todesrittern und Datenkapseln

Jetzt wird es langsam ernst.
Schrödinger ist ja bereits mit den verschiedensten
Klassen von WoW vertraut. Er selbst ist ein Hexen-
meister der Stufe 63. Allerdings merkt er recht schnell,
dass die Klassen von C++ wenig mit den Klassen von
WoW oder mit Schulklassen gemein haben.
In diesem Kapitel lernt Schrödinger die Grundlagen der
Klassen und somit der OOP kennen. Mit den Daten-
kapseln lernt er das erste wichtige Konzept der OOP
kennen, das auch hier wie ein Medikament
in der Programmierung wirkt.

Oben-ohne-Programmierung

Jetzt bist du im Tal deiner Träume angelangt und lernst **OOP**.
Dass die Abkürzung nicht für **O**ben-**o**hne-**Pr**ogrammierung steht,
kannst du dir ja denken. Dafür gibt es schon das Kürzel FKK(-P).
OOP steht schlicht für **o**bjekt**o**rientierte **P**rogrammierung, wie
du selbstverständlich weißt (oder auch nicht?).
Sicherlich fragst du dich jetzt, was hinter dieser OOP steckt?

Strukturen mit Funktionen?

Naja, ganz so **krass** würde ich das jetzt **nicht** stehen lassen.
Die Idee hinter der OOP ist, dass du dort deine **Objekte** aus der
realen Welt **abbilden** kannst. Und „reale" Objekte haben nun
mal mehr zu bieten als die bloßen **Eigenschaften**, wie du sie in
einer Struktur definiert hast. Viele Objekte haben auch **Funktionalitäten**. Am besten ein Beispiel hierzu:

Der Hund ist (k)eine Biotonne:

Typisch OOP: Neben den Eigenschaften (Daten) hat das Objekt selbst auch
Fähigkeiten, welche als Elementfunktionen im Objekt selbst geschrieben werden.

*Also geht es bei den
Objekten neben
den Datenstrukturen auch
um Funktionen innerhalb
dieses Objektes?*

Exakt, in der OOP stehen die Datenstrukturen im Mittelpunkt,
die in der Regel nur von den Funktionen des Objektes behandelt
werden. Ein **Zugriff von außen** auf die Objekte sollte dann
nicht mehr **möglich** sein. Eine solche **Datenkapsel** aus Daten
und Funktionen wird dann als **abstrakter Datentyp** bezeichnet.

Klasse, Klassen!

Programmtechnisch wird die OOP mit **Klassen** realisiert. Für solche Zwecke haben die C++-Entwickler das Schlüsselwort **class** in die Welt gesetzt.

Hier eine Klasse in der Theorie:

```
class Hund *1
{
    // Daten und Funktionen *2
}; *3
```

*1 Die Klasse wird mit dem **Schlüsselwort class** eingeleitet. Dahinter folgt gleich der Name der Klasse (hier **Hund**), der wieder ein eindeutiger und gültiger **Bezeichner** sein muss.

*2 Zwischen den geschweiften Klammern **{ }** findest du die **Eigenschaften** (Daten) und **Funktionen** (Elementfunktionen) der Klasse.

*3 Wie schon bei den Strukturen, musst du auch die Klasse mit einem **Semikolon** abschließen**!**

[Hintergrundinfo]
Eine Klasse hat in der Programmierung natürlich eine etwas andere Bedeutung als in der **Soziologie** oder **Biologie**. In der Programmierung ist die Klasse eine (darauf hast du gewartet, gell?) **gemeinsame Struktur** und das Verhalten von Objekten in einer Software!

Objekte zum Mitnehmen

Am Ende, wenn du alle Daten und Fähigkeiten in die Klasse gesteckt hast, die du dort unterbringen wolltest, kannst du echte Objekte davon in die Welt setzen. Eine solche **Geburt** wird auch als **Instanz einer Klasse** bezeichnet.

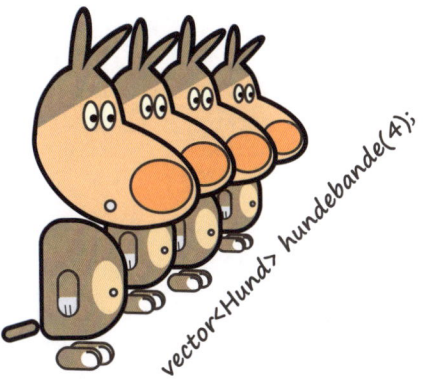

vector<Hund> hundebande(4);

Hund hotDog;

Mehrere Instanzen eines Objektes, welche zur Laufzeit aus der Klasse **Hund** erzeugt wurden

Ein Objekt erblickt das Licht der Welt

Bevor du überhaupt etwas in den Editor eingibst, solltest du dir **vorher** schon mal erste **Gedanken** machen, was deine Klasse so für Daten und Funktionalitäten beinhalten soll. Der größte **Fehler**, den du in der OOP machen kannst, ist es, einfach **drauflos-zuprogrammieren**. Meistens hat das zur Folge, dass hinterher das ganze OOP-Prinzip **aufgeweicht** werden muss.

Ohne Plan geht schon mal gar nichts:

Der erste Entwurf unserer Klasse „Auto" mitsamt seinen Eigenschaften und Methoden

Das leere Grundgerüst für die Klassendefinition sieht daher wie folgt aus:

```
class Auto { };
```

Jetzt kannst du die **Mitglieder** zu deiner Klasse hinzubitten.
Hierbei werden wohl zuerst die Eigenschaften bzw. Attribute (= Daten) zur **Klassedefinition** hinzugefügt.

Rein mit den reinen Daten:

```cpp
class Auto
{
    unsigned short leistung;        *1
    unsigned short baujahr;         *1
    unsigned short hoechstgeschwindigkeit;  *1
};
```

*1 Die **Daten** der Klasse **Auto**.

Nachdem deine Klasse **Auto** jetzt Daten für die Leistung, das Baujahr und die Höchstgeschwindigkeit erhalten hat, fehlen dir nur noch die **Elementfunktionen** dazu.

Jetzt noch die Elementfunktionen deklarieren, und fertig ist das Klassengrundgerüst:

```cpp
// Auto.h
…
class Auto
{
    unsigned short leistung;
    unsigned short baujahr;
    unsigned short hoechstgeschwindigkeit;
    void hupen();        *1
    void bremsen();      *1
    void fahren();       *1
    void set_leistung(unsigned short);     *2
    void set_baujahr(unsigned short);      *2
    void set_hoechstgeschwindigkeit(unsigned short);  *2
    unsigned short get_leistung();     *3
    unsigned short get_baujahr();      *3
    unsigned short get_hoechstgeschwindigkeit();   *3
};
```

*1 Das sind die typischen Elementfunktionen, mit denen wir die **Fähigkeiten** der Klasse **Auto** anwenden können.

*2 Das sind ebenfalls Elementfunktionen, die aber für das **Initialisieren** der Daten in der Klasse zuständig sind. Schließlich sollen wir ja nicht mehr von außen auf die Daten zugreifen dürfen!

*3 Weitere Elementfunktionen, welche den **Inhalt** von den Daten der Klasse **zurückgeben**.

Notiz

Zwar geht es hier noch nicht um die Initialisierung von Klassenelementen, aber du solltest hier schon mal im Hinterkopf behalten, dass das direkte Initialisieren von Daten einer Klasse (also Klassenelementen) nun seit dem neuen C++11-Standard möglich ist.

[Code bearbeiten]
In der Praxis werden innerhalb der Klassendefinition nur die Elementfunktionen **deklariert** (meistens in einer Headerdatei). Die Definition erfolgt gewöhnlich in einer **anderen Quelldatei** (meistens eine private Quelldatei).

[Notiz]
Deklaration **oder** Definition: Es ist durchaus verwirrend, wenn die Rede von einer **Klassendefinition** ist, weil die Elementfunktionen in der Klasse in der Regel nur deklariert und erst woanders definiert werden. Trotzdem spricht man bei **class ABC { };** von der **Definition** einer Klasse und nicht von einer Deklaration. Eine **Deklaration** ist es, wenn lediglich ein **class ABC;** ohne die geschweiften Klammern angegeben wird! Jetzt fehlen dir eigentlich nur noch die **Definitionen** der **Elementfunktionen** der Klasse, und du könntest die ersten Autos verkaufen. Bis es allerdings soweit ist, musst du schon noch etwas mehr über die Fließbandarbeit von C++-Klassen wissen.

Kontrolle: Du kommst hier nicht durch

Wenn du jetzt ein Objekt der Klasse **Auto** anlegen würdest, so würde dies zwar funktionieren, aber es fehlt noch der **Zündschlüssel** dafür. Du hättest praktisch ein Objekt, könntest aber **nicht** auf die Daten und Elementfunktionen **zugreifen**. Solch `private` Daten und Elementfunktionen können nur innerhalb der Klasse verwendet werden.

Der Versuch, zu hupen:

Ohne weitere Vorkehrungen ist alles in der Klasse von außen unerreichbar oder genauer „private".

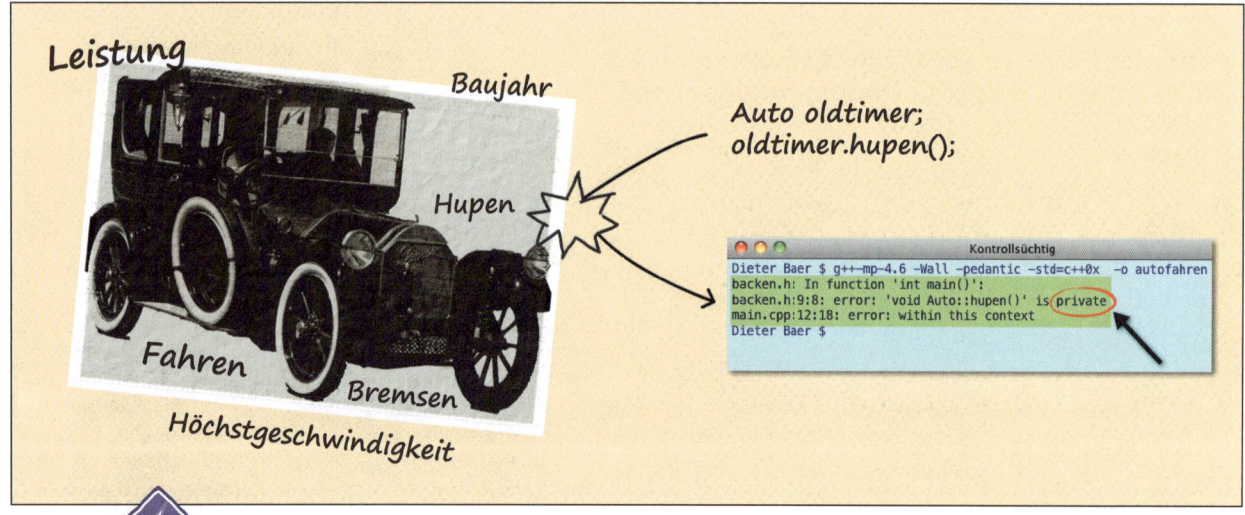

[Achtung]

Da hast du auch gleich den **Unterschied** zwischen **Strukturen** (`struct`) und einer **Klasse** (`class`). Während bei Strukturen von Haus aus alle Mitglieder von außen erreichbar sind (`public`), sind bei Klassen alle Mitglieder zunächst einmal von außen unerreichbar (`private`).

Damit du auch **selbst** die **Verantwortung** übernehmen kannst, gibt es dafür die **Schlüsselwörter** `private` und `public`.

Diese kannst du durchaus mehrfach in deine Klasse einbauen. Zum Beispiel:

```
class KlassenName
{
private:
  // Auf die folgenden Mitglieder kann nur
  // innerhalb der Klasse zugegriffen werden
public:
  // Auf diesen Elementen ist ein
  // Zugriff von außen möglich
private:
  // Ab hier kann wieder nur innerhalb der
  // Klasse auf die Elemente zugegriffen werden
};
```

Und was soll ich als private und was als public zugänglich machen?

Hm, wie in deinem echten Leben solltest du dein Alter nicht verraten und dich nur von deiner besten Seite zeigen. So ist es in etwa auch bei den Klassen. **Daten** sollten in der Regel auf **keinen Fall** von **außen** erreichbar sein und nur über die Elementfunktionen als Schnittstelle behandelt werden. Daher werden meistens nur **Elementfunktionen** in der **Öffentlichkeit** verwendet und als **public** gekennzeichnet. Aber auch hier kannst du **private** Elementfunktionen schreiben und verwenden.

Mit diesem Halbwissen kannst du nun die Klassendefinition der Klasse Auto und in unserem Fall der Headerdatei Auto.h abschließen:

```
// Auto.h
#ifndef __AUTO_H__
#define __AUTO_H__

class Auto
{
private: *1
  unsigned short leistung;
  unsigned short baujahr;
  unsigned short hoechstgeschwindigkeit;
public: *2
  void hupen();
  void bremsen();
  void fahren();
  void set_leistung(unsigned short = 0);
  void set_baujahr(unsigned short = 0);
  void set_hoechstgeschwindigkeit(unsigned short = 0);
  unsigned short get_leistung();
  unsigned short get_baujahr();
  unsigned short get_hoechstgeschwindigkeit();
};
#endif
```

*1 Ein **Zugriff** ist ab hier von **außen nicht mehr möglich**. Da eine Klasse von Haus aus **private** ist, hättest du hier auch auf das Schlüsselwort verzichten können.

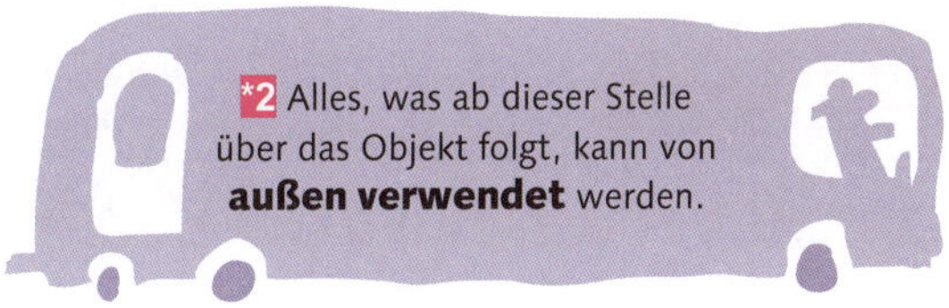

*2 Alles, was ab dieser Stelle über das Objekt folgt, kann von **außen verwendet** werden.

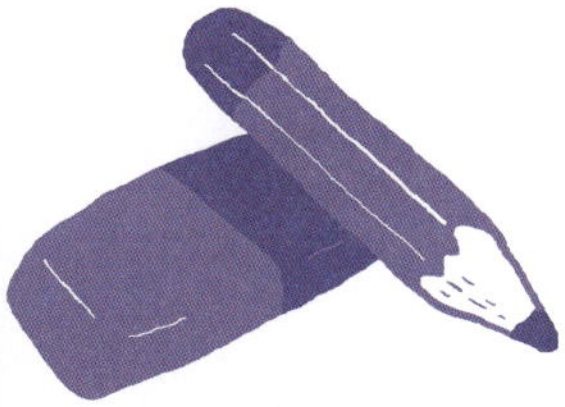

[Notiz]
Bei den Elementfunktionen kannst du selbstverständlich auch die **Standardwerte** (Default-Werte) für die Parameter verwenden, wie du sie bereits von den Funktionen her kennst. Natürlich gelten hierfür die gleichen Regeln wie bei den Funktionen.

Bei Klassendefinitionen den Überblick behalten

Ich habe dir bewusst noch nicht die Definitionen der Elementfunktionen und die Erzeugung bzw. Verwendung von Objekten aufgetischt, weil das dann doch etwas viel im kleinen Räumchen gewesen wäre. Mal schauen, ob du überhaupt die **Klassendefinition** verstanden hast.

Hierzu soll mal deine Katze herhalten:

[Einfache Aufgabe]
Hier hast du jetzt eine Klasse deiner „Katze" mit einigen typischen Fähigkeiten und Daten. Mach daraus bitte eine **Klassendefinition**!

Hierzu eine sinnvolle und mögliche Musterlösung:

```cpp
class Katze
{
private:
  string rasse;
  unsigned short gewicht;
  unsigned short alter;
public:
  void fressen();
  void schnurren();
  void sofa_zerkratzen();
  void set_rasse(string);
  void set_gewicht(unsigned short);
  void set_alter(unsigned short);
```

```
    string get_rasse();
    unsigned short get_gewicht();
    unsigned short get_alter();
}
```

[Einfache Aufgabe]
Beim Übersetzen der Klasse **Katze** kommt es zu einer im folgenden Bild dargestellten Fehlermeldung. **Was ist hier falsch gelaufen?**

Die Ausgabe der Fehlermeldung:

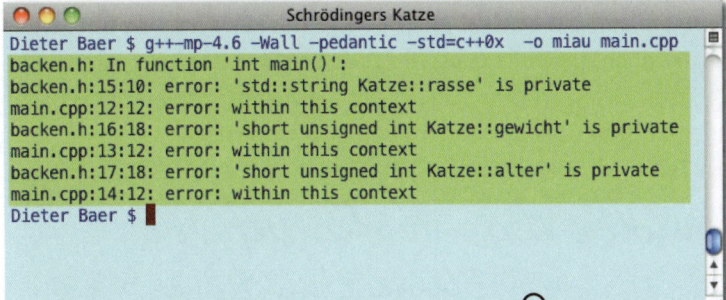

```
○ ○ ○                    Schrödingers Katze
Dieter Baer $ g++-mp-4.6 -Wall -pedantic -std=c++0x  -o miau main.cpp
backen.h: In function 'int main()':
backen.h:15:10: error: 'std::string Katze::rasse' is private
main.cpp:12:12: error: within this context
backen.h:16:18: error: 'short unsigned int Katze::gewicht' is private
main.cpp:13:12: error: within this context
backen.h:17:18: error: 'short unsigned int Katze::alter' is private
main.cpp:14:12: error: within this context
Dieter Baer $
```

Hm, das ist ja offensichtlich! Da hat doch tatsächlich einer versucht, auf die privaten Daten (private) der Klasse zuzugreifen. Der hat das Ganze wohl mit den Strukturen verwechselt.

Völlig richtig! Saugut!

Und wenn wir schon beim Thema sind, noch eine letzte Frage:

[Einfache Aufgabe]
Wie kannst du bei der **Klassendefinition** den **Zugriff** auf die Mitglieder der Klasse **festlegen**?

Jetzt komm schon, das war doch leicht! **Also gut, nochmal:** Mit `private` kannst du deine Elemente der Klasse von außen schützen und nur noch innerhalb der Klasse darauf zurückgreifen. Standardgemäß ist eine Klasse auch ohne das Schlüsselwort `private`. Mit dem Gegenstück `public` werden bestimmte Mitglieder der Klasse, was auf keinen Fall die Daten sein sollten, von außen erreichbar.

[Achtung/Vorsicht]
Du solltest nie in Versuchung geraten, einfach aus **Bequemlichkeit** Daten `public` zu machen. Das würde die Datenkapsel **aufweichen** und wäre auch nicht mehr im Sinne der OOP! Daher **denk vorher** nach, was du alles für Daten in deiner Klasse brauchst, um nicht hinterher irgendwie improvisieren zu müssen.

[Belohnung/Lösung]
Gönn dir doch ein wenig **Pause**.
Vielleicht mit einem **heißen Bad** oder einer

Hey, fehlt da nicht was? Wo werden die Elementfunktionen definiert?

schönen Tasse **Tee** auf dem Sofa. Die Definition (und noch mehr) von den Elementfunktionen beschreibe ich dir dann (frisch erholt) gleich im nächsten Abschnitt!

Tieferer Einblick in die Elementfunktionen der Datenkapsel

So, bis jetzt kennst du ja quasi erst das **Skelett** einer C++-Klasse. Das, was du über das Skelett ziehen musst, ist noch die **Definition** der **Elementfunktionen**, und über die darfst du jetzt gleich lesen. Alles, was du bisher über die Funktionen erfahren hast, gilt natürlich auch für Elementfunktionen, mit dem einzigen Unterschied, dass Elementfunktionen eben **Teil** einer Klasse sind.

Wohin also mit der Definition von Elementfunktionen?

Immer schön der Reihe nach. Du könntest die **Definition** der Elementfunktionen **innerhalb** der **Klassendefinition** einbauen, was eher unüblich, aber trotzdem möglich ist. In der Praxis solltest du das aber eher nur bei kleinen Klassen machen.

Folgendes wäre also möglich:

```cpp
class Auto
{
private:
  unsigned short leistung;
  unsigned short baujahr;
  unsigned short hoechstgeschwindigkeit;
public:
  void hupen() {        *1
    cout << "Huuuuup!!!\n";   *1
  }   *1
…
};
```

*1 Die **Definition** der Elementfunktion einer Klasse kann auch **innerhalb** der **Klassendefinition** erfolgen. In der Praxis ist dies allerdings eher unüblich!

[Hintergrundinfo]

Elementfunktionen, die du innerhalb einer Klasse definierst, werden **implizit** zu **inline**-Elementfunktionen (auch ohne das Schlüsselwort **inline**). Damit **schlägst du** dem Compiler **vor**, die Elementfunktion nicht über den Stack-Frame aufzurufen, sondern direkt im Code zu verwenden.

Jetzt zur gängigeren Praxis der Definition von Elementfunktionen:

Meistens wirst du deine Elementfunktionen **außerhalb** der **Klassendefinition** in einer separaten Quelldatei (*.cpp) **definieren** wollen. In dem Fall reicht allerdings die Angabe der Elementfunktion als Bezeichner allein nicht mehr aus. Hierzu musst du zusätzlich noch den **Klassennamen** mit **Zugriffsoperator** `::` verwenden, sonst geht gar nix!

Also:

```
Rückgabetype Klassenname::elementfunktion( parameter)
{
  // Anweisungen
}
```

Bezogen auf die Elementfunktion hupen() der Klasse Auto:

```
// Auto.cpp
…
#include "Auto.h"
…
void Auto::hupen() {
  cout << "Huuuuup!!!\n";
}
…
```

Explizit inline …

[Ablage]

Auch bei der **Definition** der Elementfunktionen **außerhalb** der Klasse kannst du diese mit dem Schlüsselwort **inline** versehen, um so dem Compiler vorzuschlagen, den Code nicht extra über einen Stack-Frame auszuführen. Damit definierst du die Elementfunktionen **explizit** mit **inline**. Zum Beispiel:

```
inline void Auto::hupen() { … }
```

Und wie komme ich jetzt an die privaten Daten in der Kapsel?

Da du ja bereits bei der **Definition** der Elementfunktionen den **Klassennamen + Zugriffsoperator** `::` verwendest, musst du eigentlich **nichts** Besonderes mehr machen. Du kannst dann ohne irgendwelche kryptischen Kürzel auf die privaten Daten (und natürlich gegebenenfalls auch auf andere Elementfunktionen) **innerhalb** der Elementfunktion zugreifen. Dasselbe gilt natürlich für explizite **inline**-Elementfunktionen. Zum Beispiel:

```
void Auto::set_leistung(unsigned short l) {
  if(l != 0) {
    leistung = l; *1
  }
  else {
    cout << "0 Leistung ???\n";
    leistung = l; *1
  }
}
```

*1 Im **Funktionskopf** der **Elementfunktion** ist bei der Definition mit **Auto::** der **Bezug zur Klasse** schon bekannt. Daher ist der Zugriff auf die privaten Daten innerhalb der Klassen über Elementfunktionen kein Problem.

Du darfst hier nur lesen

Elementfunktionen, welche die schreibenden Finger von den **privaten Daten** lassen sollen, musst du gesondert mit dem Schlüsselwort **const** am Ende kennzeichnen.

Hier eine solche konstante Elementfunktion:

```
unsigned short Auto::get_leistung() const { *1
  return leistung;
}
```

*1 Dank des Schlüsselwortes **const** am Ende der Elementfunktion kannst du die privaten Daten, hier **leistung**, nicht in der Elementfunktion ändern. **Nur lesen ist hier erlaubt!**

Natürlich musst du die **Deklaration** solcher Nur-lesen-Elementfunktionen auch mit **const** markieren:

```
class Auto
{
…
public:
…
  unsigned short get_leistung() const; // Deklaration
…
};
```

Elementfunktionen voll im Einsatz

Nachdem du jetzt auch die Kenntnisse besitzt, Elementfunktionen zu definieren, sollst du diese Fähigkeit natürlich auch unter Beweis stellen.

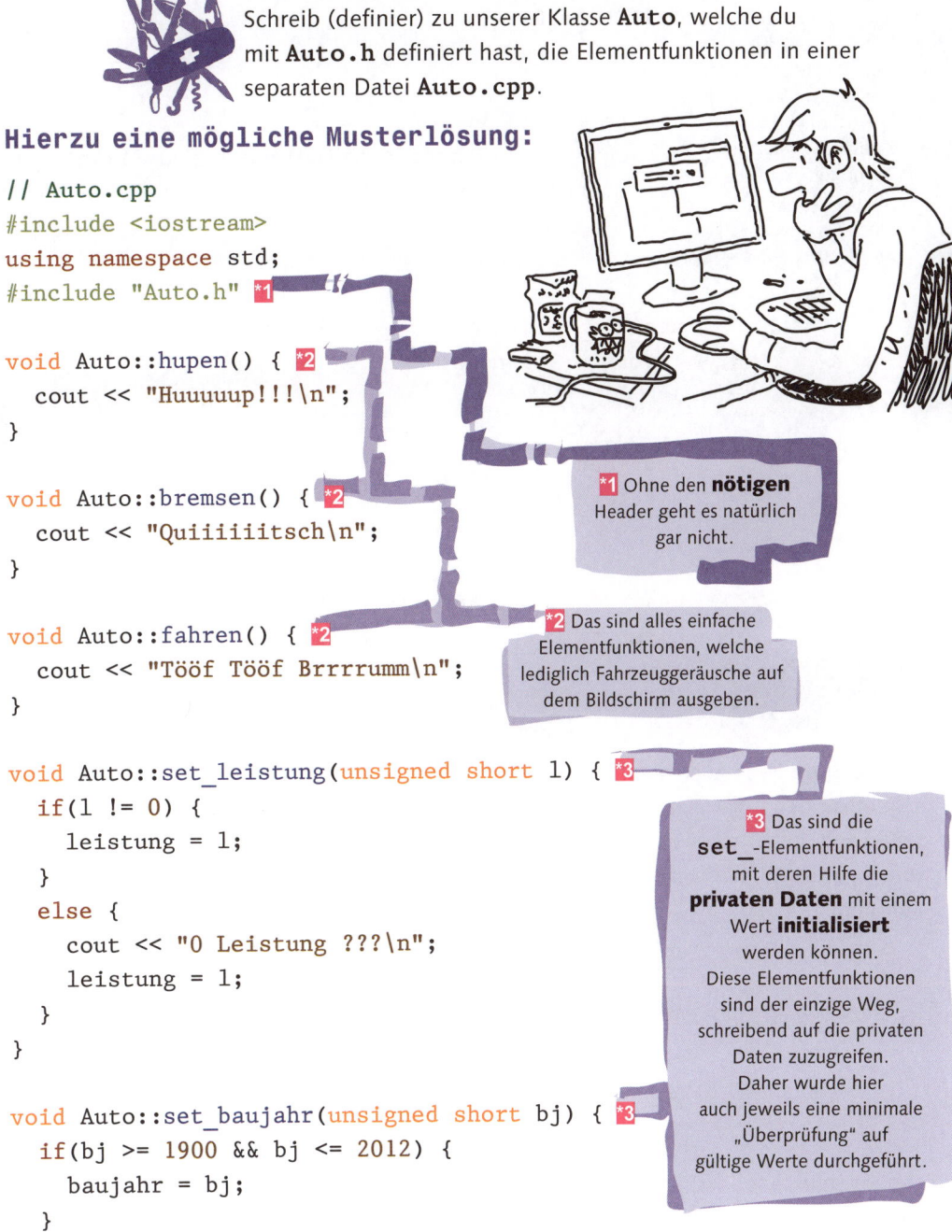

[Schwierige Aufgabe]
Schreib (definier) zu unserer Klasse **Auto**, welche du mit **Auto.h** definiert hast, die Elementfunktionen in einer separaten Datei **Auto.cpp**.

Hierzu eine mögliche Musterlösung:

```cpp
// Auto.cpp
#include <iostream>
using namespace std;
#include "Auto.h" *1

void Auto::hupen() { *2
  cout << "Huuuuup!!!\n";
}

void Auto::bremsen() { *2
  cout << "Quiiiiiitsch\n";
}

void Auto::fahren() { *2
  cout << "Tööf Tööf Brrrrumm\n";
}

void Auto::set_leistung(unsigned short l) { *3
  if(l != 0) {
    leistung = l;
  }
  else {
    cout << "0 Leistung ???\n";
    leistung = l;
  }
}

void Auto::set_baujahr(unsigned short bj) { *3
  if(bj >= 1900 && bj <= 2012) {
    baujahr = bj;
  }
```

*1 Ohne den **nötigen** Header geht es natürlich gar nicht.

*2 Das sind alles einfache Elementfunktionen, welche lediglich Fahrzeuggeräusche auf dem Bildschirm ausgeben.

*3 Das sind die **set_**-Elementfunktionen, mit deren Hilfe die **privaten Daten** mit einem Wert **initialisiert** werden können. Diese Elementfunktionen sind der einzige Weg, schreibend auf die privaten Daten zuzugreifen. Daher wurde hier auch jeweils eine minimale „Überprüfung" auf gültige Werte durchgeführt.

```
        else {
            cout << "Baujahr ??? : " << bj << endl;
            baujahr = bj;
        }
    }

    void Auto::set_hoechstgeschwindigkeit(unsigned short h) { *3
        if(h != 0) {
            hoechstgeschwindigkeit = h;
        }
        else {
            cout << "Höchstgeschwindigkeit = 0 ???\n";
            hoechstgeschwindigkeit = h;
        }
    }


    unsigned short Auto::get_leistung() const { *4
        return leistung;
    }


    unsigned short Auto::get_baujahr() const { *4
        return baujahr;
    }


    unsigned short Auto::get_hoechstgeschwindigkeit() const { *4
        return hoechstgeschwindigkeit;
    }
```

*3 Das sind die **set_**-Elementfunktionen, mit deren Hilfe die **privaten Daten** mit einem Wert **initialisiert** werden können. Diese Elementfunktionen sind der einzige Weg, schreibend auf die privaten Daten zuzugreifen. Daher wurde hier auch jeweils eine minimale „Überprüfung" auf gültige Werte durchgeführt.

*4 Das sind die **get_**-Elementfunktionen, mit denen du die privaten Daten der Klasse **abfragen** kannst. Damit diese Elementfunktionen auch wirklich nur **lesend** auf die privaten Daten der Klasse zugreifen können, wurde diese mit **const** gekennzeichnet. Die **get_**-Elementfunktionen sind bei dieser Klasse der einzige Weg, um den Inhalt der privaten Daten der Klasse auszugeben

[Notiz]

Dank **const** ist es auch nicht mehr möglich, dass du andere schreibende Elementfunktionen aufrufst, um versehentlich den Inhalt der Daten zu überschreiben. Im Beispiel würdest du etwa auch eine Fehlermeldung erhalten, wenn du aus einer **const**-Elementfunktion eine **set_**-Elementfunktion (bspw. **set_leistung(1)**) aufrufen würdest. Innerhalb einer **const**-Elementfunktion kannst du also nur andere **const**-Elementfunktionen aufrufen.

Schön, jetzt habe ich eine Headerdatei **Auto.h** *und die Quelldatei* **Auto.cpp**. *Jetzt fehlt mir nur noch ein* **Hauptprogramm**, *um diese Klassen zu verwenden, oder?*

Ganz genau, aber das, also **Objekte** erstellen und verwenden, will ich noch etwas ausführlicher in einem eigenen Abschnitt behandeln.

Toll, diese Klassenfunktionen

Zugegeben, das Thema wird **komplexer**, aber bisher konntest du noch recht gut den Überblick behalten. Liegt natürlich auch daran, dass wir hier nicht mit einer Hypergeschwindigkeit durch die Welten fliegen. **Fassen** wir noch einmal **zusammen**, was du jetzt über die Elementfunktionen weißt.

[Einfache Aufgabe]

Wo kannst du die Elementfunktionen überall definieren?

Lösung:

☞ Entweder kannst du das sofort **innerhalb** der Klassendefinition tun, womit die Elementfunktion als implizit `inline` definiert würde.

☞ Oder, die gängigere Praxis, du tust es **außerhalb** der Klassendefinition (meistens in einer separaten Datei). Hierfür musst du dann allerdings den **Klassennamen + Zugriffsoperator** vor die Elementfunktion stellen (z. B. **`Rückgabe Klasse::Elementfunktion(para)`**).

[Einfache Aufgabe]

Welcher **Fehler** wurde im folgenden Codeausschnitt gemacht?

```
void Auto::set_hyperantrieb(unsigned short hyper) const {
  set_hoechstgeschwindigkeit(hyper);
}
```

Ja, das ist wieder offensichtlich! Die Elementfunktion ist ja `const`. *Daher ist es nicht möglich, über die Elementfunktion* `set_hoechstgeschwindigkeit()` *diesen Wert auf* `hyper` *zu setzen.*

In diesem Zusammenhang fehlt noch ein Beispiel zum Thema: **Weißt du, was der Compiler dir sagen will?**

Sieh dir folgende Codezeilen an:

```cpp
// Auto.cpp
#include "Auto.h"
…
void print_All() const {
  cout << leistung << endl;
  cout << baujahr << endl;
  cout << hoechstgeschwindigkeit << endl;
}
```

Der Compiler beschwert sich wie folgt:

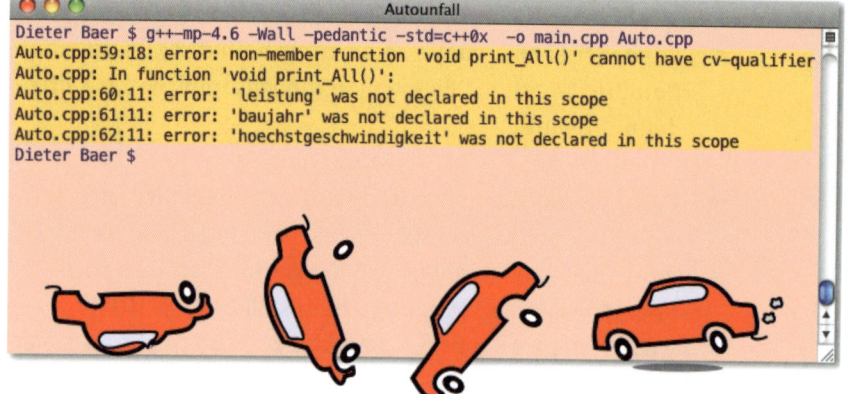

[Einfache Aufgabe]
Die Funktion wurde in der Klassendefinition von **Auto** in **Auto.h** auch ordnungsgemäß deklariert. **Wo** liegt denn der **Fehler**? Was hat den Unfall verursacht?

Hm, hier fehlt wohl der Bezug (scope) zur Klasse, oder? Ich meine den Klassennamen + Zugriffsoperator. Folglich sollte die Funktionsdefinition schon **Auto::print_All()** *lauten!*

Volltreffer! Das ist ein recht populärer Einsteigerfehler, der schnell mal im Eifer des Gefechtes gemacht wird.

[Belohnung/Lösung]
Prima mitgemacht! Und so schwer war es doch bisher noch nicht, oder? Bevor du jetzt erfährst, wie du deine Klassen mit **Objekten** verwenden kannst, solltest du ausnahmsweise mal **keine Pause** machen und gleich mit dem nächsten Abschnitt fortfahren, solange das Thema noch frisch in deinem Kopf ist.

Objekte erstellen

Nachdem du mit der Klassendefinition vertraut bist und die Definition der Elementfunktionen auch nicht einen Lidschlag des Zögerns mehr bei dir auslösen, wird es Zeit, das **Objekt** der Begierde in den Topf zu werfen, um endlich ein laufendes Auto auf die Räder zu bringen.

Im Prinzip ist eine Definition der Klasse und der Elementfunktionen zunächst nichts anderes als der bloße **Gedanke** an ein **Objekt**. Wie an den VW T1 Samba, den du dir nicht leisten kannst. Der alleinige Gedanke an die 50 PS im Heck und das blinkende Logo macht es noch lange **nicht real**.

Aufwachen, Schrödinger!
Wir haben hier eine Klasse **Auto** und keinen Hippie-Traum fertigzustellen. Also bleib bitte am Ball!

Objekte auf die Welt bringen

Keine Sorge, als Hebamme von Objekten hast du weniger Arbeit als im Kreißsaal, und eine Geburt ist nicht so schwer und schmerzhaft wie im realen Leben.

Die Definition gleicht im Grunde der von Strukturen:

```
Klassenname Bezeichner;
```

Bezogen auf deine Klasse Auto:

```
Auto alteKarre; *1
Auto oltimer1, oldtimer2; *2
```

*1 Ein neues Objekt von **Auto** wurde (auch als **Instanz der Klasse**) definiert.

*2 Zwei Objekte der Klasse **Auto** wurden hier definiert.

[Hintergrundinfo]

Mit jeder **Instanz** einer Klasse, die du anlegst, wird auch gleich der **Speicher** für die (privaten) **Daten** bereitgestellt! Im Beispiel sind dies für jedes Objekt die Daten **leistung**, **baujahr** und **hoechstgeschwindigkeit**. Jedes Objekt hat zwar seine eigenen Daten (eigentlich auch logisch), aber alle Objekte arbeiten mit **denselben** Elementfunktionen (C++-Gott sei Dank).

Natürlich kannst damit auch ganze Vektoren oder „Bad-old-School"-Ze-Arrays definieren:

```
#include <vector>
…
vector<Auto> fliessband(100); *1
vector<Auto> prototypen; *2
Auto badCArray[10]; *3
```

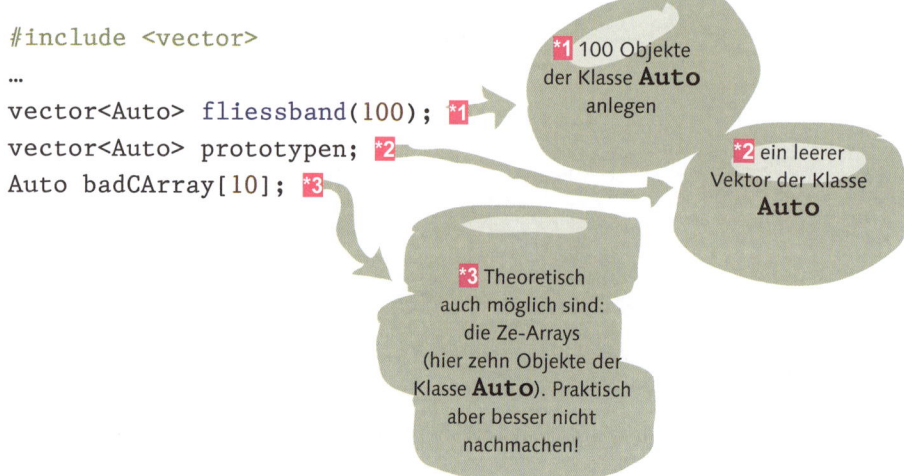

*1 100 Objekte der Klasse **Auto** anlegen

*2 ein leerer Vektor der Klasse **Auto**

*3 Theoretisch auch möglich sind: die Ze-Arrays (hier zehn Objekte der Klasse **Auto**). Praktisch aber besser nicht nachmachen!

Zugriff auf die Öffentlichkeit der Klasse

Um jetzt mit dem Objekt auf die **öffentlichen Elemente** der Klasse zuzugreifen, kannst du genauso wie schon bei den Strukturen den **Punkteoperator** verwenden:

```
Bezeichner.Klassenelement;
```

Bezogen auf die Klasse Auto:

```
Auto oldtimer;
oldtimer.set_leistung(100); *1
```

*1 Damit setzt du den privaten Wert **leistung** von **oldtimer**, was eine Instanz der Klasse **Auto** ist, auf den Wert 100.

[Zettel]
Ein **direkter** Zugriff auf die **private**-Daten ist (sollte) natürlich nach wie vor **nicht** möglich (sein). Daher sollte eine Verwendung wie **oldtimer.leistung=100;** zu einer Fehlermeldung führen, weil **leistung private** ist. Der direkte Zugriff (sowohl lesend als auch schreibend) auf diese Daten wäre nur dann möglich, wenn du diese Daten als **public** kennzeichnest. Aber damit würdest du den Sinn und Zweck des Klassendesigns unterlaufen. Also lass den Gedanken gleich wieder fallen!

Indirekter Zugriff auf die Öffentlichkeit

Genauso lässt sich hiermit auch der **indirekte Zugriff** von Zeigern mit dem **Pfeiloperator ->** realisieren:

```
Auto *autozeiger; *1
autozeiger = new Auto; *2
autozeiger->set_leistung(100); *3
…
delete autozeiger; *4
```

*1 ein **Auto**-Zeiger

*2 Speicher zur Laufzeit für ein Objekt **Auto anfordern**

*3 indirekter Zugriff auf die öffentlichen Elemente der Klasse **Auto** mithilfe des **Pfeiloperators**

*4 den **Speicher** am Ende mit **delete** wieder **freigeben**

[Achtung]
Wenn es sich vermeiden lässt, solltest du auf die **dynamische Speicherreservierung** von **Objekten verzichten** und stattdessen auf die Klasse **vector** zurückgreifen. Zum einen geht es damit wesentlich einfacher, und zum anderen ist die ganze dynamische Geschichte mit **new** und **delete** einfach viel zu aufwendig und fehleranfällig! Wie dem auch sei, ich habe dich jedenfalls gewarnt!

Objekte verwenden

Nach dem Einstieg in die Objekte bist du nun bereit, dein erstes echtes OOP-**Hauptprogramm** zu erstellen. Zugegeben, die bisherigen Mittel sind noch bescheiden und nicht ganz wasserdicht, aber jeder fängt mal klein an.

[Einfache Aufgabe]

Erstelle ein Hauptprogramm, welches ein Objekt der Klasse **Auto** erstellt. Über eine Benutzerabfrage übergibst du die Eingabe der einzelnen Werte an die **set**-Elementfunktionen. Am Ende gibst du den Inhalt des Objektes mit den **get**-Elementfunktionen wieder aus.

Hier meine Musterlösung:

```cpp
// main.cpp
#include <iostream>
#include "Auto.h"    *1
using namespace std;


int main()
{
    Auto oldtimer;    *2
    unsigned short val;

    cout << "Leistung              : ";
    cin >> val;
    oldtimer.set_leistung(val);    *3
    cout << "Baujahr               : ";
    cin >> val;
    oldtimer.set_baujahr(val);    *3
    cout << "Höchstgeschwindigkeit : ";
    cin >> val;
    oldtimer.set_hoechstgeschwindigkeit(val);    *3

    cout << "\nDie Eingabe lautete:\n";
    cout << "Leistung    : "
        << oldtimer.get_leistung() << endl;    *4
    cout << "Baujahr     : "
        << oldtimer.get_baujahr() << endl;    *4
```

*1 Der Header, in dem die Klassendefinition enthalten ist, muss natürlich mit rein!

*2 Ein neues **Objekt Auto** mit dem Bezeichner **oldtimer** wird **angelegt**.

*3 Die jeweiligen Daten der Klasse werden über die **set**-Elementfunktionen mit einem Wert **initialisiert**.

*4 Hier wird der Inhalt der jeweiligen privaten Daten über die **get**-Elementfunktionen **ausgegeben**.

```cpp
    cout << "Höchstgesch.: "
         << oldtimer.get_hoechstgeschwindigkeit() << endl;*4
    return 0;
}
```

*4 Hier wird der Inhalt der jeweiligen privaten Daten über die **get**-Elementfunktionen **ausgegeben**.

Das Programm bei der Ausführung:

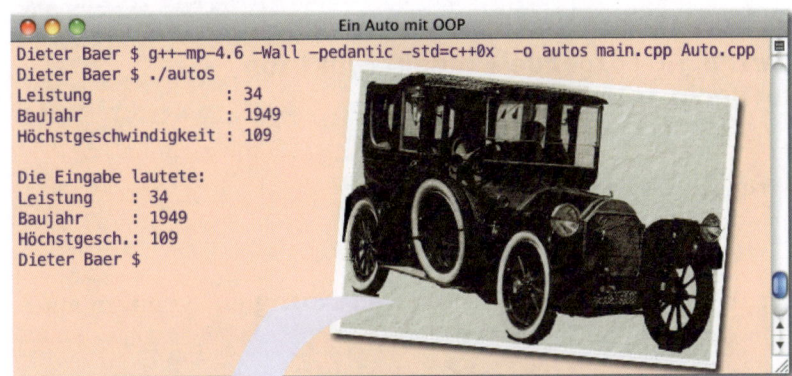

```
                            Ein Auto mit OOP
Dieter Baer $ g++-mp-4.6 -Wall -pedantic -std=c++0x  -o autos main.cpp Auto.cpp
Dieter Baer $ ./autos
Leistung             : 34
Baujahr              : 1949
Höchstgeschwindigkeit : 109

Die Eingabe lautete:
Leistung    : 34
Baujahr     : 1949
Höchstgesch.: 109
Dieter Baer $
```

Für jedes Objekt wird ja Speicher für die Daten bereitgestellt! Aber alle Objekte verwenden doch dieselben Elementfunktionen. Wie weiß eine Elementfunktion, mit welchem Objekt sie denn jetzt arbeiten soll?

This-Zeiger

Die Frage, die du stellst, überrascht mich, ist aber berechtigt! Tatsächlich wird hierbei ein intern **unsichtbarer Gegenstand** verwendet. Und zwar steht hierfür ein **konstanter Zeiger** auf die Adresse des jeweiligen Objektes zur Verfügung. Dieser Zeiger wird **this**-Zeiger genannt. Sicherlich hätte man einen originelleren Namen finden können (bspw. **Schroedinger**-Zeiger)! Aber so heißt er nun mal.

„Intern" kannst du dir das so vorstellen:

```cpp
Klassenname* const this = &Objekt;
```

Nuckelpinne

Zugegeben, das ist ein wenig verwirrend und erinnert eher an altägyptische Hieroglyphen als an was Sinnvolles, daher jetzt etwas einfacher, bezogen auf die Klasse **Auto**:

```
Auto oldtimer; *1
Auto* const this = &oldtimer; *2
```

> ***1** Du hast ein Objekt der Klasse **Auto** mit dem Bezeichner **oldtimer** angelegt.

Wenn du jetzt folgenden Elementfunktionsaufruf machst …

```
oldtimer.get_leistung()
```

… wird ja folgende Elementfunktion aufgerufen:

```
unsigned short Auto::get_leistung() const {
   return leistung;
}
```

> ***2** Intern existiert hiermit jetzt ein **konstanter Zeiger this** auf das Objekt mit dem Bezeichner **oldtimer**. Einen solchen Zeiger kannst du natürlich **nicht** selbst definieren!

Der Zugriff auf das private Element **leistung** erfolgt **intern** mit dem **this**-Zeiger wie folgt:

```
unsigned short Auto::get_leistung() const {
   return this->leistung;
}
```

Somit entspricht die Rückgabe von **leistung** innerhalb der Funktion **this->leistung**. In der Praxis spricht übrigens nichts dagegen, **explizit** den **this**-Zeiger in einer Elementfunktion anzugeben. Das könnte bspw. nützlich sein, um im dümmsten Fall zwischen **gleichen Bezeichnern** einer lokalen Variablen einer Elementfunktion und den privaten Daten der Klasse zu unterscheiden. Gleichnamige Bezeichner zu verwenden, ist allerdings eher **Bockmist**, und den solltest du bleiben lassen.

Notiz

In der echten **Welt** wird der **this**-Zeiger eher für **andere Zwecke** verwendet. So kann dieser bspw. ein Objekt als Ganzes (genauer die Anfangsadresse darauf) benutzen (***this**), um aus einer Elementfunktion ein **Objekt** als Kopie oder Referenz **zurückzugeben**. Das aber ist eine andere Geschichte, die ich dir zu gegebener Zeit auf jeden Fall erzählen werde.

Die Geschichte von Objekten

Klassen, Elementfunktionen und Objekte ... Du hast bereits **viel** über die **OOP** erfahren. Leider ist es gerade für einen Einsteiger in C++ recht verwirrend, den **Überblick** zu **behalten**. Und dabei werden gerne die einen oder anderen Dinge durcheinandergebracht. Zum Glück hast du ja dieses Buch hier gekauft.

[Einfache Aufgabe]

Klassen und Objekte werden gerne durcheinandergebracht. Versuch mit einem Satz, den **Unterschied** zwischen **Objekten** und **Klassen** zu erklären.

Ein Objekt ist die Instanz einer Klasse!

Perfekt! Und wenn du nicht mehr 100% Bescheid weißt, denk einfach daran: „Klasse==VW T1 Samba, den du dir nicht leisten kannst" und „Objekt== die alte Karre in deiner Hofeinfahrt "!

[Schwierige Aufgabe]

Erstelle ein weiteres Hauptprogramm, welches dich abfragt, wie viele Objekte der Anwender von der Klasse **Auto** anlegen will, und lies dann in einer Schleife diese Anzahl der neuen **Auto**-Objekte ein. Am Ende gibst du alle eingegebenen Objekte wieder in einer Schleife aus.

Oh Mann! Dynamische Speicher-verwaltung mit new *und* delete*?!*

Stopp! Bevor du dir daran jetzt die Zähne ausbeißt, verwende bitte **keine dynamische Speicherverwaltung** mit **new** und **delete**. Die Sachen mit den Zeigern und der dynamischen Speicherverwaltung gehen meistens daneben.
Ein Tipp: Verwende die Klasse **vector**!

Okay, hier eine mögliche Lösung:

```cpp
#include <iostream>
#include <vector>
#include "Auto.h"
using namespace std;

int main()
{
    vector<Auto> Stockcar; *1
```

*1 ein **leerer Vektor** der Klasse **Auto**

```cpp
   Auto temp;  *2
   unsigned int c;
   unsigned int val;

   cout << "Wie viele Autos willst du anmelden: ";  *3
   cin >> c;  *3

   for(unsigned int i=0; i < c; i++)  *4
   {
     cout << "\nLeistung             : ";
     cin >> val;
     temp.set_leistung(val);
     cout << "Baujahr              : ";
     cin >> val;
     temp.set_baujahr(val);
     cout << "Höchstgeschwindigkeit : ";
     cin >> val;
     temp.set_hoechstgeschwindigkeit(val);
     Stockcar.push_back(temp);  *5
   }

   cout << "\nFolgende Autos sind angemeldet:\n";
   for(size_t i=0; i < Stockcar.size(); i++)  *6
   {
     cout << "Leistung    : "
          << Stockcar[i].get_leistung() << endl;
     cout << "Baujahr     : "
          << Stockcar[i].get_baujahr() << endl;
     cout << "Höchstgesch.: "
          << Stockcar[i].get_hoechstgeschwindigkeit() << "\n\n";
   }
   return 0;
}
```

*2 ein **temporäres** Objekt der Klasse **Auto**, mit dem wir die privaten Daten in der Schleife einlesen und jeweils ans Ende des Vektors hängen

*3 Hier kann der Anwender entscheiden, **wie viele Objekte** der Klasse **Auto** zum Vektor hinzugefügt werden dürfen.

*4 In der Schleife lesen wir die privaten Daten der Klasse **Auto** in das temporäre Objekt **temp** ein ...

*5 ... und hängen es ans Ende des dynamisch wachsenden Vektors, welcher Objekte der Klasse **vector** speichern kann.

*6 Und zu guter Letzt geben wir, wie gefordert, alle Daten der Objekte aus, welche im Vektor gespeichert sind. Über die Elementfunktion **size()** aus der Klasse **vector** erhältst du die Anzahl der Elemente und gleichzeitig die Abbruchbedingung für die Schleife. Wesentlich komfortabler kannst du es dir natürlich mit C++11-**like for** machen, indem du die Elemente mit **for(Auto &a : Stockcar)** durchläufst und dann eben über **a.get_leistung()** usw. auf die einzelnen Elemente zugreifst!

[Schwierige Aufgabe]
Du hast zuvor auch den **this**-Zeiger kennengelernt, welcher in jeder nicht-statischen Elementfunktion als versteckter Zeiger auf das Objekt enthalten ist, wenn du das Objekt bspw. mit dem Punktoperator und der Elementfunktion aufgerufen hast. Schreib ein kleines Beispiel mit einer neuen kleinen Klasse, welches demonstriert, dass die Adresse des Objektes und der Inhalt des **this**-Zeigers identisch sind.

Hääh?! Sorry, nix Capito! Was willst du jetzt von mir?

Viel einfacher, als du denkst! Hier eine Musterlösung:

```cpp
...
class ClassForOne
{
  public:
    void speicheradresse() {
      cout << "Adresse this        : " << this << endl;  *1
    }
};

int main()
{
  ClassForOne einObjekt;
  cout << "Adresse einObjekt      : " << &einObjekt << endl;  *2
  einObjekt.speicheradresse();
  return 0;
}
```

*1 Die Adresse des **this**-Zeigers entspricht ...

*2 ... der Adresse des Objektes, welches mit dessen Kontext aufgerufen wird.

Der Beweis — das Programm bei der Ausführung:

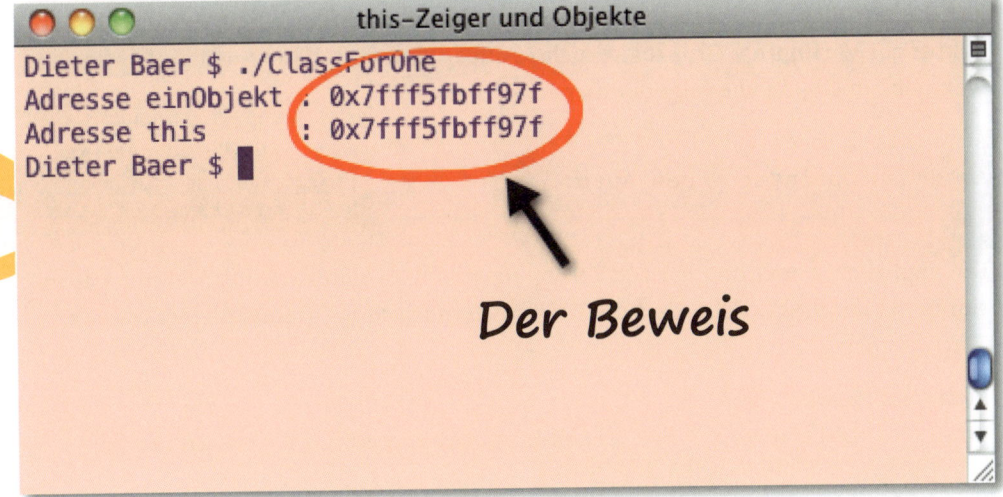

```
                    this-Zeiger und Objekte
Dieter Baer $ ./ClassForOne
Adresse einObjekt : 0x7fff5fbff97f
Adresse this      : 0x7fff5fbff97f
Dieter Baer $
```

Der Beweis

[Belohnung/Lösung]
Ich kann dich einfach nur loben, wie toll du bisher mitgemacht hast. Ich weiß, das Thema ist nicht ganz einfach, aber mit ein wenig **Selbstdisziplin** machbar. Wie wäre es, wenn du dir mal wieder eine Runde **WoW** gönnst? Du bist ja jetzt schon länger nicht mehr dazu gekommen.

Aufbauen und vernichten

Was bisher noch fehlt, sind ein paar **Heinzelmännchen**, welche beim Anlegen eines Objektes eine **Initialisierung aller** privaten **Daten übernehmen**. Sicherlich könntest du hierfür eine weitere Elementfunktion wie `init(unsigned short`, `unsigned short`, `unsigned short)` erstellen, aber C++ hat da wirklich solche Heinzelmännchen eingestellt, und zwar **Konstruktoren** (auch kurz ctor genannt)!

Mit solchen Heinzelmännchen kannst du sicherstellen, dass beim Anlegen eines Objektes sofort mit gültigen Werten gearbeitet wird. Solche Konstruktoren sind den Elementfunktionen sehr ähnlich. Nur **unterscheiden** sich diese durch folgende zwei Punkte:

☛ Der **Name** des **Konstruktors** ist derselbe wie der **Name** der **Klasse**.
☛ Der **Konstruktor** hat **keinen Rückgabewert** (auch kein `void` am Anfang).

Dienst nach Vorschrift

Zunächst wären da die **Heinzelmännchen**, die nur **Dienst nach Vorschrift** machen. Die Rede ist vom **Standardkonstruktor**. Diesen Konstruktor hast du übrigens bei deiner Klasse **Auto** auch schon verwendet. Wenn du nämlich überhaupt keinen einzigen Konstruktor in deiner Klasse definierst, stellt dir der **Compiler** einen **Standardkonstruktor** zur **Verfügung**. Großzügig, nicht? Aufgerufen wird dieser Standardkonstruktor, wenn du ein Objekt wie folgt definierst:

```
Auto alteKarre; *1
Auto* autopointer = new Auto; *1
```

[*1] Der Compiler stellt uns den Standardkonstruktor zur Verfügung.

[*2] Solch ein Zugriff ist nicht ganz unproblematisch. Es ist nicht garantiert, dass hier das private **leistung** vom Standardkonstruktor mit 0 initialisiert wurde.

[*1] Beide Male werden die **Standardkonstruktoren** aufgerufen und machen ihren Dienst nach Vorschrift.

Die impliziten, vom Compiler zur Verfügung gestellten Standardkonstruktoren **garantieren** dir allerdings **nicht**, dass die Daten **automatisch** mit 0 **initialisiert** werden. Zum Beispiel:

```
Auto alteKarre; *1
cout << "Leistung : " << alteKarre.get_leistung() << endl; *2
```

[Zettel]
Natürlich kannst (solltest) du hierbei auch die vereinheitlichte Initialisierung von C++11 wie **"Auto alteKarre{}"** bzw. **"Auto* autopointer = new Auto{}"** verwenden, womit man deutlicher erkennen kann, dass du einen Konstruktor ohne Argument aufrufst. Wenn es dein Compiler kann, empfehle ich dir, immer diese neue vereinheitlichte Initialisierungssyntax zu verwenden.

Um sich also vor eventuell **unmotivierten Heinzelmännchen** zu **schützen**, solltest du dich nicht auf deren Gemütszustand verlassen und immer auch einen **selbst geschriebenen Standardkonstruktor** für dein Programm definieren.

[Achtung]
Beachte bitte, sobald du **mindestens einen** selbst geschriebenen Konstruktor benutzt hast, stellt dir der **Compiler keinen** Standardkonstruktor mehr zur Verfügung! Allerdings sollst du den in der Regel ja ohnehin selbst schreiben!

Wir übernehmen selbst ...

Willst du das Gestricke nicht Dritten überlassen (solltest du eigentlich nie), dann musst du den **Standardkonstruktor** selbst **schreiben**.

Zunächst die Deklaration in `Auto.h`:

```
// Auto.h
class Auto
{
…
public: *1

   Auto(); *2
   …
};
```

*1 Es ist von ganz besonderer **Wichtigkeit** (!), dass die Konstruktoren im **public**- und nicht im **private**-Bereich der Klassendefinition stehen. Ansonsten wäre es nicht möglich, ein Objekt der Klasse zu definieren, weil ja der Konstruktor gar nicht aufgerufen werden könnte!

*2 Hier **deklarieren** wir den **Standardkonstruktor**.

[Hintergrundinfo]

Der Standardkonstruktor wird immer dann verwendet, wenn bei der Definition eines neuen Objektes **keine** weiteren **Parameter** angegeben wurden. Also:

```
// Verwendet Standardkonstruktor
Klassenname Bezeichner;
// oder C++11-like mit vereinheitlichter
// leerer Initalisierungsliste
Klassenname Bezeichner{};
```

Gewöhnlich wird auch hier wieder zwischen **Deklaration** in einer Headerdatei und **Definition** in einer Quelldatei unterschieden.

Jetzt noch die Definition des Standardkonstruktors in `Auto.cpp`:

```
// Auto.cpp
…
Auto::Auto() { *1
   leistung=0; *2
   baujahr=0; *2
   hoechstgeschwindigkeit=0; *2
}
…
// main.cpp
Auto leereKarre; *3
```

*1 Der Zugriff muss hier natürlich auch über den **Klassennamen** und den **Zugriffsoperator : :** erfolgen.

*2 Hier **initialisieren** wir alle private **Daten** mit 0. Natürlich kannst du auch andere Standardwerte dafür verwenden, sofern diese Sinn machen. Wenn dein Compiler C++11 kann, dann kannst du auf das Initialisieren hier verzichten und stattdessen die Daten direkt in der Klasse mit einem Wert versehen! Dazu gleich mehr …

*3 Bei dieser Definition des Objektes `leereKarre` von der Klasse **Auto** wird jetzt der eben erstellte **Standardkonstruktor** verwendet! Wenn dein Compiler C++11 kann, empfehle ich dir, hier gleich die vereinheitlichte Initialisierungssyntax zu verwenden.

Wenn du ein Objekt-Array erstellst, dann darf deine Klasse **entweder** gar **keinen** Konstruktor haben, **oder** du musst den **Standardkonstruktor** hinschreiben!

Wenn deine Klasse nur Konstruktoren mit Parametern (Thema kommt gleich) enthält, kann kein Objekt-Array wie folgt erzeugt werden:

```cpp
Auto *autoarr = new Auto[10];
```

Konstruktoren mit mehreren Parametern

Es ist durchaus gängige Praxis, neben dem Standardkonstruktor viele weitere **Konstruktoren** (nach dem Prinzip der Funktionsüberladung) **mit Parametern** zu schreiben, um möglichst viele Versionen beim **Erzeugen** eines **Objektes** abzudecken. Das Prinzip entspricht dem bei den Elementfunktionen.

Die DEKLARATION eines Konstruktors mit Parametern:

```cpp
// Auto.h
…
class Auto
{
private:
…
public:
    Auto();          // *1
    Auto(unsigned short, unsigned short, unsigned short);   // *2
…
};
```

*1 der **Standardkonstruktor**

*2 ein weiterer **Konstruktor** mit **Parametern**

Die DEFINITION eines Konstruktors mit Parametern:

```cpp
// Auto.cpp
…
Auto::Auto(unsigned short l,unsigned short b,unsigned short h)   // *1
{
    set_leistung(l);
    set_baujahr(b);
    set_hoechstgeschwindigkeit(h);
}
// main.cpp
Auto oldtimer(89, 1948, 166);   // *2
Auto hummer{ 350, 2006, 206 }; // C++11-like
```

*1 Die **Definition** des Konstruktors mit Parametern. Ich denke, es ist offensichtlich, was mit den drei Parametern hier geschieht …!

*2 Wenn du ein **Objekt** jetzt so erstellst, wird der Konstruktor mit den drei Parametern verwendet.

So wie eben gezeigt, kannst du natürlich noch viele weitere Konstruktoren mit unterschiedlichen Parametern zu deiner Klasse hinzufügen.

Konstruktoren effektiver initialisieren

In unserem Beispiel ist die Methode, die privaten Daten mit einer **Zuweisung** im Anweisungsblock des Konstruktors zu initialisieren, ganz gut geeignet. **Sobald** du aber in deiner **Klasse ebenfalls Objekte** als private **Daten** hast (bspw. **string**, **vector** oder andere bzw. eigene Klassen), dann solltest du eine **Initialisierungsliste** (oder auch **Elementinitialisierer**) dafür verwenden!

Erweitern wir bspw. den privaten Bereich der Klasse Auto um ein string-Objekt:

```
// Auto.h
…
class Auto
{
private:
  unsigned short leistung;
  unsigned short baujahr;
  unsigned short hoechstgeschwindigkeit;
  string marke; *1
public:
  Auto();
  Auto( unsigned short, unsigned short,
        unsigned short, string); *2
…
};
```

*1 Mit der Klasse **string** fügen wir weitere private Daten zur Klassendefinition von **Auto** hinzu. Nur handelt es sich jetzt ebenfalls um eine **Klasse**, was ja bedeutet, dass ebenfalls ein **Objekt** daraus erzeugt wird.

*2 Auch den Konstruktor haben wir um **string** für die Marke des Autos erweitert.

[Zettel]
Bei der **Deklaration** des neuen Konstruktors ist weit und breit nichts von der **Initialisierungsliste** (oder einem Elementinitialisierer) zu sehen. Dies ist auch nicht nötig, weil diese erst bei der **Definition** des Konstruktors benötigt wird.

Und worin liegt jetzt der Vorteil dieser Initialisierungsliste gegenüber **marke=m;** *? Und kann ich damit auch einfache Basistypen initialisieren?*

Die Definition des Konstruktors mit Initialisierungsliste:

```
// Auto.cpp
…
Auto::Auto( unsigned short l, unsigned short b,
            unsigned short h, string m ) : marke(m) *1
{
  set_leistung(l);
  set_baujahr(b);
  set_hoechstgeschwindigkeit(h);
}
```

*1 Hier erhält das private Objekt **marke** den Wert **m** direkt in der **Initialisierungsliste**!

Ohne Initialisierungsliste würde das private **string**-Objekt der Klasse **Auto** zunächst mit einem leeren String belegt. Wenn dann der **Konstruktor** seine Arbeit verrichtet, wird diesem **string**-Objekt erst sein eigentlicher Wert übergeben. Also **doppelte Arbeit** im Speicher, die du mit der **Initialisierungsliste vermeiden** kannst. **Und ja, du kannst hiermit auch die gewöhnlichen**

Klassenelemente direkt initialisieren

Basistypen initialisieren:

```cpp
Auto::Auto(unsigned short l, unsigned short b,
           unsigned short h, string m)
    : leistung(l), baujahr(b),
      hoechstgeschwindigkeit(h), marke(m) {  }
```

C++11 hebt die Einschränkung der direkten Initialisierung von Klassenelementen auf, was bisher ja nur mit statischen, konstanten Elementen integralen Typs möglich war. Du kannst also quasi mit C++11 deine Klassen-daten initialisieren:

```cpp
class Auto
{
private:
  unsigned short leistung=0;        *1
  unsigned short baujahr=0;         *1
  unsigned short hoechstgeschwindigkeit=0;  *1
  std::string marke="keine Marke";  *1
public:
  Auto() { };    *2
…
Auto leeresAuto{};  *3
```

*1 Neu in C++11! Die Klassen-elemente werden direkt initialisiert.

*2 Damit sparst du dir eine Menge Tipp-Arbeit, indem du z.B. auf die Initialisierung der Klassenelemente beim Standard-Konstruktor verzichten kannst.

*3 Du hantierst hier garantiert nicht mehr mit nicht-initialisierten Sachen herum.

[Hintergrundinfo]

Auch hier gilt: Wird **kein** eigener **Destruktor** geschrieben, stellt dir der **Compiler** eine **Standardversion** davon in einem **public**-Bereich zur Verfügung.

Einen Destruktor DEKLARIEREN:

```cpp
~Klassenname();
```

Bei der **Definition** des **Destruktors** musst du natürlich wieder gegebenenfalls den **Klassennamen + Zugriffsoperator** mit angeben, wenn du diesen nicht innerhalb der Klassendefinition definierst.

Einen Destruktor DEFINIEREN:

```cpp
Klassenname::~Klassenname() {
  // Anweisungen für den Destruktor
}
```

Am Ende alles wieder saubermachen …

Wird ein **Objekt nicht** mehr **benötigt**, wird das Gegenstück vom Konstruktor aktiv: der **Destruktor** (kurz auch dtor genannt). Der Destruktor ist für das Saubermachen zuständig. Das können Dinge sein wie Speicher freigeben, Sperren aufheben, Dateien oder sonstige Ressourcen freigeben usw.! Wie der Konstruktor hat der Destruktor denselben Namen wie die Klasse. Um den Destruktor allerdings von dem Konstruktor unterscheiden zu können, wird das **Tilde-Zeichen** (~) davorgesetzt. Im Gegensatz zum Konstruktur gibt es allerdings nur **einen Destruktor**, und dieser hat auch **niemals** einen **Parameter** und gibt auch nichts zurück.

Frühjahrsputz

An sich macht es bisher noch keinen Sinn, einen **speziellen** Destruktor in unserem Beispiel zu schreiben, weil wir ja keine gesonderten Daten freigeben müssen. Trotzdem kann das an dieser Stelle doch ganz lehrreich sein, einen solchen Destruktor mal selbst zu konstruieren, um zu sehen, **wann** dieser eigentlich mit dem **Saubermachen** anfängt.

[Einfache Aufgabe]

Füge einen Destruktor zu unserer Klasse **Auto** hinzu, der nichts anderes macht, als die Textfolge „Auto in die Schrottpresse" mit der Marke (**marke**) auf dem Bildschirm auszugeben.

Die Deklaration des Destruktors in `Auto.h`:

```
class Auto
{
private:
…
public:
  Auto();
  Auto(unsigned short, unsigned short, unsigned short, string);
  ~Auto(); *1
…
};
```

 ***1** den Destruktor deklarieren

Jetzt die Definition des Destruktors in `Auto.cpp`:

```
// Auto.cpp
…
Auto::~Auto() {
  cout << marke << " in die Schrottpresse\n";
}
```

Prima! Anhand der folgenden **main**-Funktion kannst du jetzt sehr schön erkennen, dass der **Destruktor** eines Objektes immer dann **aufgerufen** wird, wenn der **Gültigkeitsbereich verlassen** wird. Im Grunde exakt genauso wie bei den Basisdatentypen.

Hier eine main-Funktion zum Ausprobieren:

```cpp
#include <iostream>
#include "Auto.h"
using namespace std;

Auto WeltAuto{99, 1998, 172, "Welt-Auto"}; *1

int main()
{
  Auto *TestAuto = new Auto{75, 2003, 155, "Test-Auto"}; *2
  Auto VolksAuto{65, 2010, 164, "Volks-Auto"}; *3
  delete TestAuto; *2
  static Auto SAuto{55, 2001, 145, "Static-Auto"}; *4
  {
    Auto ChinaAuto{40, 2002, 154, "China-Auto"}; *5
  }
  return 0;
}
```

*1 Das Objekt **WeltAuto** ist **global**, und der Destruktor wird dabei erst mit dem **Ende** der **main**-Funktion ausgeführt.

*2 Der Destruktor des **dynamischen** Objektes **TestAuto** wird an **Ort** und **Stelle** aufgerufen, wenn das Objekt mit **delete** zerstört wird.

*3 Das **lokale** Objekt **VolksAuto** wird am **Ende** des **Anweisungsblocks** (hier beim Ende von **main()**) vom Destruktor beseitigt.

*4 Das Objekt **SAuto** ist **static**, weshalb der Destruktor auch hier erst mit dem **Ende** des **Programms** aufgerufen wird.

*5 Das **lokale** Objekt ist nur **innerhalb** des **Anweisungsblocks** gültig, weshalb der Destruktor hier bereits außerhalb des Mini-Anweisungsblocks wieder aufgerufen wird, um das Objekt zu zerstören.

[Notiz]
Hier wurde die vereinheitlichte Initialisierungsliste mit {} verwendet. Falls du einen alten Compiler hast, musst du runde Klammern () stattdessen verwenden.

```
○ ○ ○        Schrottpresse -> Destruktor
Dieter Baer $ ./scrapyard
Test-Auto in die Schrottpresse
China-Auto in die Schrottpresse
Volks-Auto in die Schrottpresse
Static-Auto in die Schrottpresse
Welt-Auto in die Schrottpresse
Dieter Baer $ █
```

Das Programm bei der Ausführung:

[Einfache Aufgabe]
Füge der Klasse **Auto** einen weiteren Konstruktor hinzu, welcher ein Objekt erzeugt, wenn der Anwender nur die Marke bei der Instanziierung angibt. Die anderen privaten Daten sollst du dann mit 0 initialisieren!

> Mann, ich komme mir auch allmählich **wie** aus der **Schrottpresse** vor. Meinst du, ein Objekt erzeugen, welches als Daten nur das **string-Objekt** marke enthält?!?

Genau, das meine ich! Und du hast es auch schon gut betont: „das **string**-Objekt"! Du weißt, was das beim Initialisieren bedeutet!!! Enttäusch mich nicht!

Okay, hier die Deklaration in Auto.h:

```cpp
// Auto.h
…
class Auto
{
private:
    unsigned short leistung;
    unsigned short baujahr;
    unsigned short hoechstgeschwindigkeit;
    string marke;
public:
    Auto();
    Auto(string);  // *1
…
};
```

*1 die **Deklaration** des neuen Konstruktors

*1 Für das Initialisieren von Objekten wird ja die **Initialisierungsliste** empfohlen, weil diese wesentlich effizienter ist.

Die Definition des Konstruktors in Auto.cpp:

```cpp
// Auto.cpp
…
Auto::Auto(string m) : marke(m) {  // *1
    leistung=0;  // *2
    baujahr=0;  // *2
    hoechstgeschwindigkeit=0;  // *2
}
…
// main.cpp
Auto AutoOhneDaten("Rennsemmel");  // *3
```

*2 Die restlichen privaten Daten initialisieren wir ganz trocken mit 0. Wenn du C++11-like die direkte Initialisierung von Klassenelementen durchgeführt hast, kannst du dir diese Zeilen selbstverständlich sparen.

*3 Dank des neuen Konstruktors **Auto(string)** kann jetzt auch so ein Objekt mit gültigen Werten erzeugt werden.

Saugut gelöst und vor allem prima aufgepasst mit der **Initialisierungsliste** und dem **string**-Objekt. Zwar wäre es mit einer Zuweisung auch gegangen, aber das Thema mit der doppelten Arbeit haben wir ja schon besprochen!

(K)ein Kartenhaus

Okay, der Abschnitt war jetzt schon
extrem dicht gepackt. Zum Glück haben
wir daher das **Wohnzimmer**, wo
wir alles nochmal **zusammenfassen** kön-
nen/müssen.

Komm schon, so schlimm war es auch
wieder nicht. **Pass auf**, ich fasse
das nochmal ganz einfach zum Mitlesen zusammen.

Nee, nicht nur dicht, das Kapitel war bis jetzt das schwierigste für mich. Boa, mir raucht der Kopf! Ich brauch jetzt erst mal ne Fluppe!

Und Moses sprach, hier sind meine zehn Gebote zu den Konstruktoren und dem Destruktor:

1. ZUM ERZEUGEN EINES OBJEKTES BRAUCHST DU
   EINEN **KONSTRUKTOR** (KURZ: CTOR). UM DAS OBJEKT
   WIEDER ZU **ZERSTÖREN**, WIRD EIN **DESTRUKTOR**
   (KURZ DTOR) VERWENDET. ES KANN MEHRERE KONST-
   RUKTOREN GEBEN, ABER NUR EINEN DESTRUKTOR!
2. DIE KONSTRUKTOREN UND DER DESTRUKTOR HABEN
   DENSELBEN NAMEN WIE DIE **KLASSE** UND
   KEINEN RÜCKGABEWERT. ZUR UNTERSCHEIDUNG
   WIRD VOR DEN DESTRUKTOR DAS TILDE-ZEICHEN (~)
   GESETZT.
3. WENN DU **KEINEN** KONSTRUKTOR ODER DESTRUK-
   TOR SCHREIBST, STELLT DIR DER **COMPILER** JEWEILS EINE
   STANDARDVERSION IM **PUBLIC**-BEREICH ZUR VERFÜGUNG.
4. SOBALD DU **MINDESTENS EINEN** KONSTRUKTOR SELBST
   SCHREIBST, STELLT DIR DER COMPILER **KEINEN STANDARD-
   KONSTRUKTOR** MEHR ZUR VERFÜGUNG. DANN MUSST DU DAS
   SELBST IN DIE HAND NEHMEN.

5. DU MUSST KONSTRUKTOREN UND DESTRUKTOREN IM **PUBLIC-BEREICH** SCHREIBEN, WEIL DU SONST KEINE OBJEKTE DAVON ERZEUGEN BZW. WIEDER ZERSTÖREN KANNST!

6. GENERELL WIRD SOWIESO EMPFOHLEN, **EIGENE** KONSTRUKTOREN ZU **SCHREIBEN** UND SICH **NICHT DARAUF** ZU **VERLASSEN**, WAS DIE HEINZELMÄNNCHEN MIT DEN DATEN MACHEN.

7. NEBEN DEM STANDARDKONSTRUKTOR OHNE PARAMETER KANNST DU AUCH **KONSTRUKTOREN** MIT (MEHREREN) **PARAMETERN** ERSTELLEN, UM MÖGLICHST VIELE OBJEKTERZEUGUNGSVARIANTEN ABZUDECKEN. DER **DESTRUKTOR** HINGEGEN DARF **KEINE PARAMETER** ENTHALTEN.

8. **OBJEKTE, DIE** ALS PRIVATE DATEN SELBST **OBJEKTE ENTHALTEN**, SOLLTEN IMMER MIT DER **INITIALISIERUNGSLISTE** INITIALISIERT WERDEN. MINDESTENS DAS EINE OBJEKT.
BEIM INITIALISIEREN MIT DER INITIALISIERUNGSLISTE SOLLTEST DU AUSSERDEM DIE **REIHENFOLGE** EINHALTEN, WELCHE DU BEI DER DEFINITION DER KLASSE VERWENDET HAST. GANZ BESONDERS, WENN DU BSPW. ZEIGER ALS DATEN HAST, DEREN GRÖSSE DU NOCH NICHT KENNST.

9. DAS **ABBAUEN** VON OBJEKTEN MIT DEM **DESTRUKTOR** IST ABHÄNGIG VOM **GÜLTIGKEITSBEREICH**, INNERHALB DESSEN DAS OBJEKT DEFINIERT WURDE.

10. OBJEKTE MIT KONSTRUKTOREN UND DESTRUKTOR SOLLTEN AUF **KEINEN FALL** DATEN EINER **UNION** ENTHALTEN. DAS WURDE BEI DEN UNIONS BEREITS KURZ ANGESPROCHEN!

[Belohnung/Lösung]

Nimm dir jetzt unbedingt Zeit, das hier Beschriebene zu verstehen, sonst verlierst du den Faden. Und wenn alles sitzt, dann gönn dir eine Pause und mach dir einen schönen Abend mit deiner Freundin. Führ sie mal wieder zu einem schönen Essen aus!

Deep inside

Jetzt gibt es noch ein paar Dinge, die wir noch genauer unter die **Lupe** nehmen müssen. Nein, eine Lupe ist hierfür nicht genau genug, hierfür brauchen wir schon ein **Mikroskop**.

Spezielle Konstruktoren

Ein weiterer Konstruktor, der auf Kosten des Hauses geht, ist der **Kopierkonstruktor**. Ohne dich um Weiteres kümmern zu müssen, ist dank des großzügig vom **Compiler** zur Verfügung gestellten Kopierkonstruktors Folgendes möglich:

```
Auto TestKarre;
Auto Kopie_TestKarre = TestKarre; *1
Auto Kopie_Kopie_TestKarre(Kopie_TestKarre); *2
```

*1 Die **Zuweisung** erzeugt ein neues Objekt **Kopie_TestKarre** mit dem gleichen Inhalt, wie ihn **TestKarre** hat, als Kopie.

*2 Auch hiermit wird ein neues Objekt **Kopie_Kopie_TestKarre** wieder mit **dem gleichen** Inhalt erzeugt.

[Achtung]

Falls bei den Daten deiner Klasse dynamische Elemente (**Zeiger**) vorhanden sind, wird dies mit Sicherheit zu **Problemen** mit dem Standardkopierkonstruktor führen. In dem Fall musst du einen **eigenen** Kopierkonstruktor **schreiben**.

Wenn also der **Standardkopierkonstruktor** vom Compiler **nicht** zum **gewünschten** Verhalten führt, kannst du mit folgender Syntax einen solchen Kopierkonstruktor **selbst schreiben**:

```
Klassenname( const Klassenname & );
```

Bezogen auf unsere Autoklasse sieht die Deklaration eines Kopierkonstruktors wie folgt aus:

```
// Auto.h
…
public:
    Auto( const Auto & );
…
```

Die Definition des Kopierkonstruktors hingegen kannst du wie folgt schreiben:

```
// Auto.cpp
…
Auto::Auto( const Auto &a ) {
    leistung = a.leistung;       *1
    baujahr = a.baujahr;         *1
    hoechstgeschwindigkeit=a.hoechstgeschwindigkeit;   *1
    marke = a.marke + " - Kopie";   *2
}
…
// main.cpp
Auto VolksCar(79, 1989, 164, "FauWeh");
// bzw. C++11-like: Auto VolksCar{79, 1989, 164, "FauWeh"};
Auto copyFauWeh = VolksCar;    *3
cout << copyFauWeh.get_marke() << endl;    *4
```

*2 Damit du auch siehst, dass es sich hier um eine Kopie handelt, habe ich experimentell die Textfolge „ – Kopie" angehängt!

*1 Damit auch das neue Objekt alle Elemente bekommt, musst du die privaten Daten Element für Element **kopieren** und dem neuen Objekt zuweisen.

*3 Hier wird unser eigener **Kopierkonstruktor** aktiv.

*4 Die Marke hat jetzt den Zusatz „ - Kopie" (FauWeh - Kopie).

[Zettel]

Noch besser ist es, wenn du auch beim Kopierkonstruktor (hier *1) gleich die Elemente mit der Initialisierungsliste befüllst:

```
Auto::Auto( const Auto &a ) :
    leistung(a.leistung), baujahr(a.baujahr),
    hoechstgeschwindigkeit(a.hoechstgeschwindigkeit) {
  marke = a.marke + " - Kopie";
}
```

[Ablage]

In unserem Fall war diese **manuelle** Erstellung des Kopierkonstruktors **nicht nötig**. Aber wenn du bspw. **dynamische Daten** hast, musst du den Kopierkonstruktor **selbst schreiben**.

Hat ein Konstruktor nur einen Parameter (wird auch **Konvertierungskonstruktor** genannt), kannst du auch ein Objekt per **Zuweisung** erzeugen. **Zum Beispiel** kannst du dank des Konstruktors **Auto(const char*)** (den du zuvor hoffentlich von **Auto(string)** geändert hast) ein Objekt mit folgenden Zeilen erzeugen:

```
Auto TestKarre_01("Racing Car"); *1
// C++11: Auto TestKarre_01{"Racing Car"}; *1
char car[] = "Dragster";
Auto TestKarre_02 = car; *2
Auto TestKarre_03 = "Formel3000"; *2
```

> ***1** Diese **Konvertierung** von **const char*** würde auch mit einem Konstruktor **Auto(string)** funktionieren.

> ***2** Hier wird der Konstruktor **Auto(const char*)** ausgeführt und führt **implizit** die **Konvertierung** von **const char*** nach **string** (mit **marke(m)** oder **Auto::set_marke(string)**) durch. Ein Konstruktor wie **Auto(string)** würde hier nicht mehr funktionieren und seinen Dienst verweigern.

Nicht immer ist allerdings eine solche **implizite** und versteckte **Konvertierung** des Konstruktors per Zuweisung **erwünscht**, wie du es hier mit **const char*** nach **string** gesehen hast. Das kann eine **böse Überraschung** mit sich bringen, wenn eine implizite Konvertierung durchgeführt wird, wo keine erwartet wurde.

Willst du keine implizite Konvertierung bei Konstruktoren mit einem Parameter, musst du dies explizit anfordern:

```
// Auto.h
…
public:
   explicit Auto(const char *); *1
…
// main.cpp
Auto TestKarre_01("Racing Car"); *2
// C++11: Auto TestKarre_01{"Racing Car"}; *2
char car[] = "Dragster";
Auto TestKarre_02 = car; *3
Auto TestKarre_03 = "Formel3000"; *3
```

> ***1** Hier schreiben wird bei der Deklaration von **Auto(const char*)** das Schlüsselwort **explicit vor** den Konvertierungskonstruktor.

> ***2** Diese **explizite Zuweisung** funktioniert natürlich nach wie vor.

> ***3** Hier schlägt das Schlüsselwort **explicit** gnadenlos zu. Das Programm lässt sich nicht mehr übersetzen. Die **implizite Konvertierung** funktioniert jetzt **nicht mehr**! Hier braucht es jetzt ebenfalls eine explizite Konvertierung wie
> **Auto TestKarre_02{car};**
> und
> **Auto TestKarre_03{"Formel3000"};**

Praxis Dr. Schrödinger

Damit du mir nicht noch nachts von der Klasse **Auto** Albträume bekommst, sollten wir da nicht noch mehr **rummurksen**, sondern dir mal zu Abwechslung eine andere Klasse geben, an der du **rumschrauben** kannst.

```cpp
...
class Lines {
private:
  char dash;
  unsigned int len;
public:
  Lines() : dash('-'), len(10) { }
  Lines(char d, unsigned int l) :
    dash(d), len(l) {}
  Lines(unsigned int l) : dash('-'), len(l) {}
void printDash() {
    for(size_t i=0; i<len; i++) {
      cout << dash;
    }
    cout << endl;
  }
};
...
Lines einfacherStrich('#', 20);
einfacherStrich.printDash();
Lines nocheinStrich = 30;
nocheinStrich.printDash();
Lines einfacherStrich_Kopie = einfacherStrich;
einfacherStrich_Kopie.printDash();
```

Das Listing ist einfach gehalten und macht letztendlich nichts anderes, als das Zeichen **dash** insgesamt **len** mal mit der Elementfunktion **printDash()** auf dem Bildschirm auszugeben.

Das Programm bei der Ausführung:

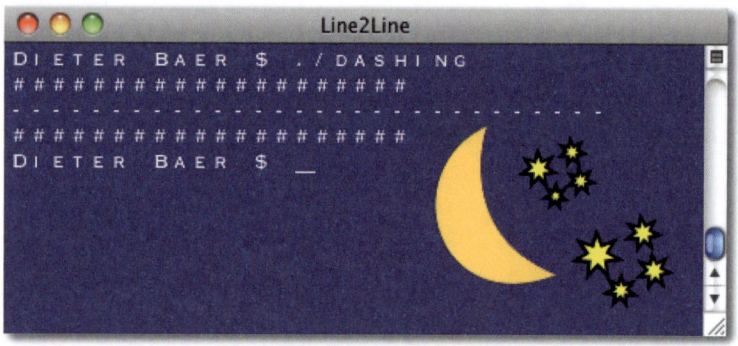

```
DIETER BAER $ ./DASHING
##########################
--------------------------
##########################
DIETER BAER $ _
```

[Einfache Aufgabe]

Implementiere in diesem Beispiel zur Übung einen Kopierkonstruktor, der die Anzahl der einzelnen Zeichen in **len** beim Kopieren verdoppelt. Außerdem wollen wir hier, dass der implizite Konvertierungskonstruktor **Lines nocheinStrich = 30;** so nicht ausgeführt wird und stattdessen explizit (**Lines nocheinStrich(30)**) erzeugt werden muss!

Hier eine Musterlösung der Klasse Lines:

```cpp
...
class Lines {
private:
  char dash;
  unsigned int len;
public:
  Lines() : dash('-'), len(10) { }
  Lines(char d, unsigned int l) :
    dash(d), len(l) {}
  explicit Lines(unsigned int l) : dash('-'), len(l) {} *1
  Lines(const Lines &L) { *2
    len = L.len * 2; *3
    dash = L.dash;
  }
...
};
...
```

*1 Durch Voranstellen des Schlüsselwortes **explicit** ist der Anwender der Klasse jetzt **gezwungen**, das Objekt **explizit** mit **Lines line(123)** zu **erzeugen**. Die implizite Version mit dem Zuweisungsoperator funktioniert jetzt nicht mehr.

*2 Hier schreiben wir unseren eigenen Kopierkonstruktor.

*3 Und hier findest du, wie gefordert, die Verdoppelung der einzelnen Zeichen, welche sich beim nächsten **printDash()**-Aufruf mit dem kopierten Objekt wiederfinden.

[Belohnung]

Das hast du sauber hingebracht! Meinen Respekt! Zur Belohnung solltest du dir einen leckeren Donut oder Muffin gönnen, um dann mit frischer Energie weitermachen zu können.

Wohnung von Dr. Schrödinger

An sich war dieser Abschnitt recht entspannend für dich. Du hast hier erfahren, **was ein Kopierkonstruktor ist** und wie du **selbst** einen **schreiben** kannst. Wenn du **keinen** solchen Kopierkonstruktor schreibst, stellt dir der **Compiler** einen zur Verfügung, der dein Objekt Bit für Bit kopiert. Wenn dein Objekt aber **Zeiger** als Daten enthält, willst du einen eigenen Kopierkonstruktor schreiben, weil du sonst den Zeiger (also die Adresse) mitkopierst und alle Objekte damit auf **dieselbe Adresse** verweisen würden. Damit hättest du keine wirkliche Kopie, sondern alle Objekte würden mit demselben Inhalt arbeiten (was zudem noch zu schwerwiegenden Fehlern führen kann/wird).

Folgende Abbildung soll dir diesen Sachverhalt deutlicher machen:

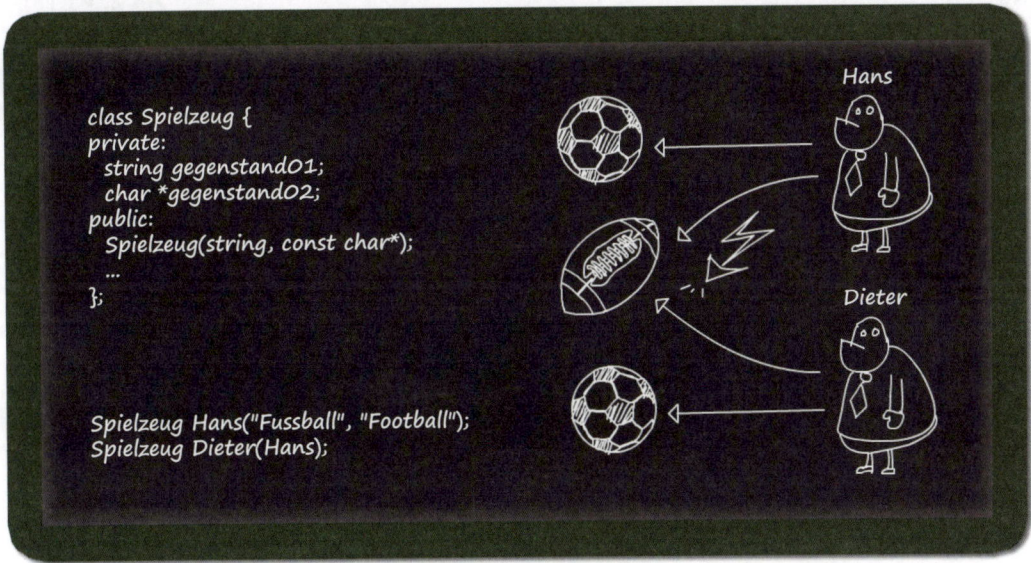

```
class Spielzeug {
private:
    string gegenstand01;
    char *gegenstand02;
public:
    Spielzeug(string, const char*);
    ...
};




Spielzeug Hans("Fussball", "Football");
Spielzeug Dieter(Hans);
```

Wegen des Zeigers **gegenstand02** musst du einen eigenen Kopierkonstruktor implementieren, weil es sonst Ärger gibt, da Hans und Dieter denselben Football beanspruchen. Die Praxis dazu kriegst du noch vorgesetzt.

Ebenfalls erfahren hast du hier, dass ein **Konstruktor** mit nur **einem Parameter** ein **Konvertierungskonstruktor** ist, der implizit auch eine Konvertierung mit dem Zuweisungsoperator durchführt. Eine solche **implizite Konvertierung** kann mit dem **Schlüsselwort** `explicit` abgestellt werden.

The Big Three

Die Regel der „**Großen Drei**" wurde ausnahmsweise nicht von mir erstellt. Obwohl … die könnte eigentlich auch von mir stammen. Nein, die Regel stammt vom **C++-Imperator** selbst, Bjarne Stroustrup!

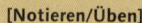

[Notieren/Üben]

Was, du kennst Bjarne nicht? Er ist ein netter Typ, der ursprünglich aus Dänemark kommt und großen Anteil an der Entstehung von C++ hat!

Bjarne Stroustrup:

Und zwar besagt diese Regel: Wenn du mindestens einen der Konstruktoren, also den **Kopierkonstruktor**, den **Destruktor** oder den **Zuweisungsoperator** selbst geschrieben hast, solltest du auch **die anderen beiden hinzufügen** und dich **nicht** mit den automatisch erstellten Versionen des Compilers zufriedengeben. Wenn du nämlich mindestens einen davon schreibst, bedeutet das ja, dass dir die **Standardversion nicht genügt**. Ähnlich verhält es sich dann auch bei den anderen beiden Standardversionen. Spätestens wenn deine Klasse **Zeiger** als Daten enthält, sind eigene Versionen unumgänglich.

Nochmal zum Nachsprechen:

Hast du einen der folgenden „Big Three" geschrieben:

- ☞ Kopierkonstruktor
- ☞ Destruktor
- ☞ Zuweisungsoperator (Überladen)

dann solltest du die anderen beiden ebenfalls selbst schreiben.

[Notieren/Üben]

Das Überladen von Operatoren lernst du noch gezielt kennen. Das Thema ist natürlich Gegenstand eines eigenen Kapitels.

[Belohnung/Lösung]

Echt toll, wie du mitmachst. Jetzt hast du fast schon die Grundlagen zur OOP durch. Da die Themen allerdings nicht unbedingt einfacher werden, gönn dir immer ein wenig Pause. Geh an die frische Luft oder mach Sport, damit du deinen Kopf frei hast.

Spezielle Daten in der Kapsel

An dieser Stelle muss ich noch auf ein paar spezielle Daten eingehen, die du in den Klassen verwenden kannst. Da wäre nämlich noch die Möglichkeit, **konstante**, **dynamische** und **statische** Daten in einer Klasse zu verwenden. Alle drei Spezialitäten brauchen eine Sonderbehandlung. Es ist also unverzichtbar, über alle drei Bescheid zu wissen!

Enthält deine Klasse konstante Daten dann …

… ist eine **direkte Zuweisung** mit dem **=**-Operator an die Konstante **nicht erlaubt**. Dies musst du dann mit der **Initialisierungsliste** machen.

```
// Auto.h
...
private:
    unsigned short leistung;
    const unsigned short baujahr; *1
    unsigned short hoechstgeschwindigkeit;
    string marke;
public:
    Auto(); *2
...
```

*1 Der Wert **baujahr** ändert sich ja eigentlich bei einem **Auto** nicht mehr, weshalb dieser auch sinngemäß konstant sein kann.

*2 Das **nachträgliche** Implementieren einer **Konstante** wirft allerdings so seine **Probleme** auf. Selbst der implementierte Standardkonstruktor oder die Elementfunktion **Auto::set_baujahr()** funktionieren jetzt nicht mehr.

Um also für den Fall der Fälle konstante Daten mit einem Wert zu initialisieren, musst du dies per **Initialisierungsliste** mit einem Konstruktor durchführen:

```
Auto::Auto(const unsigned short b) : leistung(0), baujahr(b),
    hoechstgeschwindigkeit(0), marke("Unbekannt") {  }
```

[Achtung]

Bedenke allerdings, dass du beim Standardkonstruktor dann ebenfalls die Initialisierungsliste verwenden müsstest, um in diesem Fall die Konstante mit einem Standardwert zu initialisieren. An dieser Stelle kannst du sehr schön erkennen, was für Probleme auftreten können, wenn du **nachträglich** etwas in deine Klasse implementierst, was du **vorher** bei der Planung übersehen hast!

Und wie ist das dann mit **konstanten Objekten?**

Geht so etwas überhaupt?

Natürlich, warum denn nicht! Allerdings muss dir schon klar sein, dass der Zugriff auf die privaten Daten dieser Klasse dann nur noch **lesend** möglich ist!

Ein Beispiel:

```
const Auto SolidCar; *1
cout << SolidCar.get_marke() << endl; *2
SolidCar.set_leistung(100); *3
```

*1 ein konstantes Objekt

*2 Das kannst du schon noch damit machen …

*3 … aber beim schreibenden Zugriff macht das dein Compiler nicht mehr mit!

[Ablage]

Sollte ein Anwender deiner Klasse trotzdem versuchen, mit einem konstanten Objekt auf eine schreibende Elementfunktion zuzugreifen, dann kannst du zusätzlich zu `Auto::set_leistung()` noch eine konstante Version implementieren, die bei einem solchen Zugriff eine Fehlermeldung ausgibt. Zum Beispiel folgende Deklaration:

```
void set_leistung() const;
```

Enthält deine Klasse hingegen dynamische Daten …

… die zur Laufzeit mit **new** angelegt werden, empfehle ich dir umgehend, wenn möglich, diesen **Aufwand** durch fertige Klassen wie **string** oder **vector** zu **umgehen**. Wenn du aber vor einem Projekt sitzt, in dem die schon drin sind, dann musst du auch hier ein paar Dinge wissen:

1. Neben dem Zeiger für die dynamischen Daten brauchst du häufig auch noch einen weiteren Wert, mit dem du die Anzahl (oder **Länge**) der dynamischen Elemente sichern kannst – oder anders: Das Gummi sollte immer die passende Größe haben.

2. Beim Standardkonstruktor solltest du dafür sorgen, dass dir gleich zu **Anfang** mindestens Platz für ein Element zur Verfügung steht. Das musst du natürlich dynamisch zur Laufzeit mit **new** anfordern – oder anders: Hab mindestens immer ein Gummi dabei.

3. Natürlich brauchst du zusätzlich noch eine **Elementfunktion**, die zur Laufzeit stets weiteren **Speicher** zum aktuellen Element **hinzufügen** kann – oder anders: Lege weitere Gummis an einen erreichbaren Platz.

4. Du musst einen **eigenen Kopierkonstruktor** schreiben, weil sonst nur die Adresse des dynamischen Elementes in der Klasse mit kopiert würde. Und somit hätten alle

Objekte lediglich denselben Inhalt bzw. dieselbe Adresse. Gefährlich wird dies, sobald eines der Objekte vom Destruktor zerstört wird, weil damit eigentlich das dynamische Element nicht mehr gültig ist und andere Objekte nach wie vor darauf zugreifen können – oder anders: Niemals ungeschützten Verkehr!

5. Von ganz entscheidender Bedeutung ist das Zerstören des Objektes. Und zwar solltest du den reservierten Speicher beim Destruktor mit `delete []` wieder freigeben, weil du sonst ein Speicherleck (Memory Leak) hast – oder anders: Keine Gummis mit Beschädigungen verwenden.

Enthält deine Klasse statische Elemente ...

... so würden diese Daten **nicht nur** für ein Objekt, sondern **allen** vorhandenen **Objekten** zur Verfügung stehen, weil die mit `static` deklarierten Daten nur **einmal** im **Speicher** vorhanden sind.

Solche statischen **Daten** können nützlich sein, um bestimmte Informationen zu speichern, welche **für alle Objekte** von Interesse sind. In unserem Beispiel könnten wir hiermit praktisch die Anzahl der Objekte in der Klasse zwischenspeichern oder einen Wert zum Austausch von Daten zwischen den Objekten.

Ein Beispiel:

```
class Auto
{
private:
  unsigned short leistung;
  unsigned short baujahr;
  unsigned short hoechstgeschwindigkeit;
  string marke;
  static unsigned int zaehler = 0; *1
...
};
```

*1 Alle künftigen Objekte haben denselben Wert `zaehler`. Sinnvollerweise solltest du dann auch bei allen **Konstruktoren** und beim **Destruktor** diesen Wert um 1 erhöhen bzw. verringern.

[Hintergrundinfo]
Merk dir einfach: Statische Mitglieder einer Klasse gehören nicht zum Objekt, und du kannst sie auch nicht über den `this`-Pointer erreichen.

Gute Freunde kann niemand trennen ...

Nein, keine Sorge, ich will hier keine Parallelen zu unmusikalischen Fußballern ziehen. Trotzdem gibt es noch ein paar **alte Freunde**, die einen Weg kennen, mit dem du mit **globalen Funktionen** auf **private Elemente** einer Klasse **zugreifen** kannst.

Ein Codestückchen hierzu:

```
…
void printMarke(const Auto &a) {  *1
  cout << "Die Automarke lautet : " << a.marke << endl;  *2
}

int main() {
  Auto VolksCar(79, 1989, 164, "FauWeh");
  printMarke(VolksCar);  *3
  return 0;
}
```

*1 globale Funktion **printMarke()** mit einer **Auto**-Referenz als Parameter

*2 Unverschämter Versuch! **Zugriff** auf **private Daten** (hier **marke**) der Klasse

*3 Aufruf der globalen Funktion

Ohne weitere Vorkehrungen würde der **Compiler** hier **schimpfen** wie ein Rohrspatz, weil du auf private Daten deiner Klasse von außen zugreifen willst.

Es gibt jetzt in der Tat einen **Kumpel**, der diese **Datenkapselung aufbricht**, damit du diese globale Funktion regulär verwenden kannst. Du musst diese Funktion nur mit dem **Schlüsselwort friend** zu deiner Freundesliste hinzufügen (ähnlich wie bei „Gesichtsbuch"). Dabei reicht es aus, wenn du diese Funktion in der Klassendefinition mit dem Schlüsselwort **friend** deklarierst:

```
// Auto.h
…
class Auto
{
…
public:
…
friend void printMarke(const Auto&);  *1
};
```

*1 Jetzt klappt es auch mit der globalen Funktion. Guten Freunden erlaubt man doch alles!

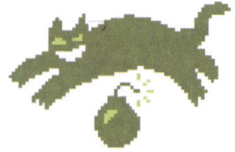

[Achtung]

Dein Freund hat aber nur Asyl beantragt und ist trotzdem kein offizieller Staatsbürger (Elementfunktion) deiner Klasse. Daher steht für die **friend**-Funktion auch kein **this**-Zeiger zur Verfügung!!!

[Hintergrundinfo]

Auch Klassen lassen sich theoretisch zum „Freund" erklären. Allerdings kann ich dir davon nur abraten, weil es früher oder später zum Streit kommt, wenn du zu viel Multikulti reinschreibst. Klassen zum Freund zu erklären, gilt als schlechter Stil und weicht das OOP-Prinzip zu stark auf.

Gong Die letzte Runde wird eingeläutet

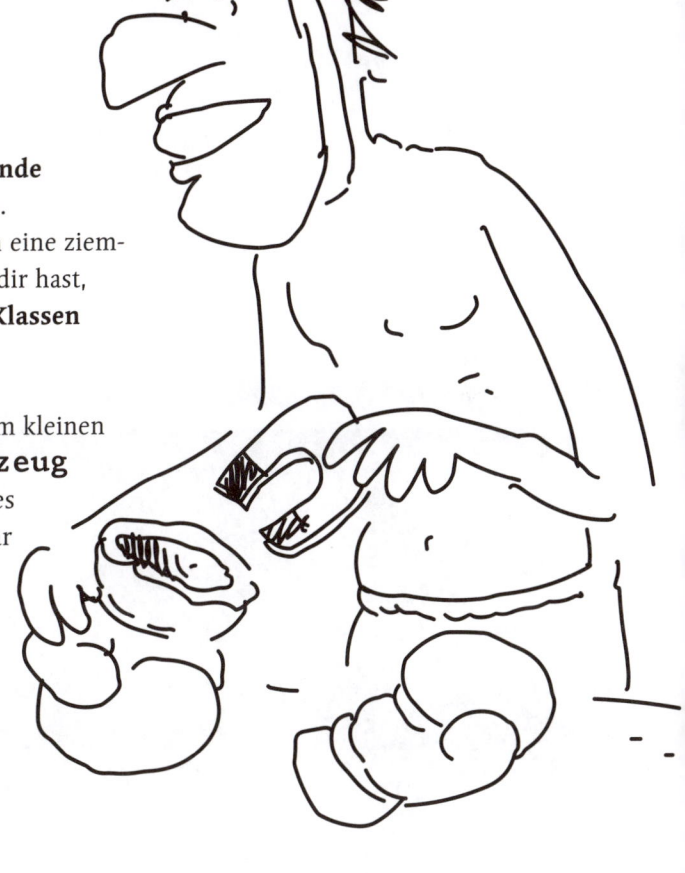

So, jetzt läuten wir die **finale Runde** zu den **Grundlagen** der OOP ein. Streng dich an, weil du hier noch eine ziemlich anspruchsvolle Aufgabe vor dir hast, um dich dann als **Meister aller Klassen** bezeichnen zu können.

Okay, jetzt wollen wir zu unserem kleinen Problem mit der Klasse **Spielzeug** zurückkehren, bei der ein privates Attribut der Klasse ein **Zeiger** war und wo im Falle einer **Kopie** alle Objekte **dieselbe Adresse** beinhalten würden!

Hierzu das vereinfachte Listing, wo alles auch gleich wieder inline definiert wurde:

> ***1** Unser Problemkind in der Klasse. Klar, ein echter C++-Programmierer **verzichtet** auf so etwas und verwendet stattdessen die Klasse **string**, wie beim **gegenstand01** darüber. Aber wir brauchen hier ja auch einen Anlass zum Schrauben!

```
// myToys.cpp
…
class Spielzeug {
private:
    string gegenstand01;
    char *gegenstand02; *1
public:
    Spielzeug(string g1, const char *g2) : gegenstand01(g1) {
        gegenstand02 = new char[strlen(g2) + 1];
```

```cpp
        strcpy(gegenstand02, g2);
    }
void printAll() {
        cout << gegenstand01 << endl;
        cout << gegenstand02 << endl;
    }
};
…
string ball = "Ball";
char football[] = {"Football"};
Spielzeug Hans(ball, football); *2
// C++11-like: Spielzeug Hans{ball, football}; *2
Hans.printAll();
Spielzeug Dieter(Hans); *3
// C++11-like: Spielzeug Dieter{Hans}; *3
Dieter.printAll();
```

*2 Hier legen wir ein Objekt **Hans** mit dem Ball und Football an.

*3 Der vom Compiler generierte Kopierkonstruktor macht eine **flache Kopie** von **Hans** und gibt diesen Inhalt an **Dieter**.

Und so sieht das mit der flachen Kopie aus:

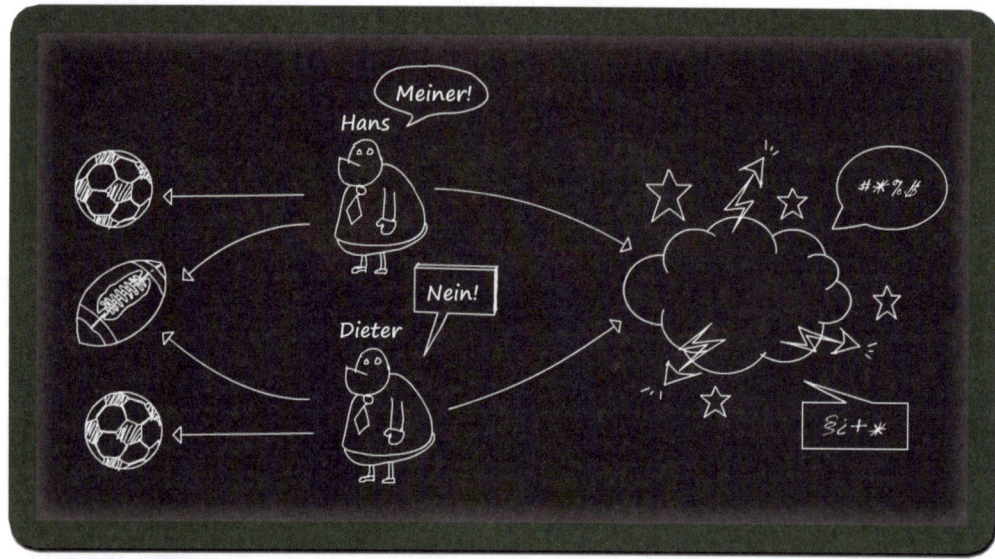

Für die pädagogische Frühkindeserziehung ist hier der Standardkopierkonstruktor nicht geeignet. Das ruft nur das Naturrecht auf den Plan (Recht des Stärkeren). Schlimm wird es dann noch, wenn eines der beiden Objekte freigegeben wird, weil dann gar kein offizieller Football mehr vorhanden ist und dann das andere Objekt auf einen nicht mehr gültigen Adressbereich verweist!

[Schwierige Aufgabe]

Schlichte den Streit in diesem Beispiel, indem du den Kopierkonstruktor selbst schreibst und jeder seinen Football bekommt. Schreib außerdem auch einen passenden Destruktor, der das Spielzeug auch wieder aufräumt!

Puh, das wird anstrengend! Kann ich nicht einfach die Klasse **string** *stattdessen verwenden?*

Jetzt komm schon, das Beispiel dient als Übung, und wir gehen
jetzt mal den dornigen Weg und schlagen uns durch! Probier es
einfach aus! Es ist einfacher, als du denkst.

Hier meine Musterlösung:

```
// myToys.cpp
…
class Spielzeug {
private:
  string gegenstand01;
  char *gegenstand02;
public:
…
  Spielzeug(const Spielzeug &s) {   *1
    gegenstand01 = s.gegenstand01;   *2
    gegenstand02 = new char[strlen(s.gegenstand02) + 1];   *3
    strcpy(gegenstand02, s.gegenstand02);   *3
  }
  ~Spielzeug() {   *4
    delete [] gegenstand02;   *5
    cout << "Spielzeug weggeräumt\n";
  }
…
};
```

*1 der selbst geschriebene Kopierkonstruktor

*2 Während sich der **gegenstand01** einfach nur so zuweisen lässt …

*3 … müssen wir beim **gegenstand02** erst mal neuen Speicher anfordern und dann umständlich mit einer alten C-Funktion **strcpy()** kopieren. Aber jetzt haben wir einen **gegenstand02** mit einer eigenen Adresse! Jetzt hast du eine **tiefe Kopie** erstellt!

*4 Der Destruktor …

*5 … muss den von der Speicherhalde angeforderten Speicher für **gegenstand02** unbedingt explizit mit **delete** wieder freigeben, weil es sonst ein Speicherleck gibt! Einfacher könntest du dir das Leben machen, indem du den **unique_ptr** für **gegenstand02** verwendest! Dann musst du dich zumindest um die Freigabe vom Speicher nicht mehr kümmern!

[Notiz]
Wenn du alle Daten exklusiv Stück für Stück von einem Objekt in das andere kopierst,
spricht man von einer **tiefen Kopie** (deep copy). Wenn die Kopie eines Objektes hingegen die Daten mit einem anderen Objekt teilt, spricht man von einer **flachen Kopie**
(shallow copy). Eine flache Kopie ist es also, was dir dein Compiler anzubieten hat.
Eine tiefe Kopie musst du dir selber machen!

Geht nicht …

[Einfache Aufgabe]
Folgende Codezeile lässt sich nicht ausführen. Warum?

```
Spielzeug *toy_ptr = new Spielzeug[5];
```

Hm, soweit ich mich noch erinnern kann, reicht der vom **Compiler**
zur Verfügung gestellte **Standardkonstruktor** für ein dynamisches
Objekt-Array **nicht aus**. Ich müsste also den Standardkonstruktor
Spielzeug() selbst schreiben!

Volltreffer! Völlig richtig! Das hast du dir sehr gut gemerkt! Respekt!

[Schwierige Aufgabe]

Schreib eine Elementfunktion, mit der du zwei Objekte miteinander austauschen kannst. Denk daran, dass du in der Elementfunktion mit ***this** als Ganzes auf das Objekt zugreifen kannst.

Mami!

Gut, ich helfe dir mit der Tauschfunktion:

```
// myToys.cpp
…
class Spielzeug {
…
public:
…
    void Tauschen(Spielzeug *s) {  *1
        Spielzeug temp = *s;  *2
        *s = *this;  *3
        *this = temp;  *4
    }
};
…
char football[] = {"Football"};
char basketball[] = {"Basketball"};
Spielzeug Hans("Fussball", football);
// C++11-like: Spielzeug Hans{"Fussball", football};
Spielzeug Dennis("ABC-Würfel", basketball);
// C++11-like: Spielzeug Dennis{"ABC-Würfel", basketball};
Hans.Tauschen(&Dennis);  *5
```

*1 die Element-funktion **Tauschen()** mit dem Tauschpartner als Adresse

*3 Der Tauschpartner bekommt die Adresse des aufrufenden Objektes.

*2 Die Adresse des Tauschpartners wird in einem neuen temporären Objekt zwischen-gespeichert!

*4 Das aufrufende Objekt hingegen bekommt den Inhalt des Tauschpartners.

*5 Der Aufruf der Elementfunktion. **Hans tauscht** hier seine Spielsachen mit **Dennis**.

Geht ja gar nicht! Das Programm schmiert mir beim Freigeben des Speichers mit dem Destruktor ab!?!

[Einfache Aufgabe]

Hm, denk mal nach! Was könntest du dagegen machen?
Oder anders, was fehlt noch?
Ich zwitschere nur: „Big Three"!

*Ich habe den **Kopierkonstruktor** und **Destruktor** geschrieben.*

*Folglich fehlt mir hier also noch der **Zuweisungsoperator**?*

Exakt! Damit das Beispiel hier läuft, müssen wir noch den **Zuweisungsoperator überladen**. Da du das Thema noch nicht kennst, kriegst du hier den noch fehlenden Baustein vor die Nase gesetzt, damit das Beispiel läuft:

```cpp
// myToys.cpp
class Spielzeug {
…
public:
…
  Spielzeug& operator=(const Spielzeug &s) {   *1
    gegenstand01 = s.gegenstand01;   *2
    gegenstand02 = new char[strlen(s.gegenstand02) + 1];   *2
    strcpy(gegenstand02, s.gegenstand02);   *2
    return *this;   *3
  }
};
```

*1 Der Kopf der Operator-überladung. Zurückgegeben wird ein Spielzeug-objekt!

*2 Das hier ist wie schon beim Kopierkonst-ruktor.

*3 Zurück-gegeben wird das „neu" initialisierte Objekt als Ganzes (***this**).

[Code bearbeiten]

Bei **operator=()** sollte eigentlich auch noch ein **if(this!=&s)** enthalten sein, damit du dich gegen eine Selbstzuweisung wie **Spielzeug toy; toy=toy;** schützen kannst. Würdest du nämlich ein **toy=toy;** machen, würdest du ein Speicherleck produzieren!!! In dem Fall, dass **this==&s** ist, kannst du auch gleich wieder ***this** zurückgeben.

[Code bearbeiten]

An dem Beispiel hast du gesehen, dass es recht ungemütlich werden kann, wenn du einen Zeiger bei den Daten deiner Klasse verwendest. Oftmals kannst du dir diese Qual ersparen, wie du selbst schon festgestellt hast, wenn du Klassen wie **string** oder **vector** verwendest.

[Belohnung]

… 8, 9, 10, *Gong*, aus! Prima, du bist mit den ersten Grundlagen der OOP durch. Zugegeben, dieser Abschnitt hier war recht hart, aber machbar. Bleib am Ball, und du darfst dich bald als C++-Guru bezeichnen.

Kampfanalyse

Ich weiß, die letzten Runden waren hart. Aber du hast dich tapfer geschlagen und bist hart im Nehmen. Bevor du jetzt das machst, wozu immer du auch Lust hast, wollen wir die letzten Runden noch ein wenig **analysieren**. Du kennst das doch vor und nach Sportveranstaltungen, wo ernannte Experten ihren **Senf** dazu abgeben und auch noch Geld dafür kriegen. Das mache ich jetzt mit dir auch (und Geld kriege ich ja auch dafür). Im Grunde haben wir zuvor ganz **spezielle Daten** behandelt, welche **deine Klassen** beinhalten können.

Fassen wir zusammen:

☞ **Konstante** Klassen-**Daten** mit dem Schlüsselwort **const** kannst du beim Konstruktor nicht mit dem Zuweisungsoperator initialisieren, sondern dabei musst du eine **Initialisierungsliste** verwenden.

☞ Bei **dynamischen** Klassen-**Daten** mit einem Zeiger wird es schon wesentlich komplexer und aufwendiger. Da der Compiler standardmäßig nur eine flache Kopie des Objektes macht, bedeutet das, dass du hier selbst einen **Kopierkonstruktor** schreiben musst, um eine tiefe Kopie zu erhalten. Bei einer **flachen Kopie** besteht das Problem, dass sich die Objekte die Adresse mit dem dynamischen Objekt teilen, was früher oder später zu einem großen Knall führen wird. Bei einer **tiefen Kopie** musst du erst auf einer neuen

Adresse Speicher für das zu kopierende dynamische Objekt mit **new** anfordern, um es dann dorthin zu kopieren. Zusätzlich kommst du nicht drum herum, neben dem Kopierkonstruktor auch noch den **Destruktor** und den **Zuweisungsoperator** zu überladen (Stichwort: „Big Three").

☞ Verwendest du **static** bei den Daten deiner **Klasse**, steht dieser Wert **einmalig** für alle Objekte **im Speicher** zur Verfügung. Das statische Mitglied hat praktisch **keine Objektzugehörigkeit** und ist so etwas wie eine globale Klassenvariable, auf die alle Objekte zugreifen und die sie sich teilen können.

[Notieren/Üben]

Wenn du statt eines dynamischen Attributes in Form eines Zeigers in deiner Klasse die Klasse **string** oder **vector** verwenden kannst, mach es! Du sparst dir damit eine Menge an Arbeit und Nerven. Verwende also, wenn möglich, statt eines Ze-Strings wie **char*** die Klasse **string** und statt eines Ze-Arrays die Klasse **vector**! Dafür wurden die Klassen u. a. auch gemacht! Willst/musst du trotzdem auf solche Zeigersachen in Klassen zurückgreifen, würde es sich zur Vermeidung von Problemen anbieten, gleich auf die neue C++11-Klassen **unique_ptr** oder **shared_ptr** bei dynamischen Klassenelementen zurückzugreifen, anstatt **new** und **delete** zu verwenden.

[Einfache Aufgabe]

Mal sehen, ob du das mit den statischen Daten der Klasse verstanden hast. Was verursacht im folgenden Codeausschnitt das Hinzufügen von **gegenstand03**? Was bedeutet das für **Hans** und **Dennis**?

```
// myToys.de
…
class Spielzeug {
private:
  string gegenstand01;
  char *gegenstand02;
  static string gegenstand03;   *1
public:
…
};

…
string Spielzeug::gegenstand03 = "ABC-Würfel";   *2
…
char football[] = {"Football"};
char basketball[] = {"Basketball"};
Spielzeug Hans("Fussball", football);   *3
Spielzeug Dennis("Fussball", basketball);   *3
```

*1 ein statisches Mitglied in der Klasse **Spielzeug**

*2 Das ist nötig, weil das statische Klassenelement bereits einen Speicher besitzt, obwohl noch kein Objekt davon existiert. Deshalb muss die Variable auch außerhalb der Klasse definiert und gegebenenfalls initialisiert werden!

*3 Hier werden die Objekte **Hans** und **Dennis** erzeugt.

Hier die Lösung:

Durch den statischen Gegenstand, müssen sich alle anderen den Gegenstand (**gegenstand03**) teilen. Auch wenn der Gegenstand durch einen anderen Inhalt getauscht wird, haben alle anderen Objekte einen Anspruch darauf. Ein Gegenstand für alle Leute eben!

Eine Aufgabe noch, dann bist du fertig hier.

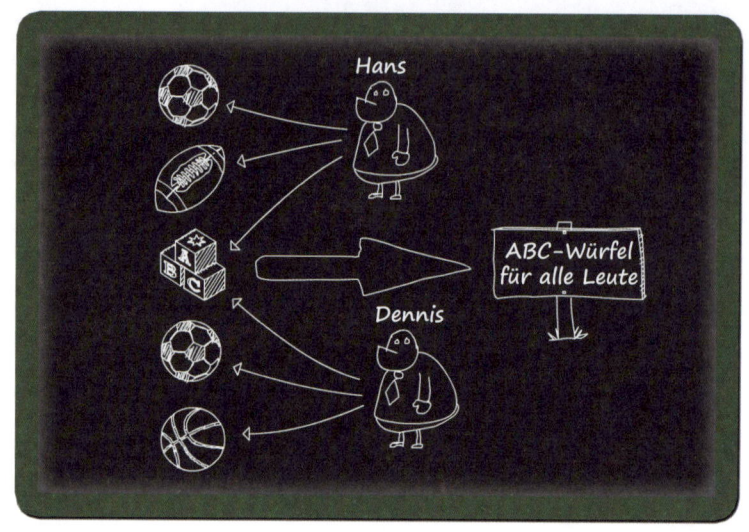

[Einfache Aufgabe]

Die globale Funktion **printGegenstand01()** gibt den Inhalt von **gegenstand01** eines Objektes, welches du als Parameter mitgibst, auf dem Bildschirm aus. Allerdings verweigert der Compiler die Übersetzung, weil wir ja von außen auf ein privates Mitglied der Klasse zugreifen wollen. Was können wir jetzt tun, damit die Funktion trotzdem ausgeführt wird?

```
// myToys.de
…
void printGegenstand01(const Spielzeug &s) { *1
  cout << "Spielzeug 01 : " << s.gegenstand01 << endl;
}
…
char football[] = {"Football"};
Spielzeug Hans("Fussball", football);
printGegenstand01(Hans); *2
```

> ***1** Die globale Funktion lässt sich nicht ausführen.

> ***2** der Funktionsaufruf

Ich hab's! Wir erklären diese Funktion zum Freund!

Die Lösung in der Klassendefinition:

```
class Spielzeug {
…
public:
…
  friend void printGegenstand01(const Spielzeug&); *1
};
```

> ***1** Als **Freund** unserer Klasse ist jetzt ein Zugriff auf die privaten Mitglieder der Klasse mit der globalen Funktion möglich!

[Belohnung/Lösung]

So, jetzt hast du einen riesigen Löwenanteil der OOP rund um die Klassen kennengelernt. Ich empfehle dir daher unbedingt, eine Pause einzulegen. Vor allem kümmer dich um deine Freundin und dein Sozialleben. Es gibt im Leben noch weitaus mehr als nur, vor der Kiste zu hocken und Zeit in sozialen Netzwerken oder virtuellen Welten zu verbringen.

—ZEHN—

Kino + WoW + Programmieren = viel Spaß

Schrödinger kann jetzt zwar Klassen erstellen, aber die wollen sich nicht so recht mit den Operatoren vertragen. Nicht mal einfachste Vergleiche funktionieren damit.
Daher zeigen wir Schrödinger in diesem Kapitel, dass eine Operator-Überladung das Programm nicht physikalisch schwerer und unverständlicher macht, sondern, richtig dosiert, auch Spaß machen kann.

Eigene Rechengesetze

Du hast bereits miterleben dürfen, wie der Zuweisungsoperator **überladen** wurde. Glücklicherweise ist es dir in C++ gestattet, dass du **fast** alle anderen Operatoren überladen kannst. Das Thema Überladen selbst wurde ja bereits bei den Funktionen behandelt (ich hoffe, du hast aufmerksam gelesen). Genauso ist es im Prinzip auch mit den **Operatoren**.

Gestatten: operator

Zum Zwecke der Operatorüberladung brauchst du natürlich noch ein **Zauberwörtchen**, welches du mit `operator` in C++ vorfindest. Abgesehen von dem Zauberwort `operator`, kannst du diese spezielle Operatorverwendung **wie** eine gewöhnliche **Elementfunktion** schreiben. Bei den meisten Operatoren ist dies wirklich ziemlich einfach!

Um einen Operator für ein binäres Pärchen aus dem Hut zu zaubern, muss mindestens Folgendes vorhanden sein:

Rückgabewert [Klassennamen::]`operator` @ *(TYP)*

Der **Rückgabewert** ist, ja, was wird er wohl sein, der **Rückgabetyp** des Operators. Das Zeichen **@** hinter dem Zauberwort `operator` musst du durch das zu überladende **Symbol** für die Klasse **Klassennamen** ersetzen. Mit **Typ** gibst du den zweiten, genauer rechten **Operanden** an.

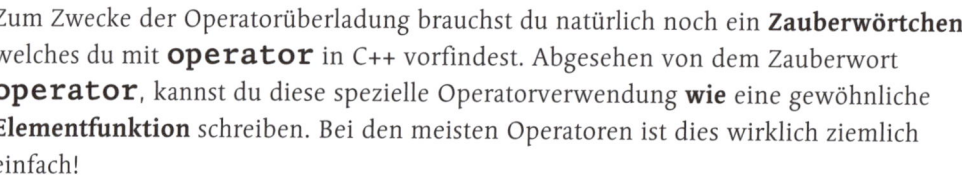

Elementfunktionsmäßig könntest du den überladenen Operator mit zwei Objekten einer Klasse so anwenden:

```
Klassenname objekt1, objekt2;
Rückgabewert wert = objekt1.operator@(objekt2); *1
```

*1 Überladenen **@**-Operator **verwenden**. Das Zeichen **@** sollte natürlich gegen den Operator ausgetauscht werden, der überladen werden soll.

[Zettel]

Eine **Operatorüberladung** kann übrigens auch als eine gewöhnliche **globale Funktion** geschrieben werden. Natürlich muss diese Funktion ebenfalls das Zauberwörtchen `operator` enthalten und ein **Freund** deiner Klasse (`friend`) werden. Ein zweistelliger Operator für eine Klasse hingegen **sollte** per `friend`-Funktion in der Klasse deklariert und definiert werden.

Zum Glück kannst du diese Überladung noch viel **operatormäßiger** benutzen und musst **nicht** diese Elementfunktionsschreibweise verwenden. Das ist höchstens was für hochstapelnde Geeks!

So geht's auch:

```
Klassenname objekt1, objekt2;
Rückgabewert wert = objekt1 @ objekt2; *1
```

*1 Der Ausdruck entspricht der Elementfunktionsschreibweise von eben. @ musst du natürlich auch hier gegen den entsprechenden Operator tauschen.

Gesetze für die Herren Operatoren

Natürlich genießen die Operatorüberladungen **nicht** grenzenlose **Freiheiten** und können nicht der Schwerkraft strotzen. Folgende **Benimmregeln** der Operatorüberladungen solltest du auf jeden Fall kennen, bevor du diese aus dem Hut ziehst:

☛ Operatorüberladungen sind **Klassensachen.** Du kannst also nicht hergehen und die üblichen arithmetischen Operatoren für die Basisdatentypen verbiegen.

  ☛ Du kannst **keine neuen** Operatoren damit hervorzaubern. Es lassen sich also **nur vorhandene** Operatoren überladen.

  ☛ Die **Anzahl** der Operanden kannst du **nicht ändern.** Ein binärer Operator bekommt nach wie vor zwei Operanden (**operand1 + operand2**) und ein unärer Operator bleibt auch bei einem Operanden (**operand++**).

  ☛ Auch die **Rangfolge** der Operatoren **verändert** sich **nicht.** Auch nach der Überladung gilt bspw. die Punkt-vor-Strich-Regelung.

  ☛ Du kannst **keine Standardargumente** verwenden, und die **Anzahl** der Argumente, die der Operator eben hat, kannst du auch **nicht** ändern.

[Zettel]
Keine Regel, aber irgendwo sollte eine solche **Operatorüberladung** auch einen **Sinn** ergeben: Da du ja quasi frei bist, deine Operatoren zu überladen, sollte vielleicht auch der Anwender deiner Klasse erkennen, dass eine gewisse **Logik** vorhanden ist. Auch sollte es logisch sein, dass du, wenn du bspw. den =-Operator überlädst, das auch mit dem Gegenstück **!=** machst.

Diese Operatoren können überladen werden:

Operatoren	Was bin ich?
+ - * / % (unär) ++ -- += -= *= /= %=	arithmetische Operatoren
&& || !	logische Operatoren
== != < <= > >=	Vergleichsoperatoren
& | ^ ~ >> << &= |= ^= >>= <<=	Bit-Operatoren
* -> ->* () [] & new delete new[] delete[]	sonstige Operatoren

Bei diesen Operatoren hingegen geht nix mit der Überladung:

Operatoren	Was bin ich?
.	Zugriffsoperator
.*	Zugriffsoperator (Elementzeiger)
::	Bereichsoperator
?:	bedingte Auswertung
sizeof	Größe von Objekten

Operatoren nur für Freunde

Neben der gerade gezeigten Version, eine Operatorüberladung wie eine **Elementfunktion** zu schreiben, kannst du dich auch weniger fest binden und nur eine **Freundschaft** eingehen. Wozu eine **friend-Funktion** als Operatorüberladung? Das werde ich dir jetzt schnell beschreiben.

*2 Hier klappt das **nicht** mehr, weil als **linker Operand** von **+** ein **Objekt** der Klasse erwartet wird. Und hier steht jetzt ein **konstanter Integer-Wert**. Für solche Zwecke brauchst du einen **Freund**.

Folgendes Beispiel einer +-Operatorüberladung sei gegeben:

```
Klassenname Objekt;
int wert1 = Objekt + 12345; *1
int wert2 = 12345 + Objekt; *2
```

*1 Die Definition hierzu wäre:
`int Klassenname::operator+(int val){ }`

Und so kannst du eine freundliche Operatorüberladung machen:

Rückgabewert **operator** @ (*Loperand*, *ROperand*)

Der **Rückgabewert** ist natürlich das, was er immer ist. Das Zeichen **@** hinter dem Zauberwort **operator** musst du durch das entsprechende Operatorsymbol ersetzen. Der **erste Parameter Loperand** ist der linke und der **zweite Parameter ROperand** der rechte Operand, platziert jeweils an der entsprechenden Seite des Operators **@**.

[Hintergrundinfo]

Nicht vergessen: In der **Klasse** musst du diese globale Operatorüberladungsfunktion mit dem Schlüsselwort **friend** zu deinem **Freund** machen!

Aufrufen könntest du diesen Freund jetzt auf zwei Arten:

```
operator@(val1, Objekt); *1
val1 @ Objekt; *1
```

*1 Beide Varianten sind absolut gleichwertig. Das Zeichen **@** musst du natürlich durch den entsprechenden Operator ersetzen.

[Belohnung]

Zugegeben, der Teil war sehr theoretisch. Aber im nächsten Teil gibt es dafür Praxis satt. Als kleine Überraschung darfst du dann dein eigenes kleines Rollenspiel basteln.

Die Pärchen verwenden die Operatoren

Es war einmal ein **Bösewicht,** genannt SCHWARZER MAGIER. Dieser Bösewicht hat die Welt zu einem dunklen Ort werden lassen, an dem nur noch Angst, Terror und Armut herrschten und C++ verboten war. Es durfte nur in C programmiert werden. Nach vielen Jahren der Tyrannei, vielen Buffer-Overflows und Memory Leaks machte sich ein **tapferer Ritter** auf dem Weg, die Welt von diesem Elend zu befreien, um endlich wieder C++-Programme schreiben zu können. Der EDLE RITTER nahm sämtliche Gefahren auf sich, um sich dem SCHWARZEN MAGIER entgegenzustellen.

Die Welt wird vom „Schwarzen Magier" bedroht. Der „Edle Ritter" und die „Brave Hexe" sind die einzigen, die sich ihm entgegenstellen.

Ein Kampf auf Leben und Tod entbrannte:

```
Character einHeld("Edler Ritter", 20, 5);     *1
Character einBoesewicht("Schwarzer Magier", 18, 15);   *2
einHeld.indenKampf(einBoesewicht);     *3
```

*1 Ein Held wird geboren.

*2 Ein Bösewicht tyrannisiert die Welt.

*3 Der Kampf entbrennt.

Aber, seht selbst:

„Edler Ritter" hat zwar 20 Lebenspunkte (HP), kann aber mit einem Schlag nur 5 Angriffspunkte (MP) beim Gegner erzielen und von dessen Lebenspunkten ab-ziehen. „Schwarzer Magier" hingegen ist mit 18 Lebenspunkten (HP) zwar nicht ganz so überlebensfähig wie unser Ritter, kann aber mit einem Angriff gleich 15 Trefferpunkte (MP) beim Gegner landen. Und beim Schlagabtausch ist die Lebensenergie von „Edler Ritter" damit bereits nach dem zweiten Schlag weg.

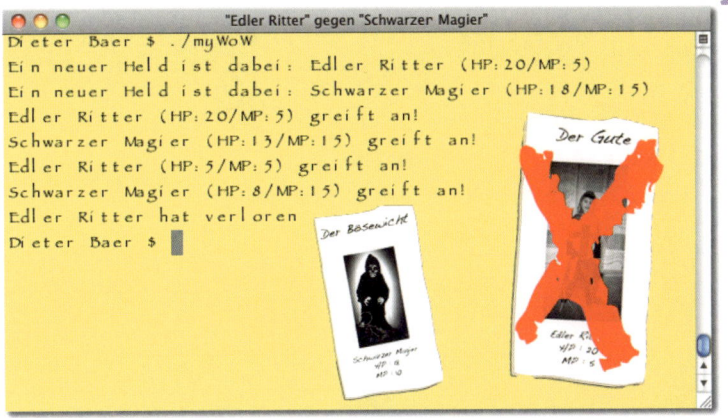

Es hilft also alles nichts, auch die BRAVE HEXE könnte alleine nicht gegen den SCHWARZEN MAGIER bestehen. Damit du das ganze Dilemma nachvollziehen kannst, brauchst du natürlich den **Quellcode** zu unserem ganz persönlichen **Rollenspiel**.

Hier die Headerdatei von myWoW.h:

```cpp
// myWoW.h
#include <iostream>
#include <string>
using namespace std;
#ifndef __MYWOW_H__
#define __MYWOW_H__

class Character {
private:
    string klasse;  *1
    int hp;  *1
    int mp;  *1
public:
    Character(string, int, int);  *2
    void heilen();  *3
    void indenKampf(Character& );  *3
    void getStatus() const;  *3
};
#endif
```

*1 Die **Daten** unserer Helden: Der Name der Kämpferklasse, die Lebenspunkte (HP) und die Angriffspunkte (MP) – eigentlich natürlich Zauberpunkte, aber wir verwenden sie hier als Angriffspunkte, gell? Also, keine Mails deswegen!

*2 Der **Konstruktor** für einen neuen Helden. Ist natürlich ausbaufähig, aber für unsere bescheidenen Absichten reicht das vorerst mal aus. Wenn du Lust hast, kannst du ja noch den Standardkonstruktor einbauen.

*3 Ein paar nützliche **Elementfunktionen** für unser Spiel. Auch hier nur auf das Nötigste beschränkt. Du könntest ja noch Zugriffselementfunktionen für die Daten schreiben.

Jetzt noch die Quelldatei von myWoW.cpp:

```cpp
// myWoW.cpp
#include <iostream>
#include <string>
using namespace std;
#include "myWoW.h"


Character::Character(string s, int h, int m) :  *1
    klasse(s), hp(h), mp(m) {
  cout << "Ein neuer Held ist dabei: ";
  getStatus();
  cout << endl;
}


void Character::heilen() {  *2
```

*1 der Konstruktor

*2 eine einfache Funktion, um die Lebenspunkte deines Helden zu heilen

```
    hp+=10;
}

void Character::indenKampf(Character &cl) {
  while(1) {
    this->getStatus();
    cout << " greift an!\n";
    cl.hp-=this->mp;
    if(cl.hp <= 0) {
      cout << cl.klasse << " hat verloren!\n";
      break;
    }
    cl.getStatus();
    cout << " greift an!\n";
    this->hp-=cl.mp;
    if (this->hp <=0 ) {
      cout << this->klasse << " hat verloren\n";
      break;
    }
  }
}

void Character::getStatus() {
  cout << klasse << " (HP:" << hp << "/MP:" << mp << ")";
}
```

*3 Der Kampf in einer Endlosschleife, bis einem der beiden Helden die Puste (HP) ausgeht. Der Schlagabtausch findet abwechselnd statt. Der Aufrufer (***this**) der Elementfunktion beginnt mit dem ersten Schlag gegen den Gegner mit Parameter **C**.

*4 eine Elementfunktion, um den aktuellen Zustand deines Helden abzufragen

Mit vereinten Kräften

Es hilft alles nichts. Um den SCHWARZEN MAGIER zu besiegen, haben sich der EDLE RITTER und die BRAVE HEXE entschlossen, ihre Kräfte zu einer **Allianz** zu bündeln und sich so dem Bösen zu stellen.

Und so soll dies gelingen:

```
Character einHeld("Edler Ritter", 20, 5);
Character guteHexe("Brave Hexe", 10, 11);
Character Allianz = einHeld + guteHexe;
Character einBoesewicht("Schwarzer Magier", 18, 15);
Allianz.indenKampf(einBoesewicht);
```

*1 Die beiden Helden *Edler Ritter* und *Brave Hexe* bilden eine **Allianz**, um die HPs und MPs zusammenzuaddieren und zu bündeln.

*2 Mit vereinten Kräften geht es jetzt gegen *Schwarzer Magier* in den Kampf.

Together we're strong:

Erst eine Allianz kann den Bösewicht aufhalten. *Jubelgeschrei, Fanfare*

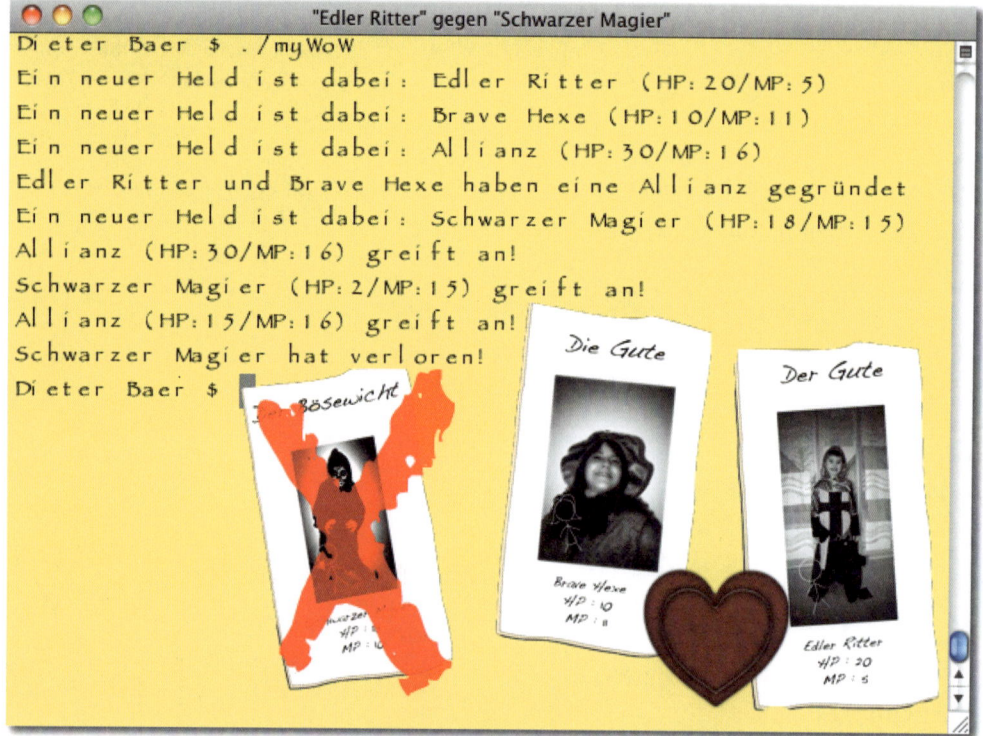

```
Dieter Baer $ ./myWoW
Ein neuer Held ist dabei: Edler Ritter (HP:20/MP:5)
Ein neuer Held ist dabei: Brave Hexe (HP:10/MP:11)
Ein neuer Held ist dabei: Allianz (HP:30/MP:16)
Edler Ritter und Brave Hexe haben eine Allianz gegründet
Ein neuer Held ist dabei: Schwarzer Magier (HP:18/MP:15)
Allianz (HP:30/MP:16) greift an!
Schwarzer Magier (HP:2/MP:15) greift an!
Allianz (HP:15/MP:16) greift an!
Schwarzer Magier hat verloren!
Dieter Baer $
```

"Edler Ritter" gegen "Schwarzer Magier"

Damit eine Zeile wie

```
Character Allianz = einHeld + guteHexe;
```

auch tatsächlich funktioniert, musst du hier natürlich den **+**-Operator entsprechend
überladen. Die Anforderung an diese **Operatorüberladung** ist die, dass ein
neues Objekt der Klasse **Character** zurückgegeben wird. Als Parameter erhält diese
Überladung außerdem ein Objekt der Klasse **Character**. Die Funktion der
Überladung ist die, dass die **Daten hp** und **mp** beider Objekte **zusammenaddiert** und
als **neues Objekt** zurückgegeben werden.

Die Deklaration in myWoW.h:

```
// myWoW.h
…
class Character {
…
public:
…
    Character operator+(Character&); *1
};
```

*1 Die geforderte
Deklaration des **+**-Operators.

Jetzt die Definition der +-Operatorüberladung in myWoW.cpp:

```
// myWoW.cpp
...
Character Character::operator+(Character& c) {
  Character Allianz("Allianz", this->hp+c.hp,
                    this->mp+c.mp); *1
  cout << this->klasse << " und " << c.klasse *2
       << " haben eine Allianz gegründet\n";
  return Allianz; *3
}
```

*1 Hier wird ein neues Objekt **Allianz** erzeugt. Der Name der Kämpferklasse lautet nun „Allianz", und die HPs und MPs werden vom aufrufenden Objekt (***this**) mit dem als Parameter übergebenen Objekt addiert.

*2 Kontrollausgabe zur Information

*3 Das neue Objekt wird an den Aufrufer zurückgegeben.

[Notiz]

Die erstellte **Operatorüberladung** kannst du übrigens auch **mehrfach anwenden**. Wenn du drei Helden in eine Allianz verpacken willst, geht beispielsweise auch das:

```
Character Allianz =
    einHeld + guteHexe + nocheinHeld;
```

Natürlich bedeutet dies intern, dass die **+**-Überladung zweimal aufgerufen wird.

Mann, das macht jetzt ja richtig Spaß!

Glückliche Pärchen

So, wie du künftig **binäre Operatoren** überladen kannst, hast du jetzt erfahren. Natürlich war das jetzt noch nicht alles, und wir wollen da anknüpfen, wo wir in der Werkstatt aufgehört haben. Du weißt jetzt, dass du binäre Operatoren als **Elementfunktion oder** als globale **Freundfunktion** schreiben kannst.

[Einfache Aufgabe]
Bezogen auf unser myWoW-Beispiel sollst du jetzt den **+=**-Operator so überladen, dass das aufrufende Objekt die HPs und MPs vom als Parameter übergebenen Objekt erhält. Im Gegensatz zur **+**-Operatorüberladung, die du bereits geschrieben hast, wird jetzt kein neues Objekt angelegt und zurückgegeben.

Hä"?! Du meinst jetzt bspw., Edler Ritter erhält zu seinen HPs und MPs zusätzlich noch die HPs und MPs von Brave Hexe?

Ja, das habe ich eigentlich gemeint. **Kriegst du das hin?**

Hm, ich denke schon. Die Deklaration in `myWoW.h` *dürfte das Leichteste sein:*

```
// myWoW.h
…
class Character {
…
public:
…
    Character& operator += (Character&); *1
};
```

[*1] Zurückgegeben wird ein Objekt der Klasse **Character**, und als Parameter (Operand auf der rechten Seite) verwenden wir eine Referenz auf ein Objekt der Klasse **Character**.

Jetzt zur Definition des +=-Operators in `myWoW.cpp`**:**

```
Character& Character::operator += (Character& c) {
  this->hp+=c.hp; *1
  this->mp+=c.hp; *1
```

[*1] Hier addieren wir die HPs und MPs vom aufrufenden Objekt (linker Operand) mit der HPs und MPs des Parameters (rechter Operand).

```
  cout << this->klasse << " erhält die HP/MP von "
      << c.klasse << endl; *2
  return *this; *3
}
```

*2 Information, wer was von wem erhält

*3 Wichtig, wir wollen ja kein neues Objekt erzeugen und zurückgeben, sondern nur das aufrufende Objekt mit seinen neuen Kräften! Und dafür gibt's ja den **this**-Zeiger.

Und jetzt noch ein Codeausschnitt als Beweis, dass das auch funktioniert:

```
Character einHeld("Edler Ritter", 20, 5);
Character guteHexe("Brave Hexe", 10, 11);
einHeld+=guteHexe; *1
Character einBoesewicht("Schwarzer Magier", 18, 15);
einHeld.indenKampf(einBoesewicht); *2
```

*1 Hier werden dem Objekt **einHeld** zu seinen aktuellen HPs und MPs die HPs und MPs vom Objekt **guteHexe** hinzuaddiert.

*2 Und am Ende siegt wieder mal

das Gute:

So, wie es da steht: Der überladene Operator wird ausgeführt.

```
                    "Edler Ritter" gegen "Schwarzer Magier"
Dieter Baer $ ./myWoW
Ein neuer Held ist dabei: Edler Ritter (HP:20/MP:5)
Ein neuer Held ist dabei: Brave Hexe (HP:10/MP:11)
Edler Ritter erhält die HP/MP von Brave Hexe
Ein neuer Held ist dabei: Schwarzer Magier (HP:18/MP:15)
Edler Ritter (HP:30/MP:15) greift an!
Schwarzer Magier (HP:3/MP:15) greift an!
Edler Ritter (HP:15/MP:15) greift an!
Schwarzer Magier hat verloren!
Dieter Baer $
```

Hier wird der überladene +=-Operator ausgeführt.

Prima!
Das hast du SEHR GUT gemacht!

Jetzt noch eine weitere Aufgabe mit anderen Parametern:

[Schwierige Aufgabe]

Füge zu den bereits vorhandenen **+**- und **+=**-Überladungen nochmals eine **+**- und eine **+=**-Variante hinzu, mit denen du einen Integer-Wert zum Objekt dazu addieren kannst, bspw. mit **einHeld+=10** den Integer-Wert 10 zu den HPs vom Objekt **einHeld**. Verwendest du hingegen nur **einHeld+10**, dann wird der Wert dieser Addition nur zurückgegeben, nicht aber zum Objekt hinzuaddiert (eigentlich logisch so).

Hm, das sollte eigentlich nicht so schwer sein, wenn man den Kopf deklarieren kann. Ich versuch es mal.

Die Deklaration in myWoW.h:

```cpp
// myWoW.h
…
class Character {
…
public:
…

    Character operator+(Character&);
    Character operator+=(Character&);
    int operator+(int); *1
    Character& operator += (int); *2
};
```

*1 Da uns hierbei nur die Addition der HPs des aufrufenden Objektes (linker Operand) mit dem Integer als Parameter (rechter Operand) interessiert, gibt diese Operatorüberladung ein **int** zurück.

*2 Bei dieser Verwendung soll ja der Integer als Parameter (rechter Operand) zu den privaten HP-Daten des aufrufenden Objektes (linker Operand) hinzuaddiert werden. Daher brauchen wir als Rückgabewert wieder ein Objekt der Klasse.

Jetzt die Definition der beiden Operatoren in myWoW.cpp:

```cpp
// myWoW.cpp
…
int Character::operator+(int v) {
    return this->hp+v; *1
}


Character& Character::operator += (int v) {
    this->hp+=v; *2
    return *this; *3
}
```

*1 Hier geben wird lediglich die Summe vom HP-Stand des aufrufenden Objektes (linker Operand) und des Parameters **v** (rechter Operand) zurück.

*2 Zunächst addieren wir den HP-Wert des aufrufenden Objektes (linker Operand) zum Parameter **v** (rechter Operand) hinzu.

*3 Dann geben wir quasi das aufrufende Objekt mit dem neuen HP-Wert wieder an sich selbst zurück.

Natürlich auch hierzu noch ein kleiner Kampf:

```cpp
    Character einHeld("Edler Ritter", 20, 5);
    Character einBoesewicht("Schwarzer Magier", 18, 15);
    if(einHeld+10 > 18) { *1
        einHeld+=10; *2
```

*1 Hier verwenden wir die erste **+**-Überladung. Wir prüfen zuerst, ob bei unserem Helden eine Erhöhung der HPs um 10 Punkte mehr als die 18 HPs ergeben, die unser Bösewicht hat. Hier solltest du natürlich eine Zugriffselementfunktion implementieren, welche den HP-Wert der Objekte zurückgeben kann.

*2 Hier bekommt unser Held 10 HPs hinzuaddiert …

```
    einHeld.indenKampf(einBoesewicht); *3
}
else { *4
    einHeld+=10; *4
    einHeld.getStatus();
    cout << " rennt davon\n";
}
```

*3 ... und stürzt sich mit viel Selbstvertrauen in den Kampf.

*4 Diese Abzweigung wird ausgeführt, wenn der Bösewicht trotz einer HP-Erhöhung um 10 Punkte immer noch stärker ist. Zwar bekommt unser Held dennoch seine 10 HPs, verzichtet aber auf den Kampf und nimmt die Beine in die Hand.

Naja, um es kurz zu machen, unser Held stürzt sich in den Kampf, weil er eben mehr HPs als unser Bösewicht hat. Aber ein **Happy End** gibt es da leider **nicht**, weil unser Held einfach zu **schwach** ist, was die MPs betrifft. **Game over!**

[Schwierige Aufgabe]
Unser Beispiel hat jetzt doch noch ein Problem.
Und zwar funktioniert die folgende Operatorüberladung nicht:

```
if(10+einHeld > 18) {...}
```

Was kannst du tun, damit **10+einHeld** funktioniert, wie **einHeld+10**?

Da jetzt auf der linken Seite als Operand ein Integer steht und rechts das Objekt, muss ich wohl eine *globale Funktion* als *Freund* verwenden.

Zunächst die Deklaration in myWoW.h:

```
// myWoW.h
…
class Character {
…
public:
…
    friend int operator+(int, Character&); *1
};
```

*1 Mit dem Schlüsselwort **friend** melden wir unsere Operatorüberladung als globale Funktion bei unserer Klasse an. Der erste Parameter ist der linke und der zweite Parameter der rechte Operand.

Jetzt nur noch die Definition unseres globalen Freundes:

```
int operator+(int lOperand, Character &rOperand) {
    return lOperand + rOperand.hp;
}
```

So, jetzt klappt es auch andersherum.

[Belohnung/Lösung]
Super mitgemacht und super gelöst. Zwar wurden hier vorwiegend **+** und **+=** als binäre Operatoren beschrieben, aber das Wissen kannst du natürlich auch auf alle anderen binären Operatoren anwenden. Zur Belohnung darfst du wieder dein „großes" WoW spielen.

Einsame Operatoren überladen

Wenn du **Operatoren überladen** willst, die **einsam** mit einem Operanden verwendet werden (bspw. ++, -- oder !), also die **unären** Operatoren, dann musst du ein wenig anders vorgehen.

Die Syntax, um einen unären Operator als Elementfunktion zu überladen, sieht so aus:

Rückgabewert [*Klassennamen::*]operator @ ()

Der **Rückgabewert** ist eben das, was er immer ist. Hinter dem Zauberwort **operator** musst du das **@**-Zeichen durch das Symbol des zu überladenden Operators der Klasse **Klassennamen** ersetzen. Weil unäre Operatoren nur **einen Operanden** besitzen, haben diese auch **keinen Parameter**.

[Hintergrundinfo]
Aufrufen kannst du diese überladenen unären Präfixoperatoren entweder mit **@objekt** oder eben mit **objekt. operator@()**. Das @-Zeichen ersetzt du natürlich wieder durch das Operatorsymbol.

Hm, so wie ich das hier sehe, funktioniert diese Überladung doch nur mit @Operand, also bspw. --blabla, ++blublub, -au, +weh, !hurra usw.? Was ist denn dann mit Operand@, wie blablatt und blublub-- ?

Bin beeindruckt! Das hast du in der Tat sehr gut gesehen. Beim Inkrement- und Dekrementoperator in der **Postfix-schreibweise** (`val++` und `val--`) müssen wir in der Tat **gesondert** vorgehen, indem wir einen Dummy-Parameter vom Typ `int` verwenden. Für `val++` und `++val` bzw. `val--` und `--val` musst du somit zwei bzw. vier verschiedene Elementfunktionen schreiben. Diese beiden speziellen Postfixdinger will ich in der Praxis dann noch gesondert behandeln.

[Hintergrundinfo]
Aufrufen kannst du die Postfixdinger dann entweder klassisch mit `objekt@` oder etwas umständlicher als Elementfunktionsnotation mit `objekt.operator@(int)`. @ ersetzt du wieder durch das entsprechende Operatorsymbol.

Willst du hingegen einen unären Operator mit einer globalen friend-Funktion überladen, sieht die Syntax etwas anders aus:

Rückgabewert operator @ (Klassenname& operand);

Was der **Rückgabewert** ist, weißt du ja. Hinter **operator** verwendest du für @ das gewünschte Symbol, dessen Operator du überladen willst. Weil eine **friend**-Funktion ja kein Teil der Klasse mehr ist, brauchen wir noch **einen Parameter** vom Typ der Klasse, welcher **den Operanden** repräsentiert.

Das einsame Leben der einsamen Operatoren

Die Spieler deines **myWoW**-Spiels wollen jetzt nicht nur Allianzen eingehen, um die Welt vor dem Bösen zu schützen. Es muss natürlich auch einen Weg geben, die MP-Punkte für den Angriff zu verbessern oder zu verschlechtern, um sich „**aufzuleveln**". Und was eignet sich da besser als eine schrittweise Anhebung oder Reduzierung mit den Operatoren **++** und **--**?

Die Inkrement- und Dekrementoperatoren wollen wir jetzt so überladen, dass damit die MP-Punkte um den Wert 1 erhöht oder verringert werden können.

Zunächst zur einfacheren Wahl, dem Überladen der **Präfixschreibweise ++abc** und **--abc**.

Hierzu also zunächst die Deklaration der Präfixversionen von ++ und --:

```
// myWoW.h
…
class Character {
…
public:
…
    Character& operator++(); *1
    Character& operator--(); *1
};
```

*1 Vielleicht überrascht es dich ein wenig, dass wir hier eine Referenz auf das aktuelle Objekt zurückgeben. Dies ist nötig, damit du bspw. auch eine Operation wie
objekt2 = --objekt1;
durchführen kannst.

Jetzt die Definition in myWoW.cpp:

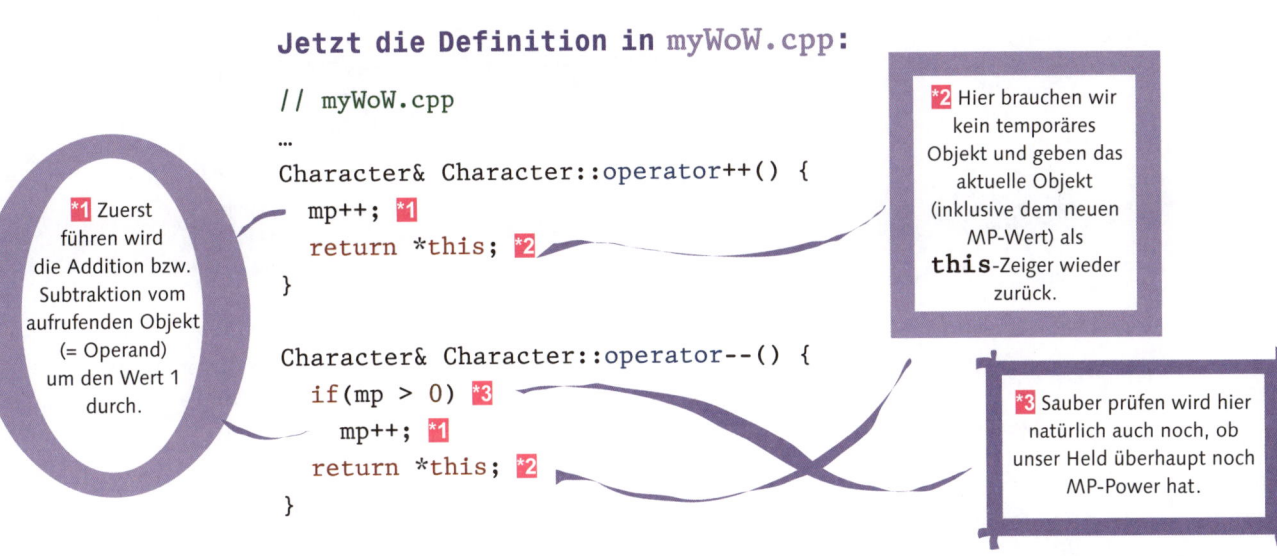

```
// myWoW.cpp
…
Character& Character::operator++() {
    mp++; *1
    return *this; *2
}

Character& Character::operator--() {
    if(mp > 0) *3
        mp++; *1
    return *this; *2
}
```

*1 Zuerst führen wird die Addition bzw. Subtraktion vom aufrufenden Objekt (= Operand) um den Wert 1 durch.

*2 Hier brauchen wir kein temporäres Objekt und geben das aktuelle Objekt (inklusive dem neuen MP-Wert) als **this**-Zeiger wieder zurück.

*3 Sauber prüfen wird hier natürlich auch noch, ob unser Held überhaupt noch MP-Power hat.

Ein wenig anders musst du bei der **Postfixschreibweise**
abc++ und **abc--** vorgehen.

Aber, sieh selbst. Hier die Deklaration der Postfixversionen von ++ und -- in myWoW.h:

```
// myWoW.h
…
class Character {
…
public:
…
    Character operator ++(int); *1
    Character operator --(int); *1
};
```

*1 Damit das Ganze überhaupt funktioniert, brauchen wir zunächst einen Dummy-Parameter vom Typ **int**. Als Rückgabewert muss jetzt ein Objekt der Klasse **Character** und keine Referenz herhalten. Warum? Erfährst du gleich.

Also, auf zur Definition der Postfixnotation in myWoW.cpp:

```cpp
// myWoW.cpp
…
Character Character::operator++ (int) {
    Character tmp(*this); *1
    ++mp; *2
    return tmp; *3
}

Character Character::operator-- (int) {
    if(this->mp <= 0) *4
        return *this; *4
    Character tmp(*this); *1
    --mp; *2
    return tmp; *3
}
```

*1 Hier legen wir mithilfe des Standardkopierkonstruktors eine Kopie vom aufrufenden Objekt an.

*2 Hier ändern wir den Wert der MP-Power.

*3 Hier geben wir die Kopie zurück. Das tun wir, **weil** doch bei der Postfixschreibweise der Wert erst **nach** Auswertung des Objektes geändert wird. Den Unterschied zwischen **++abc** und **abc++** haben wir ja bereits bei den Operatoren im Allgemeinen behandelt.

*4 Einen MP-Wert, der kleiner-gleich 0 ist, brauchen wir nicht mehr zu verringern.

Wie?

*Der ganze Aufwand mit dem Kopierkonstruktor bei der Postfixschreibweise wird nur **wegen der Regel** der Postfixschreibweise geschrieben?*

Ja, ganz genau! Wenn wir schon einen Operator überladen, dann sollten wir auch versuchen, die **Regeln** des ursprünglichen Operators zu **erhalten**, so wie diese auch bei den gewöhnlichen Basisdatentypen enthalten sind und wie man diese eben auch kennt.

Jetzt unsere neuen Operatoren in Aktion:

```cpp
//main.cpp
…
    Character einHeld("Edler Ritter", 20, 5);
    Character einBoesewicht("Schwarzer Magier", 18, 15);

    ++einHeld;
    einHeld.getStatus(); cout << endl;
    --einBoesewicht;
    einBoesewicht.getStatus(); cout << endl;

    einHeld++;
    einHeld.getStatus(); cout << endl;
    einBoesewicht--;
    einBoesewicht.getStatus(); cout << endl;
```

Am Ende bleibt ein einsamer Operator

Das Prinzip der **Operatorüberladung** gestaltet sich also auch bei den einsamen (**unären**) Operatoren recht **einfach**. Lediglich bei der **Postfixschreibweise** von `abc++` und `abc--` musst du ein wenig improvisieren und darauf achten, dass im aktuellen Ausdruck von `objekt++` bzw. `objekt--` noch der alte Wert verwendet wird. Erst beim nächsten Ausdruck sollte sich der veränderte Wert bemerkbar machen.

> *Was ist eigentlich mit den unären Operatoren als globale friend-Funktion? Das haben wir in der Praxis noch gar nicht gemacht!*

Du hast Recht! Das hätte ich fast vergessen.
Für diese Zwecke darfst du den **!-Operator** überladen.

[Einfache Aufgabe]
Überlade den **!**-Operator als globale Funktion so, dass eine Überprüfung von **!objekt** den Wert **true** zurückgibt, wenn entweder der Held oder der Bösewicht keine HP-Punkte mehr haben. **false** gibt es zurück, wenn der Held noch am Leben ist.
Tipp: Der **!**-Operator sollte dem C++-Standard gemäß einen **bool**-Wert zurückgeben.

So schwer ist das doch jetzt nicht. Gut, ich helfe dir. Hier die globale Funktion:

```
bool operator!(const Character& c) {   *1
    return (c.hp <= 0);   *2
}
```

*1 Der Funktionskopf mit unseren Anforderungen: **bool** als Rückgabewert, und **c** ist eine Referenz auf das Objekt der Klasse **Character**, genauer unseren Operanden.

*2 Gibt **true** zurück, wenn die HPs von **c** kleiner-gleich 0 sind und der Held somit den virtuellen Tod erfahren hat. Ansonsten wird **false** zurückgegeben.

So, die **Implementierung** dieser globalen Operatorüberladung in **myWoW.h** kriegst du aber jetzt doch **selber** hin, oder?

Ja, klar! Hier die Deklaration des !-Operators in myWoW.h als Freund:

```
// myWoW.cpp
...
class Character {
```

```
…
public:
…
    friend bool operator!(const Character&);
};
```

Prima! Einsetzen kannst du diesen !-Operator jetzt, wie folgt:

```
Character einHeld("Edler Ritter", 20, 5);
…
if(!einHeld) { *1
    cout << "Game over!!!\n";
}
```

*1 Unser Held hat keine HPs, also Lebenspunkte, mehr und ist somit gestorben!

[Einfache Aufgabe]
Du erinnerst dich sicherlich noch an die Elementfunktion **Character::indenKampf()**, in der du zwei Kämpfer im abwechselnden Schlagabtausch gegeneinander hast kämpfen lassen. Dabei wurde ja auch auf kleiner-gleich der HPs des entsprechenden Helden geprüft. Statt dieser Überprüfung kannst du jetzt auch den !-Operator verwenden. Ändere die Funktion so um, dass du den neu überladenen !-Operator stattdessen verwendest.

Ich versuch's! Hier die neue Elementfunktion indenKampf() in myWoW.cpp:

```
// myWoW.h
…
void Character::indenKampf(Character &cl) {
    while(1) {
        this->getStatus();
        cout << " greift an!\n";
        cl.hp-=this->mp;
        if(!cl) { *1
            cout << cl.klasse << " hat verloren!\n";
            break;
        }
        cl.getStatus();
        cout << " greift an!\n";
        this->hp-=cl.mp;
        if( ! *this) { *2
            cout << this->klasse << " hat verloren\n";
            break;
        }
    }
}
```

*1 Hier überprüfen wir die HPs von unserem Gegner, den der Aufrufer der Elementfunktion zuerst verhauen darf.

*2 Und hier werden die HPs des Aufrufers der Elementfunktion überprüft, der jetzt Haue von seinem Gegenüber (Parameter) kriegt.

[Belohnung/Lösung]
Prima gemacht! Du hast jetzt gesehen, dass die Überladungen von einsamen Operatoren auch nicht viel schwerer zu schreiben sind als die binären Pärchen-Operatoren. Gönn dir wieder ein bisschen Pause, oder geh an die frische Luft, bevor du im nächsten Abschnitt die Logik-Operatoren überladen darfst!

Weitere Operatoren überladen

Im Grunde hast du jetzt bereits die **Prinzipien** der Operatorüberladungen **verstanden** und kannst sämtliche Operatoren für Objekte (d)einer Klasse schreiben. In diesem Abschnitt will ich dir noch einige spezielle und nützliche **Anregungen** geben, die du bei deiner zukünftigen Karriere als Operatorverleger gut gebrauchen kannst.

Logisch? Fast immer!

Operatoren, die du **fast immer** für (d)eine Klasse(n) **überladen willst,** sind die logischen Operatoren **==** und **!=**. Damit kannst du zwei Objekte wie folgt miteinander vergleichen:

```
if(objekt1 == objekt2) *1
...
if(objekt1 != objekt2) *1
...
```

> ***1** Für solche Zwecke solltest du immer mit dem Überladen von **==** und **!=** gewappnet sein.

Damit **Logik** und Sinn der beiden Operatoren auch zueinanderpassen, **musst** du bei allen zwei Operatoren **bool** als **Rückgabewert** verwenden.

„Typenverbiegenumwandler" überladen

Manchmal kann es auch hilfreich sein, den **Cast-Operator** zu überladen um ein Objekt in einen anderen Typ umzuwandeln.

So kannst du diesen Operator verbiegen:

```
Klassennamen::operator CONVTYP ();
```

Mit **CONVTYP** gibst du den neuen Typ an, in den das Objekt der Klasse **Klassennamen** umgewandelt werden soll.

Du hast es auch richtig gesehen, diese Überladung des Cast-Operators hat keinen Rückgabetyp im Kopf stehen. Außerdem wird empfohlen, daraus eine **const**-Elementfunktion zu machen, damit auch **const**-Objekte konvertiert werden können.

Input-Output-Kompott ...

Wenn man bei den **Klassen string** und **vector** über die Operatoren **>>** bzw. **<<** Daten nach **cin** bzw. **cout** schieben kann, dann muss das natürlich mit **jeder** beliebigen **anderen** und selbst geschriebenen **Klasse** auch gehen.

Und du sagst mir sicherlich gleich wie?

Genau! Aber erst einmal nur in der **Theorie**, damit du Hintergrundwissen hast, woher oder wohin du was in und um dein Objekt herumschiebst.

Input me ...

Die Eingabe von einem Objekt erfolgt über **cin**. **cin** ist ein Objekt der Klasse **istream**, welche in **<iostream>** definiert ist. Über **cin** schiebst du also mithilfe des **>>**-Operators die Daten in dein Objekt (**cin >> objekt**). Damit dein Objekt auch was mit den zugeschobenen Daten anfangen kann, musst du den **Operator >>** entsprechend für die Klasse **anpassen**. Da außerdem **cin** ein Objekt der Klasse **istream** ist und du hier einen Zugriff auf die (meistens) privaten Daten deiner Klasse haben willst, musst du die **Überladung** als **globale Freundfunktion** schreiben.

Also lautet die Syntax für eine >>-Überladung:

```
friend istream& operator >> (istream& is, Klasse& objekt);
```

Von **is** kommen die Daten, und nach **objekt** schieben wir diese Daten. **Verwenden** kannst du diesen Operator dann auf die zwei folgenden, gleichwertigen Arten:

```
cin >> objekt;
operator>>(cin, objekt);
```

Output me ...

Ähnlich funktioniert dies auch mit der Ausgabe, nur dass hierbei der **<<**-Operator überladen und statt `istream` hierfür `ostream` (=Ausgabestream) verwendet wird:

`friend ostream& operator << (ostream& os, Klasse& objekt);`

In diesem Fall kommen die Daten von **objekt**, und wir schieben diese jetzt nach **os**.

Save me ...

[Hintergrundinfo]

Beide Operatoren lassen sich so nicht nur zum Einlesen von der Tastatur oder zur Ausgabe auf dem Bildschirm verwenden. Diese Überladung kannst du auch zum **Auslesen** und **Schreiben** in einer **Datei** benutzen. Statt `cin` brauchst du nur einen Datei-Eingabestream wie `ifstream` und statt `cout` einen Datei-Ausgabestream wie `ofstream` zu verwenden. Dass dies funktioniert, liegt daran, dass bei `cin` und `ifstream` bzw. `cout` und `ofstream` die gleichen Basisklassen vorhanden sind. Basisklassen und die Streams für Dateien wirst du noch kennenlernen.

Spezielle Operatorüberladungen in der Praxis

Wenn dir der Abschnitt eben zu theoretisch war, kannst du dir jetzt wieder die Finger wund tippen. Wie bereits kurz erwähnt, brauchst du fast mit Sicherheit bei deiner Klasse Funktionen, um **zwei Objekte** auf deren **Gleichheit** zu **überprüfen**. In unserer Welt macht man dies gewöhnlich mit den Operatoren **==** und **!=**.

Um das „Gute" und „Böse" bzw. die einzelnen Objekte in puncto Inhalt überhaupt unterscheiden zu können, müssen wir die beiden logischen Operatoren **==** und **!=** überladen.

[Einfache Aufgabe]
Schreib die Operatorüberladung für die Klasse **Character** als Elementfunktion! Der Vergleich soll auf alle privaten Daten (**hp**, **mp** und **klasse**) angewendet werden.

Hm, das ist nicht schwer!
Hier die Deklaration in `myWoW.h`**:**

```
// myWoW.h
…
class Character {
private:
   string klasse; *1
   int hp; *1
   int mp; *1
public:
…
   bool operator==(Character&); *2
   bool operator!=(Character&); *2
};
```

Jetzt die Definition in `myWoW.cpp`**:**

```
// myWoW.cpp
…
bool Character::operator==(Character& c) {
   return ( (hp == c.hp) && (mp == c.mp) &&
            (klasse == c.klasse) ); *1
}

bool Character::operator!=(Character& c) {
   return ( (hp != c.hp) || (mp != c.mp) ||
            (klasse != c.klasse) ); *2
}
```

*1 Die **privaten Daten** des Objektes sollen miteinander **verglichen** werden.

*2 Die **Deklaration** der Überladungen. Beide Elementfunktionen geben gemäß dem C++-Standard einen Booleschen Wert **true** oder **false** zurück.

*2 Hier wird **true** zurückgegeben, sobald mindestens **eine** der drei **Angaben** des Aufrufers im Vergleich mit dem Objekt **c nicht gleich** ist. **false** wird zurückgegeben, wenn alle Daten gleich sind.

*1 Hier wird **true** zurückgegeben, wenn **alle** drei **Bedingungen zutreffen** – also alle Daten des Aufrufers **identisch** mit dem Objekt **c** sind. Ansonsten wird **false** zurückgegeben.

Tipp für den `!=`**-Operator:**

[Code bearbeiten]
Anstatt beim Überladen des `!=`-Operators mit einem Intermezzo von logischen Verknüpfungen auszuwerten, kannst du stattdessen auch gleich den überladenen `==`-Operator verwenden und den Rückgabewert negieren. Also, kurz und schmerzlos:
`return !operator==(c);`

Jetzt noch die neuen überladenen Operatoren in Action:

```
Character einHeld("Edler Ritter", 20, 5);
Character einBoesewicht("Schwarzer Magier", 18, 15);
Character klonkrieger(einHeld);

if( einHeld != einBoesewicht ) *1
   cout << "Die Objekte sind nicht gleich!\n";

if( einHeld == klonkrieger ) *2
   cout << "Beide Objekte sind gleich!\n";
```

*1 Hier trifft es zu, dass die beiden Helden nicht vom selben Format sind.

*2 Klonen ist zwar hierzulande immer noch verboten, aber wir haben es trotzdem getan. Die beiden Helden haben dieselben Attribute. Yeah, das Imperium schlägt zurück! „Für neuen Kampf du musst sein bereit!"

[Einfache Aufgabe]

Überlade den Cast-Operator so, dass du den HP-Wert eines Objektes der Klasse **Character** an einen Integer zuweisen kannst (bspw. **integer=objekt;**).

Kinderspiel! Hier die Deklaration in myWoW.h dazu:

*1 Die Deklaration, mit der du das Objekt der Klasse **Character** in ein **int** umwandeln kannst. **const** haben wir verwendet, damit du hiermit gegebenenfalls auch **const**-Objekte konvertieren kannst.

```
// myWoW.h
…
class Character {
…
public:
…
    operator int() const; *1
};
```

[Notizzettel]

Für den Fall dass du ein versehentliches Casten nach **int** verhindern willst, kannst du seit C++11 das Schlüsselwort **explicit** vor der Deklaration setzen. Dann müsstest du explizit die Schreibweise **int val{einCharakter}** verwenden.

Jetzt die Definition des Cast-Operators in myWoW.cpp:

```
// myWoW.cpp
…
Character::operator int() const {
    return hp; *1
}
```

*1 Wir geben lediglich das zurück, in das wir unser Objekt umwandeln wollen. In unserem Fall nur die Daten **hp**.

Jetzt können wir unser Objekt in einen Integer umwandeln:

*1 Die HPs vom Objekt **einHeld** sichern wir in **backup_HP**, was jetzt ja, dank der Überladung des Cast-Operators, möglich ist.

```
int backup_HP = einHeld; *1
Character zwergier("Zwergier", backup_HP, 10); *2
```

*2 Die so gesicherten HPs verwenden wir dann zum Anlegen eines neuen Objektes.

Was uns jetzt eigentlich nur noch zur **Vollkommenheit** fehlt, ist eine vernünftige Möglichkeit, Daten über die **Streams cin** und **cout** ein- bzw. auszugeben. Hierzu müssen wir lediglich die Operatoren **>>** und **<< überladen**.

[Schwierige Aufgabe]

Schreib zwei Überladungen für die Operatoren **>>** und **<<**, damit du künftig komfortabel Daten für unsere Klasse **Character** von **cin** einlesen und über **cout** ausgeben kannst.

[Achtung/Vorsicht]

Denk daran, dass `cin` bzw. `cout` Objekte der Klasse `istream` bzw. `ostream` sind und somit nicht auf die privaten Daten der Klasse **Character** zugreifen können. Du kommst hier also **nicht** um eine freundschaftliche Funktion herum!

Da blick ich jetzt nicht mehr durch, mit dem ganzen Stream-Zeugs!

Gut, ich helfe dir! Eine Musterlösung der Deklaration in `myWoW.h` könnte so aussehen:

```cpp
// myWoW.h
class Character {
…
public:
…
    friend istream& operator >>(istream&, Character&); *1
    friend ostream& operator <<(ostream&, const Character&); *1
};
```

*1 Beide Operatorüberladungen werden als globale **friend**-Funktionen deklariert.

Etwas schwieriger gestalten sich dann die beiden globalen Funktionen, um die Operatoren >> und << zu überladen, weil da doch etwas tiefer greifende Stream-Kenntnisse nötig sind:

*1 Der linke Operand **is** ist mit dem Eingabestream (gewöhnlich **cin**) verbunden. Im rechten Operanden **c** findest du unser Objekt, wo wir jetzt über die Eingabe **is** die eingelesenen Werte in die privaten Daten des Objektes schieben (bspw. **cin >> objekt;**).

```cpp
istream& operator >>(istream& is, Character& c) {
  cout << "HP    : "; is >> c.hp; *1
  cout << "MP    : "; is >> c.mp; *1
  cout << "Klasse : "; is >> c.klasse; *1
  return is; *2
}
```

*2 Als Rückgabewert wird der Eingabestream zurückgegeben.

```cpp
ostream& operator<<(ostream& os, const Character& c) {
  os << c.klasse << " (HP:" << c.hp
     << "/MP:" << c.mp << ")\n"; *3
  return os; *4
}
```

*3 Ähnlich ist dies bei <<-Operator, wo **os** mit dem Ausgabestream, dem linken Operanden (hier meistens **cout**) verbunden ist, die privaten Daten aus dem Objekt **c** zugesteckt bekommt und nach **os** ausgibt (bspw. **cout << objekt;**).

*4 Zurückgegeben wird der Ausgabestream.

*1 Hier wird ein Objekt der Klasse **Character** angelegt.

*2 Nun wird das Objekt mit dem Standardkopierkonstruktor kopiert. Hier solltest du vielleicht auch mal den Standardkonstruktor schreiben.

Jetzt klappt es auch mit der üblichen Ein- und Ausgabe mittels cin und cout:

```
Character einHeld("Edler Ritter", 20, 5); *1
Character mehrHelden = einHeld; *2
cout << mehrHelden; *3
cin >> mehrHelden; *4
cout << mehrHelden; *5
```

*3 Dank der Überladung von **<<** in unserer Klasse können wir jetzt die Daten des Objektes an **cout** schieben und ausgeben.

*5 Hier findest du den Beweis, dass die Eingabe unserer Daten funktioniert hat.

*4 Auch das Einlesen funktioniert dank des überladenen **>>**-Operators. Hier schieben wir die Eingabe von **cin** in die privaten Daten des Objektes.

Unsere Operatoren << und >> bei der Ausführung:

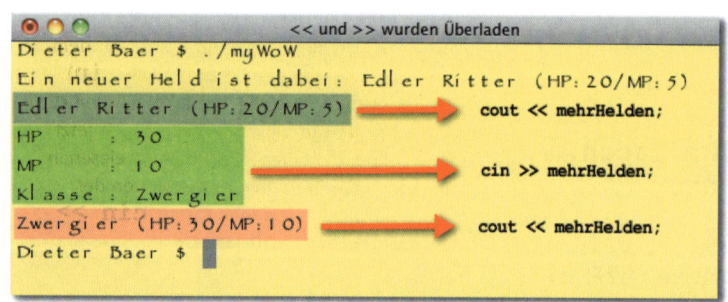

[Achtung/Vorsicht]

Für den Fall, dass du einen Objektzeiger für **<<** bzw. **>>** verwenden willst, kann es hilfreich sein, auch dafür eine Operatorfunktion zu schreiben. Natürlich kannst du stattdessen auch den Zeiger dereferenzieren.

Das Ding mit dem Objektzeiger:

```
Character *heldenPtr = new Character("Krieguide", 40, 20);
cout << *heldenPtr; *1
```

*1 Mit einer **Dereferenzierung** kannst du den Objektzeiger ausgeben.

Willst du hingegen Folgendes machen:

```
cout << heldenPtr; *1
```

*1 Hierfür solltest du eine weitere globale **friend**-Operatorfunktion schreiben.

Eine Version für einen Objektzeiger ist schnell erstellt:

```
ostream& operator<<(ostream& os, const Character* c) {
    os << c->klasse << " (HP:" << c->hp
       << "/MP:" << c->mp << ")\n";
    return os;
}
```

Dass du **diese Version** noch in der Klasse **Character** als **friend** deklarieren musst, brauche ich ja, glaube ich, **nicht** mehr zu erwähnen.

Trotzdem danke!

[Belohnung]

Unglaublich gut, wie du hier mitgemacht hast. Ich weiß, der Abschnitt war sehr dicht gepackt, aber da waren ein paar Dinge dabei, die du fast immer im Leben wirst brauchen können.

Das ist deine Belohnung:

© ExQuisine – Fotolia

`<   Verdammt, wo ist der Ketchup …   >   ←`

Spezialitäten auf dem Sofa

Jetzt hast du eine Menge Stoff zum Thema **Operatorüberladung** hinter dir, und trotzdem könnte ich dir noch eine ganze Menge dazu erzählen. Daher will ich dich in diesem letzten Abschnitt noch mit **einigen Spezialitäten** traktieren, für die es ganz nützlich sein kann, etwas Hintergrundwissen zu besitzen. Also, anstatt die Füße hochzulegen und alles nochmals im Resümee durchzugehen, solltest du diesmal (ausnahmsweise) deinen Laptop mit aufs Sofa nehmen und ein paar **Überstunden** machen.

Funktionsobjekte

Toller Name, nicht? Wenn du den **Funktionsoperator ( )** überlädst, wird das Ergebnis Funktionsobjekt genannt. Damit kannst du das Objekt quasi wie eine Funktion verwenden.

[Zettel]
Alte C-Masochisten kennen etwas recht Ähnliches als Funktionszeiger.

Bezogen auf die Klasse Character könnte ein solche (als inline) definierte ( )-Überladung aussehen, wie folgt:

```
int operator() (const Character &c) {
  return mp-c.mp;
}
```

Der **Rückgabewert** ist hier **int**, und als **Parameter** erhält die **Funktion** das Objekt **c**, genauer eine Referenz darauf. Zurückgegeben wird hier der MP-Wert des aufrufenden Objektes,

minus dem MP-Wert des Objektes **c**. Natürlich musst du hier **nicht** zwangsläufig ein Objekt als Parameter verwenden. Das hier ist eben nur ein Beispiel.
Du kannst durchaus andere Typen als Rückgabewert oder Parameter verwenden, wenn es nützlich erscheint.
Auch kannst du funktionsmäßig mehrere Parameter verwenden.

Zum Beispiel:

```
Character einHeld("Edler Ritter", 20, 5);
Character einBoesewicht("Schwarzer Magier", 18, 15);
cout << einHeld(einBoesewicht) << endl; *1
```

*1 Hier siehst du das Funktionsobjekt bei der Ausführung. Das Objekt **einHeld** wird mit **einBoesewicht** als Parameter aufgerufen. Zurückgegeben wird der Wert –10 (**einHeld**, MP-Wert = 5 minus **einBosewicht**, MP-Wert = 15).

Indexoperator [ ] überladen

Auch der **Indexoperator** kann überladen werden. Dies wird bspw. gerne verwendet, um bei Dingen wie einer ganzen **Liste** von Daten via Index auf die einzelnen Elemente zuzugreifen oder um ein **assoziatives** Array zu definieren, das Zugriffe auf eine Klasse wie **einHeld["Superhero"]** (ähnlich wie **map** aus der STL) ermöglicht.

[Zettel]

Der Reiz, so etwas zu schreiben, mag vielleicht aus Experimentierfreude ganz schmackhaft sein. Bedenke aber, dass C++ hierfür mit der Standardbibliothek zum Mitnehmen fertige und vor allem lang erprobte Spielsachen anbietet, bevor du das Rad wieder neu erfindest.

Die Syntax, um den []-Operator als nicht-statische Elementfunktion zu überladen:

Rückgabewert Klassennamen::operator [] (int index);

Der **Rückgabewert** ist in der Praxis beim Indexoperator meistens eine **Referenz** auf das entsprechende Element und eher selten das Element selbst. Der **Klassennamen** wird für die Klasse verwendet, für welche du den **[ ]**-Operator überladen willst. Und mit dem **Parameter index** gibst du den Index des entsprechenden Elementes an.

new und delete überladen

Praktisch könntest du auch die Operatoren **new** und **delete** zum **Anfordern** bzw. **Freigeben** von **Speicher** überladen. Allerdings muss ich dazu erwähnen, dass dies nicht ganz so einfach geht, wie du es von anderen Operatoren her kennst.

Hm, wozu ist es denn überhaupt gut, new und delete zu überladen?

Eigentlich nur aus **Geschwindigkeits**- und/oder **Speicherplatzgründen** macht es Sinn, eine selbst geschriebene dynamische Speicherverwaltung für die Klasse zu schreiben. Allerdings muss sich dieser Mehraufwand dann schon wirklich lohnen. Die **Gefahr** einer fehlerhaften Überladung ist bei einer unbedachten Implementierung sehr groß und kann das ganze Programm **unbrauchbar** bzw. **instabil** machen. Wenn du dir nicht wirklich ganz sicher bist, was du tust, dann solltest du **new** und **delete** nicht überschreiben.

Wenn du aber weißt, was du tust, musst du folgende Regeln beachten, sobald du new und delete überschreiben willst:

- Der **erste Parameter** von **new** muss immer der Typ **size_t** sein. Ansonsten darf der Operator **new** durchaus noch **weitere Parameter** haben. **delete** hingegen hat **einen Parameter vom Typ void*, kann** aber auch einen **zweiten** Parameter vom Typ **size_t** für die Größe des Objektes enthalten.

- Da, logischerweise, beim Aufruf von **new** noch kein Objekt erzeugt werden kann, ist **new** immer eine **statische Elementfunktion** (**static**).

- Der **Rückgabewert** von **new** muss immer ein **void**-Zeiger (**void***) sein. **delete** hingegen muss nur **void** als Rückgabetyp haben.

- Für jede Klasse kannst du durchaus **mehrmals new** überladen, aber von **delete** darf es nur **eine Version** geben.

Soll eine Klasse, für die du **new** und **delete** selbst geschrieben hast, auf die globalen Operatoren angewendet werden, brauchst du nur den **Bereichsoperator ::** davorzusetzen (**::new** und **::delete**). Außerdem musst du noch unterscheiden zwischen dem Reservieren von einzelnen **Daten**, **Feldern**, **Objekten** und **Objektfeldern**.

[Zettel]
Der Typ **size_t** wird vom Compiler zur Speicherreservierung vorgegeben und ist gewöhnlich ein **typedef**, entweder vom Typ **unsigned int** oder **unsigned long**.

[Belohnung/Lösung]
Toll, dass du bis jetzt durchgehalten hast! Ich weiß, am Ende war es sehr theoretisch, und mit **new** bzw. **delete** hast du noch einen ziemlich dunklen Pfad durchschritten. Gerne hätte ich dir noch etwas mehr dazu geschrieben, aber irgendwann muss mal Schluss sein. Wenn du mehr erfahren willst, solltest du deine Suchmaschine fragen, oder wir treffen uns mal auf ein Bier und sprechen darüber. Zur Belohnung nimmst du dir am besten einen Tag frei und spielst WoW und gönnst dir ein Bier oder ein Glas Wein (oder auch 'ne Limo). Der nächste Abschnitt wird nämlich wieder etwas komplexer!

ELF

Schrödinger macht sein Testament

Das Thema interessiert Schrödinger brennend. Er hat selbst noch eine Tante, von der was rüberkommen könnte. Schnell merkt er allerdings, dass in C++ niemand sterben muss, um etwas zu erben. Irgendwie scheint in C++ die Erbschaft eher von biologischer Natur (Vater + Mutter = Sohn) zu sein, weil es hier auch eine Mehrfachvererbung gibt.

Erben ohne Erbschaftssteuer

Jetzt kommen wir zu einer weiteren Säule der OOP: der **Vererbung** (oder einfach nur **abgeleitete Klassen**). Allerdings hat die Vererbung in der Programmierung eher weniger mit dem klassischen Fall „Tante Helga ist gestorben, und wer kriegt jetzt die Kohle" zu tun, sondern eher mit dem genetischen „das vorstehende Kinn haben sie von ihrer Mutter".

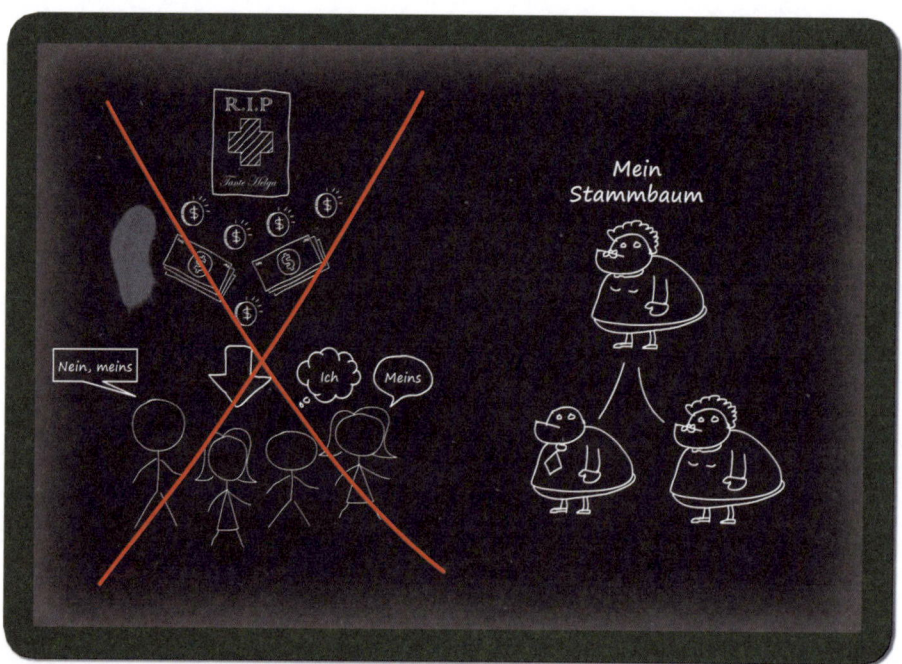

Die Vererbung bei der Programmierung hat weniger mit dem Herumschleichen von Gelderben zu tun als mit der genetischen Vererbung.

Und wozu ist das denn gut?

Es gibt zwei wirklich sehr gute Gründe, eine solche Vererbung (abgeleitete Klassen) einzusetzen:

1. Wenn du Daten oder Elementfunktionen aus mehreren Klassen in deinem Programm verwendest, kannst du diese dank einer **Ableitung** in einer **eigenen Klasse** verwenden. Genauso kannst du die zusammengefassten Daten und Elementfunktionen wieder in einer **anderen Klasse** weiterverwenden. Das ist 'ne tolle Sache, weil du den Quellcode für diese Klasse lediglich **einmal schreiben** und **überprüfen** musst. Richtig geschrieben, kannst du eine solche Klasse jederzeit in anderen Projekten einsetzen.

2. Selbst wenn du **keinen Code** von der **Basisklasse** hast und lediglich die Headerdateien vorhanden sind, kannst du diese **Klasse** trotzdem **ableiten** und die Daten und Elementfunktionen der Basisklasse in deiner neuen Klasse **verwenden** und um weitere Daten und Elementfunktionen **erweitern**.

Hm, wenn eine solche Klasse von einer anderen Klasse erbt, dann ist doch beim Erstellen das geerbte Objekt auch ein Objekt von der darüberliegenden Klasse, oder wie?

Ja, kann man so sagen.

[Zettel]
Ein Objekt der abgeleiteten Klasse ist auch immer ein **Objekt** vom **Typ** der **Basisklasse**. Die abgeleitete (vererbte) Klasse hat somit zur Basisklasse immer eine IST-Beziehung.

Folgendes Bild soll dies verdeutlichen:

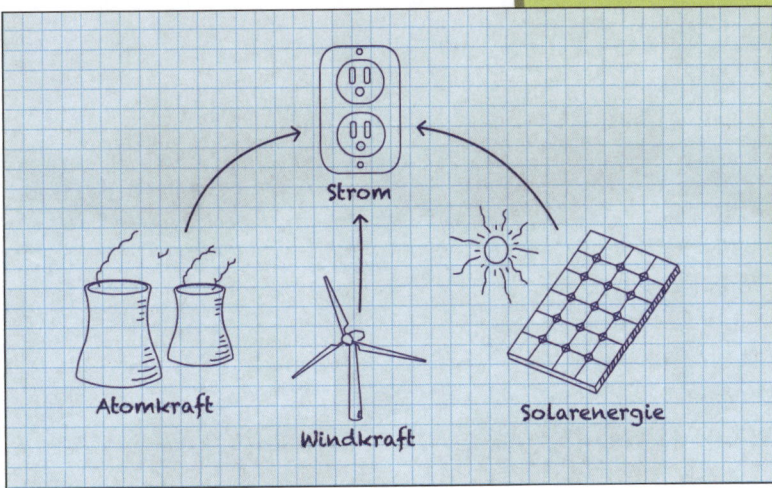

Die IST-Beziehung: Atomkraft IST ein Strom, Windkraft IST auch ein Strom, und Solarenergie IST ebenfalls ein Strom. Strom stellt hier die Basisklasse dar, und Atomkraft, Windkraft und Solarenergie wurden jeweils davon abgeleitet.

Und so kannst du erben...

... erbe!

```
class Klassennamen : Zugriffsrechte Basisklasse {
  // Definition von Klassennamen
};
```

Der **Klassennamen** ist die Klasse, die du im Augenblick definieren willst. Die **Basisklasse** ist die Klasse, von der du Daten und Elementfunktionen an **Klassennamen** vererben willst. Außerdem kannst du die **Zugriffsrechte** auf die Mitglieder der Basisklasse festlegen. Hierfür stehen dir die Schlüsselwörter **private**, **protected** und **public** zur Verfügung. Die Rechte verhandeln wir aber nochmal in einem extra Abschnitt, okay?

Okay, ein Beispiel bezogen auf die Abbildung mit dem Strom als Basisklasse:

```
class Windkraft : public Strom { *1
  // Definition der Klasse Windkraft
};
```

*1 Hier definierst du eine Klasse **Windkraft**, welche von der **Basisklasse Strom abgeleitet** wurde. Durch das **public**-Zugriffsrecht kannst du in der Klasse **Windkraft** alle **public**-Mitglieder der Klasse **Strom** verwenden.

[Hintergrundinfo]
Viele beschweren sich hierzulande immer, dass wir die Vorreiter sein müssen, was eine saubere Umwelt betrifft. Da meistens ein Vergleich zu den größten Drecksstaaten gezogen wird, stimmt das so allerdings nicht ganz. In Deutschland wird immer noch zehnmal so viel CO_2 ausgestoßen als bspw. bei unseren Nachbarn in Frankreich!

Ewig schleichen die Erben

Wenn wir schon dabei sind, wollen wir in der Praxis auf der Stromschiene weiterfahren und ein bisschen hinter die Kulissen der Stromversorger sehen. Zur Vorbereitung wollen wir daher zunächst einmal eine normale Klasse **Strom** schreiben, welche künftig unsere Basisklasse darstellen wird. Damit ich den Code nicht auf mehrere Dateien aufteilen muss, findest du auch gleich alles in der Klassendefinition implizit als **inline** definiert.

Hier also unsere Klasse Strom komplett in einer Datei strom.h verpackt:

```
// strom.h
#include <iostream>
#include <string>
using namespace std;
#ifndef __STROM_H__
#define __STROM_H__

class Strom {
private: *1
  string quelle;
  unsigned int KWh;
public: *2
  Strom():quelle(""),KWh(0) {}
  Strom(string q, unsigned k):quelle(q), KWh(k) {}
  void setQuelle(const string &q) {
    quelle = q;
  }
  void setKWh(unsigned int k) {
    KWh = k;
  }
  string getQuelle() const {return quelle;}
  unsigned int getKWh() const { return KWh;}
  void print() const {
    cout << "Stromquelle : " << getQuelle() << endl;
    cout << "KWh         : " << getKWh() << endl;
  }
};
#endif
```

*1 Hier findest du die **privaten** Daten, die von außen nicht erreichbar sind (in C++11 würde sich hier auch gleich eine direkte Initialisierung der Klassenelemente anbieten) ...

*2 ... und hier die **öffentlichen** Elementfunktionen und Konstruktoren.

Hm, das ist doch im Grunde eine gewöhnliche Klasse, von der ich doch auch ein Objekt erzeugen und in einem Programm verwenden könnte?

Ja, natürlich kannst du diese Klasse in einem Programm verwenden. Ist ja schließlich eine **vollwertige** und **gewöhnliche Klasse**, wie du diese bisher überall im Buch verwendet hast!

[Code bearbeiten]

Auch wenn es dir bequem erscheint, die Listings von der DVD zu verwenden, empfehle ich dir (eigentlich immer), die Listings **selber** zu **schreiben**, weil du dabei beim Abtippen viele Fehler machst und dabei auch was lernen sollst!

Ein großer Stromkonzern beauftragt dich jetzt, eine Klasse für **Atomkraft** zu erstellen, welche Strom nach Kilowattstunden verkauft. Hierzu sollst du noch die Entstehungskosten in Cent pro Kilowattstunde und den CO_2-Ausstoß pro Kilowattstunde mit einberechnen. Da wir die Kilowattstunden schon in der Klasse **Strom** definiert haben, brauchen wir ja nicht alles neu zu erstellen und verwenden unsere Klasse **Strom** als Basisklasse.

So sieht unsere Planung aus:

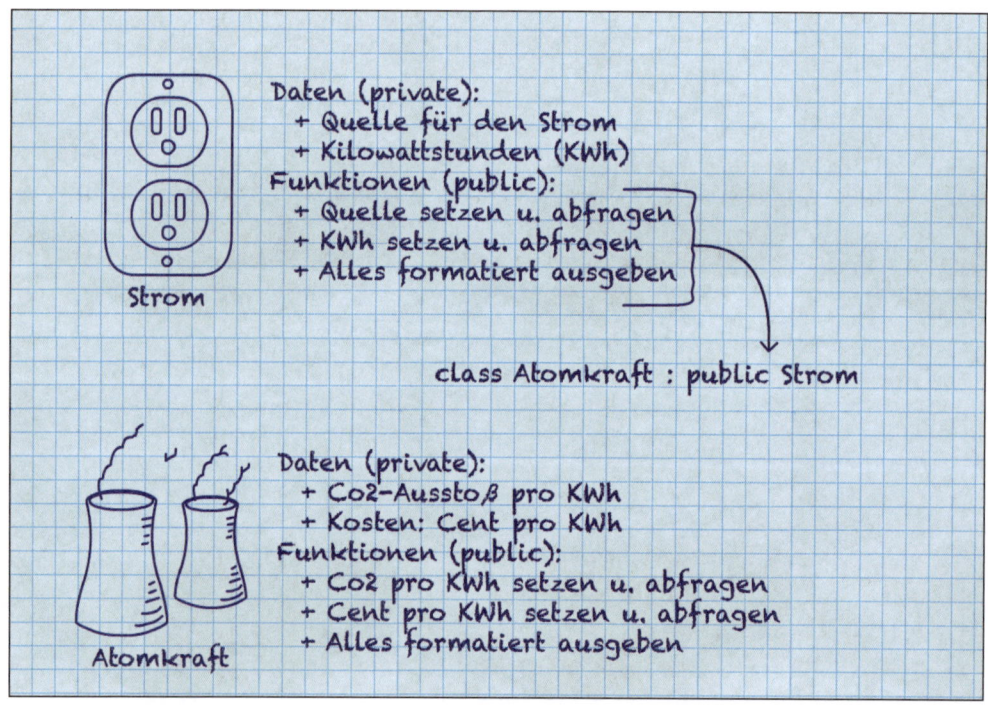

Du findest jetzt hier schon mal den Quälcode für **atomkraft.h**, in dem wir auch wieder alles **inline** definieren. Allerdings werden hier noch viele Fragen offenbleiben, welche wir auf den nächsten Seiten beantworten werden.

```cpp
// atomkraft.h
#include <iostream>
#include <string>
#include "strom.h" *1
using namespace std;
#ifndef __ATOMKRAFT_H__
#define __ATOMKRAFT_H__

class Atomkraft : public Strom { *2
private:
  unsigned int Co2KWh;
  float ct4KWh;
public:
  Atomkraft(unsigned int co2=0, float ct=0.0, *3
            string q="", unsigned int k=0) : *3
    Strom(q, k), Co2KWh(co2), ct4KWh(ct)  {} *3
  unsigned int getCo2KWh() const {return Co2KWh;} *4
  float getct4KWh() const {return ct4KWh;} *4
  void setCo2KWh(unsigned int co) { *4
    Co2KWh = co;
  }
  void setct4KWh(float ct) { *4
    ct4KWh = ct;
  }
  void print() const { *5
    cout << "Co2 pro KWh : " << getCo2KWh() << endl;
    cout << "Cent pro KWh: " << getct4KWh() << endl;
    Strom::print(); *6
  }
};
#endif
```

*1 Die **Headerdatei** unserer Basisklasse muss natürlich auch mit rein.

*2 Hier findet eine **Vererbung** bzw. **Ableitung** der Klasse **Strom** statt. Durch die **public**-Vererbung hinter dem Doppelpunkt stehen dir alle **public**-Elemente der Basisklasse **Strom** zur Verfügung.

*3 Dass der **Konstruktor** bei einer abgeleiteten Klasse etwas spezieller ist als gewöhnlich, sollte wohl jedem klar sein.

*4 gewöhnliche **Elementfunktionen** der Klasse **Atomkraft**

*5 Eine **gleichnamige Elementfunktion** enthält auch schon unsere Basisklasse **Strom**. Die **redefinierte print**-Elementfunktion der Basisklasse **Strom** wird hierbei einfach überdeckt.

*6 Der Zugriff für die formatierte Ausgabe der **print**-Elementfunktion von der Klasse Strom muss allerdings über den **Zugriffsoperator** erfolgen, weil sonst ein endloser Selbstaufruf von **Atomkraft::print()** erfolgen würde.

Das war es dann auch schon!

Jetzt ist unsere abgeleitete Klasse Atomkraft bereit zur Verwendung:

```
#include "atomkraft.h"  *1
…

    Atomkraft meier1;  *2
    meier1.setQuelle("Atomkraft");  *3
    meier1.setKWh(1000);  *3
    meier1.setCo2KWh(16);  *3
    meier1.setct4KWh(2.65);  *3
    meier1.print();  *4
```

*1 Die **Headerdatei**, in der alles drinsteht, ist natürlich nötig.

*2 Ein **Objekt** der Klasse **Atomkraft** wird instanziiert.

*3 Die einzelnen **Werte** werden ge**setzt**.

*4 Schließlich wird alles auf dem Bildschirm **ausgegeben**.

Das Programm bei der Ausführung:

```
Dieter Baer  $  ./atom
Co2 pro KWh  :  16
Cent pro KWh :  2.65
Stromquelle  :  Atomkraft
KWh          :  1000
Dieter Baer  $  _
```

[Zettel]

Wie schon erwähnt, sind jetzt wohl ein paar Fragen offengeblieben. Für dich ist jetzt erst mal nur wichtig, dass du weißt, wie der Vererbungsprozess vor sich geht. Das Kleingedruckte behandeln wir später.

Damit keiner leer ausgeht

So, jetzt weißt du schon mal, was es mit der **Vererbung** bzw. **Ableitung** von Klassen **auf sich hat**. Im Grunde ist es ja nur eine Technik, um bereits vorhandene **Klassen** zu **erweitern**.

[Einfache Aufgabe]

Im Beispiel ist eine fertige Klasse `Birnen_OS_X` vorhanden. Jemand anderes schreibt eine Klasse `Microweich_No8` und möchte die öffentlichen Mitglieder der Klasse `Birnen_OS_X` in seiner Klasse `Microweich_No8` benutzen und erweitern. Kannst du ihm helfen?

Mach eine Ableitung daraus:

```
// Vorhandene Klasse, welche wir erweitern wollen:
class Birnen_OS_X { /* … */ };
// Klasse die wir gerade neu schreiben:
class Microweich_No8 { /* … */ };
```

Hm, nun ja, ein Schelm, wer bei dem Beispiel an was Böses denkt. Hier meine Lösung dazu:

```
class Microweich_No8 : public Birnen_OS_X { /* … */ };
```

Prima! Das war gar nicht so schlecht.

Was ich hier allerdings noch erwähnen sollte: Es ist natürlich auch möglich, dass eine Klasse eine abgeleitete Klasse, also auch eine Basisklasse, sein darf.

Wie das gemeint ist:

```
class Birnen_OS_X { /* … */ };
class Microweich_No8 : public Birnen_OS_X { /* … */ };
class Kaiserpinguin : public Microweich_No8 { /* … */ };
```

[1] Hier ist die Klasse **Microweich_No8** sowohl eine abgeleitete Klasse als auch eine Basisklasse. [1] **Microweich_No8** ist hierbei praktisch von **Birnen_OS_X** abgeleitet und fungiert gleichzeitig als Basisklasse für die Klasse **Kaiserpinguin**.

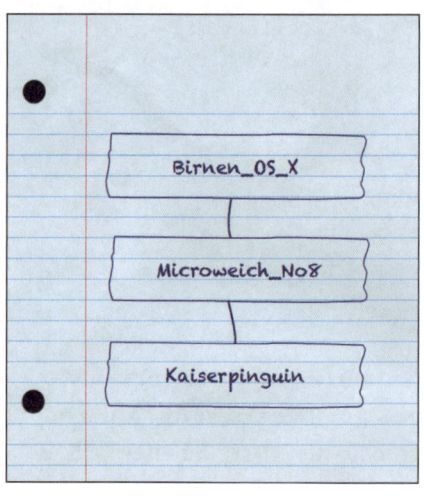

Microweich_No8

Kaiserpinguin

immer noch nicht
kapiert hast:

[Zettel]

So ein **Ableiten** von einer Klasse zur anderen wird häufig bei **Klassenbibliotheken** von **grafischen Oberflächen** verwendet. Da wird vererbt bis zum geht nicht mehr!

Erben verboten

Mit C++11 kannst du jetzt auch das **Weitervererben** verbieten. Hierfür brauchst du **lediglich die Klasse** mit dem **neuen Identifier final** markieren:

*1 Dank dem **Identifier final** hier ist …

*2 …diese Ableitung nicht mehr möglich! Der Compiler quittiert dies mit einem Fehler beim Übersetzen!

```
class Birnen_OS_X final { };        *1
class Microweich_No8 : public Birnen_OS_X { };   *2
```

[Einfache Aufgabe]

Zwar wurde das Thema noch nicht direkt behandelt, aber beim Ableiten von Klassen kannst du **Zugriffsrechte** vergeben. Mit welchen Schlüsselwörtern kannst du das machen?

Das ist leicht. Es sind die Schlüsselwörter private, public und protected.

[Belohnung/Lösung]

Ganz genau! Jetzt hast du wieder Zeit, ein bisschen Luft zu holen, ehe du dich mit dem **Kleinkram** rund um die **Vererbung** rumschlagen musst. Ich empfehle dir, nur eine kurze Pause mit einer Tasse **Tee** oder **Kaffee** zu machen. Und wenn deine Lunge danach verlangt, kannst du natürlich auch deine Teerstraße ausbauen und deine durchschnittliche Lebenserwartung um 12 Minuten verringern.

Jetzt das Kleingedruckte lesen

Keine Sorge, Schrödinger! Für das **Kleingedruckte** brauchst du **keine Lupe**. Bei uns wird die Vererbung für normale Augen lesbar abgedruckt, und es gibt **keine** hinterlistigen **Fallen**.

Zugriffsrechte für den Beerbten

Ein ganz wichtiges Thema sind die Zugriffsrechte, welche du ja hinter dem Doppelpunkt der zu beerbenden Klasse mit `public`, `private` und `protected` setzen kannst:

```
class AbgeleiteteKlasse : ZUGRIFFSRECHT Basisklasse {};
```

Und das kannst du damit bewirken:

- ☛ `public`: Die Ableitung wird am häufigsten verwendet. Damit erhält unsere abgeleitete Klasse **dieselben Zugriffsrechte** wie **die Basisklasse**. Dein Großvater, dein Vater und du haben somit immer dieselben Zugriffsrechte. Von außen darf hier über das Objekt jederzeit auf Mitglieder im `public`-Bereich zugegriffen werden.
- ☛ `private`: Bei einer **privaten Ableitung** werden alle geerbten Mitglieder aus der Basisklasse in der **abgeleiteten Klasse** zu **privaten Mitgliedern**. **Zugriff** auf `public` und `protected` **innerhalb** der abgeleiteten Klasse ist jetzt nur noch Mitgliedern der Basisklasse möglich. Dein Vater könnte also noch auf die `public`- und `protected`-Mitglieder deines Großvaters zugreifen. Würdest du allerdings, als Erbe deines Vaters, auf deinen Vater zugreifen wollen, kannst du das nicht mehr, weil ja deine Basisklasse (dein Vater) zuvor alles von seinem Großvater (seiner Basisklasse) Geerbte auf `private` gesetzt hat. Damit bist zu praktisch **enterbt**! Auch von außen ist kein Zugriff mehr auf den `public`-Bereich möglich.
- ☛ `protected`: Bei einer `protected`-Vererbung werden **alle Mitglieder** der **Basisklasse** in der abgeleiteten Klasse zu `protected`-Mitgliedern. **Innerhalb** von **Klassen ändert** sich dabei im Gegensatz zu `public` **nicht** viel. Es kann nach wie vor auf die `protected`- und `public`-Mitglieder der Basisklasse zugegriffen werden. Allerdings ist es jetzt von **außen nicht mehr** möglich auf die `public`-Mitglieder der Klasse zuzugreifen.

[Hintergrundinfo]

Für den Fall, dass du es nicht verstanden hast: Das Erteilen der Zugriffsrechte hat eigentlich erst bei mehreren abgeleiteten Klassen einen Effekt. Die erste abgeleitete Klasse hat immer den vollen Zugriff auf alle **public**- und **protected**-Mitglieder der Basisklasse.

Puh! Das mit den Zugriffsrechten ist aber ganz schön verwirrend.

Du brauchst dir erstmal nur die public-Vererbung zu merken, denn die wird fast immer verwendet. Wenn du soweit bist, dass du die anderen Fälle benötigst, dann wirst du es schon merken.

Zu besseren Übersicht habe ich dir hierzu eine Grafik erstellt, welche dir demonstrieren soll, was bei einer public-, protected- und private-Vererbung vor sich geht:

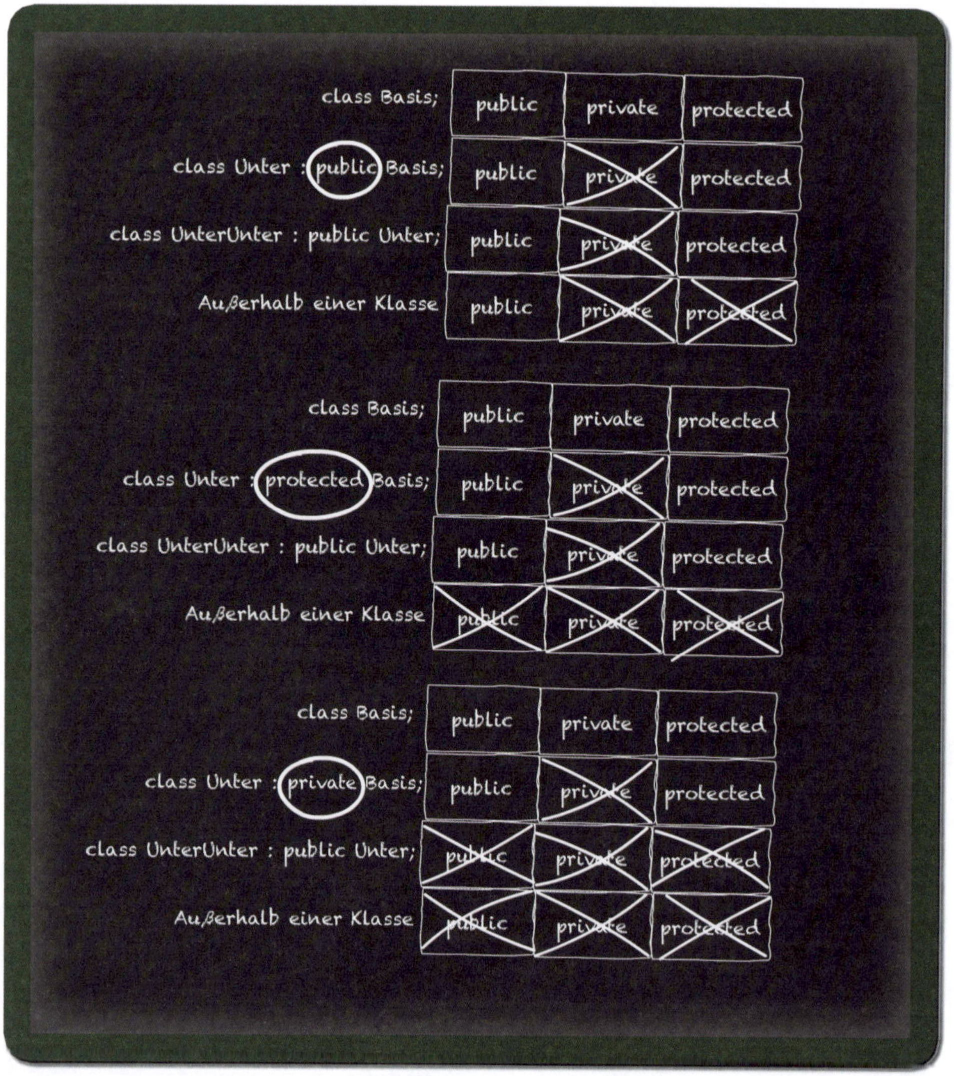

	public	private	protected
class Basis;	public	private	protected
class Unter : (public) Basis;	public	~~private~~	protected
class UnterUnter : public Unter;	public	~~private~~	protected
Außerhalb einer Klasse	public	~~private~~	~~protected~~

	public	private	protected
class Basis;	public	private	protected
class Unter : (protected) Basis;	public	~~private~~	protected
class UnterUnter : public Unter;	public	~~private~~	protected
Außerhalb einer Klasse	~~public~~	~~private~~	~~protected~~

	public	private	protected
class Basis;	public	private	protected
class Unter : (private) Basis;	public	~~private~~	protected
class UnterUnter : public Unter;	~~public~~	~~private~~	~~protected~~
Außerhalb einer Klasse	~~public~~	~~private~~	~~protected~~

Eine Grafik, die zeigt, was vererbt wird, wenn du eine Ableitung als **public**, **protected** oder **private** deklarierst

Hierzu ein Codeschnipsel, mit dem du die unterschiedlichen
Vererbungen anhand der Fehlermeldungen deines Compilers
(die du hoffentlich verstehst) testen kannst:

```cpp
class Basisklasse {
  private   : int pri;
  public    : int pub;
  protected : int pro;
};

class UnterKlasse : ZUGRIFFSRECHT Basisklasse { *1
// Zugriff auf alle public und protected
// von Basisklasse immer möglich
};

class UnterUnterKlasse : public UnterKlasse {
public:
  void init() {
    pri = 1;
    pub = 2;
    pro = 3;
  }
};

int main()
{
  UnterUnterKlasse obj;
  obj.pri = 1;
  obj.pub = 2;
  obj.pro = 3;
...
```

*1 Zum Testen musst du nur die Textfolge **ZUGRIFFSRECHT** durch die Schlüsselwörter **public**, **protected** oder **private** austauschen und lesen, worüber sich der Compiler beschwert, wenn er darauf hinweist, dass er keinen Zugriff mehr hat.

Wie sieht es eigentlich mit der Vererbung von überladenen Operatoren aus?

Hier gilt dasselbe wie für die Elementfunktionen.
Die abgeleitete Klasse erbt auch alle nicht privaten Operatorüberladungen aus der Basisklasse. Mit einer **Ausnahme**:
Wenn in der Basisklasse der **=**-Operator überladen wurde, wird dieser **niemals** an die abgeleitete Klasse weitervererbt!

niemals

News: Konstruktoren vererben (C++11)

Neu in C++11, aber wird leider kaum noch von einem Compiler unterstützt, ist die zukünftige Möglichkeit, die Konstruktoren der Basisklasse an die abgeleitete Klasse weiterzuvererben. Damit lässt es sich künftig einiges an Schreibarbeit ersparen:

```cpp
class Papa {
public:
  Papa(short alter) { cout << alter << endl; }
  Papa(string name) { cout << name << endl; }
};

class Sohn : public Papa {
public:
  using Papa::Papa; *1
  Sohn(float schnitt) { cout << schnitt << endl; }
};

...

  Sohn{45};   // Papa::Papa(45)
  Sohne{"Dieter"};  // Papa::Papa("Dieter");
  Sohn{123.123};  // Sohn::Sohn(123.123);
```

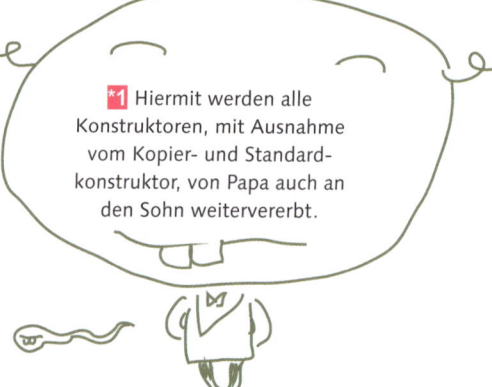

*1 Hiermit werden alle Konstruktoren, mit Ausnahme vom Kopier- und Standard- konstruktor, von Papa auch an den Sohn weitervererbt.

> [Notizzettel]
> Wenn die **abgeleitete Klasse eigene Variablen** enthält, kann es passieren, dass sie durch diese neue Vererbung **nicht initialisiert** werden!

Das Kleingedruckte in der Praxis

Zugegeben, das mit den Zugriffsrechten ist anfangs ein ziemlich chaotisches Wirrwarr. Aber nach ein paar Übungen dazu sollte es keine unüberwindbare Hürde mehr für dich sein!

[Einfache Aufgabe]

Im folgenden Codeausschnitt haben wir die Klasse **Mama** von der Klasse **Oma** mit **private**-Zugriffsrechten abgeleitet. Die Basisklasse **Oma** enthält dabei drei **int**-Variablen, welche alle in unterschiedliche Zugriffsrechte gesteckt wurden. In der Klasse **Mama** wird dann über die öffentliche Elementfunktion **init_mama()** versucht, alle drei Werte zu initialisieren. Kannst du auf Anhieb sagen, welche der drei Initialisierungen eine Fehlermeldung des Compilers hervorrufen wird?

Hier der Codeausschnitt dazu:

*1 Welche Zuweisung(en) sind hier falsch?

```cpp
class Oma {
  private   : int pri;
  public    : int pub;
  protected : int pro;
};

class Mama : private Oma {
public:
  void init_mama() {
    pri = 123; *1
    pub = 345; *1
    pro = 567; *1
  }
};
```

*Da ich mich an den Satz erinnern kann, dass die abgeleitete Klasse immer vollen Zugriff auf die **protected**- und **public**-Mitglieder der Basisklasse hat, dürfte hier wohl lediglich das Initialisieren des privaten **pri** einen Fehler auslösen!?*

Yeah! Voll ins Schwarze! Aber da will ich jetzt noch einen draufsetzen.

[Einfache Aufgabe]

Vom eben erstellten Codeausschnitt, bei dem die Klasse **Mama** mit **private**-Zugriffsrechten von der Klasse **Oma** abgeleitet wurde, soll jetzt noch eine Klasse **Tochter** von der Klasse **Mama** mit **public**-Rechten abgeleitet werden. In der Klasse **Tochter** findest du eine Elementfunktion **init_tochter()**, welche wiederum versucht, alle drei **int**-Variablen der obersten Basisklasse **Oma** zu initialisieren. Bei welchen der drei Initialisierungen wird jetzt der Compiler eine Fehlermeldung ausgeben?

Hierzu noch ein weiteres Häppchen Code:

```
...
class Tochter : public Mama {
public:
  void init_tochter() {
    pri = 321; *1
    pub = 543; *1
    pro = 765; *1
  }
};
```

*1 Welche Zuweisung(en) sind hier jetzt falsch?

Ich habe nochmals zurückgeblättert. Durch die **private**-Ableitung von **Oma** an **Mama** werden alle Mitglieder innerhalb von **Mama** private. Somit bedeutet das nach der erneuten Vererbung von **Mama** an die **Tochter**, dass die **Tochter** nur **private**-Mitglieder geerbt hat und somit kein Zugriff auf eine der drei **int**-Variablen mehr möglich ist. Also sind **alle drei** falsch!

Jawohl! Richtig! Du bist der Zugriffs-Rocker. Mach weiter so! Jetzt fehlt uns eigentlich nur noch ein Beispiel zu **protected**.
Hierzu verwenden wir wieder einmal unser **Atomkraft**-**Strom**-Beispiel.

Hierzu zunächst die Codeausschnitte von **strom.h** und **atomkraft.h**, die du brauchst, um das Problem zu lösen:

```
// strom.h
class Strom {
private:
  string quelle; *1
  unsigned int KWh; *1
...
};
```

*1 **private** Daten der Basisklasse **Strom**

```
// atomkraft.h
class Atomkraft : public Strom {
private:
  unsigned int Co2KWh; *2
  float ct4KWh; *2
public:
...
  void print() const {
    cout << "Co2 pro KWh : " << Co2KWh << endl; *3
    cout << "Cent pro KWh: " << ct4KWh << endl; *3
    cout << "Stromquelle : " << quelle << endl; *4
    cout << "KWh         : " << KWh << endl; *4
  }
};
```

*2 **private** Daten der abgeleiteten Klasse **Atomkraft**

*3 Das klappt **ohne** Probleme.

*4 Der Zugriff auf die privaten Daten der Basisklasse führt zu einer **Fehlermeldung**.

[Schwierige Aufgabe]

Jetzt zur Aufgabe! Was kannst du tun, damit du trotzdem auf die privaten Variablen **quelle** und **KWh** der Basisklasse Strom in der Elementfunktion **print()** der abgeleiteten Klasse **Atomkraft** zugreifen kannst, ohne eine Elementfunktion dafür zu verwenden?

Okay, hier helfe ich dir wieder! Die Lösung ist im Grunde recht einfach. Du brauchst lediglich die privaten Daten der Basisklasse **Strom** als **protected** zu deklarieren:

```
// strom.h
class Strom {
protected:  *1
    string quelle;
    unsigned int KWh;
…
};
```

> ***1** Mithilfe von **protected** können jetzt auch die abgeleiteten Klassen auf diese Daten direkt zugreifen.

[Notiz]

Wenn du nachträglich die Zugriffsrechte auf **protected** setzen musst, so ist das meistens ein Zeichen von unbedachtem Klassendesign. Bedenke, dass du mit **protected** die **Datenkapselung** ein wenig **aufweichst**! Probleme könnte dies machen, wenn du **protected** nachträglich wieder entfernst und somit einige Elementfunktionen ihren Dienst verweigern könnten. In unserem Beispiel bieten sich als Alternativen ja öffentliche Elementfunktionen an, um auf die privaten Daten zuzugreifen.

[Zettel]

Prima, jetzt hast du ein paar Kilo Zugriffsrechte extra gelernt und kannst dich entspannter an die Sache machen. Wenn du hier alles kapiert hast, hast du diesbezüglich nichts mehr zu befürchten. PAUSE.

So macht erben langsam Spaß

So, jetzt wollen wir die **Zugriffsrechte** nochmals schön in Ruhe an uns **vorbeiziehen** lassen. Da ist am Ende doch eine **Menge zusammengekommen**, weshalb ich dir hier gleich nochmals das wichtigste **stichpunktartig** aufzählen will:

- ☞ Mit `public`, `protected` und `private` hast du drei **Zugriffsrechte** kennengelernt, mit denen eine Klasse von der Basisklasse erben kann. `private` dient dem Zugriff der Klasse selbst, `protected` wird ebenfalls für den Zugriff der Klasse selbst und von ihr abgeleiteten Klassen verwendet, und mit `public` erhält jeder den vollen Zugriff.
- ☞ **Unabhängig** davon, welches **Zugriffsrecht** du verwendest, die erste abgeleitete Klasse hat immer auf alle `public`- und `protected`-Mitglieder der Basisklasse einen Zugriff.
- ☞ Eine **abgeleitete Klasse** kann **niemals** auf die privaten Mitglieder der Basisklasse zugreifen.
- ☞ Dafür kann eine **abgeleitete Klasse** auf die **öffentlichen** Mitglieder zugreifen, als wären es die eigenen.
- ☞ Mit `protected` kannst du dafür sorgen, dass **nur** noch **abgeleitete Klassen** einen **Zugriff** auf die Mitglieder bekommen.
- ☞ Alles **nicht `private`** der **Basisklasse erbt** die abgeleitete Klasse. Mit **Ausnahme** des überladenen **Zuweisungsoperators =**, der niemals an die abgeleitete Klasse weitervererbt wird!
- ☞ **Öffentliche Mitglieder** der Basisklasse werden beim Ableiten mit `private` in der abgeleiteten Klasse auch **privat**.

[Achtung]
Wenn du beim Vererben keine Zugriffsrechte angibst, wird per Standard mit dem Zugriffsrecht `private` abgeleitet.

[Zettel]
In der **gängigen Praxis** wird meistens eine **öffentliche Vererbung** durchgeführt. Vererbungen vom Schlage `protected` oder `private` werden eher **selten** angewendet. Und wenn du dies dann verwendest, solltest du zumindest kommentieren, warum du das tust, damit auch andere wissen, was du überhaupt tust.

Kann ich nicht doch irgendwie schummeln, um bei einer privaten Ableitung von der Basisklasse von einer anderen Klasse oder von außen auf den privaten Teil zuzugreifen???...

Private Mitglieder durchreichen ...

Bei einer **private**-Vererbung werden ja alle Elemente der Basisklasse zu privaten Mitgliedern. Bei einer Weitervererbung oder einem Zugriff von außen ist somit **kein Zugriff** mehr auf Mitglieder der Basisklasse möglich. Solltest du jetzt trotzdem (**notfalls!!!**) in Verlegenheit kommen, auf einzelne private Mitglieder der Basisklasse zugreifen zu müssen, hast du hierbei nur noch die Möglichkeit, das Mitglied „**durchzureichen**". Du machst quasi eine neue öffentliche Schnittstelle, indem du das Mitglied mit dem Klassennamen und Zugriffsoperator ansprichst.

Folgender Codeausschnitt soll dir das demonstrieren:

```cpp
class Oma {
  public    : int pub;    // *1
};

class Mama : private Oma {    // *2
public:
  using Oma::pub;    // *3
  void init_mama() {
    pub = 345;    // *4
  }
};

class Tochter : public Mama {
public:
  void init_tochter() {
    pub = 543;    // *5
  }
};

int main()
{
  Tochter tochter;
  tochter.pub = 123;    // *6
...
```

*1 pub wird öffentlich zugänglich in der Basisklasse **Oma** geschrieben.

*2 Durch die **private**-Ableitung wird **pub** jetzt privat in der Klasse **Mama**.

*3 Dank dieser Zugriffsdeklaration machst du aus **pub** jetzt wieder ein öffentliches Ding.

*4 Dieser Zugriff wäre noch ohne die Zugriffsdeklaration möglich gewesen ...

*5 ... aber dieser Zugriff und ...

*6 ... dieser Zugriff wären ohne die neue Zugriffsdeklaration mit **Oma::pub** nicht mehr ohne Beschwerden des Compilers ausgegangen.

[Belohnung/Lösung]
Ja, Schrödinger, **du hast es drauf!** Den Abschnitt kannst du jetzt zu Grabe tragen. Nochmal Schnitzel?

Ach, nö

Erbe verwenden und erweitern

Einer der großen Vorteile und Hauptverwendungszwecke
der Vererbung ist es natürlich, eine bereits vorhandene Klasse
um weitere Funktionen und Daten zu erweitern. Wie dies geht,
hast du im Grunde ja bereits beim Beispiel der Basisklasse
Strom gesehen, welche mit der Klasse **Atomkraft** durch
eine Ableitung erweitert wurde.

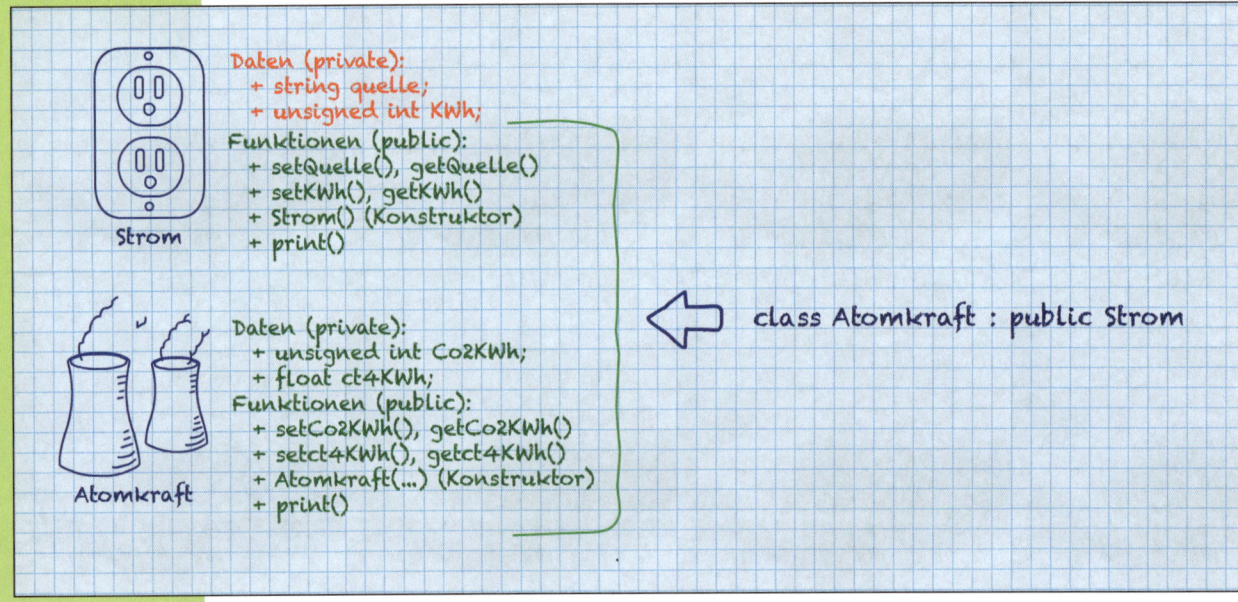

Durch die Ableitung der Klasse **Atomkraft** von der Klasse **Strom** wurden
sämtliche öffentlichen Elementfunktionen und Daten (hier keine) an die Klasse
Atomkraft weitervererbt. Als da wären die Elementfunktionen **setQuelle()**,
getQuelle(), **setKWh()**, **getKWh()**, **print()** und der Konstruktor.
Alle diese Mitglieder kannst du jetzt in der Klasse **Atomkraft** auch verwenden.
Auf die privaten Daten **quelle** und **KWh** hast du allerdings keinen direkten Zugriff
von der abgeleiteten Klasse. Aber dafür hast du ja eigentlich auch Zugriffselementfunktionen definiert.

Zusätzlich haben wir zu den geerbten Mitgliedern der Basisklasse **Strom**
den Funktionsumfang in der Klasse **Atomkraft** um die Elementfunktionen
setCo2KWh(), **getCo2KWh()**, **setct4KWh()**, **getct4KWh()**,
print() und den Konstruktor erweitert. Auch zwei neue private Daten sind
mit **Co2KWh** und **ct4KWh** hinzugekommen.

Redefinition

Besonders von **Interesse** dürfte es hier sein, dass **zweimal** die **Elementfunktion** `print()` implementiert ist. Einmal **Strom::print()** und einmal **Atomkraft::print()**. Natürlich erbt auch die Klasse **Atomkraft** diese gleichnamige Elementfunktion von **Strom**. Diesen Sachverhalt, der sich **Redefinition** nennt, wollen wir uns jetzt auch gleich näher ansehen.

Innerhalb der Klasse **Atomkraft** bedeutet eine solche **Redefinition** natürlich, dass das `print()` der Klasse **Strom überdeckt** wird. Gleiches gilt auch für **gleichnamige Bezeichner** bei den Daten – im Grunde ähnlich wie bei den globalen und lokalen Variablen, wo bei gleichen Bezeichnern immer die lokalere Variable den Zuschlag erhält.

[Hintergrundinfo]
Bei gleichnamigen Bezeichnern zwischen der Basisklasse und der abgeleiteten Klasse überdecken immer die Daten bzw. Elementfunktionen der abgeleiteten Klasse die der Basisklasse. Wie du dir jetzt sicherlich schon gedacht hast, kannst du nach wie vor auf den gleichnamigen Bezeichner der Basisklasse zugreifen, indem du den **Zugriffsoperator** verwendest.

Im Beispiel mit der Elementfunktion Atomkraft::print() sieht dies aus, wie folgt:

```cpp
// atomkraft.h
…
class Atomkraft : public Strom {
…
public:
void print() const {
    cout << "Co2 pro KWh : " << getCo2KWh() << endl;
    cout << "Cent pro KWh: " << getct4KWh() << endl;
    Strom::print(); // *1
  }
};
```

> ***1** Mithilfe der **Zugriffsoperatoren** ist es kein Problem, auf **gleichnamige Elemente** der Basisklasse **zuzugreifen**.

Use me …

Das Thema **Zugriff auf das Erbe** wurde zwar schon zum Teil angerissen und soll hier daher auch nicht ausufern. Aber hier soll nochmals die Elementfunktion **Atomkraft::print()** herhalten.

Dank einer Vererbung ist auf jeden Fall folgender Zugriff über Elementfunktionen auf die Daten möglich:

```cpp
// atomkraft.h
…
class Atomkraft : public Strom {
private:
  unsigned int Co2KWh;
```

```cpp
      float ct4KWh;
public:
…

  void print() const {
    cout << "Co2 pro KWh : " << getCo2KWh() << endl; *1
    cout << "Cent pro KWh: " << getct4KWh() << endl; *1
    cout << "Stromquelle : " << getQuelle() << endl; *2
    cout << "KWh         : " << getKWh() << endl; *2
  }
};
```

*1 Das sind die Elementfunktionen der Klasse **Atomkraft**, um auf **Co2KWh** und **ct4KWh** zuzugreifen.

*2 **Dank** der **Vererbung** können wir auch **ohne Zugriffsoperator** oder andere Umwege über die geerbten Elementfunktionen **Strom::getQuelle()** und **Strom::getKWh()** auf die Daten zugreifen. Die Ausgabe haben wir bisher mit **Strom::print()** gemacht (was wir zuvor ja auch behandelt haben).

[Hintergrundinfo]

Dass du ohne Zugriffsoperator auf die Elementfunktionen der Basisklasse zugreifen kannst, liegt an der Art und Weise, **wie der Compiler nach** entsprechenden **Bezeichnern sucht**. Zunächst sieht der Compiler in der eigenen Klasse nach, ob ein Bezeichner mit entsprechenden Namen vorhanden ist. Falls nicht, geht der Compiler in der Klassenhierarchie eine Klasse höher und sucht in der Basisklasse nach dem Bezeichner. Handelt es sich hier auch nur um eine indirekte Basisklasse, geht der Compiler so lange eine Stufe nach oben, **bis** er einen **passenden Bezeichner** findet. Gibt's **keinen passenden** Bezeichner, **meckert der Compiler** und gibt auf. Bei gleichnamigen Bezeichnern erhält natürlich der Bezeichner als Erstes den Zuschlag, der nach der Klassenhierarchie am nächsten steht.

Problematischer wird es allerdings dann beim direkten Zugriff auf die Daten:

```cpp
// atomkraft.h
…

class Atomkraft : public Strom {
…
public:
…

  void print() const {
    cout << "Co2 pro KWh : " << Co2KWh << endl; *1
    cout << "Cent pro KWh: " << ct4KWh << endl; *1
    cout << "Stromquelle : " << quelle << endl; *2
    cout << "KWh         : " << KWh << endl; *2
  }
};
```

*1 Da **Co2KWh** und **ct4KWh** **private Mitglieder** der Klasse **Atomkraft** sind, können wir natürlich hier in der Elementfunktion **Atomkraft::print()** darauf zugreifen.

*2 Hier geht es aber dann **nicht** mehr. **quelle** und **KWh** sind **private** Mitglieder der Basisklasse **Strom**, und da wird jeglicher **Zugriff verweigert**.

Hm, wenn ich aber **quelle** und **KWh** in **Strom** in **protected** statt in **private** stellen würden, müsste es doch gehen, oder?

Ja, aber das wäre ja nicht im Sinne des Erfinders. Zum einen würdest du damit anfangen, das Klassendesign **aufzuweichen**, und zum anderen ist es in diesem Fall **unnötig**, weil es dafür ja die **Elementfunktionen** in der Klasse **Strom** gibt, welche dafür erstellt wurden. Trotzdem schön, dass du den letzten Abschnitt mit den Zugriffsrechten so gut verstanden hast.

Unser Anlageberater verwaltet das Erbe

Ich denke, der Umgang mit dem Erbe selbst sollte dir jetzt keine Kopfschmerzen mehr bereiten. Deinem überzeugenden Kopfnicken wollen wir natürlich nachgehen und ein paar Zeilen in der Praxis testen.

[Schwierige Aufgabe]

Jetzt wollen wir die Klasse **Atomkraft** um eine Elementfunktion **calc()** erweitern. Und zwar so, dass du anhand der vorhandenen Daten, wie der gesamten KWh, berechnen kannst, wie viel Gramm CO_2 insgesamt für eine Instanz der Klasse **Atomkraft** in die Luft geblasen werden und wie viel € die Herstellung kostet. *Was bitte ...?*

Okay, eine kleine Hilfe! Guck dir folgenden Codeausschnitt dazu an:

```
Atomkraft meiler1;
meiler1.setQuelle("Atomkraft");      *1
meiler1.setKWh(1000);      *1
meiler1.setCo2KWh(16);      *1
meiler1.setct4KWh(2.65);      *1
```

*1 Mithilfe dieser Daten kannst du den gesamten Co2-Ausstoß der Strommenge (**KWh**) berechnen (**Co2KWh * KWh**) und die Herstellungskosten für diese Strommenge (**ct4KWh * KWh**).

Ja, sag das doch gleich! Hier mein Lösungsvorschlag:

```cpp
// atomkraft.h
…
class Atomkraft : public Strom {
…
public:
…
  void calc() const {
    cout << getQuelle() << " mit " << getKWh() << "KWh = ";
    cout << getCo2KWh() * getKWh() << " Gramm Co2; ";
    cout << getct4KWh() * getKWh() / 100 << " Euro" << endl;
  }
};
```

Prima gelöst! Sinn und Zweck dieser Aufgabe war es natürlich, die Funktionalität deiner Klasse zu erweitern und zu überprüfen, ob du den Umgang mit den Daten der abgeleiteten Klasse und Basisklasse beherrschst.

[Code bearbeiten]

Im Grunde würde ich dir empfehlen, wenn es möglich ist, dass du den Zugriff auf Daten einer Klasse (sei es nun die abgeleitete oder die Basisklasse) immer mit Elementfunktionen durchführst. Bei den privaten Daten der Basisklasse ist ohnehin nichts anderes möglich. **Das Programm bei der Ausführung:**

```
Dieter Baer $ ./atom
Co2 pro KWh : 16
Cent pro KWh: 2.65
Stromquelle : Atomkraft
KWh         : 1000
Atomkraft mit 1000KWh = 16000 Gramm Co2; 26.5 Euro
Dieter Baer $ _
```

[Einfache Aufgabe]

Jetzt noch eine einfachere Aufgabe. Bei der Ausgabe von **Atomkraft::print()** läuft das Programm plötzlich Amok! Was wurde hier falsch gemacht?

Ausgabe verliert die Kontrolle:

Und hier der Code dazu:

```
Co2 pro KWh : 16
Cent pro KWh: 2.65
Co2 pro KWh : 16
Cent pro KWh: 2.65
Co2 pro KWh : 16
Cent pro KWh: 2.65
Co2 pro KWh : 16
Cent pro KWh: 2.65
Co2 pro KWh : 16
Cent pro KWh: 2.65
Co2 pro KWh : 16
Cent pro KWh: 2.65
Co2 pro KWh : 16
Segmentation fault
Dieter Baer $ _
```

```cpp
class Atomkraft : public Strom {
...
public:
...
  void print() const {
    cout << "Co2 pro KWh : " << getCo2KWh() << endl;
    cout << "Cent pro KWh: " << getct4KWh() << endl;
    print();
  }
};
```

*Ich hab's! Im Beispiel wurde der Zugriffs- operator auf die Basisklasse vergessen. Also **Strom::** fehlt vor dem **print()**!*

Ganz genau! Wegen des fehlenden Zugriffsoperators auf die Basisklassen-Element- funktion ruft sich die Elementfunktion **Atomkraft::print()** ständig neu in einer Endlosrekursion auf, wodurch sich das Programm nicht mehr auf geregeltem Wege beenden lasst.

Ordentlich angelegt

Nachdem du hier sauber mitgemacht hast, kannst du eigentlich deinen Anlageberater feuern und dein eigenes Ding drehen. **Fassen** wir auch hier nochmals **zusammen**, was du über die **Verwaltung** und **Erweiterung** des **Erbens** erfahren hast:

- ☛ Deine direkte abgeleitete Klasse wird schon mal automatisch um die **public**- und **protected**-Mitglieder der Basisklasse erweitert.
- ☛ Bei gleichlautendem Bezeichner (sei es nun eine Elementfunktion oder seien es Daten) erhält immer der Bezeichner den Vorzug, welcher der verwendeten Klasse in der Klassenhierarchie am nächsten steht. Du könntest auch sagen, das lokalste Mitglied wird verwendet. Solche gleichlautenden Bezeichner werden auch als Redefinition bezeichnet.
- ☛ Willst du bei mehreren gleichnamigen Bezeichnern auf einen bestimmten übergeordneten Bezeichner zugreifen, musst du den Klassennamen, gefolgt vom Zugriffsoperator, dafür verwenden **(Klassenname::Bezeichner)**.
- ☛ Der direkte Zugriff auf private Daten einer Basisklasse ist nicht möglich. Hierzu wird empfohlen, eine Elementfunktion in der Basisklasse zu verwenden, welche Zugriff auf die privaten Daten hat. OOP-typisch halt. Ein Aufweichen der privaten Daten in der Basisklasse mit dem Schlüsselwort **protected** kann ich dir nur bedingt empfehlen.

[Einfache Aufgabe]
Zum Schluss hier noch eine einfache Übung. Im folgenden Listing ist der **Redefinitionswahnsinn** ausgebrochen. Kannst du sagen, was in welcher Reihenfolge auf dem Bildschirm ausgegeben wird?

Das Listing mit dem Redefinitionswahnsinn:

```cpp
class Basisklasse {
public:
  void sagwas() { cout << "Bin der Boss\n"; }
};

class SubKlasse : public Basisklasse {
public:
  void sagwas() { Basisklasse::sagwas(); }
};

class SubSubKlasse : public SubKlasse {
```

```cpp
public:
  void sagwas() { SubKlasse::sagwas(); }
};

class SubSubSubKlasse : public SubSubKlasse {
public:
  void sagwas() { cout << "Ich bin der Depp hier\n"; }
};

int main()
{
  SubSubSubKlasse sssKlasse;
  sssKlasse.sagwas();
  sssKlasse.SubKlasse::sagwas();
  sssKlasse.SubSubSubKlasse::sagwas();
  sssKlasse.SubSubKlasse::sagwas();
...
```

Huh, das sieht aber übel aus. Nicht unbedingt ein schöner Code!

Das Beispiel mit dem Durchreichungs- und Weiterleitungs-Nirvana soll natürlich keine Schule machen.

Hier die Ausgabe des Programms (auf dem Kopf):

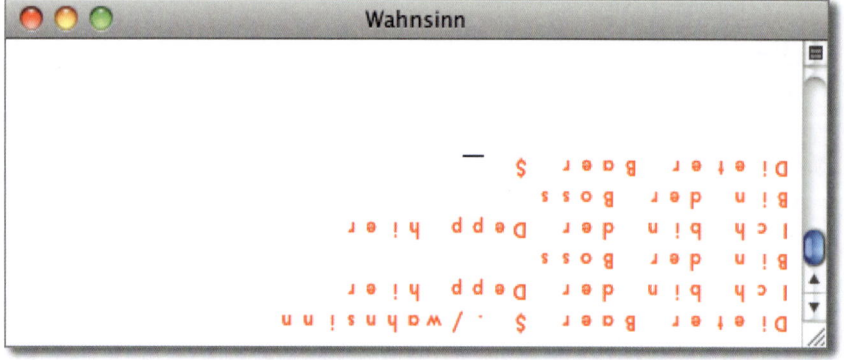

Ausgabe des Redefinitionswahnsinnsbeispiels

[Belohnung/Lösung]

Hammerstark, jetzt bis du schon weit mit dem Thema Vererbung gekommen.

Konstruktives und destruktives Vererben

Ein superfettes Thema fehlt uns noch bei der klassischen Vererbung in C++. Und zwar die **Konstruktoren** und der **Destruktor**. Ohne die Dinger geht es nämlich nicht! Zuvor musst du natürlich noch wissen, **wie** beim Anlegen eines Objektes einer abgeleiteten Klasse die **Konstruktoren** aufgerufen werden. Der **Aufbau** eines **Objektes** erfolgt hier stets **ausgehend** von der **Basisklasse** von oben nach unten. Es wird also immer zunächst der Konstruktor der Basisklasse aufgerufen. Erst dann folgen die Konstruktoren der abgeleiteten Klasse.

Hier ein solches Beispiel:

```
class Opa { ... };
class Papa : public Opa { ... };
class Sohn : public Papa { ... };
```

Die Reihenfolge, in der die Konstruktoren aufgerufen werden, wenn du ein Objekt Sohn erzeugst:

1. der Konstruktor **Opa**
2. der Konstruktor **Papa**
3. der Konstruktor **Sohn**

Der Aufruf des Konstruktors der jeweiligen Basisklasse muss daher immer bei der Definition des Konstruktors der abgeleiteten Klasse erfolgen.

Die Reihenfolge beim Aufbau eines Objektes der Klasse Sohn

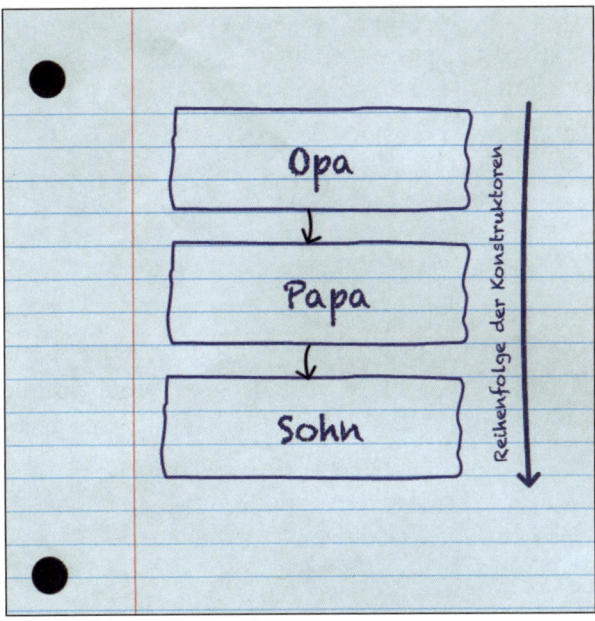

Beim **Abbau** von Objekten mit dem **Destruktor** ist dies genau umgekehrt. Hier wird der Destruktor der aktuell abgeleiteten Klasse ausgeführt bis hoch zur Basisklasse.

Für den Fall, dass du einen eigenen Destruktor schreiben musst und das Objekt Sohn zerstört werden soll, lautet die Reihenfolge dann:

4. der Destruktor **Sohn**
5. der Destruktor **Papa**
6. der Destruktor **Opa**

[Hintergrundinfo]
Bei Destruktoren ist die Sache natürlich wesentlich einfacher als bei den Konstruktoren, weil hier keine Parameter benötigt werden und weil diese in der Praxis so gut wie nie direkt aufgerufen werden müssen. Daher musst du dir auch weniger Gedanken darum machen, welche Klasse hier von welcher abgeleitet wurde.

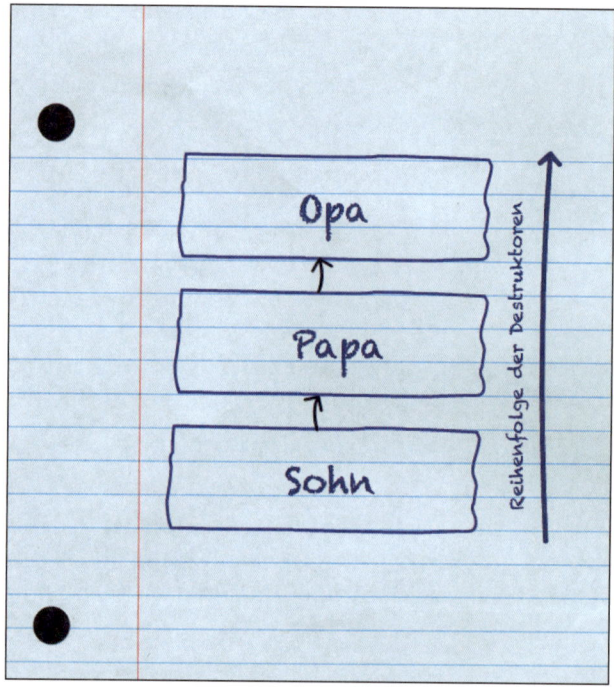

Die Reihenfolge der Destruktoren, wenn ein Objekt der Klasse Sohn zerstört werden soll

Die Syntax, um einen Konstruktor der Basisklasse in der abgeleiteten Klasse aufzurufen, sieht folgendermaßen aus:

```
Abgeleitet::Abgeleitet(paraX, ...) : Basis(paraA, ...)
{
  // ...
}
```

Wie du hier siehst, folgt immer nach den Klammern für die Parameter der abgeleiteten Klasse der **Doppelpunkt**, gefolgt vom Aufruf des **Konstruktors** der **Basisklasse**. Hierbei kannst du auch gleich die **Parameter** an den Konstruktor der Basisklasse übergeben.

[Achtung]
Natürlich kannst du mithilfe des Elementinitialisierers auch die einzelnen Daten der abgeleiteten Klasse, getrennt von einem Komma, wie gewohnt zuweisen. Trotzdem muss hier immer an **erster Stelle** hinter dem Doppelpunkt der Konstruktor der Basisklasse stehen! Andernfalls dürfte sich der Compiler bei dir melden.

Implizite Klassenumwandlung

Du kannst ein Objekt einer **abgeleiteten Klasse** auch einer **Basisklasse zuweisen**. In dem Fall erfolgt eine **interne Umwandlung**! Wobei **nur die Daten** der Basisklasse von der abgeleiteten Klasse dem Objekt der Basisklasse zugewiesen werden.

Was für ein Satz!

Das ist einfacher, als es sich anhört:

```
Sohn  sohn01;
Opa opa01 = sohn01; *1
```

[*1] Dies ist eine **implizite Typumwandlung** von der Klasse **Sohn** nach **Opa**. **Opa** bekommt natürlich nur die **Daten zugewiesen**, die er selbst enthält. Die anderen Daten aus der Klasse **Sohn** bzw. **Papa** werden hier nicht beachtet.

Eine **umgekehrte Zuweisung** von der Basisklasse zu einer abgeleiteten Klasse funktioniert allerdings so **nicht** mehr, weil die Daten an die abgeleitete Klasse nicht **zugeordnet** werden können.

Wer bekommt was ...

In der Theorie hören sich diese Konstruktoren bei der Ver-erbungssache schlimmer an, als sie oft sind. Daher wollen wir uns kurz ansehen, wie wir das mit der **Atomkraft**- und **Strom**-Klasse handhaben.

In unserer abgeleiteten Klasse Atomkraft haben wird den (inline) Konstruktor der Basisklasse Strom aufgerufen, wie folgt:

```
// atomkraft.h
…
   Atomkraft( unsigned int co2=0, float ct=0.0,
             string q="", unsigned int k=0) :
      Strom(q, k), Co2KWh(co2), ct4KWh(ct)  {} *1
```

*1 Hier siehst du, wie gleich hinter dem Doppelpunkt der Konstruktor der Basisklasse **Strom** aufgerufen wird. Hier wurden auch gleich, getrennt von einem Komma, die einzelnen Werte der abgeleiteten Klasse **Atomkraft** per Elementinitialisierer initialisiert.

Ist dir das mit dem Elementinitialisieren zu komplex, kannst du natürlich auch Folgendes schreiben:

```
   Atomkraft(unsigned int co2=0, float ct=0.0,
            string q="", unsigned int k=0) : Strom(q, k) *1
{
   setct4KWh(ct); *2
   setCo2KWh(co2); *2
}
```

*1 Für die Daten der Basisklasse kommst du auch so nicht um den Konstruktor via Elementinitialisierer herum.

*2 Aber die privaten Daten der eigenen Klasse kannst du natürlich auch über die entsprechenden Elementfunktionen initialisieren.

[Zettel]

Die Verwendung der extra Aufrufe über die **set**-Elementfunktionen ist natürlich die schlechteste Alternative, weil du so zum einen in Kauf nimmst, dass manche Daten doppelt geschrieben werden (nämlich einmal mit dem Standard-Konstruktor und einmal mit den **set**-Elementfunktionen). Ich wollte es hier allerdings nur demonstrieren, weil man doch gerne mal weitere Arbeiten in den **set**-Sachen wie das Überprüfen von Werten usw. vornimmt.

Was passiert bei dem folgenden Codeausschnitt, und was wird
hier mit **print()** auf dem Bildschirm ausgegeben?

Der besagte Codeausschnitt:

```
Atomkraft meiler1;
meiler1.setQuelle("Atomkraft AWE");
meiler1.setKWh(10000);
meiler1.setCo2KWh(22);
meiler1.setct4KWh(2.65);

Strom strom1 = meiler1; *1
strom1.print(); *2
```

*1 Was passiert hier?

*2 Was wird hier ausgegeben?

Die Lösung:

Hier wird die abgeleitete Klasse **Atomkraft**
in die Basisklasse **Strom** umgewandelt. Hierbei werden
nur noch die Daten **quelle** und **setKWh** an
Strom übergeben. Ausgeführt wird hier natürlich
die Elementfunktion **Strom::print()**, wobei die
besagten Daten ausgegeben werden!

Völlig richtig!

[Erledigt]
Super mitgemacht! Jetzt sind wir bald
durch mit dem Thema, und du
kannst dich als erfahrener Anwender
von Vererbungen bezeichnen.

Keiner geht leer aus ...

Du kannst gerne in deiner meditierenden Position bleiben, weil du zunächst eh nur ein paar **Fragen beantworten** sollst. Also immer schön „Uuuhmmm" sagen.

[Einfache Aufgabe]

In welcher Reihenfolge werden beim Anlegen von Objekten einer abgeleiteten Klasse die Konstruktoren aufgerufen? Und andersherum, in welcher Reihenfolge werden beim Zerstören die Destruktoren aufgerufen?

Das ist leicht:

1. Der **Aufbau** von Objekten einer Basisklasse erfolgt von **oben nach unten**. Zunächst wird also der Konstruktor der Basisklasse aufgerufen. Erst dann folgen der oder die Konstruktor(en) der abgeleiteten Klasse(n).

2. Die Destruktoren hingegen werden in **umgekehrter Reihenfolge** aufgerufen und abgebaut. Hierbei wird zunächst immer der Destruktor des aktuell verwendeten Objektes der abgeleiteten Klasse benutzt bis hoch zur Basisklasse.

Prima, das sitzt jetzt, glaube ich!

[Einfache Aufgabe]

Kannst du eine abgeleitete Klasse an eine Basisklasse zuweisen und umgekehrt?

Soviel ich weiß, kann ich nur eine abgeleitete Klasse an eine Basisklasse zuweisen. Bei der impliziten Umwandlung werden dann nur die Daten der Basisklasse von der abgeleiteten Klasse verwendet.

Jawohl! Auch das ist richtig!

[Schwierige Aufgabe]

Zum Schluss noch eine Aufgabe, um zu sehen, ob du alles verstanden hast. Kannst du mir sagen (ohne das Programm auszuführen), welche Ausgabe der folgende Quellcode erzeugt?

Der Codeausschnitt:

```cpp
class Opa {
private:
  int wert_O;
public:
  Opa(int val=0) : wert_O(val) {}
  void print() { cout << wert_O << endl; }
};

class Papa : public Opa {
private:
  int wert_P;
public:
  Papa(int val=0) : Opa(val+val) {
    wert_P = val;
  }
  void print() { cout << wert_P << endl; }
};

class Sohn : public Papa {
private:
  int wert_S;
public:
  Sohn(int val=0) : Papa(val+val) {
    wert_S = val;
  }
  void print() { cout << wert_S << endl; }
};

int main()
{
  Sohn sohn01(100);
  sohn01.print();        *1
  sohn01.Papa::print();  *1
  sohn01.Opa::print();   *1

  Opa opa01;
  opa01.print();         *1
  opa01 = sohn01;
  opa01.print();         *1
...
```

*1 Was wird hier ausgegeben?

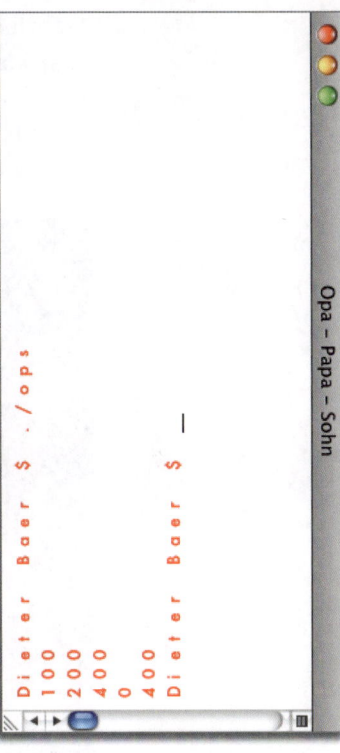

Hier die Lösung dazu, auf den Kopf gestellt:

```
Dieter Baer $ ./ops
100
200
400
0
400
Dieter Baer $
```

Opa – Papa – Sohn

[Belohnung/Lösung]

Ein Thema noch, und du hast die Vererbung durch! Tank nochmals frische Energie für die letzte Hürde, indem du tust, was dir Spaß macht. Spiel meinetwegen eine Runde WoW oder zieh dir ein paar DVDs rein.

Mehrfachvererbung

Neben einer einfachen Vererbung gibt es in C++ auch die Möglichkeit einer **Mehrfachvererbung**. Das bedeutet, du kannst auch eine neue Klasse von **mehreren Basisklassen** ableiten.

Solch eine Vererbung entspricht dann schon eher unserer Natur:

Hm, mit dem Kind könnte man fast Mitleid haben, seine Vorfahren scheinen ja von Felsbeißern abzustammen.

Hierbei werden, wie auch schon bei der gewöhnlichen 1:1-Vererbung, alle entsprechenden Daten und Elementfunktionen mit denselben Regeln weitervererbt. Eine **Mehrfachvererbung** kannst du relativ **einfach schreiben**. Nehmen wir mal an, du hast neben der Klasse **Atomkraft** noch eine fast gleiche Klasse **Windkraft**. Jetzt willst du die Funktionen und Daten der beiden Klassen in einer Klasse **Stromanbieter** verwenden.

Folgendermaßen kannst du die Ableitung durchführen:

```cpp
class Stromanbieter : public Atomkraft, public Windkraft { *1
    // ...
};
```

*1 Hinter dem Doppelpunkt musst du lediglich, getrennt von einem Komma, die Klassen angeben, von denen geerbt wird. Für jede Klasse musst du außerdem die Zugriffsrechte **public**, **protected** oder **private** hinzufügen.

[Achtung]

Solltest du vergessen, die Zugriffsrechte für eine Klasse zu schreiben, wird automatisch **private** verwendet!

So kannst du dir die Mehrfachvererbung vorstellen:

Mehrfachvererbung für einen ordentlichen Strom-Mix

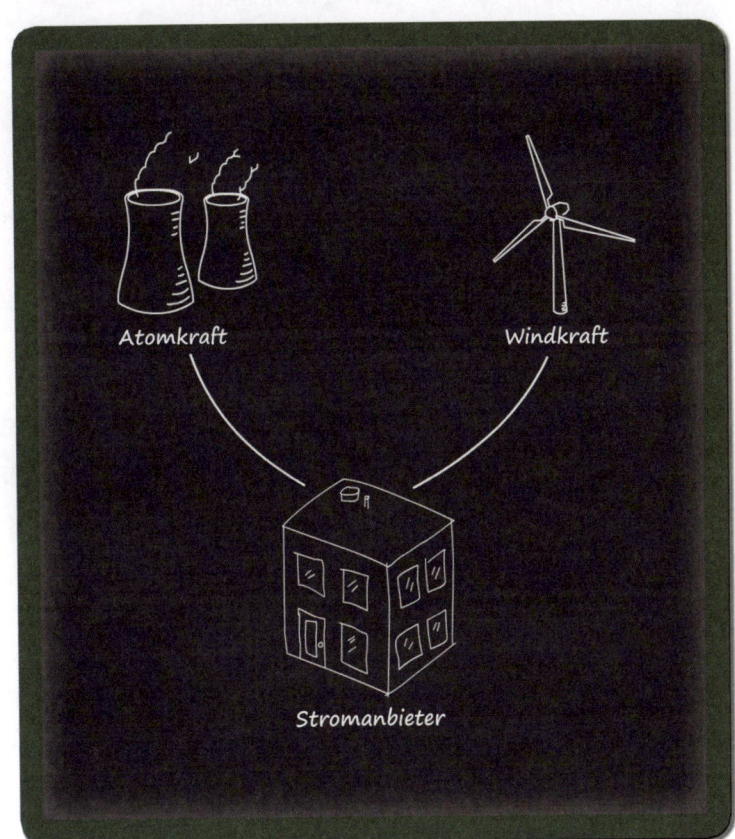

Mehrfachvererbung in der Praxis

Sachte, sachte, Schrödinger. Wollte gerade **ein Beispiel** schreiben. In dem Beispiel wird davon ausgegangen, dass wir die Klasse **Windkraft** auch bereits geschrieben haben. Die Klasse **Windkraft** ist hier exakt so aufgebaut (inklusive einer Ableitung von der Basisklasse **Strom**) wie die Klasse **Atomkraft**. Selbst die Daten und Elementfunktionen sind dieselben. Einzig der Konstruktorname ist logischerweise anders.

> Das mit der Mehrfachvererbung hört sich ja toll an, aber wie wäre es mit ein bisschen Praxis?

[Einfache Aufgabe]

Wenn du Lust hast, kannst du ja die Klasse **Windkraft** selber schreiben. Und wenn nicht, dann musst du halt die DVD des Buches einlegen.

Von diesen beiden Klassen Atomkraft und Windkraft wollen wir jetzt die Klasse Stromanbieter ableiten:

*1 Hier leiten wir die Klasse **Stromanbieter** von den Klassen **Atomkraft** und **Windkraft** ab. Die Klassen **Atomkraft** und **Windkraft** sind somit die **Basisklassen** von **Stromanbieter**.

*2 Der Einfachheit halber wollen wir hier die Klasse nicht mit allzu vielen **Daten** überfrachten.

```
// stromanbieter.h
#include <iostream>
#include <string>
#include "atomkraft.h"
#include "windkraft.h"
using namespace std;
#ifndef __STROMANBIETER_H__
#define __STROMANBIETER_H__

class Stromanbieter:public Atomkraft, public
Windkraft {  *1
private:
   string anbieter;  *2
```

```cpp
public:
  Stromanbieter(unsigned int co2=0, float ct=0.0,   *3
                string q="", unsigned int k=0,       *3
                unsigned int co2_2=0, float ct_2=0.0, *4
                string q_2="", unsigned int k_2=0,    *4
                string a="") :
        Atomkraft(co2, ct, q, k),                    *5
        Windkraft(co2_2, ct_2, q_2, k_2)             *6
   {
                   anbieter = a;                     *7
   }
  void setAnbieter(const string a) {                 *8
    anbieter = a;
  }
  string getAnbieter() const {                       *8
    return anbieter;
  }
};
#endif
```

*3 Der **Konstruktor** ist natürlich etwas vollgestopfter, um die Basisklassen mit Daten zu versorgen. Dies hier sind die Daten für den Konstruktor **Atomkraft**.

*4 Dies hier sind die Daten für den **Konstruktor Windkraft**.

*5 Der **Konstruktor** der Basisklasse **Atomkraft** wird mit Werten aufgerufen.

*6 dasselbe nochmals mit dem **Konstruktor Windkraft**

*7 Die Daten der abgeleiteten Klasse **Stromanbieter** werden mit Werten initialisiert.

*8 die Elementfunktionen für unsere Klasse **Stromanbieter**

[Notiz]

In diesem Abschnitt blenden wir bewusst nochmals die oberste Basisklasse **Strom** aus, von der ja die Klassen Atomkraft und Windkraft abgeleitet sind. Spätestens, wenn du die Klasse **Stromanbieter** verwenden willst, dürftest du bemerken, dass die Sache **komplizierter** ist, als zunächst angenommen. Schließlich sind in den Klassen **Atomkraft** und **Windkraft** Elementfunktionen mit denselben Namen und demselben Sinn vorhanden. Zudem kommt jetzt ja noch dazu, dass **Atomkraft** und **Windkraft** eine Basisklasse **Strom** haben (jede eine eigene). Ja, jetzt können wir die Basisklasse **Strom** nicht mehr ausblenden.

[Achtung/Vorsicht]

Bei Basisklassenmitgliedern mit dem gleichen Namen musst du wieder den Klassennamen und Bereichsoperator verwenden (**Klasse::Mitglied**), damit der Compiler solche Mitglieder auflösen kann.

Hier die zunächst etwas unbequeme Verwendung unserer Klasse **Stromanbieter**:

```cpp
...
#include "atomkraft.h"
#include "windkraft.h"
#include "stromanbieter.h"
#include "strom.h"
using namespace std;

int main()
{
    Stromanbieter anbieter01; *1
    anbieter01.Atomkraft::setQuelle("Atomkraft"); *2
    anbieter01.Atomkraft::setKWh(12000); *2
    anbieter01.Atomkraft::setCo2KWh(22); *2
    anbieter01.Atomkraft::setct4KWh(2.65); *2

    anbieter01.Windkraft::setQuelle("Windkraft"); *3
    anbieter01.Windkraft::setKWh(12000); *3
    anbieter01.Windkraft::setCo2KWh(10); *3
    anbieter01.Windkraft::setct4KWh(3.5); *3

    anbieter01.Atomkraft::calc(); *4
    anbieter01.Windkraft::calc(); *4
...
```

*1 Hier legen wir ein neues Objekt **Stromanbieter** an.

*2 An dieser Stelle weisen wir der Atomkraftseite ihre Werte zu.

*3 Und hier bekommt die Windkraftseite ihre Werte.

*4 Am Ende wollen wir noch zum Vergleich ausgeben, was für eine Stromherstellung mehr Dreck macht und welche die billigere Variante ist. An dieser Stelle muss ich anmerken, dass die von mir verwendeten Werte reine Durchschnittswerte sind. Du weißt ja, die Welt dreht sich schnell.

Das Programm bei der Ausführung:

```
○ ○ ○                      Strommix
Dieter Baer $ ./strommix
Atomkraft mit 12000KWh = 264000 Gramm Co2; 318 Euro
Windkraft mit 12000KWh = 120000 Gramm Co2; 420 Euro
Dieter Baer $ _
```

Schwere Sache, so ein Strom-Mix. Windkraft ist zwar teurer als Atomkraft, macht aber deutlich weniger Dreck.

Zu diesem Beispiel muss ich natürlich hinzufügen, dass ich mit **Atomkraft** und **Windkraft** mit Absicht **Basisklassen** verwendet haben, welche **identische Namen** für die **Elementfunktionen** haben. In der Praxis wird es wohl eher selten der Fall sein, dass es in zwei Basisklassen identische Bezeichner gibt. Ich wollte dir hier nur vorführen, dass die Verwendung von **Mehrfachvererbung** die Sache durchaus **komplexer** machen kann.

Lohnt sich die Mehrfachvererbung überhaupt?

An dieser Stelle angekommen, stellt sich für dich sicherlich die eine Frage, nicht wahr? Du fragst dich jetzt sicherlich…! **Hey, Schrödinger,** die Frage!

Ach so, ich! Ja, hm, ist die Mehrfach-vererbung denn überhaupt sinnvoll?

Das ist ein wirklich **gute Frage**, die du da stellst! Gerade wegen solcher **Namenskonflikte,** wie du sie in der Praxis sehen konntest, wird der Code ziemlich **verkompliziert.** Wenn du eigene Klassen schreibst, hast du das natürlich selbst in der Hand und kannst deinen Code so schreiben, dass du eventuell auf Mehrfachvererbung **verzichten** kannst.

Wenn du allerdings **keinen Einfluss** auf die **Basisklassen** hast, kommst du manchmal einfach nicht um die **Mehrfachvererbung** herum. Aber du weißt ja jetzt, worauf es dabei ankommt, und vor allem, worauf du dabei achten musst.

[Einfache Aufgabe]
Erweitere deine abgeleitete Klasse **Stromanbieter** jetzt um eine Elementfunktion **print()**, mit der alle Daten der Basis-klassen ausgegeben werden. Wenn du umsichtig vorgehst, brauchst du hierfür nicht viele Zeilen Code zu verschwenden.

Hierzu meine Musterlösung:

```
// stromanbieter.h
…
class Stromanbieter : public Atomkraft, public Windkraft {
…
public:
…
  void print() const {  *1
```

*1 Definition der Elementfunktion
Stromanbieter::print()

```
      Atomkraft::print();   *2
      Windkraft::print();   *3
    }
};
```

*2 Alle Daten, vom
Atomkraft-Teil bis hin
zur redefinierten Elementfunktion
Atomkraft::print(),
werden ausgegeben.

*3 Und hier werden alle Daten,
vom **Windkraft**-Teil bis hin zur
Elementfunktion
Windkraft::print(),
ausgegeben.

*Das Beispiel habe ich zwar jetzt verstanden, aber ich finde es **blöd**, dass die **beiden Basisklassen** Atomkraft und Windkraft jeweils **eine eigene Basisklasse** Strom haben. Kann man da nix machen, damit daraus nur eine Basisklasse **Strom** wird?*

Du bist hier jetzt ein bisschen voraus.
In der Tat **kann** man da **was machen**, aber das
erfährst du auf der nächsten Seite.

[Belohnung/Lösung]

Das mit der Mehrfachvererbung hast du wohl verstanden.
War ja auch nicht so schwer. Bevor du weitermachst,
empfehle ich dir wieder, etwas für dich selbst zu tun, um den
Kopf wieder freizukriegen. Wie wäre es mal wieder mit
einem romantischen Abend mit deiner Freundin, die du in
letzter Zeit etwas vernachlässigt hast?

Virtuelles Vererben

Oftmals willst du bei der **Mehrfachvererbung** eventuell vorhandene Basisklassen nicht **zweifach** im **Speicher** haben.

Bezogen auf unseren Stromanbieter, den du im Kapitel zuvor geschrieben hast, sah der Stammbaum der Mehrfachvererbung ja wie folgt aus:

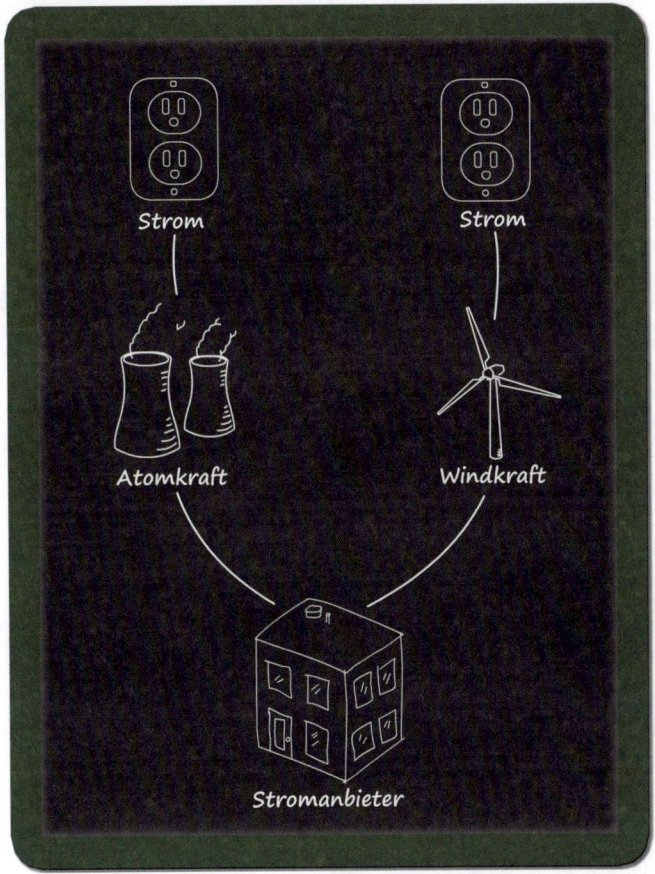

Die oberste Basisklasse **Strom** ist hier zweifach vorhanden.

Zugegeben, in unserem Beispiel ist diese Art der Mehrfachvererbung gar **keine** so **schlechte** Alternative, weil wir dadurch jederzeit die Energieherstellung von **Atomkraft** und **Windkraft einzeln** behandeln und berechnen können. Willst du aber nur eine Basisklasse Strom haben, worauf dann **Atomkraft** und **Windkraft** zugreifen würden, musst du eine **virtuelle Vererbung** daraus machen.

Oje, wie kompliziert!?

Nein ganz und gar nicht. Im Grunde musst du jetzt nur ein lausiges Wörtchen, genauer **das Wort** `virtual`, in den Klassen **Atomkraft** und **Wind-kraft** bei der **Ableitung** reinschreiben, und schon gibt es nur noch eine **virtuelle Basisklasse** `Strom`. Wäre schön, wenn die Energiemultis da auch so transparent vorgehen würden!

Also, nur das magische Wörtchen `virtual` davorsetzen und verwenden, wie folgt:

```
// atomkraft.h
...
class Atomkraft : virtual public Strom {
...
};
```

[1] das magische Wörtchen

```
// windkraft.h
...
class Windkraft : virtual public Strom {
...
};
```

Da du jetzt `Strom` zur virtuellen Basisklasse von `Atomkraft` und `Windkraft` erklärt hast, sieht der Vererbungsbaum nun aus, wie folgt:

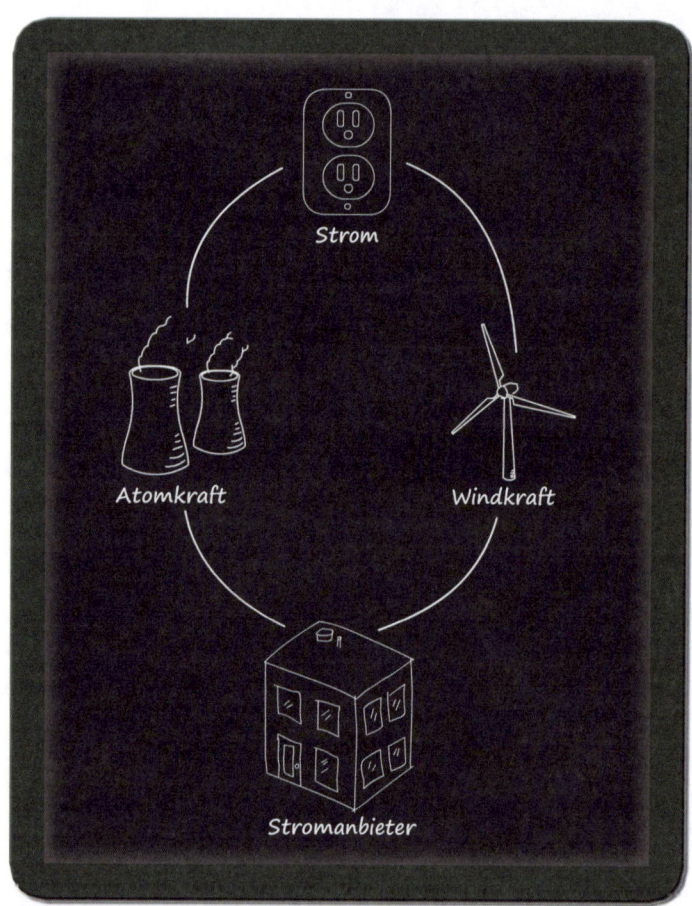

Dank der Virtualität gibt es jetzt nur noch eine Basisklasse **Strom**, wenn du ein Objekt der Klasse **Stromanbieter** anlegst.

Virtuelle Teilchen verwenden

Mit einer **virtuellen Vererbung** hat ein Objekt der Klasse **Stromanbieter** somit nur noch diese eine **virtuelle Basisklasse Strom**. Daher kannst du jetzt auch auf die öffentlichen Mitglieder der Klasse ohne den Bereichsoperator zugreifen, weil die geerbten Mitglieder der Klasse **Strom** jetzt auch nur noch **einmal im Speicher** vorhanden sind und somit **eindeutig** zugeordnet werden können.

[Notiz]

Dir sollte natürlich klar sein, dass eine solche virtuelle Klasse **erst** bei der Mehrfachvererbung Sinn macht. Würdest du zum Beispiel von der Klasse **Atomkraft** oder **Windkraft** ein Objekt erzeugen, so hätte natürlich jeweils jede Instanz eine eigene Basisklasse **Strom**.

Wenn du **nachträglich** eine virtuelle Basisklasse deklarierst, musst du häufig noch den **Konstruktor** der abgeleiteten Klasse **anpassen**. Im Beispiel sind ja jetzt die Daten **Strom::quelle** und **Strom::KWh** nur noch einmal vorhanden.

Hierzu ein Codeausschnitt, wie du auf die virtuelle Basisklasse Strom mit einer Instanz der Klasse Stromanbieter zugreifen kannst:

```
Stromanbieter anbieter01;
anbieter01.Atomkraft::setCo2KWh(22); *1
anbieter01.Atomkraft::setct4KWh(2.65); *1

anbieter01.Windkraft::setCo2KWh(10); *1
anbieter01.Windkraft::setct4KWh(3.5); *1

anbieter01.setQuelle("Atomkraft und Windkraft"); *2
anbieter01.setKWh(12000); *2
anbieter01.print(); *3
```

*1 Der Zugriff auf die Elementfunktionen der indirekten Basisklasse erfolgt bei gleichnamigen Bezeichnern natürlich nach wie vor über die Zugriffsoperatoren.

Hm, jetzt weiß ich aber nicht mehr individuell, was die Herstellung kostet und wie viel Dreck die Atomkraft oder Windkraft macht, weil es ja jetzt wegen der virtuellen Basisklasse Strom nur noch ein KWh gibt?

*2 Der Zugriff auf die öffentlichen Elementfunktionen der virtuellen Basisklasse **Strom** benötigt jetzt keinen Zugriffsoperator mehr.

*3 Hier wird natürlich die Elementfunktion **Stromanbieter::print()** aufgerufen!

[Code bearbeiten]

Ja, damit hast du recht ...

Wenn du dir das Beispiel allerdings etwas genauer betrachtest, dürfte dir auffallen, dass es hier ein kleines Problem gibt, die Elementfunktionen **calc()** von **Atomkraft** und **Windkraft** aufzurufen. Zwar kannst du die Elementfunktion **calc()** beider Klassen aufrufen, aber hier fehlt jetzt leider die eine genauere Angabe, die besagt, wie viel **KWh** die eine und wie viel die andere Energiequelle zur Verfügung stellt, weil es jetzt nur noch ein **Strom::KWh** gibt. Daher fällt es jetzt schwer, eine exakte Berechnung des CO_2-Austoßes und der Kosten durchzuführen. In dem Fall wäre es eine Überlegung wert, die private Variable **Strom::KWh** statt in **Strom** jeweils in den Klassen **Atomkraft** und **Windkraft** zu implementieren.

Zwischen Virtualität und Realität

Der **Sinn und Zweck** der virtuellen Vererbung dürfte dir wohl jetzt klar geworden sein?

Dass bei einer Mehrfachvererbung eine Basisklasse nicht mehrfach vererbt wird?

Genau! Wenn du eine Klasse von mehreren Basisklassen ableitest, welche ebenfalls eine gemeinsame Basisklasse haben, kannst du mithilfe des Schlüsselwortes `virtual` durch das virtuelle Ableiten einer solchen Basisklasse **verhindern**, dass die Mitglieder der oberen Basisklasse mehrfach vererbt werden und somit nur noch **einmal** im **Speicher** vorhanden sind.

[Schwierige Aufgabe]

Sieh dir folgende Abbildung an. Versuch eine Klassenhierarchie zu erstellen, wie du sie dort sehen kannst. Mithilfe der Mehrfachvererbung und des Schlüsselwortes `virtual` kannst du das realisieren. Natürlich brauchst du jetzt hierzu keine weiteren Mitglieder in den Klassen zu verwenden. Es reicht aus, wenn du einfach nur Klassen mit einem leeren `{}` definierst und die abgebildete Hierarchie programmtechnisch umsetzt.

Mach einen Code daraus:

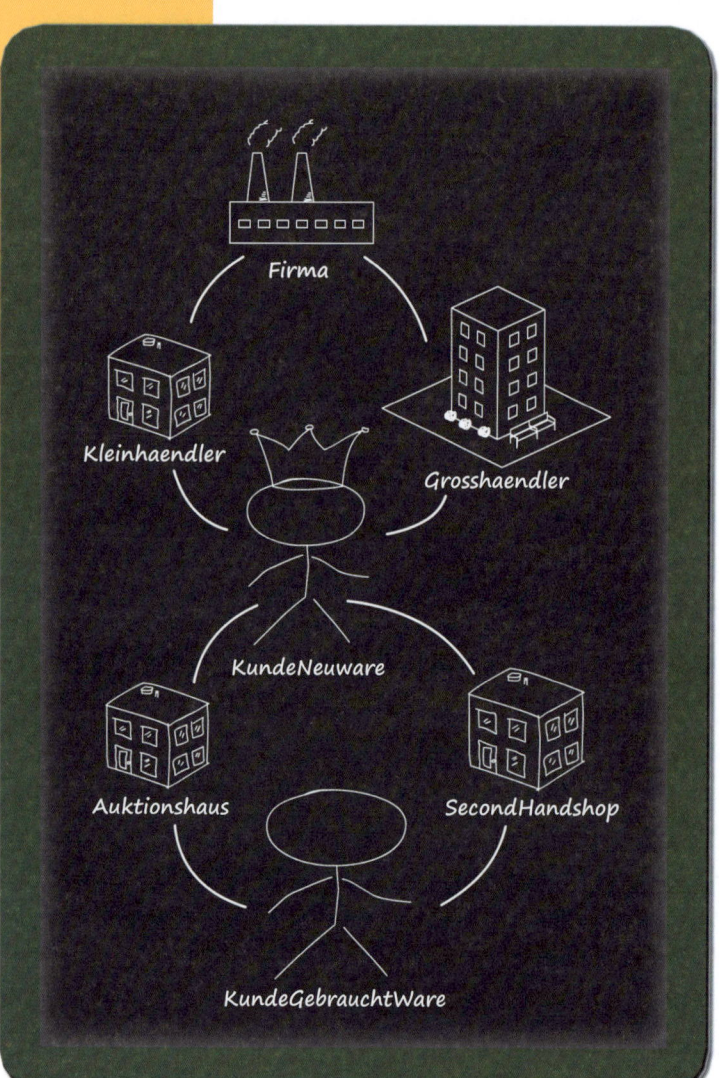

Hier mein möglicher Lösungsansatz:

```cpp
class Firma {};  *1
```
*1 die oberste Basisklasse **Firma**

*2 Davon leiten wir die beiden Klassen **Kleinhaendler** und **Gross-haendler** ab. Damit beide Klassen nur eine Klasse **Firma** als Basisklasse haben, haben wird die Vererbung virtuell umgesetzt. Bis jetzt nützt allerdings die virtuelle Vererbung noch nichts.

```cpp
class Kleinhaendler : virtual public Firma {};  *2
class Grosshaendler : virtual public Firma {};  *2
```

```cpp
class KundeNeuware : public Kleinhaendler, public Grosshaendler {};  *3
```

```cpp
class Auktionshaus : virtual public KundeNeuware {};  *4
class SecondHandShop : virtual public KundeNeuware {};  *4
```

```cpp
class KundeGebrauchtWare : public Auktionshaus, public SecondHandShop {};  *5
```

*4 Die Klasse **KundeNeuware** wird jetzt ebenfalls zu einer Basisklasse für die abgeleiteten Klassen **Auktionshaus** und **SecondHandShop**. Damit die beiden Klassen auch bei einer mehrfachen Vererbung später nur eine Basisklasse **KundeNeuware** enthalten, haben wir das Ganze natürlich wieder virtuell gemacht.

*3 Bei der Klasse **KundeNeuware** führen wir jetzt eine Mehrfachvererbung durch. Diese Klasse hat jetzt mit **Kleinhaendler** und **Grosshaendler** zwei Basisklassen, aber nur eine oberste Basisklasse **Firma** (wegen des Schlüsselwortes **virtual** im Schritt zuvor).

*5 Am Ende schließen wir den Kreis wieder, indem wir die Klasse **KundeGebrauchtWare** von den Klassen **Auktionshaus** und **SecondHandShop** ableiten. Dank dieser Mehrfachvererbung hat die Klasse **KundeGebrauchtware** die beiden Klassen **Auktionshaus** und **SeconHandShop** als Basisklasse. Die Klasse **KundeGebrauchtWare** hingegen ist dank einer virtuellen Vererbung wieder nur einmal im Speicher vorhanden. Natürlich wurde unserer Klasse auch die oberen Basisklassen **Kleinhaendler** und **Grosshaendler** vererbt. Und die alleroberste Basisklasse **Firma** ist natürlich auch hier wieder nur einmalig im Speicher vorhanden.

[Belohnung/Lösung]
Prima, Schrödinger!

Abstrakte Welten

Sicherlich stellst du dir manchmal die Frage, wie Programmierer anfangen können, ein Programm zu schreiben, von dem Sie vielleicht im Augenblick noch nicht einmal genau wissen, wie sie es in der Praxis realisieren können.

Okay, ein Beispiel: Stell dir mal vor, du willst einen **Musik-player** schreiben. Jetzt schreibst du eine Elementfunktion für die Wiedergabe. Mal ehrlich, kennst du dich mit den vielen **Audioformaten** wie MP3, OGG, WMA, WAV usw. aus?

[Hintergrundinfo]

Du wirst sicherlich nicht hergehen und bspw. das MP3-Format selbst encodieren. Hierfür verwendest du in der Regel eine fertige Bibliothek, wie zum Beispiel LAME MP3 Encoder (siehe hierzu auch *http://lame. sourceforge.net/*). Andere Frameworks bieten dir hierfür vielleicht auch andere fertige Bibliotheken an, um bestimmte Audio-formate in dein Programm einzubinden.

Damit du dich jetzt **nicht** selbst bzw. sofort um die **Implementierung** der einzelnen Audioformate **kümmern** musst, erstellst du lediglich eine Klasse, die nur die Schnitt-stelle für weitere Datenformate vorgibt. Eine solche Klasse wird auch als **abstrakte Klasse** bezeichnet.

Ein alter Bekannter ...

Damit eine **abstrakte Klasse** auch abstrakt ist, muss mindestens eine **abstrakte Elementfunktion** enthalten sein. Allerdings darfst du eine solche Elementfunktion **nicht** in der Funktion **implementieren**. Es darf ledig-lich der **Elementfunktionskopf** enthalten sein. Mithilfe dieser Signatur legst du fest, welche Parameter diese Elementfunktion erhält und was für Werte zurückgegeben werden. Und damit auch dein Compiler Bescheid kriegt, dass du hier nicht die Definition vergessen hast, sondern was **Abstraktes** machen willst, musst du das bereits bekannte Schlüsselwort `virtual` verwenden.

Hierzu ein Codeausschnitt, der dir eine solche abstrakte Klasse demonstrieren soll:

```
// Audioformat.h
...
class Audioformat {
  public:
    virtual void abspielen() = 0; *1
    virtual void info() = 0; *1
};
```

*1 Diese **Elementfunktionen** wurden mit dem Schlüsselwort `virtual` als **virtuell** gekennzeichnet. Damit man diese Mitglieder **nicht** noch aus Versehen aufrufen kann oder gar Instanzen von der Klasse erzeugt, wurden diese noch extra mit 0 initialisiert. Damit ist es **unmöglich**, ein Objekt der Klasse **Audioformat** zu erzeugen. `virtual` markiert eine Elementfunktion als „virtuell" und das „=0" macht sie zu einer rein virtuellen (pure virtual) Elementfunktion.

*Das macht mir aber jetzt relativ **wenig** Sinn. Was habe ich denn von einer Klasse, wovon ich **keine Objekte** anlegen kann?*

Da hast du natürlich recht! Eine **abstrakte** Klasse **allein** macht noch keinen Sommer und nützt niemanden was. Diese Klassen bekommen **erst** ihren **Sinn** in Zusammenhang mit einer **Vererbung**.

[Hintergrundinfo]

Wenn du eine Klasse von dieser abstrakten Klasse ableitest, vererbst du ja auch die virtuellen Elementfunktionen. Daher **musst** du die in der abgeleiteten Klasse **virtuellen** Elementfunktionen (also die, die mit „=0" markiert wurden.) **überschreiben** und **implementieren**. Andernfalls würde aus der abgeleiteten Klasse wiederum nur eine weitere abstrakte Klasse.

Mit der abstrakten Basisklasse **zwingst** du praktisch der davon abgeleiteten Klasse **eine Schnittstelle** auf, welche geschrieben werden **muss**. In unserem Fall müssen also in der abgeleiteten Klasse von Audioformat die beiden Elementfunktionen `abspielen()` und `info()` implementiert werden.

Abstrakte Vielgestaltigkeit

Damit dir diese **abstrakte Klasse** nicht zu abstrakt wird und du den Sinn und Zweck solcher Klassen auch **verstehst**, wollen wir zur **Praxis** schreiten. Um also in unserem Beispiel mit der abstrakten Basisklasse Audioformat Dateien im MP3- oder OGG-Format abspielen zu können, erstellen wir hier jeweils eine Klasse **MP3_Format** und **Ogg_Format**, welche wir von der Klasse **Audioformat** ableiten.

Aufgrund der Ableitung von der abstrakten Basisklasse **Audioformat** sind wir **gezwungen**, die beiden als **virtual** gekennzeichneten Elementfunktionen **abspielen()** und **info()** zu implementieren.

Und so läuft dies (natürlich vereinfacht und alles als inline) in der Praxis ab:

```
// MP3.h
#include "Audioformat.h"  *1
…


class MP3_Format : public Audioformat {  *2
private:
  string song;
public:
  MP3_Format(const string& s) : song(s) {}  *3
  void abspielen() {  *4
    cout << song << " wird gerade gespielt\n";
  }
  void info() {  *4
    cout << "Der Song ist eine MP3-Datei\n";
  }
};
```

*1 Der Header muss natürlich mit rein.

*2 Hier wird die Ableitung von der virtuellen Basisklasse **Audioformat** durchgeführt.

*3 nicht ohne meinen Konstruktor

*4 Egal, was du jetzt in der Klasse **MP3_Format** alles für Elementfunktionen und Daten verwendest, diese beiden Elementfunktionen müssen auf jeden Fall geschrieben werden, sonst verweigert dir der Compiler die Übersetzung.

[Code bearbeiten]

Die eigentliche Funktion für **abspielen()** und **info()** besteht natürlich nur aus einer Dummy-Testausgabe! Statt einer Dummy-Ausgabe müsstest du jetzt hier echte MP3-Funktionen (wie bspw. den LAME MP3-Encoder) in deinem Programm einbauen.

So können du und andere Programmierer jederzeit Unterstützungen für weitere Audioformate nachimplementieren.

Soll es bspw. das Ogg-Format sein (natürlich auch wieder nur bestehend aus einer Dummy-Ausgabe):

```cpp
// ogg.h
#include "Audioformat.h"
…
class Ogg_Format : public Audioformat {
private:
  string song;
public:
  Ogg_Format(const string& s) : song(s) {}
  void abspielen() {
    cout << song << " wird gerade gespielt\n";
  }
  void info() {
    cout << "Der Song ist eine Ogg-Datei\n";
  }
…
};
```

Jetzt wird es vielseitig – Polymorphie

Polymo ... was?

Okay, die **Erklärung** dazu kommt **sofort**. Du hast ja in den beiden Klassen **MP3_Format** und **Ogg_Format** jeweils die beiden Elementfunktionen **abspielen()** und **info()** definiert. Diese Elementfunktionen ersetzen jetzt die leeren virtuellen Elementfunktionen der Basisklasse **Audioformat** mit einer besonderen Version, welche logischerweise vom **Typ** des Audioformates (MP3 oder Ogg) **abhängt**. Dank einer solchen Implementierung kannst du dich jetzt darauf **verlassen**, dass schon das richtige **abspielen()** oder **info()** verwendet wird. Und ein solches Verhalten wird eben als **Polymorphie** (= Vielgestaltigkeit) bezeichnet.

Jetzt fehlt dir natürlich noch das Know-how, wie du diese Polymorphie in einem Programm verwenden kannst:

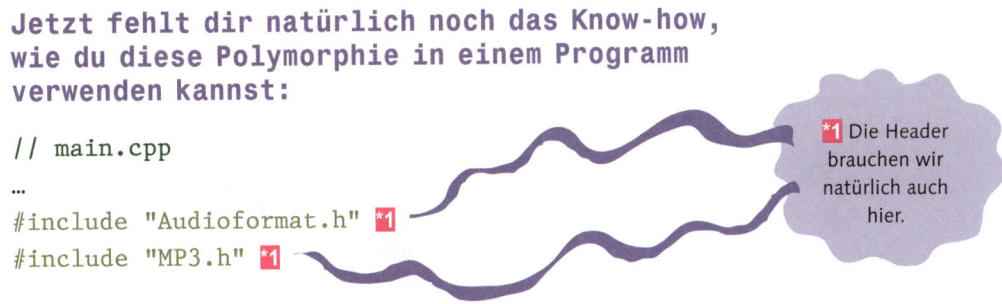

```cpp
// main.cpp
…
#include "Audioformat.h" *1
#include "MP3.h" *1
```

*1 Die Header brauchen wir natürlich auch hier.

```
#include "ogg.h" *1
...

void abspielen(Audioformat& fmt) { *2
  fmt.abspielen(); *2
} *2

void info(Audioformat& i) { *2
  i.info(); *2
} *2

int main()
{
  MP3_Format song1("test.mp3");
  abspielen(song1); *3
  info(song1); *3
  Ogg_Format song2("test.ogg");
  abspielen(song2); *3
  info(song2); *3
  return 0;
}
```

*1 Die Header brauchen wir natürlich auch hier.

*2 Hier haben wir zwei globale Funktionen (!) **abspielen()** und **info()** mit dem Parameter **Audioformat** als Referenz definiert.

*3 Beim Funktionsaufruf musst du dich jetzt um nichts mehr kümmern. Dank der Polymorphie wird schon die passende Elementfunktion für ein **MP3_Format**- oder **Ogg_Format**-Objekt verwendet.

[Fehler]

Es ist wirklich von Bedeutung, dass du auf die Basisklasse über einen Zeiger oder eine Referenz zugreifst. Warum? Wurde eigentlich bereits erwähnt. Weil du ja aus einer abstrakten Basisklasse kein Objekt erstellen kannst. Mithilfe von Zeigern oder Referenzen erstellst du somit auch keine Objekte und kannst mit den „echten" Objekten arbeiten, deren Adresse du als Parameter übergeben hast.

Das Programm bei der Ausführung:

```
Dieter Baer $ ./musicplayer
test.mp3 wird gerade gespielt
Der Song ist eine MP3-Datei
test.ogg wird gerade gespielt
Der Song ist eine Ogg-Datei
Dieter Baer $ _
```

Virtuelle Zerstörungskraft

Falls du ein **dynamisches** Objekt der Klassen mit mindestens einer virtuellen Elementfunktion und am Ende deinen Abfall mit `delete` wieder **entsorgst**, kommt es zu einer **bösen Überraschung**. Der Compiler erkennt nämlich bei der Freigabe nur den Typ der Zeigervariablen.

Ein Beispiel dazu:

```
Audioformat *song = new MP3_Format("test.mp3");
abspielen(*song);
delete song; *1
```

*1 Der Typ des Zeigers ist hier **Audioformat**. Daher gibt `delete` tatsächlich nur den Teil des **Audioformat**-Speicherbereiches frei.

Auch wenn es vielleicht nicht gleich deutlich wird, haben wir ohne weitere Vorkehrungen ein **Speicherleck** erzeugt, weil das Teilobjekt **MP3_Format** nach wie vor auf der Speicherhalde liegt und nicht mehr verwendet werden kann.

Um eine solche **Verschmutzung** des Speichers zu vermeiden, musst du in der abstrakten Klasse auch den **Destruktor** mit `virtual` kennzeichnen.

So muss das in deinem Fall dann aussehen:

```
// Audioformat.h
…
class Audioformat {
  public:
    virtual void abspielen() = 0;
    virtual void info() = 0;
    virtual ~Audioformat() {  *1
      cout << "Destruktor Audioformat\n";
    }
};
```

*1 Wenn du jetzt dynamisch einen Speicher anforderst und zur Laufzeit freigibst, wird dank des Schlüsselwortes **virtual** vor dem Destruktor auch der Destruktor der abgeleiteten Klassen ausgeführt.

[Erledigt!]

Hat deine Klasse mindestens eine virtuelle Elementfunktion, solltest du **immer** gleich auch einen virtuellen Destruktor dazuschreiben. Auch wenn du vielleicht keinen Destruktor benötigst. Man kann ja nie wissen!

Was vom Abstrakten übrig blieb

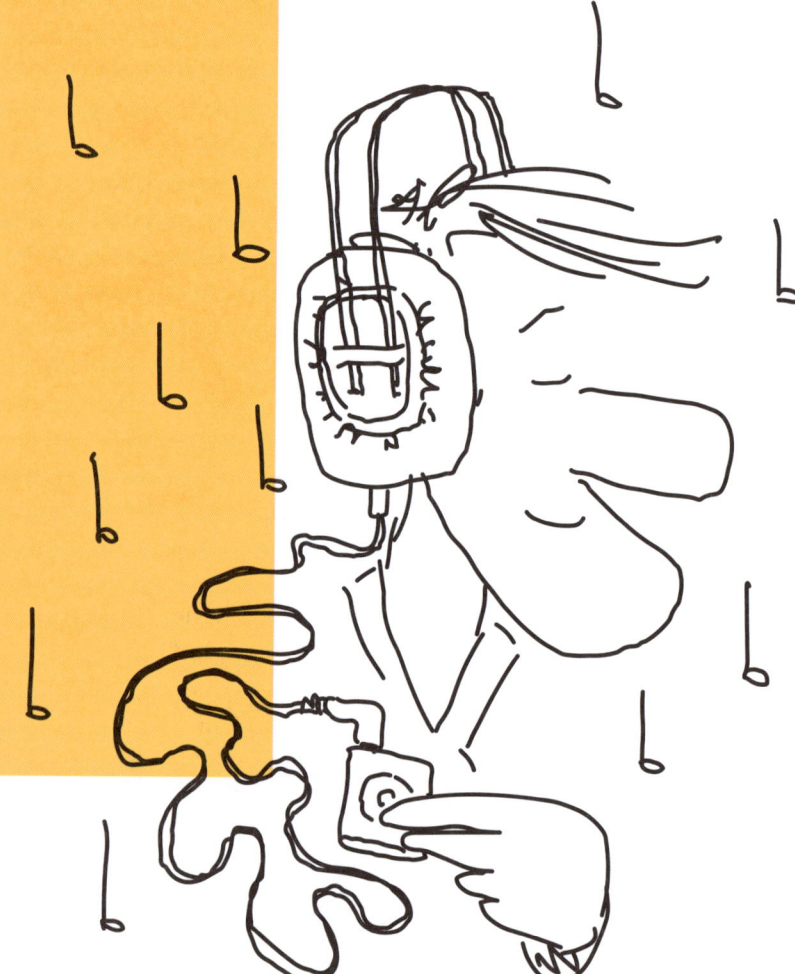

Richtig eingesetzt, gibst du mit den abstrakten Klassen eine **Schnittstelle vor**. In unserem Fall kann somit jederzeit ein anderer Programmierer irgendwo auf der Welt weitere Audioformate hinzufügen.

Ähnlich ist dies auch mit Programmen, in denen du **Grafikformate** verwendest. Auch hier wirst du selbst vielleicht JPEG und PNG hinzufügen. Allerdings gibt es noch eine Menge Formate mehr. Mit einer **abstrakten Basisklasse** kannst du es jetzt deiner Nachwelt überlassen, ob diese noch weitere Formate zu deinem Programm hinzufügt oder nicht. Auch **Hardwarehersteller** könnten so vorgehen, indem sie mit einer abstrakten Klasse vorgeben, welche Funktionen der Treiber haben muss. In der Praxis ist diese Klientel allerdings eher selten so offenherzig. Ein weiterer Vorteil ist auch, dass du ja gar nicht 100%ig sagen kannst, welches Format der Anwender **eigentlich** öffnet. Dank der **Polymorphie kümmert** sich dann dein Programm **selbst** darum, welche Elementfunktion aufgerufen werden soll.

[Einfache Aufgabe]

Der folgende Codeausschnitt lässt sich nicht übersetzen. Was wurde da falsch gemacht?

Wo liegt der Fehler begraben?

```
...
int main()
{
  Audioformat *song = new MP3_Format("test.mp3");
  abspielen(*song);
  Audioformat newsong("test.ogg");
  info(newsong);
  delete song;
  return 0;
}
```

*Das ist ja **offensichtlich!** Hier hat doch tatsächlich jemand versucht, **ein Objekt** der abstrakten Basisklasse **Audioformat** zu **erstellen.** Das mit **newsong** geht natürlich nicht mehr!!!*

Sehr gut aufgepasst!

Was bist du denn?

Wenn du auf der Suche nach einer Möglichkeit bist, den **Typ** deines **Objektes** zur Laufzeit zu **ermitteln**, kannst du **typeid** aus der Headerdatei **<typeinfo>** verwenden. Das kann besonders nützlich zum **Ermitteln** oder **Vergleichen** von polymorphen Objekten sein.

Hier ein Beispiel, wie du dies für deine Zwecke verwenden kannst:

```
#include <typeinfo>  *1
...
void Type(Audioformat& typ) {
  cout << "Klasse: " << typeid(typ).name() << endl;  *2
}

bool BType(Audioformat& t1, Audioformat& t2) {
  return (typeid(t1) == typeid(t2));  *3
}

int main()
```

*1 Den Header brauchen wir natürlich auch dafür.

*2 Hier wird der Typ der Klasse ausgegeben. Die exakte Ausgabe kann ja nach dem System etwas variieren.

*3 Hier vergleichen wir, ob die zwei als Referenz übergebenen Parameter vom selben Typ sind (**true**) oder nicht (**false**).

```
    {
        MP3_Format song1("test.mp3");
        Ogg_Format song2("test.ogg");

        Type(song1); *4
        Type(song2); *4

        bool check = BType(song1, song2); *5
        if(check) {
            cout << "Beide Typen haben dieselbe Klasse\n";
        }
        else {
            cout << "Die Typen der Klassen sind unterschiedlich\n";
        }
        return 0;
    }
```

*4 der Funktionsaufruf, um den Typ der Klasse auszugeben

*5 der Funktionsaufruf, um zu vergleichen, ob zwei Klassen vom selben Typ sind

Das Programm bei der Ausführung (die Ausgabe kann sich auf den Systemen etwas unterscheiden):

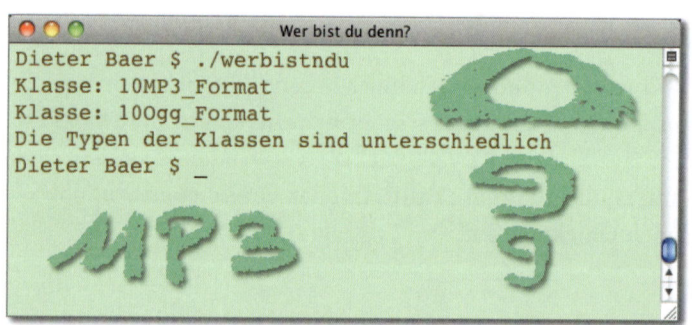

```
Wer bist du denn?
Dieter Baer $ ./werbistndu
Klasse: 10MP3_Format
Klasse: 10Ogg_Format
Die Typen der Klassen sind unterschiedlich
Dieter Baer $ _
```

override und final

An dieser Stelle sollte ich vielleicht auch noch kurz auf die zwei neuen Identifzier **override** und **final** hinweisen, die mit C++11 eingeführt wurden. Mit diesen Identifizierern kannst du sichergehen, dass Elementfunktionen auch wirklich eine virtuelle Elementfunktion der Basisklasse überschreiben und somit damit auch die virtuelle Elementfunktion nicht aus Versehen überschrieben wird, wie dies in der Vergangenheit gerne mal passiert ist. Hört sich blöd an, daher ein einfaches Beispiel dazu:

```cpp
class Papa {
    virtual void huhu(float);
};

class Sohn : Papa {
    virtual void huhu(int) ; *1
};
```

*1 **Sohn::huhu** beabsichtigt hier die Version der Basisklasse **Papa** zu überschreiben. Aber weil es sich hier um unterschiedliche Schnittstellen handelt, wird eine zweite virtuelle Elementfunktion erstellt.

Mit C++11 kannst du dieses Problem jetzt ganz einfach wie folgt lösen:

```cpp
class Papa {
    virtual void huhu(float);
};

class Sohn : Papa {
    virtual void huhu(int) override; *1
};
```

*1 Das Attribut **override** ruft den Compiler ins Spiel! Der prüft jetzt, ob es in der Basisklasse eine virtuelle Elementfunktion mit derselben Signatur gibt. Ist dies nicht gegeben, wird sich der Compiler (wie in diesem Fall) eine entsprechende Fehlermeldung ausgeben.

Desweiteren gibt es noch einen zweiten neuen Identifier in C++11 mit **final**, womit die virtuelle Elementfunktion nicht in der abgeleiteten Klasse überschrieben werden kann. Du kannst **final** sogar soweit verwenden, dass es nicht mal mehr möglich ist, von einer Klasse abzuleiten, wenn du diese mit **final** markierst:

```cpp
class Papa final { };
class Sohn : Papa { };  *1
```

*1 Der Compiler wird diese Ableitung mit einem Fehler quittieren, da **Papa** mit **final** markiert wurde, ist keine Ableitung mehr möglich.

```cpp
class Papa2 {
    virtual void huhu() final; *2
};
```

*2 Hier markieren wir die virtuelle Elementfunktion mit **final** ...

```cpp
class Sohn2 : Papa2 {
    void huhu(); *3
};
```

*3 ... und schützen diese vor dem Überschreiben dieser Elementfunktion hier. Der Compiler quittiert auch diesen Versuch hier, die virtuelle Elementfunktion zu überschreiben, mit einem Fehler.

[Belohnung/Lösung]

So, die Vererbung haben wir damit komplett abgeschlossen. Jetzt bleibt mir nur noch zu sagen: Viel Spaß mit den neuen Fähigkeiten. Setz sie klug ein! Hierfür bekommst du den Vererbungs-meister-Pokal überreicht!

© raven – Fotolia

MAÎTRE SCHRÖDINGER

—ZWÖLF—

Ausstechformen für die Plätzchen

Dass er in C++ auch eigene Ausstechformen machen kann, erinnert Schrödinger an Weihnachten, wo seine Freundin immer die trockenen Dinkelplätzchen macht, die sich im Mund wie Sägemehl anfühlen und ohne viel Glühwein gar nicht so richtig runtergehen wollen.
Aber da diese Templates als bessere Alternative für #define-Makros über den Ladentisch gehen, macht ihn dieses Thema wirklich neugierig.

Funktionen zum Ausstechen

Da C++ ja so **zickig** ist, was die Behandlung unterschiedlicher Typen betrifft, kann es echt **nerven**, wenn du für jeden Typ einen eigenen Algorithmus (Funktion) schreiben musst.

Sieh dir hierzu folgendes Beispiel an:

```
...
int weristGroesser(int val1, int val2) {   *1
  if(val1 > val2) {
    return val1;
  }
  return val2;
}


char weristGroesser(char val1, char val2) {   *2
  if(val1 > val2) {
    return val1;
  }
  return val2;
}


double weristGroesser(double val1, double val2) {   *3
  if(val1 > val2) {
    return val1;
  }
  return val2;
}


string weristGroesser(string val1, string val2) {   *4
  if(val1 > val2) {
    return val1;
  }
  return val2;
}
...
  cout << weristGroesser(10, 11) << endl;   *5
  cout << weristGroesser('a', 'b') << endl;   *6
  cout << weristGroesser(10.11, 10.13) << endl;   *7
```

*1 Einen Löffel für den Integer …

*2 … einen für **char** …

*3 … einen weiteren Löffel für **double** …

*4 … und noch einen letzten für **string**.

*5 Ruft die Integer-Version auf.

*6 Hier wird die **char**-Version aufgerufen.

*7 Call: **double**-Version

```
string str1("aaa");
string str2("aab");
cout << weristGroesser(str1, str2) << endl; *8
```

*8 Und dies hier, natürlich, ruft die **string**-Version auf.

Das Beispiel zeigt dir jetzt vier Funktionen mit **demselben** Namen, **derselben** Funktionalität und sogar der **Quelltext**, also die Implementierung sind **identisch**. Je eine Version für **int**, **char**, **double** und **string**. Diese **Tipperei** (ich hoffe du hast das Listing noch nicht abgetippt) können wir uns jetzt sparen und eine eigene kleine Ausstechform daraus machen. Letztendlich ist ja die **Form** der Funktion immer **dieselbe**.

Nur der **Teig** ist **anders**.

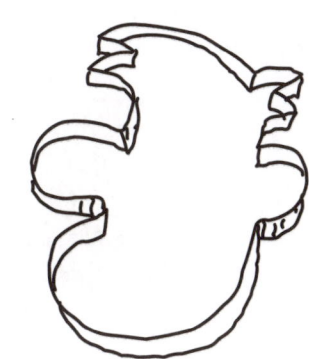

Jetzt willst du wohl wissen, wie du **eine** solche **Ausstechform** für **verschiedene Teige** schreiben kannst? Zunächst brauchst du hierfür ein Stückchen Code, um dem **Compiler Bescheid** zu **geben**, dass du hieraus eine Ausstechform machen willst.

Dies kannst du mit folgendem Präfix einleiten:

```
template <typename T>
```

Der Parameter **T** steht hierbei für den **formalen Datentyp**, den du in der Definition der Funktion verwenden kannst. Der Name des formalen Datentyps muss allerdings nicht zwangsläufig **T** lauten. Du kannst hier fast jeden **beliebigen Namen** verwenden, aber in der Praxis wirst du hierfür häufig Mr. **T** dafür sehen.

[Hintergrundinfo]
In vielen Programmen findest du übrigens an dieser Stelle auch die Zeile `template <class T>`.
Also kann hier **anstelle** des Schlüsselwortes **typename auch** das Schlüsselwort **class** verwendet werden.
Beide Varianten sind identisch. Allein das **Geburtsdatum** von **typename** ist jünger als das von **class**.

Folgendermaßen kannst du jetzt deine Aus-stechform für eine Funktion definieren:

```
template <typename T>
T Ausstechform(T val1, T val2) {
  return val1 +  val2;
}
```

Den formalen Typ **T** kannst du jetzt für alle erdenklichen Datentypen verwenden.

Zum Beispiel:

```
cout << Ausstechform(123.456, 234.567) << endl; //double
cout << Ausstechform(123456, 234567) << endl;   // int
…
```

[Zettel]
Du musst aber wissen, dass die **Definition** deiner Ausstechform noch lange keinen Sommer macht, sprich **Maschinencode** erzeugt. Erst wenn du deine Ausstechform mit einem bestimmten Datentyp **verwendest**, wird auch eine Version für diesen Datentyp als Maschinencode hinterlegt. Eine solche Ausstechform wird also auch **instanziiert**.
Wenn du in deinem Programm also keine Ausstechform mit dem Typ **char** verwendest, wird auch keine solche Ausstechform erzeugt!

Verschiedene Teigsorten

[Achtung]
An dieser Stelle muss ich dich auch gleich warnen. Beim Auflösen deiner Ausstechform wird dein Compiler **niemals** eine interne automatische **Konvertierung** durchführen. Wenn deine Ausstechform also zwei formale Parameter mit Mr. **T** definiert, und du verwendest bspw. für den einen Parameter den Typ **int** und für den anderen den Typ **long**, meldet der Compiler einen Fehler. In solch einem Fall musst du eine **explizite Umwandlung** durchführen. Alternativ kannst du aber auch eine Instanziierung eines bestimmten Typs erzwingen. Wie das geht, zeige ich dir noch. Wenn du für deine Ausstechformen **unterschiedliche Typen** benötigst, brauchst du einfach nur mehrere formale Parameter zwischen **template<>** zu schreiben. Natürlich mit einem anderen Namen.

*1 Hier können mit **T1** und **T2 zwei verschiedene** formale Datentypen verwenden. Natürlich ist es auch hiermit möglich und nicht falsch, würden zwei Argumente vom **selben Typ** übergeben.

*2 Unsere Funktion macht im Grunde nichts anderes, als den **Inhalt** der übergebenen Parameter **auszugeben**. Mit der Funktion **typeid()** (hatten wir ja schon) wäre es auch möglich, gleich den Datentyp zu ermitteln/ vergleichen.

```cpp
template <typename T1, typename T2> *1
void MuttiAusstecher(T1 val1, T2 val2) {
  cout << "Mein Teig : " << val1 << endl; *2
  cout << "Mein Teig : " << val2 << endl; *2
}
…
  long lval = 1234;
  string sval("Hefeteig");
  MuttiAusstecher(lval, sval); *3
  MuttiAusstecher(sval, lval); *4
```

*3 Hier wird die Funktion **MuttiAusstecher(long, string)** instanziiert.

*4 Andersherum, das heißt mit **MuttiAusstecher(string, long)**, geht das natürlich auch.

[Hintergrundinfo]

Die formalen Parameter lassen sich **nicht nur** als **Parameter** für die Ausstechformen verwenden, sondern davon lassen sich innerhalb der Ausstechform auch **lokale Variablen** anlegen. Wenn der Compiler diese Funktion erzeugt, dann wird dieser formale Typ auch hier durch den entsprechenden Datentyp ersetzt.

Was ist eigentlich, wenn ich eine Ausstechform und eine pure Funktion mit demselben Namen definiert habe? Wer bekommt dann den Zuschlag?

Gute Frage! Bei der Übersetzung **überprüft** der **Compiler** zuerst, ob es eine **reine Funktion** gibt, die zum Funktionsaufruf passt. Gibt es keine entsprechende oder zu den übergebenen Argumenten passende Funktion, wird nach einem Funktionstemplate gesucht und bei gefundenem Gegenstück auch verwendet. Der Compiler **bevorzugt** also eine **reine Funktion** vor einer Ausstechform. Muss halt passen.

Plätzchen backen

Jetzt ist es an der Zeit, dass wir eigene **Plätzchen backen**.
Natürlich will ich dir hier auch noch den einen oder anderen
Tipp mitgeben, damit die Plätzchen **besser gelingen**. Also auf
zum Ausstechen!

[Einfache Aufgabe]
Schreib ein Funktions-Template statt der überladenen
weristGroesser-Funktionen, die wir im Büro
verwendet haben. Die Ausstechform soll folgende Fälle
überprüfen und immer den größeren der beiden Werte
zurückgeben.

Eine einzige Ausstechform soll alle diese Fälle bewältigen:

```cpp
cout << weristGroesser(10, 11) << endl;
cout << weristGroesser('a', 'b') << endl;
cout << weristGroesser(10.11, 10.13) << endl;
string str1("aaza");
string str2("aabaa");
cout << weristGroesser(str1, str2) << endl;
```

Hm, hierzu würde ich folgende Musterlösung abliefern:

```cpp
...
template <typename T>    *1
T weristGroesser(T val1, T val2) {    *2
  if(val1 > val2) {    *3
    return val1;    *4
  }
  return val2;    *4
}
...
```

*1 Mr. **T** wird wie
immer für den
Datentyp verwendet!

*2 Hier werden die formalen
Parameter **T** beim Aufruf durch die
entsprechenden Typen ersetzt.

*3 Ist **val1** größer als
val2?

*4 Entsprechend der **if**-Auswertung
wird der größere der beiden Werte
zurückgegeben.

Es ist natürlich auch möglich, deine Ausstechform als **inline** zu deklarieren.
Dies wollte ich hier noch schnell erwähnen. Nur für den Fall der Fälle!

Jein, du kannst die Funktion (nicht) einfach überladen.
In unserem Beispiel würde eine Überladung keine Probleme mit
sich bringen. Aber im rauen Programmierer-Alltag, wo der Code
über **viele Module** verteilt wird, kann es unter Umständen
zu **Problemen** kommen. Wird nämlich in einem anderen Modul
das Funktions-Template definiert, kann der Compiler nicht
wissen, **ob** es sich jetzt um eine **Deklaration** oder eine **Instanz**
des Funktions-Templates handelt.

Okay, das ist eigentlich ziemlich **einfach** gewesen. Was mir jetzt **nicht gefällt**, ist der **Vergleich** von zwei **Strings** miteinander. Hier wird ja ein lexikografischer Vergleich durchgeführt. Was ist aber, wenn ich den **längeren** der beiden **Strings** zurückhaben will? Kann ich dann einfach die Funktion **überladen**? Schließlich bevorzugt der Compiler ja die Funktion vor dem Funktions-Template!

Für solch einen Fall würde ich dir raten, eine **Spezialisierung** zu
definieren. Im Grunde kein großes Ding! Du schreibst einfach
deine **Überladung** und setzt **template<> vor** die Überladung.

So kannst du in der Praxis eine Spezialisierung von weristGroesser für Strings schreiben:

```
…
template <> *1
string weristGroesser<string>(string s1, string s2) {
  if( s1.size() > s2.size() ) { *2
    return s1;
  }
  return s2;
}
```

*1 Setz das vor die überladene Funktion, und du hast
eine Spezialisierung deines
Funktions-Templates
weristGroesser für
string.

*2 Einen **string**-Vergleich auf die Anzahl
der Zeichen führen wir mithilfe der Elementfunktion **string::size()** durch.

[Notiz]

Beim Schreiben eines Funktions-Templates über **mehrere Module** solltest du den kompletten Code, also die **Definition** dazu, in **eine Headerdatei** schreiben, damit die Ausstechform in allen Modulen, in die diese Headerdatei eingefügt wird, zur Verfügung steht. Das macht Sinn, weil bei Funktions-Templates ja **erst** ein **Maschinencode** beim **Aufruf** einer Funktion mit den entsprechenden Typen **erstellt** wird. Dafür braucht der Compiler den Code für die Funktion!

Okay, dann hätte ich da noch eine Frage: Wenn ich die `weristGroesser` *mit zwei unterschiedlichen Datentypen aufrufe, beschwert sich ja der Compiler. Gibt es denn keine Möglichkeit, da irgendetwas zu machen?*

Hier ein Beispiel, wie ich das meine:

```
cout << weristGroesser(10, 10.1) << endl; *1
cout << weristGroesser('A', 66) << endl; *2
```

*1 Fehler, da mit **int** und **double** zwei verschiedene Typen verwendet werden

*2 auch falsch, weil hier **char** mit **int** vermischt wird

Ja, **Schrödinger**, das ist eine gute Frage! Und tatsächlich gibt es auch hierzu eine Möglichkeit, in C++ die Template-Argumente **explizit** anzugeben. Das geht sogar **einfacher**, als du denkst. Du brauchst nur die Template-Argumente in **spitzen Klammern** hinter den Template-Namen zu stellen.

Folgendermaßen kannst du die Geschmacksrichtung deiner Ausstechformen explizit erzwingen:

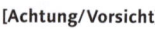

```
cout << weristGroesser<double>(10, 10.1) << endl; *1
cout << weristGroesser<char>('A', 66) << endl; *2
```

*1 Hier erzwingen wir, dass eine Ausstechform für den Datentyp **double** generiert wird.

*2 Und ihr beide solltet vom Typ **char** sein!

[Achtung/Vorsicht]

Natürlich gilt hier dann wieder alles, was bereits bei der Umwandlung von Typen beschrieben wurde. Also auch das mit dem Hammer auf die Schraube hauen!

[Schwierige Aufgabe]

Schreib ein Funktions-Template mit dem Namen **sindwirgleich**, womit du prüfen kannst, ob zwei Datentypen, die du als Parameter übergibst, vom selben Typ sind oder nicht. Gib **true** zurück, wenn die Typen gleich sind oder **false** bei Ungleichheit.

Folgenden Code sollte deine Ausstechform überprüfen können:

```
...
string str1("aaza");
string str2("aabaa");
if( sindwirgleich(str1, str2) ) {
  cout << "Beide Typen sind gleich\n";
}
else {
  cout << "Die Typen sind unterschiedlich\n";
}

long lwert = 111;
int iwert = 111;
if( sindwirgleich(lwert, iwert) ) {
  cout << "Beide Typen sind gleich\n";
}
else {
  cout << "Die Typen sind unterschiedlich\n";
}
...
```

[Notiz]

Ich geb dir einen kleinen **Tipp**. Hast du schon den **typeid**-Operator aus der Headerdatei **typeinfo** vergessen?

Ach so! Ich habe zusätzlich noch ein bisschen gegoogelt. Okay, hier ist meine Musterlösung dazu:

*1 die Parameternamen **T1** und **T2**, damit sich daraus auch Funktionen mit zwei verschiedenen Datentypen instanziieren lassen

```
...
template <typename T1, typename T2> *1
bool sindwirgleich(T1 val1, T2 val2) {
  return (typeid(val1) == typeid(val2) ); *2
}
...
```

*2 Hier vergleichen wir praktisch nur die Rückgabewerte der beiden Strings auf Gleichheit, die von der Elementfunktion **name()** zu den Typen **val1** und **val2** zurückgegeben werden. Sind diese beiden Strings gleich (**==**), wird **true**, andernfalls **false** zurückgegeben.

So, nachdem du den Umgang mit deinen Ausstechformen für Funktionen beherrschst, bist du für das Plätzchenbacken mit C++ gerüstet. Bevor du jetzt den ganzen Teller Plätzchen mit deiner Freundin verputzt, bitte ich dich noch kurz um Aufmerksamkeit für ein paar Fragen.

[Einfache Aufgabe]

Kannst du mir ein paar Vorteile von Funktions-Templates gegenüber gewöhnlichen Funktionen aufzählen?

Hm, tja, ich würde Folgendes als Vorteil sehen:

- ☞ Der **Programmieraufwand** ist **geringer**, weil nicht für jeden Datentyp eine extra Funktion geschrieben werden muss.
- ☞ Der **Maschinencode** wird aus der Ausstechform erst erzeugt, **wenn** diese im Programm **verwendet** wird.
- ☞ **Weniger Code** bedeutet auch **weniger Arbeit**, wenn der Code nachträglich bearbeitet oder verändert werden soll. Auch die **Fehlersuche** gestaltet sich hierbei **einfacher**.

[Zettel]

Sehr gut! Aber **hinzufügen** solltest du auf jeden Fall noch, dass solche Funktions-Templates eine wesentliche **bessere Alternative** zu **#define**-Makros darstellen.

[Einfache Aufgabe]

Du hast im Zusammenhang mit den Funktions-Templates auch die **Spezialisierung** kennengelernt. Zu welchen Zwecken kannst du eine solche Spezialisierung verwenden?

Du meinst, glaube ich, den Abschnitt mit dem leeren Präfix template<>. *Hm, ich würde diese Spezialisierung für folgende Zwecke einsetzen:*

- ☞ Wenn mein gewöhnliches Funktions-Template **kein vernünftiges Ergebnis** auf einen bestimmten Typ zurückliefert, wäre das, glaube ich, ein guter Anwendungsfall für eine Spezialisierung.
- ☞ Gibt es im Funktions-Template Anweisungen, die mit einem **bestimmten Typ nicht durchgeführt** werden können, könnte ich auch eine Spezialisierung schreiben.

[Belohnung/Lösung]

Du hast jetzt prima mitgemacht! Als Nächstes wirst du erfahren, dass du auch Ausstechformen aus Klassen schreiben kannst. Aber vorher solltest du dir jetzt eine Pause gönnen und deine Plätzchen verdrücken.

Klassen zum Ausstechen

Bevor du deine **Ausstecher** für deine Plätzchen **aufräumen** kannst, will ich dir zeigen, wie du dasselbe auch mit **Klassen** machen kannst. Solche **Klassen-Ausstecher** hast du sogar schon unbewusst, bspw. mit **vector**, verwendet. Oder wie glaubst du, ist es möglich, dass du ein **vector** mit beliebigen Typen anlegen kannst? Hier geht es natürlich nicht um **vector** oder andere Teile von **der Standardbibliothek** (früher auch STL genannt), sondern darum, wie du selber einen Klassen-Ausstecher, wie bspw. **vector**, schreiben kannst. Ja, das geht!

[Hintergrundinfo]

STL (Standard Template Library) und auch andere Stream-Bibliotheken in C++ sind standardmäßig u. a. über solche Klassen-Templates realisiert. Zwar sagt man heute eigentlich nur noch die Standardbibliothek dazu, aber vielerorts wird noch der Begriff STL verwendet. Daher geb ich dir schon einen Ratschlag von vornherein: Guck erst mal in die Standardbibliothek, ob nicht schon **was Fertiges** für dein Problem vorhanden ist, bevor du wieder übers Kuckucksnest fliegst. Das **Prinzip** einer solchen **Klassen-Ausstechform** entspricht im Grunde dem von **Funktions-Ausstechformen**.

Zur Einleitung verwendest du wieder folgendes Präfix:

```
template <typename T>
```

Mr. **T** steht hier auch wieder für den **formalen Datentyp**, den du in der Definition der Klasse verwenden kannst, damit der Compiler nachher weiß, dass es sich hier nur um einen **Platzhalter** für einen **später** noch festzulegenden Typ handelt. Der **Name** muss hier natürlich wieder **nicht** zwangsläufig **T** sein. Und ja, auch hier kannst du stattdessen das ältere Präfix **template <class T>** verwenden.

Folgendermaßen kannst du somit eine Klassen-Ausstechform definieren:

```
template <typename T>
class Schatztruhe {
  private:
    T schatz;
  public:
    void setSchatz(T s) { schatz = s; }
    T getSchatz() { return schatz; }
};
```

Hiermit **definierst** du ein Klassen-Template **Schatztruhe<T>**. Der Parameter **T** steht hier wieder für einen **beliebigen** Typ.

[Achtung]

Auch wenn hier im Beispiel **Schatztruhe** die Übergabe eines **Wertes** (Call-by-Value-Verfahren) bei der Elementfunktion verwendet wurde, solltest du das in der Praxis **nicht** unbedingt so machen. Vielmehr steht auf der Packungsbeilage, dass du die Parameter eher über **Zeiger** oder **Referenzen** realisieren solltest. Gerade wenn du (oder jemand, der dein Klassen-Template verwendet) vorhast, dieses Klassen-Template mit Objekten zu füttern, werden, abhängig von der verwendeten Klasse, gegebenenfalls relativ viele Daten auf einmal kopiert.

Klassen-Ausstecher-Elementfunktion definieren

In der Praxis wirst du auch wohl eher selten die **Definition** der Elementfunktionen als `inline` innerhalb der Klasse schreiben. Allerdings muss ich dich hier gleich **warnen**, die Definition der Elementfunktionen eines Klassen-Templates außerhalb der Klasse sieht auf den ersten Blick recht **chaotisch** aus.

Damit es nicht zu grotesk erscheint, verwenden wir die beiden Elementfunktionen des Klassen-Templates **Schatztruhe**. Hierzu die Syntax:

```
template <typename T> *1
void Schatztruhe<T>::setSchatz(T s) { *2
  schatz = s;
}


template <typename T> *1
T Schatztruhe<T>::getSchatz() { *2
  return schatz;
}
```

*1 Natürlich wird auch hierzu wieder das Präfix **template <typename T>** verwendet. Mr. **T** ist wieder der formale Parameter.

*2 Im Grunde ist auch beim Elementfunktionskopf alles wie bei gewöhnlichen Elementfunktionen. Nur musst du natürlich die formalen Parameter oder Rückgabewerte mit **T** kennzeichnen. Besonders wichtig ist für den Zugriff von außerhalb, den Klassennamen mit **<T>** zu verwenden (also **Schatztruhe<T>**).

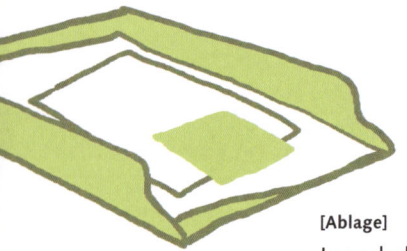

[Ablage]

Innerhalb einer Klasse kannst du ohne Weiteres **KlassenName** statt **KlassenName<T>** verwenden. Außerhalb des Geltungsbereiches musst du diese spitzen Klammern (**<T>**) verwenden. Merk dir einfach, bei den Klassen-Ausstechern entspricht die Angabe von **KlassenName<T>** dem Datentyp. Nur **KlassenNamen** für sich allein ist dagegen der Template-Name!

Klassen-Aussstecher-Elementfunktion überschreiben

Wie bereits bei den Ausstechern für Funktionen kannst du ebenso für die Elementfunktionen von Klassen-Ausstechern bereits vorhandene Elementfunktionen für einen bestimmten Typ **spezialisieren**, also **überschreiben**.

Hier eine solche Spezialisierung der Elementfunktion setSchatz():

```
template <typename T> *1
void Schatztruhe<T>::setSchatz(T s) {
  schatz = s;
}


template<> *2
void Schatztruhe<string>::setSchatz(string s) {
  cout << "Das war die Spezialisierung von string\n";
}
```

*1 Das ist die ursprüngliche Elementfunktion **setSchatz()** für unsere Klasse **Schatztruhe<T>**.

*2 Das ist nun eine **Spezialisierung** für **Schatztruhe<string>**. Solltest du also ein Objekt mit diesem Typ definieren, wird diese Version statt der Version **Schatztruhe<T>::setSchatz()** verwendet.

> Kann ich bei den Klassen-Ausstechern dann auch mehrere formale Parameter verwenden, wie das schon bei Funktions-Ausstechern gemacht wurde?

Natürlich, Schrödinger! Das kannst du auch mit den Klassenausstechern machen. Und zwar so:

```
template <typename T1, typename T2>
class NochEinTemplate {
  private:
    T1 irgendwas;
    T2 einTyp;
…
};
```

Beachte dann aber bitte, dass du auch die dazugehörigen **Elementfunktionen** entsprechend mit der **Anzahl** der formalen **Parameter** definierst:

```
template <typename T1, typename T2>
void NocheinTemplate<T1, T2>::elementfunktion( ) {
  …
}
```

Objekte ausstechen

Das **Instanziieren** eines **Klassen-Ausstechers** ist dann nur noch ein **Kinderspiel**. Hierfür musst du lediglich zwischen den **spitzen Klammern** den dafür festzulegenden **Typ** als Argument angeben, der für diese Klasse generiert werden soll.

[Hintergrundinfo]

*1 Hier wird zunächst eine Klassen-Ausstechform für den Typ **Schatztruhe<int>** generiert und dann ein Objekt mit dem Bezeichner **integer** angelegt. Jedes Auftreten von **T** in Verbindung mit dem Bezeichner wird dabei durch ein **int** ersetzt.

Wie auch schon bei den Funktions-Ausstechern erfolgt die Instanziierung erst dann durch den Compiler, wenn die Klassen-Ausstechform zum ersten Mal mit einem entsprechenden Typ verwendet wird.

Also bspw.:

```
Schatztruhe<int> integer; *1
Schatztruhe<string> str[5]; *2
```

*2 Jetzt wird zuerst eine weitere Klassen-Ausstechform für **Schatztruhe<string>** generiert und ein Klassen-Array mit dem Bezeichner **str**, welches fünf Objekte speichern kann. Hier wird jedes Auftreten von **T** durch **string** ersetzt.

[Hintergrundinfo]

Es sollte dir klar sein, dass jedes andere Ausstecher-Argument für Mr. **T** auch einen anderen Maschinencode im Speicher erzeugt.

*1 Jedes Auftreten von **T1** wird durch **int** und von **T2** durch **double** ersetzt.

Wenn du **mehrere** formale **Parameter** hast, musst du natürlich auch die **entsprechenden Argumente** beim Instanziieren mit angeben:

```
NocheinTemplate<int, double> mix01; *1
NocheinTemplate<char, float> mix02; *2
```

*2 Hier wird jedes Vorkommen von **T1** durch den Typ **char** und von **T2** durch den Typ **float** ersetzt.

Klassen-Ausstecher in der Praxis

Jetzt wird es allerdings auch mal Zeit, dass wir etwas in die **Tasten hauen**, um ein wenig Code für die **Praxis** zu schreiben. Keine Sorge, wir machen hier **nix Kompliziertes**. Als Beispiel darfst du einen einfachen Ausstecher für eine **Reihe** von gleichen Datentypen schreiben.

Gibt es so etwas nicht schon mit **vector**?

Exakt, so etwas meinte ich! Natürlich brauchst du hier nicht das Rad **neu** zu **erfinden** und schon gar kein neues **vector** zu erstellen. Mir geht es nur darum, dass du mit den Klassen-Ausstechern **warm** wirst.

[Einfache Aufgabe]

Schreib einen Ausstecher **Reihe<T>**, mit dem du Daten vom selben Typ in der Reihe speichern kannst.

Fürs Erste reicht es aus, wenn du den Ausstecher, wie abgedruckt, füttern kannst:

```cpp
Reihe <int> intis[5]; *1
for( int i=0; i<5; i++) {
  intis[i].setDaten(i); *2
}
for( int i=0; i<5; i++) {
  cout << intis[i].getDaten() << endl; *3
}

Reihe <double> doublis[5]; *4
for( int i=0; i<5; i++) {
  double d = i + 1.5;
  doublis[i].setDaten(d); *2
}
for( int i=0; i<5; i++) {
  cout << doublis[i].getDaten() << endl; *3
}
```

*1 Generiert eine Klasse **Reihe<int>**.

*2 Elementfunktion, um ein Objekt mit einem Wert zu initialisieren

*3 Elementfunktion, um den Inhalt des Objektes auszugeben

*4 Generiert eine Klasse **Reihe<double>**.

Okay, ich glaube, das kriege ich noch hin!

Hier mein Lösungsvorschlag für Reihe<T>:

```cpp
...
template <typename T>
class Reihe {
  private:
    T daten; *1
  public:
    void setDaten(const T& d); *2
    T& getDaten(); *3
};


template <typename T>
void Reihe<T>::setDaten(const T& d) { *2
  daten = d;
}


template <typename T>
T& Reihe<T>::getDaten() { *3
  return daten;
}
...
```

*1 Hier werden die Daten gespeichert.

*2 Hiermit werden die Daten mit Werten initialisiert und …

*3 … mithilfe dieser Template-Elementfunktion können wir den Inhalt ermitteln und zurückgeben lassen.

[Code bearbeiten]

In C++11 kannst du jetzt aber auch **using** anstatt **typedef** verwenden. Zum Beispiel:

```cpp
using Reihe_int = Reihe<int>;
using Reihe_double = Reihe<double>;
```

[Code bearbeiten]

In der Praxis wird mittels **typedef** gerne ein neuer Name für einen bestimmten Template-Typ erzeugt. Bezogen auf unsere **Reihe<T>** könntest du zum Beispiel folgendermaßen einen neuen Namen für einen bestimmten Template-Typ einführen:

```cpp
...
typedef Reihe<double> Reihe_double; *1
typedef Reihe<int> Reihe_int; *2
...
// statt Reihe <int> intis[5]
Reihe_int intis[5]; *1
...
// statt Reihe <double> doublis[5]
Reihe_double doublis[5]; *2
```

*1 Dank des neuen Namens kannst du jetzt **Reihe_int** statt **Reihe<int>** für den **int**-Template-Typ verwenden.

*2 Gleiches gilt hier auch für den Template-Typ **double**. Anstatt **Reihe<double>** zu verwenden, kannst du jetzt dank des **typdef** auch den Namen **Reihe_double** nehmen.

[Notiz]

Natürlich wird diese **typedef**-Technik auch ganz rege in der Standardbibliothek von C++ verwendet. So ist zum Beispiel die dir bekannte Template-Klasse **string** ein **typedef** aus **basic_string<char>**:

typedef basic_string<char> string;

Unser Beispiel mit der **Reihe<T>** ist natürlich bisher ein totaler **Murks**, weil du hier noch extern mit dem **Indexoperator** die Anzahl der Elemente einbringen musst. Wenn du da an **vector** denkst, fällt dir auf, dass hier alles auf **Autopilot** steht. Natürlich bedeutet dies auch, dass du bei solchen Sachen die

dynamische Speicherreservierung selbst implementieren müsstest. Aber so weit wollen wir hier jetzt nicht gehen. Ich will dir stattdessen viel eher zeigen, wie du **ohne** diesen **Indexoperator** als Template-Parameter deines Klassen-Templates einen Wert angeben kannst, um die Anzahl der Elemente in deiner Reihe zu instanziieren. Du kannst den Parameter gerne auch Nicht-T (Mr. non-type) nennen.

[Notiz]

In unserem bekannten Beispiel kann dieser Parameter aussehen, wie folgt:

```
…
template <typename T, int MAX=5> *1
class Reihe {
…
};
```

*1 Hier bekommt unser Klassen-Ausstecher einen **zweiten** Parameter, der die **Größe** des zu erzeugenden **Arrays** enthält. Innerhalb unserer Klasse hast du somit eine **Konstante** für die Größe des Arrays festgelegt.

Den Default-Wert (wie im Beispiel mit **MAX=5**) kann man(n) oder frau setzen. Muss aber nicht unbedingt sein. Wenn man(n) oder frau keinen Wert beim Anlegen eines neuen Objektes verwendet, werden automatisch **MAX**-Werte erzeugt.

Kann ich für diesen Nicht-T-Parameter beliebige Datentypen verwenden?

Nein, nicht ganz. Auf Dinge wie Gleitkommazahlen oder einen **char**-Zeiger für den Nicht-T-Parameter musst du **verzichten**.

[Schwierige Aufgabe]

Schreib unser Beispiel mit **Reihe<T>** so um, dass jetzt auch die statische Größe des zu erzeugenden Arrays beim Instanziieren des Klassen-Ausstechers angegeben werden kann, also **Reihe<T,Anzahl>**. Wird kein Wert verwendet, gibst du als Default-Wert 5 an. Ein Beispiel eines Kopfes mit einem Non-Type-Parameter hast du ja bereits kennengelernt. Überlade außerdem zur Übung den **[]**-Operator, wobei du auch auf einen Über- oder Unterlauf des Speicherbereiches prüfst.

Bitte, was soll ich jetzt machen? Kannst du das nochmal buchstabieren!

Okay, ich helfe dir ein wenig. Schau dir folgende Verwendung dieser Klasse an, damit du siehst, was dein Klassen-Ausstecher so alles können sollte:

```
…
    Reihe<int> intis; *1
    for( int i=0; i<intis.getSize(); i++) { *2
      intis.setDaten(i, i); *3
    }
    for( int i=0; i<intis.getSize(); i++) {
      cout << intis.getDaten(i) << endl; *3
```

*1 Hier werden fünf Elemente von **Reihe** mit dem Typ **int** (T=int) instanziiert.

*2 Die Elementfunktion **getSize()** gibt den konstanten Wert mit der Anzahl der Elemente zurück, die für den instanziierten Typ gespeichert werden können.

*3 Hier stehen die Elementfunktionen, die ermöglichen, einzelnen Elementen einen Wert zuzuweisen oder den Wert eines bestimmten Elementes abzufragen.

```cpp
}
```

*4 Hier werden zehn Elemente von **Reihe** mit dem Typ **double** instanziiert.

```cpp
Reihe<double, 10> doublis; *4
for( int i=0; i<doublis.getSize(); i++) {
  double dval = 0.5 + i;
  doublis[i] = dval; *5
}
for( int i=0; i<doublis.getSize(); i++) {
  cout << doublis[i] << endl; *5
}
cout << doublis[10] << endl; *6
cout << doublis[-1] << endl; *7
...
```

*5 Damit auch das funktioniert, musst du logischerweise den **[ ]**-Operator überladen.

*6 Hier passiert ein Pufferüberlauf, den du beim Überladen des **[ ]**-Operators auch bemerken solltest …

*7 … dasselbe gilt natürlich auch für einen Pufferunterlauf!

Na gut, Schrödinger. Ich denke, wenn du die Lösung gleich siehst, wirst du feststellen, dass nichts so heiß gegessen wird, wie gekocht.

Hier eine Musterlösung:

*1 hier unser Klassen-Ausstecher mit dem Non-Type-Parameter **int MAX**, der per Default mit dem Wert 5 belegt wird

```cpp
...
template <typename T, int MAX=5> *1
class Reihe {
  private:
    T daten[MAX]{0}; // C++11-like *2
  public:
    void setDaten(T& d, int index); *3
    T& getDaten(int index); *4
    T& operator[](int index); *5
    int getSize() const { return MAX; } *6
};

template <typename T, int MAX>
void Reihe<T, MAX>::setDaten(T& d, int index) { *3
  daten[index] = d;
}

template <typename T, int MAX>
T& Reihe<T, MAX>::getDaten(int index) { *4
```

*2 unser Array mit einer konstanten Anzahl (**MAX**) von Elementen

*3 Die Template-Elementfunktion braucht jetzt natürlich auch einen Indexwert, um ein bestimmtes Element im Array gezielt mit dem Wert **d** zu initialisieren.

*4 Dasselbe gilt auch für diese Elementfunktion, welche nun ebenfalls einen Indexwert benötigt um den Inhalt eines bestimmten Wertes im Array auszugeben.

```
    return daten[index];
}

template <typename T, int MAX>
T& Reihe<T, MAX>::operator[](int index) {  *5
  if(index>=MAX) {
    cout << "Pufferüberlauf!!!\n";
    return daten[MAX-1];
  }
  else if(index<0) {
    cout << "Pufferunterlauf!!!\n";
    return daten[0];
  }
  return daten[index];
}
...
```

*5 Der überladene [ ]-Operator, mit dem auch auf einen Über- und Unterlauf geprüft wird. In der Praxis solltest du natürlich anders reagieren, als nur einen Text und das letzte bzw. erste Element des Arrays auszugeben. Hier würde sich bspw. eine Ausnahmebehandlung (Exception) anbieten. Aber dazu später mehr.

*6 Damit wird die Größe des Arrays (Anzahl der Elemente) zurückgegeben, die gespeichert werden kann und mit der Konstante **MAX** festgelegt ist.

Okay, du hast recht! Wenn man die Lösung so vor Augen hat, wirkt das Ganze gar nicht mehr so unklar!

Klassen-Ausstecher in der Wohnung

Im Gegensatz zu den Funktions-Ausstechern für kleine Plätzchen entsprechen die Klassen-Ausstecher schon eher einer ganzen Kuchenform zum Backen von leckerem Kuchen.

© Marina Lohrbach – Fotolia

Ich sagte, Kuchenform, nicht Schwarzwälder Kirschtorte.

Mooooment ! Bevor du dich jetzt an die Arbeit machst, diesen Kuchen zu verdrücken, wollen wir nochmals überprüfen, ob du den Ansatz der Klassen-Ausstecher auch verstanden hast.

[Einfache Aufgabe]

Kennst du den Unterschied zwischen **ClassA** und **ClassA<T>**?

Hm, ich würde sagen *zurückblätter*, bei der Angabe von **ClassA** *ist die Rede von Template-Namen, und bei* **ClassA<T>** *handelt es sich um den eigentlichen Datentyp!*

Erstelle aus der folgenden Template-Elementfunktion eine Spezialisierung für **vector**.

Das sollst du für den Typ double spezialisieren:

```cpp
template <typename T> void ClassA<T>::ping(T& p1, T& p2) {
    // …
}
```

Ja, ich denke, das kriege ich hin. Hier meine Musterlösung dazu:

```cpp
template<> void ClassA<double>::ping(double& p1, double& p2){
    // …
}
```

Prima! Gut gemacht!

[Einfache Aufgabe]

Was kannst du tun, um ein Objekt eines Klassen-Ausstechers zu initialisieren, ohne die Dreiecke in Form von **<T>** für einen bestimmten Typ verwenden zu können?

Mittels **typedef** *einen eigenen Namen für einen bestimmten Template-Typ einführen! In C++11 kann ich außerdem jetzt auch* **using** *anstatt* **typedef** *verwenden!*

Yeah, Schrödinger, du rockst! Mach weiter so. Auf zur nächsten Frage! Ich komme mir vor wie ein Quizmaster.

[Einfache Aufgabe]

Du hast doch auch schon was von den **Nicht-T**-Typen als Template-Parametern erfahren, mit denen du einfache Grunddatentypen verwenden kannst. Welche Typen kannst du **nicht** dafür **verwenden**?

Das ist leicht, Gleitkommazahlen und einen `char`*-Zeiger (*`char*`*) kann ich nicht dafür verwenden.*

Korrekt, Schrödinger! Ich habe mir schon überlegt, ob ich dir die Frage andersherum stelle.

[Zettel]

Es ist übrigens auch möglich, nicht nur einen Default-Wert, sondern auch einen Default-Typ für **T** vorzugeben. Die Standardbibliothek macht auch hiervon regen Gebrauch.

Folgendermaßen kannst du veranlassen, dass int als Standardtyp eingesetzt wird, wenn kein anderer Typ verwendet wird:

```cpp
template <typename T=int, int MAX=5>
class Reihe { };
…
Reihe<> int_val;   *1
Reihe <float> float_val;   *2
Reihe <double, 20> double_val;   *3
Reihe <100> gehtnichtso;   *4
```

*1 Per Default wird hier ein Ausstecher mit **Reihe<int, 5>** instanziiert.

*2 Instanziiert **Reihe<float, 5>**.

*3 Was hier instanziiert wird dürfte wohl einleuchten **(Reihe<double, 20>**

*4 Das **klappt** natürlich **nicht**. Im Grunde verhält es sich hier nämlich wie mit den Default-Parametern bei den Funktionen.

[Code bearbeiten]

Natürlich gibt es für ***4** trotzdem eine Lösung, indem du hierbei mit Aliase-Templates und **using** (neu in C++11) einen entsprechenden Typen erklärst. Hier die mögliche Lösung dafür:

```cpp
template <int MAX>
using iReihe = Reihe<int, MAX>; // C++11
…
iReihe<100> hundert;  // Reihe<int, 100>
```

Da die **Regeln** für die **Default-Parameter** die gleichen wie die für die **Funktionen** sind, kannst du auch **nicht** hergehen und Folgendes bei der **Definition** des Klassen-Ausstechers schreiben:

```cpp
template <typename T=int, int MAX>   *1
class Reihe { }
```

*1 Da hier der Wert von **MAX** rechts neben **T** über keinen Default-Wert verfügt, ist diese Definition hier ungültig.

[Belohnung/Lösung]

So, jetzt kannst du dich an die Arbeit machen, deinen Kuchen zu verdrücken. Das hast du dir jetzt richtig verdient. Du kennst dich jetzt zumindest mit den Grundlagen der Ausstecher-Programmierung von Funktionen und Klassen aus. Später kommen wir nochmals auf das Thema zurück, weil dir die Standardbibliothek zum Glück für fast jedes Problem eine Ausstecher-Lösung anbietet. Dies nur für den Fall, dass du jetzt vorhast, ein Haus abzureißen und wieder ein neues hinzustellen.

—DREIZEHN—

Der Schleudersitz für den

Notfall

Schrödinger sammelt immer mehr Erfahrung in C++ und merkt, dass es hin und wieder zu unerwarteten Situationen kommt. In diesem Kapitel erfährt er, wie er auf solche Ausnahmezustände mit einem speziellen C++-Konzept (Ausnahmebehandlung) reagieren kann.

Versuchen, werfen und auffangen

Die **Behandlung** von **Fehlern** wurde bisher noch stiefmütterlich behandelt. Im Grunde wirst du mit deinen jetzigen Kenntnissen hergehen und auf die Fehler mit **if** oder **switch-case** reagieren.

Also, dein bisheriges Verständnis einer Fehlerüberprüfung:

```
if( istdaeinFehler() )
{
    // Argh! Hier ist ein Fehler aufgetreten
    // Panik! Was willst du jetzt machen *1
}
```

*1 An dieser Stelle hast du jetzt vier Möglichkeiten: Entweder du brichst das Programm ab, oder du machst einfach gar nichts, oder du erstellst eigene Fehlercodes, mit denen in einer Funktion ein Fehlerwert überprüft und entsprechend reagiert wird.

Und wo ist da jetzt die vierte Möglichkeit, und was ist jetzt genau das Problem, die Fehler so abzufangen?

Die vierte Möglichkeit ist, dass es keine gibt. Wollte nur mal testen, ob du noch bei der Sache bist. Das Problem an dieser Methode der Fehlerprüfung ist, dass du damit zum einen nicht auf alle Softwarefehler reagieren kannst und dass damit zum anderen der **Code** recht **unübersichtlich** wird, weil du die Fehlerbehandlung mit dem gewöhnlichen Code vermischst. In C++ hast du jetzt mit einer **Ausnahmebehandlung** (engl. exception handling) die Möglichkeit, die Fehlerbehandlung aus dem gewöhnlichen Code zu „schneiden". Ziel dieser **Spezialbehandlung** von **Fehlern** ist es natürlich, dass du den Fehler zunächst erkennst und dann selbstverständlich auch entsprechend behandelst.

Der Vorgang ist einfach. Wir **versuchen** (engl. **try**) einen Code auszuführen. Wenn dabei ein Fehler auftritt, **werfen** wir (engl. **throw**) eine Ausnahme. Diese geworfene Ausnahme **fangen** wir auf (engl. **catch**) und behandeln den Fehler entsprechend. Wie der Fehler behandelt wird, hängt natürlich von der Ausnahme ab, die geworfen wurde.

Guck dir mal folgende Abbildung als Beispiel an:

1.) Versuch   2.) Werfen

3a.) Fangen   3b.) Fangen   3c.) Fangen

Hier ein klassisches Beispiel: An Probanden werden neue Medikamente getestet. Reagiert der Proband negativ darauf, werfen wir einen Ausnahmezustand in die Runde. Abhängig von der geworfenen Ausnahme gibt es mehrere Möglichkeiten, das Problem abzufangen.

Zu dieser Abbildung will ich dir natürlich auch noch einen Pseudocode zeigen:

```
...
try { *1
    MedikamentA(proband01);
} *1
catch(int whatsup) { *3
    // Fehler behandeln
}
...
void MedikamentA(Proband& p) {
    if( p.kollabiert()) {
        throw 19222; // Notarzt *2
    }
    else if( p.erbricht()) {
        throw 12345; // Hausarzt *2
    }
    else if( p.gestorben()) {
        throw -1; // Bestattungsinstitut *2
    }
}
```

*1 Zwischen diesem **try**-Block steht der kritische Code, bei dem was **„Schlimmes"** passieren könnte. In unserem Fall wird darin die Funktion **MedikamentA()** aufgerufen.

*3 Beim **catch()**-Block steht auch schon unser **Fänger** bereit, welcher im Fall eines Fehlers den geworfenen Fehlercode abfängt und im Anweisungsblock dann entsprechend darauf reagiert.

*2 In der Funktion **MedikamentA()** stehen schon die **Werfer** mit **throw** bereit. Je nachdem ob und welcher Fehler aufgetreten ist, wird ein einfacher Integer geworfen.

Hm, wie das denn?! Kann ich auch unterschiedliche Typen „werfen" und „auffangen"? Ich meine, kann catch() auch unterschiedliche Typen abfangen?

Gute Frage! Zuvor muss ich natürlich noch richtigstellen, dass solche „Fänger" auch einen speziellen Namen haben, und zwar **Exception-Handler** (oder **Ausnahme-Handler**). Ein `catch()` allein kann nur einen bestimmten Typ abfangen, aber wenn du unterschiedliche Typen abfangen willst oder musst, dann kannst du weitere `catch()`-Blöcke dahinter hinzufügen. Und um gleich deiner wahrscheinlich nächsten Frage zuvorzukommen: Du kannst auch ein alternatives `catch()` einrichten, welches sich um all die verirrten Ausnahmen kümmert, für die es keine Behandlung gibt.

In der Theorie somit also:

```
try { *1
    // Hier kommt dein kritischer Code hin,
    // der eine Ausnahme werfen kann
}
catch( AusnahmeTyp1 bezeichner ) { *2
    // Ausnahmebehandlung für AusnahmeTyp1
}
catch( AusnahmeTyp2 bezeichner ) { *3
    // Ausnahmebehandlung für AusnahmeTyp2
}
catch( ... ) { *4
    // Ausnahmebehandlung für eine unbekannte Ausnahme
}
```

*1 In dem Block führst du den **kritischen Code** aus.

*2 Im Fall eines Fehlers werden hier alle **Ausnahmen** vom Typ `AusnahmeTyp1` (darf ein beliebiger Datentyp sein) **abgefangen** und behandelt.

*3 Hier gilt dasselbe, nur werden hier die **Ausnahmen** vom Typ `AusnameTyp2` (ein beliebiger Datentyp) **abgefangen** und behandelt.

*4 Wird eine **schwerwiegende Ausnahme** ausgeworfen, für die kein Fänger eingerichtet wurde, kannst du ein `catch` mit den **drei Punkten** (auch **Ellipse** genannt) als Parameter einrichten und dann im Block abfangen. Somit kann man verhindern, dass sich ein Programm nicht in einem undefinierten Zustand verliert, sondern sauber mit der Standardfunktion `terminate()` beendet werden kann.

Noch ein paar Hinweise für das Werfen

Bevor ich dich an die Tasten lassen kann, muss ich noch ein paar Anmerkungen zu den Ausnahmen loswerden. Du solltest nämlich noch wissen, **wie** nach dem Werfen einer Ausnahme mittels **throw** ein **passender Fänger** dafür ermittelt wird. Zuallererst wird natürlich der Reihe nach angefangen und mit der ersten **catch**-Anweisung nach einem passenden Fänger (Handler) gesucht. Ob der Fänger sich dann der Ausnahme annimmt, hängt natürlich auch von der **catch**-Deklaration, genauer dem Typ, ab. Der Fänger nimmt die Ausnahme an, wenn …

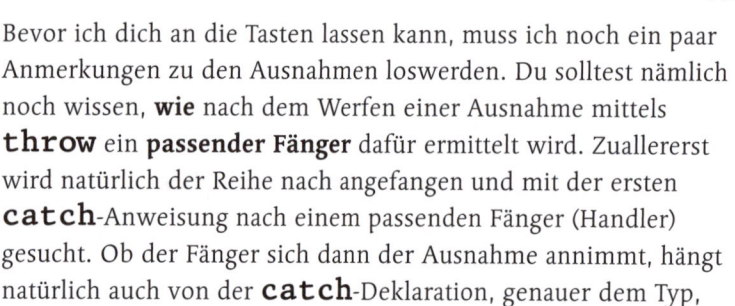

- 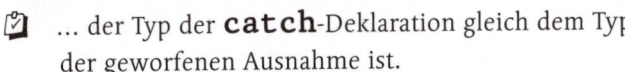 ... der Typ der **catch**-Deklaration gleich dem Typ der geworfenen Ausnahme ist.
-  ... der Typ der **catch**-Deklaration eine direkte oder indirekte Basisklasse vom Typ der geworfenen Ausnahme ist.

Der **optionale** Ausnahme-Handler **catch(...) muss** demnach natürlich als **letzter** Fänger angegeben werden. Würdest du diesen **catch**-Handler als ersten angeben, würden alle dahinter definierten Handler nie mehr aufgerufen werden.

[Hintergrundinfo]

In der Praxis werden solche Fehler gerne in einer gesonderten **Fehlerklasse** definiert. Im Fall eines Fehlers wird ein Objekt von dieser Fehlerklasse mittels **throw** geworfen und mit **catch** abgefangen. Mehr zu den Fehlerklassen später.

*Was passiert eigentlich, wenn **kein** catch-Handler zur geworfenen Ausnahme passt?*

Wenn kein **catch** auf die Ausnahme passt, wird intern die Funktion **terminate()** aufgerufen, womit das **Programm beendet** wird. Natürlich solltest du hier jetzt nicht den Eindruck bekommen, dass ein Programm sich sofort beendet, wenn du in einem **try-catch-Block** eine Ausnahme nicht sofort behandelst. Da es nämlich möglich ist, dass es den **Stack** aufwärts mehrere **try-catch-Blöcke** gibt, kann eine Ausnahme auch noch weiter „außen" behandelt werden.

Jetzt schmeiß schon!

Jetzt wird es natürlich Zeit, dass wir mal Ausnahmen in der Praxis werfen und auffangen. Hierzu bedienen wir uns zunächst einfachster Typen, um mal die Schlüsselwörter **try**, **throw** und **catch** in der Praxis zu erleben.

Hier unser erstes Schmeiß-Fang-Listing:

```cpp
double schmeissmichweg( double, double );
…
  double val1, val2;
  bool machweiter = true;

  while(machweiter == true) {
    try {        *1
      cout << "Wert A : "; cin >> val1;
      cout << "Wert B : "; cin >> val2;
      cout << "Ergebnis=" << schmeissmichweg(val1, val2) *2
           << endl;
    }        *1
    catch( int i ) {        *6
      cout << "Fehlercode: " << i << endl;   *6
      machweiter = true;        *6
    }
    catch( ... ) {        *7
      cout << "Unbekannter Fehler…\n";        *7
      machweiter = false;        *7
    }
  }
…
double schmeissmichweg( double v1, double v2 ) {        *2
  if( v1 == 0 ) {        *3
    throw 333;        *3
  }
  if(v1 < 0) {        *4
    throw string("Negativer Nenner!!!");        *4
  }
  if( v2 == 0 ) {        *3
    throw 666;        *3
  }
  return( v1 / v2 );        *5
}
```

*1 Hier steht der **try**-Block mit dem Programmteil, in dem ein **Fehler** auftreten und der eine Ausnahme werfen **könnte**.

*3 Zuerst **überprüfen** wir, ob der Nenner **v1** gleich 0 ist. Trifft dies zu, werfen wir den Fehlercode 333. Dasselbe überprüfen wir natürlich auch mit dem Teiler **v2** und werfen in dem Fall den Fehlercode 666.

*4 Ist der Nenner negativ, **werfen** wir ein **string**-Objekt.

*5 Die Division wird nur ausgeführt, wenn in den Zeilen zuvor keine Ausnahme geworfen wurde.

*2 Die Funktion **schmeissmichweg()** ist unsere **Gefahrenquelle**. Es sollte natürlich noch angemerkt werden, dass du hierbei nicht nur auf eine Funktion im **try**-Block beschränkt bist. Aber wenn du eine Gruppe von Funktionen hier reinpacken kannst, sollten diese Funktionen doch schon gleichartige Fehler verursachen. Die Funktion selbst macht nichts anderes, als zwei **double**-Werte, die du zuvor eingegeben hast, zu dividieren.

Das Programm bei der Ausführung:

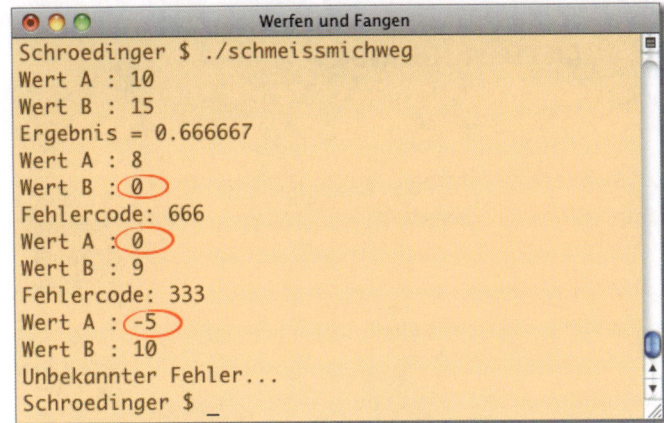

```
Schroedinger $ ./schmeissmichweg
Wert A : 10
Wert B : 15
Ergebnis = 0.666667
Wert A : 8
Wert B : 0
Fehlercode: 666
Wert A : 0
Wert B : 9
Fehlercode: 333
Wert A : -5
Wert B : 10
Unbekannter Fehler...
Schroedinger $ _
```

Werfen und Fangen

Die fehlerhaften Eingaben wurden hier rot eingekreist …

Was passiert danach …?

Wie du an dem Beispiel eben schön sehen konntest, kannst du nach dem Abfangen einer Ausnahme mit **catch** jederzeit mit der Programmausführung fortfahren. Sobald du eine Ausnahme in einem **catch**-Block behandelt hast und dabei keine weitere Ausnahme geworfen oder gar das Programm beendet wurde, fährt das Programm mit der ersten Anweisung hinter den **catch**-Blöcken fort.

Kann ich auch mehrere try-Blöcke verwenden?

*6 Dieser **catch**-Block **fängt** unsere Fehlercodes ab, welche von der Funktion **schmeissmichweg()** ausgeworfen werden, wenn einer der beiden Werte gleich 0 ist, und gibt den Fehlercode 333 oder 666 aus. Natürlich könntest du hier auch die Fehlercodes auswerten und entsprechend reagieren. Das Flag **machweiter** belassen wir auf **true**, weil wir ja den Fehler (bspw. eine Division durch 0) sauber abgefangen haben.

*7 Dieser **catch**-Block **fängt nur** die Ausnahmen auf, für die **kein Fänger** (Handler) **eingerichtet** wurde. In unserem Beispiel wäre das die Ausnahme, wenn der Nenner kleiner als 0 ist und wir einen **string** aus der Funktion **schmeissmichweg()** werfen, für die wir ja keinen gesonderten Fänger (Handler) eingerichtet haben. Da wir bei einem unbekannten Fehler nicht sicher sein können, setzen wir **machweiter** auf **false** und beenden das Programm zur Sicherheit.

Natürlich kannst du mehrere **try**-Blöcke mit **catch**-Ausnahme-Handlern verwenden, um in verschiedenen Programmteilen unterschiedliche Fehler zu behandeln. Theoretisch kannst du auch innerhalb eines **try**-Blocks weitere **try**-Blöcke **verschachteln**. Sinnvoll eingesetzt, kannst du damit schon eine Vorbehandlung von möglichen Fehlern im inneren **try**-Block durchführen, um diesen dann von einem anderen **catch**-Ausnahme-Handler im umgebenden **try**-Block nachzubehandeln.

Dazu ein vereinfachtes, umgeändertes Beispiel vom Listing zuvor, welches dir zeigt, wie du try-Blöcke verschachteln kannst:

```cpp
…
double schmeissmichweg( double, double );
void input(double &val);
…
double val1, val2;
  bool machweiter = true;

  while(machweiter == true) {
    try {      *1
      try {      *2
        cout << "Wert A : ";   input(val1);  *3
        cout << "Wert B : ";   input(val2);  *3
      }  *2
      catch( int i ) {  *4
        throw;  *4
      }    *4
      cout << "Ergebnis=" << schmeissmichweg(val1, val2)  *5
           << endl;
    }  *1
    catch( int i ) {  *6
      cout << "Fehlercode: " << i << endl;  *6
    }  *6
    catch( ... ) {
      cout << "Unbekannter Fehler…\n";
      machweiter = false;
    }
  }
  return 0;
}


double schmeissmichweg( double v1, double v2 ) {  *5
  if(v1 < 0) {
    throw string("Negativer Nenner!!!");
  }
  return( v1 / v2 );
}
```

*1 der **äußere** try-Block

*2 der **innere** try-Block

*3 Im inneren **try**-Block überprüfen wir quasi die Eingabe von den beiden Werten mit der Funktion **input()**. Ist einer der beiden eingegebenen Werte gleich 0, schmeißen wird eine Ausnahme (hier den Integer-Wert 666).

*4 Falls eben im inneren **try**-Block eine Ausnahme geworfen wurde, wird diese natürlich vom dazugehörigen **catch**-Handler aufgefangen und behandelt. Vielleicht erscheint es dir seltsam, dass ich hier erneut ein **leeres throw** innerhalb des **catch**-Blocks verwende. Damit mache ich nichts anderes, als die eben aufgefangenen Ausnahmen erneut auszuwerfen, um diese dann vom äußeren **try**-Block behandeln zu lassen.

*6 Dieser **äußere catch**-Handler fängt im Fall eines Fehlers auch die Ausnahme vom **inneren try**-Block auf und gibt den Fehlercode aus.

*5 Sofern im inneren **try**-Block mit den Werten alles in Ordnung war und keine Ausnahme geworfen oder in unserem Fall **wieder ausgeworfen** wurde, wird die Funktion **schmeissmichweg()** im äußeren **try**-Block mit der Berechnung ausgeführt, wo im Fall eines Fehlers ebenfalls wieder eine Ausnahme geworfen werden kann.

```
void input(double &val) { *3
  cin >> val;
  if( val == 0 ) { *3
    throw 666; *3
  }
}
```

Im Beispiel wurde quasi die Eingabe von der Berechnung getrennt und in zwei unterschiedlichen **try**-Blöcken verschachtelt und auf Ausnahmen hin überprüft. Die Ausführung des Programms hat sich hierbei gegenüber der vorherigen Version nicht grundlegend geändert.

*Muss ich eine Ausnahme, wie im Beispiel, aus dem inneren **try**-Block mit einem **leeren** throw an den äußeren **try**-Block weitergeben?*

Nein, natürlich nicht! Du kannst selbstverständlich die Ausnahme auch im inneren **catch**-Handler auffangen und behandeln. Wenn allerdings beim äußeren **try**-Block gleiche Typen von Ausnahmen aufgefangen werden, kann es sinnvoll sein, diese einfach weiterzuwerfen und dort zu behandeln. Auch wenn es logisch sein sollte: Die Anweisung eines **throw** ohne weitere Argumente kann nur innerhalb eines **catch**-Blocks erfolgen!

*Hm, wenn ich mir das Beispiel so ansehe, dann kann ich doch eigentlich auf die **Verschachtelung** komplett **verzichten** und auch die Funktion **input()** im gleichen **try**-Block wie die Funktion **schmeissmichweg()** verwenden?*

Völlig richtig! In dem Beispiel hätte man auch auf den inneren **try**-Block verzichten können. Du hast gut aufgepasst! In diesem Beispiel hätte das nur wirklich Sinn gemacht, wenn wir uns tatsächlich um die Eingabe mittels **cin** und nicht um den Wert gekümmert hätten.

Homerun

Jetzt kennst du die einfachen **Grundlagen**, um **Ausnahmen** statt der traditionellen Fehlerbehandlungen in deinem Programm zu implementieren. Mal sehen, ob du nicht nur mit dem Kopf nicken kannst, sondern ob darin auch was hängengeblieben ist.

 **Welche drei** Dinge brauchst du, um solche Ausnahmen einzurichten und behandeln zu können? Die **Schlüsselwörter** meine ich damit.

☞ Zunächst braucht es einen Programmteil, in dem die Ausnahme ausgelöst wird. Dieser Teil wird in einem `try`-Block geschrieben.

☞ Innerhalb des `try`-Blocks wird natürlich irgendwas „Gefährliches" ausgeführt. Tritt hierbei ein (schwerwiegender) Fehler auf, wird eine Ausnahme an die Aufrufumgebung geworfen. Hierzu verwende ich das Schlüsselwörtchen `throw`.

☞ Damit im Fall der schlimmsten Fälle auch jemand die Ausnahme behandeln kann, benötigen wir natürlich noch einen Teil im Programm, der sich darum kümmert, diesen abfängt und dann behandelt. Dafür richten wir einen oder mehrere `catch`-Blöcke ein.

Okay, dann auf zur nächsten Frage. Was passiert mit einer Ausnahme, wenn du innerhalb eines **catch**-Blocks erneut **throw ohne** weitere **Argumente** aufrufst?

*Hm, ja. Ich denke, die zuvor geworfene Ausnahme wird **erneut** mit demselben Typ in die Umgebung **geworfen**.*

Korrekt! Recht sinnvoll ist das dann, wenn diese Ausnahme aus einem verschachtelten **try**-Block ausgeworfen und dann von einem äußeren **catch**-Handler wieder aufgefangen und behandelt wird. Andernfalls würde das Programm nur beendet werden.

Ändere das Listing aus der Werkstatt um. Ist der Nenner gleich 0, wirfst du den Integer 1 als Ausnahme. Ist der Teiler gleich 0, dann schmeißt du die 2. Fang diese beiden Fehler ab, und informier den Anwender darüber. Wenn der Nenner negativ ist, schmeißt du nach wie vor den String „Negativer Nenner" als Ausnahme raus. Dafür sollst du jetzt einen weiteren **catch**-Handler einrichten, der diesen String abfängt und auf dem Bildschirm ausgibt. Auf eine Verschachtelung kannst du hierbei verzichten.

Huh, ich denke das kriege ich hin. Hier ist meine Musterlösung dazu:

```cpp
…
double val1, val2;
bool machweiter = true;

while(machweiter == true) {
  try {
    cout << "Wert A : ";  cin >> val1;
    cout << "Wert B : ";  cin >> val2;
    cout << "Ergebnis=" << schmeissmichweg(val1, val2)
         << endl;
  }
  catch( int i ) {
    if( i == 1 ) { *1
      cout << "Nenner gleich 0!\n";
    }
    else if( i == 2 ) { *2
      cout << "Teiler gleich 0!\n";
    }
```

*1 Der Nenner ist gleich 0, dann wird die Ausnahme mit dem Integer-Wert 1 ausgeworfen und behandelt.

*2 Dasselbe machen wir, wenn der Teiler gleich 0 ist, und schmeißen dabei die 2.

```
      else { *3
        cout << "Unbekannter Fehler…!\n";
        machweiter = false;
      }
    }
    catch(  string e ) { *4
      cout << e << endl; *4
    }
    catch( … ) {
      cout << "Unbekannter Fehler…\n";
      machweiter = false;
    }
  }
  return 0;
}


double schmeissmichweg( double v1, double v2 ) {
  if(v1 < 0) {
    throw string("Negativer Nenner!!!"); *4
  }
  if(v1 == 0) { *1
    throw 1; *1
  }
  if(v2 == 0) { *2
    throw 2; *2
  }
  return( v1 / v2 );
}
```

*3 Falls ein unbekannter Integer-Wert ausgeworfen werden sollte, reagieren wird natürlich auch darauf. Allerdings beenden wir hierbei zur Sicherheit die **while**-Schleife, indem wird **machweiter** auf **false** setzen.

*4 Falls der Nenner negativ ist und wir ein **string**-Objekt als Ausnahme werfen, fangen wir dieses jetzt auch mit einem **catch**-Handler ab und geben den Inhalt des Strings auf dem Bildschirm aus.

*1 Der Nenner ist gleich 0, dann wird die Ausnahme mit dem Integer-Wert 1 ausgeworfen und behandelt.

*2 Dasselbe machen wir, wenn der Teiler gleich 0 ist, und schmeißen dabei die 2.

[Belohnung/Lösung]

Nicht schlecht, Schrödinger! Ich sehe, du hast deine Hausaufgaben gemacht und die Grundlagen zu den Ausnahmen verstanden. Jetzt kannst du ein wenig deine Füße hochlegen und **entspannen**. Das Werfen von Fehlerobjekten zu verstehen, das wir anschließend behandeln, dürfte dir dann nicht mehr schwerfallen.

Mit Klassen um sich schmeißen

Du hast es bereits kurz erfahren, dass man in der Praxis eher **eigene Fehlerklassen** definiert und mit **throw** schmeißt. Was eine solche Fehlerklasse enthalten sollte, bestimmt allein du. Allerdings macht es natürlich Sinn, wenn deine Fehlerklasse unterschiedliche Informationen über die Ursache des Fehlers vermitteln kann.

Okay, hierzu ein einfaches Beispiel, wie eine solche Fehlerklasse aussehen könnte:

```cpp
class Fehler {
  string info;
public:
  Fehler( const string& str ) : info(str) {}
  const string& getInfo() const { return info; }
};
```

Hä? Das sieht ja aus wie eine gewöhnliche Klasse?!

Ganz genau! Eine **Fehlerklasse** kann, **wie andere Klassen** auch, Daten und Element-funktionen enthalten. Besonders wichtig ist es natürlich, auch die Informationen des Fehlers im Objekt zu speichern. Aber hierzu vielleicht noch ein paar Hintergrundinformationen, was denn so passiert, wenn ein Objekt geschmissen wird.

Nix wie weg hier

Wenn es passiert ist, dass **throw** anfängt, ein Objekt zu schmeißen, wird in der Regel ein vorübergehendes (temporäres) Objekt vom Typ des **throw**-Ausdrucks erzeugt. Ist der geworfene Typ also eine Klasse, wird der Kopierkonstruktor aufgerufen. Das Fehlerobjekt wird ja während der Codeausführung in einem **try**-Block geworfen. Bevor also der Fehler behandelt wird, werden noch sämtliche **Aufräumarbeiten** auf dem Stack durchgeführt, die übrig geblieben sind seit Eintritt in den **try**-Block. Das ist praktisch, weil somit alle lokalen, nicht-statischen Objekte und Speicherleichen automatisch zerstört werden. Dieser ordentliche Rückzug wird auch als **Stack-Unwinding** bezeichnet. Erst nach diesem Abbau des Stacks wird zum passenden Fänger (**catch**-Handler) gesprungen, welcher das temporäre Objekt gefangen hat. Natürlich sollte klar sein, dass auch das temporäre geworfene Objekt nach Beendigung der Fehlerbehandlung im **catch**-Handler ebenfalls wieder zerstört wird (wieder Stack-Unwinding).

Um jetzt auf die Klasse **Fehler** und unser Rechenbeispiel zurückzukommen, so kannst du wie folgt die Fehlerklasse **Fehler** als Ausnahme werfen:

```
double schmeissmichweg( double v1, double v2 ) {
  if(v1 < 0) {
    throw Fehler("Negativer Nenner!!!"); *1
  }
  if(v1 == 0) {
    throw Fehler("Nenner gleich 0!!!"); *1
  }
  if(v2 == 0) {
    throw Fehler("Teiler gleich 0!!!"); *1
  }
  return( v1 / v2 );
}
```

*1 In allen drei Fällen wird, wenn eine der Ausnahmen geworfen wird, die entsprechende Fehlermeldung im Fehlerobjekt **Fehler** gesichert und kann somit mit der Elementfunktion **Fehler::getInfo()** ausgegeben werden.

Und wenn wir schon dabei sind, findest du hier noch den Codeausschnitt, der dir zeigt, wie du mit der Ausnahme des Fehlerobjektes Fehler abfangen und die Informationen darin ausgeben kannst:

```
...
  double val1, val2;
  bool machweiter = true;

  while(machweiter == true) {
    try {
      cout << "Wert A : ";  cin >> val1;
      cout << "Wert B : ";  cin >> val2;
      cout << "Ergebnis=" << schmeissmichweg(val1, val2)
           << endl;
    }
    catch( Fehler e ) {  *1
      cerr << e.getInfo() << endl; *2
    }
  }
...
```

*1 Hier fangen wir die Ausnahme vom Typ **Fehler** ab, und ...

*2 ... hier geben wir die Informationen aus, warum die Ausnahme geworfen wurde.

[Hintergrundinfo]
Aufbauend auf eine solche Basisfehlerklasse, kannst du natürlich durch Vererbung weitere Fehlerklassen bilden. Das ermöglicht es dir, mit der Basisfehlerklasse die üblichen Fehler zu behandeln und mit den abgeleiteten Fehlerklassen auf spezielle Fehler einzugehen.

Wow, das mit den Fehlerklassen als Ausnahmen ist ja erschreckend einfach!

Schmeißen mit ganzen Klassen

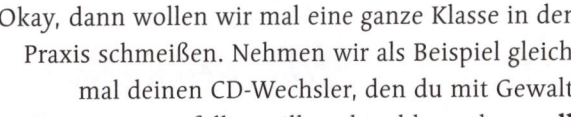

Okay, dann wollen wir mal eine ganze Klasse in der Praxis schmeißen. Nehmen wir als Beispiel gleich mal deinen CD-Wechsler, den du mit Gewalt füllen willst, obwohl er schon **voll** ist. Ich kann das einfach nicht mehr mit ansehen, wie du das Gerät misshandelst. Lass uns doch gleich eine Klasse dazu erstellen.

Hier die Klasse `CDWechsler` zum Ausstechen. Einfach ausgedrückt, handelt es sich letztendlich um ein Array-Template:

```cpp
template <class T,int n>
class CDWechsler{
private:
  T cd[n];
public:
  int get_size() const { return n; }
  T& operator[](int i);
};


template <class T, int n>
T& CDWechsler<T, n>::operator[](int i) {
  if( i < 0 ) { *1
    cerr << "CD-Wechsler ist leer\n"; *1
    return cd[i+1]; *1
  }
  else if( i >= n )  { *2
    cerr << "CD-Wechsler bereits voll\n"; *2
    return cd[i-1]; *2
  }
  return cd[i];
}
```

*1 Hier wird versucht, eine CD auszuwerfen, obwohl sich gar keine CD mehr im Laufwerk befindet. Quasi wird hier der Puffer unterlaufen.

*2 Dasselbe in Grün. Hier wird versucht, eine weitere CD reinzustecken, obwohl der CD-Wechsler bereits voll ist. Dito, nur ein Pufferüberlauf.

Erstelle eine Fehlerklasse **Overflow**, die geworfen wird, wenn keine CD mehr im Wechsler ist oder der Wechsler bereits voll ist.

Huh, das hört sich kompliziert an. Du meinst, die Fehlerklasse soll statt der beiden Fehlerausgaben beim Überladen des [ ]-Operators geworfen werden?

Exakt das meinte ich! Okay, ein paar Tipps, überlege dir einfach, was für Informationen du in deiner Fehlerklasse speichern und wie du diese im **catch**-Handler übergeben willst.

Okay, ich helfe dir mit der Klasse Overflow, die wie folgt aussehen könnte:

```cpp
class Overflow {
private:
    int index; *1
public:
    Overflow( int i ) : index(i) {} *2
    int getIndex() const { return index; } *3
};
```

*1 Hier wird die Position gespeichert, an der der Unter-/Überlauf stattgefunden hat.

*2 Damit schmeißen wir die Ausnahme mit **Overflow(i)**.

*3 Die Elementfunktion benötigen wir, um die Position des Unter-/Überlaufs auszugeben.

Okay, aber die **Implementierung** dieser Klasse bei der **[ ]**-Überladung und das Einrichten mittels **try** und **catch** musst du jetzt **selber** hinbekommen.

Na schön, die Operatorüberladung von [ ] würde ich so realisieren:

```cpp
template <class T, int n>
T& CDWechsler<T, n>::operator[](int i) {
    if( i < 0 || i >= n ) { *1
        throw Overflow(i); *2
    }
    return cd[i];
}
```

*1 Hier überprüfe ich zunächst, ob ein Unter- oder Überlauf von **i** stattgefunden hat.

*2 Trifft dies zu, schmeiße ich das Fehlerobjekt **Overflow** mit dem Indexwert **i** aus.

Jetzt nur noch der Quellcode, um unsere Ausnahme abzufangen und zu behandeln:

*1 Unser **try**-Block mit dem kritischen Code, in dem eine Ausnahme geworfen werden könnte.

*2 Hier habe ich mit Absicht zum Testen einen Pufferüberlauf eingebaut.

*4 Hier wird dann über die Elementfunktion **Overflow::getIndex()** die Position ausgegeben, an der ein Überlauf stattgefunden hat.

*3 Im Fall eines Unter-/oder Überlaufs wird hier die Ausnahme mit dem **catch**-Handler aufgefangen.

```cpp
...
    CDWechsler<string, 5> sammlung;
    try { *1
        for(int i = 0; i <= sammlung.get_size(); i++) { *2
            cout << "Titel der CD: ";
            getline(cin, sammlung[i]);
        }
    } *1
    catch( Overflow& e ) { *3
        cerr << "Unter-/Überlauf an Pos. " << e.getIndex() *4
            << endl;
    }
...
```

Jetzt noch das Programm bei der Ausführung:

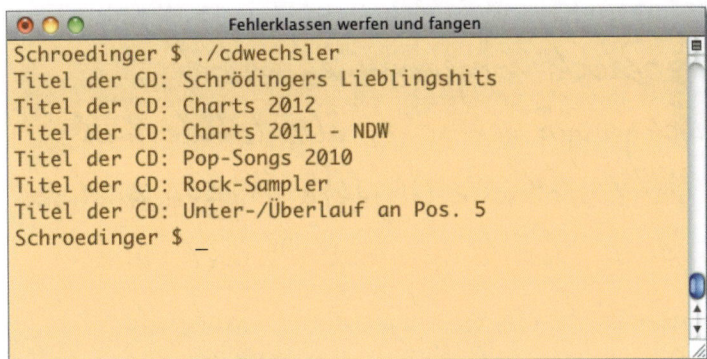

[Zettel]
Für die Verwendung eines CD-Wechsler würde ich dir hier einen typedef oder using (C++11) empfehlen. Bspw. so:

```cpp
using CDWechsler5fach = CDWechsler<string, 5>;
using CDWechsler8fach = CDWechsler<string, 8>;
...
CDWechsler5fach sammlung;
```

```
● ● ●          Fehlerklassen werfen und fangen
Schroedinger $ ./cdwechsler
Titel der CD: Schrödingers Lieblingshits
Titel der CD: Charts 2012
Titel der CD: Charts 2011 - NDW
Titel der CD: Pop-Songs 2010
Titel der CD: Rock-Sampler
Titel der CD: Unter-/Überlauf an Pos. 5
Schroedinger $ _
```

Klassischer Pufferüberlauf, mit der Ausnahme-Behandlung geworfen, aufgefangen und behandelt

[Erledigt]
Wow, **bin beeindruckt**, Schrödinger!!! Zwar hapert es noch an der Umsetzung einzelner Dinge, aber wenn du etwas implementieren sollst, bist du echt fit. Bin stolz auf dich!

Homerun mit Klassen

Prima, nun kennst du schon den Löwenanteil rund um die Ausnahme-Behandlung. Zur Sicherheit muss ich dich natürlich vor deiner wohlverdienten Pause noch abfragen, um zu sehen, ob du auch das mit den Fehlerklassen verstanden hast.

Was versteht man unter einem „**Stack-Unwinding**"?

[Schrödinger stolz:]

Das **Stack-Unwinding** kümmert sich, glaube ich, um die **Aufräumarbeiten**, damit keine Speicherleichen beim Auslösen einer Ausnahme übrig bleiben, wenn der **try**-Block verlassen wird. Bevor zum passenden **catch**-Handler gesprungen wird, der die Ausnahme auffängt, werden alle Veränderungen des Stacks, die seit Eintritt in den **try**-Block vorgenommen wurden, rückgängig gemacht, also lokale und nicht-statische Objekte löschen und so. Auch das temporäre Objekt, das geworfen wurde, wird nach der Beendigung des **catch**-Handlers wieder zerstört.

Wahnsinn!
Die Erklärung war ja richtig professionell von dir jetzt, super! Weiter so!

[Einfache Aufgabe]

Was braucht eine **Fehlerklasse** alles?

Soviel ich weiß, kann ich eine solche Klasse definieren, wie ich will. Allerdings macht es natürlich Sinn, dass eine solche Klasse die Informationen zum Fehler speichern und eventuell ausgeben kann.

Okay, kann man so stehen lassen! Das mit den Daten der Fehlerklasse ist insbesondere darum wichtig, weil ja nach dem Stack-Unwinding die lokalen und nicht-statischen Objekte zerstört wurden.

[Schwierige Aufgabe]

Erweitere die Fehlerklasse **Overflow** vom Abschnitt zuvor um eine Elementfunktion, mit der die maximale Anzahl der Elemente zurückgegeben werden kann, welche in **CDWechsler** gespeichert werden können.

Wie soll das gehen?
Da müsste ich schon die Klasse **Overflow** *innerhalb von* **CDWechsler** *definieren!*

Ganz genau, darum geht es hier auch. Indem du die **Fehlerklasse** innerhalb des **public**-Bereiches deiner Ausnahme schreibst, kannst du auch auf die Daten der Klasse zugreifen.

Okay, ich helfe dir. Hier eine Musterlösung:

```cpp
template <class T,int n>
class CDWechsler{
private:
  T cd[n];
public:
  class Overflow;
  int get_size() const { return n; }
  T& operator[](int i);
```

```
class Overflow {  *1
private:
  int index;
public:
  Overflow( int i ) : index(i) {}
  int getIndex() const { return index; }
  int getMax() const { return n; }  *2
};  *1
};
```

*1 Dadurch dass die Fehlerklasse jetzt innerhalb der Klasse definiert wird, haben wir eine **klassenspezifische Ausnahme** erstellt, die nur innerhalb der Klasse geworfen werden kann.

*2 Des Weiteren ist jetzt auch der **Zugriff auf Daten** der Klasse **möglich**, weshalb wir hier jetzt auf die maximale Anzahl von erlaubten Elementen von **n** der Klasse **CDWechsler** zugreifen können.

Bevor du erneut ins Straucheln gerätst, musst du natürlich auch wissen, dass der Zugriff auf diese Fehlerklasse jetzt außerhalb über die Klasse und den Zugriffsoperator erfolgen muss.

Daher sieht die Verwendung der Fehlerklasse jetzt so aus:

```
CDWechsler<string, 5> sammlung;
try {
  for(int i = 0; i <= sammlung.get_size(); i++) {
    cout << "Titel der CD: ";
    getline(cin, sammlung[i]);
  }
}
catch( CDWechsler<string, 5>::Overflow& e ) {  *1
  cerr << "Max. erlaubter Index  : " << e.getMax()  *2
       << endl;
  cerr << "Unter-/Überlauf an Pos. " << e.getIndex()
       << endl;
}
```

*1 Zugriff auf die jetzt **klassenspezifische Ausnahme**

*2 Das funktioniert nur, weil die Fehlerklasse jetzt eine **klassenspezifische Fehlerklasse** von **CDWechsler** ist.

[Belohnung/Lösung]

Toll, Schrödinger! Jetzt hast du einen der komplexeren Abschnitte zu den Ausnahmen ohne Probleme durchgearbeitet. Im nächsten Abschnitt kannst du dich ein wenig zurücklehnen, weil dort die Standardfehlerklassen behandelt werden.

(Standard-)Ausnahmen im Angebot

Ausgehend von der Basisklasse **exception** (und dem Namensraum **std**) sind auch **Standardfehlerklassen** für Ausnahmen im Angebot, die geworfen werden können.

Hierzu ein kurzer Überblick zur Hierarchie der Standardfehlerklassen:

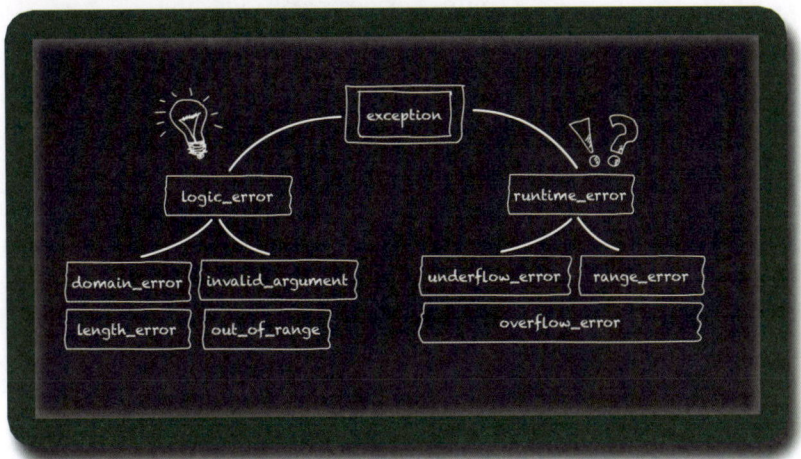

Ausnahmen-Hierarchie der Standardfehlerklassen in C++

Wie du auf der Abbildung schön erkennen kannst, werden die Standardfehlerklassen in logische Fehler (**logic_error**) und Laufzeitfehler (**runtime_error**) unterschieden. Der Unterschied dabei ist folgender:

☞ **Logische Fehler** (**logic_error**) sind im Grunde vermeidbare Fehler, die eine logische Ursache haben, wie ein Fehler im Programmablauf.

☞ **Laufzeitfehler** (**runtime_error**) sind Fehler, die während der Kontrolle des Programms jederzeit auftreten und nicht verhindert werden können.

In der folgenden Tabelle findest du eine Übersicht zu den theoretisch vermeidbaren und somit logischen Fehlern der Klasse logic_error:

Klasse	Sinn	Header
invalid_argument	unzulässiges Argument	<stdexept>
length_error	maximale Größe überschritten	<stdexept>
out_of_range	ungültige Position (Adresse)	<stdexept>
domain_error	Wertebereichsfehler	<stdexept>

Neben den hier erwähnten Fehlern gibt es auch noch die Ausnahme **ios_base::failure**, welche von den unterschiedlichen Ein- und Ausgabeklassen geworfen werden kann. Dazu aber später in der Werkstatt mehr.

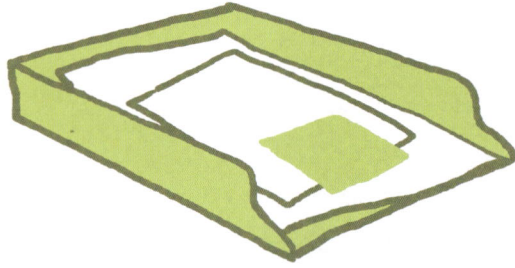

Jetzt auch noch eine Tabelle zu den nicht vorhersehbaren Fehlern der Klasse runtime_error:

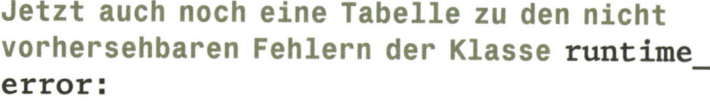

Klasse	Sinn	Header
range_error	Bereichsüberschreitung	**<stdexept>**
overflow_error	Überlauf	**<stdexept>**
underflow_error	Unterlauf	**<stdexept>**

[Ablage]

Weitere Standardfehlerklassen, welche zum Stamm **runtime_error** gehören und geworfen werden können, hier aber nicht aufgelistet wurden, sind **regex_error** (aus dem Header **<regex>**), welcher bei einem Fehler mit regulären Ausdrücken geworfen werden kann, und **system_error** (aus dem Header **<system_error>**), der bei einer Fehlermeldung des Betriebssystem ausgelöst werden kann.

What ist dein Problem ...?

Wenn eine Ausnahme, ausgehend von der Basisklasse **exception**, geworfen wurde, kannst du im **catch**-Block mithilfe der virtuellen Elementfunktion **what()** eine Fehlermeldung der Ursache ausgeben lassen. Die Elementfunktion gibt allerdings einen **C-String** zurück. Alle von **exception** abgeleiteten Fehlerklassen definieren einen Konstruktor mit einem String als Parameter. Somit kannst du beim Schmeißen solcher Ausnahmen diese auch gleich mit einem String initialisieren.

*Im Augenblick kapiere ich gar nix! Gib mir mal ein Beispiel, wie da was geschmissen wird und wie ich mit **what()** was ausgeben kann.*

Das ist ganz leicht, hier ein Ausschnitt, wie es geht:

```
…
throw out_of_range("Aaaah! Bereichsüberschreitung"); *2
…
try {
    // Hier könnte es passieren *1
}
catch( out_of_range &e ) { *3
    cerr << e.what() << endl; *4
}
```

*1 Da könnte es **kritisch** werden, drum zur Sicherheit in einem **try**-Block.

*2 Da **isses passiert**, und es wird die Ausnahme geworfen.

*3 Hier **kätschen** wir die Ausnahme ab.

*4 Und hier sprechen wir Klartext, was denn wieder los war. In dem Fall wird **„Aaaah! Bereichsüberschreitung"** ausgegeben.

Ausnahmen im System

Ebenfalls von der Basisklasse **exception** abgeleitet, sind einige Standard-fehlerklassen, die von der **Standardbibliothek** selbst verwendet und **geworfen** werden können.

Auch hier eine Tabelle zu den Ausnahmen, welche vom System geworfen werden können:

Klasse	Sinn	Header
bad_alloc	Speicherfehler. Beispielsweise konnte ein mit **new** angeforderter Speicher nicht reserviert werden.	`<new>`
bad_cast	Eine Typumwandlung mit **dynamic_cast** schlägt fehl.	`<typeinfo>`
bad_typeid	Wird geworfen, wenn der **typeid**-Operator einen falschen Objekttyp erhält.	`<typeinfo>`
bad_exception	Wird bei Problemen mit der Ausnahmebehandlung selbst geworfen.	`<exception>`

Im folgenden Beispiel stellen wir uns darauf ein, dass new() keinen Speicher erhält und somit die Ausnahme bad_alloc werfen würde:

```cpp
#include <new>
…
int *iPtr;
try {
    iPtr = new int[10000];    *1
}
catch( bad_alloc& e ) {    *2
    cerr << "Ausnahme bei new\n";    *2
    cerr << e.what() << endl;    *2
}
…
```

*1 Diese Speicheranforderung setzen wir in einen **try**-Block, falls es nicht genug zusammenhängenden Speicher geben sollte.

*2 Gibt's keinen Speicher, fangen wir hier die Ausnahme der Standardfehlerklasse **bad_alloc** ab und reagieren entsprechend. Im Beispiel geben wir nur eine Information dazu aus. In der Praxis könntest du hier versuchen, erneut etwas weniger Speicher anzufordern, wenn möglich.

Ey, cool! Das find' ich praktisch. Damit erspare ich mir das Selberschreiben einer Fehlerklasse.

Wir probieren es aus

In der Werkstatt steht die Praxis im Vordergrund, deshalb will ich dir auch einige Beispiele zeigen, wann welche **Standardfehlerklasse** wo ausgeworfen und verwendet wird. Also Achtung, jetzt wird es praktisch!

Logischer Fehler: `out_of_range`

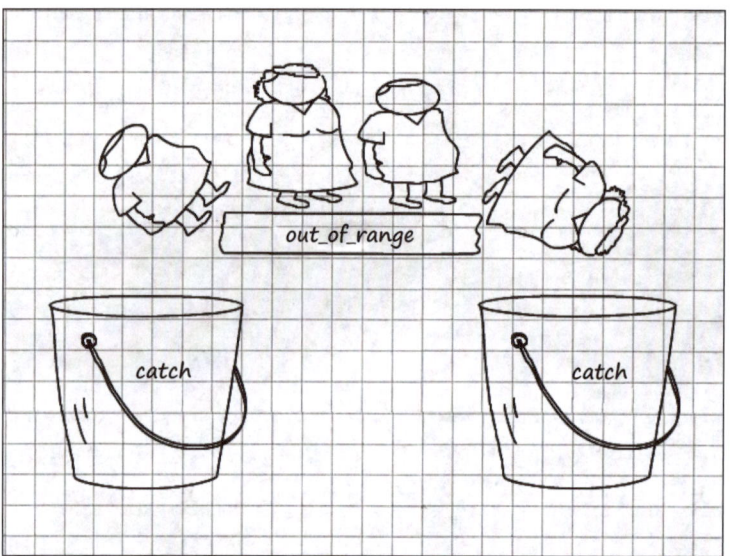

Diese Ausnahme wird geworfen, wenn ein Wert **nicht** mehr in einer **gültigen Adresse** liegt. Diese Ausnahme können wir aber auch für unsere eigenen Bedürfnisse verwenden. An dieser Stelle angekommen, wollen wir nochmals kurz die Klasse **CDWechsler** aufgreifen, bei der du jetzt deine selbst geschriebene Klasse **Overflow** entfernen kannst und stattdessen einfach nur **out_of_range** zu werfen und abzufangen brauchst.

[Notiz]

STL-Standardklassen wie **bitset**, **string** oder **vector** werfen bspw. die Ausnahme **out_of_range**, wenn ein Index außerhalb des zulässigen Bereiches verwendet wird.

Hier die entsprechenden Codezeilen dazu:

```cpp
#include <stdexcept>    *1
...
template <class T, int n>
T& CDWechsler<T, n>::operator[](int i) {
  if( i < 0 || i >= n ) {
    throw out_of_range("Waaah! Über-/Unterlauf");   *2
  }
  return cd[i];
}
...
  CDWechsler<string, 5> sammlung;
  try {
    for(int i = 0; i <= sammlung.get_size(); i++) {   *3
      cout << "Titel der CD: ";
      getline(cin, sammlung[i]);
    }
  }
  catch( out_of_range &e ) {   *4
    cerr << e.what() << endl;   *5
  }
...
```

*1 Den Header brauchen wir für **out_of_range**.

*2 Im Fall eines Unter-/oder Überlaufs schmeißen wir jetzt einfach **out_of_range** mit einem passenden Text für die Elementfunktion **what()**.

*3 Hier steht wieder der kritische Code, bei dem wir absichtlich einen Überlauf ausführen.

*4 Dieser **catch**-Handler fängt den Typ **out_of_range** ab.

*5 Und hier geben wir mit **what()** den Text aus, den wir beim Auswerfen an **out_of_range** übergeben haben.

Logischer Fehler: `invalid_argument`

Diese Ausnahme wird geworfen, wenn du ein **falsches Argument** verwendet hast. Standardklassen wie **bitset**, **deque**, **string** oder **vector** verwenden diese Ausnahme auch.

Sieh dir folgendes Beispiel dazu an:

...

```
try {
    bitset<8> set1( string("10100121")); *1
}
catch( invalid_argument &e) { *2
    cerr << e.what() << endl; *3
}
```

...

*1 Du musst gar nicht mal wissen, was **bitset** jetzt genau für eine STL-Klasse ist. Es reicht für dich erst mal aus, dass du weißt, dass **bitset** keine anderen Zeichen als 0 und 1 kennt. Hier wird versucht, ein **string** in ein **bitset** umzuwandeln. Die Zahl 2 ist hier falsch, und somit stellt das Ganze ein ungültiges Argument dar.

*2 Das hier ist unser **catch**-Handler, welcher ungültige Argumente auffängt.

*3 Hier wird auch ausgegeben, was die Ausnahme ausgelöst hat. Im Beispiel könnte dies bspw. **bitset::_M_copy_from_ptr** lauten.

Logischer Fehler: `length_error`

Den Fehler werden wir jetzt nicht in der Praxis demonstrieren, weil das deinen Rechner ziemlich in die Knie zwingen kann. Diese Ausnahme wird geworfen, wenn ein Objekt erzeugt wurde, welches **größer** ist, **als** maximal **erlaubt**. Dies ist bspw. der Fall, wenn du versuchst, einen **string** mit **max_size()**+1 Zeichen zu stopfen. Die Ausnahme wird von den Klassen **string** und **vector** geworfen.

[Erledigt!]

domain_error wird innerhalb der Standardbibliothek nicht eingesetzt und macht nur bei mathematischen Funktionen einen Sinn. Verwendest du bspw. die Quadratwurzelfunktion mit einem negativen Wert, dann ist dies ein Bereichsfehler, weil diese nur für nicht-negative-Funktionen definiert ist. Dann kannst du die Ausnahme **domain_error** werfen und abfangen.

Logischer Fehler: `ios_base::failure`

Zwar hast du die Ein- und Ausgabeklassen, wie bspw. das Öffnen und Bearbeiten von Dateien, noch nicht kennengelernt, aber du kennst zumindest schon mal **cin** und **cout** für die Ein-/Ausgabe, womit ich dir die Fehlerklasse **ios_base::failure** vor die Füße schmeißen kann. Diese Ausnahme musst du allerdings vorher mit der Elementfunktion **exceptions()** aktivieren und mit einigen Kennzeichen (engl. flags) „einrichten".

Um folgende Kennzeichen, die du auch mit dem Bit-weisen ODER verknüpfen kannst, handelt es sich dabei:

Kennzeichen	Sinn und Zweck
`ios::failbit`	Zeichen bei der Eingabe konnten nicht gelesen oder bei der Ausgabe nicht ausgegeben werden.
`ios::eofbit`	Dateiende wurde beim Lesen erreicht.
`ios::badbit`	Fehler während der Ein-/Ausgabeoperation im Puffer des Streams
`ios::goodbit`	keine Fehler

*1 Hier richten wir die Ausnahmenmaske ein. In unserem Fall reicht es völlig aus, nur eine Ausnahme auf **ios::failbit** einzurichten.

*2 Wird hier etwas anderes als ein Integer, bspw. ein Zeichen, eingegeben, wird die Ausnahme geworfen ...

*3 ... und von unserem **catch**-Handler abgefangen.

Willst du somit überprüfen, ob z. B. **cin** einen korrekten Integer-Wert vom Benutzer erhalten hat, kannst du folgendermaßen eine Ausnahmebehandlung dazu implementieren:

```
int val;
cin.exceptions (ios::failbit); *1

try {
    cout << "Bitte Eingabe machen : ";
    cin >> val; *2
}
catch( ios_base::failure &e) { *3
    cerr << e.what() << endl;
}
```

[Notiz]
Die **Laufzeitfehlerklassen range_error**, **underflow_error** und **overflow_error** wurden so implementiert, dass diese auch von dir geworfen werden können und nicht nur als Ausnahmen der Standardbibliothek.

Standardausnahme-Kontrolle

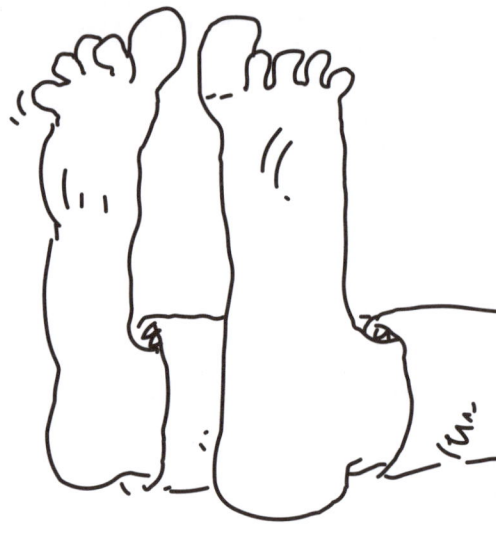

Ich merke schon, dass dir die Standardfehler-klassen nicht schwergefallen sind. Trotzdem dürfen die obligatorischen Testfragen zum Thema nicht fehlen.

[Einfache Aufgabe]
Ausgehend von der Basisklasse **exception**, unterscheidet man zwischen logischen Fehlern und Laufzeitfehlern. Wie heißen die Klassen dazu und worin besteht der Unterschied?

Es wird zwischen **logischen Fehlern** (logic_error) und **Laufzeitfehlern** (runtime_error) unterschieden. Die logischen Fehler haben eine logische Ursache und können vermieden werden. Die Laufzeitfehler hingegen sind Probleme, die nicht der Kontrolle des Programms unterliegen.

Prima! Vielleicht solltest du auch noch die Ausnahmen **hinzufügen**, die vom System geworfen werden können (wie **bad_alloc**, **bad_cast**, **bad_typeid** oder **bad_exception**).

[Einfache Aufgabe]
Was kannst du tun mit **what()**?

*Mit **what()** kann ich eine Fehlermeldung der Ursache als C-String ausgeben lassen.*

Ich sehe schon, das Thema überfordert dich nicht. Dann will ich mal eine etwas schwierigere Aufgabe aus dem Hut ziehen.

[Schwierige Aufgabe]
Im folgenden Listing findet eine fehlerhafte Typumwandlung statt. Verbessere das Listing, indem du einen Ausnahme-Handler dafür verwendest.

Das fehlerhafte Listing:

```
class Vater{ virtual void efunc() {} };
class Sohn : Vater {};
…
Vater v;
Sohn& s = dynamic_cast<Sohn&>(v); *1
```

> ***1** Hier fliegt beim Programm die Sicherung raus. Es wird **std::bad_cast** geworfen. Fang diese Ausnahme ab.

```
Vater v;
try { *1
  Sohn& s = dynamic_cast<Sohn&>(v);
}
catch( bad_cast &e) { *2
  cerr << "bad_cast abgefangen: ";
  cerr << e.what() << endl;
}
```

> ***1** Hier ist der **try**-Block mit dem kritischen Code, der eine Ausnahme werfen könnte, …

> ***2** … und hier der **catch**-Handler, der die Ausnahme **bad_cast** abfängt.

Okay, hier ist mein Lösungs-vorschlag:

[Belohnung/Lösung]
Bin echt **beeindruckt**. Das Thema können wir jetzt bleiben lassen. Du hast die Ausnahmen mit **Bravur** genommen. Im letzten Abschnitt erfährst du nur noch ein paar kleingedruckte Dinge zu den Ausnahmen. Bis dahin würde ich dir eine Pause empfehlen. Wie wäre es mit einem heißen Tee oder einem warmen Bad?

Ausnahme-Spezifikation und noexcept?

Hier war ja ursprünglich das Thema Ausnahme-Spezifikation (Exception-Spezifikation) angedacht. Aber du hast Glück, weil das Thema jetzt mit dem neuen C++11-Standard als „deprecated" erklärt wurde. Wenn du vielleicht zuvor schon etwas davon gehört hast, darfst du das jetzt vergessen, und wenn du nichts darüber weißt, **braucht dich das auch gar nicht mehr zu interessieren.**

[Hintergrundinfo]

Falls du wirklich wissen willst, warum die Ausnahme-Spezifikation jetzt „deprecated" ist, kannst du folgenden Artikel darüber lesen (Achtung! Englisch!): *http://www.gotw.ca/publications/mill22.htm*

noexpect

Neu hingegen in C++11 wurde das Schlüsselwort **noexcept** aufgenommen. Da ja jetzt ein leeres **throw()** bei einer Funktion „deprecated" ist, kannst du jetzt **noexcept** stattdessen verwenden. Wenn du eine Funktion mit **noexcept** markierst, bewirkt **dies** ...

☞ dass die Funktion keine Ausnahme werfen darf.
☞ dass das Programm nicht auf die Ausnahme reagiert, welche von dieser Funktion geworfen wird. In diesem Fall wird **std::terminate** aufgerufen.

Einfachstes Beispiel hierzu:

```
void function( ) noexcept; *1
```

[Ablage]

Du solltest auch wissen, dass durch das Schlüsselwort **noexpect** alles zur Übersetzungszeit ausgewertet wird. Dadurch, so der Gedanke, stehen dem Compiler mehrere **Möglichkeiten für Optimierungen** zur Verfügung. Daher macht auch die Standard-bibliothek jetzt regen Gebrauch von **noexpect**, um mehr aus ihr herauszuholen und deutlicher hervorzuheben.

*1 Die Funktion darf keine Ausnahme werfen. Tut sie es trotzdem, wird die Ausnahmebehandlung darauf nicht reagieren, auch wenn du einen speziellen Handler dafür eingerichtet hast. Stattdessen wird direkt **std::terminate** aufgerufen.

Hasta la vista, baby

Selbst mit **terminate()** muss **nicht** gleich **Schluss** sein. Auch ein (unerwartetes oder erwartetes) **terminate()** kannst du mit einem Handler **abfangen**. Das funktioniert ähnlich wie schon mit dem **unexpected**-Handler, nur dass du hier die Funktion **set_terminate()** zum Einrichten des Handlers verwenden musst.

*1 Das ist der Code für den **terminate**-Handler. Zuvor muss dieser …

```
#include <exception>
…
void hastalavistababy( ) { *1
    // Quälcode für den terminate-Handler
}
…
set_terminate( hastalavistababy ); *2
```

*2 … mit der Funktion **set_terminate()** eingerichtet werden.

[Hintergrundinfo]
Die Funktion **terminate()** ruft standardmäßig die Funktion **abort()** zum Beenden des Programms auf.

Ausnahmen verweigern

Jetzt weißt du, wie du Funktionen einschränken kannst, wenn diese eine Ausnahme werfen wollen. Im folgenden einfachen Listing kannst du sehen, wie du eine Funktion einschränken kannst, damit diese **keine Ausnahme** mehr werfen kann:

```
...
int keineAusnahme( int, int ) noexcept;   *1
...

  int val{0};
    try {
      val = keineAusnahme(2,0);   *2
    }
    catch( ... ) {   *4
      cerr << "Ausnahme geworfen...???" << endl;
    }
...

int keineAusnahme( int x, int y ) noexcept {
  if( !x || !y ) throw -1;   *3
  return (x/y);
}
```

*1 Hier erkennst du gleich, dass unsere Funktion **keineAusnahme()** keine Ausnahme werfen darf.

*2 Zur Demonstration packen wir den Funktionsaufruf in einen **try**-Block.

*4 Dieses **catch()** wird in unserem Beispiel aber trotzdem nicht aktiv wegen des Schlüsselworts **noexpect**, womit wir unsere Funktion **keineAusnahme()** markiert haben.

*3 Hier werfen wir einfach mal zum Test eine Ausnahme raus, wenn x oder y eben false sind (was sich ergibt, wenn einer der Werte 0 ist, und wir mit dem Aufruf von **keineAusnahme(2, 0)** auch provozieren)

Das Programm bei der Ausführung:

```
● ● ●            beispiel — Ausnahmen verweigern
Schroedinger $ ./noexcept
libc++abi.dylib: terminating with uncaught exception of type int
Abort trap: 6
Schroedinger $ _
```

Hm, dass verstehe ich nicht, es wird doch trotzdem eine Ausnahme geworfen und das Programm beendet?

Ja, völlig richtig, die Standardsachen werden nach wie vor eingehalten. Nur wird hier eben nicht, wie ohne **noexcept**, der **catch()**-Block aktiv, um die Ausnahme abzufangen.

Kann ich bei diesem Listing jetzt nicht den `std::terminate()`*-Aufruf abfangen? Da war doch was mit der Funktion* `set_terminate()`*?*

Natürlich kannst du das machen. Das soll auch Teil deiner nächsten Aufgabe sein, wenn du schon so fragst.

[Schwierige Aufgabe]

Erweitere das eben erstellte Listing um eine Funktion, welche unerwartete und hier wegen **noexcept** unerlaubte Ausnahmen abfängt, welche als Folge haben, dass `std::terminate()` aufgerufen wird.

Okay, das kriege ich hin! Hier mein Versuch:

```cpp
int keineAusnahme( int, int ) noexcept;
void terminator( );  *1

int main()
{
    int val{0};
    set_terminate( terminator );  *2
    try {
        val = keineAusnahme(2,0);
    }
    catch( ... ) {
        cerr << "Ausnahme geworfen...???" << endl;
    }
    return 0;
}


int keineAusnahme( int x, int y ) noexcept {
    if( !x || !y ) throw -1;  *3
    return (x/y);
}

void terminator( ) {  *4
    cout << "Hasta la vista, baby?" << endl;
    cout << "Ausnahmen verboten!!!" << endl;
}
```

*1 Die Deklaration wird verwendet, falls das Programm mit **std::terminate()** beendet wird.

*2 Und wird die Funktion **terminator()** als terminate-Handler eingerichtet, damit das Programm nicht gleich unverzüglich beendet wird, wenn **std::terminate()** aufgerufen wird.

*3 Da die Funktion mit **noexpect** eingerichtet wurde, wurde auch kein **catch**-Handler dafür eingerichtet. Folglich führt diese geworfene Ausnahme dazu, dass **std::terminate()** aufgerufen wird. Und hier …

*4 …kommt natürlich unser dafür eigens eingerichteter terminate-Handler terminator() zum Einsatz!!!

Das Programm bei der Ausführung:

```
Schroedinger $ ./noexcept
Hasta la vista, baby?
Ausnahmen verboten!!!
libc++abi.dylib: terminate_handler unexpectedly returned
Abort trap: 6
Schroedinger $
```

Respekt, Schrödinger! Damit bist durch mit dem Thema **noexcept**. Zur Belohnung solltest du was ordentliches Essen. Wie wäre es mal wieder mit Schnitzel und Pommes?

Och nö, nich schon wieder …

Keine Erwartungen

Ok, an dieser Stelle möchte ich **noch ein paar letzte Worte** bezüglich **noexcept** loswerden, weil es halt doch noch neu ist und du dich sicherlich fragst, wann (oder ob) du es verwenden solltest. Du weißt jetzt, dass du hiermit die Performance deines Programms verbessern kannst. Ebenso weißt du, dass hiermit knallhart ein `std::terminate` aufgerufen wird, um das Programm „abzuschießen".

Das **Grundverhalten einer gewöhnlichen Funktion** ist es aber, dass diese eine Ausnahme werfen kann und du als Programmierer dafür verantwortlich bist zu reagieren.

Auch dein Compiler verwendet implizit bspw. bei Mitgliedern einer Klasse **noexcept**, ebenso wie deine Standardbibliothek **regen Gebrauch** davon macht.

[Notieren/Üben]

Daher der einfachste Hinweis und Tipp gleich an dieser Stelle, bevor du noch mehr verwirrt bist: Bist du dir nicht sicher, was dir das neue Feature bringt oder ob du **noexcept** verwenden sollst oder nicht, dann lass es einfach sein. Verwende das Konzept nur dann, wenn du weißt, warum du es tust! Es ist zwar nur ein einfaches Wörtchen, aber darüber lässt sich mehr sagen als dir hier lieb ist.

Eine sehr umfangreiche Einführung über **noexcept** kannst du auf der folgenden Webseite finden:
http://akrzemi1.wordpress.com/2011/06/10/using-noexcept/
Die Verwendung von **noexcept** wird auch als dynamische Ausnahmespezifikation **(dynamic exception specifications)** bezeichnet.

[Belohnung/Lösung]

Prima, Schrödinger! Hiermit verleihe ich dir den Orden für den „Ausnahme-Spezialisten"!

VIERZEHN

Unterwäsche, 100 % Baumwolle, Doppelripp

Die Standard-klasse string

Schrödinger weiß ja mittlerweile, dass man einen String nicht nur als Unterwäsche tragen, sondern damit auch Text verarbeiten kann. In diesem Kapitel erfährt er mehr über diese Klasse und den Umgang mit ihr.

Schurz, Schürzen, Schürzenjäger

Dass die Klasse **string nichts** mit dem knappen Lendenschurz zu tun hat, solltest du bereits wissen. Wenn es um **Text** geht, ist **string** dein **Freund**. Und unser guter Freund hat eine **Menge** mehr zu bieten, als „nur" Text speichern zu können. Er verschafft uns noch viele weitere Möglichkeiten, den Text zu manipulieren. Hierfür kannst du etwa auf Dinge wie das Suchen und Ersetzen, Einfügen und Entfernen und noch einiges mehr setzen. Hier will ich dir ein paar Möglichkeiten aufzeigen, welche einige dieser Funktionen bei der Ausführung zeigen.

Auch wenn es dir bereits klar sein sollte, die Klasse **string** ist in der Headerdatei **<string>** deklariert, weshalb du diese bei Verwendung auch mit einbinden musst.

[Hintergrundinfo]
Die Klasse **string** ist auch eine echte Container-Klasse der STL (Standard Template Library).

Strings anlegen und zuweisen

Bei der Erzeugung neuer Strings stehen dir viele Wege offen:

```
string tanga01;                    *1
string tanga02("Stringtanga");     *2
char ctanga[] = "Ze-Stringtanga";  *3
string tanga03(ctanga);            *3
string tanga04(tanga02);           *4
string tanga05(tanga03, 3);        *5
string tanga06(tanga03, 3, 6);     *6
string tanga07(10, 'x');           *7
```

*1 Damit wird ein leerer String angelegt.

*7 Der String wird mit zehn ‚x' gefüllt.

*2 Ein String mit dem Inhalt „Stringtanga" wird angelegt.

*3 Hierbei wird ein String aus dem C-String **ctanga** erzeugt.

*6 Kopiert vom String **tanga03** ab dem dritten Zeichen sechs Zeichen in **tanga06** (=String).

*4 Dabei wird ein String aus einem bereits existierenden String erzeugt.

*5 Kopiert den String **tanga03** ab dem dritten Zeichen nach **tanga05** (=Stringtanga).

[Hintergrundinfo]

Für den Fall, dass du zu lange in der Sprache C programmiert hast, solltest du auf jeden Fall wissen, dass die Klasse **string** nicht unbedingt das String-Endezeichen **'\0'** speichert! Auch der **Zuweisungsoperator** (**operator=()**) der Klasse **string** wurde so **überladen**, dass du einem String auf mehrere Arten weitere Zeichen zuweisen kannst.

Hierzu einige Beispiele, die dir zeigen, wie du deinem String etwas zuweisen kannst:

```
string tanga01, tanga02, tanga03, tanga04, tanga05, tanga06; *1
char ctanga[] = "Ze-Stringtanga";

tanga01 = "Stringtanga"; *2
tanga02 = tanga01; *3
tanga03 = ctanga; *4
tanga04 = 'x'; *5
tanga05 = tanga06 = "Mehr Stringtangas"; *6
```

*1 Erst werden ein paar leere Strings erzeugt.

*2 Hier gibt's eine einfache String-Zuweisung.

*3 Natürlich kann auch ein **string** einem **string** zugewiesen werden.

*4 Die Zuweisung eines C-Strings ist auch möglich.

*5 Ein einfaches **char**-Zeichen geht natürlich auch.

*6 Eine Mehrfachzuweisung geht so: Hier bekommen **tanga05** und **tanga06** beide den String „Mehr Stringtangas" zugewiesen.

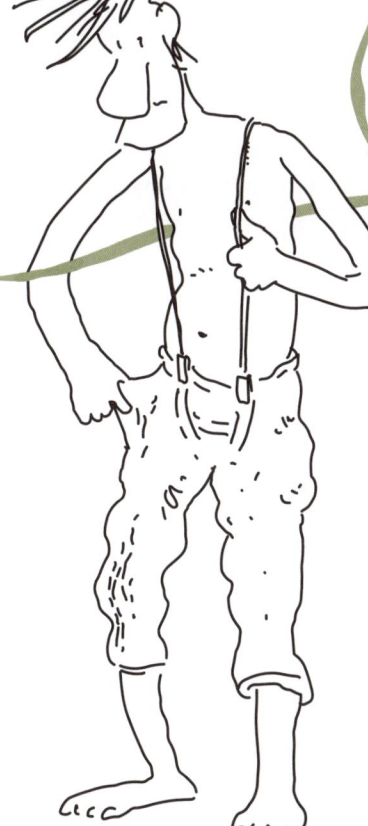

[Ablage]

Wie schon beim Datentyp **char**, der für gewisse
Zeichensätze zu „klein" ist und für den es für solche Fälle
wchar_t gibt, gibt es mit **wstring** auch für **string** eine
Spezialisierung auf „größere" Zeichensätze. Mit dem neuen
C++11-Standard gibt es aber nun auch bessere und leichter
portierbare **char**- und **string**-Typen für Internationales:
char16_t und **char32_t**, sowie **u16string** und
u32string. Zum Beispiel:

```
using std::u16string;
…
u16string s16 = u"鵝滿是快烙滴好耳痛";
```

[Hintergrundinfo]

Auch wenn es dir bereits bekannt sein
sollte: Das **erste Zeichen** im String hat
immer den Index **0**, das zweite den
Index 1 usw.!!!

Zugriff auf die einzelnen Zeichen

Um auf **einzelne Zeichen** zurückzugreifen, verwendest du ja bekanntlich den **Indexoperator [ ]** und die **Elementfunktion at()**. Der Vorteil von **at()** liegt darin, dass diese Funktion im Fall einer unerlaubten Positionsangabe die Ausnahme **out_of_range** wirft.

Hierzu einige klassische Zugriffsmöglichkeiten auf einzelne Zeichen in einem string:

```cpp
string tanga01("String und Tanga");
char stchar = tanga01[7];
tanga01[12] = 'o';  *1
char &stref = tanga01.at(15);  *2
stref = 'o';  *2


try {
   cout << tanga01.at(20) << endl;  *3
}
catch( out_of_range e ) {  *3
   cerr << "!!! out_of_range !!!" << endl;
   cerr << e.what() << endl;
}
```

*1 Einem einzelnen Zeichen in **string** wird ein **char**-Zeichen zugewiesen.

*3 Im Fall einer **Bereichsüberschreitung** mit **at()**, die wir hier absichtlich provozieren, wird die Ausnahme **out_of_range** geworfen. Dagegen kannst du die Funktion mit einer Ausnahmebehandlung impfen.

*2 So geht es natürlich auch. Zunächst verweist eine Referenz auf ein Zeichen, wobei wir hier die Elementfunktion **at()** verwenden, und dann wird dieses Zeichen im String über die Referenz geändert.

Wie groß isses denn?

Für die **Ermittlung** und **Änderung** der **Länge** gibt's natürlich auch eine Handvoll Elementfunktionen wie auch für die **Ermittlung** der **größtmöglichen** Länge eines Textes.

Einige dieser Elementfunktionen bei ihrem Dienst:

```cpp
string tanga01;
if( tanga01.empty() ) {          *1
    tanga01 = "String und Tanga"; *1
}
cout << tanga01.size() << endl;       *2
cout << tanga01.length() << endl;     *2
cout << tanga01.max_size() << endl;   *3
cout << tanga01.capacity() << endl;   *4
tanga01.reserve( tanga01.size()*2 );  *5
tanga01.resize(6);                    *6
tanga01.resize(10, '-');              *7
tanga01.clear();                      *8

try {
    tanga01.reserve( tanga01.max_size() + 1 ); *9
}
catch( length_error &e ) {  *9
    cout << "length_error abgefangen\n";
    cout << e.what() << endl;
}
```

*1 Hier wird überprüft, ob der String **tanga01 leer** ist (**true**), was in dem Fall auch zutrifft. Und daher wird die Zuweisung im **if**-Block auch ausgeführt.

*2 Damit wird die **Anzahl** der **Zeichen** im String zurückgegeben.

*3 Diese Elementfunktion gibt die **Anzahl** der **Zeichen** zurück, die in den String **passen**.

*4 Gibt die **Anzahl** der **Zeichen** zurück, die im String gespeichert werden können, ehe **erneut Speicherplatz reserviert** werden muss.

*5 Ändert die **Kapazität** des Strings auf den vorgegebenen Wert.

*6 **Ändert** die **Länge** des Strings. Wird ein kleinerer Wert eingegeben als der aktuelle Wert von **capacity()**, wird der String auf den angegebenen Wert gekürzt. Im Beispiel wird der Inhalt von **tanga01** auf **"String"** beschränkt.

*7 **Wie eben** zuvor, **nur** dass der Rest mit dem **char**-Zeichen gefüllt wird, welches als zweiter Parameter angegeben wurde, wenn die Größe länger ist als der vorhandene Text im String. Hier wird aus **tanga01** gleich **"String----"**.

*9 Zur Demonstration versuchen wir die Kapazität des Strings auf **max_size()**+1 zu erhöhen, um so die Ausnahme **length_error** zu beschwören und abzufangen.

*8 **Löscht** alle Zeichen im String, und setzt die Länge (**size()**) auf 0 zurück.

Rohe Strings

Mit C++11 gibt es jetzt auch die Möglichkeit, den **Inhalt eines Strings nicht zu interpretieren**. Im Grunde bedeutet das zunächst nichts anderes, als dass du den **Backslash „\"** direkt verwenden kannst und dieser nicht mehr als **Fluchtsequenz** verwendet wird. Das ist besonders hilfreich bei den regulären Ausdrücken (ebenfalls neu dabei mit C++11) oder der Angabe von **Dateipfaden unter Windows**. Einen solchen rohen String (Raw-String-Literale) kannst du in C++11 mit **R"(roher String")** (genau hingucken beim Anführungszeichen und Klammern setzen(!)) definieren:

```cpp
string roherString = string(R"(Raw String: \n \t)");
cout << roherString << endl;     *1
```

*1 Gibt jetzt tatsächlich \n und \t aus und interpretiert diese Zeichen nicht als Newline- bzw. Tabulatoren-Zeichen!

Noch mehr Unterwäsche

Okay, ich denke, das Thema ist **nicht** allzu komplex, und du kannst es erst mal etwas **lockerer** angehen. Daher werden wir hier auch etwas aufgabenlastiger vorgehen. **Viel Spaß** dabei!

[Einfache Aufgabe]
Mal sehen, wie gut du den Umgang mit einzelnen Zeichen beherrschst. Manipulier im String **"Ein Text mit viel e"** den Buchstaben **'e'** so, dass du alle **'e'** durch ein **'x'** ersetzt!

Okay, hier meine Musterlösung dazu:

```cpp
string soeinsch("Ein Text mit viel e");

for( size_t i = 0; i < soeinsch.size(); i++ ) {   *1
  if( soeinsch.at(i) == 'e' ) {   *2
    soeinsch.at(i) = 'x';   *3
  }
}
```

*1 Hier durchlaufen wir in einer Schleife sämtliche Zeichen vom String **soeinsch**. Der String hat eine Länge von **size()** Zeichen, was auch die Abbruchbedingung der Schleife darstellt.

*2 Wir überprüfen, ob das aktuelle Zeichen ein **'e'** ist, und ...

*3 ... ändern den Buchstaben ‚**e**' im Fall der zutreffenden Fälle in den Buchstaben **'x'** um, so dass der String am Ende **"Ein Txxt mit vixl x"** lautet.

Wow! **Super gemacht**, Schrödinger! Wahr ja auch nicht allzu schwer, oder? Eine kleine Bonusaufgabe hätte ich noch für dich.

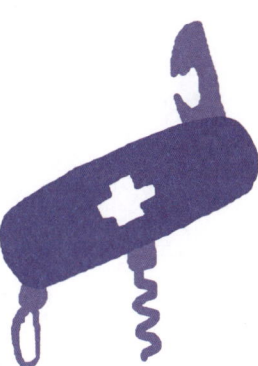

[Einfache Aufgabe]
Wie kannst du möglichst schnell den letzten Buchstaben in einem String ändern? Wie machst du bspw. aus dem String „Lisa" den String „Lise"?

Okay, ich denke, das sollte kein Problem sein. Ich würde das so machen:

```cpp
string lisa("Lisa");
size_t i;
for( i=0; i < lisa.size(); i++);   *1
lisa.at(i-1) = 'e';   *2
```

*1 Die einzelnen Buchstaben hochzählen ...

2 ... dann am Ende angekommen, an i-1 das ‚**a**‘ durch das ‚**e**‘ ersetzen.

Okay, Schrödinger, du bist hier zwar ans **Ziel** gekommen, **aber** die Lösung ist einfach nur **umständlich** und **schlecht**! Du denkst da viel zu kompliziert. Sicherlich gibt es viele Wege, die ans Ziel führen, aber der hier ist definitiv der **schlechteste**.

Mit folgendem Einzeiler kommst du schneller ans Ziel:

```cpp
string lisa("Lisa");
lisa[lisa.length()-1] = 'e';   *1
```

*1 Den letzten Buchstaben durch ein ‚e‘ ersetzen.

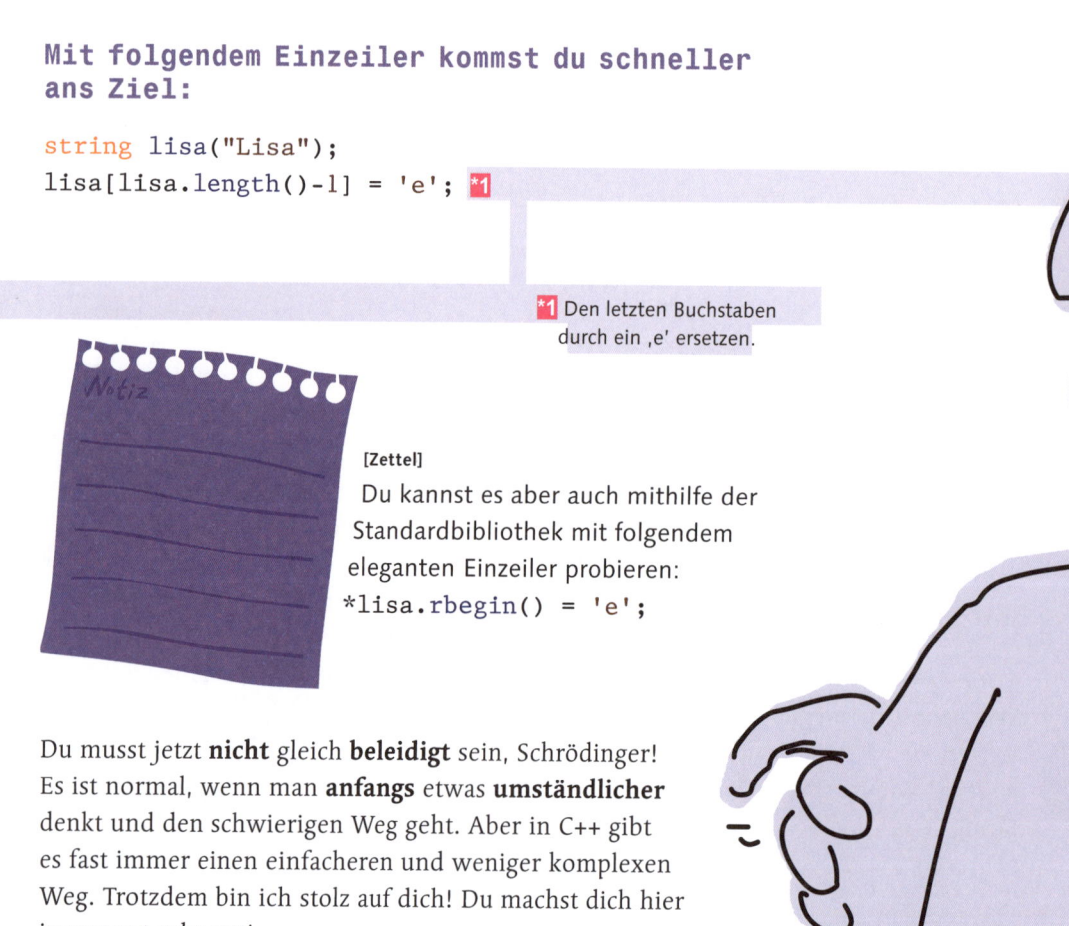

[Zettel]
Du kannst es aber auch mithilfe der Standardbibliothek mit folgendem eleganten Einzeiler probieren:
```cpp
*lisa.rbegin() = 'e';
```

Du musst jetzt **nicht** gleich **beleidigt** sein, Schrödinger! Es ist normal, wenn man **anfangs** etwas **umständlicher** denkst und den schwierigen Weg geht. Aber in C++ gibt es fast immer einen einfacheren und weniger komplexen Weg. Trotzdem bin ich stolz auf dich! Du machst dich hier insgesamt sehr gut!

Und noch mehr davon

Natürlich habe ich auch noch ein paar **einfache Fragen** an dich, die du, ohne groß nachzudenken, beantworten können solltest.

[Einfache Aufgabe]

Wie kannst du einen String bei der Definition initialisieren?

Hm, mal überlegen!
Gut, ich denke also mit einer vorgegebenen String-Konstante, einem bereits vorhandenen (Teil-)String oder mit einer bestimmten Anzahl von Zeichen.

Prima! Das ist korrekt!
Dann zur nächsten einfachen Frage.

Was kannst du mir zur Zuweisung von Strings sagen? Wie kannst du dem Objekt `string` etwas zuweisen?

Hm, okay, bei der Zuweisung sollte es sich um eine String-Konstante, einen anderen String oder ein einzelnes Zeichen handeln.

Richtig! Hinzugefügt werden muss hierbei noch, dass bei einer **Zuweisung** der vorherige Inhalt durch die neue Zeichenkette überschrieben wird. Um die Speicherplatzbeschaffung musst du dich natürlich nicht kümmern. Es gibt selbstverständlich auch noch die Zuweisung mit dem **+=**-Operator zur **Verkettung** und die Funktion `get-line()` bzw. den Operator **>>** zum Einlesen von Zeichen, aber darauf gehen wir später noch extra ein.

[Einfache Aufgabe]

Im folgenden Codeausschnitt wurde ein verhängnisvoller Fehler gemacht. **Finde den Fehler.** Wie könntest du so etwas von vornherein **vermeiden**?

[Notizzettel]
Einen Top-Tipp habe ich für dich zu diesem Beispiel noch. Mithilfe der C++11-range basierenden for-Schleife kann dir so ein Überlauf hier überhaupt nicht mehr passieren, wenn du es folgendermaßen machst:
`for(char c : suchdenfehler) cout << c << endl;`

```
...
string suchdenfehler("Wo ist der Fehler?");
for( size_t i = 0; i < suchdenfehler.size()+1; i++ ) {
  cout << suchdenfehler[i] << endl;
}
...
```

*Hier findet eine **Bereichsüberschreitung** wegen des +1 in der Schleifenbedingung statt. Hätte man hier statt des Index-Operators **[]** die Elementfunktion **at()** verwendet, würde eine **out_of_range**-Ausnahme geworfen, welche wir dann **behandeln** könnten.*

[Belohnung/Lösung]
Okay, ich glaube den ersten Teil für die Klasse `string` hast du ohne Probleme verstanden, und daher solltest du gleich mit dem folgenden zweiten Teil fortfahren. Zu Belohnung solltest du dir mal wieder etwas gönnen. Wie wäre es mit einer Runde WoW?!

Klamottenkiste

Die Klasse **string** hat so unglaublich **viel** zu **bieten**. In diesem Abschnitt erfährst du mehr darüber, wie du Objekte der Klasse **string** nachträglich **verarbeiten** kannst. Auch für die **Suche** stehen interessante Funktionen zur Verfügung.

String konvertieren und manipulieren

Manchmal kann es sein, dass du die **Klamottenkiste** brauchst und einen **string** in einen **C-String** konvertieren musst. Für so einen Fall gibt es natürlich auch etwas, genauso wie Element-funktionen für das **Einfügen**, **Anhängen**, **Löschen** oder **Ersetzen** von Text.

Hierzu wieder entsprechende Element-funktionen in Aktion:

*1 Mit der Elementfunktion **copy()** kannst du vom aktuellen **String** (***this**) eine bestimmte Anzahl von Zeichen (zweites Argument) ab einer bestimmten Position (drittes Argument) in einen **C-String** (erstes Argument) **kopieren**. Das String-Endezeichen wird nicht mit kopiert!

*2 Mit **data()** erhältst du die **Anfangsadresse** (nur lesbar) des gespeicherten Strings zurück, um diese z. B. für die alte Nostalgiefunktion **strncpy()** zu verwenden.

*3 **insert()** fügt ab der Position 6 in **tanga** die Textfolge „**höschen**" **ein**, so dass der Inhalt von **tanga** nun „String**höschen** und Tanga" statt „String und Tanga" lautet.

```
string tanga("String und Tanga");
char ctanga[20];
tanga.copy(ctanga, sizeof(ctanga), 0);   *1
const char *ctptr = tanga.data();   *2
strncpy( ctanga, ctptr, sizeof(ctanga) );   *2
```

*4 Mit **append()** kannst du einen Text (hier „schurz") ans **Ende** des Strings **hängen**, womit **tanga** jetzt „Stringhöschen und Tanga**schurz**" lautet.

```
tanga.insert(6, "höschen");   *3
tanga.append("schurz");   *4
string hose("eine Schande");   *5
tanga.insert(15, hose, 5, 3);   *5
```

*5 Natürlich geht das mit **insert()** auch etwas komplexer. Hier **fügen** wir ab der Position 11 von **tanga** vom String **hose** ab der Position 5 insgesamt drei Zeichen **ein** (im Beispiel „**Sch**") womit in **tanga** nun „Stringhöschen **Sch**und Tanga" steht.

```
tanga.erase(14, 7);   *6
tanga.erase(14);   *7
```

```
string tanga02("String und Tanga");
string ohne("ohne");
string hoeschen("ein Höschen");
```

*7 So geht es auch, wobei hierbei alles hinter der Position 14 im String **tanga gelöscht** wird. In unserem Fall das Wort „Tangaschurz" womit in **tanga** nur noch die Textfolge „Stringhöschen" enthalten ist.

*6 Mit **erase()** können Sie eine bestimmte **Anzahl** von **Zeichen** aus einem String **löschen**. Hier entfernen wir aus **tanga** ab der Position 14 genau sieben Zeichen. In unserem Fall wird hier das Wort „Schund" komplett entfernt, womit nur noch „Stringhöschen Tangaschurz" in **tanga** steht.

```
tanga02.replace(7 , 3, ohne); *8
tanga02.replace( 7, 4, hoeschen, 4, hoeschen.size()-4); *9
```

*8 Mit `replace()` kannst du einen **Teilstring** durch einen anderen String **überschreiben**. In diesem Beispiel werden im String `tanga02` ab Position 7 drei Zeichen durch den String **ohne ersetzt**. In diesem Beispiel wird somit aus „String und Tanga" der Text „String **ohne** Tanga".

*9 Natürlich gibt es auch hierzu noch eine komplexere Alternative. Hier **ersetzen** wir im `tanga02` ab Position 7 vier Zeichen durch den String **hoeschen** ab Position 4 mit `hoeschen.size()-4` Zeichen (also „Höschen"). Somit wird aus „String ohne Tanga" in `tanga02` der String „String **Höschen** Tanga".

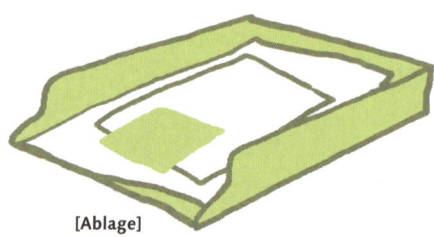

[Ablage]

Ausgaben mit **cout** kannst du dir ja mittlerweile **selber einbauen**, wenn du diese Beispiele in der Praxis sehen willst.

[Zettel]

Eine weitere Funktion, die ich nicht unerwähnt lassen will, ist **substr()**, mit der du vom aktuellen String einen String von Position x mit y Zeichen extrahieren und zurückgeben kannst. Folgendermaßen kannst du bspw. aus **quellstr** einen Teilstring ab der Position 5 mit exakt zehn Zeichen in **zielstr** speichern:

```
zielstr=quellstr.substr(5, 10);
```

Such!

Auf der **Suche** nach (Teil-)Strings oder einzelnen Zeichen stehen dir auch Funktionen zur Verfügung, deren Anwendung recht einfach ist.

Such, such ...

```
string essen("Ich liebe Gockel mit Pommes");
size_t pos1 = essen.find("Gockel"); *1
essen.replace( pos1, sizeof("Gockel")-1, "Schnitzel" ); *2
cout << essen.find('e') << endl; *3
cout << essen.rfind('e') << endl; *4

size_t p1 = essen.find_first_of(" \n\t", 0), p2=0; *5
while(p1 != string::npos ) { *6
  cout << essen.substr(p2, p1-p2) << endl; *7
  p2=p1+1; *8
  p1 = essen.find_first_of(" \n\t", p2); *9
}
cout << essen.substr(p2, essen.size()-p2) << endl; *10
```

[Hintergrundinfo]
Neben den verschiedenen **find_first_of**-Versionen gibt es natürlich auch hier noch mit **find_last_of** das Gegenstück und mit **find_first_of_not** bzw. **find_last_of_not** nochmals ein paar Gegenstücke zum Gegenstück.

Überladene Operatoren und Ein-/Ausgabe

Ebenfalls wurden viele **Operatoren** sinngemäß für **string** **überladen**. So kannst du bspw. alle Vergleichsoperatoren auf zwei **string**-Objekte anwenden. Natürlich wurden auch die Ein- und Ausgabeoperatoren **>>** und **<<** passend überladen.

Aber schau am besten einfach selbst:

```
string name, nname, voll;
cout << "Name      : ";   *1
cin >> name;   *1
cout << "Nachname : ";   *1
cin >> nname;   *1

if( name == nname ) {   *2
   cerr << "Vorname und Nachname gleich???\n";
}
else if( name > nname ) {   *3
   cout << "Nachname ist lexikografisch größer\n";
}
else {
   cout << "Vorname ist lexikografisch kleiner\n";
}
voll = name + " " + nname;   *4
name+=nname;   *5
name+="(Mustername)";   *6
   cout << voll << endl;
   cout << name << endl;
```

*1 Auch wenn du es mittlerweile als selbstverständlich ansiehst: Auch die Operatoren **>>** und **<<** wurden für die Standardein- und -ausgabe überladen.

*2 Damit kannst du zwei Strings auf **Gleichheit** hin überprüfen. Wahrheitsgemäß ist das **true** ansonsten eben **false**. Natürlich kannst du auch das Gegenstück **!=** dazu verwenden.

*3 Hier checken wir einfach, ob der linke String (hier **name**) lexikografisch größer ist als der rechte String (hier **nname**). Auch hier gibt's bei Wahrheit **true** und bei Falschheit **false** zurück. Sinngemäß kannst du hierbei auch die Operatoren **<**, **<=**, **>=** einsetzen.

*4 Mit dem **+**-Operator kannst du Strings miteinander **verketten** (**aneinanderhängen**). Neben **string** kannst du hier auch **char*** und **char** verwenden. Allerdings muss mindestens einer der Operanden (also Strings) ein Objekt der Klasse **string** sein. Im String **voll** steht somit dann der eingegebene Name und Nachname mit einem Leerzeichen getrennt.

*5 Hier wird der String **nname** direkt an den String **name** angehängt.

*6 So ist es natürlich auch möglich mit dem Anhängen.

Das mit dem Einlesen über >> ist ja gut und schön, aber sobald mindestens ein Leerzeichen dazwischen enthalten ist, wird der String dahinter nicht mehr mit eingelesen und gegebenenfalls sogar das nächste >> übersprungen!?

Ja, es ist tatsächlich so, dass sich **>>** nur für einzelne Wörter eignet. Zum **Einlesen** einer **ganzen Zeile** empfehle ich dir, auf **getline()** zurückzugreifen.

Hier also die Funktion getline(), um eine ganze Zeile in string einzulesen:

```
string zeile1, zeile2;
cout << "Zeile 1 bitte : ";
getline(cin, zeile1); *1
cout << "Zeile 2 bitte : ";
getline(cin, zeile2, 'e'); *2
```

*1 Damit wird die **komplette Zeile** bis zum nächsten Newline-Zeichen **eingelesen**. Den Stream **cin** musst du hier als zweiten Parameter angeben, und wo die Eingabe gespeichert wird, findest du im zweiten Parameter.

*2 Entspricht dem im Grunde, nur wird hier entweder bis zum nächsten Buchstaben **'e'** oder bis zum nächsten Newline-Zeichen eingelesen.

Ich kann's nicht mehr hören: Strings

In diesem Abschnitt wollen wir uns einigen „**komplexeren**" Beispielen widmen, um einzelne Strings zu manipulieren. Du hast ja im Büro zuvor einige Elementfunktionen dazu kennengelernt. Mal sehen, was du drauf hast.

[Einfache Aufgabe]
Häng die beiden Strings zu einem String zusammen.
In **papalapap** soll am Ende „Sinnloser Text" enthalten sein.

```
string papalapap("Sinnloser"); *1
string text("Text"); *1
```

*1 Fass **papalapap** und **text** zu einem String zusammen (mit einem Leerzeichen dazwischen).

Okay,
hierzu mein Lösungsvorschlag:

```
papalapap.append(" ");
papalapap.append(text);
```

Prima gemacht, Schrödinger. Alternativ könntest du hier auch noch den überladenen **+=**- oder **+**-Operator dafür verwenden.

Zum Beispiel mit folgendem Einzeiler:

```
papalapap += " " + text;
```

Wirklich
beeindruckend!!!

[Schwierige Aufgabe]
Okay, wollen wir mal sehen, wie es mit dem Einfügen und Ersetzen aussieht. Folgende Strings sind vorgegeben:

```
string textmitsinn("Text Sinn"); *1
string ichkanns("Ich bin gut"); *2
string ichkannsnicht("Ich bin ein schlechter Mensch"); *3
string blabla("Ein sehr toller Film"); *4
```

*1 Füge hier zwischen „Text" und „Sinn" die Zeichenfolge „mit" ein.

*2 Füge hier zwischen „bin" und „gut" den Teilstring „sehr" von **blabla** ein.

*3 Ersetze hier den Teilstring „schlechter" durch den Teilstring „toller" aus **blabla**.

*4 Ersetze hier den Teilstring „toller" durch den String „schlechter".

*1 Hier füge ich ab Position 5 den String „mit" zwischen „Text" und „Sinn" ein, womit in **textmitsinn** jetzt die Zeichenkette „Text mit Sinn" enthalten ist.

*2 An der Position 8 vom String **ichkanns** füge ich hier vom String **blabla** ab der Position 4 exakt fünf Zeichen ein. Somit wird aus **ickkanns** mit „Ich bin gut" eben „Ich bin sehr gut". Das „sehr" habe ich ja von **blabla** eingefügt.

Okay, *hierzu meine Lösungsvorschläge:*

```
textmitsinn.insert(5, "mit "); *1
ichkanns.insert(8, blabla, 4, 5 ); *2
ichkannsnicht.replace(12, 10, blabla, 9, 6 ); *3
blabla.replace(9, 6, "schlechter"); *4
```

*3 Damit ersetze ich in **ichkannsnicht** ab der Position 12 genau zehn Zeichen (was hier der Teilstring „schlechter" ist) und füge dafür einen Teilstring aus **blabla** ein. Dieses Mal verwende ich dort ab der Position 9 exakt sechs Zeichen (in diesem Fall dann „toller"). Damit steht in **ichkannsnicht** dann „Ich bin ein toller Mensch".

Das Programm bei der Ausführung:

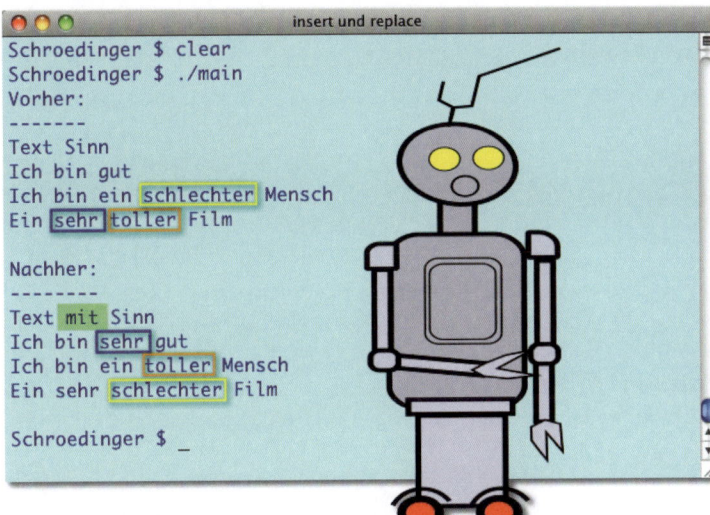

```
Schroedinger $ clear
Schroedinger $ ./main
Vorher:
-------
Text Sinn
Ich bin gut
Ich bin ein schlechter Mensch
Ein sehr toller Film

Nachher:
-------
Text mit Sinn
Ich bin sehr gut
Ich bin ein toller Mensch
Ein sehr schlechter Film

Schroedinger $ _
```

*4 Und hier ersetze ich in **blabla** ab der Position 9 genau sechs Zeichen durch die String-Konstante „schlechter", womit in **blabla** nun die Zeichenfolge „Ein sehr schlechter Film" steht.

Okay, dann wollen wir die Messlatte mal ein wenig höher legen.

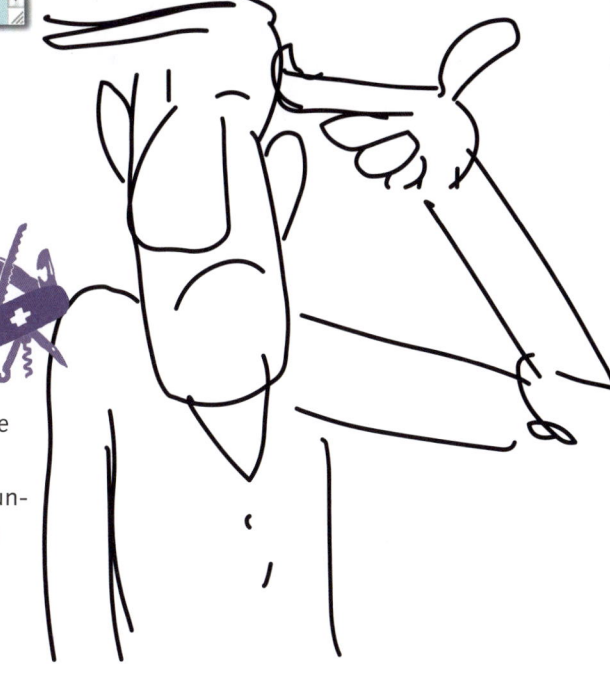

[Schwierige Aufgabe]
Schreib ein Programm, mit dem du eine ganze Zeile in einen String **meinstring** einlesen kannst. Danach erstellst du eine Abfrage, nach der du im String **meinstring** suchen willst, und dann noch eine Abfrage, durch die du den eventuell gefundenen Teilstring ersetzen willst. Zu guter Letzt ersetzt du den Teilstring dann auch. Also ein einfaches Suchen und Ersetzen halt. Natürlich solltest du auch reagieren, wenn die Suche erfolglos war.

Komm schon, ich weiß, dass du das hinbekommst. Du brauchst doch lediglich drei Objekte der Klasse **string**, einmal den einzulesenden Text, dann den Suchstring und schließlich den String zum Ersetzen. Dann suchst du in deinem Text nach dem Suchstring, und im Fall einer erfolgreichen Suche (**!=string::npos**) ersetzt du mit dem String, den du für das Ersetzen eingegeben hast.

Okay! Ich probier's aus:

```
...
string meinstring, suchstring, replacestring;
cout << "Bitte gib ein paar Wörter ein: "; *1
getline(cin, meinstring); *1


cout << "Wonach willst du suchen: "; *2
getline(cin, suchstring); *2


cout << "Und womit ersetzen : "; *3
getline(cin, replacestring); *3


size_t pos1 = meinstring.find(suchstring); *4
if( pos1 == string::npos ) { *5
  cerr << suchstring << " nicht enthalten !!!\n";
}
else {
  meinstring.replace( pos1, suchstring.size(), *6
                     replacestring );
}
cout << meinstring << endl;
...
```

*1 Hier geben wir den Text über **getline()** ein.

*2 Hier lesen wir den Suchstring ein ...

*3 ... und hier den String für die Ersetzung.

*4 Mit der Elementfunktion **find()** suchen wir nach dem **suchstring** in **meinstring**.

*5 Wenn nichts gefunden wurde, wird **string::npos** zurückgegeben.

*6 Wurde der **suchstring** in **meinstring** gefunden, ersetzen wir diesen mit **replacestring**.

Das Programm bei der Ausführung:

Ich bin der Meinung: **Das war spitze!**
Wirklich, Schrödinger, das hast du wirklich sehr schön gelöst.
Ich bin stolz auf dich.
Du bist mein bester Schüler im Augenblick!

Alles sauber dank „Schwarzer Zwerg"

Prima, Schrödinger! Jetzt sind wir auch hier ans Ende gekommen. Du weißt jetzt, wie du die Klasse **string** in der Praxis vielseitig einsetzen kannst. Damit hast du eine sehr leistungsstarke und zuverlässige Waffe im Umgang mit Text kennengelernt.

[Zettel]
Für trockenere und tiefere Referenzdetails empfehle ich dir, immer mal einen Blick in die Dokumentation deines Compilers zu werfen oder in eine der vielen tollen Referenzen im Web. Meine Empfehlung hierbei ist: *http://www.cplusplus.com/*
Du kannst dich jetzt gemütlich **zurücklehnen**, weil ich jetzt noch ein paar **Fragen** an dich habe, die du ohne deinen Rechner beantworten kannst.

[Einfache Aufgabe]
Die gleich folgende Zeile wirft die Ausnahme **out_of_range**, wenn weniger als 30 Zeichen in **eintext** enthalten sind. Was könnte die Ursache sein?

...

```
eintext.replace(30, suchstring.size(), replacestring); *1
```

*1 Hier wird die Ausnahme **out_of_range** geworfen. Was ist hier die Ursache?

*Hm, ein Zugriff außerhalb des erlaubten Bereiches. Ich denke mal, wenn der String **eintext** weniger als 30 Zeichen hat, aber die Funktion **replace()** ab dem 30. Zeichen ersetzt, entsteht dieser unerlaubte Zugriff außerhalb eines gültigen Bereiches.*

Sehr gut gelöst! Zugegeben, das Beispiel ist ziemlicher Murks, aber es soll dir verdeutlichen, dass man sich **auch** bei den Elementfunktionen seine **Gedanken** zum Einfügen, Löschen oder Ersetzen machen sollte!

[Einfache Aufgabe]
Was geben die Suchfunktionen zurück, wenn nichts gefunden werden konnte und sie am Ende des Strings angekommen sind?

Das ist einfach:

```
string::npos
```

Ja, das ist wirklich einfach! Hinzufügen muss ich noch, dass es sich hierbei um eine statische konstante Variable vom Typ **size_t** (ein **unsigned** Integer-Typ) handelt, mit dem Wert –1 definiert.

[Einfache Aufgabe]
Wo liegt der Unterschied beim Einlesen von Strings mit **>>** und **getline()**?

*Beim Einlesen über die Standardeingabe mit dem Operator **>>** werden die Zeichen nur bis zum ersten Leerzeichen eingelesen. **getline()** hingegen liest die komplette Zeile ein.*

[Belohnung/Lösung]
Du bist guuuut!

—FÜNFZEHN—

Ströme ohne Isolierkabel verwenden

Der Umgang
mit Streams
und Dateien

Der Umgang mit Dateien und der Ein- und Ausgabe
wird in C++ über ein spezielles und erweiterbares
Streamkonzept implementiert. In diesem Kapitel lernt
Schrödinger das Prinzip eines solchen Stroms
(der hier nicht gelb ist) näher kennen.

Gib aus den Strom

Alles, was in C++ rein- oder rausgeht, wird auf einer sehr tiefen Ebene geregelt. Genauer gesagt, handelt es sich hierbei um einen **Strom** (engl. **Stream**) einzelner Bytes. Natürlich hantierst du dabei jetzt nicht am Stromkabel ohne Isolation herum, weil du sonst einen Schlag bekommst. Die einzelnen Ströme erhalten ihre tiefere Bedeutung erst auf einer anderen Ebene. Okay, sprechen wir nicht geschwollen drum herum, das ganze Prinzip basiert natürlich auf einer **Hierarchie** von **Klassen-Templates**. Auf dem Thron regiert die Klasse `ios_base`, sie ist also sozusagen die Stromleitung **ohne** Isolierung. Von `ios_base` werden alle anderen Ströme abgeleitet.

[Begriffsdefinition]

Die Bezeichnung **Ströme** oder **Streams** (wir werden uns auf den Begriff Strom einigen) kannst du dir bildlich wie einen Strom vorstellen. Und zwar als Objekt, das Daten bspw. auf einen Bildschirm, in eine Datei oder von der Tastatur zum Programm „**fließen**" lässt.

In der folgenden Abbildung siehst du eine einfache Darstellung der **Klassenhierarchie** für die Ein- und Ausgabe, die allerdings schon wieder eine **Spezialisierung** für einen Basisdatentyp darstellt. Abgesehen von `ios_base` haben nämlich die eigentlichen Klassen-Templates alle das Wort `basic_` vor ihrem Klassennamen stehen.

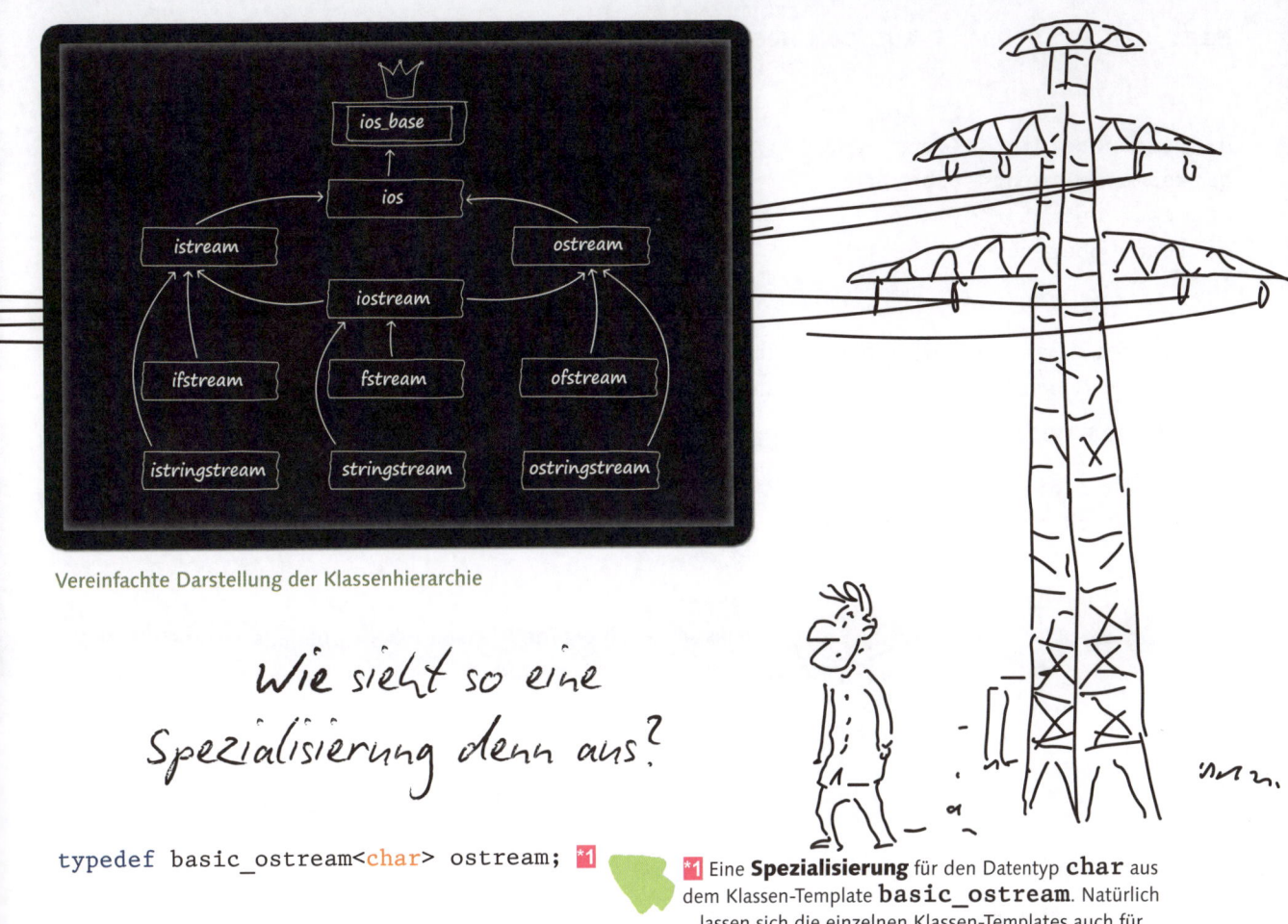

Vereinfachte Darstellung der Klassenhierarchie

Wie sieht so eine Spezialisierung denn aus?

```
typedef basic_ostream<char> ostream; *1
```

*1 Eine **Spezialisierung** für den Datentyp **char** aus dem Klassen-Template **basic_ostream**. Natürlich lassen sich die einzelnen Klassen-Templates auch für erweiterte Zeichensätze verwenden (wie dies bspw. mit **wchar_t** der Fall ist).

Im Header **<iostream>** findest du dann z. B. die **Standardströme** mit einem Objekt der Klasse **ostream** definiert:

```
namespace {
  …
  extern ostream cout;
  extern ostream cerr;
  extern ostream clog;
}
```

Und da haben wir schon eine perfekte Überleitung zum Strom **ostream** gebaut. Endlich kann ich das Geheimnis vom **Operator <<** lüften: Du weißt ja bereits, dass ein Strom zunächst nichts anderes ist als eine **unleserliche Folge** von **Bytes**. Erst eine Spezialisierung des Operators **<<** mit der Klasse **ostream** für die eingebauten Datentypen macht es möglich, dass du auch das zu lesen bekommst, was das (normale) menschliche Gehirn verarbeiten kann (also dass kleine ASCII-Zeichen ausgegeben werden).

Hier ein Ausschnitt aus dem Header `<ostream>` vom `<<`-Operator:

```
...
ostream& operator<<(const char*);
ostream& operator<<(char);
ostream& operator<<(int);
ostream& operator<<(float);
...
```

> **[Zettel]**
> Dir sollte natürlich klar sein, dass es sich bei den dargestellten **operator<<**-Funktionen um Mitglieder einer umgebenen Klasse (**ostream**) handelt und nicht um eine „freie" Funktion.

Erst dadurch, dass als Rückgabetyp eine **Referenz** verwendet wird, ist die Reihenschaltung der **<<**-Operatoren möglich.

Folgendes meinte ich damit:

```
int ich = 123;
cout << "ich = " << 123 << endl;
```

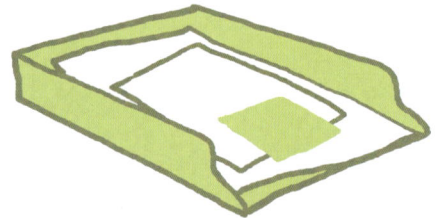

> **[Ablage]**
> Dass du auch **eigene Klassen** mit << überladen kannst, habe ich dir ja bereits gezeigt. Ich hoffe, du hast es nicht vergessen?!

Rohe Eier raus ...

Neben den mehrfach überladenen **<<**-Operatoren stehen dir in **<ostream>** mit **put()** und **write()** auch noch Elementfunktionen zur Verfügung, welche die Daten **unformatiert** ausgeben.

Hier diese rohen Sachen bei der Arbeit:

```
string ei("rohes Ei");
for( size_t i = 0; i < ei.size(); i++) {
  cout.put(ei.at(i)); *1
}
cout << 10 << endl; *2
cout.put(10); // Newline *2

char cstr[] = "Rohe Daten";
cout.write(cstr, 5); *3
cout.put(10);
```

> **[Zettel]**
> Wesentlich eleganter und einfacher kannst du dir die for-Schleife im Beispiel mit der neuen C++11-ranged-for-Schleife wie folgt machen:
> ```
> for( char c : ei ) cout.put(c);
> ```

*1 Hier gibst du **unformatiert** einzelne Zeichen auf dem Bildschirm aus.

*2 Hier der **Vergleich** zwischen formatiert und unformatiert. Mit **<<** wird tatsächlich der formatierte Integer 10 ausgegeben. Mit **put()** hingegen wird nur der rohe Wert für 10 ausgegeben. Und wenn du hier einen Blick auf die ASCII-Tabelle wirfst, steht der rohe Wert für das Newline-Zeichen.

*3 Mit **write()** ist es auch möglich, eine bestimmte Anzahl von **unformatierten** Zeichen auszugeben. In dem Fall ist es natürlich auch gefährlich, weil wir die Anzahl der Zeichen, die wir ausgeben, nicht überprüfen.

Mehr formatierter Output bitte

Natürlich gibt es auch Optionen, mit denen du die **Ausgabe** etwas **ordentlicher** gestalten kannst und nicht einfach so rausknallen musst. Daher will ich dir ein paar Möglichkeiten zeigen, wie du die Ausgabe formatieren kannst.

Für die Steuerung der Weite von Fließkommazahlen und Füllzeichen werden dir auch einige Funktionen zur Verfügung gestellt.

Aber sieh es dir am besten selbst an:

> ***1** Damit setzt du die **Füllweite** der Ausgabe auf zehn Zeichen. Sprich, wenn deine Zahl oder dein String sechs Zeichen enthält, werden die restlichen vier Zeichen mit Leerzeichen aufgefüllt. Rufst du diese Funktion ohne Argumente auf, wird der aktuelle Standardwert der **Feldbreite zurückgegeben**.

> ***2** Statt der Leerzeichen kannst du aber auch mit `fill()` ein anderes **Füllzeichen** angeben. Verwendest du `fill()` ohne ein Argument, wird das Füllzeichen wieder auf den Standard (Leerzeichen) zurückgesetzt.

> ***3** Hier erfolgt die Ausgabe jetzt mit einer Weite von zehn Zeichen, und der Rest wird mit ***** aufgefüllt, also ******123456**.

```cpp
int pin = 123456;

cout.width(10);       // *1
cout.fill('*');       // *2
cout << pin << endl;  // *3
cout << pin << endl;  // *4

cout.width(4);        // *5
cout << pin << endl;  // *5

int standardwert = cout.precision();  // *6
cout << standardwert << endl;         // *6
double dval = 1234.9234;
cout << dval << endl;                 // *6

cout.precision(7);    // *7
cout << dval << endl; // *7

cout.precision(4);    // *8
cout << dval << endl; // *8
```

> ***4** An dieser Stelle wird die Füllweite von zehn Zeichen nicht mehr verwendet. Daher kannst du schlussfolgern, dass die Angabe von `width()` nur für die nächste Ausgabe gültig bleibt und dann wieder auf 0 zurückgesetzt wird. Das Füllzeichen hingegen bleibt bestehen, wenn du es mit `fill()` geändert hast.

> ***5** Hiermit will ich dir zeigen, dass im Fall einer **zu kleinen Weitenangabe** nicht der eigentliche Wert gekürzt wird. Auch wenn du hier eine Weite von vier Zeichen angibst, wird trotzdem der komplette Wert ausgegeben und nicht abgeschnitten.

> ***6** Eine spezielle Weitenangabe gibt es natürlich auch für die Fließkommazahlen mit `precision()`. Hier ermitteln wir gerade den Standardwert dieser Funktion. In diesem Beispiel ist der voreingestellte Standardwert 6, was die anschließende Ausgabe dann auch beweist: **1234.92**.

> ***7** Hier **ändern** wir die **Weite** auf sieben Ziffern, womit die anschließende Ausgabe **1234.923** lautet.

> ***8** Hier wird die **Weite** auf den **Ganzzahlenwert** reduziert, und daher findet hier auch eine automatische Rundung auf **1235** statt.

Wir schwenken die Flagge ...

Mithilfe von sogenannten **Flaggen** (Flags, Fähnchen) und speziellen Funktionen, um diese zu **schwenken**, kannst du auch die Ausgabe steuern. Intern ist hierfür der Datentyp `ios::fmtflags` (hier eine Spezialisierung von `ios_base::fmtflags` für den Typ `char`) definiert.

Hierzu ein Beispiel, wie du Fähnchen für die Ausgabe schwenken kannst:

*1 Hier **sichern** wir den Standardzustand der Flaggen.

```cpp
ios::fmtflags standardFlaggen; *1
ios::fmtflags neueFlaggen = ios::hex | ios::uppercase; *2

standardFlaggen = cout.flags( ); *3
cout.flags(neueFlaggen); *4
cout << 255 << endl; *4
cout.unsetf( ios::uppercase ); *5
cout << 255 << endl; *5
cout.setf( ios::showbase ); *6
cout << 255 << endl; *6
cout.setf(standardFlaggen); *7
cout << 255 << endl; *7
```

*2 Dies verwenden wir als neue **Formateinstellung** für die Ausgabe. Mit `ios::hex` werden Zahlen in hexadezimaler Schreibweise ausgegeben, und mit `ios::uppercase` werden Groß- statt Kleinbuchstaben bei den Zahlen verwendet (bspw. **FF** statt **ff** für den hexadezimalen Wert 255). Hier siehst du auch, dass mehrere solcher Flaggen mit dem bitweisen ODER-Operator zu einer Maske verknüpft werden können.

*3 Damit wird der aktuelle **Flaggenzustand zurückgegeben** und in `standardFlaggen` gespeichert.

*4 Mit `flags()` kannst du aber auch gleichzeitig **neue Flaggen** schwenken, wenn du diese als Argument verwendest, wie wir dies hier mit **neueFlagge** gemacht haben. Alternativ könntest du hierfür auch die Elementfunktion `setf()` verwenden. Die Ausgabe lautet hier „**FF**" (die hexadezimale Großschreibung für 255).

*5 Hier **deaktivieren** wir mit `unsetf()` die Flagge `ios::uppercase`, weshalb die nächste Ausgabe des hexadezimalen Wertes 255 nun kleingeschrieben „ff" lautet. Alternativ könntest du stattdessen auch
`cout.setf(0,ios::uppercase);`
schreiben.

*6 Hier aktivieren wir mit `setf()` zusätzlich die Flagge `ios::showbase`, um die Basis mit auszugeben. Im Beispiel wäre dies in der hexadezimalen Schreibweise **0x**. Also lautet die Ausgabe **0xff**.

*7 Hier stellen wir wieder mit `setf()` und den Flaggen `standardFlaggen` den Ursprungszustand her, den du zu Beginn darin gesichert hast.

Was gibt es denn alles für Flaggen, die ich dafür verwenden kann?

Hier deine richtigen Fähnchen! Musst halt noch `ios::` voranstellen:

Flagge	Sinn und Zweck
showbase	Basis mit anzeigen
showpos	bei positiven Zahlen + voranstellen
uppercase	Großschreibung (X, E statt x, e oder A, B, C, D, E, F statt a, b, c, d, e, f)
showpoint	nachfolgende Nullen bei Gleitkommazahlen ausgeben
unitbuf	Puffer leeren nach jeder Ausgabefunktion
stdio	Puffer leeren nach jedem Trennzeichen

Diverse Formateinstellungen für die Ausgabe

Für die Ausgabe von Ganzzahlen findest du folgende vordefinierten Flaggen in `ios::basefield`:

Flagge	Sinn und Zweck
oct	Ausgabe im oktalen Format
dec	Ausgabe im dezimalen Format
hex	Ausgabe im hexadezimalen Format

Ausgabe einer bestimmten Basis

Hier noch einige Flaggen für Gleitpunktzahlen, welche, ausgenommen showpoint, in `ios::floatfield` definiert sind:

Flagge	Sinn und Zweck
fixed	Gleitkomma-Format
scientific	Exponential-Format
showpoint	nachfolgende Nullen bei Gleitkommazahlen ausgeben

Ausgabeformate für Gleitpunktzahlen

Und zu guter Letzt noch ein paar Flaggen aus `ios::basefield` für die ausgerichtete Ausgabe. Vorausgesetzt natürlich, es wurde eine größere Weite (`width()`) verwendet:

Flagge	Sinn und Zweck
left	Ausgabe erfolgt linksbündig.
right	Ausgabe erfolgt rechtsbündig.
internal	Wird ein Vorzeichen verwendet (showpos), wird der Raum zwischen dem Vorzeichen und dem Wert mit Leerzeichen aufgefüllt.

Ausgabeformate zum Ausrichten

Jetzt ist es raus ...

An dieser Stelle hast du jetzt einiges über die Ausgabe erfahren. Du kennst dich jetzt zumindest ein bisschen mit der Klassenhierarchie aus und weißt, dass die ganze (Ein- und) Ausgabe über **Ströme** (engl. **Streams**) realisiert wird. Das Thema habe ich hier zwar jetzt nicht breitgetreten, aber für die Verwendung der Ströme ist das zunächst auch nicht dringend erforderlich.

Okay, das Thema war jetzt nicht schwer, aber trotzdem wollen wir ein paar Aufgaben mit einbauen.

[Einfache Aufgabe]

Betrachte den folgenden Code und die Ausgabe dazu. Pass den Code dann an!

```cpp
double dval1 = 123.12, dval2 = 234.23;
cout.width(10);
cout.fill('.');
cout << "|" << dval1 << "|" << endl;
cout.width(10);
cout << "|+" << dval2 << "|" << endl;
cout.width(10);
cout << "|=" << dval1+dval2 << "|" << endl;
```

Die Ausgabe dazu lautet:

```
Schroedinger $ ./calc
........|123.12|
.......|+234.23|
.......|=357.35|
Schroedinger $ _
```

Das Programm bei der Ausgabe

Die Ausgabe ist allerdings nicht so, wie wir uns das vorgestellt haben. Was kannst du machen, damit die Ausgabe so aussieht?

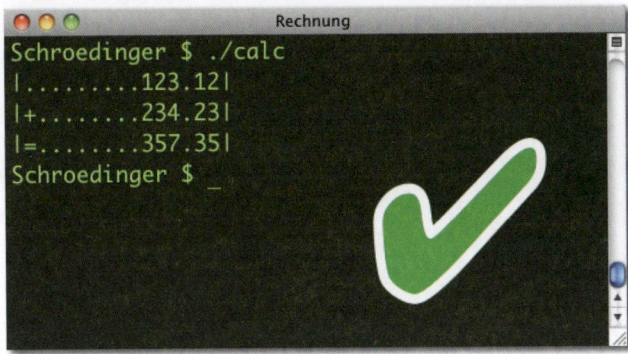

Die Ausgabe sauber formatiert

Hm, da muss ich ja einiges umschreiben. Ich bin mir da nicht so sicher ...

Okay, ich hab's, ich brauche hier nur den Text linksbündig auszurichten, und alles wird hinter | geschrieben. Also:

```
cout.setf(ios::left);
```

Perfekt! Endlich hast du aufgehört, kompliziert zu denken, und nimmst das, was C++ dir anbietet.

[Einfache Aufgabe]

Im folgenden Listing wurde ein einfacher logischer Fehler eingebaut. Kannst du ihn entdecken?

Was passt hier nicht?

```
int ival = 100;
ios::fmtflags nFmt = ios::showbase | ios::hex | ios::oct;
cout.flags( nFmt );
cout << ival << endl;
```

*Hm, ich bin mir da nicht absolut sicher, aber **kollidieren** hier nicht die beiden Flaggen `ios::hex` und `ios::oct` miteinander? Ich meine, es macht doch nur Sinn, entweder `ios::hex` oder `ios::oct` zu verwenden.*

Völlig richtig! Du hast deine Hausaufgaben ordentlich gemacht.

[Einfache Aufgabe]

Du hast auch erfahren, dass du eine Menge an Flaggen über `ios::fmtflags` schwenken kannst. Hierfür stehen dir einige interessante Elementfunktionen zur Verfügung. Nenn mir die Funktionen und deren grundlegenden Zweck!

Okay, dann wollen wir mal ...

- ☛ Mit `flags()` kann ich einzelne Flaggen oder eine Bit-Maske aus Flaggen **setzen** oder den aktuellen Zustand **zurückgeben** lassen.
- ☛ Mit `setf()` kann ich die Flaggen **aktivieren**.
- ☛ Und mit `unsetf()` kann ich Flaggen wieder **deaktivieren**.

[Einfache Aufgabe]

Ein letzte Frage noch. C++ bietet dir auch eine Möglichkeit an, einzelne Bytes oder ganze Blöcke auf den Ausgabestrom zu schieben. Welche Funktionen kennst du dazu?

- ☛ Mit `put()` kann ich einzelne Zeichen **unformatiert** in den Ausgabestrom **schreiben**.
- ☛ Mit `write()` hingegen kann ich ganze Blöcke **unformatiert ausgeben**.

[Belohnung]

Prima, Schrödinger! Der Abschnitt ist dir sicherlich sehr leicht gefallen. Im nächsten Abschnitt erfährst du dann mehr zu den Eingabeströmen. Bis dahin würde ich dir empfehlen, dir mal wieder ein wenig Spaß zu gönnen. Wie wäre es mit einer Runde WoW?!

Wir ändern die Richtung

In diesem Abschnitt soll jetzt die Fließrichtung des Stroms geändert werden. Statt des Ausgabe- wird jetzt der **Eingabestrom** behandelt. Auch bei der Eingabe eines Stroms handelt es sich zunächst um nichts anderes als eine unleserliche Folge von Bytes. Hierbei hält die Klasse `istream` die Spezialisierungen der grundlegenden Datentypen für den Operator `>>` parat. Du wirst nun zunächst nicht viel Neues gegenüber `ostream` erfahren, weil wir im Prinzip nur die Stromrichtung ändern.

Hier ein Ausschnitt davon aus dem Header `<istream>` vom `>>`-Operator:

```
...
istream& operator>>(const char*);
istream& operator>>(char&);
istream& operator>>(int&);
istream& operator>>(float&);
...
```

[Zettel]
Auch hier gilt, dass es sich bei den dargestellten **operator>>**-Funktionen um Mitglieder einer umgebenden Klasse (istream) handelt und nicht um eine „freie" Funktion.

Auch gilt, dass dank der Referenz als Rückgabetyp wieder die Reihenschaltung möglich wird:

```
int ich, du;
cin >> ich >> du;
```

[Ablage]
Und auch hier habe ich dir bereits gezeigt, wie du den `>>`-Operator für eigene Klassen überladen kannst.

Rohe Eier rein ...

Natürlich gibt es auch hier für ein Einlesen von rohen Bytes oder ganzen Blöcken von rohen Bytes nützliche **Elementfunktionen**. Zum Einlesen von einzelnen Zeichen oder Bytes (inklusive der Zwischenraumzeichen) kannst du die Elementfunktion **istream& get()** verwenden.

```
char ch;
while (cin.get(ch) ) { *1
  if( ch == '#' ) { *2
    cin.putback('!'); *2
  }
  else { *3
    cout.put(ch); *3
  }
}
```

*1 In einer **while**-Schleife werden hier einzelne Zeichen vom Eingabestrom (hier **cin**) eingelesen.

*2 Hier überprüfst du, ob das eingelesene Zeichen ein # ist. Trifft das zu, schieben wir nicht dieses, sondern das Zeichen ! zurück in einen Eingabestrom, so dass es beim nächsten Einlesen wieder zur Verfügung steht. Hiermit ersetzen wir quasi das Zeichen # durch das Zeichen ! im Puffer. Das allgemein zuletzt eingelesene Zeichen kannst du auch mit **istream& unget()** wieder in den Puffer zurückschieben.

*3 Alle anderen Zeichen außer # werden über das Gegenstück von **get()** mit **put()** ausgegeben.

[Hintergrundinfo]
In der Praxis wird nicht einfach eine **while**-Schleife zum Überprüfen auf eine korrekte Eingabe verwendet. Hierfür gibt es in **ios** einige **Statusflaggen**, um zu testen, ob und welcher Fehler aufgetreten ist. Darauf gehen wir aber noch extra ein.

[Ablage]

Neben **putback()** und **unget()** gibt es noch die Elementfunktion **peek()**, mit der du das nächste Zeichen betrachten kannst, ohne es aus dem Eingabestrom zu entnehmen. Es bleibt also im Puffer, bis du es mit dem nächsten **get()** herausnimmst.

Von **get()** gibt es auch noch eine **überladene Version**, mit der du eine bestimmte Anzahl an Zeichen einlesen kannst. Auch ein eigenes **getline()** (ähnlich dem **string::getline()**) für den Eingabestrom steht dir zur Verfügung.

```
const unsigned int NC = 16;
char puffer[NC];
...
cin.get(puffer, NC); *1
...
cin.getline(puffer, NC); *2
```

*1 Damit kannst du **NC** Zeichen aus dem Eingabestrom in den Puffer **puffer** speichern. Es werden entweder **NC** Zeichen eingelesen oder bis zu einem festgelegten Zeichen, was standardmäßig das Zeichen **'\n'** ist oder als optionales drittes Argument von **get()** angegeben werden kann. Die Syntax lautet **istream& get(char*,unsigned int, char t='\n')**.

*2 Zwischen der Elementfunktion **getline()** (bitte nicht mit der **string::getline()**-Version gleichsetzen) und der Elementfunktion **get()** gibt es keinen Unterschied. Auch die Syntax entspricht der von **get()**. In der Praxis wird allerdings **getline()** häufiger verwendet, weil eben erkenntlicher ist, was diese Funktion macht.

[Hintergrundinfo]
Beide Elementfunktionen, **get()** und **getline()**, schreiben stets das String-Endezeichen **'\0'** mit in die Puffervariable.

Wo ist mein Input?

Du hast jetzt die **Grundlagen** zu den Eingabeströmen kennengelernt. Ich habe übrigens bewusst darauf verzichtet, bei der Eingabe von der Tastatur oder vorher bei der Ausgabe vom Bildschirm zu sprechen, weil das Stromkonzept nicht allein darauf festgelegt ist. Aber wie **flexibel** diese **Ströme** sind, wirst du dann im Laufe der nächsten Abschnitte selbst feststellen. Nun natürlich noch ein paar Aufgaben zu den Eingabeströmen.

[Schwierige Aufgabe]
Lies jetzt so lange zeichenweise Text in einer Schleife mit `get()` ein, bis ein `'.'` eingegeben wurde. Ausgeben sollst du dann nur den ersten Buchstaben eines jeden Wortes. Zähl die einzelnen Buchstaben mit, ignorier dabei aber die Leerzeichen. Gib am Ende einer Zeile dann auch die Anzahl der Buchstaben aus. Und: Es ist dir jetzt nicht gestattet, auf `string` zurückzugreifen! Du sollst jetzt mit den rohen Zeichen spielen üben.

Das ist jetzt ja die totale Kopfnuss! Das ist ja, als ob ich einen Frosch sezieren müsste ... Das ist doch eine Sch...-Aufgabe !!!

Jetzt **sei kein Frosch**, Schrödinger! Fang einfach damit an, in einer **while**-Schleife über `get()` die Zeichen einzulesen, und dann kannst du die einzelnen Buchstaben sezieren *lol*. Pass aber auf, dass du dich nicht in einer (Endlos-) Schleife verhedderst!

Na gut. Hier ist mein Versuch dazu:

```cpp
char ch; *1
int cnt = 0; *2
while(cin.get(ch)) { *3
  if( ch == '.' ) { *4
    break; *4
  } *4
  else if( cnt == 0 ) { *5
    cout << ch; *5
    cnt++; *5
  } *5
  else if( ch == '\n' ) { *6
    cout << ":" << cnt; *6
    cout << ch; *6
    cnt = 0; *6
  } *6
  else if( ch == ' ' || ch == '\t') { *7
    cin.get(ch); *8
    if( ch == '\n' ) { *9
      cout << ":" << cnt << ch; *9
      cnt = 0; *9
    } *9
    else if( ch == ' ' || ch == '\t' ) { *10
      cin.unget(); *10
    } *10
    else if(ch == '.') { *11
      break; *11
    } *11
    else { *12
      cout << ch; *12
      cnt++; *12
    } *12
  }
  else { *1
    cnt++; *13
  } *13
}
```

*1 Da kommen die einzelnen Zeichen rein, ...

*2 ... und hier zähle ich die einzelnen Buchstaben.

*3 Hier starte ich mit dem zeichenweisen Einlesen vom Eingabestrom (hier **cin**).

*4 Hier siehst du die Abbruchbedingung unserer Schleife, wenn ein **'.'** als Zeichen eingegeben wurde.

*5 Das erste Zeichen in der Zeile soll immer ausgegeben werden!

*6 Sind wir am Zeilenende angelangt, geben wir die Anzahl der tatsächlich eingegebenen Zeichen (ohne Leerzeichen) aus, lösen den Zeilenumbruch aus und setzen den Zähler für die Zeichen zurück auf **0**.

*7 Wenn wir ein Leerzeichen oder ein Tabulatorzeichen gefunden haben, wollen wir ja den nächsten Anfangsbuchstaben eines Wortes haben ...

*8 ... und lesen den mal schnell ein.

*9 Das kann natürlich auch ein Zeilenende sein, worauf wir, wie gehabt, reagieren würden.

*10 Oder ist da ein weiteres Leer- oder Tabulatorzeichen, dann schieben wir es wieder zurück in den Eingabestrom, um dieses beim nächsten Durchlauf zu behandeln.

*11 Finden wir hinter den Leer- oder Tabulatorzeichen auch wieder einen Punkt, sind wir hier auch fertig und brechen die Schleife ab.

*12 Ansonsten kann sich hinter einem Leer- oder Tabulatorzeichen nur ein gewöhnlicher Buchstabe befinden, den wir dann auch ausgeben, woraufhin wir den Zähler erhöhen.

*13 Ist es kein Punkt, kein Newline-Zeichen, kein erster Buchstabe, kein Leer- oder Tabulatorzeichen, dann ist es nur ein Zeichen mitten im Wort, weshalb wir den Zähler nur um 1 erhöhen.

Das Programm bei der Ausführung:

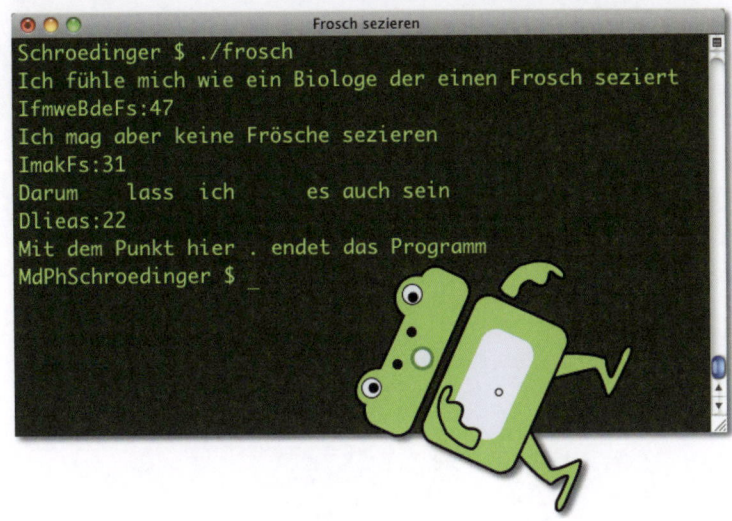

```
Schroedinger $ ./frosch
Ich fühle mich wie ein Biologe der einen Frosch seziert
IfmweBdeFs:47
Ich mag aber keine Frösche sezieren
ImakFs:31
Darum    lass  ich      es auch sein
Dlieas:22
Mit dem Punkt hier . endet das Programm
MdPhSchroedinger $ _
```

Prima Schrödinger! **Fast perfekt!** Als Verbesserung könnte ich dir hier nur noch empfehlen, zu überprüfen, ob nicht auch der erste Buchstabe ein Leerzeichen ist. **Ansonsten top!**

An der Stelle will ich dir noch eine neue Funktion vorstellen:

`istream& ignore(int n = 1, int t = EOF);`

Damit werden **n** Zeichen aus dem Eingabestrom bzw. bis zu dem Zeichen, welches in **t** enthalten ist, überlesen. Das Zeichen in **t** wird dabei aus dem Puffer entfernt.

[Notiz]
EOF ist ein Makro, welches mit dem Wert –1 vordefiniert wird, und dient dazu, das **Dateiende** (*End Of File*) anzuzeigen.

In der Praxis wird **ignore()** z. B. oft angewendet, um ein „Neue-Zeile-Zeichen" aus dem Puffer zu ignorieren.

Guck dir bspw. den folgenden Codeausschnitt dazu an:

```cpp
const int LINE = 255;
 char text1[LINE], text2[LINE];

 cout << "Gib etwas ein: ";
 cin.get(text1, LINE);

 cin.ignore(LINE, '\n'); *1

 cout << "Gib noch was ein: ";
 cin.get(text2, LINE); *2

 cout << "text1 : " << text1 << endl;
 cout << "text2 : " << text2 << endl;
```

*1 Hiermit ignorierst du mindestens die nächste **LINE**-Anzahl an Zeichen. Diese werden dann verworfen, wenn ein Neue-Zeile-Zeichen gefunden wurde. Auch das Neue-Zeile-Zeichen wird hiermit dann verworfen. Wenn du diese Zeile hier rausnimmst, kann es passieren, dass das Newline-Zeichen im Puffer bleibt und sich somit …

*2 … dieses zweite **get()** einfach dieses Newline schnappt und quasi übersprungen wird.

[Belohnung]

Das Listing zuvor hast du echt toll gelöst! Zur Belohnung gibt es heute wieder **Schnitzel mit Pommes** zum Essen.

Jetzt ist es drin ...

Ich denke mir, dass dir dieser Abschnitt mit dem Eingabestrom der Klasse **istream** nicht allzu schwer gefallen ist, oder? Das Konzept ist wirklich angenehm überschaubar implementiert. Zum Schluss will ich dich daher noch mit ein paar einfachen **Stromfragen** belästigen.

[Einfache Aufgabe]

Beim folgenden Codeausschnitt gibt es immer Probleme beim Einlesen, weil alles nur bis zum ersten Einlesen eines **Leerzeichen**s gespeichert wird. Welche **Alternativen** hast du? Und wie kannst du dieses Beispiel „sicherer" machen?

```cpp
const int LINE = 32;
char text1[LINE];
cout << "Gib noch was ein: ";
cin >> text1;
```

Also, definitiv würde ich hier schon mal aus Sicherheitsgründen die Elementfunktion istream::get() *oder* istream::getline() *verwenden. Und wenn ich hier schon einen Text über den Operator >> einlesen muss, würde ich stattdessen gleich die Klasse* string *verwenden, weil ich dann doch weiter über LINE-Zeichen hinausschreiben kann!!!*

Prima, Schrödinger!
Eine wichtige Notiz muss ich noch hinzufügen:

[Zettel]
Für das Einlesen einer ganzen Zeile von **string** musst du natürlich die Elementfunktion **string::getline()** statt **istream::getline()** verwenden.

[Einfache Aufgabe]

Der folgende Codeausschnitt zeigt dir jeweils ein Beispiel mit `istream::getline()` und eines mit `string::getline()`. Was wird bei diesen beiden wie lange und wie viel davon wird eingelesen?

```cpp
const int LINE = 64;
char text1[LINE];
string text2;

cin.getline(text1, LINE, 'e'); //*1
cout << text1 << endl;

getline(cin, text2, '-'); //*1
cout << text2 << endl;
```

*1 Was passiert hier?!

Beim ersten `istream::getline()` werden höchstens `LINE` Zeichen in der Tastatur eingelesen (und in `text1` geschrieben) oder bis zum ersten Buchstaben `'e'`.

Beim zweiten `string::getline()` hingegen wird so lange vom Eingabestrom gelesen und in `text2` geschrieben, bis das Zeichen `'-'` eingegeben wird.

Sehr gut, Schrödinger! Du bist echt gut drauf mittlerweile!

[Belohnung]

So, jetzt bist du auch mit deinen **Eingabeströmen** durch, ohne dass du einen **Stromschlag** bekommen hast. Zur Belohnung solltest du dir mal wieder etwas kaufen. Wie wäre es mit dem neuen **Rechner**, von dem du schon so lange schwärmst? Oder das neue Smartphone, das du schon so lange haben wolltest?

Wir manipulieren die Ströme

Manipulatoren sind direkte Zugriffe,
welche du in die Eingabe- oder Ausgabeströme **einschieben** kannst.
Du erinnerst dich doch sicher noch an
das Setzen von Flaggen?

Folgendermaßen erfolgt bspw. die Ausgabe eines Integer-Wertes in hexadezimaler Schreibweise:

```
int ival = 255;
cout.flags(ios::hex); *1
cout << ival << endl; *2
```

*1 Hier wird die Flagge für den Strom **cout** auf **ios::hex** gesetzt, ...

*2 ... weshalb hier auch ein **hexadezimaler** Wert ausgegeben wird.

Dasselbe kannst du in ähnlicher Weise auch mit dem
folgenden Manipulator machen:

```
int ival = 255;
cout << hex << ival << endl; *1
```

*1 Mit dem Manipulator **hex** erreichst du **dasselbe** wie mit dem Setzen einer Flagge. Und, ja, **endl** ist **auch** ein Manipulator!

*Gibt es dann
bei den Manipulatoren
dieselben Gegenstücke
wie beim Setzen
von Flaggen?*

Ja, du findest alle passenden Gegenstücke und
ein paar mehr wieder.

Die folgende Tabelle listet dir die Manipulatoren von `<ios>` auf:

Manipulator	Sinn und Zweck
boolalpha noboolalpha	Gibt `"true"`/`"false"` im wörtlichen Sinne oder als numerischen Wert (1/0) aus/ein.
showbase noshowbase	Blendet die Zahlenbasis ein oder aus. Bei hexadezimaler Basis (`hex`) wäre dies `0x` und bei oktaler (`oct`) Darstellung `0`.
showpoint noshowpoint	Wenn eine Nachkommazahl mit Nullen endet, werden diese hiermit ein-/ausgeblendet.
showpos noshowpos	Bei positiven Zahlen kann hiermit das `+` davor ein-/ausgeblendet werden.
skipws noskipws	Ignoriert oder beachtet das Zwischenraumzeichen.
uppercase nouppercase	Groß- oder Kleinschreibung von e, x, a, b, c, d, e, f
unitbuf nounitbuf	Leert nach jeder Ausgabe den Puffer oder puffert eben.
dec	dezimal
oct	oktal
hex	hexadezimal
internal	Füllt den Raum zwischen Vorzeichen und Wert auf. Vorausgesetzt natürlich, es wird `showpos` verwendet und eine größere Feldbreite (mit `width()` oder `setw()`).
left	Richtet die Ausgabe linksbündig aus.
right	Richtet die Ausgabe rechtsbündig aus.
fixed	Ausgabe im Gleitkomma-Format
scientifc	Ausgabe im Exponential-Format

Diese Manipulatoren sind im Header `<ios>` enthalten.

In `<iostream>` findest du folgende Manipulatoren:

Manipulator	Was er kann ...
endl	Gibt eine neue Zeile aus.
ends	Gibt das Zeichen `'\0'` aus.
flush	Leert den Ausgabepuffer.
ws	Ignoriert das Zwischenraumzeichen beim Einlesen.

Diese Manipulatoren sind im Header `<iostream>` enthalten.

Und natürlich findest du auch Manipulatoren, um das Füllzeichen oder die Weite festzulegen. Hierzu musst du allerdings auch den Header `<iomanip>` mit einbinden:

Manipulator	Was er taugt ...
setiosflags(ios::fmtflags m)	Setzt die in m angegebenen Flaggen. Mehrere Flaggen können, wie gehabt, mit dem bitweisen | verknüpft werden.
resetiosflags(ios::fmtflags m)	Löscht alle in m angegebenen Flaggen.
setbase(int base)	Damit kannst du die Zahlenbasis setzen, bspw. 8 (oktal), 10 (dezimal) oder 16 (hexadezimal).
setfill(char ch)	Damit kannst du das Füllzeichen setzen. Ist eine Alternative zu `fill()`.
setprecision(int n)	Damit legst du die Anzahl der Nachkommastellen fest. Ist eine Alternative zu `precision()`.
setw(int w)	Damit legst du die Weite zwischen zwei Werten im Strom fest. Ist eine Alternative zu `width()`.

Weitere Manipulatoren aus dem Header `<iomanip>`

Manipulation ist alles ...

Die **Verwendung** der Standardmanipulatoren dürfte dir eigentlich **kein** großes **Kopfzerbrechen** mehr bereiten. Und wenn du dir dabei einmal nicht ganz sicher sein solltest, dann probier es doch einfach selber aus, wie etwas funktioniert.

Hier ein kleines Beispiel dazu:

```cpp
#include <iostream>
#include <iomanip>      *1
...
  int val = 100;
  string einText;
  cout << showpos << internal << setw(10) << val << endl;   *2
  cout << "Texteingabe: ";
  cin >> ws >> einText;   *3
  cout << einText << endl;
```

*1 Der Header wird für den Manipulator **setw()** benötigt.

*2 Mit **showpos** wird ein Pluszeichen vor den Wert gesetzt. Durch **internal** wird der Raum zwischen diesem Vorzeichen und dem Wert ausgefüllt. Und zwar aufgeteilt auf insgesamt zehn Zeichen, wie dies mit dem Manipulator **setw(10)** vorgegeben wird. Dann wird endlich der Wert **val** in den Strom geschickt, und ganz hinten schieben wir noch **endl** für einen Zeilenvorschub ein.

*3 Mit **ws** sorgst du dafür, dass die führenden Leerzeichen beim Eingabestrom ignoriert werden. Sprich, gibst du ein Leer- oder Tabulatorzeichen für den Text ein, wird dieses nicht mit in **einText** eingelesen.

Kann ich auch eigene Manipulatoren schreiben?

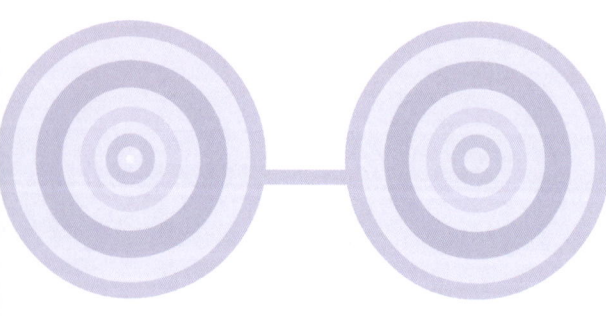

Jawohl, das kannst du! Das Erstellen von **Manipulatoren ohne Parameter** ist sogar ein Kinderspiel. Du brauchst hierbei nur eine Referenz auf den Strom zurückzugeben und natürlich auch eine Referenz vom Strom auf den Manipulator zu übergeben.

Hierzu zwei sehr einfach gehaltene Beispiele mit `ostream` und `istream` ohne Parameter:

```
…
ostream& myhex(ostream& os) { *1
  os << showbase << uppercase << hex; *2
  return os; *3
}

istream& eat_first_letter(istream& is) { *5
  is.get(); *6
  return is; *7
}
…
cout << myhex << val << endl; *4
string str;
cin >> eat_first_letter >> str; *8
cout << str << endl;
…
```

*1 Ein `ostream` kommt rein, und ein `ostream` kommt wieder raus.

*2 Hier erstellen wir eine spezielle Version einer hexadezimalen Zahlenausgabe, bei der der hexadezimale Zahlenwert gleich mitsamt der Basis und in Großschreibung angezeigt wird (bspw. **0XFF** für **255**).

*3 Den so manipulierten Strom geben wir natürlich wieder an seinen Aufrufer zurück.

*4 Und hier ist unser selbst geschriebener Manipulator für den Ausgabestrom im Einsatz.

*5 Andersherum ist dies natürlich ähnlich. Rein geht ein `istream`, und raus soll auch ein `istream`.

*6 Wir machen nichts anderes, als den ersten Buchstaben zu „verschlucken", …

*7 … und geben dann auch hier den Eingabestrom wieder an den Aufrufer zurück.

*8 Und hier findest du unseren selbst geschriebenen Manipulator für den Eingabestrom im Einsatz. Dieser macht nichts anderes, als den ersten Buchstaben zu „verschlucken" und nicht im String `str` zu speichern.

Dass dies funktioniert, liegt an folgender internen (komplexeren) Implementierung des Ausgabeoperators:

```
ostream& ostream::ostream<<(ostream& (*fp) (ostream&) ) {
  *fp(*this); *1
  return *this;
}
```

*1 Mithilfe des Funktionszeigers ***fp** wird diese Funktion im Strom dann aufgerufen.

Ähnlich ist das natürlich auch beim Eingabeoperator implementiert.

Okay, das gefällt mir. Aber geht das auch mit Parametern?

Ja, das geht auch, doch es ist etwas komplexer, lässt sich aber über einen **Funktor** problemlos realisieren.

[Notiz]

Ohne das Thema jetzt zu vertiefen: Ein **Funktor** ist ein altbekanntes Mittel, ein Funktionsobjekt. **Funktionsobjekte** sind im Grunde wiederum nichts anderes als eine Erweiterung der **Funktionszeiger** (Zeiger auf Funktionen) aus der alten C-Zeit. Allerdings verwendet man als C++-Programmierer natürlich keine alten Sachen mehr. In C++ benutzen wir statt des Funktionszeigers eben den Funktor, und dieser ist ein Objekt, welches `operator()` definiert. In der gängigen Praxis werden solche Funktoren häufig in Verbindung mit Algorithmen der Standardbibliothek verwendet.

Hierzu nun ein Beispiel, wie du einen Manipulator mit Parametern in der Praxis schreiben kannst:

```
...
class nendl {  *1
  private:
    int lines;
  public:
    nendl(int n=1) : lines(n) {}
    ostream& operator()(ostream& os) const {  *2
      for( int i=0; i<lines; i++) {
        os << '\n';
      }
      return os;
    }
};


ostream& operator<<(ostream& os, const nendl& line) {
  return line(os);  *3
}


class eat_more_letter {  *5
  private:
    int letters;
  public:
    eat_more_letter(int n=1) : letters(n) {}
    istream& operator()(istream& is) const {  *5
      for( int i=0; i<letters; i++) {
        is.get();
      }
      return is;
    }
};


istream& operator>>(istream& is, const eat_more_letter& letters) {
  return letters(is);  *5
}
...
cout << "Ein Text" << nendl(3);  *4
cout << "nach ein paar endl() tiefer" << endl;

string str;
cin >> eat_more_letter(3) >> str;  *5
cout << str << endl;
```

*1 Wie du hier sehen kannst, handelt es sich um eine ganz gewöhnliche **Klassendefinition**, ...

*2 ... welche nur durch die Anwesenheit von **operator()** ein Objekt vom Typ **nendl** automatisch zu einem **Funktor** macht.

*3 Das ist der **Funktoraufruf**.

*4 Der selbst geschriebene Manipulator im Einsatz. In unserem Fall macht dieser nichts anderes, als die vorgegebene Anzahl an Zeilenumbrüchen auszulösen.

*5 Dasselbe wird hier auch in die andere Richtung (Eingabestrom) demonstriert. In diesem Beispiel kannst du jetzt eine bestimmte Anzahl an Zeichen vom Anfang des Strings „verschlucken", damit diese nicht gespeichert werden.

Das Programm bei der Ausführung:

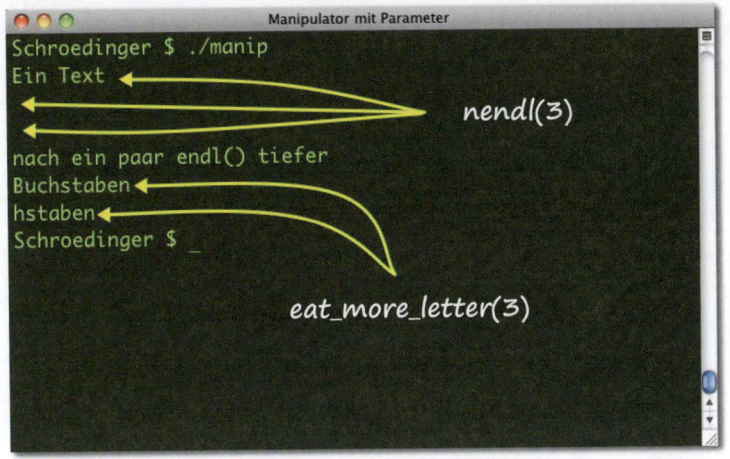

Sorry, aber so ganz kapiere ich das jetzt nicht.

Okay, ich erkläre es dir anhand von **endl(3)** etwas genauer. Wenn du **endl(3)** aufrufst, wird ja logischerweise zunächst mal ein Objekt **endl** erzeugt und mit dem Wert **3** initialisiert.

Intern wird dann der Ausdruck

```
cout << endl(3);
```

umgewandelt in

```
operator<<(cout, endl(3))
```

und somit an den überladenen Operator weitergereicht. In der Operatorüberladung wird dann der Aufruf von

```
line(os)
```

umgewandelt zu

```
line.operator(os)
```

[Notiz]
Du solltest auch hier eine **Referenz** als **Rückgabewert** verwenden, weil du nur so sicherstellen kannst, dass du weitere Operatoren verketten kannst!

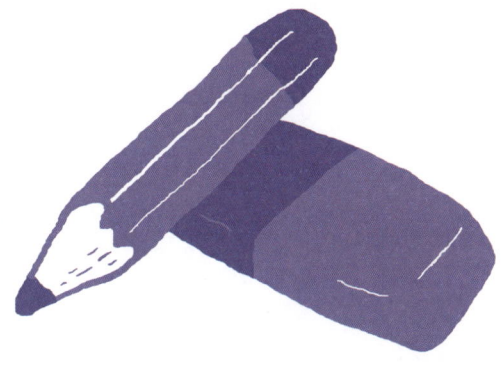

Ordentlich manipuliert ...

Du kennst nun die verschiedenen Manipulatoren, die du deinen Strömen zur Abarbeitung spezieller Funktionen einschieben kannst. Falls du einen Manipulator vermissen solltest, weißt du jetzt außerdem, wie du selber einen mit oder ohne Parameter erstellen kannst. Natürlich gilt auch hier wieder, dass diese **Manipulatoren** für **alle Ströme** anzuwenden sind, nicht nur, auch wenn es als klassisches Beispiel hier zunächst immer gezeigt wurde, für die klassische Ein- und Ausgabe via Tastatur und Bildschirm.

Okay, Zeit für noch ein paar Übungen:

[Einfache Aufgabe]
Im folgenden Listing findest du zwei Beispiele von Manipulatoren. Kannst du mir sagen, was diese ausgeben werden?

```cpp
#include <iomanip>
...
int val = 255;
double doubly = 22.22;

cout << setw(10) << setfill('F') << setbase(16)
     << uppercase << left << val << endl; [*1]

    cout << noshowpos << showpoint << fixed << setprecision(10)
<< setfill('*') << setw(20) << right
<< doubly << endl; [*1]
```

[*1] Was wird hier wohl ausgegeben?

Beim ersten Beispiel wird der hexadezimale Wert **FF** (für 255) in Großbuchstaben und linksbündig ausgerichtet ausgegeben. Die Feldweite wurde auf **10** gestellt und mit den Zeichen **'FF'** aufgefüllt. Somit wird bei der ersten Ausgabe „FFFFFFFFFF" ausgegeben, wobei die ersten beiden FF den eigentlichen Wert darstellen und die restlichen acht Fs nur Füllzeichen sind.
Beim zweiten Beispiel wird die Gleitpunktzahl im Gleitkommaformat mit einer Genauigkeit von zehn Stellen angezeigt. Die Feldweite beträgt

20 Zeichen und ist rechts ausgerichtet. Leere Stellen werden hier mit dem Zeichen '*' gefüllt. Die Ausgabe lautet somit „*******22.2200000000".

Perfekt, Schrödinger! Sehr gut aufgepasst.

[Schwierige Aufgabe]
Guck dir folgendes Beispiel an. Das Listing lässt sich zwar ausführen, aber hier funktioniert der selbst geschriebene Manipulator **myscientific** nicht.

```
...
ostream myscientific(ostream os) {
  os << scientific << showpoint << uppercase
     << setprecision(8);
  return os;
}
...
  double doubly = 123.12;
  cout << myscientific << doubly << endl;
...
```

„Ich gucke jetzt schon 5 Minuten auf den Code und komme einfach nicht drauf!"

Okay, ich helfe dir. Erinnere dich, was ich dir über die **Referenzen** in Bezug auf Manipulatoren gesagt habe.

Richtig, jetzt erinnere ich mich. Ich sollte doch eine Referenz als Rückgabewert und Parameter verwenden, damit ich die Operatoren auch verketten kann! Mist, wie konnte ich das denn vergessen? Also muss ich den Funktionskopf wie folgt schreiben:

```
ostream& myscientific(ostream& os) { ... } *1
```

[*1] Dank jeweils einer Referenz rein und einer raus klappt es jetzt auch mit dem Manipulator!

[Belohnung]
So, zur Belohnung kriegst du jetzt eine **Nackenmassage**.

Auch ein Strom hat seine Fehler

Auch bei den **Strömen** der Ein- und Ausgabe können **Fehler** auftreten. Glücklicher-
weise stehen für diesen Fall auch einige Mechanismen zur Verfügung, um den
Zustand aller Arten von Strömen **abzufragen**. Hierzu findest du in `ios` mit dem
Typ `iostate` einige Flaggen vor.

Folgende Flaggen sind dabei in `ios` durch den Aufzählungstyp `iostate` definiert:

Flagge	Was sie bemerkt ...
ios::goodbit	Alles bestens! Keine Probleme!
ios::eofbit	Das Ende des Stroms ist erreicht.
ios::failbit	Der letzte Ein- oder Ausgabestrom war fehlerhaft.
ios::badbit	Der Strom ist kaputt! Schwerer Fehler!

Zustandsflaggen der Klasse **ios** für die Ströme

Auf die einzelnen Flaggen zugreifen, um deren Status zu überprüfen, kannst du mit folgenden Elementfunktionen:

Elementfunktion	Was sie tut ...
bool good()	Gibt `true` zurück, wenn alles gut ist.
bool eof()	Gibt `true` zurück, wenn der Strom zu Ende ist. Bei einem Dateistrom ist dies dann natürlich das Dateiende.
bool fail()	Hier wird `true` zurückgegeben, wenn entweder `ios::failbit` oder `ios::badbit` gesetzt ist.
bool bad()	Gibt `true` zurück, wenn nur `ios::badbit` gesetzt ist.
void clear()	Der Status wird auf `ios::goodbit` zurückgesetzt.
void clear(iostate f)	Setzt den Status auf `f`.
void setstate(iostate f)	dito
iostate rdstate()	Gibt den Status des Stroms zurück.

Verschiedene Elementfunktionen, um den Zustand eines Stroms abzufragen

[Zettel]
Bei Fehlern aufseiten des Ein-/Ausgabesystems der **iostream**-Bibliothek **kann** es auch sein, dass die Ausnahme **ios_base::failure** geworfen wird (wenn also **ios::badbit** gesetzt wird). Allerdings hängt diese Implementierung vom Compilerhersteller ab. Trotzdem kannst du diese Ausnahme auch selber in deinem Programm werfen und auffangen.

Erst den Strom abstellen ...

... bevor wir daran arbeiten. Natürlich gilt auch hier,
dass die Überprüfung, ob der Strom ordentlich **fließt**, auch auf
alle Arten von **Strömen** angewendet werden kann.

**Hierzu ein einfaches Beispiel,
das verschiedene Arten von Strömen in
einer Funktion überprüft:**

```cpp
#include <fstream>
...
void iostateCheck(ios &strom) { *1
  if( strom.good() ) { *2
    cout << "Strom ist in Ordnung\n";
  }
  else if( strom.bad() ) { *3
    cout << "Fataler Fehler! Stromausfall!\n";
  }
  else if( strom.fail() ) { *4
    cout << "Fehler beim Strom\n";
  }
  else if( strom.eof() ) { *5
    cout << "Stromende erreicht\n";
  }
  strom.clear(); *6
}
...
  int einWert;
  cout << "Wert eingeben : ";
  cin >> einWert;
  iostateCheck( cin ); *7

  ifstream file;
  file.open("Gibtesnicht.txt");
  iostateCheck( file ); *8
...
```

*1 Eine einfache Funktion, welche alle Arten von Strömen, ausgehend von der Basisklasse **ios**, überprüfen kann. Alle davon abgeleiteten Stromklassen können hier praktisch verwendet werden.

*2 Kein Problem mit dem Strom (**ios::goodbit**)!

*3 Ein fataler Fehler ist aufgetreten (**ios::badbit**)!

*4 Ein Fehler wurde bei der letzten Operation auf dem Strom ausgelöst (**ios::failbit** oder **ios::badbit**)!

*5 Das Stromende wurde erreicht (**ios::eofbit**)!

*6 Setzt die Fehlermaske wieder auf **ios::goodbit** zurück.

*7 Hiermit überprüfst du deinen Eingabestrom **cin**. Gibst du hier z. B. keinen Integer, sondern ein **char**-Zeichen ein, wird die Elementfunktion **fail()** aktiv. Bei korrekter Eingabe wirst du von **good()** hören.

*8 **ifstream** ist ein Dateistrom für das Lesen. Mehr darüber erfährst du in Kürze. Im Beispiel wird natürlich davon ausgegangen, dass die Datei *Gibtesnicht.txt* nicht existiert und dass somit wieder die Elementfunktion **fail()** aktiv wird.

Die Sicherung ist geflogen

Du kannst natürlich auch den Zustand des Streams (besonders nach dem Öffnen) durch die Umwandlung nach **bool** mit dem **!**-Operator testen. Das wäre dann eine Überprüfung auf **fail()**.

Zugegeben, das Thema „**Überprüfen** der **Flaggen** von **iostate**" ist nicht sehr komplex und überschaubar. Aber trotzdem wollte ich dir das Ganze in einem extra Kapitel, losgelöst von den anderen Stromkapiteln, demonstrieren.

An dieser Stelle will ich noch ein paar Worte über das Bit **ios::eofbit** verlieren, welches ja gesetzt wird, wenn das **Ende** eines **Stroms** (EOF) erreicht wurde. Bei einer Datei dürfte es ja irgendwo logisch sein, dass hiermit das Ende einer Datei gemeint ist. Aber auch beim Einlesen von der Tastatur kannst du mit `Strg` + `Z` oder `Strg` + `D` gleich **ios::eofbit** setzen, weil diese **Tastenkombinationen** einen Wert ungleich 0 zurückliefern.

Guck dir bspw. folgenden Code an:

```
char ch;
while( cin.get(ch) ) {      *1
    cout.put(ch);           *1
}                           *1
if( cin.eof() ) {           *2
    cout << "Ende des Streams erreicht = EOF\n";
}
```

*1 Eine Schleife, die mit **get()** Zeichen für Zeichen vom Strom **cin** einliest und mit **put()** wieder auf dem Strom **cout** ausgibt. Abbrechen kannst du den Vorgang, indem du hier `Strg` + `D` oder gegebenenfalls `Strg` + `Z` drückst, ...

*2 ... und somit **EOF** (*End of File*) auslöst und damit den Strom beendest. Die Elementfunktion **eof()** beweist, dass hierbei das Bit **ios::eofbit** gesetzt wurde.

Die Tastenkombination `Strg` + `D` wird gewöhnlich über eine interaktive Shell (bspw. Unix-Shell) als EOF interpretiert. In einer MS-DOS-Konsole hingegen kann dieses EOF über `Strg` + `Z` erzeugt werden.

Kann man auch was speichern?

Wo man hinsieht, nur Ströme. So verwundert es nicht, dass diese auch in **Dateien** hinein- und wieder herausfließen können. Auch das wurde natürlich auf dem `ios`-Konzept aufgebaut.

Bisher kennst du nur die Möglichkeiten, die Daten in verschiedenen einfachen und komplexeren Typen im **Arbeitsspeicher** zu halten. Sobald das Programm allerdings beendet ist, sind auch diese Daten futsch.

Für eine dauerhafte Sicherung der Daten musst du diese in einer Datei auf einem externen Datenträger sichern:

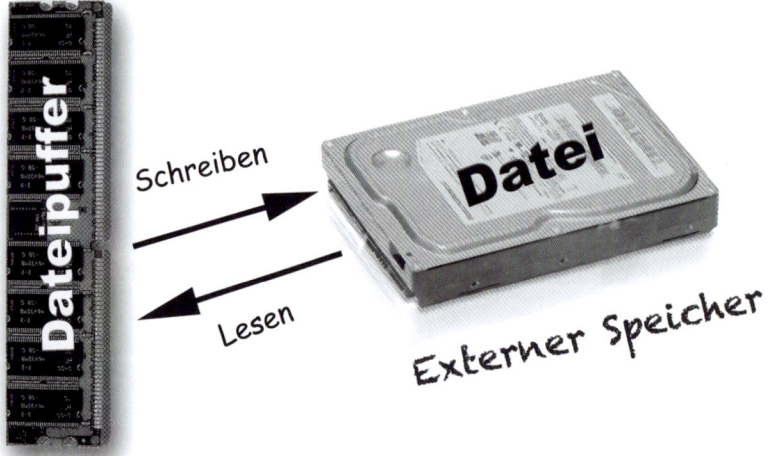

Dauerhafte Sicherung von Daten auf einem externen Speicher

Datei-Slang

Vielleicht interessiert es dich auch, wie die Daten in die Datei kommen. Hierfür benötigst du natürlich entsprechende **Dateifunktionen** (Operationen), welche dir von der C++-Bibliothek zur Verfügung gestellt werden. Damit kannst du sowohl lesen als auch schreiben aus bzw. in Dateien. Natürlich wird gewöhnlich nicht Byte für Byte auf einen externen Speicher geschrieben oder gelesen. Solche Medien arbeiten block-orientiert (Daten werden in ganzen Blöcken übertragen). Daher wird für die Über-tragung von Daten ein (Datei-)**Puffer** im Hauptspeicher für die Zwischenspeicherung verwendet.

Die Datei selbst ist wieder zunächst nichts anderes als ein Vektor bzw. Array von einzelnen **Bytes** mit einer bestimmten Länge. Um die Formatierung und Strukturierung der Datei musst du dich selber kümmern. Das heißt, wenn du Daten in einer bestimm-ten Struktur in der Datei speicherst, musst du diese logischerweise auch wieder in dieser Form auslesen. Damit es mit dem Lesen und Schreiben auch klappt, wird eine **Dateiposition** (angefangen mit dem Byte 0) benötigt. Nur so ist gewährleistet, dass eine Datei sequenziell abgearbeitet werden kann. Wenn du eine Lese-Operation durch-führst, wird auch die Lese-Position auf das nächste Byte gesetzt, welches noch nicht gelesen wurde. Beim Schreiben ist das genauso.

Vorhandene Ströme für Dateien

Ganz am Anfang des Kapitels, in der vereinfachten Darstellung der Klassenhierarchie, konntest du sehr schön erkennen, dass die drei Ströme `ifstream`, `ofstream` und `fstream` (das **f** steht immer für *File*; also *Filestreams*) alle bereits bekannten Stromklassen als **Basisklasse** haben und somit auch alle bereits bekannten Funktiona-litäten (wie bspw. die Operatoren **<<** und **>>** zum Schreiben und Lesen) aus den Abschnitten zuvor verwendet werden können:

- ☞ `ifstream` ist von `istream` abgeleitet und eignet sich für das Lesen von Dateien.
- ☞ `ofstream` ist von `ostream` abgeleitet und für das Schreiben in Dateien gedacht.
- ☞ `fstream` ist von `iostream` abgeleitet und somit für das Lesen und Schreiben von Dateien geeignet.

[Ablage]

Für alle Dateiströme musst du den Header `<fstream>` in deinem Programm mit angeben.

Strom für die Datei anschließen

Um eine Datei zu verwenden, musst du diese (logischerweise) öffnen. Beim Öffnen gibst du den **Dateinamen** (optional mit **Pfad**) und einen optionalen **Modus** an, wie du die Datei öffnen willst.

[Hintergrundinfo]

Verwendest du **keine Pfadangabe**, wird davon ausgegangen, dass sich die Datei im **selben** Verzeichnis wie das Programm befindet.

Das Öffnen einer Datei kannst du entweder mit der Elementfunktion **open()** oder gleich mit dem Konstruktor realisieren.

Im Folgenden zeige ich dir ein paar Beispiele, die sich alle sowohl mit ifstream als auch mit ofstream oder fstream anwenden lassen:

*1 Hier wird ein neuer **Dateistrom** zum **Schreiben** angelegt. Existiert diese Datei nicht, wird sie angelegt. Aber Achtung! Existiert die Datei *testdatei.dat*, wird sie auf die Länge **0** gesetzt und überschrieben!!! Der Dateiname wird immer als C-String angegeben.

*2 Damit legst du einen **Dateistrom** zum **Lesen** aus *nocheinedatei.txt* an. Die Datei befindet sich hier im selben Verzeichnis wie das Programm. Ist die Datei geöffnet, befindet sich die Dateiposition am Anfang (Byte 0).

*3 Existiert die Datei *nocheinedatei.txt* nicht, gibt diese **if**-Überprüfung **true** zurück, und es wird eine entsprechende Meldung ausgegeben.

*4 Hier wollen wir die Datei *junkFile.txt* zum **Lesen und Schreiben** öffnen, ...

*5 ... wenn aber diese Datei nicht existiert, gibt diese **if**-Überprüfung auf **fail()** ebenfalls **true** zurück, und es wird eine entsprechende Meldung ausgegeben.

*6 Ein leeres Objekt **ifstream** wird hier angelegt.

*7 Und hier wird mit der Elementfunktion **open()** versucht, eine Datei zu öffnen.

*8 Und auch hier wollen wir überprüfen, ob dieser Dateistrom geöffnet werden konnte oder nicht.

```
#include <fstream>
…
ofstream eineDatei01("testdatei.dat"); *1
ifstream eineDatei02("nocheinedatei.txt"); *2
if( ! eineDatei02 ) { *3
  cerr << "Datei existiert nicht!!!\n";
}
fstream eineDatei03("junkFile.txt"); *4
if( eineDatei02.fail() ) { *5
  cerr << "Gibt es hier auch nicht!!!\n";
}
ifstream eineDatei04; *6
eineDatei04.open("Gibteshierauchnicht.dat"); *7
if( eineDatei04.fail() ) { *8
  cerr << "Nope, auch net vorhanden!!!\n";
}
…
```

[Ablage]

Zur **Fehlerüberprüfung** beim Öffnen einer Datei kannst du somit sowohl **if(!file)** als auch **if(file.fail())** verwenden. Beide Male wird **true** zurückgegeben, wenn das Öffnen einer Datei fehlgeschlagen ist und somit die Flagge **ios::failbit** gesetzt wird.

Plug-ins für den Dateistrom

Bis jetzt würdest du dich auf die **Standardwerte** der Klassen **fstream**, **ifstream** und **ofstream** verlassen. Wie bereits erwähnt, kannst du da auch **selber eingreifen**. Hierbei gibt es Flaggen, welche du mit dem bitweisen ODER-Operator (|) auch miteinander verknüpfen kannst.

Hierzu sind in der Headerdatei **`<ios>`** Flaggen vom Typ **`ios::openmode`** definiert.

Flagge	... und was diese bewirkt
`ios::in`	Öffnet eine Datei zum Lesen.
`ios::out`	Öffnet eine Datei zum Schreiben.
`ios::app`	Hängt beim Scheiben die neuen Daten ans Ende.
`ios::trunc`	Die Länge der Datei wird auf 0 gesetzt und somit gelöscht.
`ios::ate`	Springt nach dem Öffnen der Datei ans Ende. Ohne diese Flagge befindet sich die Position beim Lesen und Schreiben sonst immer am Anfang der Datei.
`ios::binary`	Öffnet eine Datei im Binärmodus (RAW-Modus). Umwandlung von Zeilenende wird bspw. nicht durchgeführt. Es wird Byte für Byte übertragen. Ohne diesen Modus werden die Dateien immer im „Textmodus" geöffnet.

Flaggen zum Öffnen von Dateien

[Ablage]

Der Standardwert von **`ifstream`** ist **`ios::in`** und der von **`ofstream`** demzufolge **`ios::out`** und **`ios::trunc`**. **`fstream`** hingegen hat keinen Standardwert.

Und hierzu jetzt ein paar Beispiele mit den neuen Flaggen zum Öffnen einer Datei:

*1 Hiermit wird eine Datei zum Schreiben (**`ios::out`**) am Dateiende (**`ios::app`**) geöffnet. Wenn die Datei nicht existiert, wird sie neu angelegt.

```
fstream music("musicfile.dat", ios::out|ios::app); *1
if( music.fail() ) { /* Fehler!!! */ }
ofstream eineDatei;
eineDatei.open("NocheineDatei.txt", ios::out|ios::trunc); *2
if( ! eineDatei ) { /* Fehler !!! */ }
fstream nocheineDatei("NichtWichtig.dat", ios::in|ios::out); *3
if( nocheineDatei.fail() ) { /* Fehler!!! */ }
```

*2 Öffnet ebenfalls eine Datei zum Schreiben (**`ios::out`**). Existiert diese, wird der Inhalt der Datei gelöscht (**`ios::trunc`**). Existiert diese nicht, wird sie neu angelegt.

*3 Damit öffnest du eine bestehende Datei zum Lesen und Schreiben. Existiert diese Datei nicht, wird **`ios::failbit`** gesetzt, und die Datei wird hierbei auch nicht erzeugt (wegen der Flagge **`ios::in`**).

Den Dateistecker ziehen

Wenn du mit der **Datei** fertig bist, solltest du sie **schließen**. Zum einen stehen dir nicht unendlich viele Dateiströme zur Verfügung, zum anderen gehen auch keine Daten verloren, die sich noch im Puffer befinden, die aber noch nicht abgearbeitet wurden. Hierfür kannst du schlicht und einfach die Elementfunktion **close()** verwenden, um den entsprechenden Stromstecker zu ziehen.

```
ofstream music("musicfile.dat");
...
if(music.is_open()) { *1
    music.close(); *2
}
```

*1 Mit der Elementfunktion **is_open()** kannst du überprüfen, ob der Dateistrom **music** überhaupt verbunden ist, ...

*2 ... und hiermit ziehen wir den Dateistecker von **music**.

[Hintergrundinfo]

Der Dateistrom wird auch **geschlossen**, wenn dass laufende **Programm beendet** oder der Gültigkeitsbereich **verlassen** wird:

```
int main() {
  ostream strom01("file1.txt");
  {
    ostream strom02("file2.txt");
  }  // hier wird strom02 geschlossen
} // hier wird strom02 geschlossen
```

Alles gesichert …?

Das Öffnen und Schließen von Dateien ist ja ein Kinderspiel. Aber auch das **Lesen** und **Schreiben** aus oder in einen solchen **Strom** ist nicht wesentlich komplizierter. Das Stromkonzept von C++ ist da wirklich eine tolle Sache.

Sauber lesbare Sache

Die einfachste Möglichkeit, jetzt etwas in eine Datei zu schreiben, ist es, wie gewohnt, die Operatoren **<<** zum Schreiben und **>>** zum Lesen aus einer Datei zu nutzen. Damit kannst du quasi auch sämtliche Manipulatoren und Elementfunktionen für die Formatierung verwenden.

Ein einfaches Beispiel:

```
#include <fstream>
#include <cstdlib> // für exit()
…
int val;
ofstream stecker("formatiert.txt", ios::app); *1
if( ! stecker ) { *2
  cerr << "Konnte Datei nicht öffnen!\n";
  exit(1);
} *2
cout << "Bitte eine Ganzzahl: ";
cin >> val;
stecker << "Wert:" << setbase(16) << val << endl; *3
stecker.close(); *4
```

*1 Hier wird der Dateistrom **stecker** für die Datei *formatiert.txt* zum Schreiben und Anhängen am Ende geöffnet. Existiert diese Datei nicht, wird sie angelegt.

*2 Hier findet eine Fehlerüberprüfung statt, ob der Dateistrom geöffnet werden konnte. Wenn ja, dann wird das Programm **exit** mit dem Fehlercode 1 beendet.

*3 Den zuvor eingegebenen Wert schreiben wir hier mit dem Text **Wert:** und einem hexadezimalen Wert mit einem Zeilenumbruch in den Datenstrom **stecker**, der mit der Datei *formatiert.txt* verbunden ist.

*4 Am Ende ziehen wir ordnungsgemäß den Stecker aus der Datei.

In der Praxis wird das formatierte Schreiben oder Lesen über die Operatoren **<<** bzw. **>>** eher nicht genutzt. Aus Effizienzgründen wird mehr das blockweise Arbeiten im Binärmodus verwendet. Aber dazu kommen wir gleich noch.

Das Beispiel bei der Ausführung:

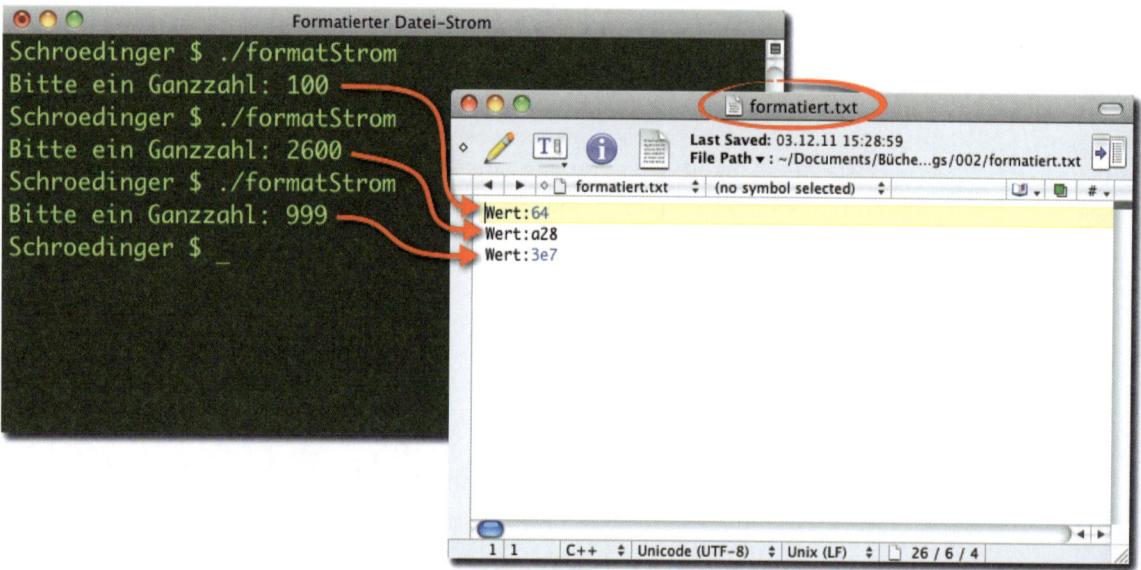

Hier wird sauber formatiert in die Datei formatiert.txt geschrieben.

Stück für Stück

Willst du **Byte für Byte lesen** und **schreiben**, dann funktioniert das hiermit recht ähnlich, wie du dies schon vom gewöhnlichen Ein-/Ausgabestrom mit **get()** und **put()** her kennst. Nur musst du natürlich den Strom statt mit **cin** bzw. **cout** mit den entsprechenden **Dateiströmen anschließen**. Eigentlich sollte das jetzt kein Problem mehr für dich darstellen.

Der folgende Codeausschnitt zeigt dir, wie du eine Datei zum Lesen öffnest und alles Byte für Byte in eine andere (gegebenenfalls neue) Datei schreiben kannst:

```
#include <fstream>
…
char dateiLesen[255], dateiSchreiben[255]; *1
ifstream leseStrom; *2
ofstream schreibStrom; *2
```

*1 Zum Öffnen benötigen wir einen C-String.

*2 Hier findest du sie, die Ströme, jeweils einer zum Einlesen (**ifstream**) und einer zum Schreiben (**ofstream**).

```cpp
cout << "Datei zum Lesen    : ";        *3
cin.getline(dateiLesen, 255);           *3
leseStrom.open(dateiLesen);             *3
cout << "Datei zum Schreiben : ";       *3
cin.getline(dateiSchreiben, 255);       *3
schreibStrom.open(dateiSchreiben);      *3

if( !leseStrom ) { /* Fehler !!! */ }   *4
if( !schreibStrom ) { /* Fehler !!! */ } *4

char ch;
while(leseStrom.get(ch)) {              *5
  if( leseStrom.fail()) { /* Fehler !!! */ }    *6
  schreibStrom.put(ch);                *7
  if(schreibStrom.fail()) { /* Fehler !!! */ }  *8
}
cout << "Kopieren erfolgreich!!!\n";
leseStrom.close();
schreibStrom.close();
...
```

*3 Die Formalitäten lassen auch nicht auf sich warten: Dateinamen eingeben und dann jeweils einen entsprechenden Dateistrom damit verbinden.

*4 Natürlich ist es unerlässlich, auf einen **Fehler** hin zu **prüfen**, und zwar ob der Strom erfolgreich zur Datei hergestellt werden konnte. Die Fehlerausgabe und gegebenenfalls den Programmabbruch kannst du ja selber implementieren.

*5 Hier starten wir in einer `while`-Schleife das byteweise Lesen vom Dateistrom `leseStrom`. Die Schleife liest so lange einzelne Zeichen ein, bis sie auf **EOF** (== **-1**) trifft, womit die Schleife beendet wird.

*6 Eine Überprüfung auf einen Lesefehler hin ist auch hier unerlässlich!

*7 Hier schreiben wir das einzelne Zeichen in die Datei, welche mit dem Strom `schreibStrom` verbunden ist.

*8 Selbstverständlich wird auch hier überprüft, ob das Schreiben erfolgreich war.

[Notiz]

Natürlich sollte dir klar sein, dass ein byteweises Kopieren nicht sehr effizient ist.

[Code bearbeiten]

Hast du eine Textdatei geöffnet und willst du die Ausgabe auf dem Bildschirm über **cout** realisieren, brauchst du nur den Strom **cout** statt **schreibStrom** zu verwenden.

Dann kann ich ja quasi auch von der Standardeingabe cin *statt des Dateistroms* leseStrom *etwas eintippen und so in den Dateistrom* schreibStrom *schreiben, oder?*

Frag nicht! **Probier es einfach mal selbst aus!** Vergiss nicht, dass du dann **EOF** mit [Strg] + [D] bzw. [Strg] + [Z] auslösen musst.

Zeile für Zeile

Es sollte dir jetzt nicht mehr schwerfallen, unsere byteweise
Version zum Lesen und Schreiben von und in Dateien zu einer
zeilenweisen Version zu machen.

[Achtung]
Natürlich sollte dir klar sein, dass ein zeilenweises Abarbeiten
eine **Datei** voraussetzt, welche auch **Zeilenumbrüche enthält**.
So macht es bspw. wenig Sinn, eine ausführbare oder binäre
Datei zeilenweise zu kopieren.

[Einfache Aufgabe]
Erstelle aus dem eben formulierten Listing, in dem du byteweise
eine Datei kopiert hast, eine zeilenweise Version.

Soll ich dafür etwa `getline()` *verwenden?*

Genau! Und für das Schreiben kannst du ja den **<<**-Operator verwenden.

Okay, hier mein Lösungsansatz dazu:

```
// Das Öffnen der Dateien entspricht dem Beispiel
// zuvor und wird daher hier nicht nochmals abgedruckt
…
char puffer[4096]; *1
while(leseStrom.getline(puffer, sizeof(puffer))) { *2
  if( leseStrom.fail()) { /* Fehler !!! */ }
  schreibStrom << puffer << endl; *3
  if(schreibStrom.fail()) { /* Fehler !!! */ }
}
cout << "Kopieren erfolgreich!!!\n";
```

*1 Hier ist nun ein
ausreichend großer Puffer,
für die eine Zeile?!

*2 Liest mit `getline()`
vom Dateistrom
`leseStrom` maximal
`sizeof(puffer)` Zeichen
oder bis zum nächsten Zeilenumbruch ein.

*3 Die eingelesenen Zeichen
schieben wir mit **<<** in den Dateistrom
`schreibeStrom` und hängen
zudem noch das **endl** ans Ende.

[Code bearbeiten]
Das war gar nicht schlecht! Ich will nur noch anmerken,
dass du es dir natürlich mit der Klasse **string** einfacher als
mit C-Strings machen könntest. Hier derselbe Ansatz, nur
mit der Klasse **string**:

```
string puffer;
while(getline(leseStrom, puffer))
{
 // ... der Rest wie gehabt ...
}
```

Ganze Happen ...

Die wohl beste Möglichkeit der Datenspeicherung dürfte sein, die Daten gleich in **ganzen Blöcken** zu übertragen. Um eine bestimmte Anzahl an Bytes zu lesen oder zu schreiben, kannst du die Elementfunktionen **istream::read()** und **ostream::write()** verwenden.

[Notiz]

Auch wenn du im folgenden Listing nur eine Datei kopierst, so ist diese Methode der Speicherung auch ideal dazu geeignet, **Vektoren**, **Strukturen** oder **Objekte** zu speichern. Hierbei musst du natürlich beachten, dass du den Typ nach **char*** **umwandelst**!!!

Bezogen auf unser bekanntes Listing, sehen die entscheidenden Zeilen wie folgt aus:

```
leseStrom.seekg(0, ios::end); *1
size_t size = leseStrom.tellg(); *2
leseStrom.seekg(0, ios::beg); *3

char* puffer = new char[size]; *4
leseStrom.read( puffer, size ); *5
cout << "Gelesen   : " << leseStrom.gcount() << endl; *6
schreibStrom.write( puffer, size ); *7
```

*1 Das ist ein wahlfreier Zugriff, mit dem wir den Lesezeiger auf das Ende der Datei (**ios::end**) setzen.

*2 Hiermit bekommen wir das aktuelle Byte-Offset vom Dateianfang zurück. Wir haben quasi die Größe der Datei. Den Wert speichern wir in **size**.

*3 Jetzt stellen wir den Lesezeiger wieder zurück auf den Anfang der Datei.

*4 Nun kannst du die Anzahl Speicher reservieren, welche wir für das komplette Einlesen der Datei benötigen.

*5 Jetzt lesen wir mit **read()** die komplette Datei mit **size** Bytes in den zuvor reservierten Platz des Arbeitsspeichers.

*6 Mit **gcount()** kannst du ermitteln, wie viel zuvor mit **read()** gelesen wurde.

*7 Den kompletten Inhalt mit **size** Bytes aus dem Arbeitsspeicher (**puffer**) schreiben wir jetzt mit **write()** in die mit dem Dateistrom verbundene Datei.

[Achtung]

Hier wurde der Code gekürzt, um so auf die Fehlerüberprüfung zu verzichten. Du machst das in der Praxis natürlich **nicht** so!!!

Wahlfreier Zugriff

Im Beispiel zuvor hast du gesehen, dass du **frei bestimmen** kannst, auf welche **Position** du in einem **Dateistrom** zugreifst. Ebenso kannst du auch die aktuelle Schreib- oder Leseposition ermitteln. Hierzu gibt es jeweils eine **p**-Version (put; schreibend) und eine **g**-Version (get; lesend).

Folgende Elementfunktionen kannst du dazu auf den Dateiströmen verwenden:

Elementfunktion	Was sie macht ...

`istream& seekg(streampos);`
`istream& seekg(`
` streampos, ios::seekdir);`
	Setzt den Lesezeiger auf eine bestimmte Position des Dateianfangs oder auf eine relativ zum optional zweiten Argument angegebene Bezugsposition.

`streampos tellg();`	Gibt die aktuelle Leseposition zurück.

`ostream& seekp(streampos);`
`ostream& seekp(`
` streampos, ios::seekdir);`
	Setzt den Schreibzeiger auf eine bestimmte Position des Dateianfangs oder auf eine relativ zum optional zweiten Argument angegebene Bezugsposition.

`streampos tellp();`	Gibt die aktuelle Schreibposition zurück.

Elementfunktionen für wahlfreien Dateizugriff

Jetzt noch schnell die möglichen Werte für das zweite Argument von `seekg()` bzw. `seekp()` für die Bezugsposition (vom Typ `ios:seekdir`):

Flagge	Bedeutung
`ios::beg`	Position relativ zum Dateianfang
`ios::cur`	Position relativ zur aktuellen Position
`ios::end`	Position relativ zum Dateiende

Flaggen zur Bezugsposition

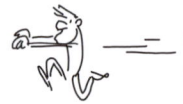

[Belohnung]
Ich weiß, das Thema war recht umfangreich, und du hast dir jetzt eine ordentliche Mahlzeit verdient. Nachdem du deine Zigarette fertig geraucht hast, solltest du überlegen, ob du dir eine Pizza bestellen oder lieber den Dinkelvollkornpfannkuchen essen willst, den dir deine Freundin in den Kühlschrank gestellt hat.

Daten wiederherstellen

So, jetzt bist du auch mit den vorhandenen **Strömen** für **Dateien vertraut**. Du kennst jetzt die Dateiströme **ifstream** (zum Lesen), **ofstream** (zum Schreiben) und **fstream** (zum Lesen und Schreiben). Um einen Strom mit einer Datei zu verbinden, kannst du diesen entweder **direkt** mit dem **Konstruktor** oder über die **Elementfunktion** **open()** realisieren. Der **Dateiname** muss als **C-String** vorliegen. Um den Dateistrom mit einem bestimmten Modus (jenseits vom Standard) zu öffnen, stehen dir mit dem Typ **ios::openmode** einige Flaggen zur Verfügung.

[Notiz]

Wenn es dir lästig erscheint, die alten C-Strings als Dateinamen für **open()** einzulesen, kannst du natürlich auch die Klasse **string** dafür verwenden. Mithilfe der Elementfunktion **c_str()** kannst du daraus dann einen für **open()** lesbaren C-String erstellen.

[Einfache Aufgabe]

Welche Möglichkeiten kennst du, um zu überprüfen, ob ein Dateistrom erfolgreich an eine Datei angeschlossen werden konnte?

*Hm, ich kann den Strom mit der Elementfunktion **fail()** daraufhin überprüfen, ob die Flagge **ios::failbit** geschwenkt wurde, also **if(file.fail())**. Alternativ kann ich auch einfach nur mit dem **!**-Operator den Strom testen, bspw. **if(!file)**. Und als dritte Möglichkeit würde mir noch die Elementfunktion **is_open()** einfallen, mit der ich überprüfen kann, ob der Dateistrom (nicht schon) mit einer Datei verbunden ist.*

Sehr gut beantwortet, Schrödinger!

[Einfache Aufgabe]

Kannst du mir sagen, mit welchen Standardwerten `ifstream`, `ofstream` und `fstream` geöffnet werden, wenn kein zweites Argument für `ios::openmode` verwendet wird?

> *Soweit ich weiß, wird* `ifstream` *mit* `ios::in`,
> `ofstream` *mit* `ios::out` *und* `ios::trunc` *und* `fstream`
> *ohne einen Standardwert verwendet.*

Prima!

Du hast erfahren, dass du beim **Lesen** und **Schreiben** auch alle bereits bekannten Sachen wie den **<<**- und den **>>**-Operator, die Elementfunktionen **get()**, **put()** (Byte für Byte), **getline()** (Zeile für Zeile), **read()** oder **write()** (ganze Datenblöcke) verwenden kannst. Du kannst also fast das gesamte Arsenal der **iostream**-Elementfunktionen auch für die Dateiströme verwenden.

> *Eine Sache müsstest du mir noch etwas genauer erläutern,*
> *und zwar, wie ich beim* **Speichern** *von ganzen Datenblöcken*
> *von Vektoren, Strukturen oder gar Objekten vorgehen sollte.*

In der Tat ist dies auf den ersten Blick recht komplex.

Ich will es dir anhand eines **Objektes** demonstrieren, wie du hierbei die Daten speichern kannst.

Sieh dir hierzu das folgende Grundgerüst der Klasse `SinnloseDaten` an:

```
class SinnloseDaten {
private:
  string wasauchimmer;
  long einWert;
  float fliessenderWert;
public:
  // ...
  SinnloseDaten(string s="", long l=0, float f=0)
  : wasauchimmer(s), einWert(l), fliessenderWert(f) {}
  // ...
  ostream& write(ostream& os);
  istream& read(istream& is);
  void putout();
};
```

Das Augenmerk liegt hier natürlich auf der Implementierung der beiden Elementfunktionen write() und read(). Diese wurden wie folgt implementiert:

```cpp
ostream& SinnloseDaten::write(ostream& os) { *1
  os << wasauchimmer << ends; *2
  os.write(reinterpret_cast<char*>(&einWert), sizeof(einWert)); *3
  os.write(reinterpret_cast<char*>(&fliessenderWert), sizeof(fliessenderWert)); *3
  return os; *4
}

istream& SinnloseDaten::read(istream& is) { *5
  getline(is, wasauchimmer, '\0'); *6
  is.read(reinterpret_cast<char*>(&einWert), sizeof(einWert)); *7
  is.read(reinterpret_cast<char*>(&fliessenderWert), sizeof(fliessenderWert)); *7
  return is; *8
}

void SinnloseDaten::putout(){
  cout << wasauchimmer << endl;
  cout << einWert << endl;
  cout << fliessenderWert << endl;
}
```

*1 Damit schreibst du die Datei von **SinnloseDaten** in den Strom **os**. Zurückgegeben wird der übergebene Strom.

*2 Hier schreiben wir den String mit dem Terminierungszeichen als Manipulator (**ends**). Achtung, beachte, dass es sich bei **string** auch um ein Teilobjekt der Klasse **SinnloseDaten** handelt, deren Länge immer unterschiedlich sein könnte.

*3 Da **write()** ein **char*** als erstes Argument erwartet, musst du hier beide Male in diesen Typ casten.

*4 Zurückgegeben wird wieder der übergebene Strom.

*5 Beim Gegenspieler **read** läuft dies ähnlich ab, nur eben in die andere Richtung. **read()** liest die Daten vom Strom **is** in das aktuelle Objekt ein.

*6 Für das Einlesen des Strings verwenden wir natürlich auch die **string::getline()**-Elementfunktion.

*7 Auch **read()** erwartet ein **char*** als Argument, weshalb auch hier ein Casting nötig wird.

*8 Zurückgegeben wird der Strom **is**.

Jetzt brauchst du nur die beiden Elementfunktionen **SinnloseDaten::write()** und **SinnloseDaten::read()** mit einem passenden Dateistrom zu verbinden.

Den Vorgang will ich dir hier ebenfalls nicht vorenthalten:

```
string dateiSchreiben; *1
ofstream schreibStrom; *1
cout << "Datei zum Schreiben : "; *1
getline(cin, dateiSchreiben); *1
schreibStrom.open(dateiSchreiben.c_str(), ios::binary); *1

if( !schreibStrom ) { /* Fehler !!! */ } *1

SinnloseDaten dat(string("Hallo"), 100, 123.567); *2
dat.write(schreibStrom); *3
schreibStrom.close(); *4

ifstream leseStrom; *5
SinnloseDaten dat2; *6
leseStrom.open(dateiSchreiben); *5
dat2.read(leseStrom); *7
dat2.putout(); *8
```

*1 Der nötige Dateistrom zum binären Schreiben wird mit einer Datei verbunden.

*2 Ein Objekt mit sinnlosen Werten wird angelegt.

*3 Die Daten des Objektes werden jetzt in den Dateistrom **schreibStrom** geschrieben. Hierbei wird unsere Elementfunktion **SinnloseDaten::write()** aktiv. An dieser Stelle solltest du in der Praxis natürlich eine Fehler-überprüfung einbauen.

*4 Der Dateistrom wird freigegeben.

*5 Testweise verwenden wir jetzt einen Dateistrom zum Lesen aus derselben Datei, in der wir eben geschrieben haben.

*6 Ein leeres Objekt, ...

*7 ... in das wir jetzt die Daten mithilfe des Dateistroms einlesen. Hierzu bedienen wir uns der Elementfunktion **SinnloseDaten::read()**.

*8 Das ist der Beweis, dass es geklappt hat ...!

[Belohnung]

Prima, Schrödinger!
Jetzt hast du wieder ein riesiges Kapitel gemeistert!
Zur Belohnung ...
Schrödinger? Bist wohl eingeschlafen ...?

Ein Strom für einen String?

Mit Blick auf den Anfang des Kapitels, wo ich die Hierarchie der Stromklassen, ausgehend von **ios**, aufgezeichnet habe, findest du ganz unten mit **istringstream**, **ostringstream** und **stringstream** drei **Ströme** für **Strings**. Alle Klassen sind im Header **<sstream>** enthalten. Die Ströme für Strings sind hervorragend dazu geeignet, unterschiedliche **Datentypen** von Strings bzw. in Strings **umzuwandeln**.

Das Prinzip funktioniert recht einfach.
Das folgende Beispiel zeigt dir, wie du einfache Datentypen wie int oder double in einen String konvertieren kannst:

```
#include <sstream>
...
ostringstream ostring;      *1
string strval;              *2
int intval = 999;           *3
double douval = 123.456;    *3

ostring << intval << " und " << douval << endl;   *4
strval = ostring.str();     *5
cout << strval;             *6
```

*1 Hier siehst du einen Stringstrom zum Schreiben ...

*2 ... und hier das Ziel, ...

*3 ... die zu konvertierenden Quellen.

*4 Damit werden die Textfolgen „999" und „123.456" in den Stringstrom **ostring** gesteckt.

*5 Mithilfe der Elementfunktion **str()** wird der komplette Inhalt vom Stringstrom (genauer vom Stringpuffer) in den String **strval** kopiert.

*6 Am Ende steht schließlich der Beweis.

Das ist ja toll! Aber ich hätte es häufiger gerne andersherum. Geht es also auch, auf die Art einen String in einen numerischen Wert zu konvertieren?

Natürlich erben die Klassen für die Stringströme sämtliche **public**-Elementfunktionen von den davor abgeleiteten Klassen, womit dir also auch alle bisher bekannten Elementfunktionen ebenso bei den Stringströmen zur Verfügung stehen.

Selbstverständlich funktioniert das auch in die **andere Richtung**, sogar viel einfacher, als du jetzt vielleicht denkst.

Guck dir hierzu folgendes Beispiel an:

```cpp
#include <sstream>
…
stringstream strstr;              *1
string strval = "999 und 123.456";   *2
string platzhalter;               *3
int ival;                         *3
double dval;                      *3

strstr << strval;                 *4
//strstr.str(strval);            *4
strstr >> ival >> platzhalter >> dval;   *5
if( ! strstr.eof() ) {            *6
  cerr << "Fehler beim Konvertieren\n";
}
cout << ival << " " << dval << endl;   *7
```

*1 Den Stringstrom benötigen wir zum Konvertieren.

*2 Die beiden Werte **999** und **123.456** sollen aus dem String gezogen werden.

*3 Hier stehen die nötigen Datentypen, in die wir den String umwandeln wollen.

*4 Der String wird in den Stringstrom (bzw. Puffer) gesteckt. Die Elementfunktion **str(string)** würde dasselbe bewirken.

*5 Jetzt werden die einzelnen Daten Stück für Stück aus dem Stringstrom herausgeschoben und die ASCII-Darstellung in eine binäre Darstellung konvertiert.

*6 Mithilfe von **eof()** kannst du überprüfen, ob Fehler beim Konvertieren aufgetreten sind. Wird **eof()** beim Stringstrom erreicht, ist kein Fehler aufgetreten, weshalb wir hier auf ungleich **eof()** prüfen.

*7 Der Beweis, dass die Strings in numerische Werte konvertiert wurden, folgt auf dem Fuße.

Schürzenjäger-Strom

Im Büro konntest du schön sehen, dass du mithilfe von Stringströmen ganz bequem Daten von der Binär-Darstellung in eine lesbare ASCII-Form und umgekehrt konvertieren kannst. Es ist allerdings recht umständlich, auf die Art für jeden Typ eine extra Funktion zu schreiben. Es bietet sich daher geradezu an, hieraus ein **Funktions-Template** zu erstellen.

[Schwierige Aufgabe]
Erstelle ein Funktions-Template, mit dem du einen Datentyp in einen anderen konvertieren kannst. Der Prototyp des Templates hat wie folgt auszusehen:

*1 Der Typ **T1** soll in den Typ **T2** konvertiert werden.

```
template <class T1, class T2>
void mconvert(const T1& in,  T2& out); *1
```

Okay, ich denke, das sollte jetzt kein großes Problem sein. Hier ist meine Lösung:

*1 Die Daten gelangen in den Stringstrom hinein …

*2 … und konvertiert aus dem Stringstrom wieder heraus.

```
#include <sstream>
…
template <class T1, class T2>
void mconvert(const T1& in,  T2& out) {
  stringstream ss;
  ss << in; *1
  ss >> out; *2
  if( ! ss.eof() ) { *3
    cerr << "Fehler bei der Konvertierung\n";
    exit(l);
  }
}
```

*3 Natürlich darf eine Überprüfung nicht fehlen.

[Code bearbeiten]
Anstatt das Beispiel mit **exit** zu
beenden, würde ich dir hierfür empfehlen, eine Ausnahme zu werfen und
zu behandeln oder einen bool zurückzugeben, der Erfolg oder Misserfolg
anzeigt.

Jetzt noch ein paar Beispiele, welche dieses Funktions-Template in der Praxis testen sollen:

```cpp
string strl="999";
string str2="123.456";
string convstrl, convstr2;
int ival;
double dval;

mconvert(strl, ival);     *1
mconvert(str2, dval);     *1
mconvert(ival*2, convstrl);   *1
mconvert(dval*2, convstr2);   *1

cout << "int: " << ival << endl;        *2
cout << "double: " << dval << endl;     *2
cout << "string: " << convstrl << endl; *2
cout << "string: " << convstr2 << endl; *2
```

*1 einige Umwandlungen

*2 und die Ausgabe als
Beweis, dass alles
geklappt hat

[Belohnung]
Prima gelöst! Noch ein kurzer Abschnitt,
und du darfst dich als Meister aller Ströme bezeichnen.

Ohne Isolation

Jetzt kennst du mit den Stringströmen noch eine weitere interessante und effektive Technik, um bspw. aus Strings einzelne Dateien oder aus Daten einen String zu erstellen. Aber Stringströme bieten auch noch andere Anwendungsmöglichkeiten an. So könntest du diese auch für **Pufferungszwecke** verwenden – um so bspw. auf eine temporäre Datei zu verzichten.

Folgende Stringströme gibt es im Angebot:

Strom	Flussrichtung
`isstringstream`	Erzeugt einen Stringstrom, aus dem gelesen werden kann. Standardmäßig wird als Öffnungsmodus `ios::in` verwendet.
`ostringstream`	Erzeugt einen Stringstrom, in den geschrieben werden kann. Standardmäßig wird als Öffnungsmodus `ios::out` verwendet.
`stringstream`	Erzeugt einen Stringstrom, in den gelesen und geschrieben werden kann. Standardmäßig werden als Öffnungsmodi `ios::in` und `ios::out` verwendet.

Verschiedene Stringströme im Angebot

[Zettel]
Bei allen drei Konstruktoren kannst du neben einem leeren Konstruktor als Parameter entweder den Öffnungsmodus eingeben (das sind die gleichen Modi wie beim Dateistrom), einen String (`string`), mit dem der Strom gleich initialisiert werden soll, oder eine Mischung aus dem String (erstes Argument) und dem Öffnungsmodus (zweites Argument).

Wie jetzt? Ich kann bei den Stringströmen auch die Öffnungsmodi von den Dateiströmen verwenden?

Jep! Ganz genau. So kannst du bspw. einen vorhandenen Stringstrom mit den Modi **ios::ate** oder **ios::app** öffnen, wodurch der neue übergebene String ans Ende angehängt wird.

[Notiz]

Genau genommen sind **Stringströme** erheblich **schneller** (da im Hauptspeicher) **als** langsame temporäre **Dateien**. Allerdings muss dir dabei auch klar sein, dass der Arbeitsspeicher bei einem Programmabsturz im Gegensatz zu einer temporären Datei gelöscht wird. Die Verwendung von Stringströmen versus Dateiströmen hängt natürlich auch vom jeweiligen Anwendungszweck ab.

[Belohnung]

So, Schrödinger! Nun ist es geschafft *konfettischmeiß*! Von nun an kannst du dich als Meister der Ströme bezeichnen. Natürlich bekommst du jetzt dein nächstes Abzeichen verliehen.

—SECHZEHN—

Einführung in die Standard Template Library (STL)

Ausstechformen für Faule

Schrödinger weiß bereits, wie er eigene Klassenschablonen erstellen kann, aber dass C++ bereits eine Menge solcher Vorlagen anbietet, wusste er nicht. Darauf haben wir ihn sicherheitshalber schnell hingewiesen, als er eben wieder das Rad neu erfinden wollte.

Fertigkuchen von Dr. STL ...?

C++ bietet dir viele fertige **Kuchenmischungen** an, denen du meistens nur noch **eine Backzutat** (nämlich den Typ) hinzufügen musst. Diese Sammlung von Kuchenmischungen wird unter dem Begriff **STL** (kurz für Standard Template Library) zusammengefasst. Diese STL ist voll und ganz in der C++-Standardbibliothek integriert, und sie würde dir gar nicht mehr unter dem Namen STL auffallen, wenn ich das hier nicht schreiben würde. Ein großer Vorteil solcher Fertigbackmischungen ist es auch, dass man dabei **keine** solche **Sauerei** hinterlässt, die man wieder saubermachen muss, wenn der Kuchen fertig ist.

Folgende Vorteile hast du mit Fertigbackmischungen von Dr. STL:

☛ Sie bieten ein besseres und stabileres Laufzeitverhalten der Programme, weil die Templates jahrelang von Probanden probiert und von Meisterköchen verfeinert wurden.

☛ Die Backmischungen sind ein Standard, an den sich jeder andere Kuchenhersteller halten muss. Daher klappte es bis jetzt noch immer mit diesen Kuchen, in jeder Küche!

☛ Und wenn du mal keinen Plan mehr hast, kannst du bei anderen Gleichgesinnten um Hilfe bei den Rezepten bitten, weil ja jeder auf dem gleichen Stand(ard) is(s)t.

Die Hauptbestandteile, um einen Fertigkuchen zu backen, sind ein Behälter (ein **Container**), eine Beschreibung, wie der Kuchen gebacken wird (**Algorithmen**), und ein Gerät, um den Teig zu kneten oder aus dem Behälter zu holen (**Iteratoren**).

Und was kommt in den Behälter rein?

Objekte verschiedenster Klassen oder z. B. einfache Datentypen. Aber mach dir darum keinen Kopf, ich gehe gleich etwas genauer darauf ein.

Verschiedene Behälter (Container)

Deine nächste Frage wird sicherlich lauten, **welche Behälter** es denn alle gibt?! Aufgeteilt werden die Klassen in **sequenzielle** und **assoziative** Behälter. Jeder Container ist als **Klassen-Template** geschrieben und kann somit Objekte beliebiger Typen verwalten. Auch um die Speicherverwaltung musst du dich hier nicht mehr kümmern.

Sequenzielle Behälter ordnen die einzelnen Objekte linear der Reihe nach und können somit über die Position im Behälter angesprochen werden. Folgende Behälter stehen dir dabei zur Verfügung:

Behälter	Was er genau ist ...
vector	Die Vektoren hast du bereits des Öfteren im Buch verwenden können. Da der Zugriff auf die Elemente über eine Indexnummer erfolgt, ist der Zugriff auf einzelne Elemente sehr schnell. Das Einfügen innerhalb der Elemente hingegen ist recht langsam. Benötigt die Headerdatei `<vector>`.
deque	Ähnlich wie `vector`, nur handelt es sich hier um eine zweiendige Schlange (double-ended queue), bei der du am Anfang und am Ende einen einfachen Zugriff auf die Elemente hast. Hierfür benötigst du den Header `<deque>`.
list	Die klassische verkettete lineare Liste. Da beim Einfügen einzelne Adressen verwendet werden, ist das Einfügen erheblich schneller als bei `vector`. Intern wird diese Liste natürlich gleich als doppelt verkettete Liste implementiert. Benötigt die Headerdatei `<list>`.

Sequenzielle Behälter (Container)

[Zettel]
Mit `std::array` und `std::forward_list` wurden in C++11 zwei neue Behälter-Klassen eingeführt. Bei `std::array` handelt es sich um ein Array mit fester Länge, was dasselbe Laufzeitverhalten wie ein C-Array mit der Schnittstelle von vector anbietet. `std::forward_list` hingegen ist, im Gegensatz zu `std::list`, eine einfach verkettete Liste, die nur vorwärts durchlaufen werden kann, aber dafür schneller beim Einfügen und Entfernen von Elementen ist. Auf die neuen Behälter gehen wir etwas weiter hinten im Buch ein.

Aus den sequenziellen Behältern werden die sogenannten **Adapterklassen** erstellt. Eine solche Adapterklasse enthält einen sequenziellen Behälter als Template-Argument und ist somit im Grunde ebenfalls ein sequenzieller Behälter.

Folgende Adapterklassen werden daraus konstruiert:

Behälter	Was er genau ist ...
stack	Dieses Klassen-Template ist gewöhnlich eine Modifikation von deque und dient dazu, Daten auf einer Seite abzulegen und von derselben Stelle wieder zu entnehmen (wie bei einem Stapel Teller). Getreu nach dem LIFO-Prinzip (Last In First Out). Hierzu benötigst du den Header `<stack>`.
queue	Ebenfalls eine Modifikation von deque. Dient als eine Warteschlange nach dem FIFO-Prinzip (First In First Out), um ein Objekt auf der einen Seite abzulegen und von der anderen Seite zu entnehmen. Zur Verwendung benötigst du den Header `<queue>`.
priority_ queue	Wie schon das Klassen-Template queue, nur dass hierbei noch ein extra Prioritätsattribut verwendet werden kann. Somit wird immer das Element mit höchster Priorität von der Schlange entnommen. Das dürfte in etwa dem Prinzip der privaten gegenüber den gesetzlichen Kassenpatienten beim Warten in der Arztpraxis entsprechen. Benötigt den Header `<queue>`.

Adapterklassen werden aus den sequenziellen Behältern konstruiert.

Assoziative Behälter hingegen werden gewöhnlich in einer Baumstruktur gespeichert (ist aber nicht so vorgeschrieben), und der Zugriff erfolgt über einen Schlüssel. Folgende assoziative Behälter stehen dir zur Verfügung:

Behälter	Was er genau ist ...
set	Mit diesem Behälter werden die eingefügten Elemente sofort in eine sortierte Reihenfolge gebracht. Der Behälter definiert einen immer sortierten Container, der nur Schlüssel enthält. Ein Schlüssel darf in einem Set nur einmal vorkommen. Als Headerdatei brauchst du hierfür `<set>`.
multiset	Entspricht set, nur darf es hier mehrere gleiche Schlüssel geben.
map	Ähnlich wie set, nur kannst du hiermit zwei Elemente speichern. Das erste Element ist ein Schlüssel, und das zweite darf ein beliebiges Datenelement sein, mit dem der Schlüssel gefunden werden soll. Ein Schlüssel darf hierbei allerdings auch nur einmalig vorhanden sein. Benötigt den Header `<map>`.
multimap	Entspricht map, nur darf es hiermit mehrere gleiche Schlüssel geben.
bitset	Diese Klasse dient dem Abspeichern und Manipulieren von Bit-Folgen.

Assoziative Behälter (Container)

Algorithmen und Iteratoren

Behälter allein machen natürlich noch keinen Kuchen! Um ein sicheres **Zugreifen auf** den Inhalt der **Behälter** zu gewährleisten, werden **Iteratoren** verwendet. Iteratoren sind so etwas wie Zeiger, mit deren Hilfe du von einem Element zum nächsten wandern kannst. Wie dies intern geschieht, kann dir egal sein, und du wirst es auch wegen der Kontrollabstraktion nicht sehen. Auch Iteratoren allein bringen nix, wenn keine Funktionalitäten da sind. Und daher sind natürlich auch Algorithmen dabei. Die **Algorithmen** arbeiten wiederum mit den Iteratoren, die auf die Behälter zugreifen.

[Zettel]
Behälter stellen Iteratoren zur Verfügung, und die Algorithmen benutzen diese!

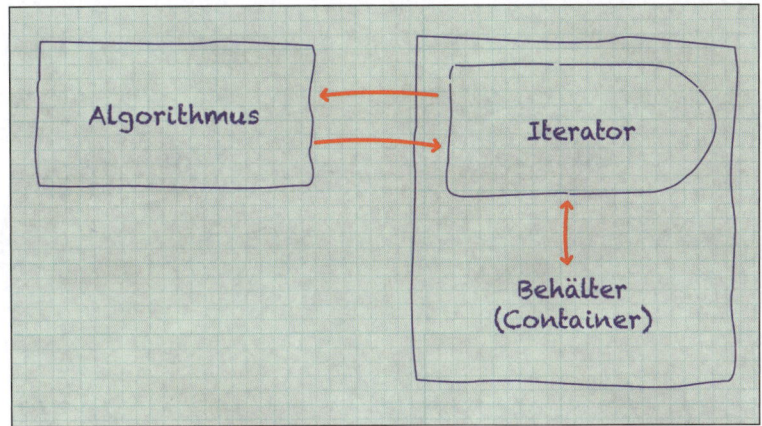

Behälter, Iteratoren und Algorithmen –
ein harmonisches Zusammenspiel

[Zettel]
Auch neu: In C++11 wurden endlich die Hashtabellen (auch assoziatives Array genannt) hinzugefügt. Da allerdings schon viele Compilerhersteller hier ihre eigenen Süppchen angeboten haben, wurden für die Hashtabellen recht unbequeme Namen wie

`std::unordered_map`,
`std::unordered_set`,
`std::unordered_multimap` und
`std::unordered_multiset` eingeführt.

Also alle recht ähnlich wie die ähnlich klingenden Gegenstücke in C++98. Auch die Schnittstelle ist recht ähnlich zu ähnlich klingenden Behältern. Eine solche Hashtabelle ist eine spezielle Datenstruktur aus Schlüssel/Werte-Paaren welche über einen assoziativen Schlüssel adressiert werden. Auf die neuen C++11-Behälter werden wir etwas weiter hinten im Buch genauer eingehen.

Besser als „Selbermachen"

Das Zusammenspiel von Behälter, Iteratoren und Algorithmen will ich dir jetzt anhand eines selbst erstellten Beispiels, einmal ohne und dann mit STL, demonstrieren. Das wird dir die Sache erheblich deutlicher machen.

Zunächst mal die triste Version, in der wir den Iterator und den Algorithmus selber zusammenbasteln:

```
…
typedef int* meinIterator; *1


void init( meinIterator behaelter, int n ) { *2
  for(int i=0; i < n; ++i) {
    behaelter[i]=i+i;
  }
} *2


meinIterator suche(meinIterator start,meinIterator ende, *3
                              const double& dval ) {
 while( start != ende && *start != dval ) {
   ++start;
 }
 return start;
} *3
…
const int n = 20;
int Behaelter[n]; *4
int dval;
meinIterator start = Behaelter; *5
meinIterator ende = Behaelter + n; *5
init(Behaelter, n); *6

cout << "Sie suchen: ";
cin >> dval;
meinIterator position = suche(start, ende, dval); *7
if( position != ende ) {
  cout << "Gefunden an Pos. " << (position-start) << endl;
}
else {
  cout << "Nicht gefunden\n";
}
…
```

*1 Hier haben wir einen **eigenen Iterator** als Zeiger auf **int** definiert.

*2 Das ist eine **einfache Funktion**, welche alle Elemente des „Behälters" mit einem Wert initialisieren soll.

*3 Das ist der **Algorithmus**, mit dem wir nach einem bestimmten Element im Behälter suchen.

*4 Unser „**Behälter**"! Hier haben wir lediglich ein einfaches **int**-Array mit 20 Elementen verwendet.

*5 Hier haben wir jeweils einen **Iterator** (Zeiger) auf den Anfang und einen auf das Ende des „Behälters" gesetzt.

*6 Jetzt **initialisieren** wir alle Elemente des „Behälters" mit Werten.

*7 Der Algorithmus verwendet die beiden Iteratoren und sucht im Behälter nach dem Element **dval**.

[Notiz]

Du solltest natürlich hierzu noch wissen, dass Iteratoren im Grunde nur Spezialfälle von Zeigern sind, und deshalb funktioniert eigentlich alles, was mit Iteratoren in Behältern geht, auch auf Zeiger oder [ ].

Beim Beispiel konntest du sehr schön das Zusammenspiel von Behälter, Iterator und Algorithmus erkennen. Klar, wir haben hier nur ein einfaches **int**-Array als „Behälter" verwendet, und es wurde auch noch abhängig vom **int**-Typ programmiert. Sicherlich kannst du das Beispiel mithilfe der Template-Technik selber „typunabhängiger" machen. Aber genau bei solchen immer wiederkehrenden Aufgaben greift man dann viel lieber auf die Kuchenbackmischung von Dr. STL zurück.

Daher will ich dir jetzt dasselbe Beispiel nochmals mit der Fertigbackmischung von Dr. STL erstellen, und du kannst dann auch hier wieder sehr schön das Zusammenspiel von Behälter, Iterator und Algorithmus verfolgen:

*1 für die Behälterklasse **vector**

*2 für die Funktion **find()**

*3 der Behälter **vector** für Integer

*4 Werte im Behälter initialisieren. Auch hierfür könnte man noch bspw. mit **generate()** einen fertigen Algorithmus verwenden, aber dazu später mehr.

*5 Der Algorithmus **find()** arbeitet mit Iteratoren. Als erstes Argument erhält dieser die Adresse des ersten Elementes und als zweites Argument die Adresse hinter (!) dem letzten Element (also **end()**). Zurückgegeben wird die Anfangsadresse des gefundenen Elementes in Form des Iterators **position**.

```cpp
...
#include <vector> *1
#include <algorithm> *2
...
const int n = 20;
int dval;
vector<int> Behaelter(n); *3
for(size_t i = 0; i < Behaelter.size(); ++i) { *4
  Behaelter.at(i) = i+i; *4
}
cout << "Sie suchen: ";
cin >> dval;
vector<int>::iterator position = find( *5
  Behaelter.begin(), Behaelter.end(), dval );
if( position != Behaelter.end() ) {
  cout << "Gefunden an Pos. "
       << (position-Behaelter.begin()) << endl;
}
else {
  cout << "Nicht gefunden\n";
}
...
```

[Notiz]
Die Elementfunktion **begin()** verweist immer auf die Position des ersten Elementes in einem Behälter. Das Gegenstück **end()** hingegen verweist immer auf die Position hinter dem letzten Objekt im Behälter. Beide Elementfunktionen geben natürlich einen Iterator auf die Position zurück.

Wow, das mit den Fertigbackmischungen von Dr. STL lässt sich aber erheblich einfacher, schneller und bequemer realisieren. Und das dann auch noch für jeden beliebigen Datentyp. Ich glaube, ich nehme in Zukunft nur noch Dr. STL. Qualität ist halt doch das beste Rezept.

Schön, dass du das so siehst, aber zuvor muss ich noch ein paar Zeilen über die **Iteratoren** verlieren. Du solltest jetzt verstanden haben, dass die Iteratoren der Weg sind, über den du auf die Objekte in einem Behälter zugreifen kannst, zum einen um die Verwendung von diesen bei unterschiedlichen Behältern zu vereinheitlichen und zum anderen um vor allem die umständliche Verwendung von Zeigern als **`*(ptr+i)`** (= Element), **`(ptr+i)`** (= Adresse) usw. zu verstecken (wird auch als Abstraktion bezeichnet). Selbstverständlich wird neben dem Iteratortyp **`iterator`** mit **`const_iterator`** auch eine Version für konstante Objekte zur Verfügung gestellt.

[Notiz]

Bleibt noch zu erwähnen, dass es unterschiedliche Arten von Iteratoren gibt. So können bspw. bidirektionale Iteratoren mit dem **++**-Operator vorwärts, mit dem **--**-Operator rückwärts und mit ***** und **->** lesend oder schreibend auf die Objekte zugreifen. Dann wäre da noch der Random-Access-Iterator, der alle Funktionen des bidirektionalen Iterators besitzt, aber zusätzlich den **[ ]**-Operator überladen hat und auch noch die Addition und Subtraktion bei Iteratoren enthält, was für Behälterklassen wie **`vector`** oder **`deque`** benötigt wird. Bidirektionale Iteratoren werden hingegen vom Behälter **`list`** verwendet. Neben diesen beiden gibt es noch weitere Arten von Iteratoren.

... und schmeckt auch noch gut!

Das war ein kleiner Vorgeschmack auf die fertigen Backmischungen von Dr. STL, welche dafür da sind, dir das Leben einfacher zu machen. Vielleicht ist es für dich am Anfang etwas verwirrend, dieses komplette Konzept auf Anhieb zu verstehen. Aber ich bin mir sicher, wenn du das ganze Thema durchgearbeitet hast, werden die einzelnen Teile zu einem schönen und deutlichen Gesamtbild zusammengefügt und werden auch dich erleuchten.

[Einfache Aufgabe]

Was sind die Hauptbestandteile, auf denen das STL-Konzept basiert?

> Zunächst stehen mir verschiedene Behälter (engl. Container) zur Verfügung, um beliebige Typen zu speichern. Zugreifen kann ich dann auf die einzelnen Elemente mit einem Iterator. Zusätzlich steht mir eine Menge an Funktionen in Form von Algorithmen zu Verfügung. Dank der Iteratoren kann ich dann mit den Algorithmen in den Behältern arbeiten.

Prima, Schrödinger! Das Konzept hinter Dr. STLs leckeren Backmischungen hast du sehr gut verstanden.

[Einfache Aufgabe]

Hierzu nochmals ein Überblick über die verschiedenen Behälter, die dir zur Verfügung stehen. Ordne bitte anhand der einzelnen Bilder, der Nummer und des Buchstabens darunter den entsprechenden Behälter zu! Die Lösung dazu findest du ganz unten auf der nächsten Seite auf den Kopf gestellt.

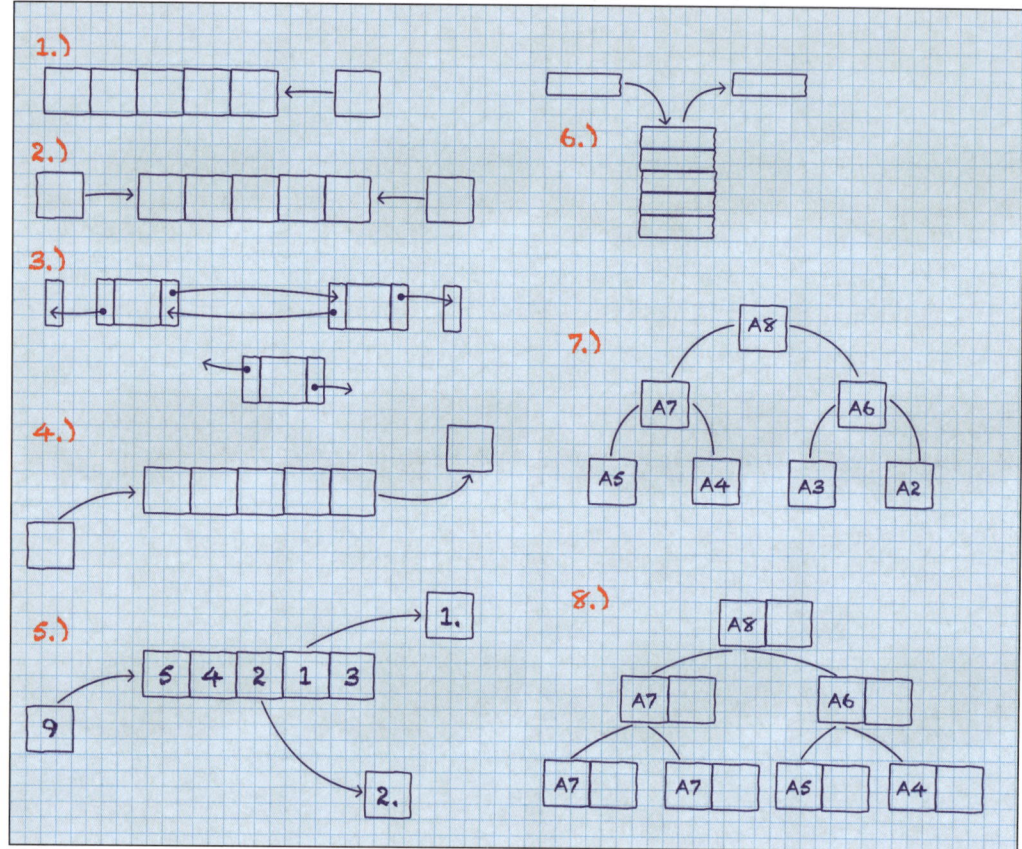

Versuche herauszufinden, welcher Behälter hier jeweils abgebildet wird.

a.) **deque**

b.) **list**

c.) **vector**

d.) **stack**

e.) **queue**

f.) **priority_queue**

g.) **map**, **multimap**

h.) **set**, **multiset**

Irgendwie habe ich so das Gefühl, dass man eigentlich jeden Behälter durch einen anderen austauschen kann, oder? Wie soll ich mich da entscheiden, welchen Behälter ich verwenden soll?

Lösung zur Aufgabe: 1c 2a 3b 4e 5f 6d 7h 8g

Definitiv kann ich dir da kein 100%iges Rezept ausstellen, weil das natürlich auch vom Anwendungsfall abhängt. Aber wenn du in der Praxis viele **Elemente einfügen** und wieder **löschen** willst, solltest du mit dem Behälter `list` oder dem neuen Behälter `forward_list` sehr gut fahren! Fügst du neue Elemente vorwiegend immer **an das Ende** an, ist ein `vector` wohl ideal für dich. Für das Anfügen von neuen Elementen **vorne und hinten** eignet sich die `deque` am besten. Die nötige Verwendung der Adapterklassen `stack`, `queue` und `priority_queue` spricht für sich. Die assoziativen Behälter, wie bspw. `set` oder `multiset`, sind bspw. mindestens genauso effektiv wie `list`. Aber spätestens wenn es um die **Suche** geht, sind `set` bzw. `multiset` unschlagbar, weil die Suche in einem binären Baum erheblich schneller vor sich geht als in einer verketteten Liste. Gleiches gilt natürlich auch für `map` bzw. `multimap`, nur dass du mit diesen Behältern gleich zwei Elemente auf einmal aufnehmen kannst. Mindest so effektiv wie die klassischen Maps und Sets sind hierfür auch die neuen Hashtabellen `unordered_(multi)map` und `unordered_(multi)set`. Während die Zugriffszeit bei den klassischen Maps und Sets noch logarithmisch von der Anzahl der Schlüssel abhängt, ist die Zugriffszeit bei den Hashtabellen konstant.

[Notiz]

Trotz der allgemeinen Verwendung der einzelnen Behälter hängen die Laufzeiten natürlich auch noch davon ab, wann der beste, durchschnittlichste oder schlechteste Fall eintritt. Aber so tief wollen wir da jetzt nicht graben.

Detaillierteres Arbeiten mit sequenziellen Fertigkuchen

Nachdem du jetzt ein wenig mit den Fertigkuchen vertraut bist, wollen wir uns die einzelnen Eigenschaften der sequenziellen Behälter etwas näher anschauen. Hierbei zunächst die gute Nachricht: Alle **sequenziellen Behälter** haben eine Menge gemeinsamer Eigenschaften und Elementfunktionen.

[Hintergrundinfo]
Ich will dir hier nur über die grundlegenden Eigenschaften und Elementfunktionen der Container berichten. Die STL ist hierbei wirklich sehr umfangreich! Daher empfehle ich dir, für weitere Informationen entweder die Referenz deines Compilers zu verwenden, oder du guckst dich hierzu auf meiner Lieblingsseite für solche Zwecke um: *http://www.cplusplus.com/ reference/stl/*

Behälter erstellen

Wenn du einen neuen Behälter erstellen willst, stehen dir dafür unterschiedliche Konstruktoren (inklusive des Kopierkonstruktors) zu Verfügung.

```
deque<float> dschlange; *1
vector<int> einVektor1(10); *2
vector<int> einVektor2(einVektor1); *3
vector<int> einVektor3(einVektor1.begin(),einVektor1.end()); *4
EineKlasse eineKlasse; *5
list<EineKlasse> vieleKlassen( 10, eineKlasse ); *5

stack<double> einStack1; *6
stack<double> einStack2(einStack1); *7
queue<EineKlasse> qKlassen(10); // Fehler !!! *8
```

*1 Ein leerer **deque**-Behälter für Objekte vom Typ **float** wird angelegt.

*2 Damit wird ein **vector**-Behälter mit zehn Objekten vom Typ **int** erzeugt.

*8 Das geht allerdings bei den Adapterklassen nicht mehr!

*7 Natürlich gibt es auch hier einen Kopierkonstruktor.

*6 Ähnlich funktioniert dies auch bei den Adapterklassen. Hier wird ein leerer **stack** für Objekte vom Typ **double** erzeugt.

Zutaten hinzufügen

Zum Einfügen neuer Elemente in einen sequenziellen Behälter wie **vector**, **deque** und **list** (aber nicht bei den Adapterklassen) stehen dir für jeden Behälter die gleichen Elementfunktionen zur Verfügung.

Hier die wichtigsten Elementfunktionen im Überblick:

Elementfunktion	Was sie kann ...
`void push_back(const T& d);`	Hängt das Element d als letztes Objekt an den Behälter an.
`void push_front(const T& d);`	Fügt Element d als erstes Objekt in den Behälter ein.
`iterator insert(` `iterator pos, const T& d);`	Fügt Element d vor der Position pos ein und gibt diese Position zurück.
`iterator insert(` `iterator pos, size_type n,` `const T& d);`	Dito, nur werden hiermit n Objekte eingefügt.
`iterator insert(` `iterator pos,` `InputIterator first,` `InputIterator last);`	Damit werden die Elemente von der Positon first bis last kopiert und vor der Position pos eingefügt.

Nützliche Elementfunktionen, um Objekte einem Behälter hinzuzufügen

*3 Dupliziert den **vector** **einVektor1** mithilfe des Kopierkonstruktors.

*4 Es ist auch möglich, eine Teilmenge eines anderen Behälters zu verwenden. Die Teilmenge wird natürlich über Iteratoren bestimmt.

*5 Hier wird ein Behälter **vieleKlassen** mit zehn Objekten vom Typ **EineKlasse** erzeugt und mit dem Objekt **eineKlasse** aufgefüllt.

Hm, wenn hierbei alle Behälter die gleichen Elementfunktionen haben, kann ich doch jederzeit in meinem Listing einen Behälter **vector<Typ>** gegen einen Behälter **list<Typ>** auswechseln, und das Programm geht dann immer noch. Dann ist es doch egal, was ich verwende?

Ja und nein! Du kannst in der Tat die einzelnen sequenziellen Behälter (nicht die Adapterklassen) austauschen. Natürlich musst du hierbei beachten, bei deinem Vorschlag einen Behälter `vector<Typ>` gegen einen Behälter `list<Typ>` zu wechseln, damit in `list<Typ>` nicht, falls du ihn verwendest, der `[ ]`-Operator verwendet werden kann. Und, nein, es ist nicht egal, was du für einen Behälter verwendest, weil dies vom Anwendungsfall und somit von der Laufzeit abhängt. Aber das hatte ich ja bereits erwähnt.

[Hintergrundinfo]

Die Elementfunktionen `push_back()` und `push_font()` für alle Behälter sowie die Elementfunktion `insert()` für `list` haben die beste konstante Laufzeit, und daher solltest du diese bevorzugen.

Bei den **Adapterklassen** `stack`, `queue` und `priority_queue` hingegen gibt es sinngemäß nur eine Elementfunktion mit `push(T& d)`, um ein neues Objekt am Ende hinzuzufügen.

[Ablage]

Der neue C++11-Standard erlaubt endlich auch eine Initialisierung der Standardbehälter über den `{}`-Initialsierer, bspw.:

```
vector<int> vec03={1,2,3};
```

Zugriff auf den Teig

Für den Zugriff auf die Behälterklassen (ausgenommen die Adapterklassen) stehen dir die Elementfunktionen `front()` für das erste und `back()` für das letzte Element zur Verfügung. Beide Elementfunktionen liefern dir eine Referenz auf das Objekt zurück. Bei der Behälterklasse `vector` hingegen kannst du auch noch den `[ ]`-Operator und die Elementfunktion `at()` benutzen. Aber das weißt du ja bereits.
Bei der Adapterklasse `queue` hingegen erfolgt der Zugriff auf das erste Element stets über die Elementfunktion, und bei den beiden anderen Klassen `stack` und `priority_queue` greifst du mit der Elementfunktion `top()` auf das höchste Element bzw. das Element mit der höchsten Priorität zu.

Wie viel passt rein, und wie viel ist drin ...?

Du kennst viele der Elementfunktionen bereits aus den vorangehenden Kapiteln mit **vector**, aber trotzdem sollten diese hier nicht unerwähnt bleiben:

- ☛ **size()** gibt die Länge der vorhandenen Objekte im Behälter zurück.
- ☛ **resize()** verändert die Länge des Behälters, bspw. wird mit **behaelter.resize(10, d)** die Länge in **behaelter** um zehn Objekte von **d** erhöht.
- ☛ **empty()** gibt **true** zurück, wenn der Behälter leer ist. Ansonsten wird **false** zurückgegeben.
- ☛ Mit **max_size()** bekommst du die maximal mögliche Länge des Behälters zurück. Der Wert hängt natürlich vom Behälter und der Größe des verwendeten Objektes ab.

[Zettel]

Willst du wissen, wie viel Speicher du für einen Behälter mit bestimmten Objekten verwenden kannst, ohne dass erneut welcher nachreserviert werden muss? Dann solltest du diesen Behälter mit der Elementfunktion **capacity()** abfragen. Reicht dir diese Größe nicht aus, kannst du diesen Bereich mit **reserve()** vergrößern.

Raus damit ...!

Zum Löschen von Objekten in den Behälterklassen stehen dir mindestens drei Elementfunktionen zur Verfügung:

- ☛ **pop_back()** entfernt das letzte Element im Behälter.
- ☛ **erase()** entfernt einen Teilbereich ab einer bestimmten Position, bspw. löscht **beh.erase(beh.begin()+5, beh.end())** alle Elemente in **beh** ab der fünften Position bis zum Ende.
- ☛ **clear()** löscht alle Elemente im Behälter.

Für die Behälter **deque** und **list** steht dir außerdem mit **pop_front()** noch eine Elementfunktion zur Verfügung, um das erste Element im Behälter zu löschen. Zusätzlich gibt es noch zwei Elementfunktionen, um einen Behälter vorher zu löschen und dann mit einem Inhalt wieder aufzufüllen. So kannst du z. B. mit **assign(n, T)** den Behälter löschen und mit **n** Elemente von **T** ersetzen. Gleiches gilt für **assign(pos1, pos2)**, mit dem ebenfalls der Inhalt gelöscht und mit Elementen aus dem Iterator-Bereich **pos1** bis **pos2** aufgefüllt wird. Bei den Adapterklassen hingegen steht mit **pop()** nur eine einzige Elementfunktion zur Verfügung, um das oberste oder vorderste Element zu löschen.

Tausch mit mir, oder gib mir alle

Den Inhalt zweier Behälter kannst du ganz einfach mit der Elementfunktion **swap()** austauschen (gilt allerdings nicht für die Adapterklassen), bspw. bekommt **beh1** mit **beh1.swap(beh2)** alle Elemente von **beh2** und **beh2** alle von **beh1**. Willst du den kompletten Inhalt eines Behälters einem anderen zuweisen, so ist bei allen Behältern dafür auch der Zuweisungsoperator **=** überladen und kann daher auch verwendet werden.

Mixen, sortieren und rühren

Der Behälter **list** hat natürlich noch ein paar spezielle Elementfunktionen, die eben nur bei einer verketteten Liste einen Sinn machen. Da wäre etwa die Elementfunktion **sort()** zum Sortieren einer Liste. Allerdings musst du hierfür den Operator **<** für den entsprechenden Typ definieren. Ich zeige dir das aber in der Praxis noch. Mit **reverse()** kannst du die Liste komplett umdrehen, womit das erste das letzte und das letzte dann das erste Element wird usw.
Für das Mischen von zwei sortierten Listen kannst du die Elementfunktion **merge()** mit **list1.merge(list2)** realisieren. Aber Achtung, der Behälter in **list2** ist dann leer!!! Willst du nur eine Teilmenge oder alle Objekte aus einer Liste an einer bestimmten Position eines anderen Listenbehälters hinzufügen, kannst du dazu **splice()** verwenden.

[Ablage]

Neu hinzugekommen ist im C++11-Standard eine Move-Semantik, mit der sich unnötiges Kopieren von Objekten im Speicher vermeiden lässt, weil damit beim Erzeugen neuer Objekte die Inhalte aus bereits bestehenden Objekten verwendet werden. Bei der bisherigen Copy-Semantik wurde alles komplett kopiert, bspw.:

```
// Neue move-Semantik:
vec02 = move(vec01);
// Alte copy-Semantik:
vec02 = vec01;
```

Sequenzielle Fertigkuchen abschmecken

Okay, im Abschnitt zuvor wurde viel zu den sequenziellen Behältern geschrieben. Hier will ich dir jetzt mal **demonstrieren**, wie einfach es ist, diese Funktionalitäten in einem Programm zu verwenden. Zunächst will ich dir ein Beispiel mit **deque** und **vector** zeigen. Das Beispiel ist natürlich wie immer möglichst einfach gehalten.

```cpp
class EineKlasse {   *1
  int irgendwas;
public:
  EineKlasse( int i = 1 ) : irgendwas(i) {}
  ~EineKlasse() {}
  int getVal() const { return irgendwas; }
  void setVal(int v) { irgendwas = v; }
};   *1
...
  deque<EineKlasse> deqEineKlasse(5);   *2
  vector<int> ivector01;   *2

  for(size_t i=0; i < deqEineKlasse.size(); i++) {   *3
    deqEineKlasse.at(i) = i;
  }   *3
  deqEineKlasse.push_back( EineKlasse(123) );   *4
  deqEineKlasse.push_front( EineKlasse(456) );   *4

  for(deque<EineKlasse>::const_iterator it=deqEineKlasse.begin();
      it != deqEineKlasse.end(); ++it ) {   *5
    ivector01.push_back(it->getVal());   *5
  }   *5

  for(deque<EineKlasse>::iterator it=deqEineKlasse.begin();
      it != deqEineKlasse.end(); ++it ) {
    if(it->getVal() == 2) {   *6
      deqEineKlasse.insert(it, 2, EineKlasse(99));   *6
      break;
    }
  }

  for(deque<EineKlasse>::const_iterator it=deqEineKlasse.begin();
      it != deqEineKlasse.end(); ++it ) {
    cout << it->getVal() << ',';   *7
```

*1 Hier ist zunächst eine einfachste Klasse, die wir in einen Behälter werfen wollen.

*2 Hier haben wir einmal einen Behälter **deque** für **EineKlasse** mit fünf leeren Elementen und dann einen leeren **vector** für Integer-Werte.

*3 Initialisiert den Behälter mit **deque<EineKlasse>** mit einem Wert.

*4 Fügt dem Behälter **deque<EineKlasse>** jeweils einen Wert hinten und einen vorne hinzu.

*5 Durchläuft den kompletten Behälter **deqEineKlasse** und fügt den Integer-Wert (die Klasse enthält eh nur diesen Wert) dem Behälter **vector<int>** via **push_back()** hinzu. Hiermit werden alle Integer-Werte aus **deqEineKlasse** nach **ivector01** kopiert.

*6 Hier wird in **deqEineKlasse** nach einem Objekt gesucht, bei dem der Integer-Wert gleich 2 ist, und an dieser Stelle (Iterator **it**) werden dann zwei neue Objekte eingefügt. Alle anderen Objekte werden jeweils nach hinten verschoben.

*7 Durchläuft alle Elemente der beiden Behälter und gibt deren Inhalt aus.

563

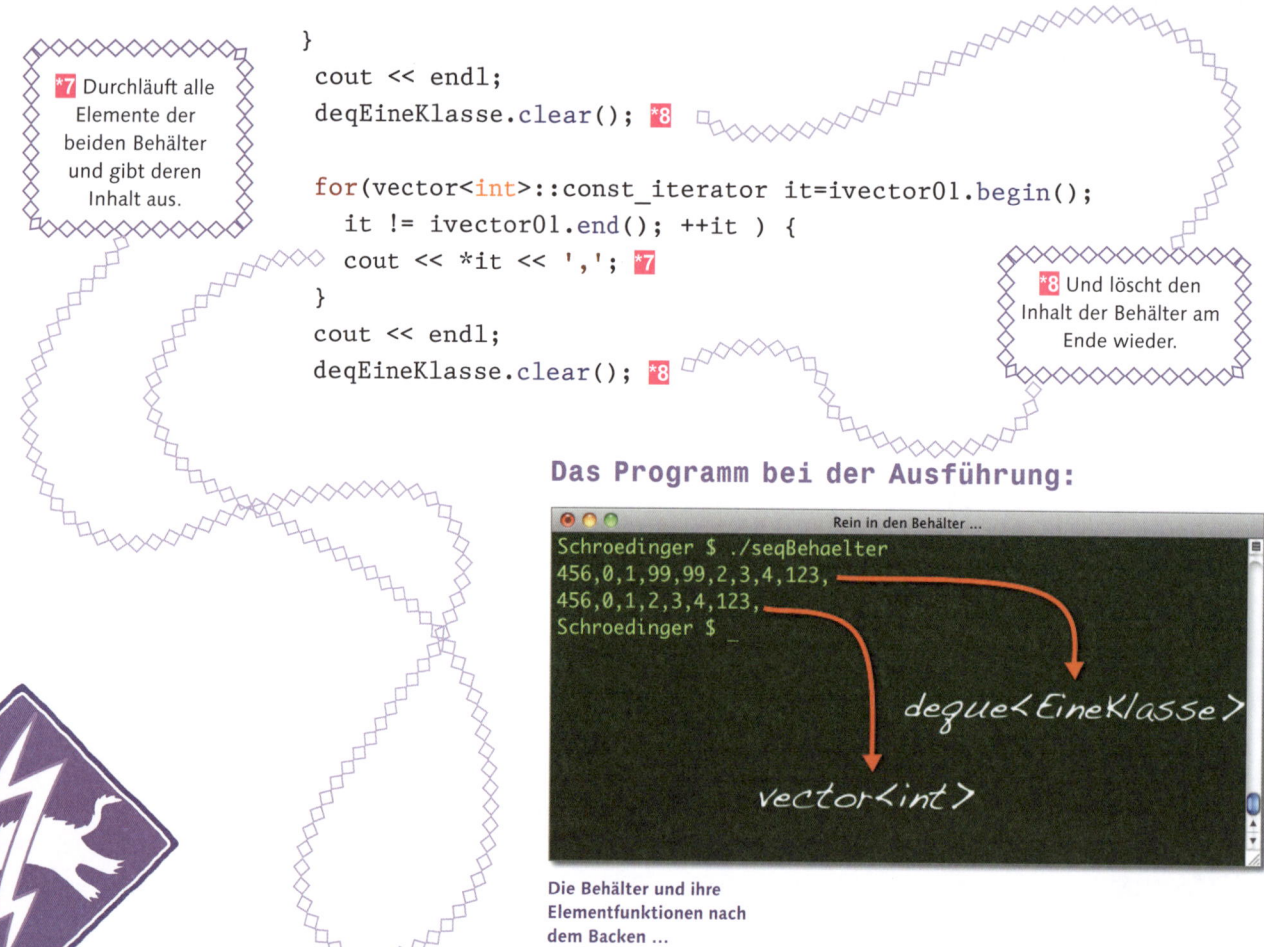

*7 Durchläuft alle Elemente der beiden Behälter und gibt deren Inhalt aus.

*8 Und löscht den Inhalt der Behälter am Ende wieder.

```
        }
        cout << endl;
        deqEineKlasse.clear();  *8

        for(vector<int>::const_iterator it=ivector01.begin();
          it != ivector01.end(); ++it ) {
          cout << *it << ',';  *7
        }
        cout << endl;
        deqEineKlasse.clear();  *8
```

Das Programm bei der Ausführung:

```
                                    Rein in den Behälter ...
Schroedinger $ ./seqBehaelter
456,0,1,99,99,2,3,4,123,
456,0,1,2,3,4,123,
Schroedinger $ _

                                    deque<EineKlasse>

                    vector<int>
```

Die Behälter und ihre Elementfunktionen nach dem Backen ...

[Achtung]

An dieser Stelle muss ich noch das Thema **Werte-Semantik** ansprechen. Und zwar sollst du wissen, dass die Werte in einen Behälter kopiert werden. Das bedeutet, nachträgliche Änderungen an den Werten haben keine Auswirkungen mehr auf den Wert im Behälter! Ein Ausschnitt dazu, was gemeint ist:

```
vector<int> ivec;
int ival = 1234;
ivec.push_back(ival);
ival=ival*2;  *1
```

*1 Hier wird **ival** verdoppelt, aber der Wert im Behälter bleibt gleich.

So, jetzt bin ich dir auch noch ein Beispiel zu den Adapter-klassen schuldig. Hierzu will ich einmal den Behälter **stack** und einmal **prioritiy_queue** zum Backen verwenden.

```
...
priority_queue<int> pq;   *1
stack<EineKlasse> stackEineKlasse;   *1


pq.push(90);   *2
pq.push(80);   *2
pq.push(99);   *2
while( ! pq.empty() ) {   *3
  cout << pq.top() << endl;   *3
  pq.pop();   *3
}   *3


stackEineKlasse.push( EineKlasse(90));   *2
stackEineKlasse.push( EineKlasse(80));   *2
stackEineKlasse.push( EineKlasse(99));   *2


while( ! stackEineKlasse.empty() ) {   *3
  cout << stackEineKlasse.top().getVal() << endl;   *3
  stackEineKlasse.pop();   *3
}   *3
...
```

*1 Hier verwenden wir jeweils einen Behälter **priority_queue** für einfache Integer und den Behälter **stack** für die Klasse **EineKlasse** aus dem Beispiel zuvor.

*2 Mit **push()** legst du die neuen Elemente oben auf den Behälter. Die Elemente im **stack** werden hierbei der Reihenfolge nach abgelegt, wohingegen die Elemente in der **priority_queue** gewöhnlich nach aufsteigenden Werten sortiert abgelegt werden. Jedes Element in einem Behälter hat somit **seine definierte Ordnung**!

*3 Hier durchlaufen wir die einzelnen Behälter so lange, bis diese leer (**empty()**) sind. Derweil geben wir immer zunächst das oberste Element (**top()**) auf dem Bildschirm aus und entfernen es anschließend (mit **pop()**).

[Achtung]

Es ist immer wichtig, dass du bei Elementfunktionen, wie bspw. **pop()**, vor der Verwendung **überprüfst**, ob sich überhaupt etwas im Behälter befindet, weil es bei einem **pop()** auf einen leeren Behälter zu einem unvorhersehbaren Ereignis kommen kann/wird.

Zum Schluss will ich dir noch eine extra Backmischung zum Behälter **list** zeigen, weil dieser Behälter noch einige listenspezifische Funktionen mehr enthält. Als Typ kannst du natürlich auch hier wieder jeden beliebigen verwenden, aber für das Beispiel will ich nochmals auf unsere Sinnlos-Klasse **EineKlasse** zurückgreifen, die ich aber jetzt etwas erweitern musste.

```
...
class EineKlasse {
  int irgendwas;
public:
  EineKlasse( int i = 1 ) : irgendwas(i) {}
  ~EineKlasse() {}
  int getVal() const { return irgendwas; }
  void setVal(int v) { irgendwas = v; }
  friend bool operator<( const EineKlasse& val1,
                         const EineKlasse& val2 ) {   *1
```

*1 Um die Elementfunktion **list::sort()** zu verwenden, muss der **<**-Operator für den entsprechenden Typ definiert sein!

```
      if( vall.irgendwas < val2.irgendwas ) {
        return true;
      }
      else {
        return false;
      }
    } *1
    friend bool operator==( const EineKlasse& vall,
                            const EineKlasse& val2 ) {
      if( vall.irgendwas == val2.irgendwas ) { *2
        return true;
      }
      else {
        return false;
      }
    } *2
};
...
```

*1 Um die Elementfunktion `list::sort()` zu verwenden, muss der `<`-Operator für den entsprechenden Typ definiert sein!

*2 Den `==`-Operator benötigst du, wenn du die Elementfunktion `list::unique()` verwenden willst, um bei einer sortierten Liste alle gleichen aufeinanderfolgenden Elemente zu entfernen.

So, jetzt wollen wir den Behälter list mit dieser Klasse verwenden:

```
...
void liste_ausgeben(list<EineKlasse>& l) { *1
 list<EineKlasse>::const_iterator it;
 for(it=l.begin(); it != l.end(); ++it ) {
   cout << it->getVal() << ',';
 }
 cout << endl;
} *1
```

*1 `liste_ausgeben()` ist eine einfache Funktion, die nichts anderes macht, als einen Behälter vom Typ `list` mit dem Bezeichner `l` mithilfe eines Iterators zu durchlaufen, um den Inhalt auf dem Bildschirm auszugeben.

```
...
 list<EineKlasse> liste01, liste02, liste03;
 list<EineKlasse>::iterator it;
 int val;

 for(;;) { *2
   cout << "int-Wert eingeben: ";
   if( (!(cin >> val)) || val <= 0 )
     break;
   liste01.push_back( EineKlasse(val));
   liste02.push_back( EineKlasse(val*2));
 } *2
 liste01.sort(); *3
```

*2 Fügt beliebig viele Werte beim Einlesen an das Ende von `liste01` und `liste02` mit der Elementfunktion `push_back()` an. Abbruchbedingung ist der Wert `0`. In `liste01` wird der eingelesene Wert angehängt, und in `liste02` wird dieser Wert verdoppelt und angehängt.

*3 Hiermit sortieren wir beide Behälter aufsteigend nach deren Werten. Hierzu ist es allerdings nötig, dass der `<`-Operator für den Typ implementiert ist, was in unserem Fall ja in der Klasse `EineKlasse` gemacht wurde. Die Ausgabe bestätigt, dass die beiden Behälter ordentlich sortiert wurden.

```
liste02.sort(); *3
liste_ausgeben(liste01); *3
liste_ausgeben(liste02); *3

liste01.merge(liste02); *4
liste_ausgeben(liste01); *4

liste01.unique(); *5
liste_ausgeben(liste01); *5

list<EineKlasse>::iterator it01;
for(it=liste01.begin(); it != liste01.end(); ++it ) {
  if(it->getVal() > 100) { *6
  liste02.splice( liste02.begin(), liste01,   *6
                  it, liste01.end());

  break;
  }
}
liste_ausgeben(liste02); *6
...
```

*4 Damit mischen wir die beiden Listen **liste01** und **liste02** zusammen. Wenn die Listen sortiert waren, hast du in **liste01** eine neue sortierte Liste mit den ehemaligen Elementen aus **liste02**. Der Behälter **liste02** ist allerdings anschließend leer!!!

*5 Damit entfernst du gleiche aufeinanderfolgende Elemente im Behälter. Hierfür muss allerdings auch der **==**-Operator für den Typ implementiert sein, was wir ja für **EineKlasse** ebenfalls gemacht haben.

*6 Hier durchlaufen wir zunächst mit dem Iterator den Behälter **liste01**, bis wir ein Element finden, bei dem der Wert **EinKlasse::irgendwas** größer als 100 ist. Alle Werte ab dieser Positon (größer als 100) (**it**) bis zum Ende (**liste01.end()**) fügen wir mithilfe von **splice()** am Anfang (**liste02.begin()**) des Behälters vom Behälter **liste01** ein, wie die anschließende Ausgabe auch beweisen soll.

Das Programm bei der Ausführung:

```
Listen-Demo :-)
Schroedinger $ ./meineListe
int-Wert eingeben: 123
int-Wert eingeben: 12
int-Wert eingeben: 12
int-Wert eingeben: 234
int-Wert eingeben: 23
int-Wert eingeben: 23
int-Wert eingeben: 111
int-Wert eingeben: 0
12,12,23,23,111,123,234, liste01.sort()
24,24,46,46,222,246,468, liste02.sort()
12,12,23,23,24,24,46,46,111,123,222,234,246,468, liste01.merge(liste02)
12,23,24,46,111,123,222,234,246,468, liste01.unique()
111,123,222,234,246,468, liste02.splice(liste02.begin(), liste01, it, liste01.end())
Schroedinger $ _
```

[Notiz]
Zwei Elementfunktionen hätte ich da noch für dich. Da wäre zum einen **remove(val)**, womit du den Wert **val** aus der Liste löschen kannst, und **reverse()**, womit du die Reihenfolge der Liste komplett umdrehen kannst.

Bereit zum Essen ...

Jetzt bist du eigentlich ziemlich gut mit den sequenziellen Behältern **vector**, **deque** und **list** und deren Adapterklassen **stack**, **queue** und **priority_queue** vertraut. Daher ...

*Ich muss dich jetzt leider unterbrechen, weil mir da noch ein paar Fragen unter den Nägeln brennen. Zunächst, was ist, wenn ich eine Liste mit den Basisdatentypen, wie bspw. **int**, verwende? Muss ich hier auch irgendwas tun, um den <- oder den ==-Operator für Elementfunktionen wie **sort()** oder **unique()** zu verwenden? Ich beziehe mich da auf das Beispiel in der Werkstatt, in dem du ja die Operatoren < und == extra für **EineKlasse** geschrieben hast.*

Die Frage könntest du dir eigentlich selbst beantworten. Probier es einfach aus! Aber ja, du hast Recht! Verwendest du eine Liste mit einem Basisdatentyp wie **list<int>** oder ähnlich, brauchst du dich um nichts mehr zu kümmern. Für die Basisdatentypen übernimmt der Compiler für dich diese Arbeit, und diese Operatoren sind fix und fertig implementiert. Bei einer Backmischung für **list<Klasse>** hingegen musst du eben entsprechende Vergleichsoperatoren selber schreiben. Und wo wir schon dabei sind: Dasselbe gilt für **alle Behälter**, wenn du die Vergleichsoperatoren wie **==**, **!= <**, **>**, **<=** oder **>=** verwenden willst. In Verbindung mit den Basisdatentypen kannst du diese Vergleichsoperatoren alle mit den Behältern verwenden, wie du willst, um ganze Behälter miteinander zu vergleichen. Aber bei eigenen Typen musst du auch hierfür Vorkehrungen treffen. Für einen Vergleich zweier Behälter mit **==** oder **!=** muss **mindestens** der **==**-Operator für den entsprechenden Typ implementiert sein. Für die anderen Vergleichsoperatoren **<**, **>**, **<=** und **>=** musst du **mindestens** den **<**-Operator für den Typ definieren.

```
list<EineKlasse> liste01, liste02;
…
if( liste01 != liste02 )  *1
    cout << "liste01 != liste02\n";
if( liste02 > liste01 )  *2
    cout << "liste02 > liste01\n";
```

*1 Nur dank definiertem **==**-Operator möglich!

*2 Und dies geht nur, wenn der **<**-Operator implementiert wurde.

Was mich auch noch ein wenig irritiert, ist, dass ich am Anfang des Kapitels etwas davon gelesen habe, dass STL doch auf das Konzept mit Behälter, Iterator und Algorithmus baut. Aber irgendwie ist doch **list::sort()** *ein solcher Algorithmus, und der kann doch hier nur mit dem Behälter* **list** *verwendet werden und ist nicht unabhängig davon?*

Ja, da hast du natürlich Recht! Das Grundlagenprinzip basiert durchaus darauf, dass die Algorithmen mit unterschiedlichen Behältern verwendet werden können. Aber einige Behälter implementieren auch bestimmte **Algorithmen selbst**. Im Fall von **sort()** gibt es aber neben **list::sort()** ebenso einen globalen Algorithmus **std::sort()** zum Sortieren.

[Einfache Aufgabe]
Welcher Fehler wurde im folgenden Codeausschnitt gemacht? Und wie kannst du einen solchen Fehler vermeiden?

```
stack<int> meinStack;
meinStack.push(100);
// …
meinStack.pop();
// …
meinStack.pop();
```

Hm, ja der Fehler ist **offensichtlich**! *Hier wird* **unkontrolliert** *etwas vom Stack mit* **pop()** *genommen,* **ohne** *vorher zu* **überprüfen**, *ob da noch was draufliegt. Am besten dürfte man den Fehler hier wohl vermeiden, indem man vorher überprüft, ob da was auf dem Stack liegt, bspw. mit der Elementfunktion* **empty()**.

[Belohnung]
Perfekt!!! Ich denke, du bist mit den sequenziellen Behältern gut gefahren und solltest dich gleich im nächsten Kapitel an die assoziativen Behälter heranwagen. Bis dahin solltest du dir mal wieder etwas Entspannung gönnen. Wie wäre es mal damit, auf dem Sofa zu liegen und deine MP3-Sammlung durchzuhören?

Detaillierteres Arbeiten mit assoziativen Fertigkuchen

Neben den sequenziellen Behältern gibt es noch, wie du ja bereits erfahren hast, **assoziative Behälter**, die nicht linear angeordnet sind. Ganz besonders wenn du nach einem Element suchen willst, bist du mit einem assoziativen Behälter wesentlich schneller unterwegs. Bei einer linearen Suche wie innerhalb einer Liste musst du im schlechtesten Fall alle Elemente durchlaufen. Bei einem assoziativen Behälter bist du immer schneller unterwegs, weil gewöhnlich ein **binärer Baum** mit minimaler Höhe verwendet wird. Standardmäßig erfolgt die Sortierung bei den assoziativen Behältern wie `set`, `mutliset` und `map`, `multimap`, angefangen beim kleinsten Schlüssel.

Natürlich sollte dabei auch erwähnt werden, dass eine bessere Performance deiner Anwendung erst bei einer umfangreicheren Datenansammlung bemerkbar wird. Für kleinere Datenansammlungen bist du nach wie vor mit sequenziellen Behältern gut beraten.

In einem **set** enthält **jedes Element** einen „eingebetteten" Schlüssel. Genau genommen ist das Element (bzw. sind dessen Daten) selbst der Schlüssel. Im Fall eines Vergleiches musst du daher auch das Element mithilfe des Schlüssels implementieren. Im Gegensatz zu **set** kann der Behälter **multiset** auch mehrere Elemente mit dem gleichen Schlüssel enthalten.

[Ablage]
Weil der Schlüssel ein Teil des Elementes ist, musst du im Fall einer Klasse immer den **<**-Operator definieren.

Der Behälter **map** hingegen enthält einen **Schlüssel und ein Element**! Es ist quasi ein Schlüssel/ Objekt-Paar. Der Schlüssel wird dabei extra gespeichert und ist **nicht** im Objekt „**eingebettet**". Auch hier erfolgt ein Vergleich wieder über den Schlüssel. Da **map** nur eindeutige Schlüssel sichern kann, steht dir mit **multimap** ein Behälter zur Verfügung, welcher auch mehrere gleiche Schlüssel sichern kann.

set und multiset

Für beide Container gibt es neben dem Standardkonstruktor noch einen zweiten, mit dem du Elemente aus einem (Teil-) Bereich von Iteratoren in das neue **set** bzw. **multiset** einfügen kannst.

*1 Der Standardkonstruktor legt ein **set** (oder **multiset**) mit der Länge 0 an.

*2 Erstellt einen **multimap**-Behälter aus dem kompletten Inhalt des Behälters **liste01**.

```
set<EineKlasse> set01; *1
multiset<EineKlasse> set02(liste01.begin(), liste01.end()); *2
```

Das **Einfügen** neuer Elemente in den Behälter erfolgt ganz einfach mit der Elementfunktion **insert()**. Allerdings musst du dabei beachten, dass bei einem **set** nur dann das Element hinzugefügt wird, wenn es nicht existiert. Aber du kannst bei Bedarf ja auf **multiset** ausweichen.

Zum Entfernen eines Elementes aus der Liste kannst du auf **erase()** zurückgreifen. Hierbei kannst du entweder das Element selbst, seine Position oder einen (Teil-)Bereich angeben, der gelöscht werden soll. Natürlich steht dir mit **clear()** auch hier eine Möglichkeit zur Verfügung, den kompletten Container zu leeren. Zum Suchen einzelner Elemente bietet sich die Elementfunktion **find(T)** an. Mit der Elementfunktion **count(T)** kannst du ermitteln, wie viele gleiche Elemente es gibt. Bei einem **set** kann dieser Wert nur 0 oder 1 sein. Bei einem **multiset** hingegen kann der Wert größer als 1 sein.

map und multimap

Die Konstruktoren und Elementfunktionen des Behälters sind dieselben wie schon zuvor bei **set** und **multiset**. Nur ist das Prinzip hierbei etwas anders, weil diese Behälter ein Paar von einem sortierbaren Schlüssel und ein Element darstellen. Damit das auch klappt, wird das Klassen-Template **pair<const Key, Typ>** definiert. Hierbei kannst du mit **position->first** auf den Schlüssel und mit **position->second** auf das entsprechende Element zugreifen.

Eine Besonderheit haben diese Behälter doch noch: Im Gegensatz zu den **set**-Behältern ist hier der **[ ]**-Operator implementiert, und zwar so, dass du hiermit über den Schlüssel auf das Element zugreifen kannst.

So kannst du dir das vorstellen:

```
map<string, long> plz;
map03["Frankfurt"]=50000;
map03["Augsburg"]=86153;
```

Zum Beispiel:

```
bitset<1000> bitteeinBit; *1
bitset<8> nocheinBit(3); *2
string bitteeinString("10101010"); *3
bitset<8> string2bit(bitteeinString); *3
bitset<4> extractBit(bitteeinString, 4,4); *4
```

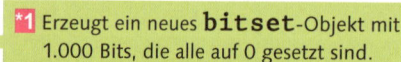

> ***1** Erzeugt ein neues **bitset**-Objekt mit 1.000 Bits, die alle auf 0 gesetzt sind.

> ***2** Erzeugt ein neues Objekt mit 8 Bits, welches mit 3 (00000011) initialisiert wurde.

> ***3** Wandelt einen String in ein **bitset** um.

> ***4** Löst die höchsten vier Bits im String heraus und fügt sie zum **bitset** hinzu.

[Hintergrundinfo]

Bitte ein Bit-Feld …!

Der Behälter **bitset** wird zum Sichern von **Bit-Folgen** verwendet. Im Gegensatz zu den üblichen **Bit-Manipulationen**, die man in C++ mit den Basisdatentypen und den Bit-Operatoren machen kann, bist du bei diesem Behälter nicht an einen Datentyp und vor allem nicht an eine Länge gebunden.

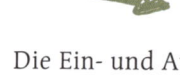

Die Ein- und Ausgabe von diesem Behälter erfolgt ganz einfach über **cin** und **cout**. Natürlich immer vorausgesetzt, die Kombination besteht aus 0 und/oder 1. Für die Manipulation der einzelnen Bits stehen dir auch sehr nützliche Funktionen zur Verfügung. Mit **set()** ohne Argumente kannst du alle Bits im Behälter auf 1 setzen. Mit **set(n)** kannst du auch nur das Bit n auf 1 setzen. Dasselbe kannst du mit dem Gegenstück **reset()** bzw. **reset(n)** machen, um alle oder ein bestimmtes Bit im Behälter auf 0 zu setzen. Zum Invertieren von allen oder bestimmten Bits gibt es die Methode **flip()** bzw. **flip(n)**.

Natürlich lassen sich auch die klassischen Bit-Operatoren auf diesen Behältern einsetzen. Alle Operatoren sind hier entweder global überladen oder als Elementfunktion implementiert. So kannst du bspw. zum Verschieben aller Bits nach links den Operator **<<=** oder nach rechts **>>=** verwenden.

Zum Umwandeln von einem **bitset** in einen **string**- oder einen **long**-Wert stehen dir auch mit **to_string** und **to_long** Elementfunktionen zur Verfügung.

Assoziative Kuchen backen

Nun haben wir genug geredet, und sicherlich willst du jetzt mal wieder was in deinen Editor tippen und was backen. Für unser Beispiel verwenden wir nach wie vor die Klasse **EineKlasse**, welche du noch vom **Kochkurs** mit den sequenziellen Behältern her kennen solltest. Natürlich kannst du auch **normale Datentypen** und andere Klassen als Zutaten für deinen Kuchen verwenden. Aber das weißt du ja jetzt bereits. Also mach dich jetzt bereit für ein sehr praxisintensives Kapitel.

Hier nochmals die alte Klasse `EineKlasse`:

```cpp
class EineKlasse {
  int irgendwas;
public:
  EineKlasse( int i = 1 ) : irgendwas(i) {}
  ~EineKlasse() {}
  int getVal() const { return irgendwas; }
  void setVal(int v) { irgendwas = v; }
  friend bool operator<( const EineKlasse& val1,    *1
                         const EineKlasse& val2 ) {
    if( val1.irgendwas < val2.irgendwas ) {
      return true;
    }
    else {
      return false;
    }
  }
};
```

*1 Den Operator solltest du implementiert haben für eigene Typen, sonst verweigert dir dein Compiler die Übersetzung. Dieser Operator wird nötig, damit der Schlüssel sortiert eingefügt werden kann! Bei den Basisdatentypen brauchst du da natürlich nichts mehr zu machen.

(multi)set me up, baby!

Zunächst werden wir uns den Behältern **set** und **multiset** zuwenden und dort unsere Zutaten reintun. Bei diesen Behältern ist ja das Element selbst der „**eingebettete**" Schlüssel! Im Fall der Klasse **EineKlasse** wäre somit der Wert irgendwas *der* Schlüssel. Die meisten Klassen werden natürlich mehrere Typen speichern, und da musst du dich dann entscheiden, was du als „eingebetteten" Schlüssel verwenden willst. Entsprechend musst du dann natürlich den **<**-Operator implementieren.

Nun das Beispiel zu (multi)set:

```cpp
void set_ausgeben(set<EineKlasse>& l) {   *1
 set<EineKlasse>::const_iterator it;
 for(it=l.begin(); it != l.end(); ++it ) {
   cout << it->getVal() << ',';
 }
 cout << endl;
}   *1


void multiset_ausgeben(multiset<EineKlasse>& l) {   *1
 multiset<EineKlasse>::const_iterator it;
 for(it=l.begin(); it != l.end(); ++it ) {
   cout << it->getVal() << ',';
 }
 cout << endl;
}   *1
...
list<EineKlasse> liste01;
 set<EineKlasse> set01;
 set<EineKlasse>::iterator it;
 int val;

 for(;;) {
   cout << "int-Wert eingeben: ";
   if( (!(cin >> val)) || val <= 0 )
     break;
   liste01.push_back( EineKlasse(val));   *2
   set01.insert( EineKlasse(val));   *3
 }
 multiset<EineKlasse> set02(liste01.begin(), liste01.end());   *4

 set_ausgeben(set01);   *5
 multiset_ausgeben(set02);   *5

 cout << "int-Wert zum Löschen eingeben: ";   *6
 if( (!(cin >> val)) || val <= 0 )   *6
   return -1;   *6
 it = set01.find( EineKlasse(val));   *6
 if( it != set01.end())   *7
   set01.erase(it);   *7
 set_ausgeben(set01);   *8
...
```

*1 Hier stehen einfache Hilfsfunktionen, welche den Inhalt eines **set**- bzw. **multiset**-Behälters durchlaufen und ausgeben.

*2 In der Schleife lesen wir wieder Werte für unser Objekt ein, hängen dieses an das Ende eines **list**-Behälters und ...

*3 ... fügen denselben Wert auch dem **set**-Behälter sortiert hinzu. Dank des definierten **<**-Operators kannst du dir sicher sein, dass das Objekt mit dem „eingebetteten" Schlüssel jetzt sortiert eingefügt wurde.

*4 Hier zeige ich dir, wie du die Zutaten aus dem **list**-Behälter komplett einem **multiset**-Behälter hinzufügen kannst. Das Beste daran ist, dass die einzelnen Objekte anhand des „eingebetteten" Schlüssels sortiert werden.

*5 Die Ausgabe bestätigt das Ganze!

*6 Liest einen Wert zum Löschen ein und sucht mithilfe von **set::find()**.

*7 Wenn der Iterator **it** bei der Suche nicht auf **end()** im Behälter zeigt, haben wir das zum Löschen gewünschte Element gefunden und entfernen dieses mittels **erase()** aus dem Behälter.

*8 Das ist der Beweis der Löschung!

Das Programm bei der Ausführung:

```
⬤ ⬤ ⬤                (multi)set me up, baby!
Schroedinger $ ./setmeup
int-Wert eingeben: 11
int-Wert eingeben: 22
int-Wert eingeben: 33
int-Wert eingeben: 44
int-Wert eingeben: 33
int-Wert eingeben: 22
int-Wert eingeben: 11
int-Wert eingeben: 0
set: 11,22,33,44,
multiset: 11,11,22,22,33,33,44,
int-Wert zum Löschen eingeben: 33
set: 11,22,44,
Schroedinger $ _
```

set und multiset bei der Arbeit

Now (multi)map me!

Ein ähnliches Beispiel will ich dir jetzt auch mit **(multi)map** zeigen. Hierbei hast du ja mit **pair<key, Typ>** zwei Elemente, die du im Behälter speichern kannst. Wobei das **erste Element** immer **der Schlüssel** ist. Sollte es sich also beim ersten Argument um einen eigenen Datentyp handeln, musst du auch hier den **<**-Operator dafür definieren. Bei Basisdatentypen oder Klassen, die diesen Operator bereits implementiert haben (bspw. **string**), brauchst du nichts zu unternehmen.

Jetzt das Beispiel zu (multi)map:

```
...
void multimap_ausgeben(multimap<int, EineKlasse>& l) { *1
 multimap<int, EineKlasse>::const_iterator it;
 cout << "multimap: ";
 for(it=l.begin(); it != l.end(); ++it ) {
   cout << it->first << '(' << l.count(it->first)    *1
        << ')' << '/';
   cout << it->second.getVal() << ", "; *1
 }
 cout << endl;
}

void multimap_ausgeben2(map<EineKlasse, int>& l) { *1
 map<EineKlasse, int>::const_iterator it;
 cout << "map: ";
 for(it=l.begin(); it != l.end(); ++it ) {
   cout << it->first.getVal() << '/'; *1
```

```cpp
      cout << it->second << ", ";  *1
  }
  cout << endl;
}
…
multimap<int, EineKlasse> map01;  *2
map<EineKlasse, int> map02;  *2

int val;
for(int i=1; i==i ;++i) {
  cout << "int-Wert eingeben: ";
  if( (!(cin >> val)) || val <= 0 )
    break;
  map01.insert(pair<int, EineKlasse>(i,EineKlasse(val)));  *3
  map02.insert(pair<EineKlasse,int>(EineKlasse(val),i));  *3
}
map01.insert(pair<int, EineKlasse>(1, EineKlasse(100)));  *4

multimap_ausgeben(map01);  *5
multimap_ausgeben2(map02);  *5
```

[*1] Hier stehen einfache Hilfsfunktionen, um den Inhalt eines (**multi**)**map**-Behälters auszugeben. Wie bereits erwähnt, kannst du mit **first** auf den Schüssel und mit **second** auf die Daten zugreifen. Mit **count()** geben wir außerdem bei **multimap** in den Klammern mit aus, wie viele gleiche Schlüssel gespeichert wurden.

[*2] Hier nun findest du einen **multimap**-Behälter mit **int** als Schlüssel und **EineKlasse** als Datenelement und den anderen **map**-Behälter mit **EineKlasse** als Schlüssel und **int** als Datenelement. Der **map**-Behälter muss natürlich den **<**-Operator für **EineKlasse** implementiert haben.

[*3] In einer Schleife fügen wir mit **insert()** jeweils ein entsprechendes Schlüssel-/Datenpaar in den Behälter mit ein. Es wird nach dem Schlüssel sortiert eingefügt.

[*4] Hier fügen wir mit Absicht ein weiteres Schlüssel-/Datenpaar mit einem bereits vorhandenen Schlüssel hinzu.

[*5] Die Ausgabe zeigt sehr schön, dass der **multimap**-Behälter in der Lage ist, durchaus zwei gleiche Schlüssel zu speichern. Der Behälter **map** hingegen verwendet zwar das Objekt **EineKlasse** als Schlüssel, kann aber keine doppelten Schlüssel speichern.

Das Programm bei der Ausführung:

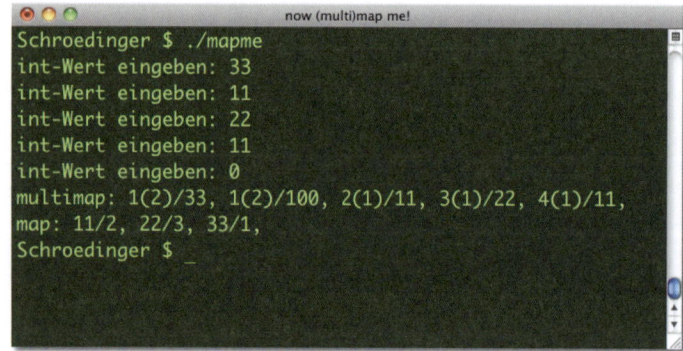

```
                      now (multi)map me!
Schroedinger $ ./mapme
int-Wert eingeben: 33
int-Wert eingeben: 11
int-Wert eingeben: 22
int-Wert eingeben: 11
int-Wert eingeben: 0
multimap: 1(2)/33, 1(2)/100, 2(1)/11, 3(1)/22, 4(1)/11,
map: 11/2, 22/3, 33/1,
Schroedinger $ _
```

map und multimap bei der Arbeit

Bitte ein Bit!

Zu dem Behälter **bitset** muss man eigentlich nicht allzu viel sagen. Wenn du etwas für eine **Bit-Manipulation** brauchst, bist du mit dieser Backmischung gut beraten. Für solche Zwecke will ich dir natürlich auch noch ein Listing mit den wichtigsten Funktionen dafür demonstrieren.

Hier ein paar Bit-Spielereien ...

```cpp
bitset<8> cinBit; *1
cout << "Bitte gib mir die Bits: ";
if(! (cin >> cinBit) ) *2
   return -1;
cout << "Deine Eingabe: " << cinBit << endl; *3

cinBit.flip(); *4
cout << "flip() : " << cinBit << endl;
cinBit <<= 1; *5
cout << "<<= 1 : " << cinBit << endl;
cinBit >>= 1; *5
cout << ">>= 1 : " << cinBit << endl;
cinBit.flip(); *4
```

```cpp
string bit2string = cinBit.to_string<char, char_traits<char>, allocator<char> >(); *6
cout << "Als String: " << bit2string << endl;
cout << "Als unsigned long  : " << cinBit.to_ulong() << endl; *7
```

```cpp
cinBit.set(); *8
cout << "set() : " << cinBit << endl;
cinBit.reset(); *9
cout << "reset() : " << cinBit << endl;
cinBit.set(5); *10
cinBit[6] = 1; *10
cout << "set(5)/cinBit[6]=1 : " << cinBit << endl;
cinBit.flip(5); *11
cout << "flip(5) : " << cinBit << endl;
cinBit.reset(6); *12
cout << "reset(6) : " << cinBit << endl;
```

*1 Wir verwenden einen **bitset**-Behälter für 8 Bits.

*2 Einfaches Einlesen von Nullen und Einsen von **cin**: Eingelesen werden maximal acht Nullen oder Einsen oder bis zum ersten Zeichen das, was keine 0 oder 1 ist! Werden weniger als 8 Bits eingegeben, so sind die eingegeben Bits immer die niederwertigen Bits, von rechts nach links gelesen. Wird als erster Wert keine 1 oder 0 eingegeben, bricht **cin** mit einem Fehler ab.

*3 Auch **cout** kannst du hier wie üblich für die Ausgabe des **bitset**-Behälters verwenden.

*4 Damit wird jedes 0-Bit auf 1 und jedes 1-Bit auf 0 gesetzt.

*5 Damit werden alle Bits um eine Stelle nach links bzw. rechts verschoben. Bits, die aus dem Bit-Feldbereich geschoben werden, werden verworfen.

*6 Dieser wüst aussehende Code (ein Funktions-Template) macht aus dem Behälter einen **string**. Leider musst du den so verwenden!

*7 Den **unsigned long**-Wert aus der Bit-Darstellung kannst du dir mit **to_long()** zurückgeben lassen.

*8 Verwendest du **set()** ohne Argumente, werden alle Bits im Behälter auf 1 gesetzt.

*9 Ein **reset()** ohne Argumente setzt alle Bits im Behälter auf 0.

*10 Einzelne Bits kannst du entweder mit **set** und der Position oder ganz einfach mit dem Indexoperator setzen.

*11 Auch ein einzelnes Bit kannst du unter Angabe der Position mit **flip()** invertieren.

*12 Ein 1-Bit auf 0 setzen, kannst du auch mit **reset()** und der Positionsangabe. Alternativ kannst du auch hier den Indexoperator verwenden und 0 übergeben.

[Notiz]
Willst du wissen, wie viele Bits der Behälter enthält, kannst du die Elementfunktion **size()** verwenden. Wie viele Bits im Behälter auf 1 gesetzt sind, erfährst du mit **count()**, und ob überhaupt eines gesetzt ist, kannst du mit **any()** ermitteln. **any()** gibt **true** zurück, wenn mindestens 1 Bit im Behälter gleich 1 ist.

Die Bit-Spielerei bei der Ausführung:

Bitte ein Bit...!

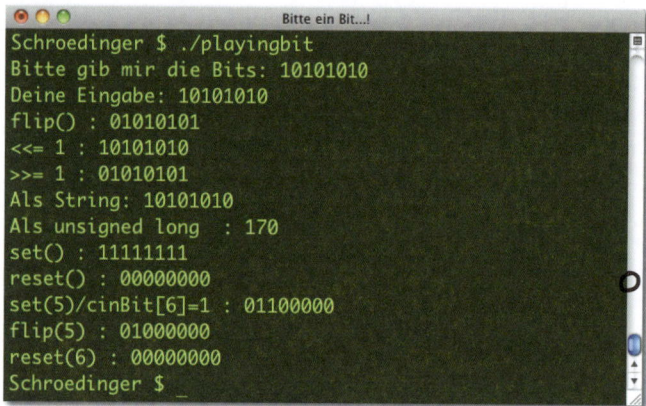

```
Schroedinger $ ./playingbit
Bitte gib mir die Bits: 10101010
Deine Eingabe: 10101010
flip() : 01010101
<<= 1 : 10101010
>>= 1 : 01010101
Als String: 10101010
Als unsigned long  : 170
set() : 11111111
reset() : 00000000
set(5)/cinBit[6]=1 : 01100000
flip(5) : 01000000
reset(6) : 00000000
Schroedinger $ _
```

Hier spielen wir mit dem **bitset**-Behälter.

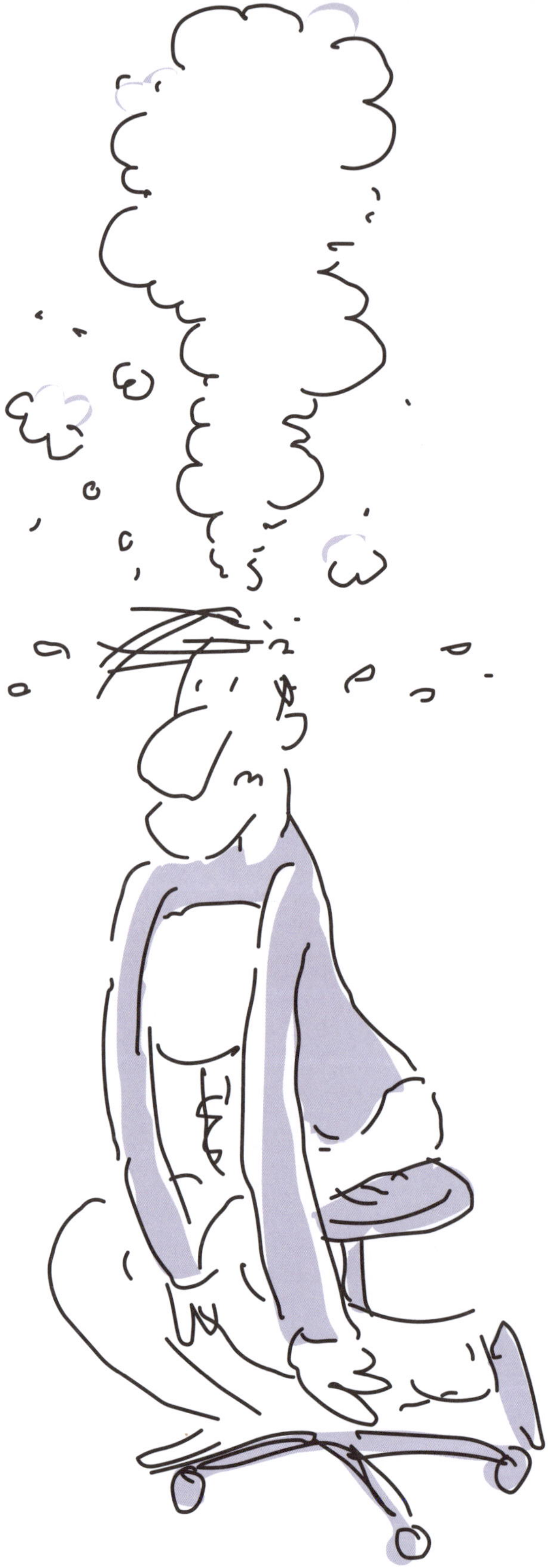

Auch assoziative Kuchen kann man essen

Nachdem wir in der Werkstatt jetzt wirklich ziemlich viel gebacken haben, wollen wir es am Ende mit den assoziativen Behältern etwas ruhiger angehen lassen. Bevor du mich jetzt wieder unterbrichst, frage ich lieber gleich, ob du noch ein paar **Fragen** hast?

Ja, und zwar hast du bei dem Behälter (multi)map was von einen mapimapi["string"] gesagt. Das interessiert mich brennend! Wie geht das?

Natürlich, das ist sehr einfach, guck dir folgenden Code an:

```cpp
map<string, long> plz; *1
string suche;

plz["Frankfurt"]=60311; *2
plz["Augsburg"]=86153; *2
plz["Bonn"]=53111; *2

cout << "Welcher Ort: ";
cin >> suche;
map<string, long>::iterator it = plz.find(suche); *3
if( it != plz.end() ){ *3
  cout << "Die Postleitzahl dazu lautet: "
       << plz[suche] << endl; *4
}
else {
  cout << "Konnte keine Postleitzahl für "
       << suche << " finden\n";
}
```

*1 Wir verwenden als Schüssel ein **string**-Objekt und als Wert den Typ **long**.

*2 Jetzt kannst du ganz einfach den Schlüssel innerhalb des Indexoperators verwenden.

*3 Hier steht eine einfache Suche nach einer Postleitzahl für einen bestimmten Ort.

*4 Auch für die Ausgabe auf dem Bildschirm lässt sich jetzt das **string**-Objekt innerhalb des Indexoperators verwenden. Anstatt **plz[suche]** würde ich dir in der Praxis **it->second** empfehlen. Aber ich wollte dir nur demonstrieren, dass es eben „so" auch geht.

[Einfache Aufgabe]
Bitte sag mir doch, ohne ein Programm auszuführen, wie die entsprechende Bit-Darstellung jeweils bei **cout** aussieht? Die Lösung findest du neben der Aufgabe auf den Kopf gestellt!

```
string bits("10101010");
bitset<8> bset(bits);

bset <<= 7;
cout << bset << endl; *a
bset.flip();
cout << bset << endl; *b
bset[7]=0;
cout << bset << endl; *c
bset.flip(0);
cout << bset << endl; *d
cout << bset.to_ulong() << endl; *e
```

Da hätte ich aber noch eine Frage zu dem bitset-Behälter. Ist dieser Behälter denn nichts anderes als ein vector<bool>?

Lösung
*e 00000000
*d 11111111
*c 01111111
*b 01111110
*e 126

Das hast du aber recht **gut erkannt**! Im Grunde hast du ja Recht, **aber** im Gegensatz zu **vector<bool>** kannst du ein **bitset** nicht mehr nachträglich ändern, weil die Anzahl der Bits als konstanter Integer angegeben werden muss! Folgendes ist also nicht möglich:

```
int val;
cin >> val;
bitset<val> mehrbits; *1
```

> *1 Fehler!!! Die Anzahl der Bits muss als **Integer-Konstante** angegeben werden.

Und im Gegensatz zu einem **vector<bool>** ist ein **bitset** kein sequenzieller Behälter, **sondern** ein **assoziativer** Behälter, und ein **bitset** hat **keine Iteratoren**! Das **bitset** ist also eher rein für pure Bit-Manipulationen gedacht.

[Belohnung]

Die assoziativen Behälter dürften dir auch keine allzu großen Probleme mehr bereitet haben. Bevor du dich zum Finale auf die Algorithmen der STL stürzt, würde ich dir eine Pause empfehlen. Wie wäre es mal wieder mit einer Runde WoW?

Zwischen Fertigkuchen und weiteren Zutaten

Wenn du spezielle Funktionen, oder genauer **Algorithmen**, für deine Behälter brauchst, wirst du bei Dr. STL auch nicht sitzen gelassen und musst dich nicht selber darum kümmern. Denn auch hierfür bietet dir Dr. STL eine Menge toller Algorithmen an.

[Begriffsdefinition]
Ein Algorithmus ist eine Vorgehensweise zum Lösen eines Problems in endlich vielen oder genau beschriebenen Schritten.

Dabei enthalten sind eine Menge Algorithmen zum Suchen, Sortieren, Kopieren, Vergleichen, Zählen, Ersetzen, Löschen, Permutieren oder Umwandeln in einen Heap. Das Tolle an den Algorithmen ist, dass sie ziemlich flexibel für alle Arten von Behältern, aber auch von gewöhnlichen Basisdatentypen verwendet werden können. Das liegt daran, dass diese als Template-Funktion implementiert wurden. Um Algorithmen zu verwenden, musst du den Header **<algorithm>** im Programm einbinden. Der Namensraum ist auch hier **std**.

[Hintergrundinfo]
Du hast ja bereits gesehen, dass einige Behälter eigene Algorithmen wie **sort()** oder **find()** implementieren. In solch einem Fall solltest du natürlich den Algorithmus des Behälters bevorzugen, weil dieser immer etwas besser als der globale Algorithmus ist.

Funktionsobjekte

Viele Algorithmen, die du verwenden kannst, benötigen als Argument häufig eine Funktion, um bspw. mit dem einzelnen Element zu arbeiten (ausgeben, vergleichen, ändern etc.). Hierbei kannst du bspw. eine gewöhnliche **Funktion** oder ein **Funktionsobjekt** (und seit C++11 auch **Lambda-Funktionen**) verwenden. Ein Funktionsobjekt (du kennst es bereits als Funktor) ist nichts anderes als eine Klasse, bei der du den Operator **()** überladen hast.

Ein einfacher Codeausschnitt dazu:

```cpp
void print(const EineKlasse& obj) { *2
  cout << obj.getVal() << ',';
}
…
for_each(vec01.begin(), vec01.end(), print ); *1
```

*1 Der Algorithmus **for_each()** ruft für jedes Element von **vec01.begin()** bis **vec01.end()** die Funktion **print()** auf.

*2 Das ist die Funktion **print()**, welche von **for_each** für jedes Element aufgerufen wird.

Statt mit einer Funktion kannst du dasselbe mit einem Funktionsobjekt wie folgt realisieren:

```cpp
class EineKlassePrint { *2
private:
  int cnt;
public:
  EineKlassePrint() { cnt=0; }
  ~EineKlassePrint() {}
  void operator() (const EineKlasse& obj) { *3
    cout << ++cnt << ":";
    cout.width(4); cout.setf(ios::left);
    cout << obj.getVal() << ' ';
  }
};
…
for_each(vec01.begin(), vec01.end(), EineKlassePrint()); *1
```

*1 Hier ist nun das dritte Argument ein temporäres Objekt der Klasse **EineKlassePrint**, welches in den passenden Parameter kopiert und dessen Kopie dann für jedes Element verwendet wird.

*2 Definition des Funktionsobjektes! Kann natürlich auch als Template implementiert werden.

*3 Für ein Objekt vom Typ **EineKlassePrint** kann jetzt der Operator **()** mit einem **EineKlasse**-Objekt als Argument aufgerufen werden.

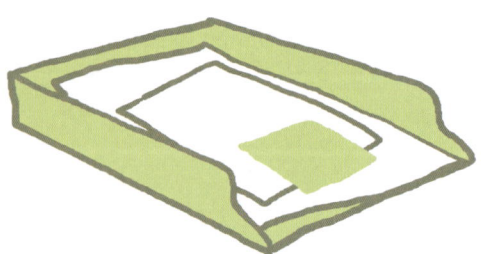

[Ablage]
Der C++11-Standard bietet neben einer Funktion oder einem Funktionsobjekt auch eine **Lambda-Funktion** an. Eine Lambda-Funktion ist eine anonyme Funktion, die du genau an der Stelle implementieren kannst, wo du sie brauchst!

STL selbst stellt natürlich auch einige solcher Funktionsobjekte zur Verfügung. Hierzu ein Überblick über die gängigen vordefinierten Funktionsobjekte.

Arithmetik	entspricht
plus<T>	Xval+Yval
minus<T>	Xval-Yval
multiplies<T>	Xval*Yval
divides<T>	Xval/Yval
modules<T>	Xval%Yval
negate<T>	-Xval

Arithmetische Funktionsobjekte

Vergleich	entspricht
equal_to<T>	Xval==Yval
not_equal_to<T>	Xval!=Yval
less<T>	Xval<Yval
less_equal<T>	Xval<=Yval
greater<T>	Xval>Yval
greater_equal<T>	Xval>=Yval

Funktionsobjekte für den Vergleich

Logik	entspricht
logical_and<T>	Xval&&Yval
logical_or<T>	Xval||Yval
logical_not<T>	!Xval

Logische Funktionsobjekte

[Zettel]
Die Funktionsobjekte werden auch **Prädikat** genannt. Hierbei gibt es einstellige Prädikate (mit einem Argument, wie bspw. **logical_not<T>**) und zweistellige Prädikate (mit zwei Argumenten, wie bspw. **less<T>**).
Um hierbei nun einen einfachen **vector<int>** mit dem Algorithmus **sort()** in absteigender Reihenfolge (ohne Angabe wird ja automatisch **less<T>** verwendet) zu sortieren, gehst du wie folgt vor:

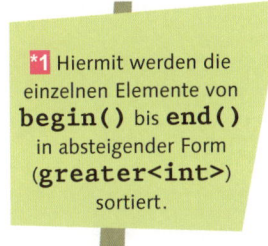

*1 Hiermit werden die einzelnen Elemente von **begin()** bis **end()** in absteigender Form (**greater<int>**) sortiert.

```
sort( vec.begin(), vec.end(), greater<int>() ); *1
```

Kategorie von Iteratoren

Nicht immer müssen die Iteratoren funktionieren, wie eben auch gewöhnliche Zeiger funktionieren. Daher gibt es auch **spezielle Iteratortypen**. Denn was nützt es mir, wenn ich meine Daten ordentlich im Behälter gepackt habe, aber nicht vernünftig darauf zugreifen kann? Keine Sorge, jeder Behälter bringt dabei seine eigenen Iteratoren mit, und die sind intelligent genug, um schon das Richtige für den passenden Behälter zu tun:

☛ Input-Iterator: Mit diesem Iterator wird nur lesend auf die Objekte zugegriffen; er kann nur vorwärts bewegt werden und ist daher für nur einen Durchlauf geeignet. Das bedeutet, für diesen Iterator muss nur der lesende Zugriff (*****), Iterator weitersetzen (**++**) und Iteratoren vergleichen (**==**; **!=**), definiert sein. Der bekannteste Vertreter dürfte hier der **istream**-Iterator sein.

- Output-Iterator: Das Gegenstück zum Input-Operator; es kann daher nur für den schreibenden Zugriff in der Vorwärtsbewegung verwendet werden. In der Praxis sollte immer nur ein Output-Operator auf einem Behälter verwendet werden. Vertreter hiervon sind bspw. der **ostream**- oder **inserter**-Iterator.

- Forward-Iterator: Der Iterator kann für den lesenden und schreibenden Zugriff auf ein Objekt in der Vorwärtsbewegung verwendet werden. Damit haben diese Iteratoren quasi alle Fähigkeiten von Input- und Output-Iteratoren. Allerdings fällt mir kein STL-Behälter ein, der diesen Iterator verwendet. Ich denke, für eine einfache verkettete Liste würde er sich prima eignen. Somit macht STL derzeit keinen Gebrauch davon.

- Bidirektionaler Iterator: Entspricht in etwa dem Forward-Iterator, nur kann dieser zusätzlich noch rückwärts (**--**) bewegt werden, wie dies bspw. bei den doppelt verketteten Listen oder den assoziativen Behältern notwendig ist.

- Random-Access-Iterator: Der Iterator ist eine weiterentwickelte Form vom bidirektionalen Iterator, womit ein wahlfreier Zugriff möglich ist, wie dies bspw. beim Indexoperator **[ ]** und somit für **vector** und **deque** nötig ist. Auch arithmetische Operationen lassen sich mit ihm durchführen.

Yaaaah

Gleich darfst du an die Tasten gehen, okay? Hab noch ein wenig Geduld!

Iterator-Adapter

Jetzt noch zu einigen speziellen Adaptern, welche das Benehmen eines Iterators ändern. Zunächst wäre das der **Insert-Iterator**, ein reiner Output-Iterator, mit dem du etwas (wer hätte das gedacht) in einen Behälter einfügen kannst. Hierzu stehen dir mit `front_inserter(container)` (vorne einfügen), `back_inserter(container)` (hinten einfügen) und `inserter(container, pos)` (an `pos` einfügen) drei solcher Iteratoren zu Verfügung. Der Einsatz erfolgt natürlich auch zweckgemäß, so kannst du nicht einfach hergehen und `front_inserter(container)` auf einen `vector` verwenden, weil es in einem Vektor rein logisch nicht möglich sein soll, am Anfang etwas einzufügen.

Zum Beispiel:

```
vector<int> val01;
…
copy(vec01.begin(), vec01.end(), back_inserter(vec01)); *1
```

> ***1** Damit fügst du den Inhalt von `vec01` ans Ende von `vec01`! Du verdoppelst quasi `vec01`. Würdest du hier stattdessen `front_inserter()` oder `inserter()` verwenden, würde sich das Programm nicht übersetzen lassen, weil `vector` das nicht erlaubt.

Für Ein- und Ausgabeströme gibt es die **Stream-Iteratoren**. Dabei gibt es logischerweise einen `ostream_iterator` und einen `istream_iterator`. Um diese Iteratoren zu verwenden, musst du den Header `<fstream>` einbinden. Mit diesen Iteratoren wird es quasi möglich, dass du die STL-Algorithmen direkt auf Dateien oder auf der Eingabe (`cin`) und Ausgabe (`cout`) durchführen kannst. Zu guter Letzt gibt es noch einen **Reverse-Iterator** (einen bidirektionalen Iterator), bei dem die Bedeutung von `++` und `--` vertauscht ist. Damit wird quasi ein Behälter mit `++` rückwärts durchlaufen. Der Beginn und das Ende eines solchen Behälters werden mit `rbegin()` (letztes Element) und `rend()` (erstes Element) markiert. Fast alle Behälter von Dr. STL können diesen Reverse-Iterator verwenden.

[Belohnung]
Du darfst jetzt aufwachen und dich in die Werkstatt begeben. Ich weiß, dass dieses Thema jetzt nicht prickelnd war, aber es lässt sich nicht vermeiden, einen Übergang zwischen den Behältern und den Algorithmen herzustellen, um bei der Verwendung von Algorithmen auch das Warum zu verstehen!!!

Die Hilfsmittel für Fertigkuchen und Zutaten im Einsatz

Bezogen auf das Büro, wird es jetzt Zeit für etwas Praxis. Zunächst möchte ich dir hierzu natürlich ein Listing demonstrieren, welches ein **Funktionsobjekt** verwendet. Anhand des Listings darfst du danach eine Aufgabe lösen.

```cpp
...
class EineKlasse {  *1
  int irgendwas;
public:
  EineKlasse( int i = 1 ) : irgendwas(i) {}
  ~EineKlasse() {}
  int getVal() const { return irgendwas; }
  void setVal(int v) { irgendwas = v; }
  friend bool operator>( const EineKlasse& val1,
                         const EineKlasse& val2 ) {
    if( val1.irgendwas > val2.irgendwas ) {
      return true;
    }
    else {
      return false;
    }
  }
};  *1

class EineKlassePrint {  *2
private:
  int cnt;
public:
  EineKlassePrint() { cnt=0; }
  ~EineKlassePrint() {}
  void operator() (const EineKlasse& obj) {  *2
    cout << ++cnt << ":";
    cout.width(4); cout.setf(ios::left);
    cout << obj.getVal() << ' ';
  }  *2
};
...
vector<EineKlasse> vec01;  *3
  int val;
```

*1 Hier ist unsere allseits bekannte und sehr einfache Sinnlos-Klasse.

*2 Da hier der `operator()` definiert wurde, kannst du gleich erkennen, dass es sich hierbei um ein Funktionsobjekt handelt. Das Objekt kümmert sich um die saubere Ausgabe eines Elementes vom Typ **EineKlasse**.

*3 Dem **vector** fügen wir in einer Schleife neue Werte am Ende hinzu, bis der Anwender den Wert 0 eingegeben hat.

```
for(;;) {
   cout << "int-Wert eingeben: ";
   if( (!(cin >> val)) || val <= 0 )
     break;
   vec01.push_back( EineKlasse(val)); *3
}

for_each(vec01.begin(), vec01.end(), EineKlassePrint()); *4
cout << endl;
sort( vec01.begin(), vec01.end(), greater<EineKlasse>()); *5
for_each(vec01.begin(), vec01.end(), EineKlassePrint()); *4
cout << endl;
```

*4 Mit **for_each()** rufst du jetzt für jedes Element vom Bereich **vec01.begin()** bis **vec01.end()** das Funktionsobjekt **EineKlassePrint()** auf.

*5 Der Algorithmus **sort()** hingegen sortiert hier die Elemente vom Bereich **vec01.begin()** bis **vec01.end()** und verwendet dafür das vordefinierte Objekt **greater<>()** als Funktionsobjekt. Sortiert wird somit in absteigender Reihenfolge. Damit das mit **EineKlasse** auch klappt, haben wir den **>**-Operator in der Klasse definiert.

[Einfache Aufgabe]

Erstelle für das Listing jetzt ein weiteres Funktionsobjekt, mit dem nur die ungeraden Zahlen ausgegeben werden.

```
for_each(vec01.begin(), vec01.end(),
EineKlasseUngerade()); *1
```

*1 Deine Aufgabe soll es sein, ein Funktionsobjekt mit dem Namen **EineKlasseUngerade** zu erstellen, über das nur ungerade Zahlen auf dem Bildschirm ausgegeben werden.

Naja, ich denke, dass sollte mir keine großen Probleme bereiten. Hier mein Vorschlag dazu:

```
class EineKlasseUngerade {
public:
   void operator() (const EineKlasse& obj) { *1
     if(obj.getVal() %2) { *2
       cout << obj.getVal() << ','; *3
     }
   }
};
```

*1 Unser Merkmal für ein Funktionsobjekt ist hier der definierte **()**-Operator.

*2 Gibt es hier einen Rest zurück …

*3 … haben wir einen ungeraden Wert und geben diesen aus.

Gar nicht schlecht, Schrödinger!

Hilfe für den Iterator

Damit du dich später nicht mit Kleinigkeiten bei den Iteratoren abquälen musst, gibt es auch noch ein paar nützliche Hilfsfunktionen gratis obendrein.

Damit kannst du dir somit das Leben erheblich leichter machen:

```cpp
void print(const int& obj) {
  cout << obj << ',';
}
…
 vector<int> vec01(10);
 for(size_t i=0; i < vec01.size(); i++) {
   vec01.at(i) = i;
 }
 vector<int>::iterator it = find(vec01.begin(), vec01.end(), 5); *1
 if( it == vec01.end() ) {
   return -1;
 }
 cout << distance(vec01.begin(), it) << endl; *2
 advance(it, 2); *3
 cout << *it << endl;
 iter_swap(it, vec01.begin()); *4
 for_each(vec01.begin(), vec01.end(), print);
 cout << endl;
```

*1 Such nach einem Element mit dem Wert 5!

*2 Hierbei wird mit **distance(it1, it2)** der Abstand zwischen dem Interator des ersten und dem des zweiten Argumentes zurückgegeben.

*3 Mit **advance(it, pos)** veschiebst du den Iterator des ersten Argumentes um die Anzahl der Positionen, welche du als zweites Argument angibst.

*4 Und mit der Hilfsfunktion **iter_swap(it1, it2)** vertauschst du ganz einfach die beiden Elemente, auf die diese Iteratoren verweisen.

Allmählich wird es öde ...

Komm schon, Schrödinger! Ich weiß, du willst unbedingt mit den Algorithmen weitermachen, und das Thema war jetzt nicht gerade sehr aufregend. Aber es ist unbedingt nötigt, dass du die Funktionsobjekte und Iteratoren etwas besser kennenlernst. Sonst müssten wir bei den Algorithmen diese Themen zusätzlich mir reinquetschen. Stattdessen können wir uns dann gemütlich **zurücklehnen** und uns ein wenig die vorhandenen Algorithmen ansehen.

Okay, an dieser Stelle hätte ich dann doch noch eine **Frage**. Du hast mir ja bereits gesagt, dass es **einstellige** und **zweistellige Prädikate** von Funktionsobjekten gibt. In unserem Beispiel in der Werkstatt habe ich ja nur ein einstelliges Prädikat verwendet. Wie mache ich denn ein zweistelliges Prädikat zum Funktionsobjekt?

Eine sehr gute Frage, Schrödinger! Im Grunde ist es aber auch nicht viel schwerer als ein einstelliges Prädikat. Ich will es anhand eines einfachen Beispiels schnell zeigen:

```cpp
…
bool myequal(int obj1, int obj2) {   *1
  return (obj1==obj2);
}
…

 vector<int> vec01(10);
 vector<int> vec02(10);

 for(size_t i=0; i < vec01.size(); i++) {
   vec01.at(i) = i+1;
   vec02.at(i) = i+1;
 }
 bool b = equal( vec01.begin(), vec01.end(), vec02.begin(), myequal );   *2
 if( b == true ) {
   cout << "Beide Vektoren sind identisch!\n";
 }
```

*1 Hier ist zunächst eine einfache Funktion, welche zwei **int**-Werte miteinander auf Gleichheit überprüft.

*2 Und hier ein Algorithmus, der das zweistellige Prädikat verwendet. Der Algorithmus **equal()** vergleicht den Bereich von **vec01.begin()** bis **vec01.begin()** mit dem Inhalt ab **vec02.begin()** bis zum Ende mit dem zweistelligen Prädikat **myequal**. Wenn alle Vergleiche von **myequal()** immer **true** zurückgeben, sind auch beide Behälter bis zum gewünschten Bereich identisch.

Ich habe dir hier die Funktionsvariante des zweistelligen Prädikates demonstriert. Aber auch mit dem Funktionsobjekt sollte das kein Problem für dich sein. Hier das passende Funktionsobjekt dazu:

```cpp
class Myequal {
public:
  bool operator()(int obj1, int obj2) {
    return (obj1==obj2);
  }
};
```

[Zettel]

An dieser Stelle muss ich natürlich hinzufügen, dass in diesem Beispiel ein extra Prädikat total überflüssig ist und auf das vierte Argument von **equal()** auch ganz verzichtet werden kann, weil intern in diesem Fall das vordefinierte Prädikat **equal_to<int>()** verwendet wird.

[Notiz]

Ich weiß nicht, ob ich es schon erwähnt habe, aber zur Sicherheit solltest du dir hier noch notieren, dass du den Operator **()** natürlich im **public**-Bereich schreiben musst!

Folgender Codeausschnitt löst eine Speicherzugriffsverletzung aus! Hier wurde versucht, einen Behälter von hinten nach vorne auszugeben. Was wurde hier falsch gemacht, und was kannst du machen, damit das trotzdem funktioniert?

Der fehlerhafte Code:

```
for_each(vec01.end(), vec01.begin(), print);  *1
cout << endl;
```

*1 Hiermit wird ein unschönes „Segmentation fault" ausgelöst.

> *Hm, ja. Der Fehler ist klar, hier wird der **falsche Wertebereich** vom Ende zum Anfang verwendet. Dies ist allerdings nicht möglich, weil diese Iteratoren nicht „rückwärts laufen" können.*
> *Hier würde ich einen Reverse-Iterator verwenden, bei dem die Bedeutung von ++ und -- vertauscht ist.*
> *Mein Vorschlag lautet daher:*

```
for_each(vec01.rbegin(), vec01.rend(), print);
cout << endl;
```

> *Du hast außerdem was von einer **Lambda-Funktion** im C++11-Standard erwähnt, welche ich statt einer Funktion oder eines Funktionsobjektes verwenden könnte. Könntest du mir das kurz erklären?*

Natürlich, aber sei **gewarnt**, dass noch viele C++-Compiler hinter dem neuen **C++11-Standard** hinterherhinken und es bei dir vielleicht noch nicht funktioniert.

Guck dir folgende Codezeile mit einer Lambda-Funktion an:

```
for_each(vec01.begin(), vec01.end(), [](int val) {
    cout << val << endl;} );  *1
    cout << endl;
```

*1 Die Lambda-Funktion fängt mit dem [] zur Bindung an die Variablen des lokalen Bereiches an. Zwischen den Klammern () stehen die Argumente (hier nur **val**), und {} ist der Funktionskörper. Ziemlich einfach, hm?

[Notiz]
Das [] bedeutet keine Bindung! Mit [=] werden die Werte kopiert und mit [&] eben referenziert. Aber dies nur am Rande, als kleine Notiz.

[Belohnung]
Perfekt!!! Jetzt ist es wieder Zeit für eine Entspannung. Deine Freundin hat dir eine Lasagne gemacht! Danach wirst du dich wohl wieder um dein WoW-Leben kümmern müssen!!!

Die fleißigen Arbeiter

Nachdem du deine Zutaten in den Behälter gepackt hast, wird es Zeit, dass du damit auch was machen kannst. Hierzu stehen dir viele **Algorithmen** zur Verfügung. Du weißt ja mittlerweile, dass du einem Algorithmus keinen ganzen Behälter übergeben musst, sondern nur bestimmte **Bereiche**, die du mithilfe von **Iteratoren** abgibst. Des Weiteren gibt es für fast alle Algorithmen eine Version **mit und ohne Prädikat** (Funktion, Funktionsobjekt oder Lambda-Funktion). Der Fundus der Algorithmen ist enorm, weshalb du hier logischerweise nur einen Rundumschlag dazu bekommst.

[Hintergrundinfo]

Für mehr Details wie Syntax und Anwendungsbeispiele dieser Algorithmen empfehle ich dir, unbedingt die Dokumentation deines Compilers zu verwenden oder meine Lieblingswebseite *http://www.cplusplus.com/reference/algorithm/* dafür zu besuchen.

Nicht-modifizierende Algorithmen

Damit wird nur lesend auf die Behälter zugegriffen, und es wird nichts verändert. Diese Algorithmen lassen sich auf alle Arten von Behälter anwenden.

[Zettel]
Suchfunktionen geben immer die Position des gefundenen Elementes zurück oder, wenn nichts gefunden wird, das Ende des gesuchten Bereiches.

Algorithmus	Was ich damit machen kann ...
`for_each(i1, i2, func)`	Führt für jedes einzelne Element aus dem Bereich `i1` bis `i2` die Funktion `func` auf (kann auch ein Funkionsobjekt oder eine Lambda-Funktion sein).
`find(i1, i2, val)`	Sucht im Bereich `i1` bis `i2` nach einem Element mit dem Wert `val`.
`find_if(i1, i2, pred)`	Sucht im Bereich `i1` bis `i2` nach einem Element, welches der Bedingung `pred` entspricht.
`find_end(i1,i2, j1, j2)` `find_end(i1,i2,j1,j2, pred)`	Sucht im Bereich `i1` bis `i2` nach einer letzten passenden Teilfolge vom Bereich `j1` bis `j2` oder danach, dass eben das Prädikat `pred` wahr ist.

Algorithmus	Was ich damit machen kann …
`find_first_of(i1,i2, j1,j2)` `find_first_of(i1,i2, j1,j2,pred)`	Entspricht `find_end()`, nur dass nach dem ersten Auftreten mehrerer Elemente gesucht wird.
`adjacent_find(i1,i2)` `adjacent_find(i1,i2,pred)`	Hiermit suchst du nach benachbarten Elementen zwischen `i1` und `i2`, deren Werte gleich sind bzw. wo das Prädikat `pred` `true` zurückliefert.
`count(i1,i2,val)` `count_if(i1, i2, pred)`	Gibt die Anzahl der Elemente aus dem Bereich `i1` bis `i2` zurück, die den Wert `val` haben oder wo das Prädikat `pred` `true` zurückgibt.
`mismatch(i1,i2,j1)` `mismatch(i1,i2,j1,pred)`	Liefert die erste Position zurück, an der der Bereich `i1` bis `i2` ab `j1` bis zum Ende nicht übereinstimmt oder das Prädikat `pred` `true` zurückgibt. Zurückgegeben wird die Template-Klasse `pair`, womit du die erste Nichtübereinstimmung von `i1` bis `i2` in `first` und von `j1` in `second` findest.
`equal(i1,i2,j1)` `equal(i1,i2,j1,pred)`	Vergleicht die `i1` bis `i2` ab dem Bereich `j1` auf Gleichheit, oder das Prädikat `pred` liefert `true` zurück, wenn beide Bereiche gleich sind.
`search(i1,i2,j1,j2)` `search(i1,i2,j1,j2,pred)`	Sucht im Bereich `i1` bis `i2` nach der Teilfolge `j1` bis `j2` auf eine Übereinstimmung oder wo das Prädikat `pred` `true` zurückgibt.
`search_n(i1,i2,n,val)` `search_n(i1,i2,n,val,pred)`	Sucht im Bereich `i1` bis `i2` mit der Länge `n` nach einer Teilfolge mit dem Wert `val` oder wo das Prädikat `pred` `true` zurückgibt.
`min_element(i1,i2)` `max_element(i1,i2)`	Liefert das kleinste bzw. größte Element aus dem Bereich `i1` bis `i2` zurück.

Algorithmen, welche nix am Behälter verändern

Modifizierende Algorithmen

Wie du am Namen vielleicht schon erahnen kannst, greifen diese Algorithmen direkt auf den Inhalt der Behälter zu. Du kannst damit quasi die Elemente selbst ändern. Ist der Zielbereich ein assoziativer Behälter, dann kann der Algorithmus damit nicht verwendet werden.

[Achtung]
Wenn du etwas in einen extra Zielbereich schieben willst, musst du schon selbst darauf achten, dass dieser **groß** genug ist!!!

Algorithmus	Was ich damit machen kann …
`copy(i1,i2,o1)` `copy_backward(i1,i2,o1)`	Kopiert die Elemente vom Bereich `i1` bis `i2` in den Zielbereich, der mit `o1` beginnt. `copy_backward()` macht dasselbe, nur rückwärts, und hier endet der Zielbereich mit `o1`.
`swap_ranges(i1,i2,o1)`	Damit tauschst du die Elemente im Bereich `i1` bis `i2` mit den Elementen, die bei `o1` beginnen.
`iter_swap(i1, o1)`	Tauscht den Inhalt, auf den `i1` verweist, mit dem Inhalt aus `o1`.
`transform(i1,i2,o1,pred)`	Damit rufst du für jedes Element im Bereich `i1` bis `i2` die unäre Funktion `pred` auf und speicherst den Rückgabewert im Zielbereich `o1`. Quell- und Zielbereich dürfen gleich sein!
`transform(i1,i2,j2,o1,pred)`	Ruft für jedes Element vom Bereich `i1` bis `i2` und jedes Element ab `j2` die binäre Funktion `pred` auf und weist `o1` den Rückgabewert zu.
`replace(i1,i2,oval,nval)` `replace_if(i1,i2,pred,nval)`	Damit ersetzt du in den Bereichen `i1` bis `i2` die Elemente mit dem Wert `oval` bzw. dort, wo das Prädikat `pred` `true` zurückgibt, mit dem Wert `nval`.

`replace_copy(i1,i2,o2,`
`            oval,nval)`
`replace_copy_if(i1,i2,o2,`
`            pred,nval)`
	Entspricht `replace()` bzw. `replace_if()`, mit dem Unterschied, dass zusätzlich noch in den Zielbereich `o2` kopiert wird, wobei sich hier Quell- und Zielbereich nicht überlappen dürfen.

`fill(i1, i2, val)` `fill_n(i1, n, val)`	Füllt alle Elemente im Bereich `i1` bis `i2` mit dem Wert `val`. Im Fall von `fill_n()` werden ab `i1` insgesamt `n` Elemente mit dem Wert `val` gefüllt.
`generate(i1,i2,func)` `generate_n(i1,n,func)`	Enspricht `fill()` bzw. `fill_n()`, nur wird statt eines Wertes der Bereich `i1` bis `i2` bzw. `n` Elemente ab `i1` mit dem Rückgabewert der Funktion `func` gefüllt.

Modifizierende Algorithmen von STL

Löschende Algorithmen

Mit diesen Algorithmen werden Elemente aus einem Bereich entfernt. Allerdings werden die Behälter dadurch nicht „kleiner", sondern es werden nur gelöschte Elemente überschrieben. Im Grunde handelt es sich hierbei ja auch um modifizierbare Algorithmen, und die sind auch nicht auf assoziative Behälter anwendbar.

Willst du die Anzahl der überschüssigen Elemente im Behälter nach einem löschenden Algorithmus entfernen, so kannst du dies mit der Elementfunktion **erase()** des entsprechenden Behälters machen.

Algorithmus	Was ich damit machen kann ...
`remove(i1,i2,val)` `remove_if(i1,i2,pred)`	Löscht alle Elemente im Bereich i1 bis i2, die den Wert val haben oder wo das Prädikat pred true zurückgibt.
`remove_copy(i1,i2,o1,val)` `remove_copy_if(i1,i2,` `        o2,pred)`	Entspricht replace_copy() und replace_copy_if(), nur dass die remove-Version zum Löschen statt zum Ersetzen benutzt wird.
`unique(i1, i2)` `unique_copy(i1,i2,o1)`	Löscht alle Elemente, bei denen der Vorgänger denselben Wert besitzt. unique_copy() hingegen kopiert die Elemente noch in den Bereich o2.

Algorithmen zum Löschen von Elementen

[Zettel]

An dieser Stelle sollte natürlich noch darauf hingewiesen werden, dass die gelöschten Element nach hinten wandern und die **remove**-Funktionen einen Iterator auf das erste gelöschte Element zurückgeben. Hierbei gilt auch, dass alles zwischen dem zurückgegeben Iterator und **end()** ungültig ist und schließlich entfernt (bspw. mit **erase()** bei **vector**) oder ignoriert werden kann.

Mutierende Algorithmen

Ein mutierender Algorithmus ändert nur die Reihenfolge der Elemente im Behälter und lässt sich daher auch nicht auf assoziative Behälter anwenden.

Algorithmus	Was ich damit machen kann ...
`rotate(i1,i2,i3)` `rotate_copy(i1,i2,i3,o1)`	Damit führst du eine Rotation im Bereich i1 und i3 durch, und i2 ist anschließend das erste Element. Mit rotate_copy() wird das Ergebnis in o1 kopiert.
`random_shuffle(i1,i2)` `random_shuffle(i1,i2, func)`	Ändert die Reihenfolge der Elemente im Bereich i1 bis i2 zufällig oder anhand der Funktion func.
`reverse(i1,i2)` `reverse_copy(i1,i2,o2)`	Damit drehst du die Reihenfolge vom Bereich i1 bis i2 um. reverse_copy() macht das auch, aber kopiert diesen Bereich nach o2.
`partition(i1,i2,pred)` `stable_partition(i1,i2,pred)`	Damit zerlegst du den Bereich i1 bis i2 anhand von pred in zwei Bereiche: einen Bereich, der true zurückliefert, und einen zweiten Bereich, der als Rückgabewert zurückgegeben wird, worauf du mit einem Iterator zugreifen kannst. Bei stable_partation bleibt die relative Reihenfolge erhalten.
`next_permutation(i1,i2)` `prev_permutation(i1,i2)`	Damit kannst du die nächste oder vorhergehende Permutation (Kombination) der Elemente im Bereich i1 bis i2 erzeugen.

Mutierende Algorithmen

Sortierende Algorithmen

Beim Sortieren wird die Reihenfolge der Elemente geändert, und daher ist es auch nicht anwendbar auf assoziative Behälter. Sortiert wird entweder nach dem Standardkriterium (less<>) oder einem Prädikat, wie einer benutzerdefinierten Funktion, einem Funktionsobjekt (Funktor) oder eben einer Lambda-Funktion.

Algorithmus	Was ich damit machen kann …
sort(i1,i2) sort(i1,i2,pred) stable_sort(i1,i2) stable_sort(i1,i2,pred)	Damit sortierst du den Bereich i1 bis i2 standardmäßig aufsteigend (less<>) oder gemäß dem Prädikat pred. Bei stable_sort() bleibt die Reihenfolge der Elemente erhalten.
partial_sort(i1,i2,i3) partial_sort(i1,i2,i3,pred)	Sortiert die Elemente aufsteigend im Bereich i1 bis i3, bis die Bereiche i1 bis i2 sortiert sind, oder anhand des Prädikates pred.
partial_sort_copy(i1,i2 o1,o2) partial_sort_copy(i1,i2, o1,o2,pred)	Sortiert die Elemente im Bereich i1 bis i2 und speichert das Ergebnis im Bereich o1 bis o2. Ist der Bereich o1 bis o2 kleiner als i1 bis i2, wird nur entsprechend partiell sortiert, was eben in o1 bis o2 passt. Alternativ gibt es auch noch eine Version mit dem Prädikat.
nt_element(i1,inth,i2) nt_element(i1,inth,i2,pred)	Sortiert die Elemente so, dass inth tatsächlich an der Position ist, wo es bei einem normalen sort() stehen würde. Im Bereich i1 bis inth hingegen sind nur Elemente, die kleiner sind, und zwischen inth und i2 die Elemente, die größer als inth sind. Mit dem Prädikat pred kannst du die Sortierreihenfolge selbst festlegen.
make_heap(i1,i2) make_heap(i1,i2,pred)	Macht aus dem Bereich i1 bis i2 einen Heap! Ein Heap ist eine spezielle Datenstruktur, die als Baum implementiert ist.
pop_heap(i1,i2) pop_heap(i1,i2,pred) push_heap(i1,i2) push_heap(i1,i2,pred)	Mit pop_heap entfernst du das erste Element im Heap und fügst es als letztes Element wieder ein. Mit push_heap ist es genau umgekehrt.
sort_heap(i1,i2)	Sortiert die Elemente i1 bis i2 des Heaps und verwendet dabei den sehr effektiven Heap-Sort-Algorithmus. Anschließend ist dieser Bereich kein Heap mehr!

Algorithmen zum Sortieren

[Hintergrundinfo]

Bei einem Heap wird, vereinfacht ausgedrückt, aus einem sequenziellen Behälter ein binärer Baum. Natürlich nicht richtig. Aber das Verhalten des Behälters ahmt einen Baum nach. Daher ist es anschließend beim sequenziellen Behälter, der ein Baum sein wollte, auch so, dass das erste Heap-Element das größte ist. Das Prinzip ist dann das gleiche wie bei einer Prioritätsschlange, wie du dies von priority_queue her kennst.

Algorithmen für sortierte Bereiche

Ist der Behälter bereits sortiert, so kannst du einen der folgenden Algorithmen verwenden. Danach bleibt natürlich alles nach wie vor sortiert.

Algorithmus	Was er bringt ...
lower_bound(i1,i2,val) upper_bound(i1,i2,val)	Gibt die Position im Bereich i1 bis i2 zurück, an der der Wert kleiner (lower) bzw. größer (upper) als val ist.
equal_range(i1,i2,val)	Gibt ein pair mit zwei Iteratoren zurück, welche die Position von lower_bound in first und upper_bound in second, ausgehend vom Wert val, zurückgeben.
binary_search(i1,i2,val)	Sucht im Bereich i1 bis i2 nach val und gibt true zurück, falls es gefunden wurde. Ansonsten wird false zurückgegeben.
merge(i1,i2,j1,j2,o1)	Kopiert die sortierten Bereiche i1 bis i2 und j1 bis j2 in den Zielbereich o1, so dass dieser ebenfalls sortiert ist. Der Zielbereich darf sich hier nicht mit dem Quellbereich überlappen.
set_union(i1,i2,j1,j2,o1)	Bildet aus dem Bereich i1 bis i2 und j1 bis j2 eine Vereinigungsmenge in o2, in der es dann keine doppelten Elemente gibt.
set_intersection(i1,i2, j1,j2,o1)	Entspricht set_union(), nur dass eine Schnittmenge gebildet wird. Das bedeutet, es werden nur die Elemente in o2 gesichert, welche in beiden Teilbereichen vorhanden sind.
set_difference(i1,i2, j1,j2,o1)	Noch komplexer ☺! Bildet eine Differenzmenge aus den beiden Teilbereichen und speichert diese in o1. Diese Menge wird gebildet aus den Elementen, die im Bereich i1 bis i2 vorhanden sind, aber nicht im Bereich j1 bis j2.
set_symetric_differnce()	Jetzt werden nur noch die Elemente in o2 gesichert, die nicht im ersten und zweiten Teilbereich vorkommen.

Algorithmen für bereits sortierte Bereiche

[Ablage]

Nicht erwähnt wurden hier die numerischen Algorithmen, mit deren Hilfe du diverse Berechnungen auf den Behältern durchführen kannst. Dabei handelt es sich um die Algorithmen **accumulate()**, **inner_product()**, **partial_sum()** und **adjacent_different()**, welche alle im Header **<numeric>** enthalten sind.

Algorithmen verwenden

Eine ganz schöne Menge an Algorithmen, die Dr. STL da anbietet. Bin wirklich beeindruckt!!! Bin schon gespannt, wie sich diese in meinen Programmen machen werden.

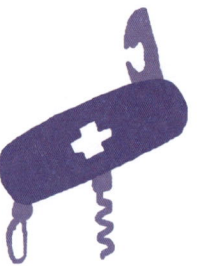

In der Tat ist die Anzahl der Algorithmen sehr beeindruckend! Und nebenbei erwähnt, bin ich jetzt echt froh, dass wir zur Praxis übergehen können. Die Theorie in den Tabellen war selbst für mich ziemlich langatmig zu erstellen.

[Einfache Aufgabe]

Mit dem folgenden kleinen Codeausschnitt habe ich mithilfe des Algorithmus `generate()` den Vektor `vec01` mit fünf (Pseudo-)Zufallszahlen gefüllt. Deine Aufgabe soll jetzt sein, jeden dieser Werte zu verdoppeln und die Ergebnisse in einem weiteren Vektor `vec02` zu sichern. Dann solltest du noch beide Behälter `vec01` und `vec02` sortieren und zu einem Behälter `vec03` zusammenmischen. Achte außerdem darauf, dass keine doppelten Elemente in `vec03` enthalten sind. Gib `vec03` am Ende auf dem Bildschirm aus. Ob du für die Prädikate nun eine Funktion, ein Funktionsobjekt oder eine Lambda-Funktion verwendest, überlasse ich dir, auch was für Algorithmen du hierbei auswählst! Es gibt immer mehrere Wege, die ans Ziel führen.

[Achtung]

Bedenke, dass nicht alle Compiler den C++11-Standard voll unterstützen und du somit womöglich nicht die Lambda-Funktionen verwenden kannst. In dem Fall musst du deinen Code eben entsprechend anpassen und eine Funktion oder ein Funktionsobjekt stattdessen verwenden. Allerdings solltest du damit keine Probleme mehr haben.

Der Code, mit dem die Zahlen erzeugt werden:

```
#include <cstdlib>   // für rand()
…
vector<int> vec01(5);   *1
vector<int> vec02(5);   *2
```

*1 Hier werden die (Pseudo-)Zufallszahlen gespeichert.

*2 Hier sollst du die Werte von `vec01` verdoppelt speichern.

```
vector<int> vec03(10);  *3
```

*3 Und hier landen am Ende die Werte von **vec01** und **vec02** sortiert und ohne einen doppelten Wert.

```
generate(vec01.begin(),vec01.end(),
         [](){return (rand()%100);} );  *4
```

*4 Mit **generate()** rufen wir für jedes Element vom Anfang bis zum Ende von **vec01** die Lambda-Funktion auf, welche hier mit **rand()** eine (Pseudo-)Zufallszahl zurückgibt.

Hm, dafür werde ich mich wohl noch ein wenig in den Tabellen vom Büro zuvor umsehen müssen! Okay, hier meine Musterlösung:

*1 Mit **transform()** führe ich für alle Elemente im Behälter **vec01** die Lambda-Funktion (letztes Argument) aus und speichere den Rückgabewert in **vec02**.

```
transform(vec01.begin(),vec01.end(), vec02.begin(),
          [](int val){return val*2;} );  *1
sort(vec01.begin(), vec01.end());  *2
sort(vec02.begin(),vec02.end());  *2
unique(vec01.begin(), vec01.end());  *3
unique(vec02.begin(), vec02.end());  *3
merge( vec01.begin(),vec01.end(),
       vec02.begin(), vec02.end(), vec03.begin());  *4

for_each( vec03.begin(), vec03.end(),
          [](int val) {cout << val << ", ";} );  *5
cout << endl;
```

*2 Hier sortiere ich beide Behälter aufsteigend.

*3 Jetzt entferne ich alle doppelten Elemente aus den einzelnen Behältern.

*4 Mit **merge()** mische ich die beiden sortierten Behälter zusammen und schreibe den kompletten Inhalt sortiert in **vec03**.

*5 Und am Ende gebe ich den kompletten Inhalt von **vec03** auf dem Bildschirm aus. Auch hier verwende ich wieder eine neue moderne Lambda-Funktion dafür.

[Code bearbeiten]

Fast perfekt, aber da ist trotzdem ein ganz kleiner Schönheits-fehler drin. Du führst zwar **unique()** auf beide Behälter aus, damit keine doppelten benachbarten Elemente mehr vorhanden sind, aber es ist ja nicht ganz ausgeschlossen, dass es nach **merge()** doch wieder gleiche Elemente gibt. In unserem Fall zwar schon, aber in der Praxis werden die Behälter eher selten mit Zufallswerten gefüllt. Hier würde ich dir empfehlen, ent-weder **unique()** nach **merge()** auszuführen oder statt **merge()** den Algorithmus **set_union()** zu verwenden.

Meine Freundin hat gerade angerufen, sie hat ihr Passwort am Rechner vergessen. Sie sagt, dass es sich um ein neunstelliges Passwort nur aus Zahlen handelt. Keine Zahl kommt doppelt darin vor. Sie erinnert sich nur daran, dass die erste Zahl 1 und die letzte Zahl 4 lautet.

Das wäre doch eine prima **Aufgabe** für uns?! Allerdings kann ich dir jetzt gleich schon sagen, dass deine Freundin hier besser noch weitere Zahlen wissen sollte, weil es doch wohl zu viele Kombinationen gibt!

Okay, sie erinnert sich noch daran, dass die vorletzte Zahl 7 war. Also haben wir 1*****74.

Naja, besser als nichts, aber deine Freundin wird heute noch ziemlich lange damit beschäftigt sein, das Passwort einzugeben. Soviel kann ich dir versichern. Wir brauchen also eine Permutation! Dafür haben wir ja auch zwei Algorithmen.

So würde ich das machen:

*1 Hier ist zunächst unser Vektor, den wir mit den Zahlen 1 bis 9 füllen.

*2 Damit zählen wir die Anzahl der möglichen Kombinationen für 1*****74.

*3 In der Schleife durchlaufen wir jetzt alle möglichen Kombinationen, die sich aus dem Vektor mit den Zahlen 1 bis 9 ergeben können.

```
…
vector<int> passwort(9); *1
 for(size_t i=1; i<=passwort.size(); ++i) {
   passwort.at(i-1)=i; *1
 }

 unsigned int count = 0; *2
 while(next_permutation(passwort.begin(),passwort.end())){*3
   if( (passwort[0] == 1) && (passwort[7] == 7)
```

```
                    && (passwort[8] == 4) ) { *4
for_each( passwort.begin(), passwort.end(),
         [](int val) {cout << val;} ); *5
cout << endl;
count++; *6
  }
}
cout << count << " Kombinationen\n"; *6
```

*4 Wir sind nur an den Kombinationen aus 1*****74 interessiert ...

*5 ... und geben diese auf dem Bildschirm aus (wir verwenden hier wieder C++11-Lambda für das Prädikat; wenn es nicht geht, mach eine Funktion oder ein Funktionsobjekt daraus).

*6 Und natürlich zählen wir die Anzahl dieser Kombinationen mit.

Wünsch deiner Freundin viel Spaß beim Tippen

Auf unser Problem passen 720 Kombinationen.

Oje, hoffentlich hat sie Glück, und es war eine der vorderen Nummern, sonst gibt es heute Abend kalte Küche!!!

Ende gut, alles gut ...

In der Werkstatt hast du jetzt gesehen, wie elegant sich Algorithmen ganz einfach in deinem Programm einbauen lassen. Die einzige Schwierigkeit dürfte es wohl sein, den Überblick zu behalten und zu wissen, wann man welchen Algorithmus am besten verwenden kann. Aber je öfter du sie in der Praxis einsetzt, desto leichter wird dir das fallen. Du konntest im Abschnitt zuvor sehr schön sehen, wie du dank der Algorithmen mit ein paar Zeilen Code ein Problem lösen kannst.

Es hat geklappt, anhand der Liste hat meine Freundin das Passwort nach ca. 50 Eingaben gefunden!!!
Dafür kriege ich heute Schnitzel mit Pommes *frei*!!!

[Einfache Aufgabe]

Okay! Guck dir folgenden Code an und beschreib mir bitte anhand der entsprechenden Nummern, was hier genau gemacht wird! Verdeck am besten die Lösung!

Das Codebeispiel:

```cpp
bool gerade(int val) {return(val%2);}
…
list<int> liste01(10);
int carray[10];
generate( liste01.begin(), liste01.end(),
          [](){return (rand()%100);} );

list<int>::iterator part, it;
part = partition(liste01.begin(),liste01.end(),gerade); *1
for(it=liste01.begin(); it!=part; it++) { *2
  cout << *it << ", "; *2
}
cout << endl;
for(it=part; it!=liste01.end(); it++) { *3
  cout << *it << ", "; *3
}
cout << endl;
partial_sort_copy( liste01.begin(), liste01.end(),
                   carray, carray+10 ); *4
for( size_t i=0; i<10; i++) {
  cout << carray[i] << ", ";
}
cout << endl;
```

*1 Hm, hier teilen wir den Inhalt des Behälters mithilfe der Funktion **gerade()** in ungerade und gerade Zahlen auf. Im linken Teil befinden sich die ungeraden und im rechten die geraden Zahlen. Der Iterator **part** zeigt auf das erste Element, welches von **gerade()** nicht mehr **true** zurückgegeben hat, somit auf das erste Element mit der geraden Zahl.

*2 Wir geben die ungeraden Zahlen aus …

*3 … und hier die geraden Zahlen.

*4 Hiermit sortieren und kopieren wir alle Elemente in **liste01** in das C-Array **carray** um, was die anschließende Ausgabe auf dem Bildschirm auch bestätigt.

Prima! Sehr gut beschrieben.

Eines kapiere ich immer noch nicht so ganz, und zwar die Sache mit den **Heaps.** *Könntest du mir hierzu vielleicht noch ein Beispiel zeigen?*

Okay, das dürfte jetzt kein Problem sein, guck dir folgenden Code dazu an:

```cpp
…
class EineKlasse {
  int irgendwas;
public:
// Alles wie gehabt !!!
…
};

EineKlasse init(){ return EineKlasse((rand()%100)); }
…
```

```
vector<EineKlasse> vec01(10), vec02(10);
generate(vec01.begin(), vec01.end(), init);
vec02 = vec01;

make_heap(vec01.begin(), vec01.end()); *1
while( !vec01.empty() ) { *2
  cout << vec01.front().getVal() << endl; *3
  pop_heap(vec01.begin(), vec01.end()); *4
  vec01.pop_back(); *5
}

make_heap(vec02.begin(), vec02.end()); *6
sort_heap(vec02.begin(), vec02.end()); *7
for_each(vec02.begin(), vec02.end(),
     [](EineKlasse& val) {cout << val.getVal() << ", ";} );
cout << endl;
```

*1 Hier machen wir aus einem Vektor mit **EineKlasse** einen Heap. Grundvoraussetzung, damit dies auch in diesem Fall mit **EineKlasse** klappt, ist, dass auch der **<**-Operator implementiert ist, sonst geht gar nichts!

*2 Wir durchlaufen unseren Vektor wie bei einer **priority_queue**, bis der Behälter leer ist.

*3 Da wir ja einen Heap haben, können wir sicher sein, dass immer das größte Element ganz vorne am Behälter ist.

*4 Okay, wir sind fertig damit und wollen das nächste größere Element aus dem Behälter haben. Nun platzieren wir somit das zuletzt größere Element ganz hinten …

*5 … wo wir es dann ganz einfach mit **pop_back()** hinten entfernen und wieder hoch zum Schleifenanfang springen.

*6 Auch aus **vec02** machen wir jetzt einen Heap …

*7 … und sortieren diesen mittels des **Heap-Sort-Algorithmus**. Dieser Algorithmus ist in einer umfangreichen Sammlung von Daten sehr effizient. Danach liegt allerdings kein Heap mehr vor!

Eines muss ich hier noch kurz loswerden. Wenn dein Compiler sich bei folgender Zeile beschwert …

```
for_each(vec02.begin(), vec02.end(),
     [](EineKlasse& val) {cout << val.getVal() << ", ";});
```

Mit folgender Fehlermeldung

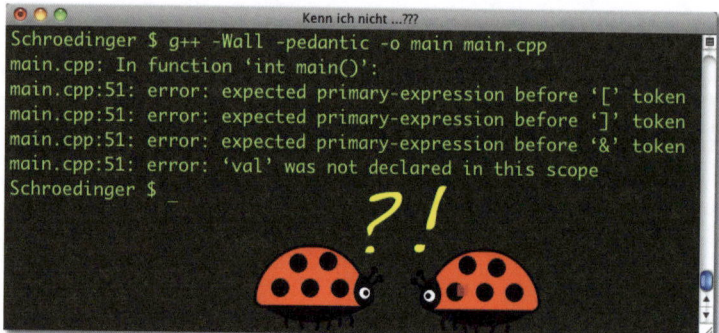

… dann bedeutet dies nichts anderes, als dass dein Compiler keine Lambda-Funktionen kann und entweder nicht oder nur teilweise dem C++11-Stand(ard) entspricht!!!

[Belohnung]

So, jetzt bist du durch mit der STL und kannst dich voll und ganz deinem Schnitzel mit Pommes widmen, das dir deine Freundin dank deiner guten Programmierarbeit gebraten hat!

—SIEBZEHN—

Schöne neue Welt C++11 ...

... und C++14-Updates

Schrödinger kennt sich jetzt in sehr vielen Ecken des C++-Standards aus. Aber die Welt steht nicht still und ist ständig im Umbruch, so auch der C++-Standard! Daher wollen wir Schrödinger in diesem Abschnitt den neuen C++11-Standard etwas schmackhafter machen. Und da gibt es wirklich sagenhaft viele Neuerungen. Die interessantesten habe ich für ihn herausgepickt.

C++ auf dem neuesten Stand(ard)

Da sich auf dem alten C++98 (von 1998) allmählich die Spinn-
weben breitmachen und neue, moderne Programmiersprachen
(wie bspw. Java und .NET) immer mehr aufholen, ist es Zeit
geworden, dass auch C++ eine Auffrischung erhält. Zwar hat es
2003 (mit C++03) bereits ein kleines Facelifting bekommen,
aber das war im Grunde nur Pipifax. Mitte 2011 allerdings war
es endlich soweit (ich habe schon nicht mehr daran geglaubt),
als die zuständige ISO-Behörde die bisher immer nur als **C++0X**
bezeichnete Zukunftsmusik offiziell als **C++11-Standard** über-
nommen hat. Anhand des alten Codenamens C++0X kannst
du schlussfolgern, dass das Teil schon vor 2010 hätte
kommen sollen.

Aber das Warten hat sich gelohnt, und aus dem neuen C++11-
Standard ist mehr als wieder nur ein Facelifting geworden!
Da sind wirklich ein paar feine Schmankerl dabei. Bevor ich dir
hier allerdings ein paar meiner Favoriten auflíste, muss ich
natürlich noch das leidige Thema loswerden, ob und wo du den
neuen Standard überhaupt (zumindest teilweise) benutzen
kannst. Glücklicherweise stehen dir gerade bei den bekannteren
Compilern wie GCC und Microsoft Visual C++ 10 (oder neuere
Version 11) die wichtigsten Neuerungen bereits zur Verfügung.
Nicht vergessen sollte man auch den clang-Compiler,
der künftig auf Systemen von Apple statt des GCC verwendet
werden soll.

[Hintergrundinfo]

Beim GCC musst du im Augenblick die Neuerungen noch mit
dem Argument **-std=c++0x** (bzw. **-std=c++11** ab gcc-4.7.0)
aktivieren, aber bei VC++ geht es schon von selbst! Eine gute
Übersicht zu gängigen Compilern und deren aktueller Unterstützung des neuen C++11-Standards findest du hier:
http://wiki.apache.org/stdcxx/%20C++0xCompilerSupport

Aber genau dieses vermaledeite „Geht es jetzt bei mir oder nicht" hat mich dazu ver-
anlasst, dir das Thema in einem extra Abschnitt zu erläutern, bis sich der neue C++11-
Standard flächendeckend verbreitet hat. Okay, dann will ich dir mal auf den folgenden
Seiten in einem kleinen Rundumschlag einige interessante Neuerungen in C++11
beschreiben. Einiges davon hatte ich ja bereits schon an unterschiedlichen Stellen im
Buch erwähnt.

auto/decltype

Mit dem neuen Schlüsselwort **auto** kannst du auf die Nennung des Typs für deinen Bezeichner beim Initialisieren verzichten, weil der Compiler nun endlich gescheit genug ist, den Typ aus dem Initialisierer abzuleiten. Etwas mächtiger noch ist das neue Schlüsselwort **decltype** (ein Operator wie **sizeof**), mit dem du den Typ eines Ausdrucks ermitteln kannst. Dies kann nützlich sein, wenn du aus einem Ergebnis eines Kontextes nicht genau sagen kannst, was denn zurückgegeben wird. Somit kannst du quasi mit **decltype** einen Rückgabewert zusammenbasteln.

[Achtung]

auto ist nicht mehr das, was es mal war! In alten Zeiten war **auto** ein Schlüsselwort für automatische Speicherobjekte, dessen Lebenszeit vom Eintreten in einen bestimmten Gültigkeitsbereich und vom Verlassen dessen abhing. Allerdings waren auch alle Variablen ohne dieses Schlüsselwort immer **auto**, und somit wurde die Bedeutung in C++11 entfernt.

Einfachere Initialisierung

Endlich ist es in C++ auch möglich, die Standardbehälter über den **{}**-Initialisierer mit einer Sequenz von Werten zu belegen. Damit ist jetzt endlich auch die **Initialisierung vereinheitlicht**. Dafür besitzt jetzt jeder Standardbehälter einen sogenannten Initialisierer-List-Konstruktor. Gleiches gilt jetzt natürlich auch für eigene Datentypen.

```cpp
vector<int> istneu = {123,345,567,890}; // neu in C++11
```

Ebenfalls neu hinzugekommen ist in C++11 die direkte Initialisierung von Datenfeldern in Klassen. Besonders praktisch ist dies natürlich bei Zeigern, um diesen gleich Null (**nullptr**) zuzuweisen.

```cpp
class Xyz {
int val=1; *1
EinTyp * ptr_EinTyp = nullptr; *1
public:
…
};
```

*1 Eine direkte Datenfeld-Initialisierung von Daten bei Klassen ist jetzt ab C++11 auch erlaubt. Der hier verwendete **nullptr** wurde ebenso neu in den C++11-Standard eingeführt.

Lambda-Funktionen

Die Lambda-Funktionen wurden als neue Sprachfunktion mit dem Hintergedanken eingeführt, kleinere Funktionen an Ort und Stelle einzubauen. Zwar hast du mit **inline** etwas Ähnliches, aber da entscheidet immer noch der Compiler, ob er es dann tut oder nicht. Auf den ersten Blick sieht die Syntax dazu ein wenig „schräg" aus. Aber, wie du ja bereits selbst sehen konntest, sind solche Lambda-Funktionen eine willkommene Erleichterung, wenn du STL-Algorithmen verwendest, und auch später bei den Multithreads, um einen neuen Thread zu starten.

Die etwas schrägere Syntax hierzu:

```
[capture] (parameter) -> return-type {anweisungen}
```

Zeichen	Bedeutung
[ ]	Damit gibst du die Bindung an eine Variable im lokalen Bereich an. [ ] hat keine Bindung, mit [=] werden die Werte kopiert, und mit [&] werden die Werte referenziert.
( )	Argument für den folgenden Anweisungsblock (optional)
->	Rückgabewert (optional)
{}	Anweisungsblock mit den Anweisungen

Bestandteile einer Lambda-Funktion

Range-based-loop

Nein, es handelt sich hierbei nicht um die Frühstücks-Cerealien, sondern um eine erweiterte Form der **for**-Schleife, die du z. B. von der STL mit **for_each** her kennst und die wie diese in vielen anderen Sprachen (C# oder Java) schon längst verwendet wird. Das Tolle daran ist, dass du dich um fast nichts mehr kümmern musst und dass automatisch vom Anfang bis zum Ende aller Daten gelaufen wird, wie du dies von **for_each** her mit den Behältern von **begin()** bis **end()** kennst.

Aber guck selbst:

```
vector<int> vec01 = {123,345,567,890};
for(auto i : vec01) {  *1
  cout << i << endl;
}
```

*1 Hier wird sehr elegant jedes Element des Behälters **vector** durchlaufen.

```
int iarr[4]={1,2,3,5};
for(auto i : iarr ) { *2
  cout << i << endl;
}
```

*2 Gleiches geht natürlich auch ganz einfach mit einem schlichten **int**-Array.

Explizite delete- und default-Funktionen

Du weißt doch, dass dir dein Compiler für Klassen gegebenenfalls den Standardkonstruktor, den Kopierkonstruktor, den Zuweisungsoperator oder den Destruktor zur Verfügung stellt. Mithilfe von **=default** und **=delete** kannst du jetzt auch hier in dieses Standardverhalten eingreifen oder es gar aufheben.

Sieh dir folgenden Codeausschnitt an:

```
class Spezial {
  int nix;
public:
  Spezial& operator=(const Spezial&) = delete; *1
  Spezial(const Spezial&) = delete; *2
  Spezial() = default; *3
  Spezial(int val);
  void setVal(int v) { nix = v; }
  void setVal(double) = delete; *4
};

Spezial::Spezial(int val) { nix=val; }
…
Spezial s1, s2; *3
s1.setVal(100.12); // Compilerfehler *4
s2.setVal(100);
Spezial s3 = s1; // Compilerfehler *2
Spezial s4(s2); // Compilerfehler *1
```

*1 Dasselbe gilt für den Zuweisungsoperator, der auch hier mit **=delete** deaktiviert wurde und nicht mit der Klasse verwendet werden kann.

*2 Der Kopierkonstruktor wurde mithilfe von **=delete** deaktiviert, so dass der Compiler bei der Verwendung die Übersetzung mit einem Fehler abbrechen wird.

*3 Der Standardkonstruktor hingegen wurde zum **=default** erklärt. Dies hat den Vorteil, dass **default**-Funktionen wesentlich effizienter sind als die manuelle Version und du dir die Arbeit sparen kannst, die Funktion manuell zu implementieren.

*4 Natürlich kannst du auch Elementfunktionen „deaktivieren". Jede Verwendung von **obj.setVal(double)** führt jetzt auch zu einer Fehlermeldung beim Compiler. In diesem Fall verhindern wir ganz einfach, dass eine Typkonvertierung von **double** nach **int** durchgeführt wird.

nullptr

Endlich gibt es auch den **nullptr**, um künftig Zweideutigkeiten mit dem Makro **NULL** und **0** zu vermeiden. Denn **nullptr** kannst du für alle Typen von Zeigern verwenden.

Sieh dir folgenden unsinnigen Codeausschnitt an:

```cpp
void nimmmich(int i) {}
void nimmmich(int* i) {}
...
nimmmich(NULL); *1
nimmmich(0) *2
nimmmich(nullptr); *3
```

*1 Obwohl sich hier bei dem Altlast-Makro **NULL** eigentlich ein Nullzeiger befinden soll, beschwert sich der Compiler, dass dieser Aufruf zweideutig ist. In C++ wird immer von diesem **NULL** abgeraten.

*2 Die Alternative war dann eben, einfach **0** zu verwenden. Bei einer Verwendung von **int* val=0;** ist das kein Problem, aber was wollte der Programmierer denn jetzt bei dem Funktionsaufruf verwenden?

*3 Mit dem **nullptr** ist es jetzt vorbei mit solchen Zweideutigkeiten, und hier weiß man sofort, was man aufrufen will. Damit ist endlich eine klare Unterscheidung zwischen **0** und einem Nullzeiger (**nullptr**) möglich.

constexpr

Wie erkläre ich meinem Compiler, dass ein Wert konstant ist, der auch wirklich konstant bleibt, obwohl der Wert aus einer Funktion oder einem Konstrukor kommt?

Ein einfaches Fallbeispiel:

```cpp
int doubleSize(int val) { return val*2; }
...
int iarr[doubleSize(5) + 5]; *1
```

*1 Geht nicht, weil **doubleSize(5)+5** kein konstanter Ausdruck ist!

Und jetzt erklären wir dem Compiler, dass `doubleSize(5)+5` zur Kompilierzeit eben doch konstant bleibt:

```cpp
constexpr int doubleSize(int val) { return val*2; }
```

Damit wird der Code optimiert und bereits zur Übersetzungszeit berechnet und in den schnellen Lesespeicher gelegt.

Damit du eine Funktion mit **constexpr** dekorieren kannst, darfst du **keine void**-Funktion verwenden, **keine** Variable deklarieren oder neue Typen, und es muss eine Rückgabewertanweisung geben.

Ähnlich ist es bei Konstruktoren, welche aus der Konstanten-Initialisierungsliste bestehen und einen leeren **{}**-Rumpf haben müssen. Der Destruktor für solche Typen darf dann ebenfalls nur ganz trivial sein.

Ein Konstruktor ruft einen anderen Konstruktor auf

Hört sich schlimmer an, als es ist! Du kannst jetzt auch mit einem Konstruktor einen Konstruktor derselben Klasse aufrufen. Wobei „aufrufen" es nicht ganz trifft. Es ist eher ein **Delegieren**.

Der Code sollte dies eindeutig rüberbringen:

```cpp
class Callme {
int a, b;
public:
  Callme() : Callme(0,0) {} *1
  Callme(int x, int y) : a(x), b(y) {} *2
  // ...
};
...
Callme me; *3
```

*1 Der Konstruktor wird delegiert zu `Callme(int,int)`.

*2 Hier steht der Zielkonstruktor von `Callme()`.

*3 Hiermit rufst du den Konstruktor `Callme()` auf, der delegiert aber gleich weiter zu `Callme(int,int)` und initialisiert beide Werte (**a**,**b**) mit **0**.

Move your body

Neu in C++11 wurde eine sogenannte **Move-Semantik** eingeführt. Das zu erklären, ist nicht schwer. Du kennst ja bereits von deinen Klassen her die Kopierkonstruktoren, mit denen du eine Kopie deiner Klasse erstellen kannst. Manches Mal gibt es aber auch Fälle, wo du keine Kopie erstellen, sondern nur alles verschieben willst. Hier wird also auf unnötiges Kopieren von Objekten verzichtet, wie dies bei der üblichen **Copy-Semantik** der Fall ist.

Für diese Zwecke enthalten alle Standardbehälter der STL jetzt neue Mehtoden, welche die sogenannte **Rvalue**-Referenz mit dem Operator **&&** eingeführt haben. Mit **&&** bindest du den Wert nicht nur an **Lvalues**, sondern eben auch an **Rvalues**. Deine bisher bekannten Referenzen mit **&** können nur mit **Lvalues** was anfangen.

Um allerdings bei einer Zuweisung dann auch wirklich auf die Move-Semantik `operator=(&&)` und nicht die Copy-Semantik `operator=(&)` zurückzugreifen, wurde die neue Funktion `std::move()` eingeführt.

Hier die neue Move-Semantik im Einsatz:

```
vector<int> vec01 = { 1,2,3,4,5 };
vector<int> vec02 = vec01; *1
vector<int> vec03 = move(vec01); *2
```

*1 Hier wird die übliche **Copy-Semantik** verwendet. Das bedeutet, es sind auch zwei gleiche Abbilder im Speicher vorhanden.

*2 Jetzt die neue **Move-Semantik** mithilfe der neuen Funktion **move()**. Überflüssige Kopien im Speicher entfallen hierbei. Natürlich bedeutet dies auch, dass der Inhalt von **vec01** nun leer ist.

Hier nochmals Copy-Semantik und Move-Semantik im Vergleich:

Bei der üblichen Copy-Semantik findest du zwei Kopien im Speicher. Die Move-Semantik verzichtet auf überflüssiges Kopieren.

Natürlich kannst du jetzt auch in deiner Klasse neben dem klassischen Kopierkonstruktor und dem Zuweisungsoperator einen eigenen Move-Konstruktor (**Klasse(Klasse&&)**) oder einen Move-Zuweisungsoperator (**Klasse & operator=(Klasse&&)**) definieren.

Neues Zeugs im Einsatz

So, in diesem Abschnitt kannst du jetzt mal testen, ob dein Compiler mit dem C++11-Standard was anfangen kann oder eben nicht.

auto/decltype

Als erstes Beispiel will ich dir die neuen Schlüsselwörter auto und decltype in der Praxis zeigen:

*1 Da wir hier ein **auto** als Rückgabewert der Funktion **init()** verwenden, haben wir dahinter mit dem Pfeil **->**, gefolgt vom Typ, vorgegeben, was diese Funktion zurückgibt (hier ein **int**).

*2 Das **decltype**-Beispiel ist besonders interessant, weil wir beim Funktions-Template nicht wissen, welcher Typ hier zurückgegeben wird. Im Beispiel übergeben wir hier einen **int**- und einen **double**-Wert, wodurch der Ausdruck **decltype(x+y)** (hier **decltype(int+double)**) den Typ **double** deklariert.

```cpp
…
auto init() -> int {return rand()%100;} *1

template <typename T1, typename T2>
auto multi(T1 x, T2 y) -> decltype(x+y) {return x*y;} *2
…
auto wasbinich01 = 123; *3
auto wasbinich02 = 2.1; *3

vector<int> vec01(10);
generate(vec01.begin(), vec01.end(), init); *1
for(auto it = vec01.begin(); it!=vec01.end(); ++it) { *4
  cout << *it << endl;
}
cout << multi(wasbinich01, wasbinich02) << endl; *2
```

*3 Hier wird nur **auto**, aber kein Typ angegeben. Anhand des Initialisierers weiß der Compiler selbst, welchen Typ er hier verwenden soll. Bei **wasbinich01** verwendet er ein **int** und bei **wasbinich02** ein **double**.

*4 Besonders elegant und bequem kann dies bspw. bei der häufig umständlichen Schreibweise von Iteratoren wie hier mit **auto it** (statt **vector<int>::const_iterator it**) sein.

[Notiz]
Anstatt **vec01.begin()** bzw. **vec01.end()** kannst/solltest du in C++11 jetzt (auch) **begin(vec01)** bzw. **end(vec01)** verwenden.

{}-Initialisierer verwenden

Es war schon verwunderlich, dass es so lange gedauert hat, bis man endlich auch den einfachen vereinheitlichten {}-Initialisierer in C++ verwenden konnte. Aber, yeah, jetzt ist er auch da!

Hier ein paar Beispiele, wie du diese jetzt
in C++11 verwenden kannst:

```cpp
class Farbe01 {
  int rgb[3];
public:
  Farbe01() : rgb{255,255,255} {}; *1
};


class Farbe02 { *2
  int r, g, b;
public:
  Farbe02(int R=0, int G=0, int B=0) : r{R}, g{G}, b{B} {};
};
…
Farbe02 farbe {255,255,255}; *2
…
vector<int> istneu = {123,345,567,890}; *3
int *dynarr = new int[5] {1,2,3,4,5}; *4

multimap<string, string> mp3collection = *5
  { { "Snow Patrol", "Chasing Cars" },
    { "System Of A Down", "Sugar" } };
```

*1 So kannst du jetzt in C++11 ein Daten-Array einer Klasse initialisieren.

*2 Die neue Version ist gleichwertig zu **Farbe02 farbe(255,255,255)**.

*3 Versieht den Behälter direkt mit dem **{}**-Initialisierer mit Werten.

*4 Auch dynamisch funktioniert das jetzt mit C++11.

*5 Und ebenso mit komplexeren Behältern geht das. Endlich kann man auf unzählige **push_back()**-Aufrufe verzichten!!!

Lambda-Funktion

Du kennst zwar schon Lambda-Funktionen aus der STL, aber
ich will dir hier noch ein Beispiel zeigen, wie du lokale Variable
darin modifizieren kannst.

```cpp
vector<int> vec01 = {123,345,567,890};
int gerade = 0;
for_each(begin(vec01),end(vec01),[&gerade] (int val) { *1
  if(!(val%2)) ++gerade; *2
  } *3
);
cout << gerade << " gerade Zahlen\n";
```

*1 Mit **&gerade** bekommt unsere Lambda-Funktion die Variable **gerade** als Referenz, um diese ändern zu können. Ohne das Ampersandzeichen würdest du nur einen Wert übergeben.

*2 Innerhalb der Lambda-Funktion wird der Wert von **gerade** um 1 inkrementiert, wenn der aktuelle Wert, der jetzt in der **for_each**-Schleife behandelt wird, eine gerade Zahl ist.

*3 Das ist das Ende der Lambda-Funktion.

Move my own class

Im neuen C++11-Standard wurden viele Algorithmen und Behälter für die neue **Move-Semantik** optimiert, was deinem Programm zu neuen Performance-Schüben verhelfen kann. Ebenso kannst du deine Klassen jetzt auch damit ausrüsten.

Hiermit zeige ich dir ein Minimalbeispiel:

```cpp
class Moveme {
int val1, val2;
public:
  Moveme() : Moveme(0,0) {}
  Moveme(int x=0, int y=0) : val1(x), val2(y) {}
  Moveme(Moveme&& m) : val1(m.val1), val2(m.val2) {  *1
    m.val1 = m.val2 = 0;
  }
  Moveme & operator=(Moveme&& m) {  *2
    std::swap(val1, m.val1);
    std::swap(val2, m.val2);
    return *this;
  }
  void getVal() {
    cout << val1 << " " << val2 << endl;
  }
};
...
Moveme me1(123, 456);
Moveme me2 = move(me1);  *3
Moveme me3 = me2;   // Fehler !!!  *4
me1.getVal();  *5
me2.getVal();
```

*1 Damit implementieren wir den Move-Kopierkonstruktor.

*2 Das ist der Move-Zuweisungsoperator.

*3 Mithilfe der Funktion `std::move()` können wir hier die Move-Zuweisung ausführen.

*4 Dies geht hier jetzt nicht mehr, weil dadurch, dass du den Move-Kopierkonstruktor und den Move-Zuweisungsoperator implementiert hast, der Standardkopierkonstruktor `Moveme(const Moveme&)` und der Standardzuweisungsoperator `Moveme& operator=(const Moveme&)` intern als `=delete` markiert sind!!! Willst du die Standardsachen trotzdem verwenden, brauchst du diese lediglich ebenfalls zu implementieren.

*5 Gemäß der Move-Semantik ist es hier jetzt gähnend leer.

Grummel! Du fragst und beantwortest deine Frage gleich selbst. Probier es doch einfach aus, Schrödinger! Aber ja, so kannst du den Move-Copy-Konstruktor verwenden. Auch hierfür brauchst du `std::move()`, um diesen vom Standard-Copy-Konstruktor zu unterscheiden.

> *Wie kann ich dann den Move-Copy-Konstruktor verwenden? Das Beispiel verwendet ja den Move-Zuweisungsoperator. Etwa mit:*
>
> `Moveme me4(move(me2));`

Cool, das neue Zeugs

Man(n und Frau) kann wirklich sagen, dass sich die C++-Entwickler dieses Mal selbst übertroffen und C++ damit zu einem gewaltigen Sprung nach vorne verholfen haben. Jetzt bleibt natürlich nur noch zu hoffen, dass alle Compilerhersteller diese Sachen implementieren und, last but not least, dass das neue Zeugs auch von den Programmierern angenommen wird.

[Einfache Aufgabe]

Mal sehen, ob du die Sache mit den **=default** und **=delete** verstanden hast. Guck dir die folgenden Codezeilen an und sag mir hinter den einzelnen Nummern, welche Zeile eine Fehlermeldung auslösen wird und welche nicht.

```cpp
class Spezial {
  int nix;
public:
  Spezial& operator=(const Spezial&) = delete;
  Spezial() = default;
  Spezial(int val);
  void setVal(int val) { nix=val; }
  template<typename T> void setVal(T) = delete;
};


Spezial::Spezial(int val) { nix=val; }
…
Spezial s1, s2; *a
s1.setVal('A'); *b
s2.setVal(100); *c
Spezial s3 = s1; *d
Spezial s3(s2); *e
Spezial s4(100); *f
```

*a kein Fehler. *b Fehler. *c kein Fehler. *d Fehler. *e kein Fehler. *f kein Fehler

Kannst du mir bitte das Template in der eben verwendeten Klasse erklären?

```
...
void setVal(int val) { nix=val; }
template<typename T> void setVal(T) = delete;
...
```

Damit gibst du praktisch an, dass **setVal()** mit nichts anderem als einem **int** als Parameter aufgerufen werden kann. Alle anderen Typen lösen einen Compilerfehler aus.

Weitere nützliche Features

Wie gesagt, der neue C++11-Standard hat schon noch einiges mehr zu bieten, und ich kann es gar nicht erwarten, bei der nächsten Auflage diese Sachen im gesamten Buch einzupflegen. Vorausgesetzt, die Compilerhersteller haben den Standard bis dahin alle flächendeckend implementiert.

Hier noch etwas, das dich interessieren könnte: Statt **typedef** kannst du eigene Typen auch mit **using** definieren. Gerade wer schon mal einen Funktionszeiger deklariert hat, wird sich sehr darüber freuen:

```
using INTEGER = int;
using FUNC_PTR = double(*)(double);
```

Ebenfalls interessieren könnte dich die neue Bibliothek zum Erzeugen von Zufallszahlen, welche jetzt aus zwei Teilen besteht: zum einen aus einem Generator (generator engine), welcher die Sequenz erzeugt, und zum anderen aus einer Verteilung (distribution), welche die Zufallszahlen in einem bestimmten Bereich verteilt.

Für mehr Infos empfehle ich dir diese Webseiten:
http://en.wikipedia.org/wiki/C%2B%2B11 (allgemeine Infos)
http://www.open-std.org/jtc1/sc22/wg21/ (C++ Standards Comittee)
http://en.cppreference.com/w/cpp (C++11-Referenz)
http://www2.research.att.com/~bs/C++0xFAQ.html (C++11-FAQ)

Ich kenne da noch jemanden, der hat extra ein Buch darüber verfasst. Was hältst du von ihm und seinem Buch?

Du meinst Torsten? Ja, der Kerl ist voll nett und hat auch schon unser Buch hier begutachtet. Sein Buch *C++11 programmieren – 60 Techniken für guten C++11-Code* kann ich dir wärmstens empfehlen.

Empfohlen, um mehr über den neuen C++11-Standard zu erfahren

Noch mehr Neuigkeiten ...

Nicht nur der eigentliche Kern von C++ wurde mit dem neuen C++11-Standard veredelt und aufpoliert. Nein, auch neue Bibliotheken und Algorithmen sind hinzugekommen. Neue Behälter für die Backmischung von Dr. STL gibt es jetzt auch mit **array**, **forward_list**, **unordered_set**, **unordered_multiset**, **unordered_map** und **unordered_multimap**.
Ebenfalls interessant ist die neue Klasse **tuple**, mit der du eine Sammlung von unterschiedlichen Typen, ähnlich wie bei einer Struktur (nur wesentlich komfortabler), verwalten kannst.

[Hintergrundinfo]
Als Referenz für die neuen Bibliotheken und Elementfunktionen kann ich dir noch wärmstens folgenden Weblink empfehlen:
http://en.cppreference.com/w/cpp

Ein neues Array?

Starten wollen wir mit dem neuen sequenziellen Behälter **array<T,n>**.
Sicherlich fragst du dich jetzt, wozu noch einen neuen Behälter? Mit **vector<T>** und einem C-Array decken wir doch schon alles ab! Nein, nicht ganz richtig. Das C-Array ist nicht STL-konform, und der Behälter **vector<T>** kann nicht für eine statische Größe verwendet werden. Dafür wurde der neue Behälter **array<T,n>** eingeführt, was ein Behälter für ein Array mit fester Länge ist und welcher die Vorteile in puncto Laufzeitverhalten eines C-Arrays verspricht, neben der komfortablen Verwendung von **vector<T>**. Für seine Verwendung brauchst du natürlich den Header **<array>**.

```
array<int, 5> arr01{};    *1
arr01.at(0) = 123;
arr01.at(4) = 345;

for(auto it : arr01) {
  cout << it << endl;
}
```

*1 Hiermit legst du ein Array vom Typ **int** mit einer statischen Größe von fünf Elementen an.

Eine neue verkettete Liste?

Mit dem Behälter `list<T>` hast du ja bereits einen sehr effektiven Weg kennengelernt, deine Daten in einer verketteten Liste zu verwalten. `list<T>` ist perfekt, wenn du eine verkettete Liste benötigst, in der du durch deine Daten sowohl vorwärts als auch rückwärts laufen (iterieren) willst (doppelt verkettete Liste). Benötigst du hingegen nur eine Liste, welche du nur vorwärts durchlaufen kannst (**einfach verkettete Liste**), kannst du den neuen Behälter `forward_list<T>` dafür verwenden. Dieser Behälter ist etwas effizienter als `list<T>`, weil wir hierzu keinen extra bidirektionalen Iterator benötigen, der ja auch rückwärts laufen kann. Die Anwendung von `forward_list<T>` entspricht dann im Prinzip der Verwendung von `list<T>`.

[Zettel]
Unnötig zu erwähnen, dass Elementfunktionen wie `rbegin()` und `rend()` für `forward_list<T>` nicht zur Verfügung stehen.

Hasch? Ist das nicht illegal?!

Ewig gewünscht und schließlich erhört – nun haben die C++-Entwickler endlich Behälter für **Hashtabellen** mit `unordered_set`, `unordered_multiset`, `unordered_map` und `unordered_multimap` hinzugefügt. Und ja, du hast Recht, diese Behälter sind den Behältern ohne das Präfix `unordered_` recht ähnlich in ihrer Anwendung. Nur mit dem bedeutenden Unterschied, dass die `unordered_`-Behälter nicht sortiert werden (daher auch `unordered_`)!!! Der Zugriff auf die einzelnen Elemente erfolgt über ein „Streuspeicherverfahren" (Hashing, Hashcode). Natürlich kannst du hiermit trotzdem Element für Element durchlaufen (iterieren). Damit du diese neuen Behälter verwenden kannst, musst du außerdem die Header `<unordered_set>` bzw. `<unordered_map>` angeben.

```cpp
using regen = unordered_map<string, double>; *1
regen monat; *1
monat["Januar"] = 102.23; *2
monat["Februar"] = 99.32; *2
monat.insert(pair<string, double>("März", 111.32)); *3
monat["Februar"] = 102.33; *4
//...
for(auto i : monat ) { *5
  cout << i.first << " : " *5
        << i.second << " Liter\n"; *5
}
cout << monat["Februar"] << endl; *6
```

*1 Wir legen eine neue Hash-tabelle an. **string** ist der Schlüssel und **double** der Wert.

*2 Wir fügen neue Schlüssel-/Wertepaare zur Hashtabelle hinzu.

*3 Mit **insert()** geht es natürlich auch!

*4 Das Element wird nicht eingefügt, weil der Schlüssel bereits vorhanden ist. Aber das kennst du ja bereits aus **map**. Für mehrere gleiche Schlüssel musst du hier den Behälter **unordered_multimap** verwenden.

*5 Die einzelnen Elemente im Behälter geben wir ganz modern im C++11-Stil aus.

*6 So geht es natürlich auch mit der Ausgabe!

Neue Algorithmen

Auch ein paar neue Algorithmen wurden hinzugefügt. In der folgenden Tabelle findest du einige dieser neuen Algorithmen, auf die du sicherlich auch gewartet hast.

Algorithmus	Was er kann ...
all_of(it1,it2,pred)	Überprüft den Bereich it1 bis it2 und gibt true zurück, wenn alle Elemente dem Prädikat pred entsprechen.
any_of(it1,it2,pred)	Überprüft den Bereich it1 bis it2 und gibt true zurück, wenn mindestens ein Element dem Prädikat pred entspricht.
none_of(it1,it2,pred)	Überprüft den Bereich it1 bis it2 und gibt true zurück, wenn kein Element dem Prädikat pred entspricht.
find_if_not(it1,it2,pred)	Sucht im Bereich it1 bis it2 nach einem Element, welches nicht dem Prädikat pred entspricht.
copy_n(it, n, ot)	Damit kopierst du n Elemente aus dem Bereich it in den Bereich ot.
move(it1 it2, ot)	Verschiebt die Elemente im Bereich it bis it2 nach ot.
move_backward(it1,it2,ot)	Entspricht move(), nur ist die Anordnung in ot anschließend rückwärts.
iota(it1, it2, val)	Füllt in den Bereich it1 bis it2 den Wert val ein, wobei bei jedem weiteren Element der Wert val um 1 inkrementiert wird.

Übersicht über einige der neu hinzugefügten Algorithmen

Tuple? Tulpe?

Nein, es ist keine Tulpe, sondern das neue Template **tuple** ist eher eine Verallgemeinerung vom **pair**-Template mit mehr als nur zwei heterogenen Elementen. Ein solches **tuple** (N-Tuple) ist eine geordnete Sequenz von **N** Werten. Wie groß **N** ist, hängt von der Implementierung ab. Vereinfacht kannst du das Template als eine Art unbenannte Struktur sehen, dessen Mitglieder eben einfach **tuple**-Elemente sind.

```
tuple <> nix; *1
tuple <int, int, float, double> vierling; *2
tuple <string, int> zweiling("Huhu", 123); *3
tuple <int, int, int, int, int, int, int> vielling; *4
tuple <string> single; *5
```

*1 Das hier ist ein leeres Tuple ohne Elemente.

*2 Das hier ist ein Tuple mit vier Elementen.

*3 Das Tuple mit zwei Elementen wird auch gleich mit Werten initialisiert.

*4 Hier nun ist ein Tuple mit sieben Elementen.

*5 Auch ein einzelnes Element kann man für ein Tuple verwenden.

[Hintergrundinfo]
Ein solches Tuple kann recht nützlich sein, wenn du eine heterogene Liste mit verschiedenen Elementen benötigst, ohne dass du dafür extra eine Klasse oder eine Struktur anlegen willst, um die Daten dort zu speichern.

Anlegen kannst du einzelne Elemente direkt mit dem Konstruktor oder mit der Funktion **make_tuple()**. Der Zugriff auf die einzelnen Elemente kann über **get<N>(bezeichner)** erfolgen, wobei **N** wie bei einem Array mit 0 beginnt. Natürlich sind auch die Vergleichsoperatoren (**==**, **!=**, **<=**, **<**, **>** und **>=**) implementiert.

Neue Planeten braucht das Universum

Okay, es wird Zeit, deinen Rechner mit dem neuesten C++11-Compiler anzuwerfen und uns ein paar der neuen **Algorithmen** anzusehen. Die Verwendung dürfte eigentlich recht simpel für dich sein. Aber schau am besten selbst.

```cpp
bool zehn(int val) { return (val > 0 && val < 10); }

class Divisible {
int div;
public:
  Divisible(int d) : div(d) {}
  bool operator()(int val) const { return (val % div == 0);}
};
…
vector<int> vec={2,4,6,8};

bool b = all_of(begin(vec), end(vec), zehn);   *1
if( b == true){ *1
  cout << "Alle Werte zwischen 0 und 10!!!\n";
```

*1 Gibt **true** zurück, wenn ALLE **vec**-Werte beim Prädikat **zehn() true** zurückgegeben haben, in diesem Fall also, wenn alle Werte gerade sind.

```
}
b = any_of(begin(vec), end(vec), Divisible(6)); *2
if( b == true) { *2
    cout << "Mindestens ein Wert ist durch 6 teilbar\n";
}
b = none_of(begin(vec), end(vec), Divisible(5)); *3
if( b == true) { *3
    cout << "Kein Wert ist durch 5 teilbar\n";
}
auto it=find_if_not(begin(vec),end(vec),Divisible(5)); *4
cout << *it << endl;

int carr[10]={1,2,3,4,5,6,7,8,9,10};
vector <int> vec01(5);
copy_n(carr,5,begin(vec01)); *5

vector<int> nervig={5,6,7,8,9,10,11,12,13,15}; *6
vector<int> besserso(11);
iota(begin(besserso), end(besserso), 5);    *7
```

*2 Gibt **true** zurück, wenn mindestens ein Element im Behälter dem Prädikat **Divisible(6)** (also teilbar durch 6) entspricht.

*3 Gibt nur **true** zurück, wenn kein Element im Behälter dem Prädikat **Divisible(5)** entspricht.

*4 Gibt die erste Position im Behälter zurück, an der der Wert nicht durch 5 teilbar ist (**Divisible(5)**).

*5 Kopiert fünf Elemente vom C-Array **carr** an den Anfang des Behälters **vec01**.

*6 Solche fortlaufenden Initialisierungen können recht nervig sein.

*7 Dieser Umstand kann jetzt mit dem Algorithmus **iota()** behoben werden. Der Behälter wird jetzt vom Anfang ab dem Wert 5 inkrementell bis zum Ende gefüllt.

Noch irgendwelche Fragen, Schrödinger?

So ein Tuple ist also im Prinzip ein Behälter für verschiedene Typen auf die Schnelle, ein Junkfood-Typ für Programmierer! Faszinierend! Kann ich dazu auch mal ein Beispiel sehen? So recht kapiere ich den Zugriff mit get<>() nämlich nicht.

Natürlich kannst du hierzu ein Beispiel sehen. Aber merk dir, ein **tuple** ist **kein Behälter**, sondern ein Template!

Hier nun ein Beispiel zu tuple:

```
using Tulpe = tuple <int, int, double, string>; *1
Tulpe kontoauszug01(12, 11, -120.24, "Katzenstreu"); *2
Tulpe kontoauszug02(13, 11, -50.25, "Grüner Tee"); *2

int gesamt=get<2>(kontoauszug01)+get<2>(kontoauszug02); *3
cout << "Gesamtausgaben : " << gesamt
     << " für " << get<3>(kontoauszug01) *4
     << " und " << get<3>(kontoauszug02) << endl; *4
```

*1 Damit vereinfachen wir anschließend die Verwendung.

*2 Hier stehen zwei neue Tuples, die wir gleich beim Anlegen mit Werten versehen.

*3 Hier siehst du den direkten Zugriff auf die Werte mit **get<>** mit dem Index 2 (dritter Wert im Tuple), wo wir die entsprechenden Werte von **kontoauszug01** und **kontoauszug02** addieren.

*4 Ähnlich einfach ist es auch mit der Ausgabe über **cout**: einfach **get<>** und den entsprechenden Index angeben.

```
cout << tuple_size<Tulpe>::value << endl; *5
get<3>(kontoauszug02) = "Schwarzer Tee"; *6

if( kontoauszug01 != kontoauszug02 ) { *7
  cout << "Die Auszüge sind nicht gleich!\n";
}

Tulpe kontoauszug03; *8
int tag, monat;
double betrag;
string beschreibung;

cout << "Beschreibung: "; getline(cin, beschreibung);
cout << "Tag          : "; cin >> tag;
cout << "Monat        : "; cin >> monat;
cout << "Betrag       : "; cin >> betrag;

kontoauszug03=make_tuple(tag,monat,betrag,beschreibung); *9

auto machtuple = make_tuple(
    100, "Gehtso", 'X', 99.99, "Noch mehr"); *10
cout << get<0>(machtuple) << endl;
...
```

*5 Hiermit kannst du dir die Anzahl der Elemente zurückgeben lassen, welche dein Tuple speichern kann.

*6 Ähnlich einfach kannst du auch mit **get<>** und dem entsprechenden Index den Inhalt ändern. Im Beispiel ersetzen wir den Text „Grüner Tee" aus **kontoauszug02** durch den Text „Schwarzer Tee".

*7 Alle Arten von Vergleichen mit kompletten Tuples sind auch möglich.

*8 Hier ist ein neues Tuple, ...

*9 ... dem wir alle eingelesenen Werte mit **make_tuple()** direkt übergeben. Das ist wesentlich komfortabler, als die einzelnen Werte über **get<>** zu übergeben, was auch möglich wäre.

*10 Verwendest du **auto**, kannst du auf eine Liste der Typen in spitzen Klammern auch verzichten, und der Compiler übernimmt das hier für dich.

*Ich finde die Klasse **tuple** toll! Aber leider ist es ja kein Behälter. Kann ich meine Tuples trotzdem in einem Behälter verwalten?*

Natürlich geht das, du brauchst nur deine Tuples in einen entsprechenden Behälter zu packen. Ich zeige dir das mal anhand des Behälters **vector**.

```
using Tulpe = tuple <int, int, double, string>;
Tulpe kontoauszug01(12, 11, -120.24, "Katzenstreu");
Tulpe kontoauszug02(13, 11, -50.25, "Grüner Tee");
vector<Tulpe> tulVec; *1
tulVec.push_back(kontoauszug01); *2
tulVec.push_back(kontoauszug02); *2
Tulpe kopie = tulVec.at(0); *3
```

*1 ein Vektor für unser Tuple **Tulpe** ...

*2 ... und die einzelnen Tuples hinten hinzufügen

*3 Kopie von dem Tuple mit dem Index 0 erstellen

Neue Backmischungen sind auch gut

So, jetzt kennst du auch einige neuere Behälter und kannst diese deiner Rezeptsammlung hinzufügen. Wollen wir die einzelnen Behälter nochmals Revue passieren lassen?

[Einfache Aufgabe]
Nachdem du jetzt auch den neuen Behälter `array` kennengelernt hast, kennst du jetzt insgesamt drei Möglichkeiten, ein Array in C++ zu verwenden. Da wäre ein C-Array, `vector` und eben der neue Behälter `array`. Kannst du mir kurz erklären, wozu der neue Behälter `array` gut sein kann?

Soweit ich das jetzt verstanden habe, kann ich mit dem neuen Behälter **array** *ein Array mit einer festen Größe erzeugen, was mit dem Behälter* **vector** *ja nicht möglich war. Das C-Array hatte dann leider oft das Problem, dass es nicht immer STL-konform war.*

Prima! Ebenfalls kennst du jetzt mit **forward_list<T>** einen Behälter für eine **einfach verkettete Liste**, mit der du nur vorwärts iterieren kannst. Der Vorteil dabei ist, dass im Gegensatz zu einer doppelt verketteten Liste wie **list<T>** (bei der du in beide Richtungen iterieren kannst) der Aufwand etwas geringer ist und daher ein wenig effizienter sein kann. Auch neu und endlich dabei sind die echten **Hashbehälter**, die alle mit **unordered_** beginnen und keine Nebenwirkung auf das Wohlbefinden haben. An dieser Stelle muss ich nochmals eindringlich darauf hinweisen, dass die Hashbehälter intern **nichts** mit den gleichnamigen Behältern ohne das Präfix **unordered_** gemeinsam haben. Auch wenn viele der Elementfunktionen und auch die Anwendung fast gleich sind. Eine Hashtabelle (oder Streuwerttabelle) verwendet eine spezielle Indexstruktur, um auf die Datenelemente zuzugreifen.

Die Behälter ohne das Präfix **unordered_** verwenden hingegen eine Baumstruktur. Besonders effizient ist das Hashverfahren beim Suchen von Daten in großen Datenmengen. Dafür gibt es intern eine mathematische Funktion, welche die Position für ein Datenobjekt einer Tabelle berechnet.

Ebenfalls ein interessantes Konstrukt ist das **tuple**! Wobei **tuple** selbst keinen neuen Behälter im eigentlichen Sinn darstellt, aber trotzdem in einem Behälter verwaltet werden kann. Ein **tuple** ist ideal, wenn man nur pure **heterogene Elemente** speichern und verwenden will, ohne dafür extra eine Struktur oder eine Klasse zu erstellen.

[Belohnung]

Prima mitgemacht, Schrödinger! Ich sehe schon, die Neuheiten von C++11 interessieren dich riesig. Apropos Tuple contra Tulpe, wie wäre es, wenn du deiner Freundin mal einen Blumenstrauss kaufen würdest? Du weißt doch, dass sie Tulpen liebt!

Foto © Mischa Keijser

Kluge Zeiger

Ebenfalls und endlich hinzugekommen sind die neuen **klugen Zeiger** (Smart Pointer) `shared_ptr`, `weak_ptr` und `unique_ptr`. Du findest die neuen Zeiger in der Headerdatei **`<memory>`** (und im Namensbereich **`std`**) und solltest sie bei deinen Projekten auch verwenden. Die neuen klugen Zeiger können dir dein C++-Leben erheblich vereinfachen, indem sie das Leben der Ressource beobachten, auf die sie verweisen. Damit kannst du praktisch eine **automatische Speicherverwaltung** (Garbage collection) verwenden. Das Tolle an einem klugen Zeiger ist, dass er sich natürlich nach wie vor wie ein gewöhnlicher Zeiger verhält und dass du hiermit das referenzierte Objekt automatisch freigeben kannst, wenn du es nicht mehr brauchst.

Drei kluge Zeiger, die sich unterschiedlich verhalten:

- ☞ `shared_ptr`: Das dürfte der wohl klügste Zeiger in der Familie sein, weil dieser dank eines Referenzzählers selber weiß, wann er das Objekt löschen kann.
- ☞ `weak_ptr`: Der wohl „schwächste" Zeiger wird gewöhnlich zusammen mit seinem starken Bruder `shared_ptr` verwendet, um mögliche zyklische Referenzen auszulösen, die in Verbindung mit `shared_ptr` auftreten können.
- ☞ `unique_ptr`: Er ist ein egoistischer, aber trotzdem kluger Zeiger, der eine Ressource allerdings nur für sich selbst behält und mit niemand anders teilt! Du kannst diesen Zeiger nicht kopieren. Trotzdem garantiert er das Löschen, wenn der Zeiger seinen Gültigkeitsbereich verlässt.

[Hintergrundinfo]

Vielleicht hast du bereits schon mal etwas vom `auto_ptr` gehört, der schon vor den neuen klugen Zeigern seinen Dienst angetreten ist. Den Zeiger kannst du in etwa mit dem `unique_ptr` vergleichen. Der `auto_ptr` war wirklich eine tolle Sache, hatte aber auch so seine Schwächen. Kopierst du nämlich einen `auto_ptr`, bekommt der neue `auto_ptr` den kompletten Inhalt des Objektes (eine Art Move-Semantik). Somit konnte der `auto_ptr` nicht mit Behältern arbeiten und zeigte bei falscher Anwendung auch das eine oder andere undefinierte Verhalten. Das Standard-Komitee hat daher den `auto_ptr` als „deprecated" (missbilligt, abgelehnt) gekennzeichnet, und es wird daher empfohlen, in künftigen Projekten stattdessen auf `unique_ptr` zurückzugreifen. Daher geben auch neue C++11-Compiler eine entsprechende Warnmeldung zurück, wenn du einen `autor_ptr` in deinem Programm verwendest.

Folgender einfacher Code soll dir zeigen, warum du auf den `auto_ptr` verzichten solltest:

```cpp
int* ip01 = new int(100); *1
int* ip02(ip01); *1
int a01 = *ip01; *1


auto_ptr<int> ap01(new int(100)); *2
auto_ptr<int> ap02(ap01); *2
int a02 = *ap01; *2


shared_ptr<int> sp01(new int(100)); *3
shared_ptr<int> sp02(sp01); *3
int a03 = *sp01; *3
```

*1 Hier siehst du die klassische Version mit einem **int***, über das du Speicher für einen Integer reservierst und mit dem Wert 100 belegst. Der Zeiger **ip01** verweist auf diese Adresse. Anschließend gibst du auch **ip02** die Adresse, so dass jetzt beide Zeiger **ip01** und **ip02** auf dieselbe Adresse verweisen. Am Ende übergibst du den Inhalt des Zeigers **ip01** an die Integer-Variable **a01**. Um die Freigabe des Speichers mit **delete** musst du dich aber selber kümmern.

*2 Dasselbe wollen wir jetzt auch mit dem **auto_ptr<int>** machen. Im Grunde gehen wir hier genauso vor wie eben bei unserem klassischen **int***. Aber durch die Übergabe der Adresse **ap01** an **ap02** verhält sich der **auto_ptr** anders. Zwar enthält jetzt **ap02** die Adresse auf die zuvor **ap01** verwies, aber **ap01** zeigt jetzt auf einen nicht mehr definierten Bereich! Selbst eine Überprüfung auf **0** oder **nullptr** lässt sich hiermit nicht durchführen. Der Integer **a02** erhält somit von ***ap01** einen undefinierten Wert!

*3 Wesentlich besser macht es hier unser kluger Zeiger **shared_ptr<int>**. Der arbeitet exakt so, wie wir das von unserem **int*** her kennen. Besser noch, wir müssen uns nicht um das Freigeben des Speichers kümmern, und intern ist auch gespeichert, dass zwei Referenzen den Speicherbereich verwalten. Aber dazu dann später mehr ...

Der Vorgang nochmals bildlich:

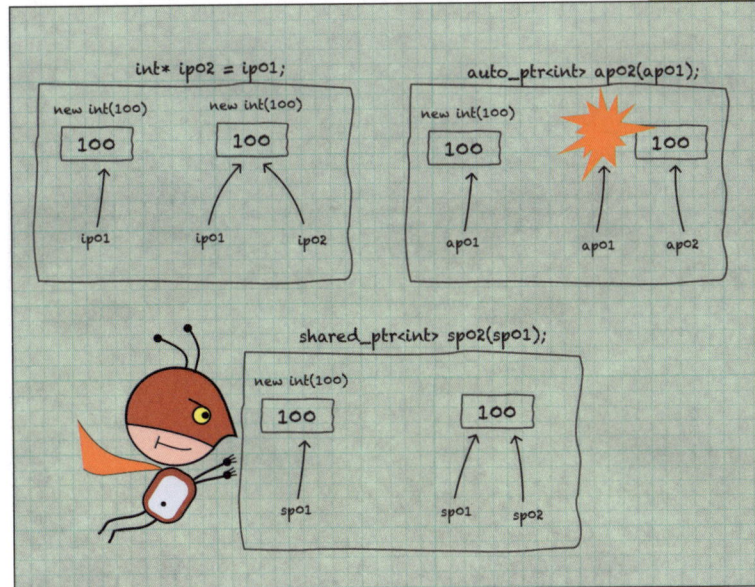

Der **auto_ptr** kann bei Mehrfachzuweisungen zu Problemen führen, wenn man nicht weiß, was man tut!!!

Ich bin der Klügste hier (shared_ptr)

Du kannst mehrere **shared_ptr** (im Gegensatz zum **auto_ptr**) auf das gleiche Objekt verweisen lassen. Ein **shared_ptr** löscht somit dein Objekt nicht „aus Versehen", wie du dies bspw. mit klassischen Zeigern machen könntest:

```cpp
{
  int* ip01 = new int(100); *1
  int* ip02 = ip01; *2
  delete ip01; *3
  int a01 = *ip02; *4
  cout << a01 << endl; *4
  int* ip03 = new int(123);
} *5
```

*1 Wir reservieren Speicher vom Heap. Der Zeiger **ip01** bürgt dafür.

*2 **ip02** bekommt die Anfangsadresse von **ip01**.

*3 Wir geben den Speicherbereich der zehn Integer wieder frei.

*4 **Bumm!!!** Hiermit greifen wir auf einen zuvor freigegebenen Speicher zurück, was nun mal nicht erlaubt ist, aber leider meistens zunächst anstandslos funktioniert.

*5 Und auch gleich noch ein Speicherleck, weil **ip03** nie mehr an das System zurückgegeben wird (außer bei Programmende).

Mit dem **shared_ptr** brauchst du dir darum keine Gedanken mehr zu machen. Zum einen ersparst du dir das manuelle Freigeben des Speichers mit **delete**, und der **shared_ptr** hat intern auch einen Referenzzähler, welcher mitzählt, wie viele Zeiger du eben auf diesen Speicherbereich verweisen lässt.

*1 Wir reservieren erneut Speicher vom Heap, wofür jetzt unser kluger Zeiger **ip01** bürgt.

*2 Auch **ip02** bekommt dieselbe Anfangsadresse wie **ip01**.

*3 Mithilfe der Elementfunktion **use_count()** kannst du jetzt ermitteln, wie viele Zeiger dieselbe Adresse teilen. In unserem Fall sind es jeweils zwei Referenzen.

```cpp
{
  shared_ptr<int> ip01(new int(100)); *1
  shared_ptr<int> ip02(ip01); *2
  cout << "ip01:" << ip01.use_count() << endl; *3
  cout << "ip02:" << ip02.use_count() << endl; *3
  ip01.reset(); *4
  cout << "ip01:" << ip01.use_count() << endl; *5
  cout << "ip02:" << ip02.use_count() << endl; *6
  int a01 = *ip02;
  cout << a01 << endl;
  shared_ptr<int> ip03(new int(123));
} *7
```

*7 Hinter dem Anweisungsblock wird jetzt der Speicher automatisch freigegeben, weil der Referenzen auf das Speicherobjekt 0 erreicht hat. Auch **ip03**, welches eine Zeile zuvor noch einen Speicher reserviert hat, wird hier wieder freigegeben, weil hinter dem Anweisungsblock der Gültigkeitsbereich endet.

*4 Mit **reset()** entbinden wir **ip01** vom referenzierenden Speicherbereich und setzen **ip01** auf den **nullptr**.

*5 **ip01** hat jetzt keine Referenzen (0) mehr und ist wieder frei für neue Aufgaben.

*6 **ip02** hingegen verweist immer noch auf den Speicherbereich, was der Rückgabewert von 1 auch beweist.

Schwacher Zeiger (weak_ptr)

Der **weak_ptr** ist eigentlich kein richtiger kluger Zeiger, sondern vielmehr eine Erweiterung für den **shared_ptr**, um **zyklische Referenzen** von diesen aufzubrechen. Der **weak_ptr** bietet einen „unsichtbaren" Zugriff auf einen **shared_ptr** an, wobei der **Ressourcenzähler nicht** inkrementiert wird. So gesehen, besitzt der **weak_ptr** eigentlich gar keine Ressource. Das Thema hört sich etwas komplexer an, kann aber auftreten, wenn man Referenzzähler eingebaut hat, wie es nun mal bei **shared_ptr** der Fall ist. Eine zyklische Referenz ist im Grunde nichts anderes als zwei Objekte, die sich gegenseitig referenzieren. Um die „Ressource" eines **weak_ptr** dann zu verwenden, muss diese zuvor mit **lock()** gesperrt werden, bevor über einen initialisierten **shared_ptr** darauf zugegriffen werden kann.

Ein einfaches Beispiel einer zyklischen Referenz:

```
class piep {
  shared_ptr<piep> piep_;
  string voegelchen;
public:
  piep(const string v):voegelchen(v) {}
  void set_voegelchen(shared_ptr<piep> v) {
    piep_ = v;
  }
};
...
```

```cpp
shared_ptr<piep> piepmatz01(new piep("Zwitscher"));
shared_ptr<piep> piepmatz02(new piep("Triller"));

piepmatz01->set_voegelchen(piepmatz02); *1
piepmatz02->set_voegelchen(piepmatz01); *2
```

*1 **piepmatz01** enthält nun auch **piepmatz02** ...

*2 ... und **piepmatz02** nun auch **piepmatz01**!!!

Was hier auf den ersten Blick ganz normal erscheint, entpuppt sich als Speicherleck. Da beim Löschen von **shared_ptr** **piepmatz01** noch ein zweiter **shared_ptr** dazu in **piepmatz02** existiert, wird **piepmatz01** nicht gelöscht. Dasselbe gilt auch andersherum: Wenn versucht wird, **piepmatz02** zu löschen, wird auch dieser nicht gelöscht, weil **piepmatz01** immer noch vorhanden ist. Diesem Problem kannst du relativ einfach beikommen, indem du bspw. in der Klasse einen **weak_ptr** statt eines **shared_ptr** verwendest.

```cpp
class piep {
  weak_ptr<piep> piep_; *1
  string voegelchen;
public:
  piep(const string v):voegelchen(v) {}
  void set_voegelchen(shared_ptr<piep> v) {
    piep_ = v;
  }
};
```

*1 Hiermit lassen sich zyklische Referenzen vermeiden.

[Achtung]

In der Praxis ist es natürlich nicht immer so eindeutig mit zyklischen Referenzen. Daher solltest du bei komplexeren Datenstrukturen deinen Code immer etwas genauer analysieren!!!

Egoistischer, aber kluger Zeiger (unique_ptr)

Der **shared_ptr** ist zwar prima, aber für manche Dinge brauchst du nicht gleich solch einen Wind zu machen. Geht es dir nur darum, einen Zeiger freizugeben, wenn er seinen Gültigkeitsbereich verlässt, dann reicht häufig auch der **unique_ptr** dafür aus, weil dieser Zeiger wesentlich weniger Rechenaufwand benötigt. Allerdings ist **unique_ptr** sehr egoistisch und teilt seinen Speicherbereich nicht mit anderen Zeigern. Daher hat der **unique_ptr** auch keinen Referenzzähler, wie dieser beim **shared_ptr** enthalten ist.

Ein einfaches Fallbeispiel:

```
void leckdenspeicher() {
  EineKlasse* ek(new EineKlasse); *1
  ek->setVal(123);
  // Tut irgendwas mit ek
  // ...
  // ... viele Zeilen später
}
```

*1 Hier wird Speicher reserviert, aber es wurde mal wieder vergessen, diesen am Ende mit **delete** freizugeben. Das kann schon mal passieren.

Und genau für solche „einfacheren" Zwecke wurde **unique_ptr** eingeführt, der bitteschön auch als **bessere Alternative** zu **auto_ptr** verwendet werden soll!!!

```
void leckdenspeicher() {
  unique_ptr<EineKlasse> ek(new EineKlasse); *1
  ek->setVal(123);
  // Tut irgendwas mit ek
  // ...
  // ... viele Zeilen später
} *2
```

*1 Unser egoistischer Superheld **unique_ptr** sorgt dafür, ...

*2 ... dass der Speicher am Ende des Gültigkeitsbereiches wieder freigegeben wird.

[Ablage]

Zwar ist ein **unique_ptr** sehr exklusiv, was eine direkte Zuweisung, wie bspw. **up01 = up02**, betrifft (ein Lvalue), aber trotzdem kannst du einen **unique_ptr** in einen anderen **unique_ptr** kopieren, indem du den Umweg über **std::move()** (als Rvalue) gehst:

```
unique_ptr<int> up01(new int(100));
unique_ptr<int> up02=std::move(up01);
```

Klug auch in der Praxis

Das Thema mit den **Behältern** und die **dynamische Speicherverwaltung** habe ich bisher bewusst noch nicht angesprochen, weil du hier auf jeden Fall mit den klugen Zeigern besser beraten bist. Im Grunde kannst du zwar recht einfach dynamisch mit **new** neue Elemente in einen Behälter packen, aber dann musst du dich auch selbst wieder um die Freigabe des Speichers kümmern.

Hier ein Beispiel, wie du dynamisch etwas einem vector-Behälter hinzufügen kannst:

```
{
vector<EineKlasse *> ekptr02;
ekptr02.push_back(new EineKlasse(123));
ekptr02.push_back(new EineKlasse(345));
ekptr02.push_back(new EineKlasse(678));
…
}
```

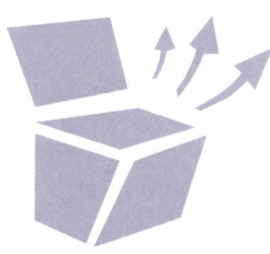

Wie bereits erwähnt, krankt das Beispiel daran, dass man sich jetzt auch noch um die Freigabe von Speicher kümmern muss. Hier kannst du dir mit klugen Zeigern das Leben jetzt wesentlich einfacher gestalten.

Hierzu nun dieselbe Version mit klugen Zeigern, bei der dir die Freigabe von Speicher abgenommen wird:

```
{
vector<shared_ptr<EineKlasse>> ekptr01; *1
ekptr01.push_back(shared_ptr<EineKlasse>(new EineKlasse(123)));*1
ekptr01.push_back(shared_ptr<EineKlasse>(new EineKlasse(345)));*1
ekptr01.push_back(shared_ptr<EineKlasse>(new EineKlasse(678)));*1

shared_ptr<EineKlasse> sp01 = ekptr01[2]; *2
cout << ekptr01.size() << endl; *3
cout << sp01.use_count() << endl; *4
ekptr01.clear(); *5
cout << ekptr01.size() << endl; *6
cout << sp01.use_count() << endl; *7
cout << sp01->getVal() << endl;
}
```

*3 Wir haben drei Elemente …

*4 … und zwei Referenzen.

*5 Wir löschen alle Elemente im Vektor, …

*6 … was uns die Behältergröße auch bestätigt, …

*1 Das ist nun die kluge Alternative mit **shared_ptr**!

*2 Einen weiteren klugen Zeiger auf das zweite Element im Vektor siehst du hier.

*7 … aber dank unseres klugen Zeigers haben wir immer noch die Ressource gesichert und können damit weiterhin arbeiten! Erst wenn der Referenzzähler 0 ist, wird auch diese Ressource gelöscht.

Was mich jetzt an dieser Stelle ziemlich verwirrt, ist, dass der Behälter mit **size()** trotzdem 0 Elemente anzeigt, du aber behauptest, dass die Ressource so lange nicht gelöscht wird, bis der andere Zeiger **sp01** gleich 0 Referenzen enthält. Ich meine, ich verstehe zwar, was du meinst, aber kann man das nicht noch genauer schreiben, wenn etwas gelöscht wird? Etwas Ähnliches wie einen Desktruktor, der mir ausgibt, dass ein Objekt zerstört wurde?!

Ja, in der Tat kannst du hier so etwas einbauen. Es ist nämlich möglich, dass du für deine klugen Zeiger eine **eigene Löschfunktion** verwendest. Im folgenden Beispiel zeige ich dir, wie du eine solche eigene Löschfunktion ganz einfach als Funktionsobjekt implementieren kannst. Unser Funktionsobjekt macht neben dem eigentlichen Löschen nichts anderes, als auszugeben, dass eben ein Speicherobjekt zerstört wurde.

Hierzu nun ein kluger `shared_ptr` mit einer eigenen Löschfunktion, um dir das „Wann wird jetzt gelöscht" besser zu demonstrieren:

```
template <typename T> *1
class Deleter {
public:
  void operator()(T* ptr) {
    cout << "Ein Speicherobjekt gelöscht!!!\n";
    delete ptr;
  }
}; *1

using EKDeleter = Deleter<EineKlasse>; *2
...
{
vector<shared_ptr<EineKlasse>> ekptr01;
ekptr01.push_back(
```

*1 Aus unserer eigenen Löschfunktion (unserem Funktionsobjekt) habe ich hier gleich ein vielseitiger verwendbares Klassen-Template gemacht, damit du es auch bei anderen Beispielen verwenden kannst.

*2 Spart uns ein wenig Tipparbeit!

```
        shared_ptr<EineKlasse>(new EineKlasse(123), EKDeleter())); *3
ekptr01.push_back(
        shared_ptr<EineKlasse>(new EineKlasse(345), EKDeleter())); *3
ekptr01.push_back(
        shared_ptr<EineKlasse>(new EineKlasse(678), EKDeleter())); *3

shared_ptr<EineKlasse> sp01 = ekptr01[2]; *4
cout << "size()      : " << ekptr01.size() << endl; *5
cout << "Referenzen : " << sp01.use_count() << endl; *5
ekptr01.clear(); *6
cout << "size()      : " << ekptr01.size() << endl; *7
cout << "Referenzen : " << sp01.use_count() << endl; *7
cout << sp01->getVal() << endl;
} *8
```

*3 Hier jetzt erneut unsere **shared_ptr**, die Speicher für unsere Klasse **EineKlasse** besorgen, nur dass wir hier jetzt die Löschfunktion (das Funktionsobjekt) mit angeben und somit die Kontrolle selbst in die Hand nehmen.

*4 Ein weiteres **shared_ptr** verweist jetzt auf das dritte Element im Vektor.

*5 Hier sind noch drei Elemente im Behälter, und der Referenzzähler steht auf zwei Referenzen.

*6 Durch das Löschen mit **clear()** werden jetzt zwei der drei Elemente gelöscht und unsere eigene Löschfunktion aktiv, was die Ausgabe auch beweist. Es werden aber nur zwei Elemente tatsächlich gelöscht, ...

*7 ... auch wenn der Behälter selbst keine Elemente mehr enthält, so steht der Referenzenzähler immer noch auf 1!

*8 Erst hinter diesem Gültigkeitsbereich wird auch die Referenz von **sp01** freigegeben und unsere Löschfunktion ausgeführt.

Das Programm bei der Ausführung:

```
000                    Kluge Zeiger ...
Schroedinger $ g++-mp-4.7 -Wall -pedantic -std=c++0x  -o main main.cpp
Schroedinger $ ./main
size()     : 3
Referenzen : 2
Ein Speicherobjekt gelöscht!!!  ←————————  ekptr01.clear();
Ein Speicherobjekt gelöscht!!!  ←————————
size()      : 0
Referenzen : 1
678
Ein Speicherobjekt gelöscht!!!  ←————  Erst am Ende des
Schroedinger $ _                        Gültigkeitsbereiches
```

Dank unserer eigenen Löschfunktion kannst du deutlicher erkennen, wann etwas gelöscht wird.

Bist du auch so klug ...?

Du hast jetzt erfahren, dass dir solche klugen Zeiger sehr hilfreich sein können. Aber ganz speziell habe ich dir die Vorzüge solcher Zeiger noch nicht beschrieben, was ich an dieser Stelle jetzt nachholen will.

Allen voran natürlich die des ultimativen **shared_ptr**, über den man ja gar nicht genug sagen kann – einen Zeiger, der clever genug ist, seinen Inhalt freizugeben, wenn er nicht mehr benötigt wird.

[Einfache Aufgabe]
Woher weiß der **shared_ptr**, wann er nicht mehr gebraucht wird?

*Der **shared_ptr** hat einen Referenzzähler, der mitzählt, mit wie vielen anderen **shared_ptr** dieser dieselbe Ressource teilt. Erreicht der Referenzzähler den Wert 0, wird das zugehörige Speicherobjekt freigegeben.*

Korrekt! Der **shared_ptr** ist also ideal, wenn du mehrere Zeiger auf das gleiche Speicherobjekt brauchst, ohne von der Lebensdauer abhängig zu sein. Ebenso eignen sich die **shared_ptr** perfekt für die Behälterklassen!

Benötigst du hingegen einen klugen Zeiger mit einer **1:1-Beziehung** zu seinem Speicherobjekt, dann greifst du auf **unique_ptr** zurück. **unique_ptr** wurde auch als Ersatz für den „deprecated" **auto_ptr** eingeführt. Der **unique_ptr** eignet sich bestens für die automatische Freigabe von lokalen Objekten oder Klassendaten, bei denen man schnell mal ein **delete** vergessen könnte.

Ein paar Dinge solltest du auf jeden Fall bei der Verwendung von klugen Zeigern beachten. Das **Allerwichtigste** ist natürlich, dass du hierfür zunächst ein mit **new** erzeugtes Speicherobjekt einem solchen klugen Zeiger zuweist. Künftige Aktionen solltest du nur noch über diese klugen Zeiger durchführen!

Ebenso kannst du nicht direkt einen **_ptr<T>** einem **T*** und umgekehrt kannst du kein **T*** einem **_ptr<T>** zuweisen. Solche Aktionen kannst du nur **explizit** machen. Den „normalen" Zeiger von einem **_ptr<T>** kannst du mittels **get()** haben, und aus einem **T*** kannst du mit **_ptr<T>(T*)** ein **_ptr<T>** machen.

Ein (negatives) Beispiel hierzu:

```cpp
int *iptr = new int(100);
unique_ptr<int> up01(iptr); *1
int *ptr = up01.get(); *2
```

*1 Explizite Umwandlung von **int*** zu **unique_ptr<int>**, ...

*2 ... und hier passiert genau das Gegenteil!

[Achtung]

Trotz alldem, dass du hier auch explizit zwischen **_ptr<T>** und **T*** hin- und herspringen kannst, solltest du, wenn möglich, die ganze Arbeit nur mit klugen Zeigern verrichten, also ausschließlich über den klugen Zeiger referenzieren.
Nur so kannst du dir sicher sein, dass ein Speicherobjekt nicht versehentlich gelöscht wird!!!

[Einfache Aufgabe]

Was sind „zyklische Referenzen", und wie kannst diesen begegnen?

Zyklische Referenzen können in Verbindung mit **shared_ptr** auftreten, wenn zwei Objekte gegenseitig auf sich zeigen oder, schlimmer noch, wenn ein Objekt auf sich selbst verweist. Das Problem dabei ist, dass damit die automatische Speicherfreigabe von **shared_ptr** versagt und man ein klassisches Loch in den Speicher schießt! Das Problem kann man mit **weak_ptr** aufbrechen.

Von Hieroglyphen und regulären Ausdrücken

Bibliotheken für die regulären Ausdrücke gab es zwar schon einige, aber es war halt immer lästig, wenn man sich bei der Portierung vom Quelltext auf andere Systeme damit herumschlagen musste. Jetzt gibt es mit dem C++11-Standard endlich auch standardmäßig die regulären Ausdrücke im Angebot.

[Ablage]

Zur Drucklegung des Buches konnte ich nur mithilfe des Visual C++ 2010 und clang 3.0 die regulären Ausdrücke übersetzen. Der GCC (hier Version 4.7) unterstützte die regulären Ausdrücke noch nicht korrekt. clang ist sowohl für Linux, Mac OS X als auch andere Systeme verfügbar.

Reguläre Ausdrücke (engl. regular expressions) sind eine **formale Sprache**, mit der du eine (Unter-)**Menge von Zeichenketten** beschreiben kannst. Solche regulären Ausdrücke sind dabei keine besondere Funktion, sondern eine echte Sprache mit einer formalen Grammatik, in der jeder einzelne Ausdruck eine feste Bedeutung hat. Die Anwendung ist sehr vielseitig und wird sehr gerne in Texteditoren oder anderen Programmen verwendet, um nach einem bestimmten Muster im Text zu suchen und dieses dann durch etwas anderes zu ersetzen.

Mini-Sprachkurs zu den Hieroglyphen

Die regulären Ausdrücke sind enorm mächtig, und deren wirklicher Macht dürfte diese Einführung kaum gerecht werden. Mir geht es nur darum, dass du zumindest einfache und gängige

Ausdrücke selber formulieren kannst oder zumindest verstehst, was das Gekritzelte bedeutet. Du erfährst also nur Grundlegendes dazu! Aber als Freund des Web 2.0 dürftest du auch schnell tiefgründige Informationen dazu finden.

[Hintergrundinfo]

Die Grammatik von regulären Ausdrücken ist ebenfalls spezifiziert. Der C++-Standard verwendet hierbei die EMACScript-Grammatik und dürfte somit die bestmögliche Grammatik darstellen (insgesamt gibt es hier sechs verschiedene Grammatiken).

Als Zeichen oder **Zeichenliterale** bezeichnet man die Zeichen (wer hätte das gedacht), die wörtlich genommen werden und im regulären Ausdruck direkt notiert sind. Neben den gewöhnlichen Zeichen findest du auch noch sogenannte **Metazeichen**, welche logischerweise eine besondere Bedeutung bei den regulären Ausdrücken haben. Diese Metazeichen sind:

```
[  ]  (  )  {  }  |  ?  +  -  *  ^  $  \  .
```

In der folgenden Tabelle findest du einen Überblick zu gängigen Metazeichen:

Metazeichen	Sinn und Zweck
[]	Auswahl von Zeichen, bspw. `[abcd]`
()	Definieren von Teilausdrücken
{}	Wiederholungsangabe, bspw. `{3}`
|	eine Alternative definieren, bspw. `abcd|ABCD`
?	Wiederholung (null oder einmal), bspw. `a?`
+	Wiederholung (mindestens einmal), bspw. `a+`
-	Zeichenbereich definieren, bspw. `[a-z]`
*	Wiederholung (beliebig oft), bspw. `a*`
$	Zeilenende, bspw. `ende$`
^	Zeilenanfang, bspw. `^anfang`
\	Metazeichen schützen, Zeichenklassen einleiten oder Rückwärtsreferenz einleiten
. (Punkt)	beliebiges Zeichen (außer Zeilenendezeichen)

Verschiedene Metazeichen und deren Bedeutung

Die **Zeichenauswahl** definierst du zwischen eckigen Klammern `[auswahl]`.
Alles, was du in diesen Klammern schreibst, gilt dann exakt für ein Zeichen dieser Auswahl. Beispielsweise gibst du mit `[xyz]` eines der Zeichen »x«, »y« oder »z« an.
So etwas kann auch in Bereiche aufgeteilt werden. Somit steht `[a-z]` für den Bereich der Kleinbuchstaben »a« bis »z«, während du mit `[5-9]` die Ziffern 5 bis 9 angibst.
Willst du diese Zeichen ausschließen (negieren), brauchst du einfach das Zeichen ^ davorzusetzen. Mit `[^0-9]` schließt du alle Ziffern von 0 bis 9 aus.
Anstatt eine solche Zeichenauswahl, wie bspw. `[a-zA-Z0-9_]`, zusammenzubasteln, gibt es glücklicherweise auch vordefinierte Kurzschreibweisen dafür, die sogenannten **Zeichenklassen**. Bezogen bspw. auf `[a-zA-Z0-9_]` wäre `\w` die vordefinierte Kurzschreibweise dafür. In der folgenden Tabelle findest du weitere Kurzschreibweisen.

Zeichenklasse	Zweck	Selbst definiert
`\d`	Ziffer von 0 bis 9	`[0-9]`
`\D`	keine Ziffer von 0 bis 9	`[^0-9]`
`\s`	Whitespace-Zeichen	`[\f\n\r\t\v]`
`\S`	kein Whitespace-Zeichen	`[^\f\n\r\t\v]`
`\w`	Buchstaben, Ziffern und Unterstrich	`[a-zA-Z0-9_]`
`\W`	keine Buchstaben, Ziffern und kein Unterstrich	`[^a-zA-Z0-9_]`

Kurzschreibweisen der einzelnen Zeichenklassen machen das Leben leichter.

[Hintergrundinfo]
Zu diesen Zeichenklassen gibt es noch einige speziellere Zeichenauswahlen dazu, welche da noch etwas spezifischer sind, um bspw. auch zwischen Groß- und Kleinbuchstaben zu unterscheiden, wie etwa `[:upper:]` und `[:lower:]`.

Dann fehlen natürlich noch die Zeichen für **Wiederholungen** (auch Quantoren genannt), mit denen du bestimmst, wie oft der Ausdruck in einer Zeichenkette vorkommen darf/soll. In der Tabelle findest du die Bedeutungen der einzelnen Zeichen.

Quantifizierer	Was es bedeutet ...
?	Der vorangehende Ausdruck ist optional. Er kann einmal vorkommen, muss es aber nicht. Der Ausdruck kommt entweder null- oder einmal vor.
+	Der Ausdruck muss mindestens einmal vorkommen, darf aber auch mehrmals vorhanden sein.
*	Der Ausdruck kann beliebig oft vorkommen.
{n}	Der vorangehende Ausdruck muss genau n-mal vorkommen.
{min,max}	Der Ausdruck muss mindestens min-mal, darf aber nur maximal max-mal vorkommen.
{min,}	Der Ausdruck muss mindestens min-mal vorkommen.
{,max}	Der Ausdruck darf höchstens max-mal vorkommen.

Wiederholungen für deine Ausdrücke

Ausdrücke können auch zwischen runden Klammern gruppiert werden. Damit speicherst du diese **Gruppierung** ab und kannst diese im regulären Ausdruck bzw. in der Textersetzung über \1 wiederverwenden. Du kannst hiermit bis zu neun Muster abspeichern (\1, \2, ..., \9). Zum Beispiel würdest du mit

`"(string1\) \(string2\) \(string3\)/\3 \2 \1"`

erreichen, dass alle Vorkommen von **string1 string2 string3** umgeändert würden in **string3 string2 string1**. \1 bezieht sich also immer auf das erste Klammernpaar, \2 auf das zweite usw.

Selbstverständlich lassen sich hierbei auch **Alternativen** definieren. Hierfür wird das Zeichen | verwendet, wie bspw. **(asdf|ASDF)** bedeutet, dass hier nach **asdf** oder **ASDF** gesucht wird, nicht aber nach **AsDf** oder **asdF**.

Objekt für die Hieroglyphen

Um einen regulären Ausdruck verwenden zu können, brauchst du zunächst die Headerdatei **<regex>**, welche diesen Ausdruck speichern kann, und dann natürlich auch einen Typ dafür. Selbstverständlich stehen alle Sachen auch hier wieder im Namensbereich **std**. Der Typ dafür lautet **std::basic_regex**. Der Typ ist ein Klassen-Template und somit auf alle Charaktere von Zeichen spezialisiert (**char***, **string** = **std::regex**; **wchar***, **wstring** = **std::wregex**). Du kennst das ja bereits von **std::basic_string**. Du kannst also solche Objekte folgendermaßen erstellen:

```cpp
const char* cexpr = "[a-zA-Z]+";
string sexpr("[a-zA-Z]+");

regex reg01("[a-zA-Z]+"); *1
regex reg02(cexpr); *2
regex reg03(sexpr); *3
regex reg04("\\d{4}"); *4
regex reg05(R"(\d{4})"); *5
```

*1 Ausdruck direkt beim Anlegen des Objektes übergeben. Der Ausdruck überprüft, ob nur Zeichen zwischen a bis z und A bis Z eingegeben wurden.

*2 Als C-String ist das ebenso wenig ein Problem ...

*3 ... wie als string.

*4 Hiermit überprüfen wir, ob der Ausdruck aus vier Dezimalzahlen besteht. Damit das Metazeichen **\b** nicht als Escape-Sequenz vom Compiler betrachtet wird, müssen wir es mit einem Backslash-Zeichen davor schützen (daher **\\b**).

*5 C++11 hat einen sogenannten **Raw-String** eingeführt (der hier mit R beginnt), welcher empfohlen wird, künftig bei regulären Ausdrücken zu verwenden. Der Raw-String macht die Sache mit dem **** wesentlich einfacher, und du kannst auf doppelte **** verzichten.

Die Algorithmen für Hieroglyphen

Der beste reguläre Ausdruck hilft dir nichts, wenn du keinen Algorithmus dafür hast, der das Ganze verarbeiten kann. Hierfür stehen dir folgende drei grundlegende Algorithmen zur Verfügung.

[Zettel]
Zur Drucklegung hat die Sache mit dem Raw-String nur beim GCC (4.7) funktioniert! Aber diese Version kann noch keine regulären Ausdrücke. Visual Studio 2010 und clang hingegen konnten bis dahin reguläre Ausdrücke, aber keine Raw-Strings.

Algorithmus	Was er kann ...
std::regex_match	Überprüft, ob ein String dem regulären Ausdruck entspricht.
std::regex_search	Sucht nach dem regulären Ausdruck in einem Text.
std::regex_replace	Damit kannst du jedes Vorkommen des regulären Ausdrucks durch einen String ersetzen.

Die drei klassischen Algorithmen für reguläre Ausdrücke

Es sollte natürlich nicht unerwähnt bleiben, dass alle Algorithmen mehrfach überladen sind und ich dir das Thema hier nur für den einfachen Hausgebrauch demonstriere.

Zum wiederholten Suchen findest du mit `std::sregex_iterator` und `std::sregex_token_iterator` zwei wirklich beeindruckende Werzeuge, mit deren Hilfe du die Vorkommen von regulären Ausdrücken in einem String iterieren kannst.

Suchergebnis analysieren

Für alle Algorithmen findest du auch eine Version mit dem Parameter `std::smatch`, worin das **Ergebnis der Suche** enthalten ist, welche du für eine Analyse bzw. Auswertung deiner Suche verwenden kannst. Hierfür stehen dir viele Funktionen zur Verfügung, wie bspw. die Anzahl der Gesamttreffer, Position, Teiltreffer, Länge usw.

Solche Teilmuster bzw. Erfassungsgruppen (capture groups) werden, wie du ja bereits weist, mit den runden Klammern definiert. Das Gesamtergebnis findest du dann in **`smatch[0]`**, die weiteren Erfassungsgruppen in **`smatch[1]`**, **`smatch[2]`** usw., je nachdem wie viele Erfassungsgruppen du verwendest.

Suchen mit Hieroglyphen

Als erstes Beispiel wollen wir einen einfachen String mit einem regulären Ausdruck prüfen. So etwas kann z. B. sehr nützlich sein, um eine Benutzereingabe zu überprüfen. Und keine Sorge, ich belasse es zunächst bei einfachen regulären Ausdrücken, so dass du dich erst mal mit den Funktionen auseinandersetzen kannst.

[Tipp]
Falls dein Compiler noch keine regulären Ausdrücke kann, kannst du auch auf die regulären Ausdrücke der Boost-Bibliothek zurückgreifen, weil es sich beim neuen Standard im Grunde nur um die Aufnahme dieser Bibliothek handelt. Hierbei musst du eben nur die Headerdatei auf **<boost/ regex.hpp>** ändern und den Namensraum **boost** verwenden. Natürlich will dein Compiler beim Übersetzen auch den Pfad zu dieser Bibliothek wissen (also bitte verlinken)!!!

*1 Den kennst du ja jetzt schon! Nur die Zeichen a bis z und A bis Z sind erlaubt.

```cpp
regex expr01("[a-zA-Z]+"); *1
 regex expr02("\\d{4}"); *2
 // ... besser wäre die Raw-String-Variante:
regex expr02(R"(\d{4})");   *2
 string text, PIN;

 cout << "Bitte nur Buchstaben eingeben: ";
getline(cin, text);
if( regex_match(text, expr01) == true ) { *3
   cout << "Perfekt!!!\n";
}
 else {
   cout << "Bist du nicht bei der Sache (lol)???\n";
}
 cout << "Bitte vierstellige PIN eingeben: ";
cin >> PIN;
if( regex_match(PIN, expr02) == true ) { *4
   cout << "Perfekt!\n";
}
 else {
   cout << "Was stimmt mit dir nicht???\n";
}
```

*2 Der Ausdruck erwartet exakt vier Dezimalziffern. Wenn dein Compiler schon Raw-Strings kann, empfehle ich dir, diese stattdessen zu verwenden.

*3 Die Suche gibt **true** zurück, wenn deine Eingabe im String **text** dem Ausdruck **expr01** entspricht (also nur Zeichen von a bis z und A bis Z enthält).

*4 Hierbei wird nur **true** zurückgegeben, wenn in **PIN** vier Dezimalziffern enthalten sind.

Ich kann machen, was ich will! Ich gebe nur Buchstaben ein, und trotzdem bekomme ich die Meldung, dass ich nicht bei der Sache bin?

[Code bearbeiten]

Ich dachte mir schon, dass du dich daran aufhängst, daher auch das (lol) hier. Beachte, dass auch ein Leerzeichen nicht zur Kategorie a bis z bzw. A bis Z gehört. Aber das kannst du ganz einfach ändern, indem du den Ausdruck wie folgt schreibst: `"[a-zA-Z ]+"` (hinter dem Z steht hier ein Leerzeichen).

Das Programm bei der Ausführung:

```
Schroedinger $ ./main
Bitte nur Buchstaben eingeben: Hallo Welt
Bist du nicht bei der Sache (lol)???
Bitte 4-stellige PIN eingeben: 1234
Pefekt!
Schroedinger $ ./main
Bitte nur Buchstaben eingeben: HalloWelt
Pefekt!!!
Bitte 4-stellige PIN eingeben: 12345
Was stimmt mit dir nicht???
Schroedinger $ _
```

Das Programm bei der Ausführung

Reicht dir die Überprüfung nach einem einzelnen String nicht mehr aus und suchst du nach einer **weiter greifenden Suche**, um bspw. eine komplette Datei nach einem regulären Ausdruck zu durchforsten, dann ist `regex_search()` sehr gut dafür geeignet. Im folgenden Beispiel wirst du nach einer Datei gefragt, die zum Lesen geöffnet werden soll. Unser regulärer Ausdruck, den wir hier verwenden, versucht, alle E-Mail-Adressen aus einem Text zu filtern.

[Notiz]

Mehr Informationen, wie du eine gültige E-Mail-Adresse mit einem regulären Ausdruck darstellen kannst, findest du hier: *http://www.regular-expressions.info/email.html*

Mehr such, such:

...

```cpp
regex emailexpr(
    "[\\w-]+(?:\\.[\\w-]+)*@(?:[\\w-]+\\.)+[a-zA-Z]{2,}"); *1
// ... besser wäre die Raw-String-Variante:
// regex emailexpr(
//   R"([\w-]+(?:\.[\w-]+)*@(?:[\w-]+\\.)+[a-zA-Z]{2,7})");
string suche, datei, puffer, line;
smatch match; *2
cout << "Welche Datei willst du durchsuchen: "; *3
getline(cin, datei);
ifstream rstream(datei.c_str()); *3
if( !rstream ) {
    cerr << datei << " konnte nicht geöffnet werden!\n";
    return 1;
} *3

stringstream str; *4
while( getline(rstream, line) ) {
    str << line << endl;
}
puffer = str.str(); *4

string::const_iterator it1 = puffer.begin(); *5
string::const_iterator it2 = puffer.end(); *5
while( regex_search(it1, it2, match, emailexpr) ) { *6
    for( auto c : match ) {
        if(c.matched) { *7
            cout << c.str() << " : "; *8
            cout << c.length() << " Zeichen\n"; *9
        }
        it1=c.second; *10
    }
}
```

*1 Hier steht der reguläre Ausdruck, der eine E-Mail-Adresse ausdrücken soll.

*2 Hier kannst du die Ergebnisse deiner Suche auswerten.

*3 Hier gibst du die Datei ein, in der wir suchen wollen.

*5 Für die anschließende Suche mit **regex_search()** kannst du den Suchbereich mit Iteratoren einschränken. Wir wollen im kompletten Text von **begin()** bis **end()** suchen. Alternativ kannst du hier auch **auto it1=puffer.cbegin()** und **auto it2=puffer.cend()** stattdessen verwenden. Das erspart dir **string::const_itertor**.

*4 Den kompletten Inhalt der Datei schieben wir in einen **stringstream** und übergeben den Inhalt dann an den String **puffer**, wo sich jetzt der komplette Inhalt befindet.

*6 Jetzt starten wird die Suche mit **regex_search()**. Mit **it1** gibst du die Anfangs- und mit **it2** die Endposition an, wo du nach dem Ausdruck **emailexpr** suchen willst. Bei erfolgreicher Suche wird **true** zurückgegeben (ansonsten **false**). Mehr Informationen zur Suche werden in **match** gespeichert.

*7 Wurde etwas gefunden, ...

*8 ... geben wir hier die Zeichenkette zurück ...

*9 ... und hier die Länge der Zeichenkette.

*10 Damit wir uns nicht in einer Endlosschleife verlieren, müssen wir den Iterator **it1** auf die Position des zuletzt gefundenen Zeichens (**second**) setzen. Den Anfang der Fundstelle würdest du mit **first** (**c.first**) erhalten.

Das Programm bei der Ausführung:

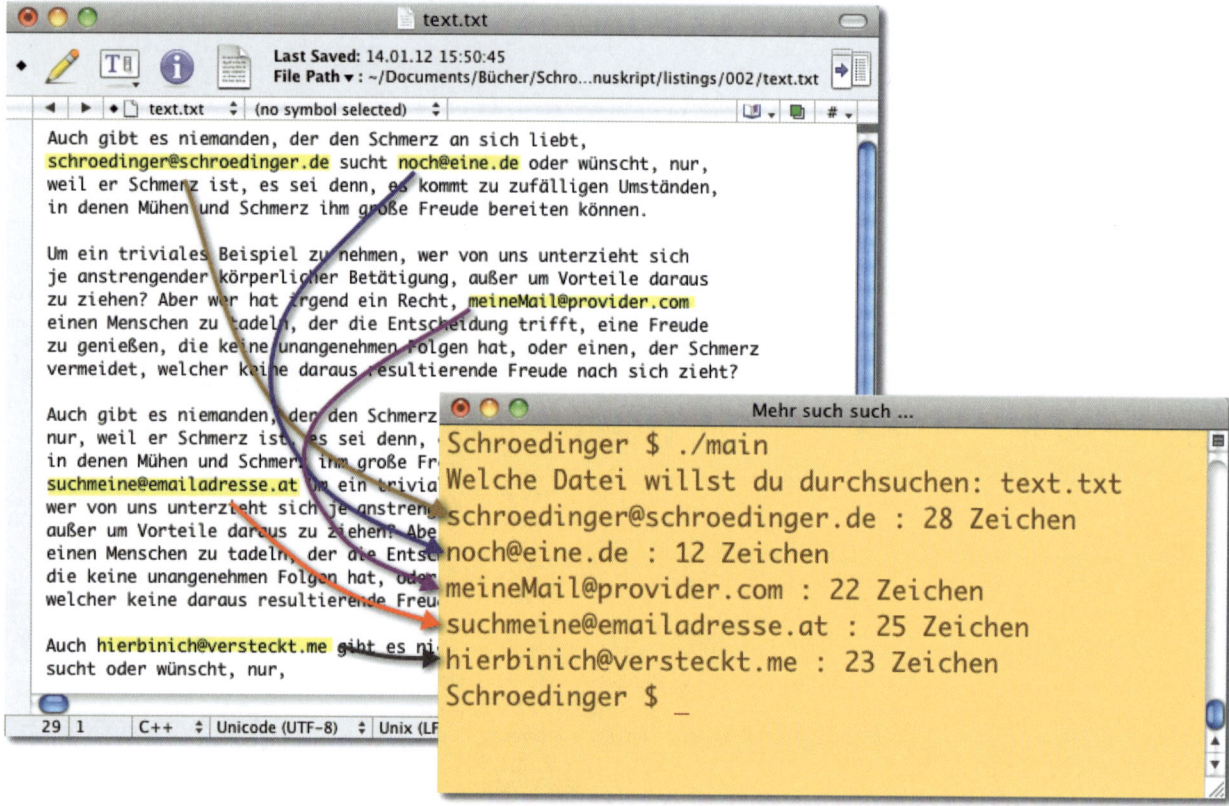

Ordentlich gefräßig, unsere Suche mit `regex_search()`

Sicherlich findest du in dem Beispiel die Verwendung von `regex_search()` mit dem `itl=c.second` recht umständlich. In diesem Beispiel sehe ich das auch so, und du kannst es dir hier wesentlich einfacher mit der wiederholten Suche mit dem Werkzeug `std::sregex_iterator` machen.

So kannst du bspw. die `while`-Schleife aus dem Beispiel zuvor durch folgendes gleichwertiges Konstrukt ersetzen:

```
...
sregex_iterator it3( puffer.begin(),
                     puffer.end(), emailexpr ); *1
sregex_iterator it4;
while( it3 != it4 ) {
  cout << *it3++ << endl; *1
}
...
```

*1 Damit werden alle Zeichen zwischen `puffer.begin()` bis `puffer.end()` iteriert und nur die Zeichen zurückgegeben, welche dem Ausdruck `emailexpr` entsprechen. Hiermit werden ebenfalls alle E-Mail-Adressen aus dem Text gefiltert. Nur wesentlich komfortabler.

Ich würde gerne diese E-Mail-Adresse in die einzelnen Bestandteile zerlegen, um bspw. den Provider oder das Land der E-Mail-Adresse gesondert zu speichern. Geht das auch mit den regulären Ausdrücken?

Natürlich, hierzu musst du aber den Ausdruck zunächst in einzelne **Erfassungsgruppen** aufteilen. Du weißt ja noch, hierzu sind die Klammern im Ausdruck nötig. In diesem Beispiel kann das recht knifflig werden. Der Ausdruck würde demnach wie folgt aussehen:

```cpp
regex emailexpr("([\\w-]+)((?:\\.[\\w-]+)*@)((?:[\\w-]+(\\.))+)([a-zA-Z]{2,})");
```

Die einzelnen Teile aus den Klammerungen des Ausdrucks findest du jetzt in **smatch[1]** bis **smatch[5]** und könntest du wie folgt durchlaufen:

```cpp
while( regex_search(it1, it2, match, emailexpr) ) {
    for( auto c : match ) {
        if(c.matched) {
            cout << c.str() << endl;
        }
        it1=c.second;
    }
}
```

Jetzt will ich dir noch das **Suchen und Ersetzen** mithilfe von **regex_replace()** demonstrieren. Und um das Thema einfach zu halten, wollen wir jetzt nur noch ganze Wörter als Ausdrücke verwenden.

Hier das Beispiel für ein Suchen und Ersetzen:

```cpp
// Datei öffnen, wie gehabt im Beispiel zuvor
…
string suche, ersatz;
regex expr;
cout << "Was willst du ersetzen: "; *1
getline(cin, suche); *1
expr = "(" + suche + ")"; *1

cout << "Gegen was: "; *2
getline(cin, ersatz); *2

string new_text;
```

*1 Suchstring eingeben und an **regex expr** übergeben

*2 Ersatzstring eingeben

```
regex_replace( back_inserter(new_text),
               puffer.begin(), puffer.end(),
               expr, ersatz); *3
cout << new_text << endl; *4
```

*3 Wir suchen im Bereich **puffer.begin()** bis **puffer.end()** nach dem Ausdruck **expr** und ersetzen diesen durch **ersatz**. Die Ausgabe des kompletten Textes erfolgt in den String **new_text** über den Iteratorenansatz mithilfe von **back_inserter()**.

*4 Die Ausgabe ist der Beweis.

Das Programm bei der Ausführung

```
○○○                    Suchen und Ersetzen
Schroedinger $ ./main
Welche Datei willst du öffnen: text.txt
Was willst du ersetzen: Program
Gegen was: Sogram
Wer tastet sich nachts die Finger klamm?
Es ist der Sogrammierer mit seinem Sogramm!
...
Mein Meister, mein Meister, hörst Du das Grollen?
Die wilden Bits durch das Extended tollen!
Nur ruhig, nur ruhig, das haben wir gleich,
die sperren wir in den Pufferbereich.
Er tastet und tastet wie besessen,
Scheisse - jetzt hat er zu saven vergessen,
der Sogrammierer schreit in höchster Qual,
da zuckt durch das Fenster ein Sonnenstrahl.
Der Bildschirm schimmert im Morgenrot,
Sogramm gestorben, Sogrammierer tot !!!

Schroedinger $ _
```

Ich habe zuvor versucht, eine Datei, bei der die einzelnen Werte mit einem Semikolon getrennt waren, über die regulären Ausdrücke auszuwerten. Aber da ich nicht immer weiß, wie viele Werte in einer Zeile stehen, erscheint mir die Verwendung von regulären Ausdrücken hier fast aussichtslos! Kannst du mir da helfen?

Die Datei würde ich gerne anhand von ; auftrennen.

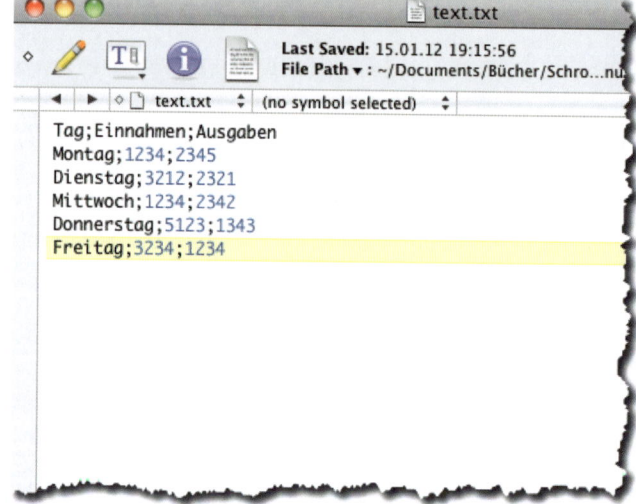

Ja, hier könnte ich dir `sregex_token_iterator`
wie folgt empfehlen:

```cpp
regex expr(";"); *1
…
// Datei zum Lesen öffnen, wie gehabt
…
while( getline(rstream, line) ) { *2
  sregex_token_iterator it1( line.begin(),
                        line.end(), expr, -1); *3

  sregex_token_iterator it2;
  while( it1 != it2 ) { *4
    cout.width (10);
    cout << *it1++ << "\t"; *4
  }
  cout << endl;
}
```

*1 Hier ist unser „Token", anhand dessen wir unseren String zerlegen lassen.

*2 Wir lesen zeilenweise aus dem Datenstrom **rstream** in den String **line** ein.

*3 Jetzt zerlegen wird anhand des „Tokens" **expr** den Inhalt von **line.begin()** bis **line.end()**.

*4 Hier durchlaufen wir den zerlegten Bereich und geben diesen auf dem Bildschirm aus.

Und das macht unser Code jetzt aus der Datei:

```
○○○                    CSV-Datei auftrennen
Schroedinger $ ./main
Welche Datei willst du öffnen: text.txt
         Tag        Einnahmen         Ausgaben
      Montag             1234             2345
    Dienstag             3212             2321
    Mittwoch             1234             2342
  Donnerstag             5123             1343
     Freitag             3234             1234
Schroedinger $ _
```

Cleopatra ist da …

Die regulären Ausdrücke sind wirklich eine feine Sache in C++, und ich möchte dich nochmals ausdrücklich darauf hinweisen, dass wir hier nur die Spitze des Eisberges behandelt haben. Ich empfehle dir, dich auf jeden Fall mehr damit zu beschäftigen. Es lohnt sich wirklich!

Zunächst lohnt es sich natürlich, sich mal intensiver mit den regulären Ausdrücken im Allgemeinen zu befassen. Aber auch wenn du mit den regulären Ausdrücken nicht vertraut bist, findest du im Web unzählige „Rezepte", die du zum Teil ohne große Änderungen für deine Projekte verwenden kannst. Eine interessante Sammlung von Anregungen findest du u. a. hier: *http://www.regular-expressions.info/examples.html*

[Notiz]

Um die regulären Ausdrücke intensiver zu erlernen, musst du nicht unbedingt ein Buch kaufen. Wenn du mit Google umgehen kannst, dürftest du auch hier mit unzähligen Tutorien ziemlich weit kommen.

Um einen regulären Ausdruck dann in C++ benutzen zu können, verwendest du hierfür das Klassen-Template `std::basic_regex` oder, genauer, eine der Spezialisierungen wie `std::regex` oder `std::wregex`.

[Achtung]

Im Fall eines Fehlers innerhalb der Bibliothek der regulären Ausdrücke wird die Ausnahme `regex_error` geworfen. Für so etwas solltest du dich auf jeden Fall rüsten, falls du dem Anwender erlaubst, eigene reguläre Ausdrücke einzugeben.

Mithilfe eines solchen Objektes kannst du dann einen der Algorithmen `std::regex_match()`, `std::regex_search()`, `std::regex_replace()` oder für wiederholtes Suchen die Iteratoren `std::sregex_iterator` bzw. `std::sregex_token_iterator` verwenden.

[Zettel]

Dass die Algorithmen mehrfach überladen sind, habe ich bereits erwähnt. Zusätzlich kannst du den Algorithmen noch spezielle Flags für weitere Suchoptionen vom Typ `std::regex_constants` übergeben.

Um die Suche gegebenenfalls auch noch zu analysieren, steht dir **std::match_results** zur Verfügung, was du ja mit dem Typ **std::smatch** im Listing verwendet hast. Nicht erwähnt hatte ich bisher, dass **std::match_results** ein sequenzieller Behälter ist und dass die einzelnen Erfassungsgruppen wiederum als **std::sub_match**-Objekte zurückgegeben werden. Beide Objekte wiederum bieten unterschiedliche Funktionen an, um das Suchergebnis zu analysieren.

Das folgende Listing soll dir das Thema nochmals etwas schmackhafter machen:

```
…
string ip("192.168.178.1");
regex expr("(25[0-5]|2[0-4][0-9]|[01]?[0-9][0-9]?)\\."  *1
           "(25[0-5]|2[0-4][0-9]|[01]?[0-9][0-9]?)\\."
           "(25[0-5]|2[0-4][0-9]|[01]?[0-9][0-9]?)\\."
           "(25[0-5]|2[0-4][0-9]|[01]?[0-9][0-9]?)");

smatch match;  *2

if(regex_match(ip, match, expr)) {  *3
  for(size_t i=0; i < match.size(); ++i) {  *4
    cout << i << " : " << match[i] << endl;  *5
    cout << "Länge   : " << match.length(i) << endl;  *6
    cout << "Position: " << match.position(i) << endl;  *7
  }
}
```

*1 Das Monster von einem Ausdruck überprüft auf eine gültige IP-Adresse von 0.0.0.0 bis 255.255.255.255. Es gibt hier zwar oft den Ausdruck
`\d{1,3}\.\d{1,3}\.\d{1,3}\.\d{1,3}`
zu sehen, aber hierbei kann dann auch 999.999.999.999 eine gültige IP-Adresse sein (was es natürlich nicht ist).

*2 Hier ist unser **smatch**.

*3 Der String **ip** wird anhand des Ausdrucks **expr** daraufhin ausgewertet, ob es eine gültige IP-Adresse ist, und das Ergebnis wird in **match** gespeichert.

*4 Mit **size()** wird die Anzahl der Erfassungsgruppen zurückgegeben. Im Beispiel ist es der Wert für **match[0]** bis **match[4]**, …

*5 … wobei in **match[0]** immer der komplette Erfassungsstring enthalten ist (hier 192.168.178.1) und die einzelnen in Klammern zusammengefassten Gruppen eben in **match[1]** (hier 192) bis **match[4]** (hier 1) enthalten sind.

*6 Gibt die Länge der **i**-ten Erfassungsgruppe zurück.

*7 Gibt die Position der **i**-ten Erfassungsgruppe zurück.

[Notiz]

Natürlich muss ich hierzu noch erwähnen, dass neben diesen Elementfunktionen noch viele weitere existieren, um das Suchergebnis zu analysieren!

[Belohnung]

So, jetzt bist du mit den Hieroglyphen durch! Ich hoffe, du hast nicht den Kostümball bei deinem neuen Chef heute Abend vergessen. Deine Freundin hat sich ja passend zu deinem Pharao-Kostüm als Cleopatra verkleidet.

Parallele Welten

Auch war es mehr als dringend, dass C++ mit dem C++11-Standard jetzt auch die Beschäftigung von **mehren Prozessoren** unterstützt. Bisher mussten hierfür immer Third-Party-Bibliotheken verwendet werden. Wobei der Begriff **Multithreading** (viele Fäden) zunächst nichts anderes bedeutet als das gleichzeitige Abarbeiten mehrerer Threads innerhalb desselben Prozesses.

[Achtung]

Bei der Verwendung von Threads musst du immer etwas umdenken! Was bei normalen Programmen eben „normal" funktioniert, kann bei Threads ganz anders reagieren, als du dies vielleicht gewohnt bist!!!

Die einzelnen Threads sind im Gegensatz zu einzelnen Prozessen (ein Programm bei der Ausführung) **nicht** voneinander **geschützt**. Sollten daher die einzelnen Threads die Daten gemeinsam verwenden wollen, musst du dich um eine **Synchronisation** der Threads kümmern, damit du dich in der Vielfäderei nicht selber verwickelst.

[Begriffsdefinition]

Bitte verwechsle Multitasking nicht mit Multithreading. Beim Multitasking laufen mehrere Programme unabhängig und geschützt voneinander. Wohin gegen beim Multithreading der Datenverkehr zunächst ungeschützt ausgeführt wird!!!

[Hintergrundinformation]

Für echtes Multithreading ist es natürlich auch nötig, dass du einen Rechner mit mehreren Prozessoren bzw. Prozessor-Kernen hast. Nur dann ist echte Parallelität möglich. Ansonsten wird das Programm nur quasi-parallel ausgeführt. Um die Aufteilung der einzelnen Threads und darum, welcher Prozessor was machen darf, kümmert sich dein Betriebssystem (auch Scheduling genannt). Aber auch wenn du nur ein Ein-Prozessor-System vor dir hast, ist die Performance mithilfe von Multithreading wesentlich besser als für komplette Prozesse, weil hiermit einfach weniger Aufwand betrieben werden muss. Es lohnt sich also, sich mit dem Multithreading zu befassen.

Viele Fäden erzeugen

Um einen Thread zu erzeugen, benötigst du die Headerdatei **<thread>** und ein Objekt vom Typ **thread**. Alles ist hier natürlich wieder im Namensbereich **std** definiert. Der Typ **thread** bietet dir dann alles, was du für das Multithreading benötigst.

Als Nächstes musst du dich entscheiden, wie du einen neuen Thread ausführen willst. Hierfür stehen dir die Möglichkeiten zur Verfügung, eine ganze normale Funktion zu verwenden, **ein Funktionsobjekt** oder eben **eine Lambda-Funktion.**

```cpp
#include <thread>
using namespace std;
…
void eineFunktion() {
    cout << "Thread als Funktion\n";
}

class einFunktionsobjekt {
public:
  void operator()() const {
    cout << "Thread als Funktionsobjekt\n";
  }
};
…
thread t1(eineFunktion); *1
einFunktionsobjekt fObjekt; *2
thread t2(fObjekt); *2
thread t3([]{ cout << "Thread als Lambda-Funktion\n";}); *3
```

*1 Hier gibt es einen neuen Thread mit einer Funktion, …

*2 … hier einen neuen Thread mit einem Funktionsobjekt …

*3 … und hier einen neuen Thread als Lambda-Funktion.

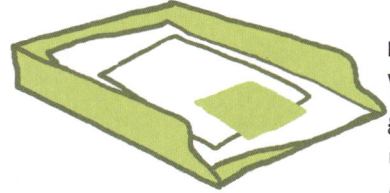

[Ablage]

Wenn es möglich ist, solltest du die Lambda-Funktion bevorzugen, weil du dir somit unnötigen Rechenaufwand für Funktionen und Funktionsobjekt ersparen und auch gleich den Code an Ort und Stelle anbringen kannst.

Wenn du jetzt einen oder mehrere Threads gestartet hast, wird direkt nach dem Aufruf mit der Arbeit begonnen. Beachte hierbei, dass auch die **main()**-Funktion, z. B. nach dem Thread, weiterläuft. Das zu wissen ist besonders wichtig, weil du dich hierbei auch darum kümmern musst, dass deine Threads auch ihre Arbeit zu Ende führen dürfen. Dies machst du, indem du auf das Ende jeden Threads mit **join()** wartest.

```
t1.join(); *1
t2.join(); *1
t3.join(); *1
```

*1 Hiermit wartet die **main()**-Funktion auf das Ende der Threads **t1**, **t2** und **t3**.

[Achtung]

main() ist ja quasi der Hauptthread bei Multithreading-Programmen, und daher solltest du unbedingt mit **join()** auf die angelegten Threads warten. Ansonsten werden die Threads unsanft und unordentlich abgebrochen.

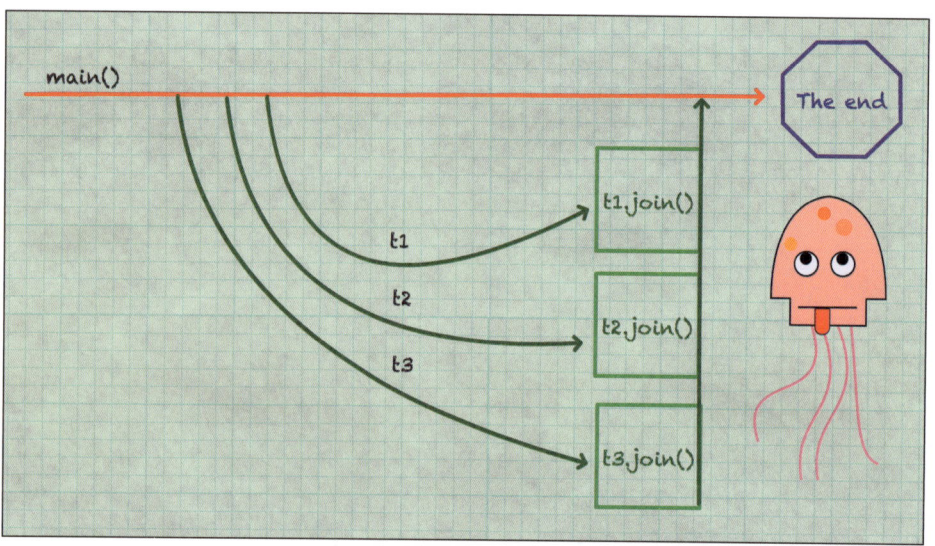

Es wird empfohlen, auf das Ende der Threads mit **join()** zu warten. Erst wenn alle Threads beendet sind, wird auch der Hauptthread beendet.

Okay, ich habe jetzt verstanden, dass alle gestarteten Threads vom Mainthread gestartet werden und dass der Mainthread wiederum auf das Ende der Threads warten sollte. Kann ich nicht irgendwie einen Thread vom Mainthread lösen?

Ja, es ist in der Tat möglich, du kannst das mithilfe des Gegenstücks **detach()** (Verbindung lösen) machen. Im Gegensatz zu **join()** blockiert der Aufrufer dann nicht mehr und kehrt sofort zurück. Damit löst du quasi die Lebenszeit des Threads vom Mainthread (oder auch Vaterthread genannt).

[Hintergrundinfo]
Wenn du, wie im Codeausschnitt gezeigt, drei Threads startest
(hier **t1**, **t2** und **t3**), so lässt es sich nicht vorhersehen, welcher
Thread am schnellsten seinen Code ausführt und mit seiner
Arbeit fertig ist. Alle drei Threads rennen quasi wie Galopper-
pferde los!

Bist du jetzt ein Faden oder nicht?

Natürlich willst du auch wissen, ob ein Thread bereits ein Thread ist oder ob
ein laufender **Thread** noch **aktiv ist**. Auch hierzu findest du mit **get_id()** und
joinable() zwei einfache Elementfunktionen. Mit **get_id()** bekommst
du den eindeutigen Fingerabdruck des Threads zurück. Die Elementfunktion
joinable() hingegen gibt **true** zurück, wenn der Thread aktiv ist! Ansonsten
kriegst du (na was wohl) **false** zurück.

Argumente für den Thread

Argumente für den Thread hinzuzufügen ist auch ein Kinderspiel. Du musst lediglich die Funktion, das Funktionsobjekt oder
die Lambda-Funktion mit Parameter(n) versehen und diese(n)
beim Anlegen eines Threadobjektes mit übergeben.

```cpp
void eineFunktion(int val) {
    cout << "\nThread als Funktion: "
        << "\nDaten: " << val;
}
…
thread t1(eineFunktion, 1234); *1
```

*1 Ein Argument für den
Thread!

[Hintergrundinfo]
Es wird empfohlen, die Daten an den Thread zu kopieren,
anstatt Referenzen oder Zeiger zu verwenden, um Probleme zur
Lebenszeit (des Threads) zu vermeiden. Die könnten entstehen,
wenn eine Variable ihre Gültigkeit verliert, was wiederum
der Fall sein könnte, wenn der Thread den Aufrufer überlebt.
Verwendest du dennoch Zeiger oder Referenzen, empfehle
ich dir, diese immer kritisch zu prüfen.

Wir nehmen jetzt die Fäden in die Hand

In diesem Abschnitt sollst du jetzt auch ein wenig ein Gefühl für die Verwendung von Threads bekommen. Das Beispiel zeigt dir im Grunde nur die einfachsten und grundlegenden Dinge zum **Starten und Warten** auf Threads. Das Beispiel ist denkbar einfach, weil die Threads im Grunde nur etwas über **std::cout** auf dem Bildschirm ausgeben. Statt einer stupiden Ausgabe findest du in der Praxis hier natürlich den Hardcore-Code.

> ***1** Die Funktion mit einem Parameter wollen wir als Thread verwenden.

> ***2** Über **this_thread** (ähnlich wie der **this**-Zeiger) kannst du dann indirekt über das **thread**-Objekt auf die Elementfunktion **get_id()** zugreifen, um die Identifikation des Threads bei der Ausführung auszugeben.

> ***3** Mit **sleep_for()** kannst du die Ausführung des laufenden Threads für eine bestimmte Zeit anhalten. Falls dein Compiler nichts mit **sleep_for()** anfangen kann, solltest du das Flag **D_GLIBCXX_USE_NANOSLEEP** beim Übersetzen mit angeben (oder als **#define** im Code).

> ***4** Das Funktionsobjekt mit Parameter wollen wir ebenfalls als Thread verwenden.

> ***5** Hier werden die einzelnen Threads erzeugt und auch gleich gestartet. Bei der Version mit der Lambda-Funktion kannst du auch gleich schön sehen, wie du einen Wert an die Lambda-Funktion übergeben kannst.

```cpp
...
#include <thread>
using namespace std;


void eineFunktion(int val) {   *1
    cout << "\nThread als Funktion: "
        << this_thread::get_id()  *2
        << "\nDaten: " << val;
    this_thread::sleep_for(std::chrono::seconds(3));  *3
}


class einFunktionsobjekt {  *4
public:
  void operator()(const string& s) const {
    cout << "\nThread als Funktionsobjekt:"
        << this_thread::get_id()
        << "\nDaten: " << s;
  }
};
...
...
// Innerhalb von main()
thread t1(eineFunktion, 1234);  *5
einFunktionsobjekt fObjekt;
thread t2(fObjekt, "Blabla");  *5
thread t3([](double dval){  *5
    cout << "\nThread als Lambda-Funktion:"
        << this_thread::get_id()
        << "\nDaten: " << dval;}, 123.123 );

cout << "\nmain() Funktion";
```

```cpp
t1.detach(); *6
t2.join(); *7
t3.join(); *7

if(t2.joinable()) { *8
    cout << endl << t2.get_id() << " ist immer noch aktiv";
}
else {
    cout << endl << t2.get_id() << " ist fertig"; *9
}
cout << "\nmain() Ende\n";
…
```

*6 Dieser Thread wird vom **main()**-Thread ausgehängt und läuft für sich selbst, somit blockiert er nicht. Würdest du hier **join()** verwenden, würde der Aufrufer (hier die **main()**-Funktion) so lange blockiert, bis der Thread mit seiner Arbeit fertig ist. Hierzu haben wir ja zur Demonstration **sleep_for()** eingebaut. Aber teste selbst! Tausch probeweise **t1.detach()** gegen **t1.join()** aus.

*7 Hier warten wir auf das Ende der Threads, bevor der Aufrufer weitermachen darf.

*8 Ob der Thread noch im Rennen ist oder nicht, fragen wir hier ab. Rein logisch dürfte dir wohl selbst klar sein, dass der Thread nach einem **join()** nicht mehr **joinable()** ist und somit schon längst im Ziel sein muss. Daher wird hier auch …

*9 … diese Zeile ausgeführt. Die Ausgabe hängt jetzt davon ab, was der Standardkonstruktor dem Objekt zugeordnet hat.

Das Programm bei der Ausführung:

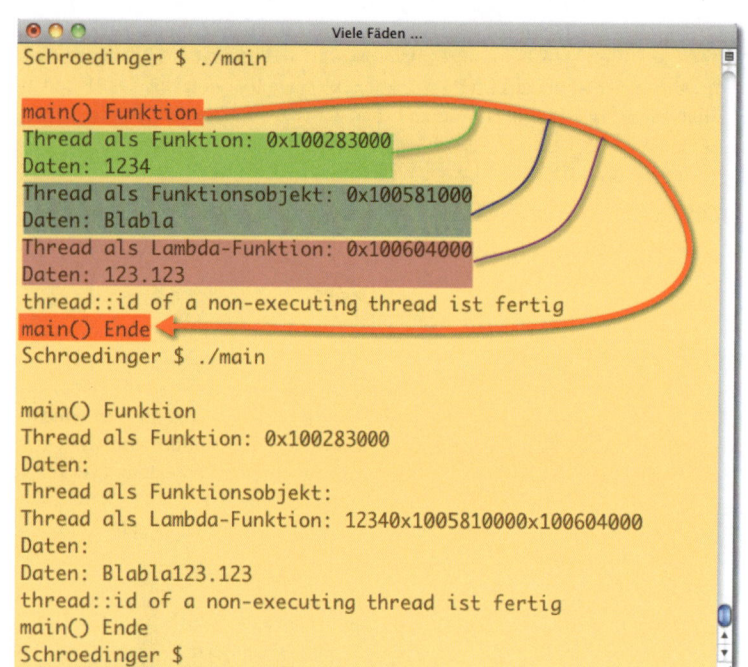

```
Schroedinger $ ./main
main() Funktion
Thread als Funktion: 0x100283000
Daten: 1234
Thread als Funktionsobjekt: 0x100581000
Daten: Blabla
Thread als Lambda-Funktion: 0x100604000
Daten: 123.123
thread::id of a non-executing thread ist fertig
main() Ende
Schroedinger $ ./main

main() Funktion
Thread als Funktion: 0x100283000
Daten:
Thread als Funktionsobjekt:
Thread als Lambda-Funktion: 12340x1005810000x100604000
Daten:
Daten: Blabla123.123
thread::id of a non-executing thread ist fertig
main() Ende
Schroedinger $ _
```

Die zweite Ausgabe verwirrt ein wenig.

*1 Alles in diesem Bereich steht jetzt **exklusiv** dem Thread zur Verfügung. Der Nachteil dabei ist allerdings u. a., dass alle anderen Threads, die jetzt ebenfalls auf dieselbe Ressource zugreifen wollen, geblockt werden und warten müssen, bis diese wieder frei ist. Natürlich musst du auch bei den anderen Threads diese Ressource locken und wieder unlocken.

[Code bearbeiten]

Das liegt daran, dass eben alle Threads nach **cout** schreiben. Und so kann es passieren, dass der eine Thread eher als der andere dort hinschreibt.

Wie ich zuvor schon sagte, fast wie junge Wildpferde, die einfach drauflospreschen! Natürlich kann man diese Wildpferde auch im Zaum halten, so dass eine Ressource nur exklusiv vom Thread verwendet wird. Für solche Zwecke könntest du Mutexe und Locks verwenden. In unserem Beispiel könntest du etwa den kritischen Codebereich der Ausgabe über **cout** wie folgt schützen:

```
#include <mutex>
…
std::mutex m; // global
…
m.lock(); *1
// Hier deine cout-Ausgabe
m.unlock(); *1
…
```

[Achtung]

Zwar ist die Verwendung von Mutexen relativ einfach, aber trotzdem solltest du diese nicht zu intensiv einsetzen. Wenn du einen Mutex sehr häufig in deinem Code verwendest, kann es dir irrtümlich mal passieren, dass eine Sperre nicht mehr freigegeben wird. Wenn ein Thread dann auf seinen Mutex wartet und der nicht mehr freigegeben wird, kann dieser Thread bis zum Sankt-Nimmerleins-Tag warten. Zum Schutz vor kritischen Bereichen würde ich dir **std::lock_guard** und **std::unique_lock** ans Herz legen. Aber dazu später noch mehr.

[Notiz]

Natürlich kannst du bereits jetzt einen Hardcore-Code für Arbeiten mit mehreren Threads schreiben, ohne dass du eine Synchronisation brauchst. Du kannst bspw. eine komplexe Grafikfunktion für ein Bild durchführen lassen. Für solche Zwecke kannst du bspw. das Bild in mehrere Teile aufteilen (etwa vier) und dann jeweils vier Threads auf den unterschiedlichen Bereichen im Bild arbeiten lassen und am Ende in der **main()**-Funktion das Bild abspeichern.

Nur nicht den Faden verlieren

Das Spinnen von vielen Fäden kann ziemlich komplex werden, und du solltest stets
auf der Hut sein, keinen Faden zu verlieren. Sonst kann sich dein Programm recht schnell
verheddern.

[Einfache Aufgabe]

Einfache Aufgabe: Welche drei Möglichkeiten hast du, einen
Thread auszuführen?

eine einfache Funktion
ein Funktionsobjekt
eine Lambda-Funktion

Sehr gute Antwort, Schrödinger!

[Einfache Aufgabe]

Was kannst du tun, damit ein gestarteter Thread nicht älter als
sein Erzeuger wird, sondern der Erzeuger auf diesen wartet?
Und wie kannst du dieses Verhältnis eines Threads zum Aufrufer
lösen?

Mit der Elementfunktion **join()** kann ich **warten**, bis der Thread beendet wird. Der Aufrufer wird so lange **blockiert**. Mit dem Gegenstück **detach()** hingegen kann ich den Thread vom Erzeuger **lösen**, damit dieser **selbstständig** losläuft und der Erzeuger nicht mehr auf diesen Thread wartet!!!

Hier muss ich noch ein paar Anmerkungen machen. Beachte bitte, dass die beiden Elementfunktionen **join()** und **detach()** die einzige Möglichkeit sind, Einfluss auf die **Lebenszeit deines Threads** zu nehmen. Kümmerst du dich nicht um die Lebenszeit deines Threads mittels **join()** oder **detach()**, werden diese Threads nach dem Beenden des Erzeugers mit der Funktion **std::terminate()** beendet!

[Einfache Aufgabe]

Ein letzte Frage noch: Wie kannst du ermitteln, ob du den Faden noch in der Hand hältst? Ich meine natürlich, ob ein Thread aktiv ist oder nicht?

[Zettel]
Vielleicht sollte ich noch erwähnen, falls du es benötigst, mit **t2.swap(t1);** kannst du zwei Threads miteinander austauschen. Des Weiteren kannst du mit **t2=t1;** einen Thread an einen anderen Thread nach der Move-Semantik zuweisen. Natürlich nur wenn **t1** kein aktiv laufender Thread ist!

Mit der Elementfunktion **joinable()**! Wenn diese **true** zurückgibt, läuft der Thread, und wenn diese **false** zurückgibt, kann ich das Objekt für einen neuen Faden verwenden.

[Belohnung]

Ich sehe schon, die Threads bereiten dir keine Probleme mehr. Daher empfehle ich dir auch, dich gleich mit deren Synchronisation zu befassen. Allerdings rate ich dir wie immer, davor etwas zu tun, was du besonders gerne machst. Wie wäre es mal wieder mit einer Runde DVDs gucken?

Schütze deine Daten

Im Abschnitt zuvor habe ich dir ja bereits kurz einen **Mutex** beschrieben, womit du bestimmte, vor allem kritische Codebereiche bei der Verwendung von Threads schützen kannst.

Hier ein Beispiel mit einem Mutex:

```cpp
#include <mutex>    *1
using namespace std;
...
mutex m;    *2
...
class Data_Race {
private:
  int var;
public:
  Data_Race() : var(0) {}
  int running() {
    m.lock();    *3
    var++;    *4
    m.unlock();    *3
    return var;
  }
};
```

*1 Den Header brauchst du für den Mutex.

*2 Hier legst du das Mutex-Objekt an.

*3 Den kritischen Bereich hier sperren wir mit **lock()** und geben diesen wieder frei mit **unlock()**.

*4 Innerhalb des kritischen Bereiches wird nur die Variable **var** inkrementiert.

[Hintergrundinfo]

Neben einem gewöhnlichen Mutex (**std::mutex**) gibt es noch einen rekursiven Mutex (**std::recursive_mutex**), einen mit Zeit (**std::timed_mutex**) und einen rekursiven mit Zeit (**std::recursive_timed_mutex**). Ebenso gibt es neben den einfachen Funktionen **lock()** und **unlock()** auch noch weitere Funktionen. Beispielsweise gibt es da die Funktion **try_lock()**, die versucht, einen Lock zu erhalten, aber die, wenn sie keinen bekommt, nicht blockiert, oder auch ihre zeitliche Version **try_lock_until()**, die ein Timeout für einen Thread setzt, um in einer bestimmten Zeit einen Lock zu erhalten oder es eben dann sein zu lassen.

Losrennen lassen kannst du eine Horde von Threads darauf bspw. mit:

```cpp
Data_Race data;

void race() {
  for(auto i=0; i<100;++i) {
    auto val = data.running(); *1
    // ...
  }
}
…
const int MAX = 10;
thread galopp[MAX];
for(auto i=0; i<MAX; i++) { *2
  galopp[i] = thread(race); *2
} *2
…
for(auto i=0; i<MAX; i++) { *3
  galopp[i].join(); *3
} *3
```

*1 Alle Threads erhöhen hier die Variable **Data_Race::var**.

*2 Wir starten auch gleich zehn Threads auf einmal, …

*3 … auf die wir natürlich auch mit **join()** warten müssen.

Das Beispiel selbst ist recht trivial, und die Funktion sollte dich hier auch nicht interessieren. Würdest du in diesem Beispiel keinen Mutex verwenden, würde je nach Zufall der eine oder andere Thread die Daten von **Data_race::var** ändern. Das ist ein Zustand, der eine Art „**kritischen Wettlauf**" darstellt und den man eben so wohl nicht haben will. Wilde Threads, die auf Daten operieren, können zu schwer auffindbaren Programmierfehlern führen.

[Hintergrundinfo]
Wenn sich mindestens zwei Threads um dieselben Ressourcen streiten, wird das häufig auch als Race Condition (oder Data Race) bezeichnet.

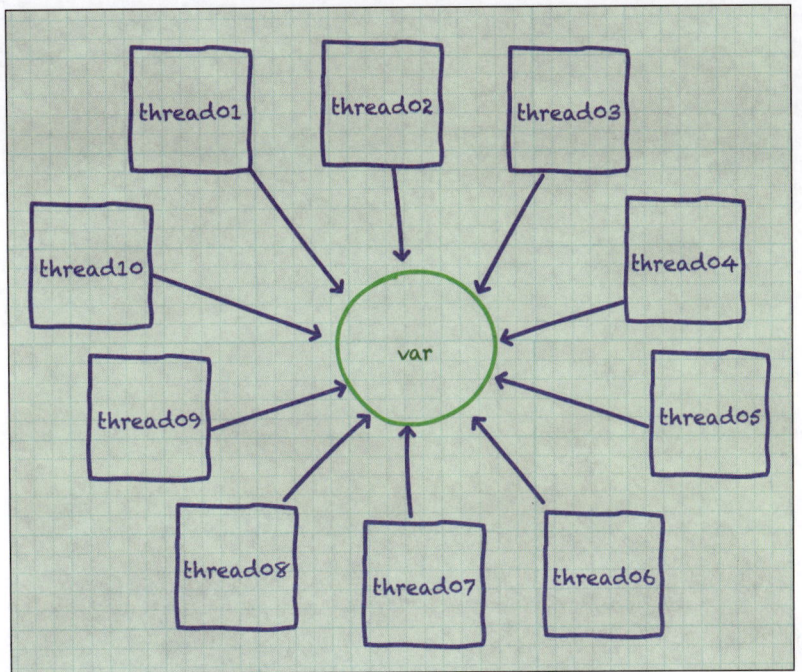

Ein kritischer Wettlauf mehrerer Threads um die Daten kann ziemlich bedenklich sein ...

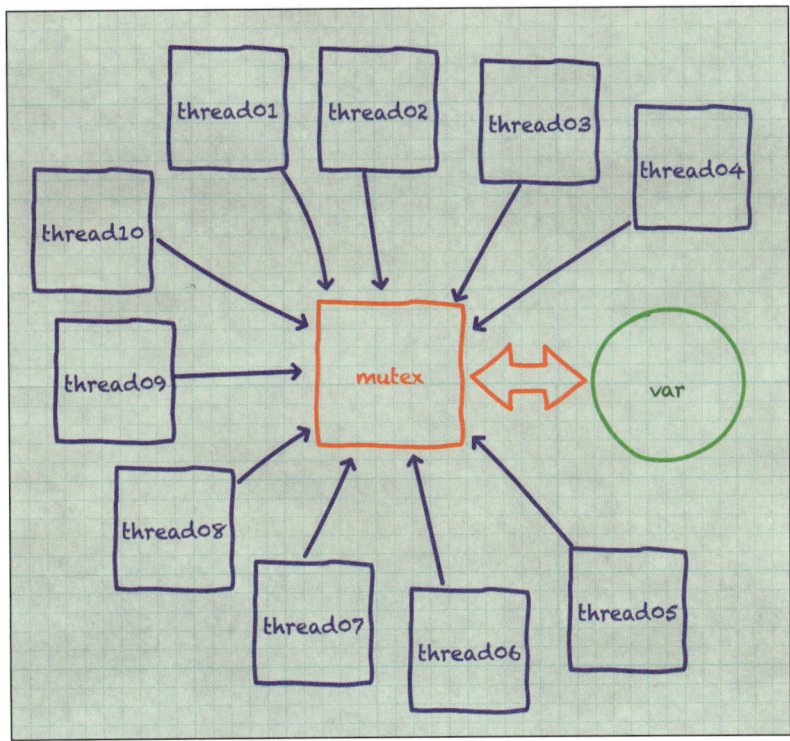

Ein Mutex kann dir helfen, diese wilden Threads im Zaum zu halten.

Aber wir haben hier ja einen Mutex verwendet. Trotzdem nicht gut genug? Im Grunde schon, aber dieser Mutex ist nur eine **einfache Form** und kann doch böse Fehler verursachen.

Sehen wir uns hierzu einfach nochmals diesen Codeausschnitt an:

...

```cpp
int running() {
  m.lock();
  var++;
  m.unlock();
  return var; *1
}
```

...

*1 Ein Problem ist hier, dass sich hinter **unlock()** noch eine Anweisung befindet. Das könnte bedeuten, dass hier ein anderer Thread bereits wieder den Wert von **var** um 1 erhöht hat und hier dann eben schon wieder ein weiterer erhöhter Wert zurückgegeben wird.

Das Problem lässt sich zwar beheben, indem du einfach den Mutex mit **lock()** und **unlock()** an Ort und Stelle der Funktion **race()** einsetzt. Aber die Erfahrung lehrt uns auch hier, dass der Programmierer oft in einem Multithread-Programm mehrere **lock()**- und **unlock()**-Anweisungen verwendet und vielleicht auch mal das eine **unlock()** vergisst. Das Prinzip ist ja schon vom Reservieren von Speicher bekannt, bei dem man auch gerne mal nach einem **new** seinen Schmutz nicht mit **delete** aufräumt. Hier haben die C++-Entwickler ja mit den Smart-Pointern nachgelegt!

[Achtung]
Neben dem versehentlichen Vergessen, einen Mutex wieder freizugeben, kann es auch passieren, dass während der Ausführung des kritischen Codebereiches eine **Ausnahme** geworfen wird und somit der Mutex ebenfalls nicht mehr freigegeben wird, weil der Thread nicht mehr **unlock()** aufrufen kann.

Ein Schloss für den Mutex

Für eine sichere Verwendung und um vorangegangene Probleme mit einem Mutex bei den Theads zu vermeiden, werden diese einfach in sogenannte **Locks** gepackt. Für solche Zwecke findest du jetzt die Klassen **lock_guard** oder **unique_lock** vor.

Ihre Verwendung ist ziemlich simpel:

```
...
mutex m;

class Data_Race {
private:
  int var;
public:
  Data_Race() : var(0) {}
  int running() {
    lock_guard<mutex> waechter(m); *1
    var++;
    return var;
  } *2
};
```

*1 Der **lock_guard** ruft hier intern **m.lock()** auf und sperrt diesen Codebereich.

*2 Der Destruktor von **lock_guard** wird hingegen erst am Ende des Anweisungsblocks aufgerufen. Quasi verbirgt sich hinter diesen Locks nichts anderes als eine Sperre, die nur über den Anweisungsblock gültig ist (scoped locking).

[Achtung]
Somit gilt also folgende Regel für dich: Lass die Finger von der direkten Verwendung eines Mutexes und wende stattdessen die Verpackung **lock_guard** bzw. **unique_lock** darauf an.

Sicheres Initialisieren

Bei den vielen Techniken, die Multithreading anbietet, solltest du nicht die **einfacheren Dinge** im Leben übersehen. Wenn du einfach nur Variable geschützt initialisieren willst, stehen dir drei einfache Möglichkeiten zur Verfügung:

1. den Konstruktor als konstanten Ausdruck mit **constexpr** zu definieren
2. statische Variable innerhalb eines Anweisungsblocks zu verwenden
3. das neue Funktions-Template **std::call_once** zu verwenden

[Zettel]
Falls du nur **thread**-lokale Variable benötigst, kannst du dir noch mehr Aufwand sparen, weil dir hierzu das Schlüsselwort **thread_local** zur Verfügung steht, welches du nur vor deine Variable setzen musst. Im Grunde handelt es hierbei nur um eine statische Variable, die initialisiert wird, sobald du sie zum ersten Mal verwendest, und die sich im Leben des Threads nicht mehr ändert.

Totgesperrt

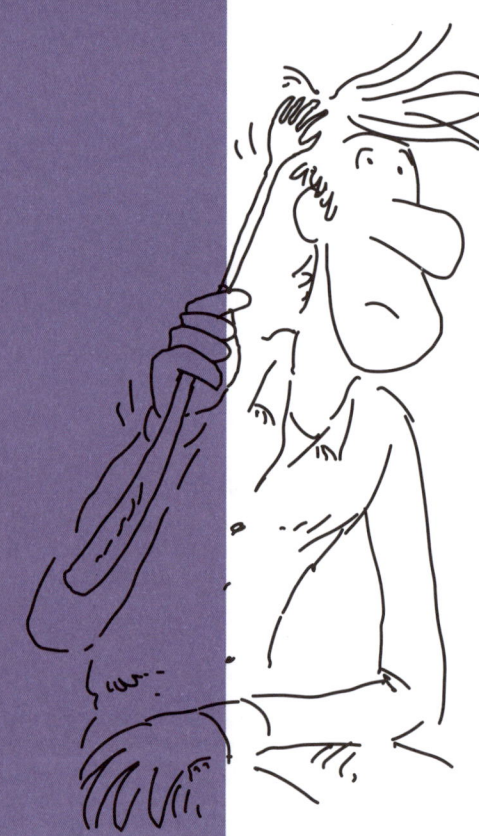

Tja, jetzt hast du vielleicht den kritischen Wettlauf (Race Condition) deiner Threads um eine Ressource gezähmt, aber du kannst dein Programm jetzt immer noch „totsperren" (hier ist natürlich die Rede von einem **Deadlock**). Ein solcher Deadlock kann passieren, wenn mindestens zwei Threads auf die Freigabe einer Ressource des anderen Threads warten. Genau, richtig menschlich! Wir warten auch immer, dass der andere schon den ersten Schritt machen wird! Das Problem lässt sich ganz einfach beheben, indem du die Locks atomar lockst!

[Notiz]

Atomare Operationen werden in einem Rutsch ohne Unterbrechung ausgeführt und sind nicht „teilbar". Das heißt dann auch, diese werden entweder ganz ausgeführt oder gar nicht!
Hierzu eine einfache Demonstration, wie wir uns selbst ins Knie schießen können:

```
...
class Dead {
private:
  int var;
public:
  mutex m;        *1
  Dead() : var(0) {}
};
```

*1 Hier ist er, unser Mutex!

*2 In der Funktion **Dead_Lock()** werden zwei Ressourcen gelockt. Auf den ersten Blick nicht schlimm! Aber wenn die Laufzeit „ungünstig" ist, ...

```
void Dead_Lock(Dead& d1, Dead& d2) {
  lock_guard<mutex> waechter01(d1.m); *2
  cout << "Mutex No. 1 aktiv\n";
//this_thread::sleep_for(chrono::milliseconds(1000)); *4
  lock_guard<mutex> waechter02(d2.m); *2
  cout << "Mutex No. 2 aktiv\n";
}
...
Dead tot01, tot02;
thread t01([&]{Dead_Lock(tot01, tot02);}); *3
thread t02([&]{Dead_Lock(tot02, tot01);}); *3
t01.join();
t02.join();
```

*4 ... einer Pause nachhelfen, um gleich ein Deadlock zu verursachen, mit dem du sichergehst, dass beide Threads kurz schlafen und somit den zweiten Lock gar nicht mehr bekommen.

*3 ... blocken beide Threads mit dem ersten Lock und warten beide auf die Freigabe (Deadlock). Im Beispiel konnte ich das Listing sehr oft ohne Probleme ausführen, weil die Laufzeit der Threads „günstig" war, aber dann war irgendwann Schluss. Du kannst hierzu auch ein wenig künstlich mit

...

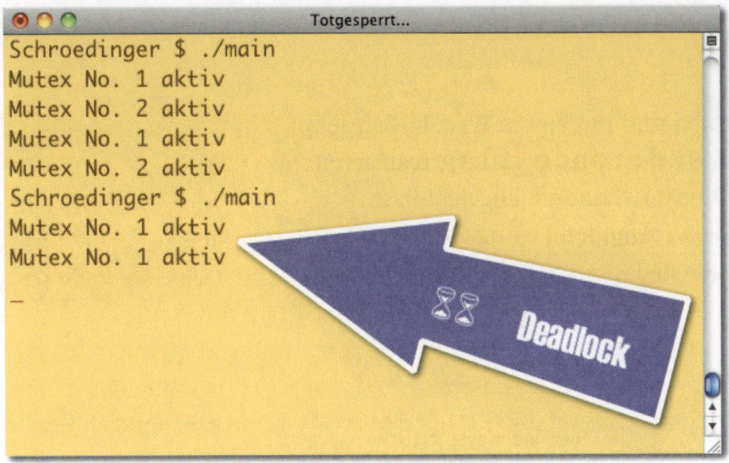

Beide Threads sind Sturköpfe und geben den ersten Lock nicht mehr frei, sondern warten jetzt bis zum Sankt-Nimmerleins-Tag oder eben bis der Anwender das Programm mit Gewalt beendet.

Das Problem können wir jetzt ganz elegant mit unique_lock wie folgt unter den Teppich kehren:

```
...
void Dead_Lock(Dead& d1, Dead& d2) {
  unique_lock<mutex> waechter01(d1.m, defer_lock); *2
  cout << "Mutex No. 1 aktiv\n";
  //this_thread::sleep_for(chrono::milliseconds(1000));
  unique_lock<mutex> waechter02(d2.m, defer_lock); *2
  cout << "Mutex No. 2 aktiv\n";
  lock(waechter01, waechter02); *1
}
...
```

*1 Das ist die entscheidende Zeile in dieser Funktion. Mit **std::lock()** binden wir die Locks quasi atomar. Das bedeutet jetzt, dass der aufrufende Thread entweder beide Locks erhält oder keinen!

*2 Eine solche Verwendung mit **std::lock()** benötigt einen verzögerten Mutex, den du hier mit **unique_lock** und der Option **std::defer_lock** anbietest.

[Notiz]

An dieser Stelle muss ich natürlich noch hinzufügen, dass **unique_lock** weitaus mächtiger ist als **lock_guard**. Die Klasse **unique_lock** bietet noch viele weitere Element-funktionen, wie das versuchsweise Locken, das versuchsweise Locken auf Zeit, das Tauschen von Locks, die Freigabe von Locks, die Rückgabe von Locks usw.

Einmal bitte ...

Willst du eine Funktion genau nur einmal aufrufen und mit einem Wert initialisieren, kannst du dies mit **std::call_once** und **std::once_flag** realisieren. Das ist ganz besonders nützlich, wenn du ein Objekt dynamisch angelegt hast. Neben dieser einmaligen Sache will ich dir in dem folgenden Listing auch den **constexpr**-Kontruktor und die Sache mit der statischen Variablen im Block demonstrieren.

```
...
mutex m;

class Huhu {
  int var;
public:
  constexpr Huhu():var(0) {} *1
  Huhu(int i_) : var(i_) {}
  int getVal() const { return var; }
  void setVal(int i) {var=i;}
};

Huhu* huhuPtr = nullptr;
std::once_flag flag;

void myInstance(int val) {
  huhuPtr = new Huhu(val); *2
}

void initOnce(int val) {
  lock_guard<mutex> waechter(m); *3
  std::call_once(flag, myInstance, val); *4
  //myInstance(val);
  cout << this_thread::get_id() << " : ";
  cout << huhuPtr->getVal() << endl;
  // Hier weitere Arbeit
}

void statVar(int val) {
  lock_guard<mutex> waechter(m); *3
  static Huhu hu(val); *5
  cout << this_thread::get_id() << " : ";
  cout << hu.getVal() << endl;
```

*1 Hier findet eine statische Initialisierung mithilfe eines **constexpr**-Konstruktors statt.

*2 Hier fordern wir dynamisch einen Speicher zur Laufzeit an.

*3 Damit synchronisieren wir nur die Ausgabe von der Ressource **cout**, damit es nicht zu einem Durcheinander kommt und ordentlich ausgegeben wird.

*4 Das Template **call_once** benötigt das Flag **call_flag** und eine aufrufbare Einheit (hier die Funktion **myInstance**) und die nötigen Argumente. Hierbei kannst du übrigens beliebig viele Argumente verwenden. Diese Funktion **myInstance** wird tatsächlich nur einmalig aufgerufen.

*5 Erheblich einfacher als mit **std::call_once** kannst du Gleichwertiges mit einer statischen Variablen in einem Blockbereich erzeugen. Auch das ist absolut Thread-sicher.

```
  // Hier weitere Arbeit
}
...

     Huhu huhu01; *1
     thread t1(initOnce, 12345); *6
     thread t2(initOnce, 45678); *6
     this_thread::sleep_for(chrono::milliseconds(10));
     initOnce(98765); *6
     cout << this_thread::get_id() << " : ";
     cout << huhuPtr->getVal() << endl;

     thread t3(statVar, 54321); *7
     this_thread::sleep_for(chrono::milliseconds(10));
     thread t4(statVar, 66666); *7

     t1.join();
     t2.join();
     t3.join();
     t4.join();
```

*6 Der Thread **t1** ruft **initOnce()** mit dem Wert 12345 auf. **initOnce()** wiederum ruft über **std::call_once()** die Funktion **myInstance()** auf und übergibt dem Objekt den Wert 12345. Der zweite Thread **t2** will dasselbe machen, aber es wird hierbei nicht mehr **std::call_once()** aufgerufen, das geht nur einmal. Somit muss sich **t1** jetzt auch mit dem Wert 12345 begnügen und kann kein neues Objekt mit dem Wert 45678 erzeugen. Da bringt auch kein Aufruf von **intiOnce()** in der **main()**-Funktion mit dem Wert 98765 was. Alle drei Threads müssen mit 12345 arbeiten.

*7 Dasselbe gilt auch hier beim Thread **t3** mit der Funktion **statVar()**, womit ein statisches Objekt **Huhu** mit dem Wert 54321 im Block der Funktion erzeugt wird. Somit muss auch der Thread **t4** mit 54321 arbeiten.

Am Ende des Fadens ...

Normalerweise endet unser Tag hier ja immer mit ein wenig Entspannung auf dem Sofa oder so. Aber da dies hier unser letzter Abschnitt zu den Multithreads ist, will ich noch die Gelegenheit nutzen, ein paar Dinge einzuschieben, die noch nicht behandelt wurden.

„Konditions"-Variable ...?

Manchmal ist es auch nötig, einzelne Threads nach Ereignissen zu steuern. Für solche Zwecke bietet diese Bibliothek **Bedingungsvariable** (`std::condition_variable`) aus der Headerdatei `<condition_variable>` an. Damit ist eine einfache **Synchronisation** der Threads über Ereignisse möglich. Das Grundprinzip ist einfach. Du schreibst einen Thread, der als Empfänger auf irgendetwas wartet, um mit seiner Arbeit fortzufahren, und einen anderen Thread, den Sender, der vielleicht auch irgendetwas zu tun hat und dem Empfänger sein Signal gibt, dass er loslegen kann.

Folgender Codeausschnitt soll dir den Sachverhalt vereinfacht demonstrieren:

```cpp
#include <thread>
#include <condition_variable>
#include <mutex>
using namespace std;

mutex m; *1
condition_variable cond; *1
bool go; *1

void empfaengerWartetAufArbeit() {
  unique_lock<mutex> lock(m); *2
  cout << "Empfänger: Ich warte ...!\n";
  cond.wait(lock, [] {return go;}); *3
  cout << "Empfänger: Ich habe was zu tun ...!\n";
}

void senderBereitetArbeitVor() {
  lock_guard<mutex> lock(m); *4
```

*1 Die Bedingungsvariable wird hier global verwendet, weil diese sowohl dem Empfänger als auch dem Sender zur Verfügung stehen muss. Das Gleiche gilt hier auch für den Mutex und den Wahrheitswert, mit dem wir anzeigen wollen, dass Daten vorhanden sind.

*2 Der Empfänger lockt zunächst den Mutex.

*4 Auch der Sender lockt zunächst den Mutex.

```
    cout << "Sender: Bereite Arbeit vor ...!\n";
    this_thread::sleep_for(chrono::milliseconds(2000)); *5
    go=true; *6
    cout << "Sender: Los geht's ...!\n";
    cond.notify_one(); *7
}
...
    thread t01(empfaengerWartetAufArbeit);
    thread t02(senderBereitetArbeitVor);
    t01.join();
    t02.join();
```

*5 Keiner arbeitet hier wirklich! Unsere Vorarbeiten bestehen aus 2.000 Millisekunden warten ;) .

*6 Sind wir mit der Arbeit fertig, setzen wir zunächst den Wahrheitswert auf **true**, und ...

*7 ... schicken dann der damit verbundenen Bedingungsvariablen **cond** mit der Elementfunktion **notify_one()** den Wink, dass der Thread aufwachen soll.

Wozu verwendest du hier zwei verschiedene Locks?

[Notiz]

Beim Sender müssen wir nur einmal etwas locken. Beim Empfänger hingegen müssen wir für gewöhnlich öfter den Lock einsetzen und wieder freigeben. Und das geht eben nur mit dem mächtigeren Lock **unique_lock**! Und, ja, du könntest theoretisch auch beim Sender den mächtigen Lock verwenden.

Neben **notify_one()**, um einen wartenden Thread mit einer Bedingungsvariablen aufzuwecken, gibt es u. a. auch noch **notify_all()**, um alle wartenden Threads aufzuwecken. Natürlich sind noch weitere Elementfunktionen dazu vorhanden.

[Zettel]

Auch asynchrone Funktionsaufrufe kannst du mit **std::async()** tätigen. Damit kannst du quasi ganz ohne Locks oder Bedingungsvariable einen extra Thread starten und das Ergebnis später abholen. Der Job, der einen Wert erzeugt, wird als **Promise** und der andere Job, der ihn irgendwann abholt, wird als **Future** bezeichnet.

*3 Mit **wait()** verwenden wir hier gleich die Bedingungsvariable **cond**. Als Argument erhält **wait()** den Lock und ein Prädikat (hier eine Lambda-Funktion), welches dafür sorgt, dass der Thread wieder aufwachen kann. Im Beispiel ist dies gegeben, wenn der Boolesche Wert **go** den Wert **true** erhält.

Zusammenfassung

Mit dem Thema Threads könnten wir noch ganze Seiten füllen,
aber die Grundlagen dazu kennst du jetzt. Du weißt,
wie du Threads erzeugen und verwalten kannst. Du weißt auch,
wie du gemeinsam genutzte Daten mit Threads verwenden
und schützen kannst. Auch das Synchronisieren von Threads mit
Bedingungsvariablen ist dir jetzt nicht mehr ganz unbekannt.

ZUGABE

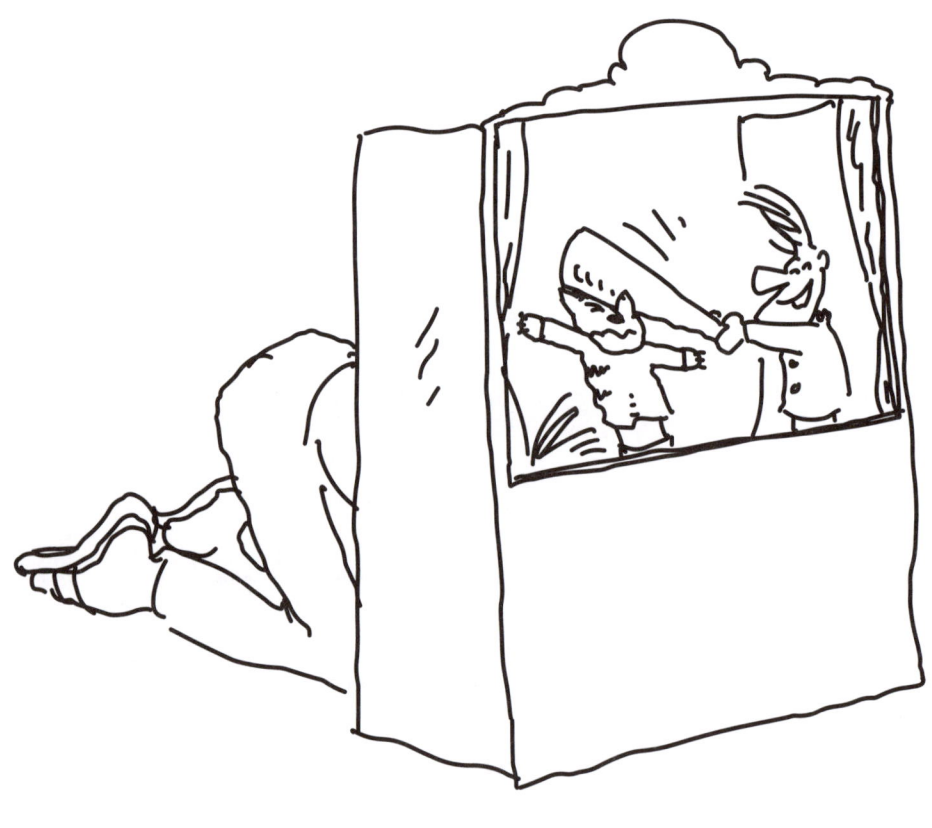

—ACHTZEHN—

C++ 14 – der Neue!

So, allmählich sind
die einzelnen Compiler in der Lage, C++11
zu schlucken, und schon gibt es
mit C++14 wieder einen neuen Standard. Allerdings
handelt es sich hierbei, wie schon damals mit C++03,
eher um ein kleineres Update oder ein Facelifting,
in dem einige Fehler ausgebügelt wurden.

Schon wieder ein neuer Standard?

Aber es wurden auch ein paar brandneue Dinge hinzugefügt, von denen ich dir gleich ein paar zeigen will. Ein richtiger Böller erwartet dich allerdings erst wieder mit dem nächsten C++-Standard, der im Augenblick noch den Arbeitsnamen **C++17** trägt, was wohl vermuten lässt, dass dies das Jahr sein dürfte, in dem dieser Standard erscheint. Vermeiden wir den Blick in die Glaskugel und behandeln hier lieber erst mal die knallharten Fakten von C++14.

Puh! Jetzt hab ich mich endlich daran gewöhnt, dass C++11 mit den aktuellen Compilern allmählich harmoniert ...
Ich denk mir mal, dass jetzt wieder kaum ein Compiler in der Lage ist, mit dem neuen C++14-Zeugs umzugehen, oder?

Keine Sorge, Schrödinger! Die Unterstützung ist hierbei gar nicht mal sooo schlecht, wie du vielleicht meinst. Der **Clang**-Compiler ab Version 3.4 und der **GCC**-Compiler ab Version 4.9 können mit C++14 eigentlich schon recht gut umgehen. Du musst diesen Compilern nur mit entsprechenden Argumenten wie `-std=c++1y` bzw. `-std=c++14` oder beim GCC auch `-std=gnu++1y` bzw. `-std=gnu++14` zeigen, wo es langgeht.

Wenn du allerdings **Microsofts Visual-Studio-Version** ansprichst, dann wirst du vielleicht überrascht sein, dass auch die Version 2015 schon etwas mehr C++14 kann und (endlich) nicht mehr so weit hinterherhinkt, wie das bei dieser Entwicklungsumgebung noch vor ein paar Jahren in Sachen C++ der Fall gewesen ist. Und wenn du einfach nur die neuen C++14-Features in einem kleinen Beispiel testen willst, dann kannst du ja auch einen reinen Online-Compiler wie auf der Webseite http://melpon.org/wandbox/ dafür ausprobieren.

Der Compiler weiß es doch sowieso immer besser

Mit C++11 konnte der Compiler ja bereits bei den Lambda-Funktionen den Rückgabewert einer Funktion automatisch anhand des **return**-Ausdrucks ermitteln. C++14 erlaubt das jetzt endlich auch für normale Funktionen. Bei einer Rückgabe, wie beispielsweise

```cpp
return 3.14;  // Rate mal was ich bin?
```

liegt es auf der Hand, dass hier ein **double** zurückgegeben wird. Das weiß der **Programmierer**, **und** das erkennt auch der **Compiler**. Also wozu dann die eigenen grauen Zellen noch aktivieren, wenn es der Compiler ohnehin selbst schon kann? Damit das auch klappt, musst du für den Rückgabetyp der Funktion, kurz und knapp, nur noch **auto** angeben.

```cpp
auto gehWegIchMachDasSelbstFunktion() {…}
```

[Achtung]

Wenn du innerhalb dieser Funktion mehrere **return**-Anweisungen verwendest, **müssen** diese allerdings alle vom selben Typ sein.

Dann mach es doch auch selbst bei den λ-Funktionen

Auch bei den **Parametern** von **Lambda-Funktionen** kannst du jetzt auf den Typ verzichten und in C++14 einfach stattdessen **auto** schreiben, womit du praktisch schon eine Lambda-Template-Funktion erzeugen kannst. Eine solche generische Lambda-Funktion kannst du dann in unterschiedlichen Situationen und Kontexten mehrmals verwenden. Wo du also vorher in C++11 noch folgende Lambda-Funktion verwenden musstest

```cpp
auto lambda = [](int op1, int op2){ return op1+op2; }; // C++11
```

kannst du jetzt in C++14 folgende **generische Lambda-Funktion** verwenden:

```cpp
auto lambda = [](auto op1, auto op2){return op1+op2;}; // C++14
```

Hierbei hast auch gleich den Vorteil, dass du diese Lambda-Funktion mit den **auto**-Parametern nicht mehr nur für **int**-Typen, sondern auch für beliebige andere Typen verwenden kannst, wie beispielsweise **double**, **std::string** usw.

Um es noch etwas genauer zu beschreiben, bietet dir diese generische Lambda-Funktion nichts anderes als eine verkürzte Schreibweise von folgendem Codekonstrukt:

```cpp
struct mytemplate_lambda {
    template<typename T, typename U>
    auto operator()(T x, U y) const {return x + y;}
};
auto lambda = mytemplate_lambda{};
```

Gammelcode an den Compiler verraten?

Ich habe hier ein Stückchen Gammelcode, den ich vor Jahren für einen Kunden geschrieben habe und der nicht mehr so recht in die heutige Zeit passen will. Mittlerweile habe ich einen brandneuen und viel besseren Code dafür geschrieben, aber ich will diesen alten Gammelcode nicht komplett aus meinem Programm entfernen, um meinen alten und treuen Kunden nicht zu verärgern, der so darauf schwört. Ich habe mich daher entschlossen, diesen Code nicht zu löschen, aber irgendwie will ich die anderen Kunden vor dem **Gammelcode** auch warnen und eine Empfehlung für einen anderen, besseren Code aussprechen.

Sicherlich gibt es da jetzt auch was Neues in C++14, weil du es hier erwähnst?

Genau, Schrödinger!

Wir kennen uns ja jetzt schon richtig gut! In C++14 wurde für alten Gammelcode `[[deprecated]]` eingeführt, womit du ganz einfach ein Stückchen Code als veraltet kennzeichnen kannst. Der Anwender erhält dann beim Kompilieren eine Warnmeldung des Compilers, dass dieser Code veraltet ist.

```cpp
[[deprecated]] void f();  // Veralteter Code
```

Der Compiler wird sich beim Kompilieren des Codes mit der Funktion **f()** vermutlich an dieser Stelle mit einer Warnmeldung beschweren, die wie folgt aussehen könnte:

```
prog.cc: In function 'int main()':
prog.cc:10:5: warning: 'void f()' is deprecated (declared at
              prog.cc:5) [-Wdeprecated-declarations]
    f();
    ^
```

Allerdings sollte dir hier auch klar sein, dass die Warnungen des Compilers optional sind. Ob und wie dein Compiler Warnungen ausspuckt, ist ihm überlassen. Es kann also auch sein, dass ein `[[deprecated]]` nicht angemeckert wird.

Etwas für die Bitverdreher unter uns

Mit C++14 wird es endlich auch einfacher für die Bitverdreher, ein binäres Literal zu verwenden. Beispielsweise brauchst du beim Präfix **0x** für ein hexadezimales Literal nur noch das Präfix **0b** oder **0B** vor deine Bitkolonne zu setzen, und du kannst endlich auch ein binäres Literal verwenden, etwa so:

```cpp
int val = 0b00001010; *1
std::cout << "0b00001010" << "=" << val << std::endl; *2


int flag = 0b001;
int check = flag << 1; *3
switch(check) { *4
    case 0b001: std::cout << "0b001"; break;
    case 0b010: std::cout << "0b010"; break; *4
    case 0b100: std::cout << "0b100"; break;
}
```

*1 **klassische** Angabe eines binären Literals

*2 Bei der Ausgabe kannst du erkennen, dass es sich beim binären Wert 00001010 um den dezimalen Wert 10 handelt.

*3 eine klassische **Bitverschiebung** von 001 nach links auf 010, …

*4 … womit jetzt auch der **Fall** 0b010 zutrifft

Ist eine tolle Sache, das binäre Literal. Allerdings wurde leider noch **kein Manipulator** wie **std::bin** hinzugefügt, so wie er dezimalen, hexadezimalen und oktalen Literalen mit **std::dec**, **std::hex** bzw. **std::oct** zur Verfügung steht. Genauso sieht es auch mit den Streams **fstream** oder **stringstream** aus, die noch keine Möglichkeit bieten, den Wert auch wirklich als binäres Literal auszugeben. Ich bin mir aber sicher, dass der kommende C++17-Standard hierzu etwas anbieten wird. Solange musst du dich selbst behelfen, beispielsweise indem du den gewünschten Ganzzahltyp in ein **std::bitset** umwandelst und dieses ausgibst, dann sieht das auch ganz hübsch aus. In der Praxis könntest du das so machen:

```cpp
// Ganzzahl als 8-Bitkolonne ausgeben
std::cout << std::bitset<8>{66} << std::endl; // = 01000010
```

Und dann noch etwas für die Zahlenzerstückler

Sicherlich kennst du das selbst, dass du, wenn du extrem lange Zahlenkolonnen für eine Ganz- oder Kommazahl eingegeben hast, nochmals die Anzahl der Stellen nachzählen musst, damit die Angabe auch wirklich passt und du nicht eine Stelle vergessen oder zu viel hinzugefügt hast. Gerade bei der Verwendung von extrem langen numerischen Literalen kann das ein wenig nervig und eventuell auch fehleranfällig sein. Auch hier macht es uns C++14 jetzt etwas einfacher, indem du **digitale Trennzeichen** für **numerische Literale** in Form eines einfachen Anführungszeichens oben (Single Quote) verwenden kannst. Eine längere Zahl wie 1234567890 kannst du damit z. B. wie folgt zerstückeln:

```cpp
auto val = 1'234'567'890;
```

Das Zerstückeln kannst du aber auch auf alle anderen numerischen Literale anwenden und diese, mal ein wenig übertrieben, auch **scheibchenweise zerlegen** (z. B. 1'2'3'4'5'6'7'8'9'0) oder ein **eigenes Stückelungsmuster** verwenden (z. B. 1'23'456'7890).

[Ablage]

Wohlgemerkt ändert sich der Wert dabei nicht, und der Hauptvorteil der Zerstückelung mit dem digitalen Trennungszeichen ' sind eine bessere Lesbarkeit und eine sicherere Eingabe von extra langen numerischen Literalen. Hierzu noch ein paar Beispiele:

```cpp
auto val1 = 1'000'000'000'000;
auto val2 = 0.000'000'132;
auto val3 = 0B0000'1010'1100'0001'1100;
auto val4 = 0x1234'789A'BCDE;
```

Mr. Holmes, bitte übernehmen Sie ...

Das erste Beispiel soll dir zeigen, wie du dem Compiler die Arbeit des Herausfindens des Rückgabewertes mittels **return** aufbrummen kannst:

```cpp
auto ichKannDasAlleine(int alleine) { *1
    if (alleine == 1) {
        return alleine; *2
    }
    else {
        return alleine*alleine;
    }
}
...
    int kannstDuDasAlleine = ichKannDasAlleine(10); *3
...
```

*1 Mit dem Schlüsselwort **auto** am Anfang der Funktion übergibst du dem Compiler die Kontrolle.

*2 Hier stellt der Compiler den **Rückgabewert** fest, ...

*3 ... was ihm in diesem Beispiel anhand des übergebenen Arguments an **alleine** beim **Funktionsaufruf** gelingt: Es wird der Typ **int** sein.

Das Beispiel ist doof, wo doch 1*1 auch 1 ergibt, also wozu bitte noch eine Überprüfung auf gleich 1 machen?

Ja, du hast hier völlig Recht, Schrödinger! Aber betrachte es eben einfach als ein Beispiel, auch wenn es doof ist.

[Fehler/Müll]

Allerdings funktioniert folgendes Beispiel nicht mehr:

```cpp
auto callMeMaybe(int i) {
    if (i != 1)
        return callMeMaybe(i-1)+i; *1
    else
        return i; *2
}
```

*1 Der **Funktionsselbstaufruf** kann hier nicht verwendet werden, weil der Rückgabewert der Funktion an dieser Stelle vom Compiler nicht festgestellt werden konnte.

*2 Dieser **return**-Aufruf hätte stattdessen vor dem Selbstaufruf der Funktion verwendet werden können, dann würde es klappen.

Ich glaube, das hab ich kapiert.
Folgendermaßen müsste es doch funktionieren:

```
auto callMeMaybe(int i) {
    if (i == 1)
        return i;
    else
        return callMeMaybe(i-1)+i;
}
```

Bin richtig beeindruckt!!! Gut gemacht, Schrödinger!

[Notiz]
In der Praxis kannst du eine solche automatische Rückgabetypermittlung auch für komplexere Typen verwenden, wie beispielsweise Iteratoren. Ein **auto** als Rückgabewert macht es dann häufig leichter, diese Funktion zu schreiben, und ist gewöhnlich auch einfacher zu lesen.

Der Tanz mit den Lambda-Parametern

Hierzu will ich dir natürlich auch noch ein kleines und einfaches Beispiel mit den neuen generischen Lambda-Funktionen präsentieren:

```
std::vector<int> ivec = { 21, 32, 34, 42};
std::vector<double> dvec = { 3.13, 1.23, 4.32 };
auto vielseitig  = [](auto op1, auto op2)
                    { return op1 + op2; }; *1
```

*1 Das ist die generische Lambda-Funktion mit **auto** für die Parameter. Dank des Schlüsselwortes **auto** generiert der Compiler jetzt eine Geschmacksrichtung …

```
int summe01 = std::accumulate(
    std::begin(ivec), std::end(ivec), 0, vielseitig); *2
double summe02 = std::accumulate(
    std::begin(dvec), std::end(dvec), 0.0, vielseitig); *3
```

*2 … für **int** und …

*3 …eine für **double**.

Alte Sachen aufheben oder ausmisten?

An dieser Stelle will ich dir auch noch zeigen, wie du neben der Möglichkeit, alte Codestellen mit **[[deprecated]]** zu verpetzen, ein eigenes String-literal für die Warnmeldung des Compilers miteinbauen kannst:

*1 Diese Form kennst du ja bereits.

*2 Mit dieser Form wird zusätzlich zur **deprecated**-Warnmeldung auch noch das entsprechende Stringliteral zwischen den runden Klammern bei der Warnmeldung des Compilers mit ausgegeben.

```cpp
[[deprecated]] void a() { *1
    std::cout << "a() is running ...!" << std::endl;
}

[[deprecated("b() ist alt, nimm bitte c() stattdessen")]] *2
void b(int val) {
    std::cout << val << std::endl;
}

void c(int val) {
    std::cout << val << std::endl;
}
…
a();   // deprecated
b(1);  // deprecated
```

Mir reicht es jetzt mit der neuen Welt

Hab Geduld, Schrödinger. Ein paar Zeilen noch, und dann hast du das Buch ohnehin komplett durchgearbeitet.

[Einfache Aufgabe]
Welcher Fehler wurde hier gemacht?

```
auto ichkannDasAlleine(int alleine) {
    if (alleine == 1) {
        return alleine;
    }
    else {
        return 2.0;
    }
}
```

Das ist jetzt offensichtlich! Hier wurden zwei Rückgabetypen verwendet: einmal ein int *und einmal ein* double *(in Form von 2.0). Damit ist der Compiler überfordert und weiß jetzt nicht, was er für das* auto *verwenden soll.*

Völlig richtig, Schrödinger! Dem habe ich nichts mehr hinzuzufügen. Super!!!

[Schwierige Aufgabe]
Kannst du das folgende Beispiel umschreiben und anstelle des verwendeten Templates eine generische Lambda-Funktion mit einem **auto**-Parameter verwenden?

```
struct my_template {
    template<typename T>
    auto operator()(T x) const {return x;}
};
auto vielseitig2 = my_template{};
…
int ival = vielseitig2(100);
std::string sval = vielseitig2("Kann ich auch");
```

Hier meine Lösung:

```cpp
auto vielseitig2  = [](auto val){ return val; };
int ival = vielseitig2(100);
std::string sval = vielseitig2("Kann ich auch");
```

Prima, Schrödinger!

Ich weiß, die Aufgabe war einfach, aber ich wollte mir sicher sein, dass du sowohl Sinn und Zweck als auch die Grundlagen der generischen Lambda-Funktionen verstanden hast.

Noch ein paar mehr C++14-Sachen

Das war natürlich noch lange **nicht alles** zu C++14, es finden sich noch weitere kleinere Neuerungen in diesem kleinen Update. Erwähnen möchte ich etwa, dass jetzt neben Klassen-Template und Funktions-Template auch ein **Variablen-Template** eingeführt wurde, das u. a. nützlich sein kann für konstante **constexpr**-Variablen zu Kompilierzeiten. Damit könntest du quasi ein **numeric_limit<T>::max** implementieren, ohne hierfür einen Funktionsaufruf zu verwenden.

Im folgenden Beispiel findest du **Mr. Pi** als Variablen-Template vor und kannst ihn hierbei als **float**, **double** oder **long double** verwenden:

*1 Das ist das **Variablen-Template**.

```cpp
template<typename T>
constexpr T pi = T(3.141'592'653'589'793'238); *1
...
    float umfang_f = 2 * pi<float> * 10.2f; *2
    double umfang_d = 2 * pi<double> * 201.143; *2
    long double umfang_ld = 2 * pi<long double> * 123.123; *2
```

*2 Und hier wird es in **drei** verschiedenen Geschmacksrichtungen verwendet.

Es gibt noch mehr.

Zum Beispiel wurden die Einschränkungen von **constexpr** etwas gelockert.
(Fast) alles, was jetzt zur Kompilierzeit berechenbar ist, kann in ein **constexpr** gesteckt werden.
Auch einige neue Standardbibliotheks-Features wurden hinzugefügt.
Mehr Informationen zu den Neuerungen in C++14 findest du im World Wide Web unter:

- ☞ http://en.wikipedia.org/wiki/C++14
- ☞ http://www.open-std.org/jtc1/sc22/wg21/docs/papers/2013/n3797.pdf
- ☞ Spracherweiterungen: https://isocpp.org/wiki/faq/cpp14-language
- ☞ Bibliothekserweiterungen: https://isocpp.org/wiki/faq/cpp14-library

[Belohnung/Lösung]

Gratuliere dir, Schrödinger! Du bist durch mit der C++-Einführung. Du kannst deinen Chef anrufen und ihm sagen, dass du bereit bist, deinen Job anzutreten. Bei all deiner Euphorie solltest du aber immer sehr wissbegierig und lernwillig bleiben, weil es ja eigentlich erst jetzt richtig losgeht. Die echte Praxis und der (manches Mal) graue Programmieralltag stehen dir erst noch bevor. Aber du bringst viele Grundlagen mit.

Ich wünsche dir viel Glück bei deinen Projekten!

Ja, ja, jetzt werd mal nicht sentimental, Bär. Bis die Tage, Kumpel!

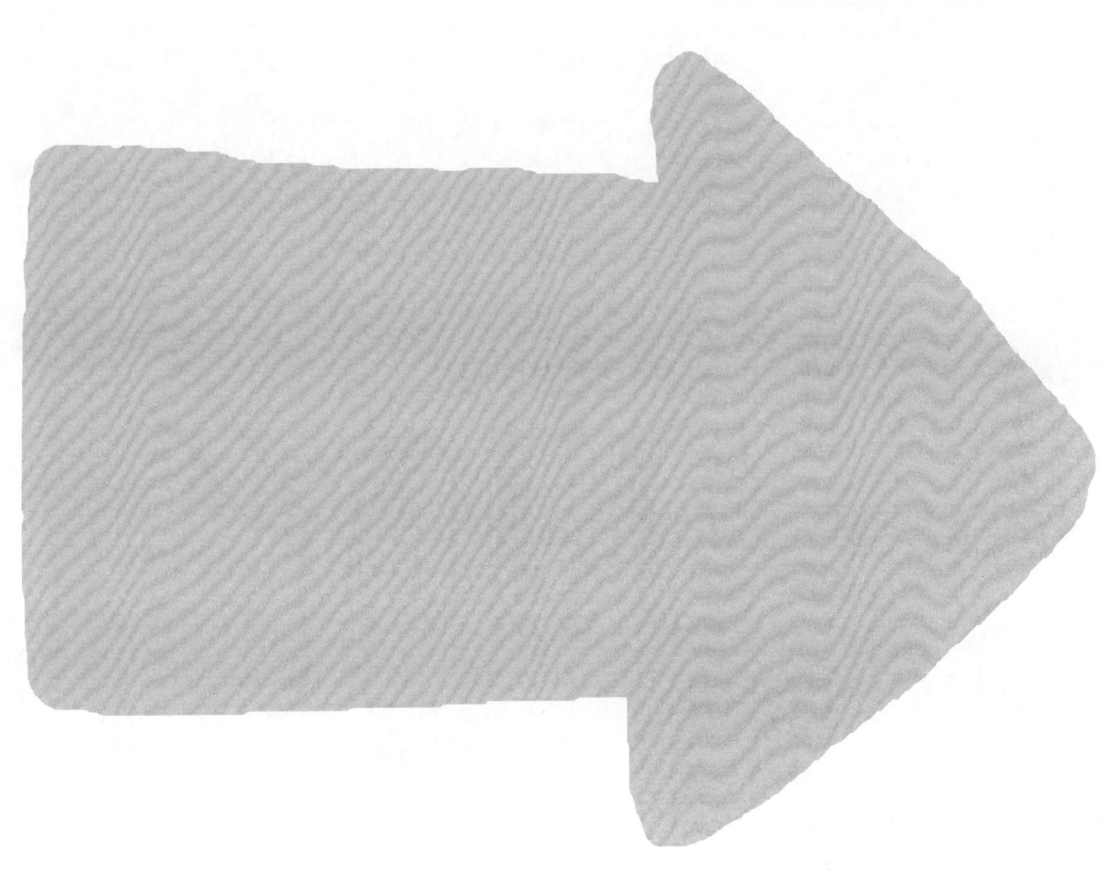

SAYONARA

INDEX

Symbole

A

B